LE MAGNÉTISME

ET

LE SOMNAMBULISME

DEVANT

LES CORPS SAVANTS,

LA COUR DE ROME

ET

LES THÉOLOGIENS.

Librairie de Germer Baillière.

ARRÊT de la Cour suprême touchant le Magnétisme animal, M. Ricard et mademoiselle Virginie, somnambule. 1843, in-18. 50 c.

CHARDEL. Essai de psychologie physiologique, 3ᵉ édition augmentée d'un appendice sur les phénomènes du somnambulisme lucide et les révélations de Swedenborg sur le mystère de l'incarnation des âmes et sur leur état pendant la vie et après la mort. 1844, 1 vol. in-8. 6 fr.

CHARDEL. Esquisse de la nature humaine, expliquée par le Magnétisme animal, précédée d'un aperçu du système général de l'univers, et contenant l'explication du somnambulisme magnétique et de tous les phénomènes du Magnétisme animal. 1826, 1 vol. in-8. 5 fr.

CHARPIGNON. Physiologie, médecine et métaphysique du Magnétisme. 1841, 1 vol. in-8. 5 fr.

DELEUZE. Mémoire sur la faculté de prévision, suivi de Notes et pièces justificatives recueillies par M. Mialle. 1836, in-8, br. 2 fr. 50 c.

DESPINE. De l'emploi du Magnétisme animal et des eaux minérales dans le traitement des maladies nerveuses, suivi d'une observation très curieuse de guérison de névropathie. 1840, 1 vol. in-8. 7 fr.

DUPOTET. Cours de Magnétisme en sept leçons, 2ᵉ édition augmentée du Rapport sur les expériences magnétiques faites par la commission de l'Académie royale de médecine en 1831. 1 vol. in-8. 1840. 6 fr. 50 c.

FOISSAC. Rapports et discussions de l'Académie royale de médecine sur le Magnétisme animal, avec des notes explicatives. 1833, 1 vol. in-8. 7 fr. 50 c.

GAUTHIER (Aubin). Traité pratique du Magnétisme et du Somnambulisme. 1844, 1 vol. in-8. (*Sous Presse*.)

GAUTHIER. Introduction au Magnétisme, examen de son existence depuis les Indiens jusqu'à l'époque actuelle, sa théorie, sa pratique, ses avantages, ses dangers et la nécessité de son concours avec la médecine. 1840, in-8. 6 fr.

GAUTHIER. Histoire du Somnambulisme chez tous les peuples, sous les noms divers d'extases, songes, oracles et visions, Examen des doctrines théoriques et philosophiques de l'antiquité et des temps modernes, sur ses causes, ses effets, etc., suivi d'une Lettre à Sa Sainteté le pape Grégoire XVI sur les altérations successives de la Bible. 2 vol. in-8. 1842. 10 fr.

GAUTHIER. Le Magnétisme catholique, ou Introduction à sa vraie pratique, et Réfutation des opinions des médecins sur le Magnétisme, ses principes, ses procédés et ses effets. 1844, 1 vol. in-8, br. 5 fr.

LAFONT GOUZI. Traité du Magnétisme animal, considéré sous le rapport de l'hygiène, de la médecine légale et de la thérapeutique. 1839, in-8, broché. 3 fr.

PIGEAIRE. Puissance de l'Électricité animale, ou du Magnétisme vital et de ses rapports avec la physique, la physiologie et la médecine. 1839, 1 volume in-8. 5 fr.

RAPPORT confidentiel sur le Magnétisme animal et sur la conduite récente de l'Académie royale de médecine, adressé à la Congrégation de l'index et trad. de l'ital. du R. P. Scobardi, par Ch. B. 1839, in-8. 2 fr. 25 c.

RÉSIMONT (Charles). Le Magnétisme animal considéré comme moyen thérapeutique; son application au traitement de deux cas remarquables de névropathie. 1843, 1 vol. in-8, br. 5 fr.

RICARD. Traité théorique et pratique du Magnétisme animal, ou Méthode facile pour apprendre à magnétiser. 1841, 1 vol. in-8, br. 6 fr.

RICARD. Physiologie et hygiène du magnétiseur, régime diététique du magnétisé. Mémoires et Aphorismes de Mesmer, avec des notes. 1844, 1 vol. grand in-8, br. 3 fr. 50 c.

RICARD. Lettres d'un magnétiseur. 1 vol. in-18. 1844. 2 fr.

PARIS. — IMPRIMERIE DE BOURGOGNE ET MARTINET, RUE JACOB, 3

LE MAGNÉTISME

ET

LE SOMNAMBULISME

DEVANT

LES CORPS SAVANTS,

LA COUR DE ROME

ET LES THÉOLOGIENS,

PAR

M. l'abbé J.-B. L.,
Prêtre, ancien élève en médecine.

Soli Deo honor et gloria.
I. Thim., I.
Si autem ecclesiam non audierit, sit
tibi sicut ethnicus et publicanus.
S. Matth., XVIII, 17.

PARIS.
GERMER BAILLIÈRE, LIBRAIRE-ÉDITEUR,
RUE DE L'ÉCOLE-DE-MÉDECINE, 17.

LONDRES.	LYON.
H. Baillière, 219, Regent street.	Savy, 49, quai des Célestins.
LEIPZIG.	FLORENCE.
Brockhaus et Avenarius, Michelsen.	Ricordi et Ce, libraire.

MONTPELLIER, Castel, Sevalle.

1844.

LE MAGNÉTISME

ET

LE SOMNAMBULISME

DEVANT

LES CORPS SAVANTS,

LA COUR DE ROME

ET

LES THÉOLOGIENS.

INTRODUCTION.

Les discours entendus dans ma famille et au milieu du monde m'avaient persuadé que le magnétisme et ceux qui s'en occupent ne méritaient que la dérision et le mépris. Habitué à regarder cette question comme un mensonge et ceux qui la défendent comme des charlatans, ou des fous, ou des dupes, j'étais depuis longtemps en possession paisible de cette haute sagesse qui juge sans examen, et dont bien des gens ont déploré et déploreront encore longtemps pour moi la perte. Je me livrais à l'étude de la médecine depuis quelques années ; je n'avais point encore entendu les maîtres de la science parler de magnétisme, et n'avais lu aucun ouvrage qui pût provoquer le moindre doute dans mon esprit, et le porter à réviser un arrêt que je voyais si souvent confirmé par le rire et la moquerie. Cependant j'étais peu satisfait des notions de physiologie que je pouvais prendre soit dans les ouvrages, soit dans les cours publics. Après avoir entendu les définitions que donnent de la vie et Richerand et Bichat, etc., je ne voyais pas encore poindre la lumière, et la physiologie toute mécanique d'auteurs plus récents ne me promettait point davantage. J'avais demandé à un médecin de mes amis, homme instruit et adonné depuis longtemps à l'exercice de la médecine (1), de vouloir bien m'enseigner où je trouverais une bonne physiologie, et j'avais obtenu cette réponse consolante : « Lisez-les toutes, étudiez, et faites vous-même votre physiologie. » J'en étais là, et, comme tant d'autres, il semblait que je devais y rester longtemps, lorsqu'en 1834, me promenant dans Paris, avec un élève en médecine que j'affectionnais vivement à cause de son excellent cœur et de son amour pour l'étude, mes yeux s'arrêtèrent sur l'affiche d'un *Cours de magnétisme*. Je dis à mon ami : « Eh bien ! dites-moi donc ce que vous pensez du magnétisme. — S'il y a quelque chose de vrai, me répondit-il, il y a plus encore d'erreurs et de charlatanisme. » Toute modérée qu'était cette réponse, elle me parut trop générale et trop vague pour me satisfaire, et j'ajoutai aussitôt : « Mais avez-vous examiné la question ? — Les prétentions des magnétiseurs sont si ridicules et si absurdes ! repartit mon ami. —

(1) M. le docteur Grimaud (d'Angers).

Puisqu'il s'agit de faits, lui dis-je, il faudrait voir et regarder de près, et seulement alors on peut avoir une opinion fondée : aussi, si vous voulez, nous irons à ce cours tous les deux. — Je n'ai point le temps ; mes études m'en laissent peu, vous le savez.— Cela est vrai ; mais allons au moins à la première leçon, et nous verrons après ce que nous aurons à faire. — J'y consens pour vous faire plaisir, me dit mon ami après quelque hésitation. » Et aussitôt, car le cours commençait ce jour-là même, nous nous dirigeâmes vers la demeure du professeur. Nous entendîmes alors la lecture d'expériences faites à l'Hôtel-Dieu, devant les membres de l'Académie de médecine, par de savants médecins français et étrangers ; et quelque extraordinaires, quelque absurdes même qu'elles me parussent au premier abord, le doute s'éleva dans mon esprit quand j'entendis nommer les témoins, et que je reconnus des noms que j'étais habitué à vénérer dans la science, ceux de MM. Husson, Fouquier, Itard, Guersant, Marc, Pariset, etc., et ailleurs Hufeland, Koreff, Passavant, etc. Dans ma simplicité naïve, je fis à part moi cette réflexion : Est-il possible que tous ces hommes se soient trompés ou aient pu être trompés ? Est-il raisonnable de le supposer, de l'admettre ? — Ils disent : Nous avons vu, et on leur répond : Ces faits sont impossibles. — Les uns se sont approchés pour voir ; les autres crient de loin : Vous vous trompez et vous êtes trompés. A cette époque, je dois l'avouer, je n'avais pas eu le bonheur de lire les articles si *plaisants* de M. Bouillaud, ni le travail si *spirituel* de M. Dubois (d'Amiens) (1), et je crus raisonner juste, étant dans l'ignorance la plus complète sur les vives lumières dont j'étais privé : aussi je commençais déjà à croire qu'il était bon d'examiner. Voyez cependant quel malheur ce fut pour moi de ne pouvoir point être détrompé par l'esprit si subtil de M. Dubois (d'Amiens), qui est parvenu à découvrir et à prouver presque (lui qui, heureusement pour sa réputation, n'a point assisté, en 1827, 1828, 1829, 1830, aux expériences de la commission académique) que les membres de l'Académie, au nombre de onze, avaient cru voir, avaient assuré avoir vu, et cela plusieurs fois, et en diverses circonstances, pendant plusieurs années, sans cependant avoir rien vu, après s'être assurément trompés, et avoir été fort complétement trompés, parce qu'ils n'avaient pas pu voir des choses absurdes et impossibles, et que les précautions qu'ils affirmaient avoir prises pour éviter la déception, ou ils les avaient oubliées ou imparfaitement et grossièrement employées, etc., etc. Dépourvu d'une logique aussi serrée, je fus victime de l'autorité de grands noms, et je n'eus pas le courage de me dire avec et comme M. Bouillaud : Je verrais ces faits, je les produirais moi-même, je ne les croirais pas. — On nous avait parlé, dans cette même leçon, du

---

(1) J'ignorais aussi alors la forte logique de Thouret, qui assure qu'il y a certaines questions qu'on juge mieux de loin que de près. Aussi, se gardant bien d'examiner des faits, il combat le magnétisme en prouvant qu'il a toujours eu des défenseurs.

somnambulisme magnétique et des phénomènes psychologiques qu'il présente, et, doutant plus que jamais, car alors j'avais au moins quelques motifs de douter, mais aussi toujours disposé à l'examen prudent et froid, je ne pus m'empêcher de me dire : Si ces phénomènes, ou quelques uns seulement, sont vrais, si je puis parvenir à les constater, un champ nouveau va s'ouvrir pour moi, et d'un germe tout nouveau sortiront aussi des idées entièrement nouvelles. C'était, en effet, un sceptique et un matérialiste qui envisageait pour la première fois les phénomènes psychologiques manifestés par la magnétisation et le somnambulisme, et déjà malgré lui il voyait le matérialisme absurde et insoutenable (1), et il pressentait, pour ainsi dire, le changement qui s'opéra plus tard, et contre lequel il lutta si longtemps. Je sortis donc de cette première leçon d'un cours de magnétisme avec la résolution calme, mais forte, mais profonde, de sortir du doute, et je me dis : Si c'est une vérité, elle vaut la peine que je cherche ; si c'est une erreur, je chercherai encore : car une erreur constatée est une vérité reconnue.

Je revins seul les jours suivants chez le professeur ; mon ami, dont beaucoup seront satisfaits sous ce rapport au moins, fit comme il avait fait auparavant et ne s'inquiéta plus guère du magnétisme.

En suivant ce cours je ne vis rien de remarquable,

(1) Inutile d'ajouter, si ce n'est pour les gens qui se scandalisent vite, que la psychologie n'a pas plus besoin du magnétisme pour être prouvée que le matérialisme pour être détruit.

et, s'il contribua à m'affermir dans la résolution d'examen, il ne m'offrit pourtant aucune base solide pour asseoir ma conviction. Je me mis donc à l'œuvre, et, évitant avec le plus grand soin, dans l'intérêt de la science et dans celui de mon instruction propre, toutes ces expériences de salon, dans lesquelles un homme efféminé rivalise de nullité et de légèreté folle et souvent inconvenante, avec les sujets d'expérience qu'il choisit, mes premiers essais eurent lieu sur des hommes placés près de moi dans l'amphithéâtre du cours de physique de la Sorbonne, et une autre fois dans celui du Jardin des Plantes; et, si je ne cherchai point à déterminer des phénomènes somnambuliques, à cause des circonstances singulières de l'expérimentation, à l'insu de tout le monde, j'obtins au moins des phénomènes magnétiques, qui, bien que fort simples et tout-à-fait élémentaires, avaient cependant quelque valeur pour un esprit qui cherchait sérieusement. D'ailleurs, je n'avais point d'empressement pour voir les phénomènes les plus transcendants; il me semblait logique d'aller par gradation, et je croyais qu'il y avait plus de fruit véritable à tirer d'un phénomène simple et élémentaire que d'un fait éclatant qui étonne, éblouit, mais ne donne aucune prise à la réflexion, à cause de l'étrangeté trop grande qui apparaît alors. Entrevoyant déjà la différence qui existe entre la question du magnétisme et du somnambulisme, je cherchais à étudier le premier, afin de savoir à quoi m'en tenir sur la cause seconde et occasionnelle du somnambulisme provoqué. Je dois dire ici en passant que bien des savants ecclésiastiques, magnétiseurs ou médecins (1), ne se seraient point évertués à expliquer les faits magnétiques par l'imagination, s'ils eussent suivi avec persévérance cette méthode d'observation, qui ne flatte point, mais qui est prudente et sûre ; car la tête tourne facilement à celui qui, n'en ayant pas l'habitude, envisage les choses de trop haut. Je me rappelle qu'alors expérimentant avec défiance, et, pour ne point me tromper, me mettant dans l'impossibilité de l'être, je surpris un chat endormi, et, sans le toucher ni le troubler en aucune manière, je dirigeai sur lui l'action magnétique. Sans doute, un plaisant rédacteur de feuilletons ou d'articles de dictionnaire de médecine en 15 volumes crierait à la merveille, en annonçant qu'un chat endormi depuis longtemps a paru, aux yeux du magnétiseur crédule, plongé dans le sommeil par son action magnétique ; ou mieux encore qu'on a trouvé le secret d'éveiller par le magnétisme les chats auparavant endormis. Mais je laisse aux gens qui font profession d'esprit la matière à exploiter sous ce rapport, et ne chercherai point à leur en contester le monopole. Pour moi, j'ajouterai seulement qu'après quelques minutes d'action magnétique, voulant expérimenter si je pourrais produire sur cet animal ces mouvements légèrement spasmodiques que les magnétiseurs assurent déterminer si facilement et à volonté sur les personnes magnétisées, j'acquis bientôt la conviction qu'il pou-

(1) MM. Debreyne, Bertrand, Dupeau, d'Hénin, etc.

vait en être réellement ainsi, car je pouvais à volonté et à distance faire agiter ainsi spasmodiquement telle ou telle oreille, tel ou tel nombre de fois, avec une activité plus ou moins grande ; je produisis les mêmes phénomènes sur l'une ou l'autre patte, alternativement ou simultanément, comme je voulais, soit aussi sur la totalité du membre, soit même sur une partie seulement, la moitié par exemple (1). Je sens, encore une fois, tout ce que j'offre à la critique en rapportant ces détails ; mais ce n'est point ma faute si les Français cherchent plus souvent à rire qu'à s'instruire. Plus tard je fis des expériences magnétiques plus importantes et plus curieuses, puis j'observai des phénomènes somnambuliques fort remarquables ; et bientôt m'unissant à M. Deleuze, ramené par l'étude du magnétisme aux idées religieuses, m'unissant au docteur Georget, tiré aussi par la même voie du matérialisme si commun parmi les médecins, je pus dire comme ce dernier dans son testa-

---

(1) Cette expérience ne contenterait pas le docteur Virey, qui demande fort spirituellement *qu'on fasse tomber devant lui une brebis en somnambulisme;* c'est probablement pour en obtenir des phénomènes psychologiques. Elle ne satisferait pas non plus un professeur de l'école de Toulouse, qui, dans un prétendu *Traité du Magnétisme,* assure fort sérieusement qu'on réussirait sur les animaux si le fluide magnétique était réel. Il ajoute qu'on n'a pu y parvenir, et cela sans se douter le moins du monde que tous ceux qui ont écrit sur la question affirment positivement le contraire. M. Lafont-Gouzi a imité dans cette manière d'argumenter plusieurs ecclésiastiques (même M. Debreyne), et plusieurs docteurs. Seulement il a, sur la plupart de ces derniers, l'avantage de montrer une foi solide, un grand zèle pour la religion, mais qui aurait besoin d'être et plus éclairé et mieux réglé.

ment : « De nouvelles méditations, et surtout les
» phénomènes du somnambulisme magnétique, ne
» me permirent plus de douter de l'existence en nous
» et hors de nous d'un principe intelligent, tout-à-
» fait différent des existences matérielles.... l'*âme*
» *et Dieu.* Il y a chez moi, à cet égard, une convic-
» tion profonde, fondée sur des faits que je crois in-
» contestables (1). »

Arrivée à ce point, l'âme ne peut plus vivre dans le doute ni dans l'indifférence : elle est faite pour savoir, pour croire et pour aimer. Elle commence déjà à goûter par avance le bonheur qui l'attend ; elle sent qu'elle commence à aimer, à être aimée ; elle comprend qu'elle est faite pour aimer toujours. Quelque chose de l'infini se révèle à elle : aimer un Dieu! être aimée d'un Dieu! élever le cœur si vaste de l'homme jusqu'au Dieu qui est tout amour! Après avoir satisfait ce besoin comme infini d'aimer sans mesure, redescendre sur la terre pour aimer tous les hommes, avec un cœur dont l'activité plus pure est aussi mieux réglée ; après avoir déposé dans le sein du père céleste cet excès d'un amour immense qui brûlerait le cœur s'il y restait enfermé, ou qui porterait le trouble et le crime au milieu des créatures et déborderait de toutes parts s'il se répandait auparavant sur elles, voilà ce que l'âme comprend alors ! Oui, même au moment où elle résiste encore à la grâce, elle entend une voix intérieure qui lui dit tout cela pour l'engager à se vaincre elle-même, en concourant

(1) *Archives générales de médecine*, cahier de mai 1828.

à laisser triompher son Seigneur et son Dieu (1). Alors on se demande, d'où suis-je venu ? où suis-je ? où vais-je ? Alors commence la sagesse, et pourtant le monde s'écrie dans son langage : Tout cela n'est-il pas folie ?...

O vous que j'ai rencontré dans le champ de la science, et que je vois encore y semer l'ivraie parmi le bon grain ! mon cœur vous plaint plus qu'il ne vous blâme ; souvent il pense à vous aux pieds des saints autels. Mon esprit et mon cœur s'élèveront contre vos erreurs, non point par ressentiment ni par colère, mais par amour pour la vérité. Personne n'a plus de raisons que moi d'être indulgent, tout en étant sévère et juste. Pendant ces longues années de lutte, j'ai expérimenté moi-même toutes vos erreurs. Je sais,

---

(1) Ici je voudrais pouvoir nommer celui auprès duquel j'entendis pour la première fois de ma vie parler sérieusement de magnétisme ; nos premiers rapports exciteront toujours dans mon cœur les sentiments de la plus vive reconnaissance ; mais il me faudrait aussi rappeler des souvenirs pénibles. Plus tard, je le vis incapable de comprendre, sans l'expliquer par des vues d'intérêt, une conduite dictée par l'amitié trop confiante d'un jeune homme qui, peu de temps après, fut obligé d'ouvrir les yeux et de voir qu'il n'y avait pas dans son maître ce véritable amour de la science et cette pureté de mœurs privées qui peut seul garantir et l'honneur de la vérité et l'intégrité de l'interprétation qu'on en donne. C'est encore là un des moyens miséricordieux dont la divine Providence se servit pour m'ôter ma dernière illusion, me faire sentir la faiblesse de sentiments qui n'ont point leurs principes dans la foi, me retirer du monde, m'appeler au sacerdoce, me faire goûter le solide bonheur. Oublierai-je jamais celui qui, sans le vouloir, il est vrai, a été l'instrument de tant de bienfaits ? non, je ne cesserai un seul jour de faire des vœux pour lui. Il a aussi une âme à sauver !...

par ma propre expérience, que c'est le déréglement de vos cœurs, bien plus que la science, qui fait égarer vos esprits. J'ai parlé de la voie dans laquelle la science m'a fait entrer ; mais je ne vous ai pas dit toutes mes résistances, et cependant ce n'est que par elles que je puis vous comprendre. Elles ont duré quatre années entières, jusqu'à ma glorieuse et bien douce défaite au pied de la croix. Et plus tard, lorsque je fus conduit dans le sanctuaire par cette main miséricordieuse qui, se servant de la science, m'a conduit comme malgré moi, et m'a éclairé du flambeau de la foi au milieu des ténèbres d'un aveuglement volontaire ; lorsque je me suis livré à l'étude de la théologie, j'ai été surpris de voir que toutes les théories erronées que j'avais prises et abandonnées tour à tour, et dont vous soutenez encore aujourd'hui quelques unes, avaient été comme la reproduction fidèle et détaillée de toutes les erreurs soutenues contre la foi. En deux années, j'avais, dans mes spéculations isolées de toute influence religieuse, parce que je les évitais toutes (1), fait à moi seul l'histoire

---

(1) J'attendis en effet, pour lire des livres sur la religion ou entendre parler d'elle, que mes convictions fussent venues petit à petit catholiques. Alors seulement j'assistai aux conférences de Notre-Dame et me sentis pénétré de la logique serrée du R. P. de Ravignan, non moins que de ses pensées, que la foi seule peut donner si profondes, si élevées et si claires tout à la fois. Je me disais, en sortant : « Il faut ou tout rejeter ou tout admettre. » Je commençais à rentrer sérieusement dans la voie de la raison et du bon sens qui écoute la parole intérieure et extérieure de la grâce divine. Pour me faire avancer plus vite, j'entendis un homme du monde qui, encore sur le seuil de l'Église, disait à un de ses amis, en parlant du prédicateur avec assez de

de l'Église, et inventé, pour ainsi dire, toutes les hérésies. Cependant, au milieu des études sacrées, lorsque je passais en revue tous ces crimes de la folie humaine contre Dieu, j'avais souvent peine à me défendre des atteintes d'un petit sentiment d'amour-propre en voyant que je n'étais resté qu'un jour ou deux, quelquefois deux heures seulement dans telle ou telle erreur de secte dans laquelle plusieurs étaient morts et plusieurs vivent et meurent encore maintenant. Alors aussi je me savais presque gré de ne m'être point arrêté même un seul instant aux inconséquences monstrueuses du désolant panthéisme. Il m'était doux de rapporter tout à Dieu.

Je sais, en m'étendant sur ces détails, qui sont d'ailleurs fort incomplets, quelle prise j'offre à ces critiques déloyalement habiles à combattre en tirant quelques phrases isolées pour attaquer un auteur ou une science, mais j'en abandonne à leur conscience toute la responsabilité devant Dieu et devant les hommes. — S'il m'est impossible de méconnaître que l'étude sérieuse du magnétisme et du somnambulisme a été pour moi un moyen de revenir à Dieu, je ne me dissimule pas non plus que de même qu'il n'y a aucune science qui puisse, si elle mérite véritablement ce nom, conduire comme nécessairement au matérialisme, de même aussi il n'y en a aucune qui mène nécessairement au spiritualisme, au catholicisme. Il

suffisance : « Oui, cet homme a un arsenal de preuves dans lequel il puise assez bien. » Jésus-Christ grandissait à mes yeux en voyant le monde si petit !

y a dans toutes les sciences, et j'ose dire dans celle du magnétisme plus que dans aucune autre, quelque chose qui parle de la grandeur, de la bonté et de la magnificence divine; mais il faut toujours que la volonté de l'homme n'obscurcisse point son esprit en endurcissant son cœur ; il faut qu'il ne veuille point ne pas comprendre pour éviter de réformer ses mœurs et de faire le bien ; il faut qu'il ne repousse point les lumières de la grâce, qu'il n'ouvre point son cœur à l'amour déréglé des créatures au détriment de l'amour qu'il doit au Créateur. Aussi, quelles qu'aient été les causes secondes par le concours desquelles un prodigue est revenu à son père, il faut toujours remonter au ciel pour en trouver la cause première et s'écrier avec reconnaissance : C'est là une pure miséricorde du Seigneur, c'est là le fruit du sang adorable versé pour nous sur la croix.

Persuadé que le catholicisme n'a besoin du concours et de la sanction d'aucune science humaine pour appuyer sa foi, mais persuadé aussi que toute science véritable doit apporter son tribut d'hommage à Dieu, et concourir à sa plus grande gloire, parce que la vérité ne saurait jamais être contraire à la vérité, j'exposerai le magnétisme et le somnambulisme considérés au point de vue religieux. — Mon esprit a mesuré toute l'étendue de ce vaste travail; il a compris qu'il faudrait dix années pour traiter d'une manière méthodique et complète cette question dans ses rapports avec la physiologie, la pathologie, la psychologie et la théologie. Si les circonstances ultérieures me permettaient d'entreprendre cette œuvre, j'aurais bien quelque chose des avantages qui se rencontrent difficilement, puisque, s'il n'est pas rare de rencontrer des personnes instruites dans les sciences médicales, il est fort peu commun de les voir en même temps en position d'appeler à leur aide des expériences nombreuses et réglées sur le magnétisme, une connaissance exacte des auteurs qui ont écrit sur la question, et moins commun encore de les trouver en même temps instruites des vérités solides de la théologie ; mais à de plus habiles une tâche si haute.

Si je laisse paraître ces notes composées à différentes époques et dans des buts différents, c'est que je pense qu'en attendant mieux, ce qui ne serait pas difficile, j'offrirai cependant aux ecclésiastiques un moyen d'entrevoir que le magnétisme n'attaque pas la foi, et d'avoir, dans cet ouvrage imparfait, comme *une introduction* à la lecture des autres ouvrages sur la même question. Jusqu'à présent, la plupart des magnétiseurs, surtout les plus récents (1), ont cru pouvoir, pour défendre la science, attaquer la religion dans ce qu'elle a de plus auguste et de plus sacré. D'un autre côté aussi, tous les ecclésiastiques (2) ont cru devoir attaquer la science pour défendre l'intégrité de la religion. Je crois, en faveur de la religion et de la science, qu'il est temps d'indiquer des voies différentes et moins exclusives. Je commencerai donc,

(1) MM. Théod. Bouys, Bertrand, Foissac, Mialle, Dupotet, Gauthier, Ricard, etc.
(2) MM. Debreyne, Frère, Fiard, Fustier, Wurtz, etc.

bien que fort à la hâte, à lever l'étendard de la paix. Mais par qui sera-t-il reçu? Les médecins? pas du tout; les magnétiseurs? pas davantage; les ecclésiastiques? quelques uns, je l'espère. C'est donc pour un bien petit nombre que j'écris; sans espérance d'aucun éloge, dans la certitude de mille blâmes, sans nom qui impose, sans besoin de renommée, mais en levant mes regards plus haut et disant du plus profond de mon cœur : *Regi sæculorum immortali et invisibili, soli Deo honor et gloria in sæcula sæculorum* (1).

Lorsque j'étais encore dans le monde, en entendant parler du magnétisme d'une manière mystérieuse, j'entendais dire aussi que des prêtres savants, réunis en corps, connaissaient certainement cette question inconnue aux autres. C'est encore là un de ces préjugés dont le monde est rempli : tous les ecclésiastiques, séculiers ou réguliers, si on en exempte quelques individus isolés dans le clergé ordinaire, sont tous au même point à cet égard. Ils savent que la Cour de Rome n'a pas condamné le magnétisme *en lui-même*, mais seulement *selon qu'il a été exposé* (*Prout in casu exponitur*). Ils savent tous aussi, qu'à moins d'un danger particulier à telle ou telle personne, ils ne peuvent point au tribunal de la pénitence imposer leur manière particulière de voir à celui qui montrerait sur ce sujet une conscience formée qui lui ferait regarder la question du magnétisme et du

---

(1) I. Thim., 1.

somnambulisme comme fort mal exposée à la congrégation, dont les impies mêmes ne peuvent s'empêcher d'admirer la décision sage et prudente, ainsi que nous le verrons plus longuement dans la seconde partie de cet ouvrage.

Quant à ces prêtres savants réunis en corps, tout occupés des fonctions du saint ministère, et trop peu nombreux pour appliquer plusieurs sujets à des études qui n'auraient qu'un rapport indirect avec leurs fonctions, si l'on veut aussi se servir de la question du magnétisme pour les attaquer (1), c'est que les hommes impies savent que la religion n'a pas de plus fidèles soutiens, Jésus-Christ et sa très sainte mère de défenseurs plus ardents, la chaire de saint Pierre d'enfants plus dévoués. Ils ne veulent donc pas comprendre, ces impies, que tout en voulant porter des coups à l'Église, en frappant d'abord quelques murs de rempart placés en avant, leurs attaques resteront sans succès, parce qu'elles sont dirigées contre le Dieu vivant, et qu'alors même qu'ils parviendraient à renverser tel ou tel ordre religieux,

(1) Voyez le prétendu *Rapport confidentiel sur le magnétisme animal*, etc., *adressé à la Congrégation de l'Index* par un R. P. supposé. Nous avons vu avec peine que l'auteur des notes ajoutées, sur le magnétisme dans l'antiquité, aux rapports publiés par Foissac, s'est montré le même dans son *Rapport confidentiel*, c'est-à-dire hostile à la religion et à la vérité scientifique qu'il déshonore. Il nous en coûte de parler ainsi d'un homme qui ne nous a donné jamais que des preuves de bonté et de bienveillance ; mais la plus vive gratitude ne peut autoriser ce qui blesse la conscience, attaque la foi, excite au mépris de l'Église, que nous défendrons toujours comme notre maîtresse et notre mère.

qui n'est point essentiel à la constitution divine de l'Église, ils rencontreront toujours, pour arrêter leurs coups sacriléges, le roc inébranlable contre lequel les portes de l'enfer ne pourront prévaloir jamais? Ennemis de l'Eglise de Dieu, je n'ai point le bonheur d'appartenir à ces prêtres que vous attaquez ; mais ce que je sais, c'est que tous ceux qui les auront connus de près, auront toujours pour eux des entrailles d'enfants. En vain, dans vos rapsodies annoncées sur toutes les murailles, bafouerez-vous leur nom glorieux et dénaturerez-vous leur doctrine en affirmant qu'ils donnent chez eux l'*autorité* comme infaillible; moi, qui ai le texte imprimé entre les mains, je vois que vous supprimez ce qui explique que c'est de l'*autorité de l'Eglise* dont ils parlent, et je suis obligé de voir en vous des calomniateurs et des faussaires.

Un fameux docteur...., après avoir dit publiquement à l'école qu'il entendait toujours parler d'âme, et que depuis soixante ans qu'il disséquait des cerveaux, la pointe de son scalpel n'en avait jamais rencontré, me demandait, dans un entretien particulier sur la phrénologie et sur le magnétisme, pourquoi un ecclésiastique qui avait publié une brochure contre le magnétisme, M. l'abbé Frère, n'avait point commencé par prouver la révélation dont il alléguait l'autorité (1).

---

(1) Ce même docteur, pour me rendre raison de son hostilité contre la religion, me dit qu'il n'avait jamais pu comprendre les livres écrits pour sa défense ; qu'il ne pouvait point vénérer *un homme* publiquement mis à mort en Judée, se servant pour exprimer cette pensée

Semblables au père de la médecine physiologique, quelques uns de ceux qui, dans le monde, liront ces lignes, demanderont peut être pourquoi, moi non plus, je ne prouve point l'Église et son autorité; pour toute réponse je les renverrai aux catalogues qui indiquent de nombreux et savants ouvrages sur ces questions; et je les prierai, en attendant, de me permettre de déclarer que je condamne et désapprouve d'avance, et cela du plus profond de mon cœur, tout ce qui dans cet ouvrage serait trouvé digne de blâme ou de condamnation, ou seulement tant soit peu opposé à la doctrine de l'Église Catholique Apostolique, Romaine.

J'ajouterai cependant, en faveur de ceux qui ne chercheront point à lire, sur l'invitation que je leur en ai faite plus haut, deux autorités qui méritent quelque attention, je pense, et pour le fond et pour la forme; c'est encore une digression et une longueur qu'il faudra bien me pardonner.

« Saint Pierre reçut l'ordre de Jésus-Christ de
» confirmer ses frères, et quels frères! les apôtres

---

impie d'expressions plus injurieuses encore, et qui étaient prononcées avec l'accent de la rage la plus furieuse. J'allais peut-être demander simplement : « Mais les martyrs? » Cependant, prévenant ma pensée, le docteur continuait : « C'est comme ces hommes que vous appelez martyrs, et *que la religion a fait mettre à mort.* » (Le docteur ne savait pas que bientôt j'entrerais au séminaire: il ne m'attaquait pas; j'écoutais en silence et avec effroi, car déjà il était retenu à la chambre par la maladie dont il mourut trois mois après.) Puis, pour conclusion, le docteur ajouta : « Je ne crains point les discussions avec les ecclésiastiques, ces b..... là ne voulaient jamais, quand j'étais jeune, me donner l'absolution. »

» mêmes... Tout est soumis à ses clefs, rois et peu-
» ples, pasteur et troupeau : nous le publions avec
» joie, car nous aimons l'unité et nous tenons toujours
» à gloire notre obéissance... C'est à Pierre qu'il a été
» ordonné de paître et gouverner tout, et les agneaux
» et les brebis, et les mères et les petits, et les pas-
» teurs mêmes, pasteurs à l'égard des peuples et
» brebis à l'égard de Pierre...

» Sainte Eglise Romaine, mère des Eglises, choisie
» de Dieu pour unir ses enfants dans les mêmes liens
» de charité, nous tiendrons toujours à ton unité par
» le fond de nos entrailles. Si je t'oublie, Eglise
» Romaine, puissé-je m'oublier moi-même, et que
» ma langue se sèche et demeure immobile dans ma
» bouche si tu n'es pas toujours la première dans mon
» souvenir. » (Bossuet, *Discours sur l'Unité.*)

« La voilà cette grande tige qui a été plantée de la
» main de Jésus-Christ; tout rameau qui en est dé-
» taché se flétrit, se dessèche et tombe. O mère !
» quiconque est enfant de Dieu est aussi le vôtre. O
» Eglise Romaine ! d'où Pierre confirmera à jamais
» ses frères, que ma main droite s'oublie elle-même
» si je vous oublie jamais. » (Fénelon, *Mandement.*)

MAGNÉTISME HUMAIN
ET
SOMNAMBULISME ARTIFICIEL.

PHYSIOLOGIE PSYCHOLOGIQUE.

PROLÉGOMÈNES.

Les obstacles qu'on rencontre dans l'examen de la question du magnétisme et du somnambulisme viennent de trois sources principales :

1° De la part de celui qui examine ;
2° De la part de la question à examiner ;
3° De la part de la divine Providence.

1° De la part de celui qui examine.

I. *L'orgueil.* — L'homme, comme par un souvenir de l'élévation, de la puissance et de la rectitude d'origine que son esprit reçut du Créateur, mais oublieux de sa propre chute, abusant encore de sa liberté, prononce *à priori*, et sans examen, qu'il y a impossibilité et absurdité surtout dans une question qui brise et abaisse de mille manières la vanité et la superbe de son intelligence déchue.

II. *L'ignorance.* — Sans études, et par les seules lumières qu'il apporte en naissant, l'homme ne peut pas s'établir juge compétent de la question, appeler à son aide la connaissance suffisante des différentes sciences qu'il lui faudrait réunir et harmoniser en une lumière unique. Ces sciences sont (1) : l'anatomie, la physiologie, la pathologie, la thérapeutique, la physique médicale, la chimie organique et médicale, et de plus la psychologie et la théologie, ainsi que l'ensemble des faits magnétiques, qui doivent être la matière de l'interprétation.

III. *La paresse.* — Le travail indiqué plus haut offre de tous côtés des difficultés bien grandes ; peu d'hommes peuvent l'entreprendre, et surtout l'achever, parce que la nature corrompue résiste en mille manières, parce qu'on a plus tôt fait de décider que d'examiner. Enfin la légèreté française vient encore mettre obstacle à la longanimité nécessaire.

IV. *L'empressement déréglé.* — Par ce mouvement d'une intelligence en désordre et esclave des impressions, l'homme se sent porté comme naturellement, avec le concours des trois causes précédentes, à émettre une opinion d'une manière absolue et exclusive, soit affirmative, soit négative, soit même, extérieurement au moins et en apparence, modérée, et, en partie seulement, négative ou affirmative, mais toujours *à priori*, sans examen véritable par consé-

(1) Il est bon de remarquer, 1° qu'aujourd'hui, en raison des circonstances, conséquences des persécutions dirigées dans le dernier siècle contre le clergé, peu d'ecclésiastiques étudient les sciences physiques ; 2° que depuis que l'impiété a été mise à l'ordre du jour et que les médecins ont déclaré que le médecin *devait s'arrêter* là ou commençait le métaphysicien, peu connaissent la psychologie et aucun la théologie.

quent, et comme par une impulsion puissante qui, en réalité, n'est qu'un emportement et un caprice que la raison qu'il offense condamne et réprouve. Ainsi, les uns veulent examiner les questions les plus élevées avant celles qui sont élémentaires ; ils veulent, pour une question qu'ils abordent pour la première fois et par le côté le plus ardu, des explications plus positives, plus minutieuses et plus claires que pour les choses avec lesquelles ils sont plus familiarisés, et qu'ils admettent sans tant de difficultés, par la seule habitude de les voir et sans les comprendre aucunement.

V. *Les préjugés.* — Non seulement l'homme ignorant, à moins qu'il ne soit bien modeste, mais surtout le savant, soit ecclésiastique, médecin ou autre, peut à peine se débarrasser des préjugés qu'il a conçus depuis longtemps, et qui lui font entrevoir, en le trompant, certains rapports ou certaines oppositions avec les connaissances déjà acquises, rapports et oppositions qu'il ne sait comment concilier, et à cause de l'étroitesse de l'esprit humain, et parce qu'il s'imagine facilement avoir toutes les données nécessaires pour résoudre le problème en question.

2° De la part de la question à examiner.

I. *La nouveauté au moins apparente.* — A son aspect, et sous son influence, l'homme, tantôt se laisse vaincre et misérablement tromper par une habitude dont il ne sait point se rendre compte ; tantôt se fait servilement esclave de la nouveauté qui le séduit ; tantôt, au contraire, se laisse emporter violemment dans un sens tout-à-fait opposé, et repousse alors ce qui froisse son ignorance et abaisse son orgueil; comme s'il comprenait plus clairement les choses qu'il admet par habitude que celles qui lui semblent nouvelles ; comme si une chose nouvelle eu égard à lui et aux connaissances qu'il a, était cependant nouvelle en soi !

II. *L'étrangeté apparente.* — On voit, d'après les raisons que nous avons alléguées plus haut, combien il est facile, même pour des savants et des médecins d'ailleurs fort estimables, de regarder cette question comme étrange, comme absurde, et comme entièrement incompatible avec les vérités déjà connues, ou au moins tenues pour telles au milieu des incertitudes des sciences purement humaines ; et malgré tout ce qu'il y a de positif et de certain dans la théologie, lorsque c'est un homme isolé et faillible qui, sans mission spéciale, en fait l'application à une question qu'il connaît peu, on voit aussi combien il est facile de se laisser aller à croire qu'elle renferme réellement des principes contraires aux lois de la nature, aux règles de la foi et de la raison, qui ne semblent ébranlées et renversées que par une apparence trompeuse et fausse, un examen superficiel, un parti pris à l'avance.

III. *La nature même de la question.* — Etant en même temps du domaine de la physiologie et de la psychologie, cette question doit être examinée, non seulement par une discussion métaphysique franche et impartiale, mais encore et surtout par une expérience exacte demandée soit à sa propre pratique, soit à celle d'autrui; on peut alors établir une comparaison complète de tous les faits et de toutes les théories, au moins dans ce qu'il y a d'essentiel chez les principaux auteurs, comme on fait *aujourd'hui* pour la physique, la physiologie et les autres sciences de la même nature, quand on les étudie sans idées préconçues.

IV. *Le grand nombre des ouvrages.* — Voilà, pour la question présente, la source d'un immense travail qu'une multitude de causes empêchent ou retardent; ainsi par exemple, le grand nombre des faits qu'il faut comparer entre eux, et qu'il faut rassembler de différents côtés, soit parce que, de part et d'autre, beaucoup d'écrits ont été publiés (700 au moins en France, et tout autant en Allemagne, sans parler des autres pays), soit à cause des difficultés qu'on rencontre pour expérimenter sérieusement, avec suite, pour comparer les diverses théories, etc.

V. *L'imperfection des ouvrages.*— Comme il arrive ordinairement pour toute question nouvelle, ou qui reparaît après avoir été longtemps oubliée, aucun auteur, même parmi ceux qui ont traité la question *ex professo*, n'a écrit un ouvrage complet dans lequel tous les faits essentiels soient exposés, ainsi que les points principaux des différentes théories qui les expliquent; ce travail, en effet, demanderait dix années d'études les plus sérieuses et dirigées vers ce but tout spécial. Tous ont publié, soit une rétractation de leurs négations passées, soit un ouvrage de polémique, soit des mémoires, soit des relations historiques, et presque toujours ils n'ont eu pour but que de satisfaire à un besoin présent, en rapport avec le temps, le lieu, les professions, les études, en un mot avec les circonstances du moment.

VI. *Les moyens auxiliaires.* — Le grand nombre et la nature des sciences qui doivent concourir à élucider la question, la difficulté de les étudier, non seulement en les prenant séparément (bien qu'il ne soit pas nécessaire de les posséder complétement, mais seulement dans leurs rapports avec la question présente), mais de plus, et par-dessus toutes choses, la difficulté de les étudier en les réunissant par une vue d'ensemble, c'est-à-dire en rassemblant en un seul tout, et en harmonisant ces relations diverses pour les unir ensuite avec sagesse sous l'empire d'une physiologie psychologique impartiale, et d'un catholicisme franchement et noblement orthodoxe.

VII. *Le temps de son apparition.* — Bien que cette question ne se soit pas présentée audacieusement impie comme elle le paraît aujourd'hui sous la plume d'auteurs modernes (Foissac et Mialle, Ricard, Aub. Gauthier, etc.); cependant elle reçut quelque légère influence du malheureux siècle dans lequel elle reparut et des principes alors existants, comme nous voyons encore de nos jours la médecine détournée de sa voie pour favoriser le matérialisme honteux d'un grand nombre de ceux qui l'étudient. Au reste, chaque science subit plus ou moins des modifications et des interprétations analogues au génie et aux dispositions du siècle dans lequel elle apparaît et est étudiée. L'homme sage sait discerner ce qui est essentiel à la question et ce qui n'est qu'accidentel. Enfin, de même qu'un menteur ne peut plus, par ses assertions, concilier les esprits à la vérité lorsqu'il la défend, de même aussi les hommes du xviiie siècle, justement accusés d'impiété, ne devaient point attirer des regards favorables sur la question du magnétisme, qui comptait cependant beaucoup d'autres défenseurs, amis sincères de la religion qu'ils pratiquaient fidèlement; tels sont entre autres le père Gérard, supérieur général de la Charité, le père Hervier, plusieurs MM. de Puységur, etc. Malgré tout cela, le temps de l'apparition du magnétisme a une telle influence sur certains esprits que lorsqu'ils ont dit que cette question a été agitée pendant la révolution, ils ne sont plus maîtres de la considérer froidement et sans pâlir ; leur vue se trouble, et ils ne peuvent l'entrevoir qu'avec une horreur juste dans sa cause, mais fausse et exagérée dans son application.

VIII. *L'opposition des savants.* — De la multitude et de la nature des sciences qui concourent à éclairer la question, et surtout du mode harmonique par lequel elles doivent être unies, sortent, tout naturellement, et pour le nombre et pour l'espèce, ces adversaires saisis de crainte à la seule pensée de voir leur possession troublée ou ravie (1). De plus, les

---

(1) Mais, dit M. Castel, si la plupart des faits mentionnés dans le *Rapport* étaient réels, ils détruiraient *la moitié* de nos connaissances

différentes causes qui viennent de la part de celui qui examine, et que nous avons indiquées plus haut, même à les prendre séparément, expliquent parfaitement l'opposition dirigée contre le magnétisme de la part des savants, soit isolés, soit réunis en corps académiques, et publient, en même temps que leurs décisions, les contradictions et les erreurs dont ils les accompagnèrent.

D'une part, en effet, ils décident solennellement que le magnétisme n'existe pas, et de l'autre ils avouent « qu'on ne peut s'empêcher de reconnaître » à ses effets constants une grande force qui agite les » malades, les maîtrise, et dont celui qui agit sem- » ble être le dépositaire. » Ce sont leurs propres paroles; cependant ce magnétisme, qui n'existe pas, selon eux, est dangereux et immoral. Frappé de ces considérations, l'un d'eux, M. de Jussieu, refuse de signer ce rapport, et, se séparant de ses confrères, publie aussitôt un rapport contradictoire. Néanmoins, les académiciens de 1784 répandent par mille et par milliers le décret qui nie et qui condamne le magnétisme, et qui servira à rayer du tableau des docteurs de la Faculté ceux qui ne s'y soumettront pas aveuglément. Les académiciens de 1831, après avoir dit dans leur rapport que la question du magnétisme jette de vives lumières sur la physiologie et la psychologie, et qu'il faut encourager ce genre de recherches, trouvent le rapport trop favorable, se bornent

physiologiques. *Rapport de l'Académie sur le magnétisme*, publié par Foissac.

à l'autographier pour l'ensevelir dans leurs archives et le dérober à la connaissance de tous, et cela par timidité et par faiblesse, et pour ne point blesser de misérables susceptibilités de corps. Plus tard, en 1837, ils nomment une autre commission, la composent de gens qui se sont prononcés publiquement ennemis implacables, qui déclarent qu'ils ne croiraient pas les faits même quand ils les verraient (1), et qui montrent enfin assez d'habileté et de justice pour tirer, d'un fait particulier dénaturé, des conclusions générales qu'ils mettent au jour cette fois, parce qu'il s'agit encore de combattre et de condamner.

IX. *Les vues étroites d'un grand nombre d'auteurs.* — Les ennemis du magnétisme reprochent souvent à ceux qui le défendent d'être matérialistes (ce qui n'est pas toujours sans fondement, au moins à cause de certains principes qui y conduisent logiquement, l'indifférentisme ou le panthéisme par exemple); cependant, il faut le dire, le plus grand nombre des auteurs qui ont écrit sur la question penchent vers le spiritualisme et le défendent, et c'est pour cela qu'ils ont été nommés rêveurs et mystiques par les matérialistes et les médecins surtout (2).

(1) M. le docteur Bouillaud.
(2) Plusieurs médecins rejettent l'existence du fluide magnétique, parce qu'ils trouvent qu'il ressemble trop à l'âme. C'est l'avantage que l'on tire de la philosophie des colléges et du panthéisme des grands maîtres de nos jours. Voyez à ce sujet, *Du panthéisme dans les sociétés modernes*, 1 vol. in-8°, par M. l'abbé Maret. Debécourt, Paris. — *Catéchisme de l'Université*, etc., etc.

S'ils offrent cependant un spiritualisme qui ressemble souvent au mysticisme et à l'illuminisme allemand et protestant (MM. Foissac et Mialle, Ricard, Aub. Gauthier, etc.), mais rarement bien exact et bien catholique, cela est facile à comprendre, surtout de la part de médecins, de calculateurs, de magnétiseurs, de gens du monde, etc., dans un siècle où l'on se montre fort ignorant sur la religion et les questions qui s'y rapportent; où l'on croit avoir tout fait quand on a *le sentiment religieux;* quand on saisit la religion par ce qu'elle a de poétique et d'artistique; qu'on prononce publiquement le mot de *Providence*, et que dans un ouvrage on n'a point rayé *le mot Dieu*, (Ricard, Aub. Gauthier), ni injurié la signification qu'on croirait y entrevoir dans un élan d'imagination qui s'égare. Est-il étonnant que sous toutes ces formes l'impiété endurcisse un cœur coupable, qu'elle ne veuille point comprendre dans la crainte de réformer sa conduite, et qu'elle nie et les lois et les miracles, qui sont comme les exceptions posées librement par Dieu; enfin qu'elle rejette toute autorité, elle qui veut vivre sans frein et sans lois, sans législateur, par conséquent, qui l'oblige, et qui fasse craindre à sa libre désobéissance une sanction légale qui l'atteigne dans le temps et dans l'Éternité. Toujours, n'avons-nous pas entendu l'impiété publier partout que la foi n'est pas seulement au-dessus de la raison, mais qu'elle est contraire à la raison, et mille autres folies semblables qui ne seraient que risiblement absurdes si elles n'étaient pas sacriléges et impies. Mais pourquoi faire tomber l'odieux de ce reproche sur le magnétisme lui-même, et non pas seulement sur les hommes qui abusent des principes de cette science, comme ils abuseraient de toute autre s'ils l'étudiaient, parce que, indépendamment de toute science et de toute étude, ils veulent être impies et corrompus? car l'impureté suit toujours l'impiété de plus ou moins près quand elle ne l'a pas précédée.

Enfin, comme nous l'avons déjà dit plus haut, aucun auteur, défenseur du magnétisme, n'a publié un traité complet sur cette science. Aucun auteur suffisamment instruit de toutes les sciences que nous avons dit être nécessaires, en substance au moins, n'a cherché à éclaircir la question en se plaçant au point de vue de la foi et de la vérité catholique; et de ce sommet élevé, le seul qui le soit véritablement, nul n'a pu entrevoir l'étendue et la profondeur de la question, et présenter ainsi aux autres le beau spectacle de la vérité tout entière. Ajoutons encore qu'aucun adversaire du magnétisme, suffisamment instruit des sciences que nous avons indiquées déjà, n'a montré qu'il possédait au degré convenable des notions précises, je ne dis pas sur la pratique du magnétisme, mais seulement sur ce qui a été écrit : aussi aucun auteur compétent et impartial n'a exposé la question au point de vue religieux, et n'a pu faire par conséquent raisonnablement soupçonner à qui que ce fût l'accord ou le désaccord de la science magnétique et du catholicisme. La plupart des adversaires ecclésiastiques ou médecins (MM. Debreyne, Frère, etc.) ont montré à tout homme attentif et instruit sur la question présente, qu'ils combattaient avec des armes choisies *à priori* et des vues étroites puisées soit dans quelque article de dictionnaire, signé Feller, Virey, Bouillaud, etc., soit dans quelque biographie, soit dans un écrit contre la question (Montègre, Dupeau, etc.) ou même en faveur, mais incomplet (Rostan, Dupotet, etc.), heureux dans un passage souvent tronqué de trouver la confirmation d'un arrêt prononcé longtemps à l'avance. C'est ainsi que pour défendre la religion ou la saine physiologie, beaucoup ont cru devoir attaquer le magnétisme, affirmant que les deux choses ne pouvaient s'accorder, et fournissant ainsi toutes les preuves capables de montrer à l'homme instruit sur le point en litige, qu'ils ignorent en réalité la question, discutent contre ce qu'ils nomment *une hypothèse* (M. l'abbé Frère), qu'ils ne présentent encore qu'imparfaite et défigurée.

3° De la part de la divine Providence ; les obstacles énoncés plus haut sont permis :

I. *Pour l'intégrité même de la science.* — En effet, bien que la vérité soit en elle-même positive, qu'elle soit une, la rectitude absolue ; lorsqu'elle passe dans le commerce des hommes, la vérité reçoit des modifications négatives (relativement à nous seulement); elle subit des divisions et des déviations, à cause des différents milieux qu'elle traverse pour arriver jusqu'à nous ; alors on dit que l'erreur se mêle à la vérité. Oh! qu'il y a de sagesse et de miséricorde dans ces retardements, ces temporisations que la vérité rencontre! par là l'ivraie est séparée du bon grain, et du milieu des passions des hommes et de l'étroitesse de leurs vues, Dieu fait éclater sa puissance, et la vérité n'en sort que plus belle, plus complète et plus pure.

II. *Pour l'intégrité de la religion.* — Les impies, pour attaquer la religion, abusent des moyens les meilleurs en eux-mêmes. Un grand nombre d'ecclésiastiques qui combattent le magnétisme et le somnambulisme peuvent, sans passion et sans exagération aucune, être regardés comme ayant porté atteinte à la vérité (quoique pouvant avoir une fort bonne intention), et cela parce qu'ils ont repoussé la science par des travaux de peu de valeur réelle, fort incomplets et pleins des préventions les plus évidentes (MM. Fustier, Fiard, Wurtz, Frère, Debreyne, etc.); cependant, même au milieu de ces écarts, on voit éclater les desseins de la providence divine, défendant d'une manière merveilleuse l'intégrité de la religion contre les coups insensés d'un grand nombre de magnétiseurs impies, ou propagateurs des principes qui conduisent à l'impiété (MM. Théod. Bouys, Foissac et Mialle, Dupotet, Ricard, Aub. Gauthier, etc.).

III. *Pour l'intégrité des mœurs.* — La faculté ou puissance magnétique est en elle-même naturelle et bonne, ainsi que la lucidité somnambulique; cependant qui oserait révoquer en doute qu'une faculté, morale dans son principe (la volonté), et libre par conséquent, secondairement physique et matérielle (le fluide magnétique), puisse, comme toutes les facultés de l'homme, recevoir une direction mauvaise et perverse, soit dans l'ordre moral naturel, soit dans l'ordre surnaturel (1)?

IV. *Pour l'intégrité de la santé.* — Même pour celui qui admet que la médecine magnétique est la seule véritable médecine, il est incontestable qu'il faut la science compétente pour l'exercer convenablement, et non moins de temps pour s'en instruire que n'en demande la doctrine de telle ou telle école. Aussi, de la part de la divine providence, avons-nous à admirer les résistances de beaucoup d'hommes du monde qui ne s'en serviraient que pour satisfaire leur folle vanité. Il en est au moins de même des résistances d'un grand nombre de médecins, puisque par là une multitude de matérialistes ou de panthéistes, ce qui est la même chose, se trouvent écartés; puisque par là et la science et la religion et les mœurs ne peuvent être souillées par eux (2), et que

---

(1) Chez les païens, les oracles et les sibylles ne firent pas toujours du magnétisme et du somnambulisme pur et simple : *Dii gentium dæmonia*; *les dieux des nations sont les démons.* C'est l'Écriture Sainte qui le dit, l'autorité de l'Église infaillible nous en assure l'interprétation, la tradition des SS. PP. Ce n'est pourtant pas le sentiment de MM. de l'Académie dans leur Rapport de 1831, ni de MM. Foissac et Mialle, Dupotet, Ricard, et encore moins de M. Aub. Gauthier, etc.

(2) Il est évident, et je le dis une fois pour toutes, que mon intention n'est point d'attaquer, ici ni ailleurs, dans cet ouvrage, les médecins qui exercent honorablement la médecine en comprenant la grandeur des fonctions de celui auquel un père et un époux confient ce qu'ils ont de plus précieux; encore moins ceux qui savent que Dieu

la santé et la vie même se trouvent protégées contre la curiosité impie de beaucoup de médecins, de magnétiseurs, qui, d'ailleurs, n'estimant pas plus l'homme qu'un animal, ne se feraient point scrupule de le tourmenter en mille manières par de cruelles et dangereuses expériences.

COROLLAIRE.

O hommes, si vous détournez les yeux pour ne point voir l'orgueil qui se joint en nous à la faiblesse et à l'erreur (ainsi qu'il est exposé 1°), si vous n'élargissez pas l'étroitesse devenue comme naturelle à nos esprits déchus, et si vous ne voulez pas puiser à la source si féconde des sciences (comme il est dit 2°), quoi que vous fassiez vous ne sauriez vous soustraire

leur en demandera compte et qui s'en souviennent dans la pratique ou dans les chaires de l'école. Mais pour ceux qui se plaindraient aussi que la pointe de leur scalpel n'a point rencontré d'âme, à l'exemple du docteur B...; pour ceux qui, comme le docteur R..., dans un cours de clinique, saisissent avec plaisir l'occasion de dire qu'ils ont donné à des ecclésiastiques certains conseils dont leur santé aura pu se trouver fort bien, *quoique au détriment de certaines promesses de célibat;* pour ceux qui imiteraient la conduite d'un autre docteur R... qui, honoré d'un titre de noblesse, ayant à la boutonnière le cordon de la Légion d'Honneur, vieillard à cheveux blancs, penché déjà vers sa tombe, entouré, dans un cours de chirurgie fait à l'école, de squelettes et d'ossements de toute sorte, ne pouvait cependant s'empêcher de provoquer par des plaisanteries immorales les rires impurs d'une jeunesse qui ne demande qu'à satisfaire ses passions ; pour ceux-là, qu'ils comprennent et qu'ils profitent, et qu'à l'exemple du dernier que j'indique ici, ils n'attendent pas la mort pour revenir à Dieu : puissent-ils au moins, comme lui, y revenir de tout leur cœur à leur dernier moment !...

à la divine providence de votre Dieu (3°); et non seulement la vérité restera sans atteinte, mais vous concourrez malgré vous à son triomphe futur.

CHAPITRE PREMIER.

COUP D'ŒIL ANTICIPÉ SUR LE MAGNÉTISME DANS L'ANTIQUITÉ AU POINT DE VUE CATHOLIQUE. — ORIGINE DE LA MÉDECINE.

S'il est contraire à la saine tradition, à la tradition catholique; s'il est impie et contraire à la vérité scientifique d'affirmer sans réserve que tous les mystères des temples anciens, les guérisons et les oracles, étaient exclusivement dus au magnétisme et au somnambulisme, il ne nous semble pas qu'on puisse appliquer les mêmes qualifications à l'opinion que nous allons exposer pour entrer en matière sur la question si importante du magnétisme humain et du somnambulisme provoqué.

Il est probable, aux yeux de celui qui a acquis une vue d'ensemble de la question qui nous occupe, que, dans les temples anciens, ou pour mieux dire, dans les lieux qui furent plus tard transformés en temples de fausses divinités, le magnétisme a d'abord été exercé d'une manière simple et naturelle, et qu'à mesure que la corruption de l'idolâtrie a fait ses terribles progrès, cette action a été corrompue elle-même et mêlée plus tard, soit implicitement, soit même explicitement, à l'intervention de la puissance des ténèbres, ainsi que plus tard nous en fournirons quelques preuves.

Nous pourrons donc dire avec la plupart de ceux qui ont écrit sur le magnétisme, mais dans un sens plus restreint qu'eux : L'Égypte et la Grèce avaient autrefois leurs sanctuaires mystérieux. Les malades allaient chercher la santé dans les temples de Sérapis, d'Isis et d'Esculape. Réunis dans l'enceinte regardée comme sacrée, des hommes, qui d'abord n'étaient que savants et humains, mais qui devinrent plus tard idolâtres, impies et corrompus, avaient connaissance de quelques uns des secrets les plus importants et les plus utiles pour secourir l'homme souffrant; cachant, sous un appareil d'abord seulement utile, et plus tard imposant et menteur, une puissance commune à tous les hommes, mais à l'exercice de laquelle ils avaient admis ou appelé le concours de l'ennemi du genre humain, ils imposaient les mains sur les malades, les pénétraient de leur principe de vie, et opéraient ainsi des guérisons que la multitude trompée par des enseignements coupables attribua en totalité à des dieux imaginaires. Et parce que la multitude n'est point juge équitable de ce qui dépasse ou ne dépasse pas les forces de la nature, et parce que souvent aussi elle avait des raisons positives d'y reconnaître une intervention surhumaine, elle adora, comme ses maîtres, les crimes divinisés, et le démon eut ses temples et ses autels. — Néanmoins, tout e restant dans les bornes primitives d'une action purement naturelle, la puissance des prêtres-médecins n'était pas circonscrite dans le cercle étroit des effets magnétiques. Par l'inoculation du principe de vie, ils excitaient, ils doublaient, pour ainsi dire, l'activité du système nerveux, ils le régénéraient pour un instant, et, sous l'apparence du somnambulisme et du songe, ils développaient dans les consultants, ou, s'ils n'en étaient point susceptibles, dans des individus qui entraient facilement dans cet état, ils développaient, dis-je, une grande, une exquise sensibilité, analogue à celle que les animaux manifestent par leur instinct pour les remèdes qui leur sont utiles, mais qui se montre dans l'homme bien dirigé d'une manière tout aussi sûre et plus brillante, parce que la sensation instinctive est perçue par l'âme humaine, douée d'intelligence, de conscience et de liberté. Ainsi provoqué chez l'homme, tout en lui laissant, très souvent même en augmentant son advertance, sa faculté de réfléchir et de délibérer, l'instinct conservateur, l'attrait pour les substances utiles à la conservation de la santé ou à la guérison de ses propres maux, acquérait un complet développement, et alors se manifestait souvent aussi cette sympathie, prenant rigoureusement ce mot dans son sens tout physiologique, par laquelle le somnambule ressent en même temps que le malade qui le consulte les douleurs de la maladie qui l'accable.

Mais la Vierge immaculée a posé son pied sur la tête du serpent infernal, le sang de Jésus-Christ a coulé sur la croix, l'œuvre de la Rédemption est accomplie; fait homme par amour pour nous, notre Dieu par sa mort régénéra le monde, renversa, heureusement pour l'humanité, ces institutions si profondément corrompues depuis longtemps ; l'ennemi voit détruire ses temples, ses oracles se taisent, ses initiés se dispersent ou périssent ; ils avaient oublié peut-être entièrement alors le mode d'action purement naturel, ou s'ils le connaissaient encore, leur science tenue secrète disparut avec eux, et, avec l'abus coupable d'un don de Dieu, le don lui-même fut presque entièrement perdu pour un temps, au moins dans ce qu'il avait de public et de raisonné, de criminel et d'idolâtre. Aujourd'hui, si cette science bien comprise était rendue prudemment à l'influence du catholicisme par des hommes impartiaux et instruits, on peut affirmer que son usage ferait le plus grand bien et qu'il serait facile de prévenir les abus.

En faisant la part des abus criminels introduits dans les temples païens, on peut dire cependant que jusqu'alors la médecine avait une marche moins incertaine et que ses moyens d'investigation étaient plus en harmonie avec la nature. Aussi la puissance sanative et l'instinct conservateur méconnus, la santé et la vie n'eurent plus d'espérance que dans les observations, les essais et les expériences que les mourants purent offrir à ceux qui, suivant un nouveau mode, remplirent le ministère médical. Les malades guéris dans les temples en se soumettant aux prescriptions qu'ils se faisaient eux-mêmes dans leurs songes somnambuliques, trompés par l'oubli le plus complet au sortir de cet état particulier, croyaient devoir leur guérison à la divinité du lieu et lui consacraient une tablette de marbre sur laquelle étaient écrites en lettres d'or la nature de la maladie et celle de la médication salutaire.— Alors des hommes bienfaisants peut-être, mais peut-être aussi cupides, firent un recueil de ces inscriptions, de ces préceptes, afin d'en tirer un parti salutaire quand ils trouveraient l'occasion de les utiliser.—A cette époque aussi, comme à la nôtre, l'esprit dit philosophique, rejetant avec dédain tout ce qu'il ne peut expliquer, avait préparé, par un concours accessoire, la chute de la médecine magnétique ; et c'est ainsi que les passions humaines servent bien souvent malgré elles à rétablir la violation de l'ordre et contribuent ainsi à l'action providentielle de Dieu sur les hommes.

Quatre siècles à peu près avant Jésus-Christ, vivait le grand Hippocrate. Roi entre tous, il sut assimiler à son génie les matériaux précieux renfermés dans les temples païens ; et c'est ainsi qu'il légua à l'admiration des siècles un monument impérissable, dont se glorifieraient de nos jours ceux mêmes qui crient bien haut que l'art de guérir a fait d'immenses progrès (1).

(1) Peu de médecins voudront recevoir cette explication de l'origine de la médecine, et cela pour plusieurs motifs qu'il ne m'appartient pas d'examiner ici. Il me suffit de savoir que ce n'est pas au moins parce qu'ils ont quelque chose de plus positif à en dire. Incontestablement les sciences médicales ont fait de grands progrès depuis Hippocrate, mais la médecine elle-même, *l'art de guérir*, c'est là une autre question que je laisse à d'autres à résoudre. Cependant un médecin célèbre, qui a été en cela imité par plusieurs autres a prétendu que depuis Hippocrate la médecine ne s'est pas perfectionnée ;

Cependant cette heureuse influence de l'homme sur son semblable n'était pas anéantie, elle ne pouvait l'être ; et de loin en loin apparurent des hommes qui l'employaient souvent d'une manière purement naturelle, toute spontanée, sans s'en rendre compte par conséquent, et comme poussés par ce besoin que

que les maladies, en général, ne sont ni mieux connues dans leur nature intime ni mieux traitées ; que les guérisons ne sont ni plus fréquentes ni plus merveilleuses. S'il en était ainsi, que faudrait-il penser des bornes de nos connaissances et de nos talents, non seulement dans la spéculation et les sciences abstraites, mais encore dans les arts pratiques les plus graves et les plus essentiels ? Que deviendraient, pour l'*art de guérir*, toutes les lumières, tous les secours cherchés dans la physique, la chimie, l'anatomie, etc.? Ne serait-on pas tenté de croire que la médecine a dégénéré avec la simplicité des idées primitives et avec les premières pratiques de l'art ? Voici ce que dit Feller, *Dict.*, art. HIPPOCRATE, vers la fin ; il ne sera pas inutile non plus de transcrire ici quelque chose du commencement du même article ; l'auteur ne peut être suspect, il n'est point favorable au magnétisme, et il ne voudrait point qu'on le regardât comme le père de la médecine ordinaire.

« Hippocrate, le plus célèbre médecin de l'antiquité, naquit à Cos, île de la mer Égée, consacrée à Esculape, qui y avait un temple fameux... Les membres de sa famille exerçaient comme un double sacerdoce dans le temple de ce dieu, en desservant les autels et en soignant les malades. Dans cette famille le fils héritait de la tradition orale des cures opérées par ses aïeux, cures attestées par les offrandes ou tablettes votives, et par des recueils précieux d'observations écrites. Hippocrate voyagea à Athènes, en Thessalie, en Macédoine, en Thrace et même dans le pays des Scythes. Les Athéniens l'initièrent aux grands mystères... Le moyen qu'il employait le plus souvent soit pour la conservation de la santé, soit pour la guérison des maladies, était *les frictions de la peau* : remède qu'Hippocrate diversifiait selon les différents tempéraments... »

C'est à Feller à justifier ce que tant d'autres rapportent avant lui.

nous éprouvons d'approcher celui qui souffre et de satisfaire le désir que nous avons de le soulager. L'on vit aussi d'autres hommes employer des pratiques, qui, à l'extérieur, avaient quelque chose d'analogue, mais avec des intentions bien différentes, et, recourant implicitement ou explicitement à une puissance surnaturelle, user de secrets et de conjurations superstitieuses et criminelles (1). Si l'on ne peut nier ces faits divers, il faut avouer que, lorsqu'il a fallu les discerner les uns des autres, l'erreur a pu se glisser quelquefois. Mais est-il nécessaire de se réunir *aux esprits supérieurs* pour tout nier, ou tout expliquer selon son caprice, et crier avec eux qu'il est temps de faire justice de ce qu'ils qualifient *de rêveries fanatiques?*

L'homme avait toujours la puissance de guérir son semblable et de développer en lui l'instinct conservateur ; mais cette grande vérité, si propre à faire naître dans le cœur de l'homme des sentiments de reconnaissance et d'amour pour son Dieu, à relever l'homme à ses propres yeux, à le faire chérir de ses

---

(1) Ce n'est point là l'opinion de MM. de l'Académie dans leur rapport favorable au magnétisme, ni de M. Foissac, ni de M. Mialle, qui revendique si hautement les notes peu catholiques qu'il a ajoutées au rapport de l'Académie. Ce n'est point non plus l'opinion de M. Dupotet, et encore bien moins de M. Aub. Gauthier, ni de M. Ricard, qui dit bien haut qu'il ne fallait pas mettre à mort *comme sorciers* des gens qui ne faisaient qu'*abuser* de la faculté magnétique. Puisque M. Ricard reconnaît que souvent il y a eu abus et abus bien criminel, *la cruauté et le fanatisme* ont donc puni des crimes qui existaient réellement : c'est accorder plus que M. A. Dupeau, qui explique tout cela par l'imagination. Les magnétiseurs sont en progrès.

semblables, à resserrer les nœuds de la charité fraternelle ; cette vérité, entrevue et enseignée assez obscurément par des médecins et des philosophes du xvɪe siècle, paraissait être perdue pour la science, si quelqu'un ne fût venu nous donner la clef de passages qui nous paraissent fort clairs aujourd'hui. Alors Mesmer apparut dans le monde savant, et, au milieu des dédains et des persécutions, vint proclamer parmi nous la puissance magnétique, et, tout en les cachant d'abord par prudence, les merveilles somnambuliques développées par elle.

Ici, il faut en convenir, on a beau se sentir appuyé sur sa propre expérience, environné de témoignages imposants, il faut faire un effort sur soi-même pour écrire en faveur du magnétisme humain et du somnambulisme provoqué, qui, depuis leur réapparition dans le monde en possession de la science, ont rencontré des adversaires toujours nombreux quand une vérité paraît ébranler de grands intérêts. Ne pouvant saper par la base les fondements sur lesquels le magnétisme repose, on a cherché à le ridiculiser, on l'a taxé de jonglerie, on a stigmatisé sans distinction tous les défenseurs du magnétisme des noms également injurieux de dupes ou de fripons. Aussi faut-il une conviction bien profonde pour braver de gaieté de cœur l'odieux ou le ridicule attaché à de semblables qualifications.

Cependant parmi les adversaires du magnétisme, les uns sont encore réduits aux sarcasmes et à la raillerie, moyen facile d'éluder une difficulté ; les autres, veulent donner à leurs dénégations un air philosophique : ils invoquent avec éclat le témoignage de la raison, incapable elle seule de prononcer sur la vérité physique la plus simple. Les faits, les observations positives sont en faveur de la science ; il faut donc appeler sans crainte du jugement de ceux qui condamnent sans connaissance de cause, et les citer au tribunal de l'expérience et de l'impartialité.

CHAPITRE II.

MAGNÉTISME REPOUSSÉ PAR LES SAVANTS.

Quiconque voudra nier les phénomènes magnétiques ne doit pas se contenter de dire : *Cela est faux ; je ne crois pas cela ; cela n'est pas possible ; cela n'est pas conforme aux lois de la nature.* Qu'il descende au fond de sa conscience ; qu'il se demande s'il a fait sérieusement ce qu'il pouvait faire pour juger sainement de l'impossibilité naturelle de tels et tels faits, qu'il énumère les expériences qu'il a faites pour la reconnaître, et qu'il dise si les sciences actuellement connues avec leurs diverses théories peuvent, sans étude et sans travail, se réunir en un seul faisceau pour manifester à son esprit, par des témoignages unis et harmonisés, la vérité scientifique qu'il nie ou qu'il attaque.

Si tous ceux qui se sont prononcés contre le magnétisme avaient ainsi examiné leurs opinions et leurs jugements sur la doctrine et les principes publiés dans des temps malheureux où régnait un prétendu esprit philosophique, Mesmer et sa découverte auraient été traités avec moins de passion, et l'on se serait épargné sur l'un et sur l'autre bien des mensonges et des calomnies qui font encore fortune de nos jours. On croit, et c'est à tort, qu'il n'appartient qu'aux savants de prononcer sur la vérité et la réalité d'une découverte. Rarement un savant du monde, c'est-à-dire un homme qui a recueilli, comparé beaucoup d'idées trouvées avant lui, peut et veut comprendre un ordre de vérités nouvelles.

L'esprit ne renonce pas plus à ses habitudes que le cœur; les habitudes de l'esprit sont ses opinions. Les savants travaillent plus en général leurs opinions que les autres hommes, et mettent ensemble pour les composer une plus grande masse de réflexions et d'idées; leur esprit a donc des habitudes plus profondes, plus difficiles à détruire, et, à l'apparition d'un nouveau système, ils ont donc pour l'adopter plus de préjugés à vaincre. C'est encore à tort qu'on se persuade que, tolérants par système et avides de vérités, les savants qui s'occupent des questions profanes accueillent sans envie l'homme de génie qui vient leur ouvrir dans le domaine des sciences des routes inconnues.

Ce ne sont pas des ignorants, comme on affecte de le dire aujourd'hui, mais des savants, mais des hommes en position dans leur siècle ou dans leur pays, de distribuer l'estime publique ou de faire la renommée, qui se sont élevés contre Christophe

Colomb annonçant un monde nouveau, contre Copernic publiant le vrai système des cieux, contre Harvey démontrant la circulation du sang. Ce sont des savants qui, sans doute par des motifs d'une plus haute portée, pour combattre des inductions contraires à la foi, et aussi par des répugnances chez plusieurs, purement humaines et toutes scientifiques, ont déclaré la guerre au système de Galilée et aux théories de Képler ; ce sont des savants qui, dans des temps plus reculés, ont préparé le poison donné à Socrate, et forcé le philosophe de Stagyre à se soustraire par un exil volontaire à une destinée semblable. Quand un homme de génie paraît dans le domaine des sciences, il brise tous les liens de l'intelligence humaine, et la porte loin des bornes dans lesquelles elle semblait arrêtée. Les savants qui s'occupent autour de ces bornes, et qui ont passé leur temps à prouver qu'on ne peut aller au-delà, s'agitent près de l'homme de génie ; et, empressés de réprimer son essor, ils s'efforcent de le fatiguer dans sa marche : lui, semblable au monde qui se meut par une loi puissante, avance, comme entraîné par une vertu divine, vers le terme de la carrière qu'il lui est donné de parcourir ; là il dépose l'intelligence humaine, riche d'une vérité de plus. Alors il se forme d'autres savants pour travailler, pour polir cette grande vérité, surtout pour planter des bornes autour d'elle. Plusieurs siècles s'écoulent quelquefois dans cette occupation peu nécessaire ; enfin, un autre homme de génie arrive qui arrache les bornes, s'empare de nouveau de l'intelligence humaine, et lui fait faire un pas de plus, un de ces pas hardis qui semblent envahir tout l'espace, et l'on s'écrie : Le doigt de Dieu est là. Les savants, déconcertés, imitent leurs prédécesseurs ; ils crient, ils persécutent, avec le genre de persécution qui est en usage dans le siècle où ils vivent, car pour persécuter il ne faut pas toujours ouvrir des cachots. Cependant malgré les clameurs et les persécutions, l'homme de génie remplit sa tâche ; l'intelligence humaine demeure où il l'a placée ; la vérité qu'il a trouvée s'établit, et bientôt de nouveaux savants vivent alentour, disposés à devenir persécuteurs comme ceux auxquels ils succèdent, si quelque homme extraordinaire vient encore, par sa marche importune, troubler le repos stérile auquel ils s'abandonnent.

Voilà le tableau que présente l'histoire des progrès de l'esprit humain. Toujours la science ancienne a persécuté la science nouvelle ; et jamais ceux qu'on appelle *savants* dans le monde et qui se plaisent à répéter les mots d'intolérance et de fanatisme lorsqu'il s'agit de religion, n'ont été tolérants que pour des opinions qui ne heurtaient pas celles qu'ils avaient adoptées.

Nous ne nous étonnerons donc pas que l'esprit humain ait suivi sa marche ordinaire dans l'examen des phénomènes du magnétisme humain et du somnambulisme provoqué. Mais, nous élevant à des considérations plus hautes, nous pourrons voir dans cette lutte et ces oppositions l'action comme nécessaire de ce sentiment inné qui nous dit qu'il y a une vérité, qu'il n'y en a qu'une, qu'elle seule doit régner, qu'il ne peut y avoir plusieurs vérités contradictoires. Nous pourrons voir encore dans ces oppositions si vives l'action providentielle et conservatrice de Dieu, qui, sachant bien que l'homme ne saisit jamais dans les sciences humaines la vérité sans y mêler le mensonge, se sert des passions et de l'aveuglement d'autres hommes, afin que la vérité sorte plus brillante et plus pure de ce conflit des petits intérêts humains. A chaque époque dans le champ de la science, Dieu a permis l'action d'hommes opposés par aveuglement ou par système au triomphe de la vérité, afin de ralentir par eux les efforts imprudents de ceux qui veulent nous nourrir à la fois du bon grain et de l'ivraie. Ils font partie du crible du père de famille, et concourent à la conservation de ses enfants.

Nous comprenons déjà que l'existence du magnétisme devait être rejetée par les académiciens de 1784, et Mesmer, son auteur, persécuté par la majorité des savants. Ils auraient eu, en adoptant cette découverte, trop d'erreurs à rejeter, trop de choses à refaire dans leur réputation, même légitimement acquise pour plusieurs. Or, quand on a bien ou mal arrangé sa réputation, quand on a déterminé les idées, les opinions d'après lesquelles on la conservera, n'est-il pas tout simple qu'on traite en ennemi celui qui, avec des idées et des opinions nouvelles, vient imprudemment l'ébranler; celui qui, après une tâche péniblement achevée, vient vous proposer une autre tâche très pénible à remplir? Mesmer, dit-on, cherchait les ignorants; il est vrai pourtant qu'il rechercha les savants et les médecins. Il leur proposait de constater, non par de simples effets, mais par des guérisons faites sous leurs yeux, l'existence du magnétisme; ils ont rejeté les guérisons, bien que l'objet de leur examen fût un nouvel art de guérir; déclarant, très judicieusement, que *les guérisons ne prouvent rien en médecine;* ce qui a fait dire à quelques hommes de mauvaise humeur : La médecine et l'art de guérir sont donc deux sciences qui n'ont rien de commun entre elles. Nous trouverons encore naturel que, pour juger le magnétisme, les commissaires examinateurs fassent exprès des règles fausses. Rien n'existe, dirent-ils, que ce qui peut être saisi par les organes des sens, que ce qui peut être vu, touché, goûté, entendu, senti; et ils conclurent de ces règles que le magnétisme animal ne pouvait exister, parce qu'ils ne l'avaient ni vu, ni touché, ni goûté, ni entendu, ni senti; comme s'il n'y avait pas beaucoup de causes physiques dont l'existence n'est pas immédiatement constatée par les organes des sens, mais médiatement par les effets qu'elles produisent; comme si l'on avait constaté autrement que par des effets la gravité de l'air, qu'aucun sens ne peut apercevoir, et que cependant tous les sens éprouvent à la fois; comme si l'on pouvait *à cette époque*, voir, goûter, toucher, entendre, sentir le fluide magnétique minéral, dont les effets sont cependant si certains et l'action si prodigieuse. Mais des faits qui attaquent les préjugés de la multitude, accoutumée à ne regarder comme certain que ce qui frappe ses sens ; des faits qui paraissent s'écarter de tout ce qui est connu, qui blessent l'amour-propre des savants en les ramenant aux éléments de l'étude de la nature, qui tendent à rétablir comme vérités des traditions que l'esprit d'analyse avait rejetées avec mépris, qui remettent en doute de prétendus principes scientifiques regardés comme les fondements de toute vérité ; de tels faits devaient avoir pour ennemis et la multitude et les savants, surtout depuis que la base de la morale est l'intérêt personnel. Combattu avec passion, dénoncé aux gouvernements, signalé aux tribunaux, bafoué dans les journaux, sur les théâtres, dans les salons, le magnétisme s'est vu l'objet d'un acharnement général qu'il est encore facile de constater aujourd'hui. Eh ! quelle est donc cette doctrine incendiaire? Vient-elle anéantir la morale, rompre les liens des sociétés, replonger l'univers dans le chaos ? Non, non ; à son origine, elle dérangeait seulement un peu la tendance d'un siècle qui ne voyait partout que de la matière, et, alors comme aujourd'hui, elle dérangeait aussi les prétentions des savants modernes, qui croient avoir posé les bornes des sciences. Les phénomènes du magnétisme ne peuvent être produits selon le caprice de chacun, ils ne peuvent se calculer, donc ils ne sont qu'une illusion.

Dans ce siècle, qui, à bien prendre, n'est pas plus mauvais que tout autre, mais qui a aussi son travers spécial, le caprice ou le calcul est le mobile de tout : il s'est glissé jusque dans les affections morales ; la joie, la douleur, les vérités religieuses sont des sources auxquelles on va chercher *le sentiment*, des sensations. Il faut que le plaisir ou l'intérêt trouve partout son compte. On a voulu trouver partout de la poésie, ou faire des équations. Le règne des sciences exactes mal entendues ou l'impie sensualisme ont banni tout ce qui n'apporte point quelque satisfaction, ou tout ce qui ne se démontre pas par la méthode géométrique ; et on a fait de la philosophie tantôt par enthousiasme d'imagination, et tantôt même par théorèmes et corollaires.

Loin de nous cependant la pensée de dénigrer notre siècle et de refuser aux savants de notre époque le tribut d'éloges que méritent leurs travaux : en faveur des sciences purement humaines, ils ont assez fait pour la reconnaissance de la postérité. Et lorsque, par une juste application, le calcul s'est attaché à toutes les parties des sciences, les mondes ont été comptés, leur marche prescrite, leurs révolutions annoncées, les globes ont été mis dans la balance, leur pesanteur est connue, les corps ont été décomposés, l'homme enfin a reconnu toutes les parties de son domaine ; il a su les rendre tributaires de son génie, parcourir les espaces avec la rapidité de l'éclair, et enchaîner la foudre qui grondait sur sa tête.

CHAPITRE III.

OPINION DE CUVIER, DE LAPLACE, DE M. LE PROFESSEUR ROSTAN,
SUR LE MAGNÉTISME HUMAIN.

Déjà nous avons entrevu que, lorsque la question du magnétisme fut agitée dans le monde savant, les autorités de l'époque établirent leurs décisions sur des principes inadmissibles. Les gens du monde ne restèrent pas indifférents à cette lutte; ils voulurent aussi donner leur avis sans étudier la question, et, comme on le pense bien, il n'en résulta pour la science aucune utilité.

Les uns, après avoir vu quelques faits, ont assigné à l'action magnétique des lois prises dans les rêves de leur imagination, et, demandant le consentement, la confiance ou la foi, les ont proclamés comme des conditions indispensables. Les autres, non moins insensés, ont nié tous les faits sans vouloir les examiner, ont cherché à déverser le ridicule et le blâme sur tous les défenseurs du magnétisme humain et du somnambulisme : mais la vérité, comprimée par de vils intérêts et de petites passions, devait les repousser plus tard, et, comme un monument éternel, attester à jamais l'injustice des hommes et leur aveuglement.

Aussi à notre époque, dans tous les rangs de la société, on est désireux de se soustraire à ce despotisme de l'ignorance enthousiaste et du savoir orgueilleux et rétrograde. Pour y parvenir et nous faire des convictions solides, nous aimons à voir un écrivain, plus soucieux de l'intérêt de la science que de son amour-propre, laisser de côté les matériaux qu'il puiserait dans sa pratique pour remplir la tâche d'historien fidèle et impartial, tâche toujours assez belle pour celui qui veut la remplir tout entière.

C'est dans sa manifestation envers ceux qui prononcèrent d'abord l'anathème contre le magnétisme; c'est dans sa manifestation publique dans les différents hôpitaux de Paris et devant les commissaires des corporations savantes que nous trouverons les moyens infaillibles de dissiper nos doutes sur l'existence et l'utilité du magnétisme humain et du somnambulisme artificiel. — Les attestations nombreuses des savants étrangers suffiraient seules pour mettre cette question importante en dehors de toute discussion; mais les distances semblent nuire à leur témoignage, il ne sera pour nous qu'accessoire; notre pays et nos contemporains nous imposeront davantage.

Aussi nous citerons, en France, au nombre des défenseurs de la science qui nous occupe, des noms connus de tous, des noms qui font autorité dans la science et auxquels nous ne rougirons pas de nous associer (1).

(1) Les citations suivantes ne plaisent point à tout le monde, et c'est à leur sujet que M. Lafond-Gouzy s'écrie avec plusieurs autres antagonistes : *Qu'on est affligé de voir les noms de Cuvier et de Laplace figurer dans une pareille occasion!*

Cuvier, *Leçons d'anatomie comparée*, s'exprime ainsi :

« Dans les expériences qui ont pour objet l'action
» que les systèmes nerveux de deux individus diffé-
» rents peuvent exercer l'un sur l'autre, il faut
» avouer qu'il est très difficile de distinguer l'effet de
» l'imagination de la personne mise en expérience
» d'avec l'effet physique produit par la personne qui
» agit sur elle.....

» Cependant les effets obtenus sur des personnes
» déjà sans connaissance avant que l'opération com-
» mençât, ceux qui ont lieu sur d'autres personnes
» après que l'opération même leur a fait perdre con-
» naissance, et ceux que *présentent les animaux*, ne
» permettent guère de douter que la proximité de
» deux corps animés, dans certaine position et cer-
» tains mouvements, n'ait *un effet réel, indépendant
» de toute participation de l'imagination d'un des
» deux*. Il paraît assez clairement aussi que ces effets
» sont dus à une communication quelconque qui s'é-
» tablit entre leur système nerveux. »

C'est Cuvier que nous venons d'entendre ; écoutons Laplace, *Théorie analytique du calcul des probabilités*, pag. 358.

« Les phénomènes singuliers qui résultent de l'ex-
» trême sensibilité des nerfs dans quelques individus
» ont donné naissance à diverses opinions sur l'exis-
» tence d'un nouvel agent que l'on a nommé *magné-
» tisme animal*. Il est naturel de penser que la cause
» de cette action est très faible, et peut être facilement

» troublée par un grand nombre de circonstances
» accidentelles : aussi, de ce que dans plusieurs cas
» elle ne s'est point manifestée, on ne doit pas con-
» clure qu'elle n'existe jamais.

» Nous sommes si éloignés de connaître tous les
» agents de la nature et leurs divers modes d'ac-
» tion, qu'il serait peu philosophique de nier l'exis-
» tence de phénomènes, uniquement parce qu'ils
» sont inexplicables dans l'état actuel de nos connais-
» sances. »

Voilà l'opinion de savants illustres dont le témoignage ne sera suspect à personne. En peu de mots, ils nous ont déjà appris bien des choses et ont répondu à bien des objections sur la nécessité prétendue du consentement, sur l'imagination, regardée comme cause des phénomènes magnétiques, sur l'action sur les animaux, sur la manière d'envisager l'irrégularité des mêmes effets lorsque la même cause est posée. Déjà n'existent plus ces allégations fausses répétées aveuglément par tous les adversaires du magnétisme (MM. Dupeau, Debreyne, Frère, Lafond-Gouzy, Dubois (d'Amiens). Maintenant nous pouvons passer à des témoignages plus positifs et plus détaillés.

Le docteur Rostan, qui, pour avoir vu des phénomènes magnétiques et avoir témoigné en leur faveur, ne peut pourtant pas être pris pour guide en tous points, surtout lorsqu'il s'agit de doctrine philosophique, s'exprime en ces termes (*Dict. de méd.* en 21 vol.) :

« Lorsque, fort jeune encore, j'entendis parler

» pour la première fois du magnétisme animal, les
» faits qu'on me racontait étaient si peu en rap-
» port avec les phénomènes *physiologiques que je
» connaissais*, que j'eus pitié de gens que je croyais
» atteints d'un genre nouveau de folie, et qu'il ne me
» vint pas seulement dans l'idée qu'un individu rai-
» sonnable ajoutât jamais foi à de pareilles chimères.
» Pendant plus de dix ans je parlai et j'écrivis dans
» ce sens. Exemple déplorable d'une aveugle préven-
» tion qui, nous faisant négliger le seul moyen positif
» d'instruction, l'application de nos sens, nous plonge
» ainsi dans une erreur longue et souvent indestruc-
» tible! Enfin le hasard voulut que par simple cu-
» riosité, et par voie d'expérimentation, j'exerçai le
» magnétisme. La personne qui s'y soumettait n'en
» connaissait nullement les effets; cette ciconstance
» est à noter. Quel fut mon étonnement lorsque, au
» bout de quelques instants, je produisis des phéno-
» mènes si singuliers, tellement inaccoutumés, que je
» n'osai en parler à qui que ce fût, dans la crainte
» de paraître ridicule......

» Je n'ai pas constaté les phénomènes magnétiques
» sur une seule personne; j'ai pris pour sujet de mes
» observations des individus de différentes classes,
» de *différents sexes;* des personnes dont plusieurs
» ignoraient jusqu'au nom de magnétisme : des litté-
» rateurs, des élèves en médecine, des épileptiques,
» des dames du monde, des jeunes filles, dont quel-
» ques unes même craignaient de se prêter à mes
» expériences. J'ai continué ce genre d'examen pen-

» dant plusieurs années, par cela seul qu'il m'inspi-
» rait un grand intérêt. A un petit nombre d'excep-
» tions près, j'ai toujours obtenu des phénomènes
» dignes de la plus grande attention.

» Enfin, continue le docteur Rostan, notre con-
» frère et ami M. Georget, dont le pyrrhonisme ne
» peut être révoqué en doute, n'a-t-il pas cru devoir
» se mettre au-dessus de misérables considérations
» pour publier ce que l'expérience lui avait appris?
» Plusieurs de ces expériences ont eu lieu chez moi;
» nous n'avions d'autre but l'un et l'autre que celui de
» nous instruire; nous apportions tous deux un es-
» prit de doute et de recherches.

» Quel intérêt pouvait avoir le docteur Georget à
» publier le résultat de ses observations? et quel in-
» térêt pouvons-nous avoir aujourd'hui à le soutenir?
» Si nous croyions qu'il eût été dupe, voudrions-nous
» partager un pareil reproche? Et s'il était un fourbe,
» pourrions-nous assumer une semblable compli-
» cité? »

Éclairé par sa propre expérience et par des témoignages qui prouvent que l'intrigue et le mensonge n'ont qu'un triomphe éphémère, M. Foissac, médecin de la Faculté de Paris, sans doute plus hardi que ses confrères, mais non plus éclairé qu'eux sur la philosophie du magnétisme (1), sollicita, le 11 octobre 1825, l'examen de l'Académie royale de médecine. Les

---

(1) Sans oublier MM. Burdin jeune et Dubois (d'Amiens), qui, dans leur *Histoire académique du magnétisme*, prennent sans cesse pour guides et pour maîtres de philosophie Rabelais, Helvétius, Dide-

discussions qui précédèrent le rapport que nous allons citer textuellement suffiraient seules pour dissiper entièrement les doutes qui pourraient s'élever dans notre esprit sur l'exactitude et l'impartialité des aveux favorables au magnétisme ; mais il serait trop long de les reproduire toutes ici (1).

Après quelques discussions préliminaires, M. Double, faisant observer que l'Académie n'était pas suffisamment préparée à de *semblables débats*, crut qu'il était plus à propos de nommer seulement une commission chargée de faire un rapport sur la question de savoir s'il convenait que l'Académie s'occupât du magnétisme animal (2).

Cette proposition fut adoptée à une immense majo-

---

rot, etc., qu'ils se plaisent à comparer à Platon et à nommer, par un esprit national, *nos philosophes*.

(1) Pour les détails purement historiques, j'en excepte toujours les notes *si philosophiques* que M. S. Mialle a pris soin d'y annexer ; voyez *Rapports de l'Académie*, par Foissac, 1 vol. in-8°.

(2) M. Dubois (d'Amiens) se plaint fort que *l'Hermès*, journal de magnétisme, et *le Globe*, en rendant compte de ces discussions, aient placé dans la bouche de MM. les académiciens des paroles très *inconvenantes ;* et comme il sait bien qu'étant souvent lancées à la dérobée, on ne les inscrit pas toujours dans les archives, il conseille fort prudemment d'aller puiser dans les Rapports mêmes, afin de convaincre les magnétiseurs de mensonge et de falsification. Pour faire contre-poids, je conseille d'assister quelquefois aux séances de l'Académie, de lire les articles écrits par MM. Bouillaud, Dubois (d'Amiens), et surtout l'*Histoire académique du magnétisme animal*, par MM. Burdin et Dubois (d'Amiens). Cet ouvrage est un véritable chef-d'œuvre, sous le double point de vue scientifique et religieux, de philosophie rabelaisienne, fortifiée par Helvétius et Diderot.

rité, et, le 13 décembre 1825, la commission, composée de MM. Adelon, Burdin aîné, Marc et Pariset, fit, par l'organe de M. Husson, le rapport suivant à l'Académie de médecine.

CHAPITRE IV.

LE RAPPORT DE 1784. — SON ANALYSE PAR MM. ADELON, BURDIN AÎNÉ, MARC, PARISET, HUSSON, MEMBRES DE L'ACADÉMIE ROYALE DE MÉDECINE. — DIFFÉRENCE DU MAGNÉTISME EN 1784 ET EN 1825.

« Messieurs, vous avez chargé, dans la séance du 11 octobre dernier, une commission composée de MM. Marc, Adelon, Pariset, Burdin et moi, de vous faire un rapport sur une lettre que M. Foissac, docteur en médecine de la Faculté de Paris, a écrite à la section pour l'engager à renouveler les expériences faites en 1784 sur le magnétisme animal, et pour mettre à sa disposition, si elle jugeait convenable de les répéter, une somnambule qui servirait aux recherches que des commissaires pris parmi vous croiraient (1) à propos de tenter.

» Avant de prendre une détermination sur l'objet de cette lettre, vous avez désiré être éclairés sur la question de savoir s'il était convenable que l'Académie (2) soumît à un nouvel examen une question

(1) M. Dubois (d'Amiens) remarque ici qu'il y a dans l'original : *jugeraient* et non pas *croiraient*. Mais il nous rassure en ajoutant aussitôt : Ceci n'est qu'une négligence de style.

(2) Ici, continue M. Dubois (d'Amiens), ce n'est plus une négligence de style, c'est un changement qui devait avoir une certaine portée :

scientifique jugée et frappée de réprobation, il y a quarante ans, par l'Académie royale des sciences, la Société royale de médecine et la Faculté de médecine, poursuivie depuis cette époque par le ridicule (1), enfin abandonnée ou plutôt délaissée par plusieurs de ses partisans.

» Pour mettre l'Académie (2) à même de prononcer dans cette cause, la commission a cru devoir comparer les renseignements qu'elle a pu recueillir sur les expériences faites par ordre du roi en 1784, avec les

---

dans l'original il y a *section* et non pas *Académie*. Pourquoi vouloir rendre l'Académie *solidaire* d'un fait qui ne concerne qu'une section? Mais tout en faisant l'éloge du purisme et du zèle de l'écrivain si *finement spirituel*, comme le dit M. Bouillaud, je lui demanderai pourquoi il permet qu'on s'exprime souvent ainsi lorsqu'il ne s'agit point de magnétisme; pourquoi on confond, non pas sans raison, une section de l'Académie qui reçoit sa mission de l'Académie tout entière, qui opère en son nom, en partie en sa présence, etc., etc., avec l'Académie elle-même, qui en effet *est solidaire* au moins jusqu'à un certain point.

(1) Disons encore, avec M. Dubois (d'Amiens) : « Ici il y a une suppression; on lit dans l'original les mots suivants : Puis pratiquée de nouveau par des personnes bienfaisantes et par des médecins désireux de juger par eux-mêmes les phénomènes qu'on leur annonçait être produits par ce nouvel agent. » Admirez la complaisance de M. Dubois d'Amiens, cette fois il est impartial tout en réussissant, selon le plan qu'il continue jusqu'au bout, à rendre suspects, et le *Rapport* publié par Foissac, au grand déplaisir de l'Académie, et M. Husson qui en a revu les épreuves, et qui a eu le malheur de se montrer toujours généreux à défendre la vérité.

(2) Même observation, remarque toujours M. Dubois (d'Amiens): ici il y a, et il devait y avoir dans l'original, *section* et non *Académie;* puis il ajoute, d'assez mauvaise humeur : Mais il paraît que c'est un parti pris; *en voilà assez!* Il y reviendra cependant encore deux ou trois fois.

ouvrages publiés en dernier lieu sur le magnétisme, avec les expériences dont plusieurs de ses membres et plusieurs d'entre vous ont été les témoins. Elle a établi d'abord que quand bien même les travaux modernes ne seraient que la répétition de ceux qui furent jugés par les corps savants, investis en 1784 de la confiance du roi, un nouvel examen pourrait cependant être encore utile, parce que dans cette affaire du magnétisme animal, on peut, comme dans toutes celles qui sont soumises aux jugements de la faible humanité, en appeler des décisions prises par nos devanciers à un nouvel et plus rigoureux examen. Eh! quelle science plus que la médecine (1) a été aussi sujette à ces variations qui en ont si souvent changé les doctrines? Nous ne pouvons pas ouvrir les fastes de notre art sans être frappés, non seulement de la diversité des opinions qui se sont partagé son domaine, mais encore du peu de solidité de ces jugements, qu'on croyait inattaquables à l'instant où on les portait, et que des jugements nouveaux sont ve-

(1) Ici M. Dubois (d'Amiens) ou ne comprend point l'argument, ou ne veut point en goûter la force, et il s'écrie : *Mais il ne s'agit pas ici de médecine!* Il s'agit de magnétisme, *de manœuvres* qui n'ont aucun rapport avec les faits dont la science médicale se compose, etc. Puis, pour nous rassurer sur la solidité et l'invariabilité de la médecine, l'illustre académicien dit qu'il fallait distinguer, parce que *les notions positives* en médecine sont restées (la physiologie, la pathologie, la thérapeutique en donnent-elles de ce genre un grand nombre, le docteur reste dans le vague à ce sujet) ; puis il avoue que les systèmes, les théories ont varié, et il oublie de dire que c'est en appliquant son système et sa théorie que chaque docteur exploite *les notions positives.*

nus réformer. Ainsi, de nos jours, pour ainsi dire, nous avons vu successivement la circulation du sang déclarée impossible, l'inoculation de la petite-vérole considérée comme un crime, ces énormes perruques, dont plusieurs d'entre nous ont eu la tête surchargée, être proclamées comme infiniment plus salubres que la chevelure naturelle ; et pourtant il a été bien reconnu que le sang circule, nous ne voyons pas qu'on intente de procès aux personnes qui inoculent la petite-vérole, et nous avons tous la conviction qu'on peut se très bien porter sans avoir la tête recouverte de l'attirail grotesque qui occupe le tiers au moins de la surface de chacun des portraits qui nous restent de nos anciens maîtres (1).

» Si des opinions nous passons aux jugements, qui n'a encore présente à la pensée la proscription qui frappa toutes les préparations de l'antimoine, sous le décanat du fameux Gui Patin? Qui a pu oublier qu'un arrêt du Parlement, *sollicité par la Faculté de médecine de Paris*, défendit l'usage de l'émétique, et que, quelques années après, Louis XIV étant tombé malade et ayant dû sa guérison à ce médicament, l'arrêt du Parlement fut révoqué par suite d'un décret de la même Faculté, et l'émétique replacé au

---

(1) Ici, n'en déplaise à M. Dubois (d'Amiens), il ne s'agit pas seulement *de théories et d'une thèse soutenue par un candidat pour faire l'éloge des perruques*, mais il s'agit bien de pratique autorisée par la pratique même de ceux qui eussent dû, au moins pour eux, se servir de leurs *notions positives*. La physiologie, l'hygiène, etc., trouvaient cependant leur application dans ce cas.

rang qu'il tient encore dans la matière médicale? Enfin ce même Parlement n'a-t-il pas défendu, en 1763, que l'on pratiquât l'inoculation de la petite-vérole dans les villes et faubourgs de son ressort? Et onze ans après, en 1774, à quatre lieues de la salle de ses séances, Louis XVI, ses deux frères, Louis XVIII et Charles X, ne se firent-ils pas inoculer à Versailles dans le ressort du Parlement de Paris?

» Vous voyez donc, messieurs, que le principe de l'autorité de la chose jugée, si respectable dans une autre sphère que la nôtre (1), peut être abrogé, et que, par conséquent, dans cette circonstance d'un nouvel examen du magnétisme, votre sollicitude pour la science ne doit pas être enchaînée par un jugement qui aurait été porté précédemment, en admettant même que, comme dans les deux questions précédentes, l'objet à juger fût identiquement semblable à celui sur lequel il a déjà été prononcé.

» Mais aujourd'hui le magnétisme ne se présente plus à votre examen tel qu'il a été soumis à celui des corporations savantes qui l'ont jugé; et sans vouloir re-

---

(1) Ici M. Dubois s'indigne qu'il soit permis dans une autre sphère d'invoquer le principe de l'autorité de la chose jugée (la commission, par l'organe de M. Husson, voulait probablement parler de la chose jugée en matière de foi); il frémit à cette seule pensée, en disciple fidèle des philosophes qu'il nomme *siens*, et il ajoute aussitôt : « Et c'est un médecin qui dit tout cela! » Ah! M. Mialle, pourquoi, dans votre *rapport confidentiel*, mêler à la conspiration *des fanatiques*, M. Dubois (d'Amiens) qui en a si peu envie, vous le voyez bien, et cela par la seule raison qu'il est d'Amiens, ville qui a eu le malheur d'avoir dans ses environs un petit séminaire dont le nom vous agite si fort, et le docteur tout le premier?

chercher jusqu'à quel point ces jugements ont été précédés d'une étude impartiale des faits, jusqu'à quel point la manière de procéder dans cette étude a été conforme aux principes d'une observation sage et éclairée, la commission s'en rapporte à vous, messieurs, du soin d'établir si l'on doit ajouter une confiance exclusive et irrévocable aux conclusions d'un rapport dans lequel on trouve cet étrange avertissement, ce singulier exposé du plan d'après lequel les commissaires se proposent d'opérer.

» Les malades distingués qui viennent au traitement pour leur santé, disent les commissaires du roi, pourraient être importunés par les questions ; le soin de les observer pourrait ou les gêner ou leur déplaire ; les commissaires eux-mêmes seraient gênés par leur discrétion. Ils ont donc arrêté que leur assiduité n'étant point nécessaire à ce traitement, il suffisait que quelques uns d'eux y vinssent de temps en temps pour confirmer les premières observations générales, en faire de nouvelles s'il y avait lieu, et en rendre compte à la commission assemblée. (*Voy.* rapport de Bailly, in-4°, page 8.)

» Ainsi on établit en principe que, dans l'examen d'un fait aussi important, les commissaires ne feront point de questions aux personnes soumises aux épreuves, qu'ils ne prendront pas le soin de les observer, qu'ils ne seront pas assidus aux séances dans lesquelles se feront les expériences, qu'ils y viendront de temps en temps, et qu'ils rendront compte de ce qu'ils auront vu isolément à la commission assemblée. Messieurs, votre commission ne peut s'empêcher de reconnaître que ce n'est pas de cette manière que l'on fait à présent les expériences, que l'on observe les faits nouveaux; et quel que soit l'éclat que la réputation de Franklin, Bailly, Darcet, Lavoisier, réfléchisse encore sur une génération qui n'est plus la leur, quel que soit le respect qui environne leur mémoire, quel qu'ait été l'assentiment général qui, pendant quarante ans, a été accordé à leur rapport, il est certain que le jugement qu'ils ont porté pèche par la base radicale, par une manière peu rigoureuse de procéder dans l'étude de la question qu'ils étaient chargés d'examiner. Et si nous les suivons près des personnes qu'ils magnétisent ou font magnétiser, surtout les commissaires de la Société royale de médecine, nous les voyons dans une disposition peu bienveillante (1), nous les voyons, malgré toutes les représentations qui leur sont faites, faire des essais, tenter des expériences dans lesquelles ils omettent les conditions morales exigées et annoncées comme indispensables aux succès; nous voyons enfin l'un de ces derniers, celui qui a été le plus assidu à toutes les expériences, dont nous connaissons tous la probité, l'exactitude, la candeur, M. de Jussieu, se séparer de ses collègues et publier

---

(1) M. Dubois d'Amiens est fort mécontent des assertions qui précèdent et qui suivent; il sait pourtant bien par expérience combien il est difficile de réunir des membres de l'Académie désignés pour faire partie d'une commission spéciale, combien il est difficile de les voir garder le silence, surtout lorsqu'il s'agit de magnétisme, témoin lorsqu'il faisait lui-même partie de la commission nommée *tout exprès* pour M. Berna.

un rapport particulier, contradictoire, qu'il termine en déclarant que les expériences qu'il a faites, et dont il a été témoin, prouvent que l'homme produit sur son semblable une action sensible par le frottement, par le contact, et plus rarement par un simple rapprochement à quelque distance ; que cette action, attribuée à un fluide universel non démontré, lui semble appartenir à la chaleur animale existante dans les corps ; que cette chaleur émane d'eux continuellement, se porte assez loin et peut passer d'un corps dans un autre ; qu'elle est développée, augmentée ou diminuée dans un corps par des causes morales et par des causes physiques ; que, jugée par des effets, elle participe de la propriété des remèdes toniques, et produit, comme eux, des effets salutaires ou nuisibles, selon la quantité de chaleur communiquée et selon les circonstances où elle est employée ; qu'enfin, un usage plus étendu et plus réfléchi de cet agent fera mieux connaître la véritable action et son degré d'utilité.

» Dans cette position, messieurs, quel est celui des deux rapports qui doit fixer votre indécision ? Est-ce celui dans lequel on annonce que l'on ne questionnera pas les malades, que l'on ne s'astreindra pas à les observer exactement, qu'on peut ne point être assidu aux épreuves ; ou celui d'un homme laborieux, attentif, scrupuleux, exact, qui a le courage de se détacher de ses collègues, de mépriser le ridicule dont il sait qu'il va être couvert, de braver l'influence du pouvoir, et de publier un rapport particulier dont les conclusions sont diamétralement

opposées à celles des autres commissaires? Votre com*
mission n'est pas instituée pour se prononcer à cet
égard, mais elle trouve dans cette divergence d'opinions un motif nouveau pour prendre en considération la proposition de M. Foissac.

» Ainsi, messieurs, voilà déjà deux raisons pour soumettre le magnétisme à un nouvel examen: l'une, vous l'avez senti, est fondée sur cette vérité, qu'en fait de science un jugement quelconque n'est qu'une chose transitoire (1); l'autre, que les commissaires chargés par le Roi d'examiner le magnétisme animal ne nous paraissent pas avoir scrupuleusement rempli leur mandat, et que l'un d'eux a fait un rapport contradictoire. — Voyons à présent si nous n'en trouvons pas une troisième dans la différence qui existe entre le magnétisme de 1784 et celui sur lequel on veut fixer aujourd'hui l'attention de l'Académie.

»Notre devoir n'est pas d'entrer dans les détails sur l'histoire de cette découverte, sur la manière dont elle a été accueillie en Allemagne et en France ; nous devons seulement établir que la théorie, les procédés et les résultats qui ont été jugés en 1784 ne sont pas les mêmes que ceux que les magnétiseurs modernes nous annoncent, et sur lesquels ils appellent votre

---

(1) C'est là une question résolue par les faits pour les sciences humaines qu'un jugement n'est que transitoire, le plus souvent au moins ; M. Husson n'a pas prétendu dire plus ; et il y a de la part de M. Dubois d'Amiens de la mauvaise volonté à en conclure qu'alors il faudrait admettre que *toute proposition scientifique est une chose provisoire.*

examen (1). D'abord la théorie de Mesmer, fidèlement exposée par les commissaires et copiée textuellement par eux dans son premier ouvrage, est celle-ci :

» Le magnétisme animal est un fluide universellement répandu. Il est le moyen d'une influence mutuelle entre les corps célestes, la terre et les corps animés. Il est continué de manière à ne souffrir aucun vide. Sa subtilité ne permet aucune comparaison. Il est capable de recevoir, propager, communiquer toutes les impressions du mouvement. Il est susceptible de flux et de reflux. Le corps animal éprouve les effets de cet agent ; et c'est en s'insinuant dans la substance des nerfs qu'il les affecte immédiatement. On reconnaît particulièrement dans le corps humain des propriétés analogues à celles de l'aimant ; on y distingue des pôles également divers et opposés. L'action et la vertu du magnétisme animal peuvent être communiquées d'un corps à d'autres corps animés et inanimés ; cette action a lieu à une distance éloignée, sans le secours d'aucun corps intermédiaire : elle est augmentée, réfléchie par les

---

(1) Cela est vrai pour la magnétisation par attouchements et pressions et pour les convulsions fréquentes *autrefois*, comme le rapporteur va le dire bientôt ; par conséquent cela est vrai aussi pour les conséquences morales à en tirer pour répondre au rapport secret qui montrait le magnétisme comme opposé aux bonnes mœurs. Quant à la théorie, tout en considérant d'abord l'homme en lui-même et en le regardant comme un foyer de fluide magnétique, les magnétiseurs modernes ne nient pas les influences électriques et galvaniques que tous les corps exercent les uns sur les autres, ni l'influence de l'électricité de ces corps sur l'électricité humaine, le magnétisme humain.

glaces, communiquée, propagée, augmentée par le son; cette vertu peut être accumulée, concentrée, transportée. Quoique ce fluide soit universel, tous les corps animés n'en sont pas également susceptibles. Il en est même, quoiqu'en très petit nombre, qui ont une propriété si opposée, que leur seule présence détruit tous les effets de ce fluide dans les autres corps.

» Le magnétisme animal peut guérir immédiatement les maux de nerfs et médiatement les autres ; il perfectionne l'action des médicaments ; il provoque et dirige les crises salutaires, de manière qu'on peut s'en rendre maître : par ce moyen, le médecin connaît l'état de santé de chaque individu, et juge avec certitude l'origine, la nature, et les progrès des maladies les plus compliquées ; il en empêche l'accroissement et parvient à leur guérison sans jamais exposer le malade à des effets dangereux ou à des suites fâcheuses, quels que soient l'âge, le tempérament et le sexe : la nature offre dans le magnétisme un moyen universel de guérir et de préserver les hommes.

» Ainsi, messieurs, cette théorie était liée à un système général du monde; dans ce système tous les corps avaient une influence réciproque les uns sur les autres : le moyen de cette influence était un fluide universel qui pénétrait également les astres, les corps animés et la terre, qui ne souffrait aucun vide. Tous les corps avaient des pôles opposés, et les courants rentrants et sortants prenaient une direction différente, selon ces pôles, que Mesmer comparait à ceux de l'aimant.

» Aujourd'hui, les personnes qui ont écrit sur le magnétisme, et celles qui le pratiquent, n'admettent point l'existence ni l'action de ce fluide universel, ni cette influence mutuelle entre les corps célestes, la terre et les êtres animés, ni ces pôles, ni ces courants opposés. Les uns n'admettent l'existence d'aucun fluide (1), d'autres établissent que l'agent magnétique qui produit tous les phénomènes dont il est question est un fluide qui existe dans tous les individus, mais qui ne se sécrète et n'en émane que d'après la volonté de celui qui veut en impré-

---

(1) Cela n'est vrai que pour MM. Bertrand et d'Hénin, dans leurs ouvrages sur le magnétisme. C'est tout le contraire pour l'immense majorité des magnétiseurs français et allemands. Si je voulais les nommer tous, j'en indiquerais plusieurs mille, n'en déplaise à M. Dubois (d'Amiens) et à M. Burdin jeune, qui assurent fort sérieusement dans leurs conclusions de l'*Histoire académique* déjà citée: « *que les magnétiseurs ne tiennent plus en aucune manière à cette hypothèse*, sauf *un* magnétiseur *de fraîche date*, M. Kühnholtz, bibliothécaire à la Faculté de Montpellier. Celui-ci *se croit fondé* à admettre positivement l'existence d'un fluide magnétique, fluide de nature impondérable et susceptible, suivant lui, d'adhérer aux corps inanimés, etc. » Il semblerait, à lire tout cela, que le docteur de la Faculté de Montpellier auquel M. Dubois semble vouloir refuser ce titre, pense seul de cette manière. Il y a cependant de son côté les docteurs Koreff, Hufeland, Stoffreghen, Rostan, Georget, Robert, Kerkaradec, Orfila, Fouquier, Despines, Filassier, Chapelain, Berna, Hamard, Foissac, Frappart, Pigeaire, etc., etc. Parmi les magnétiseurs, Mesmer, Deslon, Hervier, Bergasse, Fournel, Court de Gébelin, MM. de Puységur, Tardy de Montravel, Deleuze, Chardel, Massias, Dupotet, Mialle, Aub. Gauthier, Ricard, etc., etc., etc. J'en reste là pour ne pas trop fatiguer le lecteur.

gner, pour ainsi dire, un autre individu ; que, d'après cet acte de sa volonté, il met ce fluide en mouvement, le dirige, le fixe à son gré, et l'enveloppe de cette atmosphère ; que s'il rencontre dans cet individu les dispositions morales analogues à celles qui l'animent (1), le même fluide se développe dans l'individu magnétisé ; que leurs deux atmosphères se confondent, et que de là naissent ces rapports qui les identifient l'un avec l'autre, rapports qui font que les sensations du premier se communiquent au second, et qui, selon les magnétiseurs modernes, peuvent expliquer cette clairvoyance (2) que des observateurs assurent avoir vue très fréquemment chez les personnes que le magnétisme a fait tomber en somnambulisme.

» Voilà donc une première différence établie (3),

---

(1) Nous avons déjà noté que cette assertion était une supposition purement gratuite, car il suffit d'une prédisposition organique, toute physique par conséquent.

(2) En ce sens que la clairvoyance est un phénomène psychologique, propre à l'âme par conséquent, et que le fluide sert seulement de milieu, de moyen magnétique.

(3) Non, monsieur Dubois d'Amiens, pas *fort mal établie*, car, tout en convenant avec vous d'après le rapport de Bailly, « que les commissaires, sans s'embarrasser d'où vient le fluide, devaient constater l'action qu'il exerce sur nous, autour de nous et sous nos yeux, avant d'examiner ses rapports avec l'univers, » vous ne pouvez pas vous empêcher de reconnaître que nier d'où venait ce fluide c'était le nier lui-même, nier ses effets, par conséquent, et que dans la théorie de l'époque, on le présentait comme ayant sa source, son principe en dehors de l'homme, tandis qu'aujourd'hui les travaux modernes sur le cerveau et tout le système nerveux indiquent au dedans de l'homme même le foyer de ce fluide, sa puissance d'expansion que M. Husson reconnaît,

et qui a paru à votre commission d'autant plus digne d'examen, qu'à présent la structure et les fonctions du système nerveux deviennent l'objet de l'étude des physiologistes, et que l'opinion de Reil, d'Autenrieth, et de M. de Humboldt, ainsi que les travaux récents de Bogros, paraissent donner la certitude, non seulement de l'existence d'une circulation nerveuse, mais même de l'expansion au-dehors de ce fluide circulant ; expansion qui a lieu avec une force et une énergie qui forment une sphère d'action qu'on peut comparer à celle où l'on observe l'action des corps électrisés.

» Si de la théorie du magnétisme nous passons aux procédés, nous verrons encore une différence totale (1) entre ceux dont se servaient Mesmer, d'Eslon et ceux qui sont mis en usage aujourd'hui.

non pas, comme vous le lui faites dire, dans les travaux de Bogros seulement, mais, comme il le dit lui-même dans ce rapport, dans les travaux de Bogros, de M. de Humboldt, d'Autenrieth, de Reil pris collectivement.

(1) Oui, monsieur Dubois (d'Amiens), M. Husson est aussi heureux *pour la seconde différence*, et c'est à tort que vous lui reprochez de croire ou *de vouloir faire croire* que les anciens commissaires n'ont eu à examiner que le procédé du baquet, des bouteilles et des tiges, puisque s'il parle ici du baquet, il ne passe pas sous silence les pressions exercées, l'*application des mains*, la magnétisation directe *au moyen du doigt*. Ce n'était donc pas la peine d'écrire que M. Husson n'a pas cité, *bien entendu*, ce que les commissaires virent chez M. Jumelin, qui magnétisait *avec le doigt et l'application des mains*.

Vous ajoutez ensuite, monsieur Dubois (d'Amiens) : « Donc les anciens commissaires *ont jugé* vos *nouveaux procédés*, et ils les connaissaient aussi bien que vous, grâce à *ce M. Jumelin.* » Mais si j'osais bien distinguer, il y a *quelque chose* de vrai dans la première

Ce sont encore les commissaires du Roi qui nous fourniront les renseignements sur les procédés qu'ils ont vu mettre en usage. Ils ont vu, au milieu d'une grande salle, une caisse circulaire faite de bois de chêne et élevée d'un pied ou d'un pied et demi, qu'on nomme le *baquet*. Le couvercle de cette caisse

partie de votre conclusion, j'en conviens, et la seconde partie est entièrement fausse ou tout au moins gratuitement supposée.

1° Les commissaires ont jugé les *nouveaux procédés*.— Il faut bien convenir que jusqu'à un certain point *ils ont pu* le faire, quoique avec de grandes difficultés, puisque ces procédés n'étaient que *secondaires*, qu'*accessoires* au baquet, aux bouteilles, aux tiges, à la musique, chez M. Deslon, et que c'est du magnétisme examiné chez lui que les commissaires rendent compte, et non pas de celui de M. Jumelin. Aussi les commissaires jugèrent-ils *premièrement, principalement* et *presque exclusivement les procédés anciens*. Voilà déjà quelque chose pour cette *seconde différence*.

2° Les commissaires connaissaient les procédés nouveaux aussi bien que les modernes.—Cette seconde partie est fausse si ce que je viens de dire a quelque réalité : elle est tout au moins gratuitement supposée, puisqu'en raison des circonstances les commissaires durent regarder comme *secondaire*, comme *accessoire*, ce qui, dans les procédés d'aujourd'hui, est présenté comme *principal*, en *première ligne*. Ajoutons encore qu'à cette époque les doctrines magnétiques ne permirent point de parler aux commissaires du cerveau comme source, ou collecteur, comme foyer du fluide magnétique : les filets nerveux s'épanouissent à la surface de la peau comme conducteurs de ce même fluide qu'ils laissent exhaler pour aller envahir la circulation nerveuse du sujet soumis à l'expérience. Et quelle que soit l'opinion particulière de M. Dubois (d'Amiens) sur le cerveau et le système nerveux, quelque éloignement qu'il puisse avoir personnellement pour admettre cette théorie que nous venons d'indiquer, il ne peut point nier qu'elle nous aiderait en quelque chose à connaître mieux que les commissaires les procédés en question. — C'est encore là quelque chose en faveur de la *seconde différence*.

est percé d'un nombre de trous d'où sortent des branches de fer coudées et mobiles. Les malades sont placés à plusieurs rangs autour de ce baquet; et chacun a sa branche de fer, laquelle au moyen du coude peut être appliquée directement sur la partie malade. Une corde passée autour de leurs corps les unit les uns aux autres; quelquefois on forme une seconde chaîne en se communiquant par les mains, c'est-à-dire en appliquant le pouce entre le pouce et l'index de son voisin, et en pressant le pouce que l'on tient ainsi. L'impression reçue à la gauche se rend par la droite et circule à la ronde. Un piano est placé dans un coin de la salle, et on y joue différents airs sur des mouvements variés; on y joint quelquefois le son de la voix et le chant. Tous ceux qui magnétisent ont à la main une baguette de fer longue de dix à douze pouces. Cette baguette, qui est le conducteur du magnétisme, le concentre dans sa pointe, et en rend les émanations plus puissantes. Le son du piano est aussi conducteur du magnétisme; les malades, rangés en très grand nombre et à plusieurs rangs autour du baquet, reçoivent donc à la fois le magnétisme par tous ces moyens, par les branches de fer qui leur transmettent celui du baquet, par la corde enlacée autour du corps, par l'union des pouces, par le son du piano. Les malades sont encore magnétisés directement, au moyen du doigt et de la baguette de fer promenés devant le visage, dessus ou derrière la tête, et sur les parties malades; mais surtout ils sont magnétisés par l'application des mains et par la pression sur les hypochondres et sur les régions du bas-ventre : application souvent continuée pendant longtemps, quelquefois pendant plusieurs heures.

» Ainsi, messieurs, les expériences consistaient alors dans une pression mécanique exercée et répétée sur les lombes et sur le ventre, depuis l'appendice sternale jusqu'au pubis ; elles se faisaient alors, ces expériences, dans de grandes réunions, sur un grand nombre de personnes en même temps, en présence d'une foule de témoins ; et il était impossible que l'imagination ne fût pas vivement excitée par la vue des appareils, le son de la musique et le spectacle des crises, ou plutôt des convulsions, qui ne manquaient jamais de se développer, que l'imitation répétait, et qui avait souvent des formes tellement effrayantes que les salles du magnétisme avaient reçu dans le monde (1) le nom d'*enfer à convulsions*.

» Aujourd'hui, au contraire, nos magnétiseurs ne cherchent plus (2) de témoins de leurs expériences ; ils n'appellent à leur aide ni l'influence de la musique, ni la puissance de l'imitation ; les magnétisés restent seuls ou dans la compagnie d'un ou deux parents ; on ne les enveloppe plus de cordes, on a entièrement abandonné le baquet ainsi que les bran-

(1) Dans le monde qui exagère toujours tout, surtout ce qui concerne le magnétisme et ses partisans.

(2) Il y a dans l'original *ne veulent plus* pris dans le même sens que *ne cherchent plus*.

ches de fer coudées et mobiles qui en sortaient (1). Au lieu de la pression qu'on exerçait sur les hypochondres, sur l'abdomen, on se borne à des mouvements qui semblent, au premier coup d'œil, insignifiants, qui ne produisent aucun effet mécanique; on promène doucement les mains sur la longueur des bras, des avant-bras, des cuisses et des jambes; on touche légèrement le front, l'épigastre; on projette vers ces parties ce que les magnétiseurs appellent leur atmosphère magnétique. Ces espèces d'attouchements n'ont rien qui puisse blesser la décence (2), puisqu'ils ont lieu par dessus les habits, et que souvent même il n'est pas nécessaire que le contact ait lieu; car on a vu, et l'on voit très fré-

---

(1) En France et en Allemagne on ne s'en sert presque plus, si ce n'est dans le traitement de plusieurs malades réunis; tous les magnétiseurs reconnaissent qu'il est d'un grand secours; ils se fondent sur ce principe défendu par M. le docteur Kühnholtz (nous l'avons montré plus haut en assez nombreuse compagnie), que le fluide magnétique est susceptible d'adhérer aux corps inanimés en s'unissant au fluide électrique qui se trouve à l'état neutre dans tous les corps, ainsi les arbres, etc.

(2) Bien que, dans cette méthode qui est celle de Deleuze, on ne fasse que toucher la superficie des vêtements, nous convenons, avec M. Dubois (d'Amiens), que toute espèce d'attouchement d'homme à femme, de magnétiseur à jeune fille, de jeune médecin, explorant selon les exigences de la médecine de l'école, à jeune malade, est équivoque: aussi nous indiquerons les moyens d'éviter ces inconvénients graves, et cela sans user de représailles, et sans raconter contre les médecins une anecdote scandaleuse, même quand elle serait *fort plaisante*, et rapportée par Hoffmann dans le style animé dont il usait si bien contre le magnétisme avant de s'avouer vaincu et de s'en déclarer partisan.

quemment (1), l'effet magnétique obtenu en promenant les mains à une distance de plusieurs pouces du corps du magnétisé (2), et même de plusieurs pieds, quelquefois même à son insu, par le seul acte de la volonté, par conséquent sans contact.

» Ainsi, sous le rapport des procédés nécessaires à la production des effets magnétiques, vous voyez qu'il existe une très grande différence entre le mode suivi autrefois, et celui adopté de nos jours (3).

» Mais c'est surtout dans la comparaison des résultats obtenus en 1784, avec ceux que les magnétiseurs modernes disent observer constamment, que votre commission a cru trouver un des plus puissants motifs de votre détermination à soumettre le magné-

---

(1) Non, monsieur Dubois (d'Amiens), cette assertion n'est pas de M. Husson seulement, elle est de tous les médecins et magnétiseurs que j'ai déjà nommés plus haut ; et bien qu'il y ait dans le manuscrit de M. Husson après le mot *fréquemment*, *disent les magnétiseurs modernes*, on a fort bien compris ce sens quand on a lu sans prévention ce qui précède et ce qui suit ; on n'a pas eu besoin de cette supercherie pour mettre l'*assertion sur le compte* des commissaires.

(2) Cette méthode est la meilleure, la plus recommandée, la plus usitée aujourd'hui, elle évite bien des objections : et elle est toujours la plus convenable, alors même que le magnétiseur et le magnétisé ne sont pas de sexe différent.

(3) Ici M. Dubois (d'Amiens) et M. Burdin jeune invoquent encore M. Jumelin et ses procédés ; mais, comme je l'ai dit plus haut, ce qu'il y a de fâcheux pour ces messieurs et pour bien d'autres, c'est que les commissaires allèrent fort peu chez M. Jumelin, parce qu'ils avaient à examiner le magnétisme chez M. Deslon, et que c'est chez lui qu'ils prirent véritablement les matériaux de leur rapport, malgré les protestations de Mesmer contre une semblable méthode de juger sa doctrine.

tisme à un nouvel examen. Les commissaires, dont nous empruntons encore les expressions, nous disent « que dans les expériences dont ils ont été les témoins, les malades offrent un tableau très varié par les différents états où ils se trouvent : quelques uns sont calmes, tranquilles et n'éprouvent rien ; d'autres toussent, crachent, sentent quelque légère douleur, une chaleur locale ou universelle, et ont des sueurs ; d'autres sont tourmentés et agités par des convulsions. Ces convulsions sont extraordinaires par leur durée et par leur force : dès qu'une convulsion commence, plusieurs autres se déclarent. Les commissaires en ont vu durer plus de trois heures : elles sont accompagnées d'expectoration d'une eau trouble et visqueuse arrachée par la violence des efforts; on y a vu quelquefois des filets de sang. Elles sont caractérisées par des mouvements précipités, involontaires, de tous les membres et du corps entier, par le resserrement de la gorge, par des soubresauts des hypochondres et de l'épigastre, par le trouble et l'égarement des yeux, par des cris perçants, des pleurs, des hoquets et des rires immodérés ; elles sont précédées ou suivies d'un état de langueur et de rêverie, d'une sorte d'abattement et même d'assoupissement. Le moindre bruit imprévu cause des tressaillements, et l'on a remarqué que le changement de ton et de mesure dans les airs joués sur le piano influait sur les malades, en sorte qu'un mouvement plus vif les agitait davantage et renouvelait la vivacité de leurs convulsions. Rien n'est plus étonnant que le spectacle de ces convulsions ; quand on ne l'a point vu, on ne peut s'en faire une idée, et en le voyant on est également surpris et du repos profond d'une partie de ces malades, et de l'agitation qui anime les autres ; des accidents variés qui se répètent, des sympathies qui s'établissent. On voit des malades se chercher exclusivement et en se précipitant l'un vers l'autre, se sourire, se parler avec affection, et adoucir mutuellement leurs crises. Tous sont soumis à celui qui magnétise ; ils ont beau être dans un assoupissement apparent, sa voix, un regard, un signe les en retire. On ne peut s'empêcher de reconnaître à ses effets constants une grande puissance qui agite les malades, qui les maîtrise, et dont celui qui magnétise semble être le dépositaire. Cet état convulsif est appelé improprement *crise* dans la théorie du magnétisme animal. » (V. *Rapport de Bailly.*)

» Aujourd'hui, il n'y a plus de convulsions ; si quelque mouvement nerveux se déclare, on cherche à l'arrêter (1); on prend toutes les précautions possibles

---

(1) Et de plus on y parvient facilement quand on est suffisamment instruit de la manière d'exercer l'action magnétique. Cela nous apprend ce qu'il faut penser des assertions de MM. A. Dupeau, Bouillaud, Debreyne, Frère, Lafond-Gouzi, Dubois (d'Amiens), Burdin jeune, etc., de l'action magnétique qui, selon ces messieurs, développe les affections nerveuses, détermine le marasme, un délire furieux, et au lieu de guérir, produit l'épilepsie, l'hystérie, etc., etc. Il est bien vrai que de temps en temps, et comme à la dérobée, ces messieurs parlent du magnétisme *mal dirigé*, des *abus* du magnétisme, mais ils arrangent le tout pour que ces abus semblent dus au magnétisme pris en lui-même. Cependant je crois bien M. A. Dupeau sur sa parole et sa *propre expérience*, ainsi que M. d'Hénin, puisque ces deux messieurs

pour ne point troubler les personnes soumises à l'action du magnétisme animal : on n'en fait plus un sujet de spectacle. Mais si l'on n'observe plus ces crises, ces cris, ces plaintes, ce spectacle de convulsions, que les commissaires avouent être si extraordinaires, on a, depuis la publication de leur rapport, observé un phénomène que les magnétiseurs disent tenir presque du prodige : votre commission veut parler du somnambulisme produit par l'action magnétique.

» C'est M. de Puységur (1) qui l'a observé le premier dans sa terre de Busancy, et qui l'a fait connaître à la fin de 1784, quatre mois après la publication du rapport des commissaires du Roi.

» Vingt-neuf ans après, en 1813, le respectable M. Deleuze, à la véracité, à la probité, à l'honneur (2) duquel votre commission se plaît à rendre hommage, lui a consacré un chapitre tout entier dans son *His-*

étaient *convaincus par avance* que les effets magnétiques étaient produits par l'imagination, et qu'ils faisaient tout leur possible pour en exciter les déréglements et obtenir ainsi un *confirmatur.*

(1) Il est bien vrai que c'est M. Chastenet de Puységur, son frère, qui remarqua les phénomènes du somnambulisme dans le traitement même de Mesmer, qui connaissait bien ce phénomène, mais qui n'en avait pas parlé, parce qu'il savait que les hommes se laisseraient aller à ce qu'il a de merveilleux plutôt que d'étudier la doctrine physique et médicale du magnétisme. Cependant si M. de Puységur est cité ici, c'est qu'il rendit publiques ses observations faites à Busancy.

(2) Ici M. Dubois (d'Amiens) admet sans trop de difficulté la *probité* et l'*honneur*; mais, distinguant fort bien *la véracité*, il nous apprend que M. Deleuze a pu se tromper, et c'est lui qui prononce qu'il s'est en effet trompé réellement. Remarquez que tous les médecins et les magnétiseurs indiqués plus haut ne sont point de cet avis.

toire critique du magnétisme animal, ouvrage dans lequel l'auteur a exposé avec autant de sagacité que de talent et de méthode, tout ce qu'on recueillait péniblement dans les nombreux écrits publiés sur ce sujet à la fin du siècle dernier.

» Plus tard, au mois de mai 1819, un ancien élève, et un élève distingué de l'École polytechnique, qui venait de recevoir le doctorat à la Faculté de médecine de Paris, M. Bertrand (1), fit avec un grand éclat et devant un nombreux auditoire un cours public sur le magnétisme et le somnambulisme. Il le recommença, avec le même succès, à la fin de cette même année, en 1820 et 1821 ; puis, l'état de sa santé ne lui permettant plus de se livrer à l'enseignement public, il fit paraître en 1822 son *Traité du somnambulisme*, qui fut le premier ouvrage *ex professo* sur ce sujet, ouvrage dans lequel, outre les expériences propres à l'auteur, on trouve réunis un très grand nombre de faits peu connus sur les possédés (2), les

---

(1) M. Dubois (d'Amiens), qui a fait pour M. Bertrand ce qu'il fait aussi pour M. Deleuze et tant d'autres, s'écrie ici : « Nous connaissons les fondements de la croyance de Bertrand ; » et il renvoie à la page où il commente tout à sa façon. Notez que lorsque cela est nécessaire, M. Dubois (d'Amiens) répond à un homme qui assure avoir vu un épileptique : Non, cet homme n'était point épileptique, il vous a trompé. Et c'est à des médecins, à des membres de l'Académie royale de médecine, que M. Dubois tient ce langage quand ils s'avisent de faire un rapport favorable au *prétendu magnétisme* et au *prétendu somnambulisme !*

(2) Il ne faut pourtant pas demander à M. Bertrand dans cet ouvrage *une bien exacte orthodoxie*, pas plus que dans son autre ouvrage intitulé de l'*Apparition de l'extase dans les traitements ma*-

prétendus inspirés et les illuminés des différentes sectes. Avant M. Bertrand, notre estimable, laborieux et modeste collègue, M. Georget, avait analysé cet étonnant phénomène d'une manière véritablement philosophique et médicale dans son important ouvrage intitulé : *De la Physiologie du système nerveux;* et c'est dans cet ouvrage, ainsi que dans le Traité du docteur Bertrand et dans le travail de M. Deleuze (1), que vos commissaires ont puisé les notions suivantes sur le somnambulisme.

» Si l'on en croit (2) les magnétiseurs modernes, et à cet égard leur accord est unanime, lorsque le magnétisme produit le somnambulisme, l'être qui se trouve dans cet état acquiert une extension prodigieuse dans la faculté de sentir. Plusieurs de ses organes extérieurs, ordinairement ceux de la vue et de

---

gnétiques. Dans ce dernier surtout, l'auteur confond et brouille tout, en voulant tout expliquer par l'Imagination, cause d'*une épidémie d'extases* que M. Dubois (d'Amiens) reproche bien à M. Bertrand, parce qu'il s'agit des possessions, des convulsionnaires, que M. Dubois, explique mieux avec ses philosophes, Cabanis, Helvétius, Diderot, Rabelais, etc.

(1) M. Dubois ne trouve pas que le rapporteur *ait puisé aux bonnes sources,* parce qu'il va chercher *ses raisons* de constater la réalité des assertions des magnétiseurs, *précisément dans les ouvrages des magnétiseurs.* M. Dubois tient à maintenir l'argument de Thouret, « qu'il est certaines choses qu'on juge mieux de loin que de près. »

(2) *Si l'on en croit, car si l'on n'en croit pas?* dit ici M. Dubois. Eh bien ! monsieur, on cherche à *constater la réalité des assertions des magnétiseurs.* Le rapporteur ne demandait point autre chose, il pouvait donc employer cette forme.

l'ouïe, sont assoupis, et toutes les sensations qui en dépendent s'opèrent intérieurement. Le somnambule a les yeux fermés, il ne voit pas par les yeux, il n'entend point par les oreilles ; mais il voit et entend mieux que l'homme éveillé. Il ne voit et n'entend (1) que ceux avec lesquels il est en rapport, et ne regarde ordinairement que les objets sur lesquels on dirige son attention. Il est soumis à la volonté de son magnétiseur pour tout ce qui ne peut lui nuire et pour tout ce qui ne contrarie point en lui les idées de justice et de vérité (2). Il sent la volonté de son magnétiseur (3); il aperçoit le fluide magnétique ; il voit, ou plutôt il sent (4) l'intérieur de son corps et celui des autres ; mais il n'y remarque ordinairement que les parties qui ne sont point dans l'état naturel, et

---

(1) Ordinairement au moins.

(2) Avis à ceux qui en font un esclave, un automate, et à M. Rostan, qui se sert d'une autre comparaison moins noble encore. Pour concevoir cette soumission d'une part et cette indépendance de l'autre, il suffit de savoir la force de résistance que nous puisons dans la voix de notre conscience. Un ami fait toutes les concessions indifférentes, mais il se refuse au crime.

(3) Voilà un moyen de s'y soustraire plus facilement si elle est mauvaise ; et comme toute volonté est une pensée (sans que toute pensée soit une volonté), c'est encore un moyen d'être savant des connaissances du magnétiseur et de parler *des langues inconnues* au somnambule.

(4) Aussi une fois la communauté de sensation constatée (par l'observation exacte de faits) entre le magnétiseur et le magnétisé, on comprend qu'il n'y a pas divination, mais sensation communiquée et perçue par l'âme du somnambule, qui analyse et décrit un état maladif que son organisme propre réfléchit et ressent momentanément.

dont l'harmonie est troublée (1) Il retrouve dans sa mémoire le souvenir des choses qu'il avait oubliées pendant la veille (2). Il a des prévisions, des pressentiments qui peuvent être erronés dans plusieurs circonstances (3) et qui sont limités dans leur étendue (4). Il s'énonce avec une facilité surprenante (5) ; il n'est point exempt d'une vanité qui naît de la conscience du développement de cette singulière faculté (6). Il se perfectionne de lui-même, pendant un certain temps, s'il est conduit avec sagesse ; mais il s'égare, s'il est mal dirigé (7). Lorsqu'il rentre dans l'état na-

---

(1) Ce sont ces parties seules, en effet, qui réagissent d'une manière insolite et douloureuse jusqu'à un certain point.

(2) C'est ainsi que le somnambule peut encore paraître parler *des langues inconnues.*

(3) Par exemple lorsqu'ils sont provoqués, demandés, et non point spontanés ; qu'ils sortent du cercle des fonctions organiques, etc. Nous verrons plus bas que les philosophes anciens et les théologiens ont admis une sorte de prévision propre à l'âme à cause de sa nature spirituelle, etc.

(4) Ces pressentiments sont limités dans leur objet, leur cause, leurs manifestations, et laissent toujours une grande distance entre le somnambule et le prophète sacré.

(5) Ce phénomène se manifeste souvent chez l'homme surexcité, soit par un agent physique, les boissons alcooliques prises à petites doses, soit par des causes morales, la joie, la douleur, l'indignation, etc. Mais on oublie tout cela quand on veut faire le procès au magnétisme, et MM. Wurtz, de La Marne, Frère, etc., ont su voir dans ce phénomène l'action *évidente* du démon.

(6) Et plus encore de la simplicité d'un magnétiseur qui ne saurait qu'admirer le somnambule sans le diriger et le conduire. C'est ce que la commission de l'Académie fait remarquer dans ce qui suit immédiatement.

(7) Il n'y a donc point là *science subite*, spontanée, complète,

turel, il perd absolument le souvenir de toutes les sensations et de toutes les idées qu'il a eues dans l'état de somnambulisme; tellement que ces deux états sont aussi étrangers l'un à l'autre que si le somnambule et l'homme éveillé étaient deux êtres différents (1). Souvent, dans ce singulier état, on est parvenu à paralyser, à fermer entièrement les sens aux impressions extérieures ; à tel point qu'un flacon contenant plusieurs onces d'ammoniaque concentrée a pu être tenu sous le nez pendant cinq, dix, quinze minutes et plus, sans produire le moindre effet, sans empêcher aucunement la respiration, sans même provoquer l'éternument ; à tel point que la peau était également d'une insensibilité complète, lorsqu'on la pinçait de manière à la faire devenir noire, lorsqu'on la piquait (2) : bien plus, elle a été absolu-

infaillible, qui puisse autoriser l'auteur de la dernière consultation adressée à Rome à imiter MM. Wurtz, de La Marne, Frère, etc., et de voir là encore *une intervention évidente* du démon.

(1) Ce phénomène souvent n'existe pas du tout ou n'existe qu'en partie. On en voit l'analogue d'abord dans des oppositions aussi grandes que l'on remarque chez l'homme dans les rapports de la vie ordinaire, mais surtout dans plusieurs maladies. M. A. Dupeau et le docteur Debreyne, religieux et théologiens, en conviennent, et condamnent MM. Wurtz, de La Marne et Frère, qui voient encore ici *l'action évidente* du démon, tant il est plus commode d'ignorer la physiologie et la pathologie pour se tirer d'affaire en pareil cas.

(2) Il est bon d'ajouter en passant que cette méthode un peu cruelle de constater la réalité des phénomènes magnétiques appartient en propre aux médecins, qui s'occupent fort peu si le somnambule s'en trouve bien ou mal au réveil. Quand les magnétiseurs leur refusent ces expériences, qu'ils nomment décisives, lorsqu'ils les de-

ment insensible à la brûlure du moxa, à la vive irritation déterminée par l'eau chaude très chargée de farine de moutarde, brûlure et irritation qui étaient vivement senties et extrêmement douloureuses, lorsque la peau reprenait sa sensibilité normale.

» Certes, messieurs, tous ces phénomènes, s'ils sont réels (1), méritent bien qu'on en fasse une étude particulière ; et c'est précisément parce que votre commission les a trouvés tout-à-fait extraordinaires,

---

mandent, ils les regardent comme des gens *faibles* et crédules. Quand on les leur accorde, les docteurs ont beau voir que la volonté du somnambule est inactive et n'y prend aucune part, ils vous disent alors, avec M. le baron Larrey, que cela ne prouve rien, qu'ils ont vu sur le champ de bataille un soldat courageux qui ne bougea pas lorsqu'on lui coupa la jambe, et ils en sont quittes pour une histoire qu'ils vous content sans que vous puissiez saisir l'analogie : alors vous êtes des enthousiastes de mauvaise foi.

(1) Oui, *s'ils sont réels!* dit encore ici M. Dubois (d'Amiens) ; c'est comme *si l'on en croit, une toute petite condition.* Non, monsieur Dubois, c'est une grande condition pour établir entre eux et d'autres faits des rapports scientifiques. Ce n'est pas non plus *comme si l'on en croit*, parce qu'on pourrait croire sans que cela fît rien à la réalité. Vous ajoutez encore, monsieur Dubois : *S'ils s'ont réels, aucun examen n'est nécessaire.* Oh! monsieur, je regrette vivement que la prévention embarrasse à ce point votre logique. *S'ils sont réels, aucun examen n'est nécessaire* pour ceux qui ont constaté cette réalité ; oui, monsieur, en ce sens vous avez bien raison ; mais pour ceux qui n'ont point constaté la réalité des faits que vous nommez ou *de vrais miracles*, ou *des jongleries*, convenez-en, monsieur, pour ceux-là un examen *est nécessaire* ou au moins utile, s'ils veulent savoir à quoi s'en tenir ; et c'est pour cela qu'une commission de l'Académie le demande à l'Académie ou à une section de l'Académie, par l'organe de son rapporteur, et avec cette forme conditionnelle, *s'ils sont réels*, c'est-à-dire si l'on peut un seul instant les supposer tels.

et jusqu'à présent inexpliqués, nous ajoutons même incroyables, quand on n'en a pas été témoin, qu'elle n'a pas balancé à vous les exposer, bien convaincu que, comme elle, vous jugerez convenable de les soumettre à un examen sérieux et réfléchi. Nous ajouterons que les commissaires du roi n'en ayant pas eu connaissance, puisque le somnambulisme ne fut observé qu'après la publication de leur rapport, il devint instant d'étudier cet étonnant phénomène, et d'éclaircir un fait qui unit d'une manière si intime la psychologie et la physiologie ; un fait, en un mot, qui, s'il est exact, peut jeter un si grand jour sur la thérapeutique (1).

» Et s'il est prouvé, comme l'assurent les observateurs modernes, que dans cet état de somnambulisme dont nous venons de vous exposer analytiquement les principaux phénomènes, les personnes magnétisées aient une lucidité qui leur donne des idées positives sur la nature de leurs maladies, sur la nature des af-

---

(1) Ici M. Dubois (d'Amiens) et M. Burdin jeune (car bien que je ne désigne souvent que le premier de ces messieurs, il faut presque en tout cas l'appliquer à tous deux, puisque M. Burdin jeune a au moins mis son nom en tête de l'*Histoire académique*) font cette singulière réflexion: *Ces phénomènes peuvent jeter un grand jour sur la thérapeutique (singulier jour qui annihilerait tout).* Oh! messieurs, vous vous êtes fait une bien triste idée de la médecine, ou une bien terrible des phénomènes magnétiques, *s'ils sont réels.* J comprends vos combats ; mais vous enchérissez sur M. Castel, membre comme vous de la même académie. Suivant ce docteur, il n'y avait que *la moitié de nos connaissances physiologiques* qui étaient en danger ; et maintenant voilà la thérapeutique et *tout* qui vont être annihilés : c'est fâcheux.

fections des personnes avec lesquelles on les met en rapport, et sur le genre de traitement à opposer dans ces deux cas; s'il est constamment vrai, comme on prétend l'avoir observé en 1820 (1), à l'Hôtel-Dieu de Paris, que pendant ce singulier état (2), la sensibilité soit tellement assoupie qu'on puisse impunément cautériser les somnambules; s'il est également vrai que, comme on assure l'avoir vu à la Salpêtrière, en 1821, les somnambules jouissent d'une prévision telle, que des femmes, bien reconnues comme épileptiques et comme telles traitées depuis longtemps, aient pu prévoir vingt jours d'avance le jour, l'heure, la minute où l'accès épileptique devait leur arriver, et arrivait en effet; si, enfin, il est également reconnu par les mêmes magnétiseurs que cette singulière faculté peut être employée avec avantage dans la pratique de la médecine, il n'y a aucune espèce de doute que ce seul point de vue ne mérite l'attention et l'examen de l'Académie (3).

A ces considérations, toutes prises dans l'intérêt de la science, permettez-nous d'en ajouter une que nous puisons dans l'amour-propre national (4). Les médecins français doivent-ils rester

---

(1) Oui, monsieur Dubois, *c'est* bien **M. Husson qui a fait ces observations**, mais en compagnie d'un grand nombre de médecins dont nous vous rappellerons les noms quand il en sera temps.

(2) Dans certains cas au moins.

(3) Ici encore, lisez section de, etc.

(4) Oui, monsieur Dubois (d'Amiens), l'*amour-propre national* est ici bien placé; mais ce n'est pas parce que dans le Nord on se laisse aller *à des rêveries*, à l'illuminisme, au kantianisme, qui, n'en déplaise

étrangers aux recherches que font sur le magnétisme les médecins du nord de l'Europe? Votre commission ne le pense pas. — Dans presque tous les royaumes de ces contrées, le magnétisme est étudié et exercé par des hommes fort habiles, fort peu crédules; et si son utilité n'y est pas généralement reconnue, on assure du moins que sa réalité n'y est pas mise en

à M. S. Mialle, conduit assez bien à l'impiété par une sorte de panthéisme et d'indifférentisme protestant. — M. A.-F. Lambert, traducteur de *la Divarication* (*) de Thomas Wirgman, croit ces doctrines *favorables à la France*, parce que *de la fusion du Kantianisme avec le Christianisme*, en suivant *la version nouvelle du Nouveau Testament, approuvée par les pasteurs* et *professeurs de l'Église de Genève*, on *peut fonder toutes les Églises sur une base rationnelle purement doctrinale*, et mettre à même *tout le monde de juger de l'identité de la morale évangélique avec les règles de conduite prescrites par la Raison* (remarquez qu'à Raison il y a une lettre majuscule, et pour cause). On peut aussi y trouver, selon le même traducteur, un motif d'adhésion équivalant à *la certitude mathématique*, que ne donne jamais le témoignage des hommes, mais qui, *recevable dans bien des cas*, laisse *aux faits* une autorité *ne s'élevant jamais* qu'à un degré plus ou moins grand *de probabilité*. Toutes ces rêveries, fruits d'*une partie des rares et courts loisirs* d'un instituteur de la jeunesse, que jusqu'alors j'avais appris à aimer et à respecter, ne sont point propres à exciter l'amour-propre national, bien entendu, bien placé, car elles sont fort peu catholiques. Aussi, monsieur Dubois (d'Amiens), ce ne sont ni celles-là ni d'autres semblables que la commission invoque auprès de vous; c'est seulement l'autorité de l'exemple donné par des docteurs *habiles*, peu *crédules*, et vous accorderez bien que le Nord en a fourni quelques uns : ne serait-ce que Hufeland, à l'époque à laquelle il combattait publiquement le magnétisme, avant de remonter dans la même chaire pour avouer publiquement aussi qu'il s'était trompé. A cette époque vous lui accordiez bien sans doute, comme tant d'autres, une grande habileté, peu de propension aux rêveries; au moins je me plais à le supposer.

(*) 1 vol. in-8. Paris, 1838.

doute. — Ce ne sont plus seulement des écrivains enthousiastes qui donnent des théories ou qui rapportent des faits ; ce sont des médecins et des savants d'un ordre distingué.

» En Prusse, M. Hufeland, après s'être prononcé contre le magnétisme, s'est rendu à ce qu'il appelle l'évidence, et s'en est déclaré partisan. On a établi à Berlin une clinique considérable, dans laquelle on traite avec succès les malades par cette méthode; et plusieurs médecins ont aussi des traitements avec l'autorisation du gouvernement, car il n'est permis qu'à des médecins approuvés d'exercer publiquement le magnétisme.

A Francfort, M. le docteur Passavant a donné un ouvrage extrèmement remarquable, non seulement par l'exposition des faits, mais encore par les conséquences morales et psychologiques qu'il en déduit; à Groningue, M. le docteur Bosker, qui jouit d'une grande réputation, a traduit en hollandais l'Histoire critique du magnétisme de notre honorable compatriote M. Deleuze, et il y a joint un volume d'observations faites au traitement qu'il a établi conjointement avec ses confrères. — A Stockholm, on soutient pour le grade de docteur en médecine des thèses sur le magnétisme, comme on en soutient dans toutes les universités sur les diverses parties de la science.

A Pétersbourg, M. le docteur Stoffreghen, premier médecin de l'empereur de Russie, et plusieurs autres médecins, ont également prononcé leur opinion sur l'existence et l'utilité du magnétisme animal. Quelques abus auxquels on a été exposé lorsqu'on en faisait usage sans précaution, ont fait suspendre les traitements publics ; mais les médecins y ont recours dans leurs pratiques particulières lorsqu'ils le jugent utile. — Près de Moscou, M. le comte de Panin (1), ancien ministre de Russie, a établi dans sa terre, sous la direction d'un médecin, un traitement magnétique, où se sont opérées, dit-on, plusieurs guérisons importantes.

Resterons-nous en arrière des peuples du Nord, messieurs ; n'accorderons-nous aucune attention à un ensemble de phénomènes qui a fixé celle des nations que nous avons le noble orgueil de croire en arrière de nous pour la civilisation et pour l'avancement dans les sciences ? Votre commission, messieurs, vous connaît trop pour le craindre.

» Enfin n'est-il pas déplorable que le magnétisme s'exerce, se pratique, pour ainsi dire, sous vos yeux, par des gens tout-à-fait étrangers à la médecine, par des femmes qu'on promène clandestinement dans Paris, par des individus qui semblent faire mystère de leur existence (2)? Et l'époque n'est-elle pas ar-

(1) Écoutons M. Dubois (d'Amiens), qui ne veut point qu'on prête aux membres de l'Académie royale de médecine dont il fait partie, des paroles inconvenantes. M. le comte de Panin *fait très bien ici ;...* il établit *des représentations somnambuliques... Il vous a une troupe de somnambules*, etc., etc.

(2) Non, monsieur Dubois (d'Amiens), M. Husson n'est pas le jouet d'une étrange illusion, car il voit bien que ce ne sont pas ces *femmes qu'on promène clandestinement dans Paris* qui demandent

rivée où, selon le vœu exprimé depuis longues années par les personnes honnêtes et par les médecins qui n'ont pas cessé d'étudier et d'observer dans le silence les phénomènes du magnétisme, la médecine française doive enfin, s'affranchissant de la contrainte à laquelle paraissent l'avoir condamnée les jugements de nos devanciers, examiner, juger par elle-même des faits attestés par des personnes à la moralité, à la véracité, à l'indépendance et au talent desquelles tout le monde s'empresse de rendre hommage?

» Nous ajoutons, messieurs, que, par le mode de votre institution (1), vous devez connaître de tout ce qui peut avoir rapport à l'examen des remèdes extraordinaires et secrets, et que ce qu'on vous annonce du magnétisme ne fût-il qu'une jonglerie imaginée par des charlatans pour tromper la foi publique, il suffit que votre surveillance soit avertie pour que vous ne balanciez pas à remplir un de vos premiers devoirs, à user d'une de vos plus honorables prérogatives, celle qui vous est conférée par l'ordonnance royale de votre

---

l'examen du magnétisme, puisque c'est un médecin. Ce n'est pas pour augmenter le nombre de leurs dupes, puisque si le magnétisme était déclaré faux, elles n'obtiendraient point *un diplôme de capacité*, et qu'après avoir été déclaré réel, ce que vous ne voulez même pas supposer après l'événement, on devait attendre de l'Académie les lumières nécessaires pour discerner les *charlatans* et détromper *les dupes*.

(1) Non, monsieur Dubois, cette argumentation n'est pas si singulière, et ici encore je cherche votre logique. La commission ne dit pas comme vous le lui faites dire, que l'*Académie*, *serait* instituée *précisément* pour prendre connaissance de toutes les jongleries *des charlatans*, mais seulement que cela tient à son *mode* d'institution.

création, l'examen de ce moyen qui vous est annoncé comme un moyen de guérison.

En se résumant, messieurs, la commission pense (1) :

1° Que le jugement porté en 1784 par les commissaires chargés par le Roi d'examiner le magnétisme animal, ne doit en aucune manière vous dispenser de l'examiner de nouveau, parce que dans les sciences, un jugement quelconque n'est point une chose absolue, irrévocable (2).

» 2° Parce que les expériences d'après lesquelles ce jugement a été porté paraissent avoir été faites sans ensemble, sans le concours simultané et nécessaire de tous les commissaires, et avec des dispositions morales qui devaient, d'après les principes du fait qu'ils étaient chargés d'examiner, les faire complétement échouer (3).

(1) Nous nous résumerons aussi contre *les preuves* que M. Dubois (d'Amiens) croit avoir opposées au rapport, et en plaçant ses conclusions au bas de celles, non pas *de M. Husson*, mais de la commission dont il faisait partie avec MM. Adelon, Pariset, Marc, Burdin aîné, nous jugerons quelles *sont les plus logiques*.

(2) *Le jugement porté en 1784 par les commissaires chargés par le Roi d'examiner le magnétisme animal doit dispenser l'Académie de tout examen sur cette question, parce que dans les sciences un jugement logiquement déduit est une chose absolue, irrévocable.* Oui, monsieur Dubois (d'Amiens) et monsieur Burdin jeune, *un jugement logiquement déduit*, reconnu tel, aurait dispensé l'Académie de tout examen ; mais celui des commissaires de 1784 a-t-il ces qualités ? Voilà ce qui est en question, et les membres de l'Académie qui ont examiné de nouveau ont été et sont encore d'un avis différent du vôtre, et ils ne sont point les seuls.

(3) *Les expériences ont été isolées, vraiment probantes...faites avec*

» 3° Que le magnétisme jugé ainsi en 1784, diffère entièrement par la théorie, les procédés et les résultats, de celui que des observateurs exacts, probes, attentifs, que des médecins éclairés, laborieux, opiniâtres, ont étudié dans ces dernières années (1).

» 4° Qu'il est de l'honneur de la médecine française de ne pas rester en arrière des médecins allemands dans l'étude des phénomènes que les partisans éclai-

---

ensemble, c'est vous qui affirmez cela, messieurs Dubois (d'Amiens) et Burdin jeune, parce qu'elles ont conduit à condamner; mais vous voyez les membres de la commission qui le nient, et tous ceux qui ont voté pour l'examen le nient aussi équivalemment, et bien d'autres encore. Vous ajoutez aussitôt que les dispositions morales des commissaires *devaient faire échouer* les expériences si elles *étaient fausses*. O messieurs! vous eussiez dû ajouter qu'elles devaient aussi les faire envisager de travers si elles étaient vraies; et c'est ce qui est arrivé, vous le savez bien, messieurs, puisque les commissaires eux-mêmes avouent qu'ils ont vu *des effets constants;* les expériences qui *devaient échouer n'étaient donc pas fausses*, il n'y a donc eu de faux que la manière dont on a conclu, et que vous adoptez avec amour depuis bien longtemps. Convenez aussi que pour *faire échouer* vous avez été plus heureux avec M. Berna.

(1) *Le magnétisme jugé ainsi en 1784 ne diffère pas essentiellement*, etc. Non, messieurs Dubois et Burdin jeune, pas *essentiellement*, considéré en lui-même; mais il diffère *entièrement* par la manière dont M. d'Eslon l'a présenté, par la théorie, les procédés, les résultats sur lesquels on a jugé, ce qui n'empêche pas qu'il soit le même *essentiellement*. Après cela vous affirmez que les observateurs modernes étaient des médecins peu *exacts*, peu *difficiles*, qu'ils ont été induits en erreur *malgré leurs lumières*, etc. Ajoutez donc au moins parce qu'ils ne pensent pas comme nous, et qu'ils disent avoir *vu* ce que nous regardons comme impossible et absurde, et que nous avons déclaré ne devoir jamais croire, même quand nous le verrions.

rés et impartiaux du magnétisme annoncent être produits par ce nouvel agent (1).

» 5° Qu'en considérant le magnétisme comme un remède secret, il est du devoir de l'Académie de l'étudier, de l'expérimenter, enfin d'en enlever l'usage et la pratique aux gens tout-à-fait étrangers à l'art, qui abusent de ce moyen et en font un objet de lucre et de spéculation (2).

» D'après toutes ces considérations, votre commission est d'avis que la section doit adopter la proposition de M. Foissac, et charger une commission spéciale de s'occuper de l'étude et de l'examen du magnétisme animal (3).

» *Signé* : Adelon, Pariset, Marc, Burdin aîné. Husson, *rapporteur*. »

---

(1) Non, messieurs Dubois (d'Amiens) et Burdin jeune, il ne nuira pas à l'*honneur de l'Académie de médecine française* de se mettre à la suite des docteurs Koreff, Hernestaedt, Klaproth, Hufeland, Passavant, Bosker, Stoffreghen, etc., etc., nombre de docteurs français l'ont déjà fait ; je vous en ai nommé quelques uns entre des milliers. Libre cependant à vous de dire qu'ils sont *peu éclairés*, parce que vous ne l'êtes point de la même manière.

(2) *On ne saurait considérer le magnétisme animal comme remède* : dans votre système, oui, messieurs ; *et l'Académie obligée de l'étudier* ; selon vous, oui, messieurs Dubois et Burdin jeune. Cet examen serait *une sanction donnée à la pratique des gens tout-à-fait étrangers à l'art*. Oh ! pour cela, non, messieurs ; car si cet examen s'était terminé par une condamnation, *la sanction* eût été singulière.

(3) Les considérations de MM. Dubois (d'Amiens) et Burdin jeune leur font émettre l'avis qu'*on eût dû*, car il s'agit du passé, mettre à l'ordre du jour la proposition *tout-à-fait déplacée* de M. Foissac, et *bien se garder* de s'occuper de l'*examen* et de l'*étude* du magnétisme. L'Académie décida pourtant autrement.

CHAPITRE V.

LA NATURE DE LA VOLONTÉ DÉTERMINE LIBREMENT L'ACTION BIENFAISANTE OU NUISIBLE. — LE MAGNÉTISME BIEN DIRIGÉ PEUT ÊTRE L'INSTRUMENT DE LA CHARITÉ, ETC.

La justesse des considérations présentées par les membres de la commission académique souleva de longues et intéressantes discussions, que le plan que nous suivons ne nous permet pas de rapporter ici (1). Disons seulement, par anticipation, qu'elles eurent pour résultat de décider les académiciens de 1825 à examiner de nouveau le magnétisme humain et le somnambulisme provoqué, et à réviser ainsi les travaux de leurs illustres devanciers de 1784. Pourrions-nous hésiter à entrer dans la même voie, maintenant que nous savons que les commissaires nommés par l'Académie royale de médecine observèrent et produisirent eux-mêmes pendant six ans les faits magnétiques les moins contestables, et que dans les séances du 21 et 28 juin 1831, ils firent à l'Académie assemblée un rapport extrêmement favorable à cette science nouvelle?

Ils reconnurent et avouèrent hautement que l'homme a la faculté d'agir magnétiquement sur son semblable; que l'action magnétique est assez puissante pour triompher seule de maladies rebelles aux médi-

---

(1) Voyez *Rapports et discussions de l'Académie sur le magnétisme animal*, publiés par Foissac. 1833, 1 vol. in-8.

cations les plus énergiques; que cette action développait souvent un état particulier appelé *somnambulisme magnétique*, et faisait voir dans celui qu'elle modifiait des facultés nouvelles, ou plutôt cachées jusqu'alors, celle de se prescrire des médicaments convenables, de ressentir la maladie des personnes avec lesquelles on le met en rapport, et de lui enseigner les moyens curatifs.

Plus tard, nous prendrons connaissance des faits que contient ce rapport; et quand nous verrons que des expériences furent faites à l'Hôtel-Dieu, à la Charité, à la Salpêtrière, au Val-de-Grâce, dans les salles de l'Académie de médecine, nous sentirons nos doutes se dissiper, s'affaiblir au moins, devant les attestations formelles de MM. Bourdois de Lamothe, Fouquier, Guéneau de Mussy, Guersant, Itard, Leroux, Marc, Thillaye, Husson, Pariset, Ribes, Cloquet, Ségalas, Reynal, de Rumigny, Em. de Las-Cases; et les phénomènes remarquables obtenus sur M. Itard, l'un des commissaires, effaceront toute arrière-pensée sur la bonne foi et l'impartialité de ceux qui ne voulurent pas condamner sans entendre.

Les travaux de l'Académie de médecine, comme l'avait fort bien pressenti M. Desgenettes, portèrent le trouble *dans de jeunes têtes*. Une thèse inaugurale, intitulée : *Considérations sur le Magnétisme animal*, fut soutenue, en 1832, par le docteur Filassier, ancien interne des hôpitaux de Paris (1); nous lui

---

(1) Depuis ce temps plusieurs thèses sur le magnétisme ont encore été soutenues à la Faculté de médecine de Paris par de jeunes doc-

emprunterons le fait suivant, cité par M. Andral dans son cours de Pathologie interne à la Faculté de médecine, et imprimé dans la *Gazette médicale* du 2 mars 1833.

M. Filassier ne connaissait les pratiques du magnétisme que par l'article du professeur Rostan, inséré dans le Dictionnaire de médecine en 21 vol. Il n'était pas incrédule, mais sceptique.

Il prit un jour pour sujet d'expérimentation un interne des hôpitaux, adversaire spirituel de la doctrine du magnétisme, et il produisit les phénomènes qu'il décrit de la manière suivante : « Je le magnétisai, dit M. Filassier, pendant vingt minutes. D'abord, il éprouva des pandiculations, des bâillements, ses paupières se fermèrent, les muscles de son corps se relâchèrent, sa respiration devint ronflante, sa figure se gonfla; puis, quelque temps après, éclatèrent un

teurs : une par un médecin polonais; une autre par un médecin espagnol, et les suivantes : *Thèse sur le magnétisme*, présentée et soutenue à la Faculté de médecine de Paris, le 28 février 1834, par M. Saura, docteur-médecin. Cette thèse est dédiée à M. Orfila, doyen de l'école, partisan avoué du magnétisme, et, depuis ce temps, l'un des témoins signataires des expériences de mademoiselle Pigeaire. — *Expériences sur le magnétisme animal;* thèse présentée et soutenue à la Faculté de médecine de Paris, le 26 janvier 1835, par Th. P. G. Hamard, docteur-médecin, in-4, 18 pages.—*Expériences et considérations à l'appui du magnétisme animal;* thèse présentée, etc., le 24 février 1835, par D.-J. Berna, docteur-médecin, in-4, 40 pages. —*Quelques observations de somnambulisme naturel et de somnambulisme artificiel;* thèse présentée, etc., le 9 avril 1835, par H.-E. Lebrument, docteur-médecin.— *Essai sur le magnétisme animal;* thèse présentée et soutenue, etc. In 4, 28 pages, par le docteur H. Long.

rire sardonique, des sanglots d'une nature telle qu'un des spectateurs et moi nous crûmes un instant que le patient voulait se moquer de nous ; mais nous fûmes cruellement détrompés. Sa peau se couvrit d'une sueur froide et visqueuse ; son pouls devint on ne peut plus fréquent, petit et irrégulier ; sa figure s'allongea, s'altéra profondément et devint bleue ; sa tête et son corps se renversèrent en arrière par des mouvements tétaniques ; la respiration, râleuse comme celle des mourants, s'accompagna de hoquets convulsifs, de gémissements (1). Qu'on juge de ma perplexité dans ce moment affreux ! Non, je ne puis dire tout ce que j'ai souffert ! Je magnétisais pour la première fois, et ne savais quel remède apporter au mal involontaire que j'avais produit ; je suspendis mon action ; les phénomènes s'accrurent au point de me faire trembler. Entre mille pensées qui se croisèrent alors dans ma tête, celle de continuer avec plus de vigueur encore l'action que j'avais commencée à exercer, se présenta plus forte que toute autre. Je redoublai donc d'énergie et de volonté ; les phénomènes indiqués s'abîmèrent dans un collapsus profond. Je

(1) Ici triompheraient MM. Dupeau, Debreyne, Frère, Dubois (d'Amiens), Bouillaud, Lafond-Gouzi, etc., etc., qui assurent que le magnétisme détermine d'*affreuses*, d'*horribles* maladies, les névroses *les plus effrayantes*. Heureusement M. Filassier avoue que les effets fâcheux qu'il produit sont dus à son ignorance. Nous aurions fait un grand pas si les antagonistes voulaient un peu plus souvent distinguer ce qui est *essentiel* au magnétisme et ce qu'il peut offrir d'*accidentel*, surtout quand il s'agit des *tendances immorales de la science magnétique*, comme disent MM. de La Marne, Frère, Debreyne, etc.

posai ma victime sur un lit, et j'attendis avec anxiété, les mains placées dans les siennes, ce qui devait en résulter. L'accablement dura un quart d'heure ; mon ami revint peu à peu à lui-même, et ses premiers mots furent : « Tu m'as fait horriblement mal ; ja-
» mais je n'ai tant souffert de ma vie ; n'importe,
» il y a eu des effets extraordinaires, il faut que
» tu recommences. » Je fus stupéfait, et je refusai ; il insista avec tant de force, que je dus céder. Mais obéissant alors à la fatigue, suite des violents efforts que j'avais faits, et plus encore à la raison qui me disait d'employer un procédé différent du premier, j'étendis ma volonté avec moins du dureté ; je conduisis mes mains avec plus de lenteur, de calme et de douceur ; il s'était en outre développé en moi une bienveillance craintive et une tendre sollicitude pour un ami que j'avais fait souffrir, et à qui je voulais épargner de nouvelles souffrances. Ses paupières se fermèrent de nouveau, un abandon complet s'empara de tous les muscles de son corps, sa figure se tuméfia, et prit une expression de béatitude difficile à décrire ; sa peau se couvrit d'une sueur douce et tiède, sa respiration devint lente, élevée et calme. Ces mots :
« Quel bonheur ! on n'est pas plus heureux dans le
» paradis, » lui échappaient. Ces mots me firent rire. Mon rire fit passer dans tout son être une impression générale de souffrance. « Tu me fais mal, » dit-il. M'arrêtais-je, les phénomènes se suspendaient avec douleur pour lui ; ils se reproduisaient avec le retour de mon action, qui, à la fin, amena un doux

sommeil. Un réveil spontané s'ensuivit au bout de vingt minutes. Je ne pouvais reprocher à ces phénomènes d'être le produit de l'imagination. Ils s'étaient manifestés chez un jeune homme d'un esprit sévère, un médecin, et surtout un incrédule! Ils étaient déterminés par un médecin et un sceptique. »

Ils comprennent bien peu l'ordre et l'harmonie de l'univers, ceux qui regardent comme des sensations perturbatrices qui ne doivent profiter en rien à celui qui en est l'objet, la compassion et la pitié que font naître en nous les souffrances d'un de nos semblables!

Ils sont bien injustes envers la divine bonté, de croire qu'elle ne nous a pas donné à tous la faculté de faire le bien alors qu'elle en a placé le désir dans notre cœur, et que, tyran implacable, elle veut que nous voyions souffrir, que nous souffrions nous-mêmes, sans pouvoir soulager ceux qui nous sont chers, ou sans espérer de leur tendresse un bienfait qu'ils brûlent de répandre sur nous!

Que de siècles se sont écoulés avant que la science humaine ait pu comprendre l'harmonie si simple et cependant si sublime de l'action des êtres animés les uns sur les autres! que de lenteur de la part des savants à publier les vérités importantes qui en découlent! et pourtant nous savions, nous faisions déjà une partie de ces choses, et la nature même nous les avait dites longtemps avant eux. Quand l'un de nos semblables est chagrin ou souffrant, la pitié ne nous force-t-elle pas à embrasser, serrer nos amis pour les consoler ou soulager leurs maux? N'avons-nous pas cent fois pressé avec délices leurs cœurs contre notre cœur ? Et quiconque veut faire du bien ne s'approche-t-il pas de ses semblables ?

Cette jeune mère veille avec une tendre sollicitude sur la marche chancelante de son enfant ; vient-il à tomber, ses cris manifestent sa douleur ; voyez avec quelle rapidité elle le relève, le presse contre son cœur, promène sur son visage délicat et meurtri ses lèvres palpitantes d'amour ! Aussitôt la douleur cesse et les cris ne se font plus entendre.

Écoutez cet homme attendri à la vue de sa compagne en proie aux souffrances d'une cruelle maladie ; plein d'angoisses et d'amers regrets, il la serre dans ses bras et s'écrie : « Que ne puis-je la soulager aux dépens de ma vie ! » Cette plainte généreuse doit maintenant cesser de se faire entendre ; la connaissance du magnétisme permet la réalisation d'un si noble désir, car le magnétisme est la vie (1), et la vie est un puissant remède contre la souffrance et la mort.

Oublions donc qu'il est des hommes assez malheureux pour s'imaginer qu'ils nous traitent avec indulgence, avec générosité même, en nous qualifiant de rêveurs philanthropes ; oublions qu'à toutes les époques il s'est trouvé des hommes assez pervers pour rire de ce qui est beau, ridiculiser tout ce qui est bon, bafouer tout ce qui est honnête. Sachons donc nous affranchir d'une fausse honte à laquelle l'esprit du siècle semble devoir nous condamner, apprenons à

---

(1) Vie organique, fluide nerveux vivifié par l'âme, premier principe de la vie, etc.

soulager avec prudence un parent, un ami, un malheureux, et rendons un éclatant hommage à la divinité bienfaisante qui nous comble de tant de bienfaits.

Gardons-nous de précipiter nos jugements et de crier à l'enthousiasme. Quelque merveilleux que soient des phénomènes produits par une cause aussi légère en apparence, *la volonté*, qui met en mouvement un agent physique, *le fluide nerveux*, et le modifie, il semble inutile de développer au commencement de cet ouvrage un plus grand nombre de considérations pour établir *la possibilité* du magnétisme humain ; — du magnétisme humain, cette électricité spéciale élaborée, ou tout au moins accumulée dans le cerveau de l'homme, pouvant être facilement dirigée sur son semblable, ayant des caractères communs avec les autres espèces d'électricités, mais offrant, par sa manifestation *dans un être pensant*, des modifications inexplicables.

Il faut le dire par anticipation, les phénomènes électriques nous seront d'un grand secours ; nous ne les étudierons cependant pas d'une manière trop étendue : mis d'abord au rang des fables, ils sont aujourd'hui avérés de tout le monde (1).

(1) Plusieurs se demanderont à quel propos nous parlons ici de l'électricité, etc. Pour celui qui traiterait la question présente d'une manière didactique et par une synthèse graduelle et raisonnée, il serait bon d'étudier les phénomènes électriques dans le règne minéral, dans le règne végétal, puis dans le règne animal pour arriver au *règne homme*, et établir la génération physiologique de l'électricité humaine, du magnétisme humain. Voyez *Nouvelle théorie de l'action nerveuse et des phénomènes de la vie*, par le docteur Du-

Parlerions-nous, après Franklin, de l'analogie de la foudre avec l'électricité? Les œuvres de MM. Ampère, Becquerel, Berzélius, Pouillet, nous permettraient-ils de dire quelque chose des progrès de la chimie, abandonnant l'affinité pour les forces électriques? De la physique, démontrant, par la découverte de l'électro-magnétisme, l'analogie de l'électricité et du magnétisme minéral?

Les travaux plus récents de MM. Prevost et Dumas, Coudret, etc., comparent le galvanisme au fluide nerveux, si désiré par Galvani, Humboldt, démontré par Mesmer sous le nom de magnétisme animal, confirmé dans ces derniers temps par les expériences de Bergasse, Tardy-de-Montrevel, Georget, Deleuze, de MM. Rostan, Dutrochet, Chardel, Foissac, Chapelain, Dupotet, et par les rapports de la commission de l'Académie royale de médecine; tous ces travaux nous offriront leur concours.

rand, de Lunel. Paris, 1843. 1 vol. in-8. L'auteur ne peut être suspect ; il ne dit pas un mot du magnétisme. Voyez encore, en laissant de côté la doctrine philosophique, *l'hysiologie, médecine et métaphysique du magnétisme*, par M. Charpignon, médecin. 1841. 1 vol. in-8. L'auteur, animé des meilleures intentions, mais, comme beaucoup d'écrivains de nos jours, n'étant pas suffisamment instruit de la philosophie catholique, est tombé dans de graves erreurs dont nous parlerons plus tard. Dans le dessein de les éviter, il avait confié son manuscrit à des ecclésiastiques qui le lui ont rendu après l'avoir seulement parcouru, mais sans atteindre le but qu'il s'était proposé. Tout en signalant l'erreur, j'ai cru devoir de suite indiquer la justification d'un jeune médecin non moins distingué par son attachement pratique à la religion que par ses connaissances médicales et ses nombreux travaux sur le magnétisme et le somnambulisme. Voyez encore Pététin, Pigeaire, Despine, Turck, etc., etc.

Nous étudierons le magnétisme humain et le somnambulisme développé par la magnétisation. Nous examinerons s'il peut être comparé au somnambulisme naturel; s'il peut s'expliquer comme lui, et s'il présente des phénomènes plus extraordinaires, plus utiles.

Déjà nous l'avons entrevu : ce résultat de la nature de l'homme, cette influence d'un individu sur un autre sans le secours d'aucun intermédiaire *visible*, a dû être connu chez les peuples de l'antiquité. De cette source peuvent et doivent découler bien des erreurs sans doute, mais aussi bien des vérités importantes, oubliées ou méconnues par nos savants modernes. Sans confondre, à l'exemple de M. A. Dupeau, le magnétisme avec la magie, les enchantements, les sortiléges, dont nous retrouvons des traces chez toutes les nations, à toutes les époques et sous des dénominations si diverses, nous nous garderons bien, comme ce grand docteur, de tout expliquer par l'imagination. Nous verrons cependant s'il n'y a point dans la pratique du magnétisme humain quelques lumières propres, jusqu'à un certain point, à nous éclairer sur plusieurs phénomènes mystérieux, en apparence, et attribués indistinctement à différentes influences qui, pour être fort réelles et fort véritables en dehors du magnétisme, n'en ont pas moins donné lieu à quelques méprises de la part des gens du monde. C'est ainsi qu'on ne craint pas aujourd'hui de prendre occasion du magnétisme pour tout nier en attaquant tout ce qui est respectable à tant de titres sacrés.

Néanmoins certains faits fournis par l'histoire des

oracles, des sibylles, des pythonisses, des convulsionnaires, des extatiques, seront peut-être pour nous plus faciles à comprendre, au moins dans leurs causes secondes, quand nous connaîtrons bien les phénomènes du somnambulisme artificiel ; *certaines* guérisons faites par des attouchements, par le massage et par *certaines* impositions des mains, trouveront peut-être aussi dans le magnétisme des éclaircissements satisfaisants, sans pourtant entrer dans un domaine que la foi nous interdit à jamais. Cette opinion, nous le savons bien, a été exagérée d'une manière révoltante par beaucoup d'écrivains qui ne demandaient pas mieux que de manifester, sous le voile de la science, des opinions qu'ils avaient puisées à d'autres sources. Mais en nous renfermant dans de justes limites, nous pourrons dire encore que cette opinion, étrange au premier abord, est celle de tous ceux qui ont consciencieusement étudié le magnétisme. Cependant il ne s'agit point ici de proclamer comme lois de simples opinions. Ce n'est point un système qu'il nous faut embrasser ou défendre. Il suffit que nous puissions nous dire : on a pu constater facilement les faits magnétiques ; ce sont des phénomènes physiques ; ils ne demandent que l'application des sens pour être reconnus véritables. Une raison droite et éclairée par des connaissances variées, sans dépasser les limites voulues, saura trouver une explication satisfaisante pour toute intelligence qui a bien compris qu'il serait injuste d'être plus difficile dans la question présente que nous ne le sommes pour tant d'autres qui nous sont familières comme *fait*, tout en laissant beaucoup à désirer comme *science*.

Rien de ce qui précède et de ce qui suit n'est adressé à ces esprits supérieurs qui, en jetant les yeux sur le titre d'une question, sur une page d'un livre, s'écrient avec dédain : Cela est absurde, je ne m'en occuperai pas.

Ces notes sont présentées aux hommes sages et consciencieux, non pas pour prouver par le raisonnement seul ce que la raison repousse quand elle ne consulte pas l'expérience, ce que le jugement ne peut concevoir quand il est abandonné à lui-même, mais pour chercher seulement à jeter dans leur esprit ce doute philosophique qui engage à constater par l'expérience ce que l'expérience seule peut démontrer, lorsqu'on ne croit pas pouvoir prudemment s'appuyer sur les travaux des autres. Ce n'est point un délassement proposé à l'esprit, c'est un travail, qui, n'en doutons pas, sera tout à l'avantage de la vérité, de quelque côté qu'elle se trouve. Mais, il faut le dire, l'indifférence est impardonnable : le magnétisme humain est une erreur funeste ou une vérité sublime; il doit être combattu avec ardeur ou proclamé avec courage.

Sans doute nous sommes tous impatients de voir des expériences qui nous paraissent si merveilleuses, et d'apprendre le moyen de les reproduire nous-mêmes; cependant, en pareille matière surtout, il faut éviter toute précipitation. Nous ne savons qu'une seule chose, c'est qu'il est juste, raisonnable, de s'occuper du magnétisme, puisque des hommes distingués dans les sciences l'ont étudié d'une manière spéciale. Les expériences qu'on nous offrirait avant d'avoir les notions suffisantes, quand nous pourrions en être témoins à l'heure même, ne produiraient pas une conviction profonde, durable; elles nous laisseraient dans l'étonnement d'abord; puis, ne concevant pas leur possibilité, nous les éloignerions de notre esprit comme des illusions, et notre curiosité même ne serait pas satisfaite. Prenons une marche plus profitable à la science, plus conforme à la dignité d'une question qui intéresse l'avenir de l'homme tant sous le point de vue philosophique que sous le rapport médical. Mais avant de nous livrer à des expériences, apprenons à les redouter lorsqu'elles sont faites contre les règles de la prudence et du savoir. Remontons à la source, qui peut seule nous donner une conviction durable sur l'existence et l'utilité du magnétisme humain et du somnambulisme artificiel, qui peut seule nous enseigner à éviter les abus et les dangers attachés, non pas au magnétisme, mais à la volonté, à la liberté humaine mal dirigée. Empruntons à la physique et à la physiologie des connaissances préliminaires, indispensables pour chasser de notre esprit le merveilleux et le surnaturel, que, souvent, nous refusons de voir où il existe, et dont notre ignorance nous porte si facilement à vouloir envelopper les phénomènes que nous observons pour la première fois.

CHAPITRE VI.

MESMER. — PARALLÈLE DE SA DOCTRINE ET DE CELLE DES MÉDECINS DE SON TEMPS. — SA DOCTRINE FÛT-ELLE FAUSSE, SA CONDUITE N'A POINT ÉTÉ CELLE D'UN CHARLATAN. — A VIENNE ET A PARIS, IL S'ADRESSE D'ABORD AUX SAVANTS. — LES DOCTEURS D'ESLON, DONGLÉ, ETC., SONT AUSSI PERSÉCUTÉS PAR LA FACULTÉ DE MÉDECINE.

Ce ne sont pas seulement des hommes du monde, mais des savants, des médecins, qui, prévenus auparavant contre le magnétisme, qu'ils attaquaient publiquement dans leurs discours et dans leurs écrits, nous assurent maintenant, après un examen sérieux et des expériences nombreuses, que les phénomènes du magnétisme et du somnambulisme sont réels. Plusieurs d'entre eux, il est vrai, ne doivent être écoutés qu'avec défiance lorsqu'il s'agit de la partie doctrinale de la question ; les déductions métaphysiques et psychologiques qu'ils prétendent en tirer doivent justement nous être suspectes, puisqu'ils nous ont donné le droit, par leurs assertions hasardées et impies, de voir en eux des ennemis de l'antique foi de nos pères (1). Mais ne pouvons-nous pas, lorsqu'il s'agit des faits et

(1) Aux auteurs de ce genre que plusieurs fois déjà nous avons nommés, il nous en coûte d'ajouter le nom de l'auteur de l'ouvrage aussi intéressant que profond, intitulé : *Esquisse de la nature humaine expliquée par le magnétisme*, etc. 1826, 1 vol. in-8. M. C. Chardel, conseiller à la Cour de Cassation, etc., dans un autre ouvrage non moins remarquable : *Essai de psychologie physiologique, ou explication des relations de l'âme avec le corps, prouvée par le ma-*

de l'explication purement scientifique, admettre avec eux l'existence du magnétisme humain, d'une électricité spéciale, sécrétée ou tout au moins rassemblée par le cerveau de l'homme, pouvant être facilement dirigée sur son semblable, ayant des caractères communs avec les autres espèces d'électricités, mais offrant par sa manifestation dans un être pensant des modifications inexplicables par les seules lois de la matière?

Cependant, comme la réprobation qui pèse sur l'auteur d'une découverte s'étend aussi presque naturellement sur la découverte elle-même, et dicte le jugement qu'on prononce sur les faits qui l'appuient et sur les hommes qui la défendent dans la suite, il est nécessaire, ou au moins fort utile, que nous sachions ce qu'il faut penser de Mesmer et des circonstances principales au milieu desquelles le magnétisme apparut dans le monde savant.

Mesmer était docteur-médecin, membre de la Faculté de Vienne; c'est à tort qu'on l'a souvent présenté comme un homme sans aucuns principes. Jugé au point de vue religieux, s'il n'était pas tout ce qu'il devait être, au moins, au point de vue scientifique, était-il moins bas que bien des célébrités médicales qui ne furent pas si fortement attaquées que lui et

---

gnétisme animal, 3ᵉ édition, augmentée d'un appendice, 1844, 1 vol. in-8, montre, dans les pages ajoutées à cette édition, l'absence des notions les plus simples et les plus élémentaires sur le catholicisme, qu'il présente sous un jour absolument faux. Les bons rapports que nous avons eus avec l'auteur, rapports qui ne sauraient s'effacer de notre cœur, nous rendent cet aveu pénible, mais nous le **devions à la vérité.**

contre lesquelles il défendait l'existence de Dieu et la spiritualité de l'âme (1).

Pressé par le besoin de s'écarter de la route hasardeuse qu'il voyait ouverte devant lui pour l'exercice de la médecine, Mesmer, malgré *les notions positives* qu'offrent *les sciences médicales*, reconnut le peu de certitude *de l'art de guérir*. Au milieu de la multitude des opinions, des systèmes opposés et des doctrines contradictoires, il se trouva, comme beaucoup de ses confrères, au lit du malade, embarrassé dans l'application de ses connaissances, d'*ailleurs* certaines et *positives en elles-mêmes*. Il crut donc pouvoir établir l'art médical sur des bases plus vraies, plus conformes à la nature. Après des essais faits avec l'aimant (2), surtout par la méditation de quelques ou-

(1) Voy. le *Deuxième Mémoire sur le magnétisme animal*, par A. Mesmer, publié en l'an VII; nouvelle édition, avec des notes par J. J. A. Ricard, 1844, 1 vol. grand in-18.

(2) Mesmer essaya, dans un cas assez grave d'affection nerveuse, l'effet des pièces aimantées dont le Père Hell, professeur d'astronomie à Vienne, faisait usage à cette époque. C'est là ce qui le conduisit à reconnaître le rôle extraordinaire que pouvait remplir la volonté de celui qui faisait l'application de ces pièces et les modifications salutaires qu'on opérait ainsi sur les malades. Cette observation, l'une des plus belles qui aient jamais été faites, dit le savant M. Deleuze, eut lieu le 29 juillet 1774. Peu de jours après, Mesmer raconta au P. Hell les succès qu'il avait obtenus, le soulagement de mademoiselle OEsterline, sa malade, l'espoir qu'il avait de la guérir, etc.; *mais il ne lui parla aucunement de la volonté et du fluide nerveux qu'elle met en mouvement*. Alors, comme cela se conçoit facilement, le P. Hell publia « qu'il avait trouvé le moyen de » guérir les maux de nerfs les plus graves par les pièces aimantées, » dont la vertu dépendait de telle ou telle forme, etc. Il ajouta qu'il » avait tout confié à Mesmer, et qu'il se servait de lui pour traiter

vrages anciens que nous possédons encore, il s'éleva par des efforts successifs à la plus belle découverte dont les sciences physiques puissent se glorifier, le magnétisme humain.

Les contrariétés qu'il éprouva, et la manière dont les corps savants auxquels il s'adressa accueillirent l'annonce de sa découverte, forment la partie la plus curieuse de l'histoire du magnétisme et servent mer-

» ses malades. » Mesmer publia, le 5 janvier 1775, sa *Lettre à un médecin étranger*, dans laquelle, racontant tout ce qui s'était passé, il annonce l'existence du magnétisme animal *essentiellement différent* de l'aimant (voy. *Mémoire sur la découverte du magnétisme animal*, par A. Mesmer, 1779, nouvelle édition avec des notes de J. J. A. Ricard, 1844. 1 vol. grand in-18, p. 15.) Il est fort simple qu'une discussion très innocente de part et d'autre se soit élevée entre le P. Hell et Mesmer. Chaque jour nous voyons les choses se passer ainsi parmi les savants sans qu'on puisse raisonnablement faire tomber sur aucun l'odieux de la mauvaise foi.

Cependant « *l'honneur du corps était compromis. Le conseil s'as-*
» *sembla; il fallait soutenir le P. Hell quand même. Toujours*
» *zélé pour les intérêts de la compagnie, nous décidâmes à l'u-*
» *nanimité qu'on poursuivrait Mesmer à outrance, et que le ma-*
» *gnétisme serait proscrit... puisqu'on n'avait pu s'en emparer.*
» Il nous semble, ajoute en note l'*éditeur* de ces lignes, que cet
» exemple n'est pas le seul que l'on trouve dans l'histoire des RR.
» PP. » Il a voulu dire, sans doute, n'est *pas le seul que l'on con-*
trouve; car, tout heureux que soit l'*éditeur* d'une pareille fiction et de la vaste conspiration qu'il invente sans y croire, et des noms qu'il y fait entrer pêle-mêle, je lui connais trop de sens pour ajouter foi à de pareilles rêveries, dont personne ne sera dupe tant pour le fond que pour la forme. Voy. *Rapport confidentiel sur le magnétisme animal*, etc., adressé à la congrégation de l'index, et traduit de l'italien, du R. P. Scobardi, par Ch. B., D.-M.-P. L'*auteur* du rapport, etc., le *traducteur* et l'*éditeur*, M. Ch. B., supposé, ainsi que son titre D.-M.-P., le R. P. Scobardi et M. S. Mialle sont une seule et même personne, ainsi que l'on sait.

veilleusement à donner une juste idée de l'ensemble de la question. Cependant, combien peu d'hommes ont pris la peine de compulser les archives de la science pour constater les tortures morales que Mesmer eut à souffrir! Tous néanmoins, après la lecture d'un article de dictionnaire ou de biographie, sans songer à la folie, je dirai plus, à l'injustice de leur conduite, insultent un homme qui fit preuve de droiture et se montra désintéressé, bien qu'il acceptât, après qu'on le lui eut proposé et presque apporté malgré lui, ce qui devait lui assurer une position indépendante. Telle fut cependant l'origine de toutes les calomnies dirigées contre lui pour l'accuser et le convaincre d'une insatiable avidité.

Mesmer connaissait particulièrement M. le baron de Stoërck, président de la Faculté de Vienne et premier médecin de l'empereur. Il jugea convenable de l'instruire de sa découverte et de son objet. M. de Stoërck parut d'abord flatté de cette démarche, et témoigna qu'elle lui était agréable; mais bientôt il y mit de la froideur, et invita Mesmer à ne pas *compromettre* la Faculté par une *innovation de ce genre*. Et pourtant les principes de Mesmer n'étaient pas, au fond, aussi différents de ceux des autres médecins qu'on pourrait se le figurer. Mesmer pensait que tous les mouvements internes et externes qui s'opèrent dans notre corps, soit en santé, soit en maladie, ont lieu par l'action du système nerveux. Or, ce que Mesmer pensait, les autres médecins le pensaient aussi. Mesmer pensait que l'action du système nerveux dépendait elle-même de l'action d'un fluide très subtil; les autres médecins le pensaient aussi. Mesmer pensait que ce fluide était lui-même soumis à différents agents, dont les uns, comme les corps qui nous environnent, sont au-dehors de nous, les autres au-dedans, comme les différentes affections de notre âme, notre volonté, nos passions, et les diverses modifications de l'organisme; les autres médecins le pensaient également. Mesmer croyait que l'état normal de nos fonctions, duquel dépend la santé, s'entretient par l'action régulière du système nerveux ; les autres médecins le croyaient aussi. Mesmer prétendait que la guérison de nos maladies s'opère par la réaction des forces de la nature, par des crises; les autres médecins le prétendaient de même (1). En quoi Mesmer et les médecins de son temps différaient-ils donc ? Le voici : Mesmer croyait avoir trouvé le secret de diriger à volonté, et par des moyens faciles, le fluide

---

(1) Les médecins de nos jours ont-ils des notions plus positives sur la santé et la maladie? De la doctrine dite physiologique et du parti que prétend en avoir tiré un professeur qui se donne pompeusement le titre de *chef de la médecine exacte*, de plus vives lumières ont-elles jailli ? Quoi qu'il en soit, rapprochons de la doctrine de Mesmer un passage de la *Nouvelle théorie de l'action nerveuse* du docteur Durand, de Lunel : « La tonicité générale ou *la santé* résulte d'un équi-
» libre déterminé entre le jeu de cette pile (la pile organique) et son
» organisation. Si l'équilibre s'altère ; si, par exemple, les courants
» électriques sont trop intenses (stimulation, sthénie), ou trop faibles
» (sédation, asthénie) pour l'entretien et le jeu régulier de la pile,
» il y a tendance à la maladie, ou maladie. » P. 288, et citations du même auteur rapportées plus bas. Voy. aussi l'intéressant ouvrage du docteur Turck.

qui met le système nerveux en action, et par là de lui procurer les forces dont il a besoin, soit pour la conservation de la santé, soit pour la guérison des maladies. Mesmer croyait connaître mieux que les médecins de son temps, et que ceux qui l'avaient précédé, la nature du fluide nerveux, et c'est là ce qu'on lui contestait. Ses idées ne furent point goûtées ; il se trouva repoussé de toutes parts, bien qu'il eût pris pour témoins de ses expériences le physicien Ingenhouze et l'anatomiste Barthe. Ces messieurs ne craignirent pas de démentir ce qu'ils avaient vu, ou tout au moins ils n'osèrent en convenir publiquement (1).

Les plus savants médecins de Vienne, entre autres M. le baron Wenzel, avaient traité sans le moindre succès, pendant quatorze ans, mademoiselle Paradis, complétement aveugle par suite d'une goutte sereine accompagnée de convulsions dans les yeux, etc. Rien n'était mieux constaté que son état lorsque Mesmer entreprit de la guérir ; il y parvint bientôt, calma les convulsions et lui rendit la vue. Dans les premiers moments de sa surprise et de sa reconnaissance, le père de la malade s'empressa de faire insérer dans les journaux la relation de cette cure, invitant les médecins de Vienne à s'en assurer par eux-mêmes. Cependant on représenta au père de mademoiselle Paradis qu'il allait perdre la pension que S. M. lui avait accordée à raison de ses infirmités ; emporté

---

(1) Voyez *Mémoires et Aphorismes de Mesmer*, nouvelle édition, avec des notes par J. J. A. Ricard. 1844. 1 vol. gr. in-18, p. 16, 28.

par l'intérêt, il reprit sa fille chez lui (1): et par suite de l'interruption du traitement, mademoiselle Paradis redevint peu à peu aussi aveugle qu'elle l'était auparavant. Nouveau motif d'attaquer Mesmer et le magnétisme, bien qu'il eût traité par ce moyen un très grand nombre de malades, et qu'il eût obtenu le succès le plus complet. — Enfin, après avoir été en butte à plusieurs scènes scandaleuses, Mesmer, fatigué, et cependant persuadé d'avoir accompli tout ce qu'il devait à ses concitoyens, dans l'espoir qu'un jour on lui rendrait justice, partit de Vienne en 1777, pour chercher dans les pays étrangers le repos que sa découverte lui avait ravi dans sa patrie.

(1) Mademoiselle Paradis avait été mise en pension chez Mesmer, afin de recevoir plus aisément tous les soins qui lui étaient nécessaires. Ne comprenant rien à l'empressement avec lequel son père la réclamait, et craignant de compromettre le succès de ce traitement, Mesmer se refusa d'abord à la lui rendre avant que la guérison fût achevée. Monsieur et madame Paradis, craignant de perdre une partie de leur revenu, remplirent Vienne de leurs clameurs. Ils finirent par aller chez Mesmer dans de telles dispositions, que l'un voulut lui passer son épée au travers du corps, et l'autre jeta sa fille suppliante la tête contre la muraille. La maladie reparut avec tous ses accidents. Cependant au bout d'un mois, et toujours à l'aide du magnétisme, mademoiselle Paradis fut en état de rentrer dans la maison paternelle.

Quelques années plus tard (1784), mademoiselle Paradis vint à Paris pour exercer sa profession et jouer du clavecin. Alors elle était absolument aveugle, et l'on ne manqua pas, parmi les antagonistes du magnétisme, d'en tirer grands arguments contre Mesmer et sa doctrine. M. le docteur Lafond-Gouzi, dans son prétendu *Traité du magnétisme*, a saisi avec empressement l'occasion d'imiter à ce sujet ceux qui l'avaient précédé dans la carrière.

Depuis longtemps on ne parlait à Paris que de Mesmer, lorsqu'il y arriva dans le mois de février 1778. A peine eut-il mis pied à terre qu'il fut assailli d'une foule de personnes qui venaient le consulter. Ce début le flatta d'abord ; mais jugeant bientôt que la curiosité superficielle, cette curiosité inquiète qui veut tout voir sans rien approfondir, était le goût dominant de notre capitale, il crut convenable de rompre sans affectation toute liaison propre à le conduire à son but par une route aussi contraire à ses vues et à sa conscience. — Il s'entoura de savants et de médecins, leur communiqua son système, fit à ce sujet plusieurs ouvertures à l'Académie des sciences; mais cette Académie, prévenue par les bruits publics, ou n'aimant pas ce qui venait du dehors (goût qu'elle a toujours conservé), ne lui fit que très peu ou même point d'accueil. M. Le Roy, directeur de l'Académie des sciences, ayant assisté chez Mesmer à plusieurs expériences, et y ayant porté assez d'attention pour s'assurer de leur réalité, parut prendre intérêt à cette découverte, et proposa sa médiation auprès de sa compagnie. — Mesmer accepta cette proposition, lui remit les assertions relatives à son système, et convint d'un jour où il se rendrait à l'Académie pour être témoin du rapport. — Il y fut exact. Je ne saurais donner une qualification convenable à la conduite de cette société : elle ne voulut pas souffrir qu'on abordât la question; et lorsque M. Le Roy prit la parole, il fut brusquement taxé de charlatanerie par un de ses confrères, qui voulut bien interrompre sa conversation particulière tout exprès pour donner cette décision réfléchie (1).

Lorsqu'un corps établi pour le progrès des sciences se comporte d'une manière aussi injurieuse, et compromet la nation qu'il représente, que ne peuvent se permettre les particuliers, eux qui croient ne devoir compte à personne de leurs opinions (2)? L'Académie pouvait croire Mesmer dans l'erreur; mais cette erreur n'était point de celles qu'on méprise : la signaler, la réfuter, en prouver les conséquences dangereuses, tel était alors son devoir, tel était le moyen de ne pas rendre justement suspectes

---

(1) Nous ne croirions pas à la réalité de ces faits si l'Académie royale de médecine ne s'était chargée de nous les garantir en les renouvelant, tout récemment encore, lorsqu'un médecin distingué voulut lire un mémoire sur la goutte et sur un nouveau mode de traitement à y opposer. Il ne s'agissait pourtant pas de magnétisme, comme lorsque, récemment aussi, M. le baron Larrey, appuyé de MM. Lisfranc, Hervez de Chégoin, etc. etc., après avoir entendu M. J. Cloquet assurer en présence de l'Académie qu'il avait été témoin d'un fait d'insensibilité somnambulique *unique au monde*, l'illustre académicien (M. Larrey) s'efforça de prouver que le fait rapporté par son confrère *était des plus ordinaires*, déplora vivement qu'il pût croire à l'influence magnétique et se laisser induire en erreur *par de pareilles jongleries*, termina en disant que madame Plantain (parfaitement connue, riche, considérée, pieuse, mère de plusieurs négociants estimés), n'était qu'une *commère des somnambuliseurs*. M. le baron Larrey a été surpassé par un de ses confrères, M. Moreau. Celui-ci, dans la séance du 14 janvier 1827, a traité madame Plantain de *farceuse*. C'est pourquoi M. Dubois (d'Amiens), qui nomme les somnambules des *pantins*, se plaint que les magnétiseurs *font dire des choses inconvenantes* à MM. de l'Académie royale de médecine.

(2) Lausanne, *Éléments de magnétisme*, 2 vol. in-8°. (Le premier volume est de M. Bruno.)

ses décisions publiées dans la suite. — Mesmer se retira, très peu satisfait de sa démarche. Quelques jours après, il vit plusieurs membres de l'Académie, se plaignit amèrement, et reçut ces excuses légères que la politesse française sait toujours rendre sans réplique. Il fit devant eux quelques expériences : ils furent convaincus ; mais ils lui avouèrent ingénument qu'ils n'oseraient rendre compte à l'Académie de ce qu'ils avaient vu, de peur qu'on se moquât d'eux. Ils lui proposèrent de se charger du traitement de plusieurs malades : à cette époque ils n'avaient pas encore publié que les guérisons ne prouvent rien en médecine. Mesmer refusa d'abord ; mais, à la fin, poussé par quelques sots arguments, il s'engagea, comme par défi, à traiter quelques malades. Après avoir fait constater par des médecins de la Faculté l'état de ces malades, Mesmer se retira avec eux au village de Créteil, et ne s'occupa plus qu'à leur donner ses soins. Enfin il envoya, quatre mois après, une lettre à l'Académie pour l'engager à constater l'utilité du magnétisme animal dans le traitement des maladies chroniques. Eh bien, l'Académie ne jugea pas à propos de répondre ! ! — La conduite de l'Académie des sciences fut imitée dans le même temps par la Société royale de médecine, et Mesmer, dégoûté de tant d'injustices, projetait de quitter Paris, lorsque le hasard, ou plutôt la Providence, qui destinait au magnétisme la France pour berceau, lui fit lier connaissance avec M. d'Eslon, premier médecin ordinaire du comte d'Artois.

M. d'Eslon, frappé de quelques faits singuliers qui se passèrent sous ses yeux, apporta dans l'examen qu'il en fit une bonne foi et une impartialité remarquables. — Il ne s'occupa pas, comme plusieurs de ses confrères, à rechercher dans l'ombre l'agent opérateur de ces merveilles; mais il dit hautement que Mesmer était possesseur du secret le plus précieux, et l'engagea à s'adresser à la Faculté de médecine, s'offrant à faire toutes les démarches nécessaires. Mesmer se mit donc à rédiger un mémoire, et lorsque cet ouvrage fut terminé, M. d'Eslon assembla chez lui douze de ses confrères à dîner pour entendre la lecture du manuscrit. On se rendit fidèlement au rendez-vous; la lecture eut lieu, et Mesmer, en outre, proposa de faire, dans un hôpital, les expériences les plus propres à convaincre.—Il est vrai que cette proposition fut acceptée, mais il fut impossible de réunir ces messieurs pour l'exécution. Cependant le mémoire s'imprima, et Mesmer crut devoir en envoyer un exemplaire à la Faculté. — Le doyen d'alors poussa assez loin l'oubli des procédés pour ne pas remettre l'ouvrage à sa compagnie, et ne pas répondre à cet envoi par la moindre marque d'attention. — Mesmer, qui seul n'eût pas entrepris ces démarches, se fût retiré, découragé qu'il était par d'inutiles efforts; mais l'amitié le retenait, et cet homme, si décrié depuis, savait plus qu'un autre en goûter les charmes.

Il pensa qu'il fallait se restreindre, et se contenter de convaincre trois ou quatre médecins assez amis de la vérité pour la confesser hautement. MM. Bertrand, Malloët et Sollier de la Rominais furent les médecins dont M. d'Eslon fit choix. — Nous allons voir comment se conduisirent ces amis de la vérité. — On leur présenta un paralytique dont les parties inférieures du corps étaient entièrement dépourvues de chaleur et de sensibilité ; en huit jours de traitement la chaleur et la sensibilité revinrent. — Chaleur et sensibilité, dirent ces trois médecins, peuvent être dues à la nature seule.

Une jeune fille, desséchée par les écrouelles, avait déjà perdu un œil, l'autre était attaqué d'une hernie et couvert d'ulcères. Six semaines après elle avait repris de l'embonpoint, elle voyait parfaitement de l'œil éclairci, et les humeurs scrofuleuses étaient considérablement diminuées. La nature a tant de ressources à l'âge de cette jeune fille ! répétèrent les docteurs d'un commun accord. Enfin plusieurs cures extraordinaires, et qui faisaient la plus grande sensation dans le public, ne parurent rien prouver à ces messieurs (1).

Ces fatigantes scènes se renouvelèrent pendant sept mois, et Mesmer pria sérieusement M. d'Eslon de faire finir tout cela le plus tôt possible. On rassembla donc ces médecins, on les rendit témoins de procédés du magnétisme et d'une foule de faits très curieux

---

(1) On conçoit combien les ennemis du magnétisme trouvent commode, quand ils rendent compte de ces faits, de dire tout simplement : Mesmer entreprit le traitement de malades, et *ne réussit pas*, etc., etc.

dont on peut voir le détail dans le *Précis des faits relatifs à la découverte du magnétisme*. Mais, contrariés sans doute de ne voir que des procédés peu pharmaceutiques, et de n'avoir à examiner ni pilules, ni potions, ni même aucun poison terrible, ils ne voulurent convenir de rien, et M. d'Eslon les congédia en les remerciant au nom de Mesmer.

Ce fut à cette époque que M. d'Eslon publia son ouvrage intitulé: *Observations sur le magnétisme*, et qu'il présenta les vingt-sept propositions de Mesmer à la Faculté. Le même jour (18 septembre 1780), après avoir écouté complaisamment un discours diffamatoire de M. Roussel de Vauzesmes contre Mesmer, d'Eslon et le magnétisme; après avoir *hué* M. d'Eslon pendant qu'il expliquait les motifs de sa conduite avec une décence, une modération et une force de logique des plus remarquables, la Faculté, indignée que l'un de ses membres, un de ses docteurs régents, eût osé prendre la défense du magnétisme, lança ses foudres sur l'imprudent qui avait préféré la vérité à l'esprit de corps. Le décret porté fut ainsi conçu :

1° Injonction à M. d'Eslon d'être plus circonspect à l'avenir.

2° Suspension pendant un an de voix délibérative dans les assemblées de la Faculté.

3° Radiation à l'expiration de l'année du tableau des médecins de la Faculté, s'il n'avait. à cette époque, désavoué ses *Observations sur le magnétisme animal*.

4e Les propositions de Mesmer rejetées (1).

La conduite de MM. les docteurs de la Faculté, connue dans le public, en même temps que de nouvelles guérisons remarquables, concilia au magnétisme un grand nombre de nouveaux partisans, et, sans en avoir l'intention, le savant Thouret y contribua à lui seul plus que tous les magnétiseurs. Il prit un détour ingénieux; et sous la forme modeste du *doute* (2), il posa en principe qu'il ne cherchait pas à être témoin des faits magnétiques, parce qu'il est certaines choses que l'on juge mieux de loin que de près; puis il démontra que le magnétisme était une vieille chimère dont une foule d'auteurs, savants en médecine et en théologie, s'étaient depuis longtemps occupés. En conséquence, il ne jugea pas prudent de paraître incrédule, et comme il était actuellement entouré de tant de témoins des effets singuliers du magnétisme humain, il se contenta d'assurer que les phénomènes observés chez Mesmer devaient, à part le magnétisme, être attribués à *une cinquantaine* de causes différentes (3).

(1) Il ne faut pas oublier que MM. Bertrand, Malloët et Sollier de la Rominais, qui au moins connaissaient bien quelque chose de la bonne foi et de la droiture de Mesmer et d'Eslon, étaient présents à cette séance mémorable, et que s'ils parlèrent, ce ne fut pas pour dire un seul mot en faveur de leur confrère. On verra plus tard des imitateurs de cette conduite à l'Académie royale de médecine à l'occasion de mademoiselle Pigeaire en 1838.

(2) *Recherches et doutes sur le magnétisme animal*, par Thouret. In-12, Paris, 1784.

(3) Comme l'ouvrage du docteur Thouret a été le petit arsenal de

C'est ici qu'il faut remarquer combien est injuste et puérile la manie de juger des choses dont on n'a aucune connaissance, à combien de faux jugements elle vous expose. Tel qui aurait pu s'illustrer en défendant une vérité douteuse, a été toute la vie son antagoniste, parce qu'il s'était prononcé avant de la connaître, et que l'amour-propre fait rarement un pas en arrière. La cause des faits étonnants produits par le magnétisme était inconnue au plus grand nombre, on était loin de soupçonner où elle résidait.

tous les adversaires du magnétisme, nous pensons qu'il n'est pas inutile de montrer aujourd'hui de quoi sont capables des savants qui jugent *de loin* une vérité importante. Selon M. Thouret, les effets du magnétisme sont dus aux causes suivantes :

1° Les crises nerveuses et convulsives des malades ; 2° l'irradiation perpétuelle et réciproque des émanations qui s'établissent entre le magnétiseur et les malades; 3° l'attouchement ; 4° la *crème de tartre;* 5° *les bains;* 6° *les saignées;* 7° *les purgatifs ;* 8° le toucher sur l'épigastre ; 9° les tiges de fer (conducteurs) ; 10° la transpiration du malade ; 11° la propreté ; 12° la singularité des opinions de Mesmer ; 13° la confiance : 14° *quelques uns des remèdes ordinaires de la médecine* ; 15° les secours moraux ; 16° la réunion des malades au même traitement; 17° leur séjour à la campagne ; 18° l'exercice qu'ils font pour se rendre au lieu du traitement ; 19° les occasions des visites et la dissipation que cela leur occasionne ; 20° la musique instrumentale ; 21° l'espoir inattendu de la guérison ; 22° la réaction du moral sur le physique ; 23° *la cessation des remèdes ;* 24° une vie active ; 25° une existence plus agréable ; 26° le tempérament très sensible, très irritable des personnes nerveuses, hypochondriaques et vaporeuses ; 27° l'imagination ; 28° la prévention ; 29° l'exaltation morale et physique des malades ; 30° l'aimant ; 31° l'électricité ; 32° les émanations de diverses substances ; 33° certaines poudres ou mélanges, tels que du soufre et de la limaille de fer, *l'aimant pulvérisé et électrisé;* 34° la matière de la transpiration du magnétiseur ; 35° la chaleur de la main ;

Sur les conjectures les plus hardies, il paraissait déjà contre Mesmer de pitoyables rapsodies, sans goût et sans aucun savoir. Aujourd'hui même où cette cause est mieux connue, où chacun peut facilement se convaincre, où la physique et la physiologie témoignent en sa faveur, ne voyons-nous pas encore des hommes à qui il serait impossible de dire ce que l'on désigne par le nom de magnétisme humain, invoquer ce qu'ils appellent *le simple bon sens* (1) pour se déclarer ouvertement contre lui, et repousser tous les moyens de dissiper leur erreur?

36° les frictions; 37° l'appareil du traitement magnétique; 38° les gestes du magnétiseur; 39° les aspersions qu'il fait avec le doigt, une tige de fer, un bouquet, une fleur, et même le souffle; 40° la simple direction de ses doigts; 41° l'imitation; 42° l'enthousiasme; 43° le désir d'éprouver des crises; 44° l'ambition de fixer les regards du public; 45° l'influence sexuelle; 46° les convulsions simulées; 47° la mobilité nerveuse; 48° le choix des sujets convenables.

Nous devons ces recherches à M. Mialle, qui ajoute avec raison : Il est bien entendu que quand ce n'est pas l'une de ces causes, c'en est une autre. Le lecteur peut choisir à son gré, les prendre isolément, les grouper deux à deux, trois à trois, etc.; mêler les agents physiques avec les agents moraux, soutenir alternativement l'influence et la prédominance du matériel ou du spirituel... Quoi qu'il fasse, il est assuré d'avoir toujours raison.

(1) MM. Bouillaud, Dubois (d'Amiens), Debreyne, oublient, en invoquant *le bon sens* pour repousser des faits qu'ils nomment antiphysiologiques, que le *simple bon sens*, *le sens commun*, est aussi en défaut lorsqu'il s'agit de physiologie que lorsqu'il faut dire si c'est le soleil ou la terre qui tourne. Ces messieurs oublient encore qu'à toutes les époques *le bon sens*, *le sens commun*, surtout chez les savants et les académiciens, s'est trouvé choqué des découvertes que *le bon sens*, *le sens commun* de leurs successeurs admettait sans difficulté. Concluons que, de toutes les maladies, la plus triste et la plus difficile à guérir est la prévention.

L'intolérance des corps savants à persécuter les partisans de la nouvelle doctrine ne s'arrêta pas là. Un grand nombre de médecins furent victimes de leur zèle pour la propagation du magnétisme : on poussa l'impudeur jusqu'à vouloir les faire mentir à leur propre conscience. Ces faits nous paraîtraient aujourd'hui peu croyables s'ils n'étaient consignés dans une foule de mémoires écrits à cette époque par les médecins persécutés.

Pour donner une idée de l'animosité qui existait alors contre Mesmer et ses partisans, nous citerons un passage d'une brochure intitulée : *Rapport au public de quelques abus auxquels le magnétisme a donné lieu*, par M. Douglé, docteur régent.

« On dénonce trente docteurs magnétisant, on donne un *veniat* à chacun en particulier. Ils arrivent presque tous, et sont relégués dans une salle séparée de l'assemblée. Chacun attendait avec impatience l'appel général et se promenait en long et en large avec sa façon de penser et d'agir. On m'apprend qu'il est question de nous faire signer une espèce de formulaire. Nous verrons ce qu'il contient, dis-je alors, et nous signerons, ou nous ne signerons pas. L'appariteur paraît enfin et m'appelle le premier : comme le plus ancien j'avais cet honneur. J'entre, fort surpris de n'être suivi d'aucun de mes compagnons. On me fait asseoir, et M. le doyen commence par me demander si j'ai donné de l'argent pour me faire instruire du magnétisme. Surpris de cette question, je répondis, par respect, que M. d'Eslon ne prenait point d'argent, qu'il ne recevait que des médecins pour observer et l'aider ; qu'il était on ne peut plus honnête, modeste et complaisant, et que d'ailleurs la Faculté ne l'ignorait pas. »

» Je ne fatiguerai pas le lecteur par le détail des autres questions. Je fus interrogé en criminel, et je me croyais transféré en la grande chambre de la Tournelle. On finit enfin par me présenter une formule à laquelle je ne crus pas devoir m'assujettir. Je ne voulus point signer, et répétai à la Faculté, pour lui prouver mon zèle et ma soumission, que je n'avais pas encore trouvé dans cette méthode un degré d'utilité suffisant pour lui en rendre compte, que j'y avais observé quelques effets pouvant être attribués à l'action de la chaleur d'un homme sain, sur un infirme, etc. Je sortis, un autre me succéda. Voici quelle était la formule qu'on voulait faire signer à chaque docteur régent : *Aucun docteur ne se déclarera partisan du magnétisme animal, ni par ses écrits, ni par sa pratique, sous peine d'être rayé du tableau des docteurs régents.*»

Décidé à quitter la France, Mesmer se rendit aux eaux de Spa, pour se distraire de toutes les contrariétés qu'il venait d'éprouver ; plusieurs malades d'un rang distingué et d'une fortune considérable le suivirent pour ne pas interrompre leur traitement. Attachés au magnétisme, dont ils ressentaient les effets bienfaisants, ils résolurent d'assurer sa propagation en France, en procurant, au moyen d'une souscription, à l'auteur de sa découverte, une fortune indépendante qui le mit à même de la répandre de la manière qu'il jugerait convenable. Mesmer, qui avait refusé les offres brillantes du gouvernement (1), accepta celle-ci avec plaisir, et le nombre des souscripteurs, qui devait être de cent, dépassa ce chiffre de beaucoup

(1) La cour de France était très favorablement disposée pour la propagation du magnétisme. M. de Breteuil, alors ministre, offrit à Mesmer, de la part de la reine, une pension de 30,000 livres, avec 100,000 écus comptants et le cordon de Saint-Michel, s'il établissait une doctrine nouvelle, et s'il voulait enseigner sa méthode aux médecins désignés par le gouvernement. Mesmer, qui venait d'avoir des rapports avec des médecins distingués, des membres des diverses Académies, et qui savait à quoi s'en tenir sur leurs dispositions, refusa à cause de la dernière condition proposée. Ce fut peu de temps après que Mesmer consentit à enseigner le magnétisme à ceux qui, volontairement, se constituèrent ses élèves en formant une souscription qui a été donnée par la passion comme une preuve de l'avidité de Mesmer, et cela parce qu'elle s'éleva à plus de 300,000 francs.

« A ce sujet, dit M. A. Dupeau, on raconte plusieurs traits qui montrent qu'il (Mesmer) n'était pas aussi intéressé qu'on le pouvait supposer, ou que du moins *il savait encore fasciner ses élèves, en leur persuadant qu'il était dirigé par le seul désir de faire le bien.* » (La prévention et la bonne opinion du prochain ne vont pas toujours de pair.)

« Je citerai, continue toujours M. Dupeau, cette anecdote au milieu d'*un grand nombre* rapportées par ses *sectateurs :* M. Nicolas, médecin de Grenoble, était venu à Paris pour se mettre au nombre des élèves de Mesmer. En présentant la somme convenue, il ne put lui cacher que ce sacrifice le gênait beaucoup. « Je vous remercie de votre zèle et de votre confiance, lui dit Mesmer ; mais, mon cher confrère, que cela ne vous inquiète pas ; voilà cent louis, portez-les à la caisse, pour qu'on croie que vous avez payé comme les autres, et que ceci soit secret entre nous. » C'est M. Nicolas qui a lui-même raconté ce fait à M. Deleuze. » C'est toujours M. A. Dupeau que nous avons laissé parler.

bien que le prix de chaque souscription fût de cent louis. Ce projet formé par M. Kornmann, fut mis à exécution par Bergasse et accueilli avec empressement par MM. de Puységur, le bailli Desbarres, le père Gérard, supérieur général de la Charité, Court de Gébelin, et d'autres que nous citerons plus loin.

Le magnétisme faisait de grands progrès dans l'opinion publique, les guérisons se multipliaient, les faits merveilleux se reproduisaient de toutes parts. Ce n'était plus le secret d'un seul homme : près de deux cents personnes distinguées par leur savoir étaient devenues les élèves de Mesmer, et la Société de l'harmonie (ainsi se nommait leur association) manifestait activement son existence dans les provinces et dans les pays étrangers. Les hommes qui se sont occupés de la propagation du magnétisme sont, en France, en Italie, en Amérique, MM. le marquis de Lafayette, le bailli Desbarres, le comte Chastenet de Puységur, le comte Maxime de Puységur, le marquis de Puységur, le marquis de Tissard, le comte d'Avaux, M. de Prat, conseiller au parlement de Bordeaux, M. Duval d'Esprémenil, conseiller au parlement de Paris, M. Tardy de Montravel, Fournel, les docteurs d'Eslon, Douglé, Nicolas, etc., etc.

Le monde savant commençait à être déconcerté, lorsque le gouvernement, qui ne voyait pas d'un œil indifférent les progrès de cette doctrine, crut qu'il était de sa sagesse de faire examiner jusqu'à quel point le magnétisme humain pourrait être utile ou nuisible, et nomma des commissaires chargés de lui en faire un rapport détaillé. M. d'Eslon avait ouvert un traitement magnétique où se rendaient journellement de nombreux malades. Ce fut chez lui que les commissaires eurent ordre de se rendre, quoiqu'il fût de toute justice de s'adresser à Mesmer ou à la société, seule capable de fournir après lui les renseignements nécessaires. Mesmer écrivait à M. Franklin, premier commissaire, une lettre dans laquelle il lui exposait *combien il était étrange qu'on allât chercher auprès de M. d'Eslon ce qu'il fallait penser d'une découverte qui ne lui appartenait pas.* Enfin il protesta avec beaucoup de force contre tout ce qui se ferait chez ce dernier, par une lettre qu'il écrivit aussi au ministre (1) ; mais l'intrigue l'emporta encore cette fois.

(1) On regrette de ne pas trouver ces détails dans l'Histoire académique de MM. Burdin jeune et Dubois (d'Amiens), et on ne sait comment les concilier avec les paroles suivantes de ces messieurs : « Comme » le docteur d'Eslon n'était *en quelque sorte* que le substitut de Mes- » mer, pour procéder avec méthode et *avec exactitude*, les com- » missaires devaient remonter à Mesmer *lui-même*, et lui emprunter » textuellement l'exposition de sa doctrine. » Singulière manière de remonter à l'auteur même d'une doctrine : tant il est vrai que la prévention explique bien des choses, sans recourir à la mauvaise foi explicite, qui est moins commune parmi les hommes que ne paraît le penser M. Mialle, dans son *Rapport confidentiel.*

CHAPITRE VII.

LES COMMISSAIRES DE 1784 RECONNAISSENT AU MAGNÉTISME UNE GRANDE PUISSANCE, DES EFFETS CONSTANTS. — ILS PRONONCENT CEPENDANT QU'IL N'EXISTE PAS. — ILS CONDAMNENT LA DOCTRINE ET LA PRATIQUE DE MESMER, ET CE N'EST PAS AUPRÈS DE MESMER, SON AUTEUR, QU'ILS LES EXAMINENT.

« Le roi a nommé, le 12 mars 1784, des médecins choisis dans la Faculté de Paris, MM. Borie, Sallin, d'Arcet et Guillotin, pour faire l'examen et lui rendre compte du magnétisme animal; et sur la demande de ces quatre médecins, Sa Majesté a nommé, pour procéder avec eux à cet examen, cinq des membres de l'Académie royale des sciences, MM. Franklin, Le Roy, Bailly, de Borie et Lavoisier. M. Borie étant mort au commencement du travail des commissaires, sa majesté a fait choix de M. Majault, docteur de la Faculté, pour le remplacer.» On avait tout à espérer d'un semblable aréopage, la lumière devait en sortir, et c'est pourtant ce qui n'arriva point.

» Après avoir pris connaissance de la théorie du magnétisme animal, il fallait en connaître la pratique et les effets (1). Les commissaires se sont donc rendus au traitement de M. d'Eslon. Ils ont vu au milieu d'une grande salle une caisse circulaire; faite de bois de chêne et élevée d'un pied ou d'un pied et demi, cette

---

(1) Nous avons donné, page 74, dans son entier, le rapport académique de 1825; nous n'avons pas cru pouvoir tronquer un document de cette importance, bien que plus tard nous dussions nous trouver dans la nécessité d'en reprendre les principaux passages, pour remettre sous les yeux du lecteur les pièces de la discussion.

caisse, nommée le baquet, contient du sable, du verre cassé, de l'eau; toutes ces substances sont magnétisées; et son couvercle percé de trous donne passage à des verges de fer coudées à leur partie supérieure, pour pouvoir être appliquées par leurs pointes aux différents endroits du corps où les malades veulent les fixer. Les commissaires se sont assurés, au moyen d'un électromètre et d'une aiguille aimantée, que le baquet ne contient rien qui soit électrique ou aimanté. Les malades rangés en très grand nombre autour du baquet reçoivent le magnétisme par les branches de fer, par une corde enlacée autour de leurs corps, et par l'union des mains avec leurs voisins; par le son du piano-forté(1) ou d'une voix agréable. Les malades sont encore magnétisés directement, au moyen du doigt ou d'une baguette de fer promenée devant le visage, dessus ou derrière la tête, et sur les parties malades : on agit aussi sur eux par le regard que l'on fixe sur eux ; mais ils sont surtout magnétisés par l'application des mains, et par la pression des doigts sur les hypochondres et sur les régions du bas-ventre. Alors les malades offrent un tableau très varié par les différents états où ils se trouvent: quelques uns sont calmes, tranquilles, et n'éprouvent rien; d'autres toussent, crachent, sentent quelques légères douleurs, une chaleur locale ou universelle, et ont des sueurs; d'autres sont agités par des convulsions. Ces convulsions sont extraordinaires par leur nombre, par leur durée et par leur force. Dès qu'une convulsion commence, plusieurs autres se déclarent. Les commissai-

(1) Le piano lui-même est magnétisé à l'avance.

res en ont vu durer plus de trois heures; elles sont accompagnées d'expectoration d'une eau trouble et visqueuse, arrachée par la violence des efforts. Ces convulsions, caractérisées par les mouvements précipités, involontaires, de tous les membres et du corps entier, par le resserrement à la gorge, par des soubresauts des hypochondres et de l'épigastre, par le trouble et l'égarement des yeux, par des cris perçants, des pleurs, des hoquets et des rires immodérés, sont précédées ou suivies d'un état de langueur et de rêverie, d'une sorte d'abattement et même d'assoupissement. Le moindre bruit imprévu cause des tressaillements, et l'on a remarqué que le changement de ton ou de mesure dans les airs joués sur le pianoforté influait sur les malades, en sorte qu'un mouvement plus vif les agitait davantage, et renouvelait la vivacité de leurs convulsions. »

Remarquons ici que c'est là le tableau du magnétisme chez M. d'Eslon imparfaitement instruit, et non pas le magnétisme de Mesmer, qui a protesté d'avance contre les conclusions qu'on en tirerait contre sa doctrine. Les commissaires continuent : « Rien n'est plus étonnant que ce spectacle des convulsions ; quand on ne l'a pas vu, on ne peut s'en faire une idée, et en le voyant on est également surpris et du repos profond d'une partie de ces malades et de l'agitation qui anime les autres, des accidents variés qui se répètent, des sympathies qui s'établissent. On voit des malades se chercher exclusivement, et, en se précipitant l'un vers l'autre, se sourire, se parler avec affection, et adoucir mutuellement leurs crises. Tous sont soumis à celui qui magnétise ; ils ont beau être dans un assoupissement apparent, sa voix, un regard, un signe les en retire ; *on ne peut s'empêcher de reconnaître à ces effets constants une grande puissance qui agite les malades, les maitrise, et dont celui qui magnétise semble être dépositaire.* »

Ce sont les commissaires eux-mêmes qui donnent tous ces détails sur cette grande puissance qu'ils avouent être extraordinaire. Voyons quelles doctes conséquences ils vont en tirer.

Les commissaires déclarent que le fluide magnétique animal n'existe pas, car il échappe à tous les sens ; la conclusion est remarquable ; que ce fluide sans existence est par conséquent sans utilité ; que l'imagination, l'attouchement, sont les seules vraies causes attribuées au magnétisme animal. Par conséquent tout traitement public, où les moyens du magnétisme sont employés, ne peut avoir à la longue que des effets funestes, *et d'ailleurs le traitement des maladies ne peut fournir que des résultats toujours incertains et souvent trompeurs.*

L'orage se formait contre le magnétisme ; il avait déjà été attaqué dans plusieurs ouvrages, lorsqu'enfin le rapport des commissaires fut mis au jour : c'était le coup de foudre ; tout le monde crut que la nouvelle doctrine ne pourrait se relever. Elle allait être proscrite dans le même jour par arrêt du conseil, par une décision solennelle de l'Académie des sciences ; elle était menacée d'un réquisitoire de la part du ministère public, et le rapport de MM. Mauduyt, Audry et Caille, membres de la Société royale de médecine, la condamnait aussi. Mais le célèbre M. de Jussieu ne voulut pas joindre sa signature à la leur, il eut le courage de publier un rapport à part, dans lequel il citait des faits qui ne pouvaient s'expliquer par aucune des causes alléguées par ses confrères, et qui prouvaient que le système de Mesmer avait au moins quelque fondement. Ce travail contradictoire (1) fut le sujet de longues discussions. Quelques autres membres de la Faculté de médecine se distinguèrent par leur attachement à Mesmer et à sa doctrine. La Faculté rendit alors un décret, sanctionné par le parlement, qui ordonnait que tout membre fauteur de la nouvelle doctrine serait rayé du tableau et qu'aucun médecin ne pourrait sous la même peine consulter avec lui. Cette peine fut appliquée au docteur d'Eslon et à M. Warnier, autre docteur régent, qui montrait dans sa pratique, dans ses discours et dans ses écrits, trop d'obstination pour le *prétendu magnétisme animal*. Alors la guerre de pamphlets recommença; plus de cinq cents brochures furent publiées pour et contre le magnétisme, et malgré le dévouement de tous les nouveaux magnétiseurs, les noms de Bailly, Franklin, Lavoisier, écrasèrent la nouvelle doctrine par leur autorité.

Les contemporains de cet âge où les choses les plus sérieuses prenaient la livrée de la folie, s'amusèrent du rapport de l'Académie des sciences, et laissèrent à la postérité le soin de la condamner ou de l'absoudre. A ces foudres de la science se joignit l'arme du ridicule, devant laquelle pâlissent tous les

(1) Nous l'avons prouvé plus haut.

raisonnements, surtout lorsque des Français la manient. Joué sur les théâtres de la ville et sur les tréteaux des boulevards, Mesmer eut contre lui la bonne compagnie et la multitude, et la victoire se fixa pour un instant parmi les rieurs, chez un peuple qui, dans les feuilletons, les caricatures et les bouffonneries, s'exerce encore souvent au mépris de ce qu'il avait autrefois de plus cher et de plus sacré. Alors accablé de tant d'injustices et de dégoût, Mesmer quitta la France, et l'on crut avoir plongé le magnétisme dans l'oubli. Je ne me retrace jamais ces scènes affligeantes, disait Mesmer, qu'il ne s'élève en moi des mouvements involontaires contre la nature humaine; chaque fois j'ai besoin de quelques instants de calme pour revenir à des sentiments plus raisonnables (1).

Ceci se passait dans un temps où l'on semblait faire profession d'une grande impartialité. L'histoire de l'émétique, celle de la circulation du sang, celle plus moderne de l'inoculation était sans doute oubliée, comme elle l'est encore aujourd'hui pour plusieurs. Aveuglement inconcevable! qui veut que les fautes du passé ne servent point à éclairer l'avenir. Remarquons-le bien, il ne s'agit point ici de faire de la déclamation ou de la misanthrophie! Demandez à nombre de physiciens, de médecins même, ce qu'ils pensent du magnétisme humain : ils souriront d'un air supérieur à votre crédulité ; ne laissant apercevoir que l'indifférence la plus calme ; vous fournirez tout au plus quelque aliment à leur gaieté, et ce sera beaucoup s'ils daignent aller jusqu'à se mo-

(1) Mémoires déjà cités.

quer ouvertement de la chose et de vous-même (1). Du reste, qu'ils fassent comme ils l'entendront, la raillerie ne tiendra jamais lieu de raisonnement ; et la vérité, destructive de tant d'abus, percera, plus tard sans doute qu'elle n'aurait dû, mais sans rien perdre de sa force et de sa sublimité.

CHAPITRE VIII.

ACTION MAGNÉTIQUE. — PHÉNOMÈNES MAGNÉTIQUES. — PHYSIOLOGIE DU MAGNÉTISME. — LA QUESTION DU MAGNÉTISME, CONTRAIREMENT AU PRÉJUGÉ COMMUN, EST BIEN DISTINCTE DE CELLE DU SOMNAMBULISME.

Mesmer avait quitté la France, mais il y avait laissé des élèves. Les sociétés de l'Harmonie continuaient leurs travaux, et, n'en déplaise aux ennemis du magnétisme, sans avoir aucun rapport avec les manœuvres des francs-maçons, des loges écossaises, ou même de Cagliostro, qu'ils se plaisent toujours à faire intervenir en pareille occasion. Bayonne, Metz, Lyon, Toulouse, Rouen, Bordeaux, Strasbourg, retentissaient du bruit des guérisons opérées dans le sein des sociétés magnétiques, lorsque les merveilles du somnambulisme, publiées par M. de Puységur, à qui son frère, après les avoir remarquées au traitement de Mesmer, en avait déjà parlé, vinrent ranimer encore le zèle des partisans du magnétisme. Mesmer n'avait pas parlé publiquement de ce phénomène ; on

(1) Quelques uns font cependant exception à la règle, MM. Bouillaud, Dubois (d'Amiens), etc.

prétendit qu'il ne le connaissait pas. Mais à la simple lecture de ses propositions on est facilement persuadé du contraire ; et l'on sait d'ailleurs qu'il garda le silence à ce sujet, dans le dessein d'imprimer aux études une marche toute physiologique, toute graduelle, et plus libre de l'influence du merveilleux (1) qui a tant détourné, en France surtout, de l'étude physique et médicale du fluide magnétique et de son action dans le traitement des maladies (2).

Les documents que Mesmer avait donnés dans ses cours sur la manière de transmettre le fluide magnétique, par l'intermédiaire des végétaux, des arbres par exemple (3), par le toucher et par l'action à

(1) Dans l'avant-propos de son deuxième mémoire, Mesmer s'exprime ainsi : « Les imitateurs de ma méthode de guérir, pour l'avoir » trop légèrement exposée à la curiosité et à la contradiction, ont donné » lieu à beaucoup de préventions contre elle. Depuis cette époque on » a confondu le somnambulisme avec le magnétisme, et, par un zèle » irréfléchi, par un enthousiasme exagéré, on a voulu constater la » réalité de l'un, par les effets surprenants de l'autre : le mémoire qu'on » va lire (deuxième mémoire) a, en partie, pour objet de détromper » d'une pareille erreur. »

(2) On comprend mieux cette vérité lorsqu'on lit l'intéressant ouvrage intitulé : *Recherches psychologiques*, etc., ou *Correspondance sur le magnétisme vital*, par le docteur Billot. Le côté psychologique de la question a fait perdre de vue à l'auteur tout ce qu'elle a de physiologique.

(3) A ce propos les ennemis du magnétisme sont heureux de rappeler les arbres de la forêt de Dodone, les bois sacrés des Druides, etc., etc. Lisez MM. Bouillaud, Dupeau, Dubois (d'Amiens), ainsi que M. Debreyne, qui demande en outre comment des arbres qui n'ont point de *système nerveux* peuvent recevoir le magnétisme, et comment n'ayant pas de volonté ils peuvent *lancer* ce fluide. Notez bien qu'on a dit et prouvé que les végétaux ont *un système nerveux sui generis* assez bien pourvu d'électricité, de magnétisme végétal ; qu'il n'est point étonnant que l'électricité humaine, le magnétisme humain

distance, firent faire les premiers pas vers les premières observations somnambuliques rendues publiques par M. de Puységur. On serait sans doute curieux de voir comment cet homme, distingué à tant de titres, rend compte de ses premiers succès et des impressions que lui fit éprouver la vue de ce singulier phénomène. Mais, avant, il est bon et utile de considérer, dans une légère esquisse, quelques uns des effets qui résultent ordinairement de la magnétisation.

Quand un homme dirige sur un autre homme l'action magnétique, il emploie envers son semblable cette puissance, morale dans son principe, *la volonté*, qui met en mouvement et fait sortir au-dehors la cause seconde et physique, *le fluide magnétique*. Il lui applique, en un mot, le magnétisme humain ; et lorsqu'il y a saturation, au moins

puisse s'y mêler et rester comme en dépôt (voyez **Du Magnétisme animal et du Somnambulisme artificiel,** par M. H. Kühnholtz, bibliothécaire et professeur agrégé de la Faculté de Montpellier, etc. Paris, 1840.) pour être cédé (non pas *lancé*, remarquez bien) lorsqu'une organisation humaine s'approche d'un arbre ainsi magnétisé. Notez encore que c'est aussi M. Debreyne qui demande ailleurs : Pourquoi le magnétisme *est-il nul sur les animaux*, qui ont pourtant comme nous un système nerveux et un principe sensitif ? Et cela après que Laplace et tous ceux qui ont écrit sur le magnétisme ont assuré positivement que les animaux ressentent les effets du magnétisme, comme nous l'avons déjà indiqué plus haut. Mais lorsqu'il s'agit de combattre le magnétisme, on oublie ce que l'on sait, et l'on n'apprend pas ce qui gêne ou bien ce qui console ; c'est que, sans toujours recourir, comme M. Mialle, à la mauvaise foi et à une conspiration concertée, *la prévention* nous suffit pour expliquer bien des choses de ce genre, et le souvenir de nos *prolégomènes* nous les rend douces à supporter.

commencée, du système nerveux soumis à l'action
envahissante, pour ainsi dire, du fluide vital émis
par la magnétisation, voici ce qu'on observe le plus
communément (soit que le sujet soit averti de la
cause modificatrice à laquelle on va le soumettre,
soit qu'il l'ignore entièrement) :— Légers picotements
et clignotements de paupières, sans que la main soit
dirigée aucunement sur les yeux et qu'aucun mouvement extérieur vienne les fatiguer. Les battements
du cœur augmentent ou se ralentissent, la température du corps varie sensiblement, les pommettes des
joues se colorent ou pâlissent; des pandiculations se
manifestent, des bâillements ont lieu; on entend parfois des borborygmes. Le besoin de se mouvoir se fait
sentir; un sommeil naturel qui s'était déjà établi
se dissipe sous l'influence de l'action magnétique (1);
ou bien on éprouve un état de calme avec un
sentiment de bien-être inaccoutumé; il semble au
magnétisé que son sang circule avec plus de facilité,
que la vie en lui est plus active, plus abondante,

---

(1) On croit généralement dans le monde que le sommeil naturel
dispose au sommeil magnétique, et cette erreur, bien des médecins la
partagent. Souvent gens du monde et docteurs m'ont dit : Je serai bien
facile à magnétiser, je tombe déjà d'envie de dormir. Mais le sommeil
naturel vient par suite de la déperdition du fluide vital par l'exercice
des actes de la journée, et l'état que l'on nomme sommeil magnétique
est déterminé par un surcroît de fluide vital : aussi faut-il dissiper d'abord le sommeil naturel, et dans ce premier instant l'action magnétique éveille, puis les phénomènes magnétiques commencent alors
seulement.

J'entrai un jour dans la chambre d'un élève en médecine de mes
amis fort hostile au magnétisme. Malade, il était dans son lit profon-

plus riche, plus facile ; il se complaît dans cet état ; les inspirations éprouvent des modifications marquées, et souvent, par une anomalie qui paraît bizarre, la circulation augmente de force, tandis que la respiration diminue et que l'ampliation de la poitrine s'effectue plus rarement.— On a constaté à l'Hôtel-Dieu l'énorme changement que je vais citer : — le pouls donnait 65 pulsations, et les inspirations étaient de 24 par minute, avant l'opération ; après, on comptait de 115 à 120 pulsations, et les inspirations étaient réduites à 12. — On sent quelquefois des picotements dans les membres, un léger fourmillement dans les intestins, d'anciennes douleurs se réveillent momentanément. Dans certains cas, l'agent magnétique semble ne rien produire ; le patient ne sent absolument rien, même après plusieurs essais ; cependant l'observateur attentif reconnaît bientôt qu'on ne magnétise jamais sans que quelques modifications aient lieu dans l'organisation de celui qui est soumis à l'expérience, et que souvent l'amélioration gra-

---

dément endormi lorsque j'arrivai ; et comme je pensais qu'il pourrait tirer quelque utilité de l'action magnétique, je m'approchai de lui, et, sans le toucher, sans le moindre bruit, je le soumis, à son insu, à cette médication peu de son goût. Au bout d'un quart d'heure à peu près je vois quelques mouvements dans la face et dans les membres, tout annonce un homme qui veut s'éveiller ; déjà il est assis sur son séant, les paupières s'entr'ouvrent, un instant encore et le réveil va être complet. Mais, sans me troubler, je continue l'action magnétique ; son influence graduelle se fait remarquer ; devant ma main les yeux se referment, le malade se recouche lentement, le sommeil magnétique commence ; je le laisse durer jusqu'à ce qu'il se dissipe de lui-même au bout d'une demi-heure, et nous causons ensuite comme à l'ordinaire.

duelle de la santé est le seul phénomène qu'on puisse constater, même après plusieurs mois. Tels sont les effets les plus simples et les plus fréquents; mais dans certaines circonstances, qu'il est impossible de déterminer d'avance, le magnétisme éprouve en tout ou en partie les phénomènes que nous allons parcourir.— Les effets qui résultent du magnétisme continuant à se faire sentir, les paupières sont agitées d'un mouvement spasmodique; elles se ferment bientôt, contre la volonté du magnétisé; il veut les ouvrir et ne peut y parvenir (1); en vain fait-il des efforts; si le

(1) Faisant des expériences à l'hôpital de Provins devant les médecins assemblés, ainsi qu'en présence d'une religieuse qui accompagnait toujours une jeune malade pour laquelle elle priait pendant la magnétisation, sans empêcher les mêmes effets de se reproduire chaque jour, ce qui fit qu'on la détermina à ne plus se faire magnétiser, bien que les médecins voulussent le contraire. Devant les mêmes personnes et dans les mêmes circonstances, plusieurs jours de suite, et toujours avec les mêmes résultats, je magnétisai un jeune homme d'une famille distinguée qui venait chaque jour pour étudier la question du magnétisme dans la compagnie des docteurs. Il n'éprouvait chaque fois d'autres effets qu'une occlusion complète des paupières avec paralysie des petits muscles qui servent à les relever : point de sommeil, point d'envie de dormir; accélération notable dans le pouls, dans les battements du cœur, légers troubles dans la calorification, et tout cela appréciable presque uniquement pour les médecins qui examinaient de près. Mais les paupières fermées, par le seul fait de la magnétisation, sans que les mains aient été passées devant les yeux, ne pouvaient être ouvertes par les efforts les plus grands de ce jeune homme parfaitement maître, pour tout le reste, de sa volonté; au contraire, à ma volonté, j'ouvrais ou je fermais les paupières, je faisais cesser ou je reproduisais en un clin d'œil cette paralysie partielle et momentanée, j'excitais par la parole la volonté du magnétisé à contrarier mon action, et malgré cela cent fois en cinq minutes les paupières

magnétiseur persiste dans sa volonté, la clôture des paupières continue pendant un certain temps.— Ces symptômes de sommeil sont dans quelques cas accompagnés d'un sentiment de bien-être indéfinissable. — Parfois le magnétisé sent ses membres s'engourdir, il éprouve le besoin de dormir, il se sent obligé de changer de place, s'il veut s'y soustraire; lorsqu'il reste dans la position qu'il affectait, sa tête devient extrêmement pesante ; entraînée par son poids, elle tombe sur la poitrine ; quelquefois, mais plus rarement, elle est portée en arrière ; ses paupières sont à demi fermées ; le globe de l'œil se meut lentement dans son orbite, on peut en suivre le mouvement ; il est porté de bas en haut, s'incline, demeure immobile et convulsé. — Les membres du magnétisé fléchissent, deviennent froids ; sa respiration se fait entendre, quelquefois des mucosités s'échappent des commissures des lèvres ; le magnétisé dort alors d'un sommeil profond ou léger. Si vous lui parlez dans cet état, vous le voyez faire des efforts pour vous répondre; tantôt il ne peut y parvenir ni s'éveiller sans votre volonté (1), tantôt il se réveille de lui-même tout-à-

---

s'ouvraient et se fermaient sous l'influence de mon action, toujours combattue et toujours triomphante. Encore une occasion de faire le procès au magnétisme pour ceux qui voudront en tirer des conclusions suivant leur caprice.

(1) Je faisais mes premières expériences de magnétisme. Je dirigeais mon action, *toujours sans le moindre contact*, sur la sœur d'un de mes amis de pension, et en présence de ses parents et de quelques amis. Au bout de quelques minutes d'action magnétique, les paupières se fermèrent, la tête se pencha doucement en avant, les mains et les

coup, se frotte les yeux, vous regarde avec étonnement, se rappelle ce que vous avez dit devant lui, comme on se rappelle un rêve, et peut raconter les diverses sensations qui l'ont agité. Dans cet état, il est prudent de ne le laisser toucher par personne, car il pourrait, avant ou après le réveil, éprouver des convulsions, du reste faciles à calmer pour quiconque sait diriger son action magnétique. — La série des phénomènes que nous venons de parcourir prouve suffisamment l'action de l'homme sur son semblable; et les gens du monde partagent tous cette opinion erronée, qu'il n'y a action magnétique que là où le somnambulisme se déclare, phénomène qui ne doit être considéré cependant que comme *une des nombreuses manières d'agir de l'action magnétique*.

<small>bras annonçaient le laisser-aller du sommeil; tout le monde attendait, tout le monde espérait, pourtant nous étions encore tous véritablement incrédules. Je commençais néanmoins à supposer que j'allais réussir, observer peut-être bientôt le somnambulisme, me convaincre et convaincre les autres. Tout-à-coup un roulement de tambour se fait entendre; il était midi, mais nous étions près d'une mairie. La jeune personne tressaille sur sa chaise, la tête se relève, les bras se meuvent; elle semble vouloir se lever, car le bruit continue toujours, et le réveil fait toujours aussi de nouveaux progrès. Tous les yeux sont fixés sur elle, on attend un réveil complet; mais me remettant d'un premier moment de trouble, je magnétise avec une volonté, non pas plus roide, mais plus ferme et plus attentive; je dirige mon action magnétique vers les oreilles pour paralyser l'ouïe, et, malgré le bruit qui continue sans interruption, le calme reparaît en un instant: il est visible pour tous qu'il est dû à l'action magnétique. Les effets continuent, et à son réveil, tout étonnée d'avoir *dormi*, ignorant qu'elle a parlé, la magnétisée ne se souvient pas même d'avoir entendu le bruit le plus léger.</small>

Arrêtons-nous un instant ici, car il est important d'insister sur les effets que nous venons de décrire, effets dont la cause paraît si insaisissable au premier aspect, *la volonté*. C'est elle cependant qui dispose d'un agent physique analogue à l'électricité, au magnétisme minéral, en un mot, du magnétisme humain, capable par lui seul d'opérer la guérison d'un grand nombre de maladies, et sur lequel repose le premier axiome médical des magnétiseurs. Ce don si précieux, que l'on nomme *la vie*, et qui s'évanouit avec nous, voilà nos premières potions, voilà nos principaux breuvages. — C'est dans nos propres forces et dans nos propres organes que nous allons puiser le principe de notre médecine. — C'est en portant dans le corps d'autrui le principe qui entretient chez nous la santé et la vie (1) que nous remplaçons chez les autres le même principe qui s'altère ou s'épuise. — C'est encore ce principe qui dirige et perfectionne l'action des médicaments lorsqu'il est utile d'en employer.

Attendons-nous à nous entendre dire : Laissez ce fatras de vieilles nouveautés proscrites sous toutes les phases où elles ont été présentées. C'est une affaire jugée ; l'autorité suprême a prononcé l'arrêt. — Il est plus juste de dire que c'est une affaire mal présentée, mal discutée, et mal jugée. Commençons par douter, cela est juste, naturel. Les défenseurs actuels du

---

(1) Le fluide vital, le magnétisme humain, la vie organique, n'est point *le premier principe* de la vie, l'âme est ce premier principe ; le fluide magnétique n'est qu'un *principe second*, *moyen*, comme nous l'expliquerons plus tard.

magnétisme disent d'un commun accord : Nous aussi nous avons douté, nous avons nié. Mais ils ajoutent : Comme nous, que le doute vous conduise à l'examen, et vos préventions seront bientôt dissipées.

Lorsqu'on réfléchit sur l'espace de temps qu'il a fallu avant que les hommes pussent croire à la circulation du sang dans leurs veines, on ne peut s'étonner de les voir si longtemps se refuser à croire, non seulement à la circulation en eux d'un fluide bien plus subtil et bien moins apparent que le sang, mais encore à la faculté qu'ils ont tous, plus ou moins, d'en reporter l'émission sur leurs semblables, à leur volonté, *et suivant certaines lois propres à cette action.*

Mais si les phénomènes du magnétisme humain sont tels qu'on les annonce, dit-on souvent, comment se pourrait-il qu'ils fussent contestés jusqu'à ce jour (1)? A cette objection que l'on opposait de

(1) M. Debreyne renouvelle cette objection, et dit : On peut compter ceux qui *croient* au magnétisme, et le nombre de ceux qui n'y *croient* pas ne peut être donné. D'abord il ne s'agit pas ici de croire, mais de voir et d'expérimenter ; et comme il est plus facile de se faire des idées préconçues que d'examiner, je comprends déjà qu'il serait possible qu'on pût facilement compter ceux qui *croient*. Mais il est faux, et absolument faux, qu'on puisse si facilement compter ceux qui, après un sérieux examen, prennent la défense du magnétisme. Cela ne paraît ainsi qu'à ceux qui, comme M. Debreyne, ont étudié le magnétisme humain dans les pamphlets de MM. Dupeau, Bouillaud, et sont bien aises de croire les choses comme ils désireraient qu'elles fussent ; tel encore M. Dubois (d'Amiens), qui ne trouve qu'*un* magnétiseur de *fraîche date* pour défendre l'existence du fluide magnétique, ainsi que nous l'avons noté plus haut. Certainement nous savons par notre propre expérience combien M. Debreyne est bon, simple et modeste dans ses conversations ; mais il nous semble que

même à la découverte d'Harvey, je ne puis mieux répondre que par ce que Fontenelle disait aux académiciens de son temps, à l'occasion de nouvelles expériences sur la dilatation de l'air, qu'ils se refusaient de même à examiner. « Il n'y a guère de chose *en physique* si bien décidée, qu'il n'y ait toujours lieu à révision, et il est bien difficile que la nature, lorsque nous croyons la saisir le mieux, ne nous échappe encore par quelque endroit. » Appliqué à la physique et à la physiologie, ce raisonnement est d'une grande valeur ; malheureusement Fontenelle en a abusé pour le transporter à des vérités d'un tout autre ordre, et en cela beaucoup d'autres l'ont imité.

Que de choses, en effet, universellement reconnues aujourd'hui pour vraies, qui eussent autrefois paru ridicules et plus dignes de risée que d'attention ! Ne croyait-on pas autrefois que la lune n'avait été créée que pour éclairer la terre en l'absence du soleil ? — Tous les astronomes, jusqu'à Copernic, soutenaient que la terre était au centre du monde. — Toute l'antiquité ne s'est-elle pas moquée de la croyance aux antipodes ? — Les premiers qui virent tomber des aérolithes ne passèrent-ils pas pour des visionnaires (1) ? Après avoir admis et reconnu une active et

pour écrire sur le magnétisme il s'est trouvé dans les mêmes dispositions qu'il avouait, devant nous, avoir pour une autre question, c'est-à-dire de ne pas se sentir le courage de lire jusqu'au bout un traité spécial. Souvent, en effet, la prévention rend cela tout-à-fait impossible.

(1) « Il résulte d'un relevé exact, inséré dans l'*Annuaire du Bu-*

pénétrante électricité dans les minéraux et dans les végétaux, après l'avoir également reconnue dans les animaux, tels que la torpille, l'anguille de Surinam, le gymnote électrique, et tant d'autres qui en donnent la manifestation *à distance*, *dans la seule direction voulue*, sans que la vue puisse rien saisir au passage ; après que la découverte de l'électromagnétisme est venue prouver l'identité du magnétisme minéral, de l'électricité et du galvanisme, en permettant d'apercevoir, sous forme lumineuse, le fluide magnétique minéral, etc., etc.; après avoir reconnu qu'il suffit que deux corps de nature différente soient en contact pour qu'il y ait production d'électricité ; après les travaux remarquables d'Ampère, de MM. Becquerel, Berzélius, et ceux non moins intéressants de MM. Prevost (1) et Dumas, on ne peut

reau des longitudes, qu'au commencement de ce siècle il existait cent quatre-vingts exemples suffisamment constatés de la chute des aérolithes ; et cependant, à cette époque, c'était avec des risées qu'on recevait, *même à l'Institut*, ceux qui venaient lire des mémoires dans lesquels ils reconnaissaient la réalité de ce phénomène, qu'on ne pouvait se décider à croire, parce qu'il paraissait, comme celui-ci (la vue sans le secours des yeux dans l'état de somnambulisme), absolument inexplicable. » Voyez le docteur Bertrand, *Du Magnétisme animal en France*, etc., pag. 458.

(1) M. Prevost (de Genève), dans une lettre adressée à l'Académie des sciences de Paris, annonce être parvenu à aimanter des aiguilles de fer doux en les plaçant très près des nerfs, et perpendiculairement à leur direction. L'aimantation a lieu au moment où, en irritant la moelle épinière de l'animal, on détermine une contraction musculaire, d'où M. Prevost conclut à l'identité des fluides nerveux et électrique. (Académie des sciences, séance du 21 janvier 1838.)

Le docteur Despine (lettre inédite 1841) s'exprime ainsi: « J'ai vu

trop s'étonner de la résistance aveugle de quelques savants modernes à l'admission de cette même électricité dans l'homme : — électricité qui doit nécessairement présenter des modifications puissantes par sa manifestation dans l'organisme humain, et ses rapports avec un principe *tout spirituel*, qui, lui-même, dans tant de circonstances diverses, peut s'attacher et s'unir à des causes d'un ordre surnaturel.

Lorsque M. Tremblay rapporta les merveilles du polype d'eau douce ; quand il dit qu'il avait vu s'effectuer sous ses yeux ce que la fable avait dit des prodiges de l'hydre, et que la nature opérait ce que l'imagination des poëtes n'aurait pas peut-être osé enfanter ; qu'il avait observé un animal auquel il repoussait une tête lorsqu'on la lui avait coupée ; que, comme une plante, cet animal extraordinaire était susceptible d'être greffé, qu'il se reproduisait par

---

l'aimantation spontanée de plusieurs petits instruments dont se servait madame Schmitz Baud, cataleptique dont j'ai parlé dans mon ouvrage. Cette dame travaillait à l'horlogerie. Tournevis, pinces-bruxelles, etc., étaient aimantés dans les jours qui précédaient ses grandes crises nerveuses. Quatre à cinq jours, dans ces époques, d'usage habituel de ces instruments, les aimantaient assez pour qu'ils pussent soulever de la limaille, des petites vis, des aiguilles d'acier ; ce qui impatientait au dernier degré l'ouvrière, vu que, plaçant une vis dans son trou, elle l'enlevait dès qu'elle éloignait l'instrument. J'ai un tournevis qui, aimanté ainsi il y a deux ans, a conservé la vertu magnétique. Non seulement ce phénomène impatientait la malade, mais aussi le maître chez lequel elle travaillait, parce qu'il lui fallait fournir ainsi tous les huit ou dix jours de nouveaux instruments. » *Études physiques sur le magnétisme animal*, par M. Charpignon. Paris, Baillière, 1843.

bouture, et cent autres prodiges tout aussi étonnants, la découverte de M. Tremblay éleva des doutes ; mais comme elle ne froissait pas les intérêts d'un corps puissant, elle fut unanimement reconnue pour vraie. Et d'ailleurs il ne fallait que des yeux accoutumés à discerner les objets à travers une lentille, un microscope. Celle de Mesmer exigeait une étude suivie, un grand esprit d'observation, beaucoup de fatigues de corps et de contentions d'esprit. On avait plus tôt fait de nier que d'étudier.

Chaque jour cependant les ressources des détracteurs s'épuisent ; eux-mêmes fournissent les matériaux de leur défaite : car toutes les sciences qu'ils cultivent offrent, en progressant, des preuves nombreuses en faveur du rôle important que le magnétisme et l'électricité jouent dans tous les règnes de la nature.

Dans l'état actuel de la science, ne peut-on pas affirmer qu'il existe continuellement dans tous les organes une action électro-magnétique, par l'abord du sang artériel dans leurs tissus, par sa transformation constante en sang veineux, qui revient de nouveau se combiner dans les poumons avec l'oxigène de l'air ? Cette même science n'a-t-elle donc pas proclamé comme principe incontestable que, dès que deux substances hétérogènes sont en contact, il y a production d'électricité, et que toute action chimique, agrégation ou ségrégation, met en liberté une certaine quantité de fluide électrique (1) ?

(1) Voy. Dutrochet, *Expériences sur l'endosmose et l'exosmose.*

Les observations physiologiques présentent le cerveau comme foyer *principal* de l'action électro magnétique et comme sécrétant ou rassemblant un fluide particulier susceptible de différentes modifications par ses rapports avec différents agents, dont les uns, comme les corps qui nous environnent, sont au-dehors de nous, et font naître des sensations; les autres sont au-dedans, comme les différentes affections de notre âme, notre volonté, nos passions, et font communiquer au-dehors nos sentiments. Les nerfs consacrés aux mouvements, à la volonté, aux passions, aux sentiments, partent de l'encéphale ou de ses dépendances, et vont se rendre aux extrémités; ceux au contraire destinés à nous mettre en rapport avec les corps qui nous environnent, à faire naître des sensations, viennent se rendre à l'encéphale comme à un centre commun.

Ces différentes propositions sont aujourd'hui regardées comme démontrées, excepté pour quelques uns, lorsqu'il s'agit du fluide magnétique, du magnétisme humain, du somnambulisme, etc.

— Georget, *Physiologie du système nerveux*. — Cuvier, *Anatomie comparée*. — Fabré Palaprat, *Mémoire sur le galvanisme*. — Bachoué, *Médecine électro-pathique*. — Coudret, *De l'Électricité animale*. — Durand, ouvrage déjà cité, etc., etc. — Humboldt, Virey, Berzélius, Lamé, etc., *Physiologie de l'Encyclopédie des sciences médicales*, par MM. Brachet et Fouilloux, etc. — Despine, *De l'emploi du magnétisme animal et des eaux minérales dans le traitement des maladies nerveuses*. — Charpignon, *Physiologie, etc., du magnétisme*. — Le même, *Études physiques sur le magnétisme animal*. — *Recherches sur quelques effluves terrestres*, par M. le comte de Tristan, in-8, Matteucci, Mojon, Donné, Masuyer, Turck, Aldini, Moscati, Wollaston, etc., etc.

Lorsque je veux mouvoir un membre, ma volonté met en mouvement une certaine quantité d'agent nerveux qui détermine la contraction musculaire. La transmission de cet agent se fait au moyen d'un nerf que l'anatomie démontre ; et si je coupe ou si je lie ce nerf, il me devient impossible d'exécuter le mouvement, il y a paralysie ; le même phénomène a lieu pour les nerfs des sensations ; si on les détruit, la sensibilité est anéantie dans les parties d'où ils procèdent. Ces faits, connus de temps immémorial, sont incontestablement et généralement adoptés. Ils ont fait penser que l'innervation était une véritable circulation ; qu'il y avait des vaisseaux nerveux de deux ordres, faisant pour le fluide électro-magnétique les mêmes fonctions que les veines et les artères pour le sang.

Les expériences de Bogros, anatomiste distingué, ont prouvé matériellement ce que le raisonnement avait fait admettre, puisqu'il est parvenu à injecter la plupart des nerfs avec du mercure ; et d'autres expériences ont prouvé que cette liqueur subtile qui circule dans les conduits capillaires des filets nerveux laisse exhaler un fluide plus subtil, encore comparable par ses propriétés aux fluides impondérables dont la chimie et la physique nous montrent les transformations et les lois, et, de plus, susceptible, par ses rapports intimes avec un principe spirituel, l'âme humaine, de modifications essentiellement distinctes de toutes celles que ces autres fluides peuvent recevoir de la matière.

Les travaux de MM. Prevost et Dumas ont démontré sans réplique que l'agent nerveux a la plus grande analogie avec le fluide électrique.

Le célèbre professeur Béclard, dit M. le docteur Rostan, nous a souvent entretenu d'expériences curieuses qu'il faisait à ce sujet, lorsqu'une mort prématurée vint l'enlever à la science, qu'il cultivait avec éclat. Après avoir mis à nu et coupé un nerf d'un assez gros volume sur un animal vivant, il avait fait souvent dévier une aiguille aimantée, en mettant en rapport ce nerf et cette aiguille. Or, il est prouvé que cette déviation de l'aiguille aimantée ne peut avoir lieu que sous une influence électrique, galvanique ou magnétique.

Les variations instantanées de la boussole après l'éclat de la foudre ont fourni les premières observations de ce genre (1).

(1) Voyez plus haut la note sur l'aimantation du fer doux à l'approche de filets nerveux, par M. Prevost (de Genève). A l'expérience du professeur Béclard, un écrivain qui paraît bien informé ajoute : « Je pourrais rapprocher de cette expérience un fait qui m'a été affirmé par un voyageur, homme instruit et de bonne foi. Il a vu, m'a-t-il dit, un homme blessé faire dévier la boussole dans le voisinage de laquelle il était placé ; il m'a assuré en outre que ces faits n'étaient pas rares, et que c'était une vérité que les gens de mer ne contestaient pas. »

Comme autre preuve de l'électricité humaine, du magnétisme humain, nous reproduirons littéralement un fait que tous les journaux ont rapporté après l'avoir extrait du *Libéral du Nord* en date du 4 avril 1837.

« Une jeune femme vient d'accoucher hier d'un enfant qui, sem-
» blable à la torpille, a donné une espèce de commotion électrique
» au médecin qui l'a mis au monde. Cet enfant électrique appartient
» au sexe masculin et est d'une constitution robuste. Il a été placé aus-
» sitôt après sa naissance dans un berceau d'osier supporté par un

Mais personne n'ignore que le galvanisme substitué à l'influence nerveuse fait contracter les muscles qu'on soumet à son action. Tout le monde sait qu'on parvient à faire entrer en mouvement les muscles d'un animal mort récemment, en mettant en rap-

» isoloir à pied de verre et a donné des signes non équivoques d'élec-
» tricité. Il a conservé l'espace de vingt-quatre heures cette propriété
» remarquable, à tel point que le médecin put charger une bouteille
» de Leyde, tirer des étincelles et faire un foule d'expériences phy-
» siques. » Ce fait servira de réponse à M. Debreyne, qui demande :
« *Pourquoi n'y a-t-il pas une bouteille magnétique chargée et saturée de fluide animal impondérable, comme la bouteille de Leyde
de fluide électrique ?* »

Je connais un jeune homme qui peut reconnaître sans se tromper qu'il y a au-dessus de sa tête un nuage orageux ; il le sent s'éloigner comme il a été sensible à son approche. Il en est averti par une congestion *de fluide nerveux* à la tête (*secondairement* aussi le sang s'y accumule), par des picotements aux membranes qui enveloppent le cerveau, une occlusion involontaire des paupières, un sommeil *sui generis*. Le nuage passé ou dissous par une pluie abondante, tous ces symptômes cessent aussitôt et de la manière la plus complète. — Quel homme, au reste, n'a pas ressenti une grande lassitude, un affaissement musculaire extrême, etc., dans ces temps orageux où l'électricité est répandue en très grande quantité dans l'atmosphère ? Un jour je venais de magnétiser un épileptique : au moment même où il se leva de son siége pour sortir, un éclair illumina la chambre. Il n'avait pas eu le temps de s'en apercevoir que je le vis, sous l'action évidente de l'influence électrique, pris d'une de ses attaques qu'il avait ordinairement en pareille circonstance.

Je connais un ecclésiastique dont la sœur était si impressionnable à l'action de l'électricité atmosphérique, qu'enfermée dans la cave la plus obscure et ne voyant absolument rien, elle ressentait à chaque éclair une véritable commotion. Nous pouvons donc faire cette question :
« Comment le système nerveux pourrait-il être si facilement influencé par l'électricité atmosphérique, si ce modificateur subtil ne trouvait pas dans les nerfs de l'homme un fluide analogue ? —Un homme avait

port les nerfs qui s'y rendent avec une pièce métallique.

L'on sait comment Galvani et Volta virent et prouvèrent l'existence d'un fluide particulier, que, plus tard, on reconnut pour une modification de l'électricité.

magnétisé sa femme pendant une longue maladie ; il n'avait pu que diminuer ses souffrances, et le moment de la mort approchait. Obligé de se retirer un instant, l'agonie semblait terminée ; mais à l'approche de son mari les forces de la pauvre malade revenaient aussitôt, comme pour prolonger sa souffrance. La même scène se renouvela plusieurs fois, et le mari, pressé par les prières de sa femme, comprit que par affection pour elle il devait y céder, et cesser d'exercer ainsi sur elle cette influence, résultat de la magnétisation habituelle.

Sans doute on nous reprochera, avec Thouret, de retourner en arrière pour admettre avec Wirdig, Paracelse, Van-Helmont, Kircher, un archée, un principe vital, une médecine sympathique, magnétique. On nous reprochera d'appliquer avec eux à l'homme un principe qu'on avait depuis longtemps émis sur l'univers entier : « Tout naît, vit et meurt par une opération magnétique (sous l'influence de la volonté divine, cela va sans dire) ; » mais les modernes arrivent là malgré eux en proclamant que toute action chimique, agrégation ou ségrégation, est accompagnée d'un développement d'électricité ; que dans la fécondation c'est un appareil tout nerveux qui est formé le premier. Outre le changement de température (et de quelle nature est-il lui-même?), quel agent subtil frappe donc la peau du nouveau-né pour provoquer la première respiration après la stimulation de l'enveloppe cutanée, formée de l'épanouissement de tant de filets nerveux ? De quelle sorte sont donc ces forces vitales, nerveuses? De stimulation, de calorification organique ? *Ces forces de la nature* qui luttent contre la maladie ? Qui sont renforcées par les médicaments ? Par quel mode intime cela a-t-il lieu ? Qu'est-ce que ce combat, cette agonie, ces spasmes de la mort ? Pourquoi les derniers signes de vie sont-ils des accidents nerveux ? Nous connaissons bien des médecins qui souriront à tout ceci, mais nous en connaissons aussi d'autres qui y réfléchiront.

On sait encore que certains animaux ont la singulière propriété de sécréter ou de rassembler au moins dans leur cerveau une grande quantité de fluide électrique, capable de tuer des hommes à une distance assez grande. On est parvenu à apprécier la quantité et la qualité de leur fluide électrique au moyen d'électroscopes et d'électromètres très sensibles; bien plus, on a chargé des appareils électriques, et obtenu des étincelles.

Les batteries de ces animaux sont disposées d'une manière fort analogue aux cuves galvaniques. Elles sont composées de cellules, de tubes de diverses formes, contenant un fluide gélatineux, et sont pourvues d'une multitude considérable de nerfs, suivant les observations zoologiques de Humboldt (tom. I, p. 49), Spallanzani, etc.

On s'est assuré que ce fluide électrique est sécrété ou condensé par le cerveau de ces animaux, puisqu'en enlevant celui-ci, ou les nerfs qui se rendent à l'appareil, on anéantissait les effets électriques ; ce qui n'avait pas lieu en enlevant les organes de la circulation qui apportent le sang dans ces batteries.

La structure et les fonctions du cerveau de l'homme prouvent, comme nous l'avons déjà dit, qu'il est le foyer ou condensateur principal d'un fluide électro-magnétique sous l'influence duquel se font les contractions musculaires, contractions reproduites après la mort par un excitant électrique (1).

(1) Nous le répéterons encore ici, lorsqu'il s'agit de magnétisme, ceux qui le combattent (nous avons déjà cité le nom de plusieurs, entre au-

Mais l'électricité, le galvanisme, le magnétisme minéral, le zoo-magnétisme, étendent au loin leur action. Cette loi est commune au magnétisme humain. Il ne s'arrête pas aux muscles et à la peau, il s'élance au-dehors de nous avec une certaine force, une cer-

tres le docteur Lafont-Gouzi) nient tout simplement que la physiologie ait rien fait connaître des fonctions du système nerveux et de l'existence du fluide nerveux. Ils ressemblent au professeur Richerand, qui combat avec les mêmes armes ce fluide qu'il ne veut point admettre, et qui, pour se tirer d'embarras, après avoir parlé vaguement de la contractilité, de la sensibilité, s'exprime ainsi comme par mégarde et malgré lui : *La sensibilité se comporte à la manière d'un fluide.*

Pour éclaircir ce qui précède et ce qui suit, sans crainte de prolonger cette note à cause de l'importance de la question, nous voulons citer au long un auteur qui ne peut être suspect, puisque dans tout son ouvrage il n'y a pas un seul mot qui ait trait au magnétisme humain, au somnambulisme provoqué. Dans cet écrit intitulé : *Nouvelle théorie de l'action nerveuse et des phénomènes de la vie* (1843), le docteur Durand (de Lunel) parle de l'identité du fluide vital et de l'électricité. « Je rapporterai, dit-il, d'après Dugès, M. Calmeil et autres, les arguments sur lesquels on peut appuyer l'opinion de l'identité, et après j'examinerai la valeur des objections qui lui ont été opposées, et si je renverse ces objections, le problème de l'identité sera définitivement résolu. » L'auteur tient sa promesse en homme parfaitement versé dans la question. Voyez pages 208 et suiv., dans lesquelles il établit les considérations suivantes :

1° La promptitude d'action de l'agent électrique répond à merveille à celle des phénomènes de transmission qui se passent au sein du système nerveux.

2° L'électricité de nos machines hâte singulièrement la germination et la végétation, donc elle augmente l'activité vitale en augmentant la dose de l'agent qui la produit.

3° Les causes d'excitation se ressemblent : ce sont des actions physiques ou chimiques qui mettent en jeu l'électricité et l'agent vital.

4° Le galvanisme établit dans le mercure des mouvements de translation ou courants circulaires (Sérullas), ou des palpitations

taine énergie, augmentée par la volonté, et forme ainsi une véritable atmosphère nerveuse, une sphère d'activité absolument semblable à celle des corps électrisés.

Cette opinion est celle des plus habiles physiolo-

(Nobili), courants qui présentent la plus grande analogie avec ceux que paraissent suivre les molécules constituantes et les globules du sang, lors de la formation du poulet et de l'établissement de la circulation (Delpech et Coste), palpitations qui rappellent celles du cœur (Geoffroy-Saint-Hilaire).

5° L'agent électrique et l'agent vital produisent également d'une manière directe des phénomènes d'élévation de température, d'expansion, de compositions et décompositions chimiques, etc.

6° L'application de l'électricité provoque des sensations.

7° Elle excite de violentes convulsions dans les muscles d'un animal vivant ou mort depuis peu de temps.

8° Il se dégage de l'électricité si l'on met en contact une portion de nerf et une portion de muscle.

9° La disposition des fibres nerveuses extrêmes, relativement aux fibres musculaires, s'accorde avec l'idée qui admettrait l'animation de la contraction par l'électricité.

10° L'électricité peut exister à l'état libre, dans l'économie, puisque certains poissons étourdissent leur proie au moyen de décharges reconnues électriques.

11° Chez ces poissons, l'incitation de la volonté et la présence du cerveau ont activé manifestement la production du fluide électrique.

12° L'application de l'électricité peut provoquer la défécation et provoquer... (la stimulation d'organes fort sensibles), rétablir le cours de la digestion interrompue par la section du nerf pneumo-gastrique, activer les sécrétions, et remédier à des paralysies de la sensibilité et du mouvement.

13° Sur le cadavre, l'électricité semble suppléer l'agent nerveux en augmentant l'endosmose et l'exosmose (Dutrochet, Fodéré).

14° Vassali-Éaudi et Bellingeri ont constaté dans le sang, l'urine,

gistes, Reil, Autenrieth, Humboldt, Cuvier, Laplace, Galvani, Béclard, Prevost et Dumas, et les expériences du magnétisme humain lui offrent une certitude irrécusable.

Sans doute, le mécanisme de l'action magnéti-

la bile de divers animaux vertébrés, de l'électricité libre, de manière à pouvoir déterminer, à l'aide de conducteurs, des contractions dans une cuisse de grenouille.

15° Enfin, à l'aide du galvanomètre, M. Donné a pu constater dans le corps vivant (et Matteucci s'est assuré qu'il n'en était point ainsi sur le cadavre) des courants électriques allant de la peau aux membranes muqueuses, du foie à l'estomac, etc. Déjà l'on avait expliqué l'efficacité de l'acupuncture par de semblables courants mutuellement neutralisés, comme l'électricité atmosphérique par le paratonnerre; et M. Coudret, Pfaff, ont recueilli de l'électricité s'échappant des surfaces. » Ainsi que nous l'avons dit plus haut, le docteur Durand explique, développe, commente tous ces points, indiqués seulement ici. Il dit encore page 197 : « L'organisme considéré dans sa généralité est donc une pile électrique dans laquelle les deux substances, grise et blanche, forment le couple, dans laquelle l'action nutritive du sang, surtout opérée sur la substance grise, forme l'impression chimique principale, et dans laquelle les actions animales constituent en général des multiplicateurs de l'influence de la substance blanche sur la substance grise, et par conséquent de l'influence impressive nutritive, et par conséquent, enfin, de la puissance totale de la pile. Dans cette pile les extrémités nerveuses ganglionnaires vasculaires sont le pôle négatif, et les extrémités nerveuses cérébro-spinales, le pôle positif: aussi M. Coudret a vu les points enflammés signaler l'électricité négative, et Pfaff s'est assuré le premier que la surface de l'organisme normal était électro-positive. » Puis, page 196 : « Comme l'a fait observer Rolando, un appareil nerveux mauvais conducteur formé de substance grise, adossé partout, et souvent à la manière d'une pile voltaïque, à un appareil bon conducteur, formé de substance blanche, indique une disposition incontestablement influente sur un mouvement de fluide électrique. » Dans la fécondation, dit le docteur Durand, c'est un appareil tout nerveux qui est formé le premier avant

que (1) n'est pas entièrement dévoilé dans ce simple aperçu. Cependant, sans nous éloigner aucunement des faits physiques et physiologiques généralement adoptés, nous pouvons expliquer d'une manière satisfaisante l'action d'un homme sur un autre homme,

tout autre organe, c'est la moelle épinière qui s'organise et la pile nerveuse qui s'établit.

Je sens, en prolongeant cette note si longue, que bien des gens aimeraient mieux laisser tous ces détails et invoquer *la simple raison, le simple bon sens, le sens commun*, quelque autre cause encore d'un tout autre genre; mais la physiologie ne s'invente pas, elle ne peut pas se deviner non plus : aussi nous ajoutons avec le médecin cité plus haut : « M. Coudret, appliquant sur des points organiques enflammés, ou simplement plus rouges et plus chauds que dans l'état normal, l'électromoteur médical de M. Fozembas uni à l'électromètre condensateur de Volta, a toujours reconnu en ces points la condensation du fluide électro-négatif; mais, malgré de fréquentes tentatives, il n'a jamais pu reconnaître de manifestation électrique dans l'état normal des surfaces. Voici ce que Pfaff a observé au moyen d'autres procédés. Il a presque toujours trouvé au corps humain de l'électricité libre, qu'il a reconnue comme positive en général, et qui surpasse en intensité celle que produit avec le zinc du cuivre mis en communication avec le sol. Elle s'est montrée plus forte chez les personnes vives, pendant la soirée et après l'usage des boissons spiritueuses (Meckel, Deutsches Archiv., tom. III, page 162. Burdach, *Traité de physiologie*, tom. IX, traduction française). Il y a des courants divers dans l'organisme ; on n'en peut douter d'après les expériences de MM. Donné, Matteucci, Pfaff, Coudret, Dutrochet. » (Durand, ouvrage cité, pag. 70.) J'ajoute que nous arrivons aux courants enseignés par Mesmer, aux pôles, etc., par une autre voie. Malgré quelques différences sur certains points de doctrine qui ne changent rien à la théorie du magnétisme humain, j'engage le lecteur à lire *l'Origine de l'électricité dans les animaux, Traité de la goutte*, par le docteur Turck. 1 vol. in-8, 1837, pag. 189.

(1) Notez bien que je ne dis pas, « des phénomènes somnambuliques ; » ils sont du ressort de la psychologie, etc.

par l'intermédiaire d'un agent soumis aux modifications nombreuses de la pensée ; comme le prouve, d'une manière si éclatante, les différents mouvements volontaires que nous déterminons sur notre propre machine.

Cette aptitude de l'agent nerveux du magnétisme humain à être modifié par les pensées habituelles et surtout actuelles, par la volonté, par les différentes affections de l'âme ; cette aptitude à être spiritualisé, pour ainsi dire, en ce sens seulement qu'il reçoit et conserve des modifications spirituelles, nous facilite l'intelligence de l'action du magnétiseur sur l'organisation du magnétisé, la transmission même des pensées du magnétiseur offertes à la perception intellectuelle du magnétisé (1). En effet, mon âme imprime à mon fluide nerveux des modifications de tristesse ou de joie, et par l'intermédiaire de ce fluide aux muscles de la face, et l'âme d'un autre peut lire alors sur mon visage ce qui se passe en moi. Un geste, le son d'une parole, un regard, font connaître souvent l'état de l'âme tourmentée par la crainte ou

---

(1) Le docteur Durand, ouvrage déjà cité, pag. 286, s'exprime ainsi : « Chaque individu ayant une organisation générale propre, par conséquent aussi une organisation nerveuse propre, aura un agent électro-nerveux ou vital propre ; cet agent devra constamment impressionner ou exciter le principe animal, d'après sa qualité spéciale : de là résultera pour ce principe une manière de sentir et par conséquent d'être toute spéciale, c'est-à-dire de là se déterminera le caractère de l'individu. Cela fera concevoir la transmissibilité des caractères des parents aux enfants, et la diversité des caractères, des penchants, des habitudes, etc., etc. » Nous ajoutons : Cela fera concevoir aussi

consolée par l'espérance. Je confie au papier, en les représentant, en les *sensibilisant*, si je puis ainsi parler, les diverses affections de mon âme, et une autre âme peut les connaître.

L'écriture, un regard, le son de la parole, un geste, l'expression du visage, sont autant de moyens divers par lesquels mon âme, soit à cause de son union avec ses organes, soit à cause de l'emploi qu'elle fait des choses extérieures, exprime, reproduit, et rend sensibles les affections, les sentiments qui l'animent. De même mon âme intimement unie à mon corps, à mon système nerveux, à mon fluide nerveux, imprime et écrit, pour ainsi dire, dans ce système, à l'aide d'une modification puissante, toutes les pensées que je puis concevoir. Ces pensées viennent bien, il est vrai, de l'âme elle-même, elles naissent comme de son fond, mais pourtant elles sont *de l'homme*, c'est-à-dire d'une âme opérant dans l'union de l'intimité la plus parfaite avec des organes ; — organes modifiés secondairement, et capables de réagir sur les organes d'autrui, organes unis aussi à une âme; laquelle perçoit la modification transmise et devenue sienne. Ce sont toujours deux âmes qui communiquent par l'intermé-

l'action de l'imagination dans la grossesse, dans l'hypochondrie, les hallucinations ou modifications du fluide magnétique externe par l'action concurrente du fluide magnétique élaboré par le cerveau sous l'influence de la puissance modificatrice de l'âme, etc., etc.

« En pensée, dit encore le docteur Durand, pag. 93, nous parlons, nous voyons, nous goûtons, nous entendons, etc.; en pareil cas, les sens et les muscles qui leur correspondent n'agissent pas physiquement, mais nous sentons que la pensée reportée vers eux y exerce une certaine tension, ou autrement dit, les influence par de légers courants nerveux sans résultats motiles physiques. »

diaire des organes. Les causes secondes et moyennes dévoilées, le mystère de la cause première n'en subsiste pas moins.

Cette aptitude du magnétisme humain à être modifiée par la volonté prouve deux choses : la première, c'est que si *le magnétisme est bon en lui-même, parce que la valeur morale est tout entière confiée à la libre détermination de l'homme*, lequel *peut et doit en bien user*, il peut avoir une influence bonne et heureuse quand il est exercé avec une volonté bienfaisante et *les connaissances nécessaires;* la seconde, c'est qu'il peut aussi, privé de ces conditions, devenir *accidentellement* mauvais et nuisible, troubler l'économie animale et *solliciter* à des désordres moraux, désordres signalés, d'une manière exagérée, comme plus faciles *à obtenir* qu'ils ne le sont en effet, et même comme *essentiellement* attachés à l'action magnétique. Pour apprécier les choses à leur juste valeur, il est bon de savoir que chaque sujet magnétisé modifie aussi lui-même l'agent qu'il reçoit, et modifie également par son organisation, par sa volonté, ses pensées habituelles, actuelles surtout. Lorsqu'il est en somnambulisme, son advertance pour les choses morales, sa liberté, augmentent à mesure que le somnambulisme devient plus complet. Il acquiert ainsi, toutes choses égales d'ailleurs, plus de délicatesse de conscience, plus de moyens de prévoir, de pressentir le mal qu'on veut lui faire et plus de moyens d'y résister. Voilà ce que l'expérience a appris à MM. de Puységur, Deleuze, de Redern, Tardy de Montravel. Chapelain, Billot, et ce que mon expérience propre m'a confirmé; ceci soit dit par anticipation.

Considérant toujours le somnambulisme comme *une des différentes manières d'agir* de l'acte magnétique qui, sans lui, peut être d'un grand secours dans le traitement des maladies et produire un ensemble de phénomènes bien dignes à eux seuls de fixer notre attention, nous insisterons un peu sur l'emploi médical du fluide électro-nerveux, du magnétisme humain.

Écoutons le docteur Rostan, plus compétent ici que pour ce qui concerne la partie morale de la question. Ils étaient bien peu médecins, peu physiologistes et peu philosophes, ceux qui ont nié que le magnétisme pût avoir des effets thérapeutiques. Ne suffit-il pas que le magnétisme détermine des changements dans l'organisme pour conclure rigoureusement qu'il peut jouir de quelque puissance dans la cure des maladies? Dès qu'une substance produit un changement quelconque dans l'économie animale, il est impossible de ne pas reconnaître qu'elle agit; et dès qu'elle agit, il faudrait être bien absurde pour conclure, *à priori*, qu'elle ne peut jamais être utile. Il n'y a de substances vraiment sans action thérapeutique que celles qui ne produisent aucun effet. Toutes celles qui font subir à notre organisation quelque changement, si faible que vous le supposiez, peuvent être utiles dans certaines circonstances, et plus une substance agit énergiquement, plus son utilité thérapeutique pourra être grande. Eh bien! si, en faisant pénétrer dans une organisation humaine l'agent magnétique, vous y développez les phénomènes que nous avons énumérés plus haut ; si enfin vous agissez sur tout le système nerveux, ne devez-vous pas compter sur d'immenses résultats ?

Je ne pense pas que le désir de nier et de faire parade de son incrédulité puisse aller jusqu'à nier une vérité aussi bien établie. Il faudrait méconnaître l'influence immense du plexus solaire, du cerveau et de ses dépendances sur tout l'organisme ; il faudrait ignorer que, dans l'homme, tout vit par le système nerveux et pour le système nerveux ; qu'il n'est pas une de nos molécules qui ne soit pénétrée par quelques unes de ses ramifications ; il faudrait oublier encore que, dans le système nerveux, circule l'agent nerveux, le fluide vital. — Fallait-il donc persécuter Mesmer si longtemps, lui qui était arrivé par la force de son génie là où les observations scientifiques nous ont conduit malgré nous ?

Pour obtenir les effets magnétiques, certaines conditions sont nécessaires, ou tout au moins utiles, de la part de la personne active et de la personne passive. A ce sujet, voici ce qu'on a objecté : puisque tous les sujets ne sont pas également propres à ressentir les effets magnétiques, on ne doit pas admettre l'existence d'un agent particulier ; l'électricité produit toujours les mêmes effets, et quelles que soient les conditions où l'on se trouve, on ressent toujours la commotion électrique : dès lors si l'on ne put pas se refuser à admettre un agent électrique, il ne saurait en être de même du magnétisme humain. Mais cette objection n'est pas même spécieuse, et l'on a lieu de s'étonner qu'elle ait été faite par des médecins. La question de la réalité d'un agent est distincte de sa manière d'agir : vouloir lui en assigner une invariable, et *à priori*, c'est méconnaître les lois de la nature pour lui commander à son gré. — Et d'ailleurs la commotion électrique, administrée dans les mêmes proportions à deux individus différents, ne se fait pas sentir avec une égale force ; il en est même qui n'en sont que très légèrement affectés (1); les effets de l'électricité et du magnétisme humain ne sont

(1) M. Mialle assure, sur le témoignage d'un docteur de l'Académie royale de médecine, que M. de Montègre rendit MM. Cuvier et Pariset témoins d'un fait des plus extraordinaires de somnambulisme. C'était un homme insensible à l'action d'une pile galvanique mise en contact avec un des nerfs de la face. Ce jour-là M. de Montègre dut être bien content de *son imagination*, puisque c'est par elle qu'il explique tous les phénomènes magnétiques : « Si les magnétiseurs, dit M. de Montègre, se fussent contentés de dire : on peut avec *des gestes*, avec *quelques paroles*, avec l'expression d'une volonté forte, maîtriser l'*imagination* de la plupart des hommes, et s'en servir ensuite comme d'une *manivelle* pour leur faire exécuter des mouvements plus ou moins bizarres, plus ou moins étrangers au cours ordinaire des choses, et qui pourraient quelquefois donner lieu à d'heureux résultats, les magnétiseurs auraient *satisfait* les esprits *droits et éclairés ;* personne n'eût contesté la vérité d'une doctrine reconnue de tous temps et qu'il pourrait être *curieux d'examiner...* »

C'est pourquoi M. de Montègre magnétisait souvent ses malades, *curieux* qu'il était d'*examiner*. Nous regrettons qu'il n'ait pas lui-même communiqué aux *esprits droits et éclairés* ses nombreuses observations et réflexions parmi lesquelles nous aurions aimé à trouver l'homme insensible à la pile galvanique, et les animaux sensibles au magnétisme, et les personnes magnétisées après avoir perdu connaissance dont Cuvier et Laplace nous ont parlé plus haut ; et le tout expliqué par l'*imagination* en y ajoutant même encore *les gestes* et *les paroles*.

donc pas aussi incomparables qu'on s'est plu à le dire. Et d'ailleurs il n'est pas de phénomènes naturels qui, pour être produits, ne demandent un concours particulier de circonstances sans lesquelles ils n'ont pas lieu. Ne sait-on pas qu'une maladie, pour se développer chez un individu, doit rencontrer une prédisposition organique, et que sans cette prédisposition la cause aura beau agir elle ne produira aucun résultat? Ne sait-on pas que dans les maladies épidémiques, et même dans les maladies contagieuses, tous les individus soumis à la même cause ne sont pas frappés par elle, et que ceux qui le sont ne le sont pas au même degré ni de la même manière? Sera-ce une raison pour nier l'existence de la cause épidémique ou contagieuse?

Il est donc des conditions dans lesquelles il est *opportun* de se trouver pour magnétiser ou être magnétisé.

Le magnétisme humain est mis en mouvement par la volonté; il faut donc au moins de la part de celui qui magnétise la volonté d'essayer; volonté qui, plus tard quand elle est parfaite, affermie par l'expérience, renferme en elle désir et persuasion. On a fortement tourné en ridicule la nécessité de ces dispositions morales; on les assimilées à la foi, à l'espérance, à la charité (1). Rien n'est plus facile

(1) Plusieurs magnétiseurs, et même le savant M. Deleuze, ont donné prise à ces reproches en demandant comme nécessaires des conditions qui ne sont qu'utiles jusqu'à un certain point. Plus tard ils se sont expliqués, rétractés même; mais les ennemis du magnétisme ont intérêt à l'ignorer, et puis ils aiment assez à se copier les uns les autres.

que de montrer combien dans les sciences le désir de paraître plaisant, ou la faiblesse de céder à des préventions injustes, peut faire commettre d'erreurs. Pourtant n'est-il pas tout simple que, puisque l'action magnétique est une action de l'homme, ce soit à l'âme de prendre l'initiative? En effet, on peut ainsi sans effort et bien simplement, ce semble, rendre raison des conditions qu'on demande. Nous verrons aussi plus loin qu'on peut s'en passer, et nous en signalerons les inconvénients.

La volonté, le désir, la conviction, sont, physiologiquement parlant, des états particuliers du cerveau (sous l'empire de l'âme), et le fluide magnétique n'est lui-même qu'un produit de cet organe et de ses annexes. Si les premières conditions n'existent pas, la seconde ne saurait exister. La volonté, en excitant le cerveau, active la sécrétion de l'agent nerveux, cause des phénomènes magnétiques, ou dispose de l'agent nerveux déjà sécrété; sera-t-il donc mis en mouvement si la cause n'existe pas? *Anima rationalis et caro unus est homo;* il ne faut pas l'oublier lorsqu'on veut faire de l'anthropologie et saisir les rapports intimes qui existent entre la psychologie et la physiologie.

Puis-je mouvoir mon bras si je ne commande le mouvement? Et puis-je avoir cette volonté si je ne crois pas que cela soit possible? Et cette volonté ne sera-t-elle pas d'autant plus prononcée que la persuasion sera plus profonde?

L'agent magnétique n'étant qu'une expansion du

principe dont nous disposons pour les mouvements volontaires, la faculté d'augmenter nos forces musculaires pour vaincre une résistance ou triompher d'un obstacle, nous autorise à émettre cette proposition : l'agent nerveux, le fluide vital, le magnétisme humain, doit être émis en raison directe du désir, de l'attention, de la volonté, toutes choses égales d'ailleurs.

De la part de celui qui est sous l'influence de l'action magnétique, la passivité d'esprit et de corps sont les dispositions les plus favorables. S'il résistait à l'action, ou s'il désirait violemment la ressentir, les effets tarderaient à se produire ou seraient moindres. Son consentement implicite ou explicite n'est jamais nécessaire, puisque les personnes qui ont perdu connaissance, les enfants, les animaux, sont sensibles à l'action magnétique.

Cette imagination tant prônée, pour expliquer l'action magnétique, loin de lui être favorable, lui nuit considérablement, car elle active la propre circulation nerveuse du magnétisé, et s'oppose à ce que son organisme soit envahi par le fluide nerveux du magnétiseur. De plus, cette imagination mise en jeu détermine des accidents qu'on ne peut pas attribuer à l'action magnétique sagement dirigée.

On a dit aussi que si le sujet est malade, affaibli, d'une constitution nerveuse, le patient se trouvera dans des conditions favorables (1). Sans nier que cer-

(1) MM. Dubois (d'Amiens), A. Dupeau et ceux auxquels ils ont servi de guides. MM. Frère, Debreyne, etc., ont abusé de ce genre

taines lésions organiques soient prédisposantes, les magnétiseurs modernes pensent que la susceptibilité magnétique ou somnambulique vient plutôt d'une certaine analogie primitive entre le fluide du magnétiseur et celui du magnétisé. L'expérience m'a confirmé ce fait, et plusieurs fois j'ai agi puissamment sur des personnes d'une constitution robuste et d'une santé parfaite, en apparence au moins, tandis que je n'agissais que très faiblement sur des malades.

Les circonstances seront aussi plus favorables quand on est seul, dans le silence, avec le magnétisé. L'irritabilité du système nerveux en rend facilement raison. Cependant j'ai magnétisé au milieu d'un grand nombre de personnes qui faisaient du bruit, et j'ai obtenu des phénomènes remarquables. Mes forces étaient alors plus épuisées, et à son réveil le magnétisé lui-même ressentait bien aussi quelque lassitude qui se dissipait au bout de peu de temps. On évite ces inconvénients en n'admettant qu'un seul

---

d'argumentation en soutenant qu'il n'y avait que les hystériques, les épileptiques, les femmes névropathiques, etc., qui étaient sensibles à l'action magnétique; que l'action magnétique faisait devenir hystérique, épileptique, névropathique, etc., etc.; que le somnambulisme magnétique était une véritable névrose; que la magnétisation amenait l'amaigrissement, le marasme, etc., etc. Oh! que la guerre faite à coups de suppositions ou d'assertions tronquées est douce et facile à faire ! Oui, le magnétisme mal dirigé fera quelque chose de tout cela, surtout de la part de ceux qui, choisissant par avance la théorie et les procédés de l'imagination, donneront carrière à la leur pour exciter celle des autres, et, comme M. de Montègre, M. Dupeau, M. d'Hénin, etc., offriront leurs résultats et leur théorie pour *satisfaire les esprits droits et éclairés.*

témoin, et les bonnes mœurs ont par là une garantie suffisante.

Enfin, quand ces conditions réciproques sont remplies, on procède à la magnétisation. On a décrit les procédés de plusieurs manières. — Mais la théorie que nous avons exposée fait pressentir combien ils doivent être peu compliqués. Les meilleurs sont ceux qui ne donneront pas lieu à dire que les phénomènes magnétiques sont dus à la chaleur animale, à l'imagination ou à l'éréthisme de la peau. Certes, ces objections ne peuvent être sérieuses, car elles n'ont été faites que par des observateurs superficiels; mais c'est encore un très grand avantage de les éviter.

Les membres inférieurs et supérieurs, continuellement parcourus par l'agent de la volonté (le fluide électrique), sont aussi le plus souvent employés dans la magnétisation. Ainsi, la main promenée lentement et à distance, devant la poitrine et les principaux trajets nerveux, doit être considérée comme un conducteur laissant échapper de sa surface le fluide magnétique. Ce fluide s'introduit dans l'organisation du magnétisé, s'y distribue suivant des lois qui lui sont propres, et n'y manifeste sa présence qu'après une saturation complète; ce qui n'arrive qu'au bout d'un temps plus ou moins long. Cette opération demande, et de la part du magnétiseur et de celle du magnétisé, de la patience : c'est là le point difficile. Tel est l'aperçu des procédés à employer. Mais ils sont si simples que toute description ne servirait qu'à les obscurcir : aussi ne nous en occuperons-nous pas plus longuement; quand on a suffisamment étudié la question, il suffit de les voir pratiquer une fois ou deux. Du reste, quand on a déterminé plusieurs fois l'état magnétique, et surtout l'état somnambulique (1), il n'est plus nécessaire, bien que ce procédé vaille toujours mieux, d'imposer les mains. Il suffit de dire à la personne magnétisée : Endormez-vous ; je veux que vous dormiez ; et presque aussitôt elle s'endort, surtout si elle n'a aucune cause morale qui vienne augmenter, fortifier sa résistance. Mais on n'arrive pas toujours à une influence aussi grande ; on n'y arrive que graduellement, et dans les premières magnétisations l'action magnétique directe et ordinaire est nécessaire, souvent même absolument indispensable. Pour celui qui observe les choses de près et avec attention, il y a lieu d'admirer la conduite de la Providence dans les lois de développement des phénomènes ma-

(1) Bien que nous n'ayons pas une idée claire et précise du sommeil naturel, cependant ces expressions, *sommeil magnétique, sommeil somnambulique*, nous donnent des idées fausses des phénomènes du magnétisme et du somnambulisme. Le mot *état*, qui est plus vague, est, négativement au moins, plus juste ; car les phénomènes magnétiques et somnambuliques sont le symptôme d'un *état sui generis* sur lequel on ne peut avoir des idées justes qu'après une synthèse dirigée par l'observation des faits, des connaissances physiologiques, psychologiques et théologiques dégagées de préventions.

MM. Tardy de Montravel, Puységur, Deleuze, Biot, etc., etc., font la même remarque sur ces manières de parler : *sommeil magnétique*, etc. Le docteur Charles de Résimont donne aussi la préférence au mot *état*, et pour les mêmes raisons, dans son intéressant ouvrage intitulé : *Le magnétisme animal considéré comme moyen thérapeutique; son application au traitement de deux cas remarquables de névropathie*, etc. 1843, 1 vol. in-8.

gnétiques et somnambuliques, qui font que le magnétiseur n'est point maître d'acquérir à son gré tel ou tel degré de puissance ; qu'elle lui échappe souvent même, cette puissance acquise, au moment où il s'y attend le moins, lorsque Dieu, qui gouverne tout, le permet ou l'ordonne. *Un homme téméraire peut tout oser*, dit M. de La Marne, c'est aussi l'argument des antagonistes du magnétisme humain. « On se trompe, dit à ce sujet le docteur Billot (1), parce que la somnambule, connaissant l'intention du magnétiseur, s'éveillera d'elle-même, si celui-ci veut abuser de son influence, et cela est très positif. Vous savez aussi, Monsieur (écrit le docteur Billot à M. Deleuze), que le choix d'une somnambule n'est pas en notre pouvoir... On ne peut pénétrer les secrets de Dieu... »

Il n'est pas moins important de remarquer que, lorsque le magnétiseur reproduit l'état magnétique ou somnambulique par ces paroles : *Dormez ; endormez-vous*, etc., ou même par *l'action seule* de sa *volonté interne*, non manifestée par des gestes, des paroles, etc., dans *tous ces cas*, il y a émission de fluide magnétique, et non point une action en réalité purement morale. En effet, la volonté, considérée dans son acte premier, naît bien du fond de l'âme, est bien *purement morale* ; mais, considérée dans son acte second chez l'*homme dans les circonstances ordinaires*, c'est une action de

---

(1) *Recherches psychologiques etc., ou correspondance sur le magnétisme vital*, entre un solitaire et M. Deleuze, par le docteur Billot. 2 vol. in-8, 1839.

l'homme, et, en vertu de l'union intime de l'âme avec le corps, l'organisme est associé à cet acte ; le cerveau est excité ; le mal de tête qui résulte d'une volonté longtemps tendue en est la preuve irréfragable ; elle suffit entre mille autres. On est donc obligé de dire que tous ceux qui, en combattant le magnétisme, ont attaqué, ridiculisé cette action qu'ils nomment *purement morale ;* que tous ceux qui sont partis de là pour voir du surnaturel et du diabolique, ont prouvé qu'ils oubliaient cette vérité : *Anima rationalis et caro unus est homo.* Ils se sont montrés ignorants en psychologie et en physiologie ; au moins, par prévention, ils ont paru tels, parce qu'ils voulaient, *quand même*, combattre une science sur laquelle ils s'étaient fait des idées préconçues. Il faut que je le dise : en écrivant ces lignes, la honte que j'éprouve redouble chaque fois que je pense que ce sont des physiologistes, des philosophes, des ecclésiastiques, des théologiens qui ont fait faire fortune à l'objection tirée *de l'action purement morale*, etc. (1).

Remarquons encore que les difficultés pour ce genre d'action augmentent en raison de la distance, selon que la personne est, au moral ou au physique, actuellement active ou passive ; en un mot, cette action a ses lois ; ne les supposons pas, étudions-les de près, elles portent l'empreinte du doigt de Dieu et de sa paternelle providence.

(1) Bossuet (*Connaissance de Dieu et de soi-même*) met en question si l'âme, pendant cette vie, peut avoir des actes purement spirituels et auxquels le corps ne communique point.

CHAPITRE IX.

SOMNAMBULISME MAGNÉTIQUE. — ÉTAT PHYSIQUE ET MORAL DU SOMNAMBULE. — EXTASE MAGNÉTIQUE.

Après avoir posé en principe avec Mesmer, de Puységur, Deleuze, Tardy de Montravel, etc., que le somnambulisme, considéré dans ce qu'il a de physiologique et de prédisposant à la manifestation des phénomènes de l'ordre psychologique, n'est que le résultat d'une des nombreuses manières d'agir de la magnétisation, nous avons considéré isolément les phénomènes magnétiques élémentaires ; fait entrevoir leur utilité médicale, signalé la cause qui les produit et indiqué les dispositions favorables à la manifestation de cette puissance du magnétisme humain déjà si précieuse pour l'homme de bonne foi. Elle va le devenir encore davantage à nos yeux, car nous allons voir qu'elle n'est pas circonscrite dans le cercle que nous avons cru devoir tracer autour d'elle, et que souvent elle est la cause secondaire et occasionnelle, pour celui qu'elle modifie, de la manifestation d'une existence nouvelle, aussi intéressante pour le physiologiste que pour le psychologiste. Nous voulons parler du somnambulisme magnétique, dont nous allons décrire les principaux phénomènes.

Lorsque vous magnétisez quelqu'un, ou, si vous l'aimezmieux, lorsque devant lui vous avez étendu simplement la main et fait des mouvements nommés *passes*, avec l'intention d'émettre votre fluide nerveux et d'en imprégner son organisme, soit à la première séance, au bout d'un quart d'heure ou demi-heure, soit à la dixième, etc., vous le saturez de votre fluide magnétique, son système nerveux s'est habitué à en recevoir l'action, à la conserver. Le fluide nerveux de la vie de relation, de la vie volontaire, a envahi les filets nerveux de la vie organique. Ce magnétisé *dort*, pour me servir de l'expression usitée, mais présentant, ainsi que nous l'avons déjà fait remarquer, une idée fausse à l'esprit (car ce n'est point un véritable sommeil); il est dans *l'état* magnétique, ses paupières sont fermées et quelquefois ouvertes. Dans tous les cas, la pupille est considérablement dilatée, et le physiologiste reconnaît que l'œil est dans l'impossibilité d'exercer ses fonctions habituelles. L'ouïe est insensible aux sons; tout son corps reste complétement immobile, souvent pour un instant seulement ; puis, ordinairement au moins, un léger mouvement se manifeste, la respiration semble plus ample et plus facile. Un petit soupir, ou plutôt une inspiration profonde, suivie d'une ampliation plus visible de la poitrine, paraît annoncer l'état somnambulique. Les muscles de la face reprennent quelque chose de leur vivacité première ; la figure s'éveille, si j'ose parler ainsi, l'ouïe s'éveille à son tour, et le somnambule peut alors vous entendre. Sa tête, ses pieds et ses mains se laissent facilement attirer vers la main du magnétiseur, présentée avec toutes les précautions possibles, par exemple, par derrière et sans le moindre bruit. — Il y a bien encore quelque chose *comme d'endormi* dans l'habitude extérieure du somnambule; cependant bientôt, en le provoquant un peu, il retrouve son agilité, il peut marcher, monter les escaliers, boire, manger, se promener et entretenir une conversation suivie; il pense, il réfléchit, il analyse, il conçoit, il raisonne ses actes, et cela d'une façon claire et précise; en un mot, il agit aussi librement que dans *l'état* que nous nommons *la veille*. D'autres fois ce phénomène ne se manifeste que graduellement; le sujet vous entend, mais ne peut vous répondre que par signes; ses mâchoires sont pendant quelque temps fortement serrées; il éprouve de la difficulté à les ouvrir; quelquefois, si le magnétiseur n'a pas soin de diriger d'une manière spéciale son action magnétique sur les muscles des mâchoires pour combattre l'état de paralysie momentanée qui s'en empare, il n'y parvient qu'au bout de plusieurs séances. Souvent aussi, dès la première fois, la parole est entièrement libre; il n'est même pas besoin de la provoquer, le somnambule prend l'initiative. La sensibilité de la peau se maintient parfois dans son état habituel; dans certains cas elle est considérablement augmentée, mais souvent aussi elle est comme entièrement éteinte. On peut piquer le somnambule, le pincer, lui faire même des brûlures suivies d'escarres larges et profondes; on peut le soumettre à des opérations ordinairement longues et douloureuses, il ne sort point de cet état particulier dans lequel la sensibilité ne se montre nulle part.

L'ammoniaque concentrée, portée par la respiration

dans les voies aériennes, ne détermine aucun changement, et ce qui, dans l'état habituel, pourrait donner la mort, reste sans effet dans cette espèce de somnambulisme. Si la sensibilité est éteinte, l'ouïe ne semble pas moins dépourvue d'action. Aucun bruit ne peut se faire entendre; la chute ou l'agitation des corps sonores ne communique aucune impression aux nerfs acoustiques; ils semblent être dans un état complet de paralysie; des coups de pistolet tirés à l'orifice du conduit auditif, tout en meurtrissant les chairs, laissent croire encore à la privation de ce sens (1). Mais cette insensibilité si extraordinaire, cet isolement si complet, lorsqu'il existe, n'existe bien souvent que pour tout ce qui n'est pas le magnétiseur, car ce dernier est vivement senti, le contact le plus léger de sa part est perceptible au somnambule. — Les moindres modulations de sa voix, sa parole arrive de loin, et se fait comprendre à des distances où une personne, dans l'état ordinaire, n'entendrait rien et ne pourrait même voir le mouvement des lèvres. — L'odorat n'existe également que pour les choses que le magnétiseur présente lui-même. Remarquons cependant que toute autre personne qui touche le magnétiseur, ou est touchée par lui, jouit du même avantage, et le conserve, si par un contact un peu plus prolongé les deux fluides peuvent se mélanger plus intimement. — Avant de continuer l'énuméra-

(1) Ce sont des médecins qui à l'Hôtel-Dieu ont fait toutes ces expériences dont les magnétiseurs et les magnétisés se seraient bien passés.

tion des changements qui s'opèrent dans la manière d'être du somnambule, il est important de remarquer qu'il n'existe aucun type commun ; — qu'il y a autant de différence entre les hommes en état de somnambulisme que l'on en trouve entre eux dans l'état de veille ; — qu'un grand nombre de somnambules, à part l'oubli au réveil, ne sont guère plus remarquables que dans leur état naturel ; — qu'enfin, pour avoir une juste idée de l'extension que les facultés de l'homme peuvent recevoir, nous avons dû rassembler ici les exemples les plus remarquables, reconnaissant comme vérité qu'un grand nombre de faits négatifs ne peuvent détruire un seul fait positivement constaté (1).

Écoutons ce que M. le comte de Rédern, savant

---

(1) M. Dubois (d'Amiens) proteste bien fort contre cet argument, et ne trouve point bon que les magnétiseurs l'invoquent. *Avec cet argument*, dit-il, *on peut défendre toutes les jongleries*, etc. Oh ! non, monsieur Dubois, cela n'est pas possible : car comment une jonglerie, et même toutes les jongleries, pourraient-elles offrir des faits véritablement positifs ? Et de plus, quelle science bonne et vraie ne peut pas fournir aussi souvent des faits négatifs ? la médecine ne vous en a-t-elle jamais fourni de ce genre au lit des malades ? Voici donc en substance, si substance il y a, tout l'argument que vous posez : Le magnétisme est une jonglerie : or, le magnétisme est une jonglerie ; donc le magnétisme est une jonglerie. Malgré toute ma bonne volonté, je ne puis trouver dans la vôtre rien de plus clair que le parti pris de crier que le magnétisme est une jonglerie, et au besoin, d'inventer des preuves qui n'ont de poids que pour ceux qui font chorus contre *la jonglerie* supposée. Mais l'argument subsiste toujours : une science qui offre des faits positifs ne peut être infirmée par des faits négatifs. Maintenant le magnétisme offre-t-il des faits positifs ? voilà la question. Vous dites non ; mais heureusement d'autres disent oui.

distingué, nous dit dans un ouvrage d'une haute portée physiologique et psychologique : *des modes accidentels de nos perceptions;* et expliquons un peu certaines données qu'il nous fournit en marquant nos propres additions par des parenthèses.

« Le corps du somnambule est plus droit que dans l'état de veille; il y a une accélération marquée dans le pouls et une augmentation d'irritabilité dans le système nerveux ; le tact, le goût et l'odorat sont devenus plus subtils ; l'ouïe ne perçoit (souvent) que les sons venant des corps avec lesquels le somnambule se trouve en rapport direct ou indirect, c'est-à-dire en communication de fluide vital, parce que lui et son magnétiseur les ont touchés. (D'autres fois il perçoit tout sans aucune de ces conditions.) Les yeux sont fermés et ne voient plus (même lorsqu'ils sont ouverts, à cause de la dilatation de la pupille); mais il y a une vue que l'on peut appeler intérieure, celle de l'organisation de son corps, du corps de son magnétiseur, et de celui des personnes avec lesquelles on le met en rapport. (Pour ce genre de vue, le fluide vital, le fluide magnétique, qui a une grande analogie avec la lumière, tient lieu de ce dernier agent). Il en voit les différentes parties, mais successivement et à mesure qu'il y porte son attention (et que par elle il dirige les rayons du fluide vital). Il en distingue la structure, les formes et les couleurs ; il a quelquefois la faculté d'apercevoir les objets extérieurs par une vue particulière ; ils lui paraissent plus lumineux, plus brillants que dans l'état de veille. (Cette vue a lieu sans le secours du globe de l'œil, mais toujours par l'intermédiaire de filets nerveux qui suppléent le nerf optique; toujours par l'action et la réaction ordinaire entre le fluide lumineux et le fluide nerveux, le fluide vital, par le moyen duquel l'âme perçoit suivant son mode *essentiel* ordinaire.)

» Il éprouve une douloureuse réaction des maux des personnes avec lesquelles il est en rapport (en rapport de fluide vital, soit en les touchant elles-mêmes, soit en touchant quelque objet imprégné de leur fluide vital modifié par l'état morbide) (1). Il aperçoit leurs maladies (c'est-à-dire leurs organes malades, par cette vue intérieure dont il est parlé plus haut); il prévoit (dans leur cause, et pressent) les crises; il a la sensation des remèdes convenables (2); et assez

---

(1) « La fièvre, l'irritation, l'inflammation, etc., peuvent être spéciales comme les causes qui les provoquent : cela se conçoit, si ces causes mettent en jeu une électricité qui leur est propre. Mais aussi, si chaque cause morbide met en jeu une électricité à elle propre ou spéciale, on sera conduit à affirmer que le fluide nerveux ou l'agent vital, en présentant des qualités anormales, sera lui-même malade comme les tissus qu'il parcourt, malade non seulement sous le rapport de la quantité, mais encore, il faut le répéter, sous le rapport de la qualité. Cette conclusion surprendra beaucoup (j'ajoute : les médecins, non pas les magnétiseurs), mais elle ressort des lois physiques. Toutefois l'agent nerveux ne sera jamais malade sans la maladie de la matière, puisque c'est d'elle qu'il émane. » C'est le docteur Durand, de Lunel, ouvrage déjà cité, qui nous fournit ces détails, d'autant plus précieux que l'auteur, ainsi que nous l'avons déjà noté, ne dit pas un seul mot du magnétisme humain comme nous le considérons ici.

(2) Ce n'est pas *la science*, mais la sensation, une sensation toute instinctive, qui, perçue par l'âme, s'élève bien au-dessus de l'instinct des animaux.

souvent celle des propriétés médicinales des substances qu'on lui présente (sans en deviner cependant les noms, s'il ne les connaît pas, mais en accusant seulement les propriétés qui réagissent sur lui par les rapports de l'électricité propre à ces corps et de l'électricité humaine, propriétés que l'âme perçoit, analyse, énonce; elle porte alors un jugement analogue à celui que nous émettons lorsque nous affirmons que le feu brûle, que la lumière éclaire, etc.). Son imagination est disposée à l'exaltation (mais c'est au magnétiseur à la régir, à la calmer) : il est jaloux, rempli de vanité et d'amour-propre (parce qu'il a conscience du développement de ses facultés, et que souvent on lui témoigne une admiration peu mesurée et qu'on se laisse conduire par lui au lieu de le diriger). Sa volonté n'est pas inactive (sa liberté n'est point abolie), mais elle est très souvent influencée par le magnétiseur (lorsqu'il s'agit surtout de choses indifférentes qui ne sollicitent point son attention et ne regardent pas l'intérêt de sa santé ou de sa conscience, car souvent il résiste avec une volonté indomptable, et il cherche quelquefois à s'en servir pour agir magnétiquement. Alors il le peut fortement, soit pour se défendre, soit même pour attaquer le premier, s'il est d'un naturel méchant et vindicatif). On remarque des oppositions très frappantes entre ses opinions ordinaires et celles de l'état de somnambulisme ; il condamne (parfois) ses actions (ainsi que cela arrive souvent dans les vives impressions morales chez l'homme dans l'état ordinaire, après des réflexions sérieuses, des avis donnés, des lumières reçues, etc.). Il parle quelquefois de lui-même comme d'une personne tierce qui lui serait tout-à-fait étrangère. (Ici encore nous avons chaque jour des exemples pareils offerts par l'homme agité par de grandes passions, sous le coup d'impressions morales, vives et profondes, s'établissant critique et juge de ses fautes, interpellant ou son âme, ou son corps pour le considérer, le corriger en quelque sorte, se considérant comme étranger à lui-même lorsqu'il revient de grands écarts, qu'il s'est laissé aller à des excès, qu'il est changé, devenu *un tout autre homme*, etc., etc.) Il s'exprime mieux (moins distrait par les choses extérieures); il a plus d'esprit, plus de combinaisons, plus de raison, plus de moralité que dans l'état de veille dont toutes les idées lui sont présentes. Lorsque le somnambule revient à l'état de veille, il oublie (le plus souvent au moins) tout ce qu'il a dit, fait et entendu pendant l'accès (pour se le rappeler dans les accès suivants, phénomène dont nous avons l'analogue dans l'état physiologique et pathologique). »

Nous trouvons dans le *Cours de matière médicale* de Desbois de Rochefort, publié par M. Lhuillier Winslow en 1817, un chapitre qui contient des aperçus fort utiles pour contribuer à fixer nos idées sur le magnétisme humain.

Voici quelques unes des assertions de l'auteur : « Il reste évident, dit-il, que le magnétisme animal est un principe essentiellement inconnu dans ses éléments, mais très évident dans ses étonnants effets ; que ce principe impalpable, impondérable, paraît avoir quelque rapport avec l'électricité. Il est tellement subtil, qu'il semble être mis en mouvement ou en action, et transmis d'un individu à un autre par le seul acte de la volonté, et que, lorsqu'il agit, il développe sur beaucoup d'individus des phénomènes très variables (à cause de la variété des constitutions, des maladies, etc.), dont les principaux sont : de la toux, des bâillements, une sorte de stupeur ou d'abasourdissement (momentané). Un sommeil plus ou moins profond (qu'on nommerait mieux état magnétique, ainsi que nous l'avons noté plus haut), un état demi-cataleptique (qui, bien dirigé, n'a rien des accidents ni des suites fâcheuses de la catalepsie véritable, qui n'est souvent elle-même qu'une crise par laquelle la nature demande le somnambulisme artificiel, que l'on détermine facilement alors); il développe des spasmes (passagers et faciles à calmer); et enfin un véritable état de somnambulisme, souvent accompagné d'une sorte *de transport des sens* vers l'épigastre (1) et d'une incroyable extension de la sensibilité (qui fait que des filets nerveux, dans l'état ordinaire insensibles à l'action de la lumière réfléchie par les corps aux vibrations de l'air modifié par

---

(1) Et non pas vers le ventre, comme l'ont affirmé certains ennemis du magnétisme, par la grande envie qu'ils avaient qu'il en fût ainsi pour avoir occasion d'y trouver, à cause de la proximité de certains organes, quelque chose, non seulement d'étrange, mais surtout d'immoral.

la voix, etc., peuvent servir à l'âme d'instruments pour percevoir, comme si elle voyait et entendait par l'intermédiaire des nerfs qui président ordinairement, *avec le concours accessoire d'autres parties organiques*, à la vue, à l'ouïe, etc.; extension de la sensibilité désignée fort improprement par les expressions choquantes *de transport des sens;* extension de la sensibilité qui donne encore lieu à cette susceptibilité nerveuse, à ce *sympathisme* organique qui permet au somnambule de ressentir pour un instant les souffrances de celui qui le touche ou qui l'approche).

» C'est ce somnambulisme, effet extrême du magnétisme animal (en faisant abstraction toutefois de l'extase somnambulique), qui a promis et qui promet quelques applications utiles au diagnostic et au traitement des maladies. C'est au moyen de ce développement incompréhensible (de prime abord), inexprimable (dans l'état actuel de la science), de la sensibilité générale, que les somnambules magnétiques, non seulement parviennent, sans le secours des sens, (c'est-à-dire comme nous l'avons noté plus haut, sans le secours de certains organes des sens, mais non pas sans l'action intermédiaire du système nerveux, du fluide vital, du magnétisme humain) à la connaissance des objets qui les environnent et sur lesquels leur attention est dirigée, ou se dirige naturellement, mais encore acquièrent (ou tout au moins manifestent) la faculté de connaître des objets placés à une distance, ou placés relativement au somnambule, au-delà des corps bien reconnus opaques, ainsi que l'on parle ordinairement (1), et par suite (de ce développement de la sensibilité), de connaître (par une vue intérieure éclairée par le fluide vital) le jeu et le mouvement de leur propre organisation, ou de celle des individus qui leur sont présentés.

» Enfin, continue l'auteur que nous venons de citer avec quelques additions, les faits les plus positifs, les plus avérés, les plus irrécusables justifient, assurent, garantissent tous ces phénomènes du somnambulisme magnétique, et ont prouvé que, dans certaines circonstances, la clairvoyance des somnambules pouvait être d'un grand secours pour déterminer le siége et la nature des maladies, surtout celles qui se rangent dans la classe des maladies organiques. »

Je sens de nouveau, au milieu du désordre de toutes ces citations, que certains esprits couperaient au plus court en invoquant encore *le sens commun*, *le bon sens*, etc., qui ne peuvent guère trouver ici leur emploi qu'en aidant à acquérir la patience d'étudier : aussi nous écoutons encore ce que quelques membres de l'Académie royale de médecine disaient

---

(1) Lorsqu'on est ennemi du magnétisme, on ne veut point approfondir la question importante de la transparence et de l'opacité des corps, transparence, opacité qui n'est probablement elle-même que *relative* à la nature de l'agent qui doit traverser les corps, et à celle du mode par lequel nous la constatons. (Voyez *Spectacle de la nature*, quest. de l'opacité, de la transparence des corps. Voyez aussi *Traité de physique*, par MM. Lamé, Person, Pelletan, etc., etc.)

à cette compagnie à l'époque des grandes discussions sur le magnétisme et le somnambulisme.

Séance académique du 24 *janvier* 1826 (1).

Au rang des phénomènes provoqués le plus *constamment* par l'action magnétique, il faut placer, dit le docteur Chardel (c'est le frère de M. Chardel cité plus haut) : 1° un sommeil profond et prolongé qui précède et qui suit la production du somnambulisme (nous ajoutons, et qui peut aussi s'offrir isolément); 2° l'exaltation des facultés intellectuelles; 3° une perfection de la vue qui permet au somnambule d'apercevoir le fluide magnétique; 4° la faculté d'acquérir des notions sur l'état des organes internes.

Puis M. Chardel ajoute : « On a conclu que le magnétisme n'était rien, de ce qu'on n'en a pas encore déterminé les lois; mais, à ce titre, on nierait l'influence cérébrale, dont le mécanisme est *tout aussi ignoré* (2). On a voulu que le magnétisme consistât exclusivement dans l'influence d'un sexe sur l'autre; mais on voit des enfants eux-mêmes devenir des somnambules magnétiques (3).

La réalité des phénomènes magnétiques est, selon M. Chardel, *incontestable*, ainsi que ceux du som-

(1) Voyez, pour plus de détails, Foissac, Rapports déjà cités.
(2) Avis à M. l'abbé Frère, qui se plaint que le magnétisme n'a pas fait autant de progrès que la chimie, etc.
(3) Avis à M. l'abbé Debreyne, qui, plus qu'aucun autre, a abusé de l'argument tiré de l'influence des sexes, dans ses *Pensées d'un croyant catholique*, etc.

nambulisme. « Les magnétiseurs, dit encore ce médecin, n'exigent d'autres conditions qu'une volonté ferme (1); et combien d'autres actes de l'économie réclament la même influence! »

M. Marc dit en pleine Académie « qu'il est raisonnable d'étudier ces phénomènes, parce que les récits qu'on a faits ne sont pas dus à des imaginations exaltées, mais aux savants les plus célèbres, Hernostaedt, Klaproth, Hufeland ; à des corps savants, l'Académie royale des sciences de Berlin, par exemple, qui, en 1818, a proposé un prix de 3,300 francs sur le magnétisme animal, avec mention expresse de rattacher les faits du magnétisme aux lois de la nature organique; enfin à des gouvernements, ceux de Prusse et de Russie, de Danemark, qui ont fondé des commissions de médecine pour étudier le magnétisme, et qui ont soumis à des règlements l'emploi du magnétisme comme agent thérapeutique. »

M. Itard : « On ne peut conclure, de l'examen fait en 1784, que le magnétisme animal soit une chose jugée; car que serait une condamnation qui ne ferait aucun tort à la chose condamnée? Or, il est certain, en effet, que le magnétisme, depuis 1784, continue de croître et de se répandre (2), et qu'il est aujour-

---

(1) Nous avons dit plus haut que cette volonté ferme n'était pas nécessaire ; mais le serait-elle, M. Chardel répond à l'objection d'*une condition toute morale*, que j'ai entendu faire, à ma grande confusion, par des ecclésiastiques, sans parler des médecins, auxquels je passais plus facilement l'absence de toute philosophie.

(2) Nouvel avis à M. Frère, qui nie *le fait*, ainsi qu'à M. Debreyne, etc., etc., etc.

d'hui avoué par des médecins, et par des médecins membres de l'Académie. » Nous ajoutons, entre autres, par M. Orfila, doyen de l'école, qui non seulement a vu des faits remarquables, l'a certifié par écrit, mais en a produit lui-même qui ne lui laissent aucun doute. — M. Récamier « ne croit pas qu'il n'y ait rien dans le magnétisme, il avoue une action. Il a assisté à quelques expériences faites à l'Hôtel-Dieu sur une femme qui avait des vomissements, et sur deux hommes dont l'un était affecté de coxalgie. Dans les expériences sur la femme, il vit celle-ci s'endormir sous l'influence, disait-on, de la seule volonté du magnétiseur, qui, *en effet, avait été caché à son insu* dans un meuble de l'appartement. Les seules épreuves par lesquelles il chercha à constater la réalité du sommeil se bornèrent à de légers pincements d'oreille, à des bruits et à des claques dans les mains ; et, dans des récits exagérés, on a transformé ces impressions si peu fortes en pénibles tortures. Dans les expériences sur l'homme, il employa, pour *contrôler* le sommeil, un moyen plus puissant, l'application d'un moxa, et cela parce que la maladie dont cet homme était atteint, la coxalgie, en présentait d'ailleurs l'indication : *il est de fait que l'homme ne se réveilla pas et n'accusa pas la moindre sensibilité.* » N'oublions pas que c'est M. Récamier lui-même qui, en pleine Académie, donne mot pour mot tous ces détails ; cependant, comme nous ne voulons pas faire de M. Récamier un partisan du magnétisme malgré lui, nous devons à la vérité de dire que lui, M. Récamier, croit le magnétisme inutile. « Je ne pense pas, dit-il, qu'on puisse jamais en tirer parti en médecine, etc., etc. » Cependant, il faut l'avouer, il ne serait pas trop défendu de tirer une tout autre conclusion des aveux de M. Récamier, ne serait-ce qu'en faveur *du moxa non senti*, car M. Récamier semble ici en oublier un que nous rappellerons plus bas à sa mémoire. Georget s'exprime ainsi : « Que de considérations rendent très probable l'existence du magnétisme ! Les phénomènes en ont été attestés un grand nombre de fois par beaucoup d'hommes aussi honorables qu'instruits; ils ont été observés en différents temps et dans des lieux divers, et se sont toujours reproduits de la même manière ; les écrivains les décrivent dans les mêmes termes, et ils ont leurs analogues dans quelques états particuliers de l'économie. Inconnu encore (1) à la classe ignorante, c'est dans les rangs élevés de la société que le magnétisme, depuis cinquante ans, a acquis des sectateurs et des prosélytes, et cela malgré les railleries dont on a poursuivi ceux-ci, et malgré l'opposition dans laquelle sont plusieurs de ces phénomènes des lois *connues* de la physique et de la physiologie (2); c'est parmi ses *adversaires-nés*, *les médecins*, qu'il a grandi. « M. Georget cite ici les noms de plusieurs docteurs, membres de l'Académie elle-même,

---

(1) 24 janvier 1826. Séance de l'Académie royale de médecine.

(2) Ou plutôt de la manière dont on les applique, ces lois connues, quand par prévention on ne veut pas saisir les analogies physiologiques, ou que l'on méconnaît ce qui est de l'ordre psychologique.

MM. Rostan, Fouquier, etc.; il rappelle les expériences faites à l'Hôtel-Dieu par M. Dupotet en présence de plusieurs membres de la section, MM. Husson, Geoffroy, etc.

Séance académique du 14 *février* 1826.

Refuser d'examiner le magnétisme, dit M. Lerminier, c'est juger; et, qui pis est, c'est juger sans connaissance de cause. Ce médecin conclut qu'en pareille matière l'examen est *indispensable ;* qu'il est réclamé par l'intérêt de la science, l'intérêt de la vérité.

M. Husson, réfutant les objections, s'exprime ainsi : « Tout le magnétisme est erreur ou déception, et ceux qui y croient sont dupes ou fripons. — C'est là préjuger la question, et en même temps juger avec bien de la sévérité et presque insulter des hommes honorables, dont plusieurs sont membres de cette Académie. — Il existe beaucoup de jongleries dans le magnétisme. — On ne l'a jamais nié (1); mais parce qu'on a fait abus d'une chose, faut-il la rejeter tout-à-fait? D'ailleurs tout est-il jonglerie dans le magnétisme? Et s'il existe un seul de ses phénomènes, ne faut-il pas l'examiner ? — Le magnétisme n'a pas été jusqu'à présent et probablement ne sera jamais utile dans la pratique. — D'abord la première de ces asser-

---

(1) Pas plus qu'on n'a nié la jonglerie en médecine, en politique, en fausse religion, etc., etc. Comme le disait Mesmer, avec plusieurs philosophes profonds : « Il n'y a pas d'erreur qui n'ait sa source dans une vérité importante, mais défigurée. »

tions est contestée, et quant à la seconde, elle est téméraire : qui peut d'avance proclamer à jamais l'inutilité d'un modificateur quelconque ? — Le magnétisme ne relève ni des lois physiques, ni des lois de la vie, et par conséquent ne peut être étudié.—Mais alors il ne serait rien (physiologiquement parlant au moins); et cependant nous avons plusieurs de ses phénomènes. — Les phénomènes magnétiques, pour être produits, exigent dans les expérimentateurs volonté, croyance et foi ; il suffit d'une volonté contraire parmi les assistants pour en empêcher la manifestation; il est impossible dès lors que des commissaires académiques, qui en pareille matière doivent mettre la défiance au rang de leurs premiers devoirs, aient jamais les conditions morales exigées, et puissent soumettre des phénomènes si subtils à de rigoureuses expérimentations. — Mais que de fois des phénomènes magnétiques ont été produits par des expérimentateurs, non seulement défiants, mais prévenus défavorablement! Il est certain au moins que la première fois que ces phénomènes se sont présentés à un expérimentateur, celui-ci, ignorant qu'il allait les produire, n'avait à leur égard ni volonté, ni croyance, ni foi ; d'ailleurs ce n'est pas la foi que les magnétiseurs déclarent être le principe d'action du magnétisme, mais bien la volonté de produire des effets. »

A l'état magnétique et somnambulique, dont nous venons d'énumérer les principaux phénomènes, vient s'ajouter quelquefois, comme pour le perfectionner et le compléter, l'*extase*, qui peut être aussi produite par l'action d'une volonté étrangère, par l'action propre de l'âme de l'extatique ou par une cause extérieure fortuite, indéterminée.

L'extase magnétique se montre encore bien plus rarement que le somnambulisme, et demande un guide plus expérimenté, plus prudent et plus sage. S'il est illicite et dangereux de provoquer la lucidité somnambulique, dans un autre but que celui de l'utilité médicale; s'il y a quelque chose d'immoral et d'impie à la rechercher par pure curiosité, ou pour en faire une espèce de divination, ou bien encore pour obtenir la solution des vérités morales et surnaturelles que la raison, et la foi surtout, nous défendent de mettre en question, cela est encore bien plus vrai pour l'extase provoquée.

Il arrive qu'en magnétisant avec une action soutenue *un somnambule prédisposé* à l'état dont nous venons de parler, il cesse tout-à-coup d'entendre son magnétiseur; il pâlit; ses membres s'affaissent, et si l'on ne sentait encore les battements du cœur, on croirait que la mort, ou tout au moins une léthargie profonde, vient de frapper le somnambule.

Après une demi-heure de durée, cet état cesse graduellement, et le somnambulisme ordinaire se rétablit comme avant, sans qu'il reste aucun souvenir de ce qui s'est passé dans l'extase. Cependant lorsque le magnétiseur voit apparaître ces phénomènes, il doit faire en sorte de conserver son rapport avec son sujet; s'il conserve le calme, la patience, la douceur, la chose lui sera facile. On doit utiliser cette exaltation de la lucidité pour des renseignements précieux sur la maladie du sujet ou sur celle d'autres personnes, enfin pour ramener insensiblement à la vie ordinaire. C'est surtout dans cette circonstance qu'il faut se souvenir que l'âme, placée sur la limite du monde physique est plus accessible aux influences du monde spirituel; qu'il y a par conséquent plus de dangers à craindre. Il faut donc alors se tenir plus en garde contre l'*extraordinaire* et prendre pour guide la raison éclairée par la foi, se méfier des dégoûts que l'extatique vous manifeste pour la vie, du désir qu'il a de la mort, etc., etc. Mais s'il prétend avoir des communications, des visions célestes, il faut s'opposer à toutes les spéculations de cette espèce. Ici la science humaine ne suffit plus; il faut la science de Dieu, tout au moins la conduite franchement et librement chrétienne.

« J'ai failli, dit M. Charpignon, médecin expérimenté en cette matière, causer la mort d'une malade que j'avais amenée, par des somnambulisations réitérées, à un état extatique parfait. Dans ses extases, elle était enivrée de joie de voir le jour de délivrance s'approcher; elle me le cacha longtemps, parce qu'elle sentait que j'eusse changé mon système de traitement, et ce n'est qu'en voyant ces extases se renouveler plusieurs fois par jour et spontanément, ou seulement par ma présence dans la chambre, que je soupçonnai que l'épuisement, qui augmentait chaque jour, provenait du relâchement du système nerveux. La somnambule avoua avec répugnance que j'avais rencontré juste, et eut beaucoup de peine à renoncer à la mort qu'elle voyait venir avec tant de délices. »

Ce fait nous rappelle ce qui a été dit déjà de l'*abus* de la magnétisation réitérée sans cause suffisante, et prouve, non pas contre le magnétisme, mais en faveur de la prudence et de la maturité nécessaires au magnétiseur.

Ce n'est guère que dans l'extase que l'on observe de ces vues à distance *subites* et sans qu'il existe *aucun autre intermédiaire que le fluide magnétique répandu dans l'espace* pour établir un rapport entre les lieux et le sujet, ou de ces communications intimes de pensées, à tel point que l'extatique comprend une *langue étrangère que parle la personne de laquelle il s'occupe*; ou bien encore qu'on le voit pris de la maladie d'un étranger, au moins dans ce qu'elle a de symptomatique et de douloureux, et le malade subitement soulagé.

Le don des langues proprement dit ne pouvant pas être dû à l'action magnétique, il est bon de ne point se laisser déconcerter par quelques apparences trompeuses. Il n'est pas exact de dire que les somnambules ou les extatiques magnétiques parlent des langues étrangères; j'ai déjà touché cette question dans une note précédente. Les somnambules et les extatiques magnétiques ne comprennent pas une question faite dans une langue qu'ils ignorent, en allemand, par exemple, *si celui qui l'adresse ne comprend pas lui-même* ce qu'il dit; ce qui prouve que ce phénomène n'est qu'une extension de la perception des pensées, et que les mots, non compris par celui qui les articule, n'étaient que des sons sans valeur; l'âme du somnambule ou de l'extatique ne peut percevoir aucune signification à ces sons qui n'ont aucun sens pour l'intelligence de celui qui les prononce.

Quelquefois le somnambule ou l'extatique parle sans qu'on lui adresse aucune question, soit en latin, soit en une autre langue qu'aucun des assistants ne connaît; mais si l'on examine ce phénomène de près, on s'aperçoit que le latin est rempli de fautes, et l'on comprend alors qu'il n'y a là que la liaison des souvenirs des lectures faites ou entendues dans le cours ordinaire de la vie; souvenirs que l'individu rassemble en vertu d'un développement prodigieux de la mémoire qui se montre souvent aussi dans certains délires, dans certaines maladies mentales, au moment de la mort, etc.

« Un jour, c'est M. Chardel qui parle, en magnétisant une somnambule, je la fis passer à l'état supérieur; elle se promenait dans l'appartement avec une amie, et me pria de réciter une scène des tragédies de Racine. Je me livrai imprudemment aux sentiments que cet auteur exprime si bien, et je ne m'aperçus de l'émotion de ma somnambule qu'en la voyant tomber sans mouvement à mes pieds. Jamais privation de sentiment ne fut plus effrayante ; le corps avait toute la souplesse de la mort ; chaque membre que l'on soulevait retombait de son propre poids. La respiration s'était arrêtée ; le pouls et les battements du cœur ne se faisaient plus sentir ; les lèvres et les gencives se décolorèrent, et la peau, que la circulation n'animait plus, prit une teinte livide et jaunâtre.

» Heureusement je ne me troublai pas, et je me possédais trop pour ne pas sentir que je pouvais exercer une grande puissance sur ma somnambule. Je commençai par magnétiser les plexus ; j'inspirai un souffle magnétique dans les narines ; j'en fis autant sur la bouche et dans les oreilles, et peu à peu ma somnambule recouvra l'usage de la parole. J'appris que rien d'extraordinaire n'avait altéré sa santé, mais que son âme, dans son émotion, se séparait de son corps en entraînant la modification vitale qui lui obéit Le contact avec l'affectibilité avait alors cessé ; les circulations sanguine et nerveuse s'étaient arrêtées, et la vie spiritualisée, prête à quitter l'organisation, retenait encore l'âme incertaine, ou vacillant comme la flamme au-dessus de la lampe qui s'éteint.

» La circulation sanguine, lors de mes questions, avait déjà repris son cours ; quant à la circulation nerveuse, elle n'était rétablie que dans la tête et la poitrine, du moins ma somnambule m'assura que le reste de l'organisation en était encore privé, en sorte qu'elle voyait son corps comme un objet étranger dont elle répugnait à se revêtir. Elle n'y consentit qu'en cédant à ma volonté, et me prévint que c'était ma vie spiritualisée (fluide magnétique) qui rétablissait chez elle le cours de la circulation nerveuse. »

M. Chardel s'exprime de la manière suivante au sujet de *l'abus* que l'on peut faire de l'état somnambulique et de l'extase magnétique : « La vie spiritualisée des somnambules lucides qui peut, en certains cas, éclairer à distance les objets réels, ne fait, quand ils se livrent à leur imagination, qu'illuminer leur cerveau et en rapporter des images. Telle est la cause des illusions de ceux qui s'efforcent de voir spirituellement, sans que leur état leur en donne le moyen. La puissance que quelques magnétiseurs exercent sur la volonté de leurs somnambules contribue aussi à les égarer ; et lorsqu'ils leur demandent ce qui se passe *à la Chine* ou *dans la lune*, ceux-ci font des efforts pour les satisfaire, et finissent ordinairement par raconter ce qui se passe *dans leur cerveau*. L'illusion se forme et les trompe ; mais il n'y a dans tout cela ni jonglerie ni mauvaise foi.

» J'ai vu, continue M. Chardel, il y a quelques années, à Paris, dans une réunion mystique, une somnambule de quatorze ans déclarer, au milieu d'un salon, que le ciel était ouvert à ses yeux, et annoncer que, Pâques avenant, la ferveur de ses prières l'élèverait et la soutiendrait en l'air, entre le parquet et le plafond. On sent bien que *le miracle* ne s'accomplit pas ; mais la jeune fille, dont la foi se trouvait ainsi déçue, *faillit devenir folle* (1). »

Cependant pour prouver que tout n'est point illusion lorsqu'on ne fait pas violence à la nature, le même auteur, entre autres faits curieux, rapporte le suivant :

« J'ai connu l'épouse d'un colonel de cavalerie, que son mari magnétisait et qui devint somnambule. Dans le cours du traitement, une indiposition le contraignit à se faire aider par un officier de son régiment ; cela ne dura que huit à dix jours. Quelque temps après, dans une séance magnétique, le mari, ayant mis sa femme en somnambulisme, l'engagea à s'occuper de cet officier : « Ah ! le mal-

---

(1) *Essai de psychologie physiologique*, 3ᵉ édition, augmentée d'un appendice, 1844. 1 vol. in-8, pag. 293.

heureux, s'écria-t-elle, je le vois ! il est là... il veut se tuer ! il prend un pistolet ! courez vite !

» L'endroit indiqué était à une lieue. On monta sur-le-champ à cheval ; mais, quand on arriva, le suicide était consommé (1). »

Si, après l'exposition succincte des phénomènes du magnétisme et du somnambulisme, nous avons cru devoir rapporter les opinions de plusieurs docteurs, membres de l'Académie royale de médecine, c'est que nous ne nous sommes pas dissimulé que la raison, au premier abord, se sent tellement heurtée par l'exposition de semblables faits, qu'elle envisage toujours, pour la première fois au moins, à travers les plus grandes préventions ; que tout le poids des témoignages nombreux que nous avons cités en faveur du magnétisme humain pourront à peine encore ébranler certains esprits qui, en science comme en religion, se font un mérite de décider sur tout, en payant toutefois un trop large tribut au froid indifférentisme ou à l'orgueilleuse incrédulité, et cela, toujours en invoquant la raison.

Et cependant quelle n'a pas été, quelle n'est pas encore l'impuissance de la raison séparée de l'étude et de l'expérience, pour démontrer aux hommes qui du soleil ou du globe terrestre gravitait dans l'espace ! Quelle réponse eût fournie la raison contre un homme qui serait venu affirmer, avant la propagation vulgaire de l'électricité, qu'une glace, après avoir été frottée, pouvait fondre, volatiliser même différents métaux, enflammer des substances combustibles, affecter péniblement l'économie animale, la désorganiser et produire instantanément la mort de plusieurs hommes à la fois !

Quelle réponse eût encore donnée la raison à cet homme qui serait venu dire avant Franklin : Une pointe

---

(1) *Essai de Psychologie physiologique*, pag. 292.

de métal vous préservera de la foudre, vous, votre famille et vos habitations !

Mais qui sert à réformer la raison, si ce n'est la raison elle-même?—L'instrument n'est pas mauvais, c'est l'artisan qui est coupable. La source n'est point impure, c'est nous qui l'empoisonnons.

La raison, cette puissance qui ne se manifeste à nous que par le raisonnement, puise ses matériaux de travail dans la mémoire et l'intelligence; la mémoire elle-même (au moins dans toute question qui n'est point de pure métaphysique) ne s'enrichit que par l'application des sens. Application des sens, mémoire, raisonnement, raison, telle est la loi inflexible qui doit présider à l'étude des sciences physiques. Aussi la raison de chacun, ou son aptitude à raisonner sur un sujet, sera d'autant plus grande qu'il aura observé un plus grand nombre de faits. On nous énonce un fait que nous ne connaissons pas; par le raisonnement, qui peut alors être appelé faculté de comparaison, nous plaçons ce fait à côté de tous ceux qui se sont rangés dans notre mémoire, et, suivant que nous en avons observé un plus grand nombre, nous le regardons comme vrai, possible et raisonnable ; nous l'admettons enfin. Mais une difficulté se présente à l'intelligence humaine pour ce qui concerne un autre fait, et la raison ne peut l'admettre, parce que la même élaboration mnémonique ne lui est pas favorable.

L'homme se montrera-t-il être intelligent, raisonnable, en infirmant l'existence de ce nouveau fait? — Non, sans doute. — La faculté de raisonner, sentinelle avancée de la mémoire, ne lui donnera droit de bourgeoisie qu'alors qu'il aura subi les mêmes épreuves que toutes les vérités physiques dont nous proclamons l'existence. Mais si le genre de nos occupations, joint aux difficultés que peut offrir une science profonde, ne nous permettait pas d'étudier (et l'on entend par étudier ici, appliquer tout à la fois ses sens et son intelligence pendant un temps plus ou moins long); si, dis-je, on ne peut pas étudier en unissant la théorie et la pratique, restera-t-on dans le doute, dans l'ignorance?—Non, certes, car un autre mode d'investigation nous est réservé. — Consultons un grand nombre d'ouvrages d'auteurs de différents pays, d'opinions, de professions différentes ; ce n'est plus alors par nos sens que nous étudions, mais bien par les sens de milliers d'individus qui n'ont pas pu se laisser tromper plus facilement que les cinq sens d'un homme unis à une seule intelligence.

Cette méthode d'examen est tout aussi sûre que l'autre, quand on veut se soumettre aux travaux qu'elle nécessite, travaux non moins pénibles, mais plus faciles par l'indifférence du temps et du lieu.

Mais les injustices des autres à notre égard ne nous rendent pas plus circonspects; il nous en coûte pour examiner, et pourtant nous voulons prononcer, décider, et quand nous sommes convaincus de précipitation, d'injustice, pour ne pas dire plus, hommes insensés, nous accusons souvent le Dieu qui nous fit raisonnables et libres.

CHAPITRE X.

DE PUYSÉGUR A BUSANCY. — SES PREMIÈRES OBSERVATIONS DES PHÉNOMÈNES SOMNAMBULIQUES. — ARBRE MAGNÉTISÉ.

Il serait curieux de connaître toutes les circonstances qui accompagnèrent la première apparition de somnambulisme dans les traitements magnétiques; mais nous n'avons aucuns renseignements positifs à cet égard. On ignore même où et par qui le somnambulisme fut observé pour la première fois. C'est à M. de Puységur qu'on fait généralement l'honneur de sa découverte; mais il est évident, par le récit même qu'il a fait de ses observations, que c'est à tort qu'on la lui attribue d'une manière aussi formelle, aussi exclusive. Seulement on ne peut nier que ce fut sur les malades qu'il traitait à Busancy que furent faites les premières observations de somnambulisme qu'on ait rendues publiques. Voici ce qu'il écrivait le 8 mars 1784 à l'un des membres de la Société de l'harmonie.

« Je ne puis tenir, monsieur, au plaisir de vous faire part des expériences dont je m'occupe dans ma terre. Je suis d'ailleurs si agité moi-même, je puis dire si exalté, que je sens qu'il me faut du relâche, du repos, et j'espère le trouver en écrivant à quelqu'un qui puisse m'entendre. Lorsque je blâmais l'enthousiasme du père Hervier, que j'étais loin encore d'en connaître la cause! Aujourd'hui je ne l'approuve pas davantage, mais je l'excuse. Plus de feu, plus de chaleur dans l'imagination que je n'en ai peut-être, l'auront maîtrisé; et d'ailleurs l'expérience de personne avant lui ne le pouvait retenir. Puissé-je contribuer, ainsi que ceux qui, comme moi, s'occupent du magnétisme animal, à ramener la tranquillité dans l'esprit de tous les témoins de nos singulières expériences, et cela pour notre propre tranquillité! Faisons, à l'exemple de M. Mesmer, des efforts; et certes il en faut beaucoup pour ne pas s'exalter au dernier point, en voyant tous les effets surprenants et salutaires qu'un homme, avec le cœur droit et l'amour du bien, peut opérer par le magnétisme animal. J'entre donc en matière et j'en suis bien pressé.

» Après dix jours de tranquillité dans ma terre, sans m'occuper d'autre chose que de mon repos et de mes jardins, j'eus occasion d'entrer chez mon régisseur. Sa fille souffrait d'un grand mal de dent. Je lui demandai en plaisantant si elle voulait être guérie; elle y consentit, comme vous pouvez le croire. Je ne l'eus pas magnétisée dix minutes, que ses douleurs furent entièrement calmées (1). Elle ne s'en ressent pas depuis.

» La femme de mon garde fut guérie le lendemain du même mal, et en aussi peu de temps. Ces faibles succès me firent essayer d'être utile à un paysan, homme de vingt-trois ans, alité depuis quatre jours, par l'effet d'une fluxion de poitrine (2). J'allai donc le voir : la fièvre ve-

(1) M. Dubois (d'Amiens), etc., veut que ce fait ne soit pas plus étonnant, ni plus magnétique, que la cessation d'une douleur de dent à la vue des instruments du dentiste ou au contact du *cordon de sa sonnette;* mais il oublie de noter qu'à peine est-on éloigné, la douleur revient presque aussitôt, et que M. de Puységur fait remarquer que sa malade *ne s'en ressent pas depuis* la magnétisation. Ajoutons encore que la cessation de la douleur de dents si spontanée à la vue des instruments ou au contact du *cordon de sonnette* est encore assez étonnante et *assez magnétique.* Dans ce cas, en effet, la cessation de la douleur est due à l'action modificatrice de l'âme sur son propre fluide magnétique ; dans l'autre, elle est due à l'action de l'âme du magnétiseur et de son fluide vital, sur le système nerveux du malade. Quand, pour contenter M. Dubois, M. de Montègre et *les esprits droits et éclairés*, il faudrait laisser quelque place à l'imagination dans l'explication du phénomène singulier de la cessation de la douleur, dans ces diverses circonstances nous prierions encore ces messieurs de nous en dévoiler le mode d'action d'une manière plus probable que nous ne l'avons fait ici ; et nous leurs proposerions ces questions : Comment l'imagination agit-elle sur le système nerveux ? Quel est son mode physiologique d'action ? Qu'est-ce donc que cette sensibilité qui, suivant M. Richerand, se comporte *à la manière d'un fluide ?* Bien entendu que pour la solution de ces questions nous nous contenterions *du mode second*, sans exiger *le mode essentiel;* sans toucher au mystère de l'action d'une substance spirituelle, l'âme, sur la matière. Nous ajouterions seulement, pour MM. Burdin jeune et Dubois (d'Amiens), la prière de laisser de côté, cette fois au moins, *nos philosophes*, Diderot, Helvétius, etc.

(2) Ici, M. Dubois (d'Amiens) ne voulant pas supposer que M. de Puységur crût, sur les consultations précédentes d'un médecin, ou sur l'évidence du fait, qu'il s'agissait d'une fluxion de poitrine, fait un grand nombre de questions sur le diagnostic, son exactitude, ses détails, etc. Puis, comme le docteur ne veut pas qu'il soit possible de provoquer l'état somnambulique par la magnétisation, il ajoute : « Mais comme le paysan n'était plus aussi à son aise que dans son lit, il dort imparfaitement, ou même il ne dort pas du tout. » Cependant, dit M. Debreyne, *Pensées d'un croyant catholique*, nous devons le dire, l'équité nous en fait un devoir, nous croyons que M. Dubois a porté trop loin le scepticisme physiologique. Il paraît rejeter le

nait de l'affaiblir. Après l'avoir fait lever, je le magnétisai. Quelle fut ma surprise de voir, au bout d'un demi-quart d'heure, cet homme s'endormir paisiblement dans mes bras, sans convulsions ni douleurs! Je poussai la crise, ce qui lui occasionna des vertiges : il parlait, s'occupait tout haut de ses affaires. Lorsque je jugeais ses idées devoir l'affecter d'une manière désagréable, je les arrêtais, et cherchais à lui en inspirer de plus gaies. Il ne me fallait pas pour cela faire de grands efforts : alors je le voyais content, imaginant tirer à un prix, danser à une fête. Je nourrissais en lui ces idées, et par là je le forçais à se donner beaucoup de mouvements sur sa chaise, comme pour danser sur un air, qu'en chantant mentalement je lui faisais répéter tout haut ; par ce moyen j'occasionnai, dès ce jour-là, au malade, une sueur abondante. Après une heure de crise, je l'apaisai et sortis de sa chambre; on lui donna à boire, et lui ayant fait porter du pain et du bouillon, je lui fis manger, dès le soir, une soupe, ce qu'il n'avait pas fait depuis cinq jours. Toute la nuit il ne fit qu'un somme, et le lendemain, ne se souvenant plus du soir, il m'apprit le meilleur état de sa santé. »

Ici M. de Puységur raconte quelques autres guérisons commencées par le magnétisme; puis il continue : « Afin donc de pouvoir opérer sur tous ces pauvres gens un effet plus continuel, et en même temps ne pas m'épuiser de fatigue, j'ai pris le parti de magnétiser un arbre, d'après

---

somnambulisme artificiel ou magnétique... qui a son analogue dans l'ordre physiologique et pathologique, c'est-à-dire dans la nature. « Aussi, pour continuer son scepticisme physiologique, M. Dubois (d'Amiens) explique la guérison du malade *par la bonne soupe qu'il mangea le soir même, à une époque surtout*, ajoute le docteur compatissant, *où les paysans étaient si mal nourris.... le pauvre diable était malade de privations peut-être (car qui pourrait nous prouver le contraire?).* » L'art de tout attaquer par des suppositions ridicules pour le fond et pour la forme a bien son prix, il faut en convenir encore cette fois.

les procédés que nous a indiqués M. Mesmer, et après y avoir attaché une corde, j'ai essayé sa vertu sur mes malades. Ce n'est qu'hier au soir que j'ai fait ma première expérience; j'y ai fait venir mon premier malade. Sitôt qu'il a eu mis la corde autour de lui, il a regardé l'arbre, et a dit pour toute parole, avec un air d'étonnement qu'on ne peut rendre : Qu'est-ce que je vois là? Ensuite sa tête s'est baissée, et il est entré dans un somnambulisme parfait (1). Au bout d'une heure je l'ai ramené dans sa maison, où je lui ai rendu l'usage de ses sens. Plusieurs hommes et femmes sont venus lui dire ce qu'il avait fait. Il leur soutient que cela n'est pas vrai; que, faible comme il est, et pouvant à peine marcher dans sa chambre, il lui serait bien impossible de descendre l'escalier et d'aller à l'arbre de la fontaine. Je fais taire les question-

---

(1) Nous avons déjà dit que les arbres, et même des corps qui n'ont point d'électricité *vitalisée*, les minéraux, par exemple, peuvent recevoir le fluide magnétique comme en dépôt, pour le céder aussitôt qu'une organisation humaine s'approche d'eux.

Je magnétisais depuis quelque temps un jeune homme qui ignorait complétement cette vérité d'expérience. Moi-même je la soupçonnais à peine et je ne songeais nullement à la constater. Ce jeune homme avait l'habitude, en mon absence, d'entrer dans mon cabinet, et de m'y attendre lorsque j'étais sorti. Rentrant un jour, je fus tout surpris de le trouver en somnambulisme ; je n'en pus aucunement soupçonner la cause, et la lui demandai aussitôt. Il me répondit sans hésiter : Ah ! c'est que je me suis placé sans m'en apercevoir dans le fauteuil dans lequel vous me magnétisez ordinairement, et qu'il reçoit en même temps que moi du fluide magnétique. Éveillé au bout d'un certain temps, il fut étonné de m'avoir près de lui, de s'être endormi et éveillé, sans pouvoir se rendre compte de rien de tout cela. Le même fait s'étant répété une autre fois, il soupçonna, hors du somnambulisme, la cause du développement de cet état, et dans la suite il évitait avec soin de s'y exposer, et choisissait un autre siége, excepté lorsqu'il trouvait le temps trop long à m'attendre, alors il profitait de l'expérience du passé pour entrer en somnambulisme.

Je sais combien MM. Dupeau, Montègre, d'Hénin, Dubois (d'Amiens), seraient habiles à expliquer ce fait par l'imagination ; ils sauraient même au besoin y ajouter l'*habitude*, la monotonie, la fréquente répétition des mêmes actes, etc., etc. Je laisse toute liberté aux interprètes, dussent-ils contourner la vérité.

neurs autant qu'il m'est possible pour ne pas fatiguer sa tête. Aujourd'hui j'ai répété sur lui la même expérience, avec le même succès. Je vous l'avoue, monsieur, la tête me tourne de plaisir en voyant le bien que je fais. — Madame de Puységur, la compagnie qu'elle a chez elle, mes gens, tout ce qui m'entoure ici, éprouvent un saisissement mêlé d'admiration qu'il m'est impossible de rendre, et je vous avouerai encore que je crois qu'ils n'éprouvent que la moitié de mes sensations. Sans mon arbre qui me repose, et qui va me reposer encore davantage, je serais dans une agitation contraire, je crois, à ma santé. J'existe trop, s'il est permis de se servir de cette expression. »

Voici un autre passage d'une lettre que M. de Puységur écrivait à son frère : c'est toujours du même paysan, nommé Victor, qu'il parle.

« C'est avec cet homme simple, ce paysan, homme grand et robuste, âgé de vingt-trois ans, naturellement affaissé par la maladie, ou plutôt par le chagrin, et par cela même plus propre à être mené par l'agent de la nature (1) ; c'est avec cet homme, dis-je, que je m'instruis, que je m'éclaire. Quand il est dans l'état magnétique, ce n'est plus un paysan niais, sachant à peine répondre une phrase ; c'est un être que je ne sais pas nommer.

» Je n'ai pas besoin de lui parler ; je pense devant lui, et il m'entend, me répond. Vient-il quelqu'un dans sa chambre, il le voit si je veux ; il lui parle, lui dit les choses que je veux qu'il lui dise, non pas toujours telles que je les dicte, mais telles que la vérité l'exige (2).

---

(1) Toutes choses égales d'ailleurs, ainsi que nous l'avons noté plus haut.
(2) Au milieu de ce pouvoir si grand que M. de Puységur exerce sur son somnambule, il est bon que les ennemis du magnétisme remarquent cette action de la conscience humaine, et qu'ils commencent à soupçonner que, dans cet ordre de phénomènes, toutes les lois de la moralité et de la providence divine ne sont point renversées.

»Quand il veut dire plus que je ne crois prudent qu'on en entende, alors j'arrête les idées, les phrases, au milieu d'un mot, et je change son idée totalement. »

M. de Puységur, enchanté des nouvelles merveilles qu'il avait sous les yeux, aurait voulu en rendre témoin tous ceux qui pouvaient s'intéresser à la question du magnétisme.— Il écrivait à son frère le 17 mai 1784 :

« Si vous n'arrivez pas ici, mon cher ami, vous ne verrez plus mon homme si extraordinaire, car sa santé est rétablie presque entièrement. Il vaque à tous ses ouvrages. Il m'a dit cependant, lui-même, étant en crise, qu'il avait encore besoin d'être touché, et m'a indiqué les jours... et m'a prévenu que j'aurais beaucoup de difficulté à en venir à bout, mais qu'il le fallait absolument.

» Je continue de faire usage de l'heureux pouvoir que je tiens (1) de M. Mesmer, et je le bénis tous les jours, car je suis bien utile, et j'espère bien des effets salutaires sur tous les malades des environs. Ils affluent autour de mon arbre : il y en avait ce matin plus de cent trente. C'est une procession perpétuelle dans le pays ; j'y passe deux heures tous les matins. Mon arbre est le meilleur baquet possible, chacun y éprouve plus ou moins de bons effets. Vous serez charmé de voir le tableau d'humanité que cela présente. Je n'ai qu'un regret, c'est de ne pas pouvoir toucher tout le monde ; mais mon homme, ou pour mieux dire mon intelligence (2), me tranquillise : il m'apprend la conduite que je dois tenir. Suivant lui, il n'est pas nécessaire que je touche tout le monde ; un regard, un geste, une volonté, c'est assez ; et c'est un paysan le plus borné du pays qui m'apprend cela. Quand il est en crise, je ne connais rien de plus profond, de plus prudent et de plus clairvoyant que lui. J'en ai plusieurs autres qui appro-

---

(1) Quant à la connaissance, cela s'entend.
(2) J'ai honte de dire que certains esprits ont cherché malice dans cette manière de désigner le somnambule dont il est ici question.

chent de son état, mais aucun ne l'égale; et cela me fâche, car, mardi prochain, adieu mon conseil : cet homme n'aura plus besoin d'être touché, et certes aucune curiosité ne m'engagera jamais à me servir de lui sans le but de sa santé et de son bien (1). »

Les traitements autour de l'arbre de Busancy devinrent bientôt célèbres dans le canton; et pour prouver que l'homme bienfaisant qui y présidait n'allait pas, dans les narrations, au-delà de la vérité, nous pourrions rassembler ici le témoignage d'hommes incrédules qui, attirés seulement par la nouveauté et la singularité du spectacle, s'en retournèrent cependant avec une conviction profonde. L'un d'eux rendit compte de ce qu'il avait vu, dans une lettre datée de Soissons, le 13 juin 1784, environ un mois après celle que nous venons de lire. Voici comment s'explique M. Cloquet :

« Attiré comme les autres à ce spectacle, j'y ai tout simplement apporté les dispositions d'un observateur tranquille et impartial, très décidé à me tenir en garde contre les illusions de la nouveauté, de l'étonnement; très décidé à bien voir, à bien écouter.

» Représentez-vous la place d'un village. Au milieu est un orme, au pied duquel coule une fontaine. MM. de Puységur ont imprimé à cet arbre, par la magnétisation, une

---

(1) *Ordinairement*, en effet, vouloir continuer à provoquer le somnambulisme après la guérison du malade, c'est surexciter inutilement son système nerveux, entraver le rétablissement complet, provoquer le marasme. Mais quand MM. Dupeau, Frère, Debreyne, etc., reprochent au magnétisme d'entretenir un état névropathique, le marasme, etc., etc., ils devraient *toujours* ajouter du magnétisme *mal dirigé*, du somnambulisme *provoqué hors de propos;* distinguer l'abus de l'usage : mais c'est peut-être trop exiger. Nous avons dit : *ordinairement*, parce que, lorsque le somnambule affirme qu'on provoquera le somnambulisme sans danger après sa guérison, on est sûr que sa santé n'en souffrira nullement ; si on le consulte aussi sur le nombre de fois, par semaine ou par mois, par exemple; sur la durée du temps pendant lequel on doit chaque fois prolonger l'état somnambulique, etc.

vertu salutaire, active, pénétrante. Ses émanations se distribuent (1) au moyen de cordes dont le corps et les branches sont entourés, qui en appendent dans toute la circonférence et se prolongent à volonté. On a établi autour de l'arbre plusieurs bancs circulaires en pierre, sur lesquels sont assis tous les malades, qui tous enlacent de la corde les parties souffrantes de leur corps. Alors l'opération commence, tout le monde formant la chaîne en se tenant par le pouce. Le fluide magnétique circule dans ces instants avec plus de liberté; on en ressent plus ou moins l'impression (2). Si par hasard quelqu'un rompt la chaîne en quittant la main de son voisin, quelques malades en éprouvent une sensation gênante, et déclarent tout haut que la chaîne est rompue. Vient le moment où, pour se reposer, le maître (3) permet qu'on quitte les mains : alors commence l'acte le plus intéressant.

(1) Et non pas sont *lancées* par l'arbre, comme l'objecte M. Debreyne.

(2) Voulant montrer à plusieurs personnes, et surtout à un docteur, comment, sans user d'aucun réservoir magnétique, on pouvait cependant magnétiser plusieurs personnes à la fois, nous fîmes *la chaîne* en nous tenant les mains. Nous formions un cercle complet composé de quinze personnes environ, et je me proposais de diriger ainsi sur elles toute mon action magnétique. Tout le monde regardait cette expérience comme assez ridicule, et le docteur plus que les autres. Moi-même je tentais cette expérience pour la première fois et je comptais à peine sur le succès. Je demandai longtemps quelque peu de silence et de sérieux ; le docteur n'était pas le moins bruyant, car il se rappelait que peu de jours auparavant, se soumettant par bravade à l'action magnétique, il était, malgré lui, entré dans l'état de somnambulisme ; il savait par expérience qu'il avait *dormi*, et, par le rapport de ses confrères, qu'il avait *dormi* et *parlé*. De mon côté, je m'en souvins aussi. Je commençai à agir, et au bout de quelques minutes plusieurs personnes ressentaient déjà des effets variés, lorsque le docteur se plaignit fortement qu'il éprouvait de la gêne dans la respiration, de la lourdeur dans la tête, que ses paupières se fermaient malgré lui, et qu'il allait entrer encore en somnambulisme ; et comme *il craignait que cela ne lui fît mal*, il me pria de terminer l'expérience. J'agis donc sur lui isolément, afin de dissiper les symptômes qui commençaient, et à dater de ce jour nous fûmes bons amis.

(3) Sans doute, j'aimerais mieux toute autre expression ; mais pour trouver dans celle-ci quelque chose de *maçonnique*, ou de pis encore, s'il est pos-

» M. de Puységur, que je nommerai dorénavant le maître, choisit entre ses malades plusieurs sujets, que, par attouchement de ses mains et présentation d'une verge de fer, il fait tomber en crise parfaite. Le complément de cet état est une apparence de sommeil, pendant lequel les facultés physiques paraissent suspendues, mais au profit des facultés intellectuelles. On a les yeux fermés; le sens de l'ouïe est nul; il se réveille seulement à la voix du maître. Il faut bien se garder de toucher le malade en crise; on lui causerait des angoisses, des convulsions que le maître seul peut calmer (1).

» Ces malades en crise, qu'on nomme médecins, ont la faculté, en touchant un malade qui leur est présenté, en portant la main même par-dessus les vêtements, de sentir quel est le viscère affecté, la partie souffrante; ils déclarent et indiquent à peu près (2) les remèdes convenables. Je me suis fait toucher par un de ces médecins : c'est une femme d'à peu près cinquante ans (3). Je n'avais certainement instruit personne de l'espèce de ma maladie. Après s'être arrêté particulièrement à ma tête, elle me dit que j'en souffrais souvent, et que j'avais habituellement un grand bourdonnement dans les oreilles, ce qui est très vrai. Un jeune homme, spectateur incrédule de cette expérience, s'y est soumis ensuite, et il lui a été dit qu'il souffrait de l'estomac, qu'il avait des engorgements dans le bas-ventre, et cela depuis une maladie qu'il a eue, il y a quelques années, ce qu'il nous a confessé être conforme à la vérité. Non content de cette indication, il a été sur-le-champ se faire toucher par un autre qui lui a dit la

---

sible, il faut être bien pris de l'envie d'attaquer. Avis à MM. Fiard, Wurtz, etc., etc.

(1) Ou tout autre magnétiseur qui sait s'y prendre.
(2) Les désignant par leurs propriétés quand ils en ignorent les noms.
(3) Avis à M. Debreyne, etc., qui montre à dessein les jeunes filles, les hystériques, etc., comme les seuls sujets bien disposés à l'action magnétique, au somnambulisme.

même chose. Je n'ai jamais vu de stupéfaction pareille à celle de ce jeune homme, qui certes était venu pour contredire, persifler, et non pour être convaincu. Une singularité non moins remarquable que tout ce que je viens de vous exposer, c'est que ces médecins, qui, pendant quatre heures, ont touché des malades, ont raisonné avec eux, ne se souviennent de rien, de rien absolument, lorsqu'il a plu au maître de les désenchanter (1), de les rendre à leur état naturel. Le temps qui s'est écoulé depuis leur entrée dans la crise jusqu'à leur sortie est pour ainsi dire nul, au point que l'on présentera une table servie à ces médecins endormis; ils mangeront, boiront; et si, la table desservie, le maître les rend à leur état naturel, ils ne se souviendront pas d'avoir mangé (2). Le maître a le pouvoir, non seulement comme je l'ai déjà dit, de se faire entendre de ces médecins en crise, mais, et je l'ai vu plusieurs fois de mes yeux bien ouverts, je l'ai vu présenter de loin le doigt à un de ces médecins toujours en

(1) Encore une expression et un mode de détail qu'il faut prendre bonnement, en se souvenant que c'est un homme du monde qui parle, qui s'exprime par manière de narration, sans contredire pour cela ce que nous avons dit plus haut, que l'état somnambulique cesse aussi de lui-même; qu'une autre personne que le magnétiseur peut le faire cesser, se faire entendre du somnambule, exercer sur lui l'action attractive magnétique, etc., etc.

(2) Un jeune homme que je magnétisais, parce qu'il souffrait habituellement de la poitrine, mangeait et buvait en somnambulisme, et à son réveil était fort surpris de n'avoir plus faim. Un autre jeune homme me présenta les mêmes phénomènes, qui du reste sont très communs; comme le précédent, il causait comme s'il eût été dans l'état de veille, et de plus, il se promenait fort librement. Les yeux fermés, et la pupille assez dilatée pour que la vision ordinaire ne fût pas possible, il montait les escaliers, se rendait à un étage supérieur, plaçait la clef dans la serrure et redescendait au bout de quelques instants sans avoir fait un seul faux pas. Je le suivais toujours attentivement afin d'éloigner toute espèce de danger. Revenu, nous reprenions notre conversation, et au réveil il n'avait aucun souvenir de ce qu'il avait fait. Il était étonné de n'avoir pas besoin, bien que l'heure habituelle de son repas fût dépassée de beaucoup. Malgré tout cela, comme il semble facile à comprendre, il *croyait* peu au magnétisme.

crise et dans un état de sommeil spasmodique, se faire suivre partout où il a voulu, ou les envoyer loin de lui, soit dans leur maison, soit à différentes places qu'il désignait sans leur dire. Mais comment le maître désenchante-t-il ces médecins? Il lui suffit de les toucher sur les yeux (1), et bientôt après leurs yeux s'ouvrent, le sourire est sur leurs lèvres, et une douce joie se manifeste sur leur visage. J'ai interrogé plusieurs de ces médecins, qui m'ont assuré n'avoir aucun souvenir de ce qui s'était passé pendant les trois ou quatre heures de leur crise. J'ai interrogé un grand nombre de malades ordinaires, non tombés en crise, car tous n'ont pas cette faculté, et tous m'ont dit éprouver beaucoup de soulagement depuis qu'ils se sont soumis au simple traitement, soit de l'attouchement du maître, soit de la corde et de la chaîne; tous m'ont cité très grand nombre de guérisons faites sur des gens de leur connaissance.

» Pendant que j'observais le spectacle le plus intéressant que j'aie jamais vu, continue M. Cloquet, j'entendais souvent prononcer le mot de charlatanisme, et je me disais : Il est possible que deux jeunes gens légers, inconséquents, arrangent pour une seule fois une scène convenue d'illusions, de tours d'adresse, et fassent des dupes dont ils riront; mais on ne me persuadera jamais que deux hommes qui ont été élevés avec le plus grand soin par un père très instruit, honoré dans sa province par ses talents et ses qualités personnelles qu'il a transmises à ses enfants; on ne me persuadera jamais que dans l'âge de la bonne santé, des jouissances, dans leurs terres où ils viennent se délasser, dans la plus belle saison de l'année; on ne me persuadera jamais, je le répète, et on ne le persuadera à aucun homme raisonnable, que

(1) Ainsi que nous l'avons dit en parlant des procédés magnétiques, le toucher n'est nullement nécessaire, soit pour communiquer le fluide magnétique, soit pour le faire sortir de l'organisme qui l'a reçu.

MM. de Puységur, pendant un mois de suite, abandonnent leurs affaires, leurs plaisirs pour se livrer à l'ennui répété de dire et faire pendant toute la journée des choses de la fausseté et de l'inutilité desquelles ils seraient intérieurement convaincus. Cette continuité de mensonges et de fatigues répugne non seulement à la nature, mais au caractère connu de ces messieurs.

» Je concevrais plutôt que M. Mesmer (si je pouvais mal augurer de la véracité d'un homme capable de faire une grande découverte, et qui d'ailleurs depuis plusieurs années a été observé par des yeux clairvoyants) s'asservît à la fastidieuse répétition d'expériences fausses et mensongères, parce qu'on pourrait supposer que M. Mesmer aurait quelque intérêt à le faire. Mais MM. de Puységur, quel serait l'intérêt qui les ferait agir? Il n'est besoin que de les voir au milieu de leurs malades pour demeurer persuadé de leur conviction intérieure, et de la satisfaction qu'ils éprouvent en faisant un usage utile de la doctrine aussi intéressante que sublime qui leur a été révélée. Demandez à tous les malheureux qui sont venus implorer le secours du seigneur de Busancy, ils vous diront tous: Il nous a consolés; il nous a guéris. Plusieurs d'entre nous manquaient de pain; nous n'osions pas réclamer sa bienfaisance; il nous a devinés, il nous a assistés : c'est notre père, notre libérateur, notre ami (1). »

(1) Nous ne voulons pas relever ici de quelle manière MM. Burdin jeune et Dubois (d'Amiens) expliquent tous ces effets dus à l'action *de seigneurs sur leurs vassaux*. Nous nous bornerons à dire qu'ils n'ont pas toujours été heureux dans leurs interprétations; souvent même, contre leur volonté, je me plais à le croire, ils ont violé et les règles de la logique et celles de la politesse, et d'autres plus essentielles encore. Par exemple, ils trouvent *fort peu moral* que M. de Puységur ait amené à Paris une de ses fermières, éloignée par là, disent ces messieurs, de son mari et de ses enfants. Ainsi il ne faut plus, suivant les docteurs si susceptibles en morale, qu'un maître se fasse accompagner en séparant pour quelque temps des serviteurs mariés, même lorsque leur santé peut y trouver quelque avantage. J'avoue que s'il ne s'agissait pas ici de faire la guerre au magnétisme, j'aurais peine

Les phénomènes du somnambulisme paraissaient trop merveilleux pour que les premiers adversaires du magnétisme pussent les admettre, ou même se résoudre à les examiner. Ils auraient été fâchés d'avouer que la physiologie et la pathologie en offrent d'analogues; et tout ce qu'on pensa en lisant le récit des faits nouveaux, ce fut que la tête avait définitivement tourné aux magnétiseurs. Cependant les exemples de somnambulisme se multipliaient dans les traitements publics et dans les traitements particuliers avec une rapidité étonnante, et bientôt on put compter les observations par milliers.

Quelques hommes instruits, ayant été témoins des faits, ne craignirent pas de rendre hommage à la vérité; mais leurs voix ne furent point entendues. Plusieurs d'entre eux donnèrent à l'appui de leur conviction des arguments auxquels il était difficile de répliquer; mais le parti était pris de ne plus rien écouter en faveur du magnétisme humain, et l'on présenta les nouveaux phénomènes comme fournissant des preuves d'une cause définitivement et justement perdue.

Parmi les ouvrages de ce temps dans lesquels on chercha à établir que l'apparition du somnambulisme dans les traitements magnétiques ne pouvait être considérée comme étant le résultat ni de l'illusion ni de la fraude, on doit distinguer celui que M. Fournier publia sous ce titre : *Essai sur les probabilités du somnambulisme magnétique.* En voici un passage :

« Pour admettre que les phénomènes en question soient le résultat de la supercherie, il faut la réunion de deux choses : d'abord que les somnambules aient l'intention de tromper; secondement qu'ils en aient l'adresse. Mais

à m'expliquer le rigorisme de ces messieurs. Heureusement M. de Puységur est au-dessus de semblables attaques; personne n'a soupçonné la moralité d'un homme qui non seulement se plaisait à soulager ses semblables, mais encore à servir son Dieu.

il faut avouer que parmi les personnes qui ont été frappées de somnambulisme, et qui le sont journellement, il y en a au-dessus de tout soupçon : ce sont des mères de famille respectables, des hommes graves, d'une probité reconnue, des gens simples, *des enfants*, auxquels on ne peut raisonnablement supposer l'intérêt ni le dessein de feindre une pareille situation.

» Sera-ce l'esprit de parti et l'intention de donner quelque réalité apparente au magnétisme animal ? *plusieurs d'entre elles n'en avaient aucune idée au moment où elles ont été livrées au sommeil somnambulique.*

» Dira-t-on qu'il est possible que quelques uns de ces individus soient encouragés secrètement par les partisans du magnétisme animal, et qu'ils ne soient même qu'un instrument entre les mains de ces derniers pour la réussite de ce système ? Mais à quel propos les partisans du magnétisme animal auraient-ils recours à un stratagème si bizarre ? La supposition serait tout au plus admissible dans le cas où le somnambulisme avait été originairement annoncé comme un effet nécessaire au triomphe du magnétisme, de manière qu'il fallût renoncer au magnétisme animal, si on manquait de la ressource du somnambulisme ; mais il n'en est point ainsi. Le magnétisme animal s'est annoncé dans le principe sans être accompagné du somnambulisme. Cette singularité est une découverte postérieure qui est résultée de la pratique habituelle du magnétisme. A présent même encore il y a plusieurs magnétiseurs très habiles qui ne regardent point le somnambulisme comme faisant partie essentielle du magnétisme animal, mais seulement comme un accessoire qui peut se joindre au magnétisme ou en être séparé. Mesmer lui-même m'a paru être de cette opinion, d'où il résulte que si les partisans du magnétisme avaient besoin d'une ressource qui imposât au public, assurément ils auraient été bien maladroits de s'embarrasser, sans en avoir besoin, d'une manœuvre aussi étrange, qui entraînerait une complication prodigieuse de ressorts et de difficultés insurmontables dans l'exécution. Observez que par cela même que c'eût été un artifice, il n'y aurait pas eu d'espérance d'y faire entrer aucune personne honnête. Il aurait donc fallu s'en tenir à des gens dépravés, pris dans la classe la plus avilie, les admettre dans cette confidence au risque de la voir trahie et publiée dès le lendemain. Ce n'est point tout encore; il aurait fallu trouver dans ces individus une adresse inouïe pour jouer ce personnage difficile, et tromper les épreuves d'un public éclairé et soupçonneux devant lequel ils devaient paraître. Si les choses se fussent passées de la sorte, le somnambulisme eût été de courte durée; et loin de s'accréditer par le temps, il aurait bientôt laissé voir l'illusion et la supercherie par la difficulté de trouver des acteurs en état de perpétuer cette imposture.

» Mais le contraire est arrivé. Chaque jour le somnambulisme acquiert des partisans, et le crédit qu'il obtient contrarie toute idée de supercherie.

» On voit journellement des malades livrés à cet état dans le sein de leur famille, sous les yeux de leurs parents les plus proches et les plus intéressés à vérifier leur situation.

» Croira-t-on que ces malades, environnés des horreurs de la mort et accablés de souffrances, songent à jouer la comédie pour l'intérêt du magnétisme? Leurs parents, des pères, des maris, des épouses, des enfants, sont-ils de moitié dans le complot?

» Dira-t-on qu'ils feignent la malade? C'est une supposition aussi peu admissible; car outre qu'il n'est pas si aisé de feindre une fièvre maligne, une fluxion de poitrine, et autres maladies de cette espèce, il y en a qui sont si bien avérées qu'il y aurait du délire à les mettre en question. »

Certainement, si une pareille considération pouvait

avoir quelque force en 1785, un an après la publication du somnambulisme, combien ne doit-elle pas paraître concluante, aujourd'hui qu'on a vu les mêmes phénomènes se répéter sans interruption, depuis plus de soixante ans dans toutes les parties de l'Europe, et que certainement plusieurs milliers de somnambules ont, en différents temps et en différents lieux, présenté les mêmes merveilles !

Comment se peut-il faire, dit M. Deleuze à propos de l'ouvrage de M. Fournier, qu'il n'ait pas dissipé tous les doutes ? Serait-il vrai que l'effet d'un livre dans lequel on discute un problème d'histoire ou de philosophie se borne à faire dire au lecteur : Cela est intéressant, il n'y a rien à répondre ; et qu'ensuite on reste dans l'opinion qu'on avait ? La logique n'est donc plus rien, et toute discussion est inutile.

CHAPITRE XI.

ÉLECTRICITÉ ANIMALE DE PÉTÉTIN. — IL OBSERVE SUR DES CATALEPTIQUES LES PHÉNOMÈNES OFFERTS PAR LES SOMNAMBULES MAGNÉTIQUES. — SOMNAMBULES NATURELS OU NOCTAMBULES. — LA VUE A TRAVERS LES CORPS *dits* OPAQUES N'EST POINT ANTIPHYSIOLOGIQUE. — ACTION MAGNÉTIQUE A DISTANCE.

En 1787, dans le moment où les merveilles du somnambulisme faisaient le plus de bruit, un médecin distingué de Lyon, Pététin, qui n'était pas au nombre des partisans du magnétisme animal, et dont le témoignage ne pourra nous paraître suspect (1), eut occasion d'ob-

---

(1) Cependant on a entrepris de rendre suspect Pététin et ses observations. Richerand, dans sa *Physiologie*, trouve « que Pététin exerce *la foi* de ses lecteurs ; qu'il est le seul témoin *du miracle* ; qu'il est impossible de dire *en quelle année* et sur quelle personne se sont opérés les prodiges qu'il raconte, et que cet auteur enthousiaste *pourrait bien* avoir inventé ce conte pour confondre les incrédules qui se permettaient de tourner en dérision son

server sur une malade cataleptique tous les phénomènes que les magnétiseurs obtenaient. Il n'avait point employé sur elle les procédés du magnétisme animal, pour lequel il avait d'ailleurs beaucoup d'éloignement.

Le 25 décembre à dix heures du matin, Pététin fut appelé pour donner des soins à une dame âgée de dix-neuf ans, d'un tempérament sanguin, d'une constitution robuste. A la suite d'une colique très vive et de mouvements

système sur l'électricité du corps de l'homme. » En résumé, Richerand rejette *parce qu'il ne comprend pas;* qu'il veut bien ignorer que d'autres auteurs plus anciens, les journaux modernes de médecine, entre autres le *Journal des connaissances médico-chirurgicales*, ont publié un grand nombres de faits du même genre ; et enfin parce qu'il trouve commode de s'exempter de toute recherche à ce sujet, par la supposition absurde que Pététin *pourrait bien* avoir inventé *ce conte* pour confondre les incrédules, en leur donnant encore plus sujet de dérision par *son conte* que par son système sur l'électricité. Et M. Debreyne se fait l'écho de pareilles inepties, ajoutant l'autorité de M. le docteur Monfalcon, qui assure « avoir consulté des médecins qui ont vu et suivi le malade sans apercevoir *les miracles* que Pététin s'est complu à décrire. » Mais la question est de savoir s'ils voulurent, ces médecins, apercevoir *les miracles*. Les docteurs, en effet, refusent souvent de les examiner, persuadés qu'ils sont par avance qu'il est bon de ne pas faire attention *aux choses absurdes*.

Un des premiers médecins d'une ville assez importante me racontait dernièrement qu'une de ses malades, à la suite d'une suppression périodique, étant tombée dans un état de léthargie, de catalepsie, qui la tenait sans mouvement et comme sans vie, il était parvenu, comme par hasard, après plusieurs essais infructueux de diverses sortes, à se faire entendre de la malade en posant sa main sur la région épigastrique. C'était au commencement de la semaine : l'état cataleptique avait continué plusieurs jours avec les mêmes particularités ; la malade avait annoncé que l'écoulement de sang reparaîtrait le vendredi de la même semaine. Dans l'intérêt de la science, le médecin emmena avec lui un confrère pour être témoin de la seule manière par laquelle il était possible de se faire entendre de la malade ; mais, probablement dans l'intérêt *de la raison*, *du bon sens* et *du sens commun*, qui doit repousser *les choses absurdes*, le docteur détourna dédaigneusement la tête et articula à peine un monosyllabe quand on lui demanda ce qu'il en pensait. Voilà bien, je pense, un homme qui pourrait tenir le langage des médecins du docteur Monfalcon. Cela n'empêcha pourtant pas que la malade fût toujours visitée par son médecin ordinaire jusqu'au vendredi décisif. A l'arrivée du médecin, le sang n'avait pas repris son cours, l'état cataleptique continuait; la malade n'entendait toujours que lorsqu'on lui touchait l'épigastre. Bientôt elle fait

convulsifs plus violents encore, cette personne avait entièrement perdu l'usage de ses sens ; le pouls était insensible, la respiration nulle, la face décolorée, l'habitude du corps froide, l'épigastre météorisé; la physionomie exprimait l'étonnement; le globe de l'œil, couvert par les paupières, exécutait un demi-mouvement de rotation d'un angle à l'autre.

On essaya pour la retirer de cet état les stimulants les quelques mouvements semblables à ceux d'une personne qui s'éveille : l'écoulement périodique venait de se rétablir. On lui demande à quel jour de la semaine on en est, elle répond au mardi, se rappelle bien que ce jour-là sa sœur l'a mise au lit ; mais elle ne sait que cela, et les jours écoulés sont comme à retrancher de sa vie, ils en sont, pour ainsi dire, un morceau détaché.

Pour empêcher M. Debreyne de pousser encore l'argument de Richerand contre ce fait en objectant « qu'il est impossible de dire *en quelle année* et *sur quelle personne* se sont opérés *les prodiges* que je raconte, » s'il me fallait préciser tous ces détails, et donner le nom de la ville et ceux des deux médecins, l'un *seul témoin du miracle*, l'autre *qui a vu la malade*, sans apercevoir *les miracles*, la chose serait très facile ; mais quelques raisons de convenance me font différer. En attendant répondons à M. Debreyne, qui, après avoir fait cause commune avec Richerand, le docteur Monfalcon et les médecins qui n'ont pas aperçu *les miracles* de Pététin, ajoute pour complément contre les faits de catalepsie du docteur de Lyon : « Voilà évidemment des phénomènes que l'on regarde comme magnétiques. Où est ici le fluide nerveux qui les a produits? De quel individu est-il émané ? Sous l'influence de quelle volonté, par quelle intention, quel procédé, quel geste, quelle parole? Rien de tout cela n'a existé. » Pardon, monsieur Debreyne, vos questions se succèdent rapidement ; vous devez être satisfait de votre fécondité ; mais quelque chose de tout cela a existé autant qu'il le fallait. D'abord l'analogie entre ces phénomènes de catalepsie et les phénomènes magnétiques : parce que dans les deux ordres de faits il y a changements semblables dans le mode accidentel des perceptions. Ensuite le fluide nerveux, dans le système nerveux de la malade, lequel fluide est émané du cerveau même et des autres centres nerveux de la cataleptique. Il n'y a point eu besoin de volonté, mais d'un travail organique, dont la nature intime a bien pu suppléer une intention, un procédé, un geste, une parole, etc., etc. Et puisque vous demandez encore : « Si ces faits sont véritables, que devient le magnétisme? car ils ne lui appartiennent pas, ils sont du domaine de la physiologie ou plutôt de la pathologie, et dès lors il n'y a plus de magnétisme, » je veux encore vous répondre : « Si ces faits sont véritables, le magnétisme devient appuyé ; ses faits analogues vengés de l'accusation d'être

plus énergiques ; tout fut inutile. Enfin une apparence de vie se manifesta sur son visage. En soulevant un des bras de la malade, Pététin s'aperçut que ce bras conservait la position qu'il lui donnait : il en fut de même des autres membres ; en un mot, elle était cataleptique. Bientôt elle se mit à chanter, d'abord d'une voix faible, et ensuite

---

antiphysiologiques, si ceux de la catalepsie, *en tout semblables*, sont du domaine de la physiologie, etc. Et si les uns et les autres sont produits par le fluide nerveux, le fluide magnétique ; que ce fluide soit sécrété par l'organisation même du malade, ou qu'il le soit par celle du magnétiseur, il y a toujours magnétisme. « Si ces mêmes faits sont faux, fictifs ou inventés (demande M. Debreyne, sans que nous puissions bien saisir les nuances de ses trois expressions), comme le pensent aujourd'hui *tous* les savants *hors M. Rostan* (*et tous les partisans du magnétisme ;* car hors M. Rostan, c'est absolument comme *le magnétiseur de fraîche date* que M. Dubois (d'Amiens) trouve *seul* partisan du fluide magnétique) ; que doit-on penser de tous les phénomènes merveilleux du magnétisme qui leur sont semblables en tout point ? Il n'y a qu'à les nier tous simplement les uns comme les autres. » Oui, monsieur Debreyne, je comprends bien qu'il n'y a qu'à nier tout simplement les uns et les autres, lorsque, comme le docteur Thouret, on range le magnétisme parmi les choses qu'*on juge mieux de loin que de près ;* mais quand on a vu les faits du magnétisme, ou quand le témoignage des hommes, devenu assez imposant dans la question actuelle, suffit même pour qu'on ne puisse plus raisonnablement pouvoir les nier, malgré toute la logique qu'on peut ajouter à la théologie et à la physiologie, le cas devient embarrassant, et si embarrassant que vos devanciers n'en trouvaient la solution que dans une intervention surnaturelle et ténébreuse ; mais l'*attrait sexuel*, l'*influence sexuelle* que vous y avez substitué, pour le magnétisme au moins, peut à peine vous servir pour la catalepsie. Cependant cela ne serait pas encore tout-à-fait impossible pour la troisième édition des *Pensées d'un croyant catholique*, etc. Mais je veux vous donner ma réponse en un seul mot, il en est temps. Si ces mêmes faits (de catalepsie) sont *faux, fictifs* ou *inventés*, on n'en peut pas conclure rigoureusement qu'il en est de même de ceux du magnétisme, parce que, bien qu'ils *soient semblables en tout point*, ils pourraient encore en différer sous ce rapport. Car des faits peuvent être faux, fictifs *ou* inventés, *et* inventés même, sans que d'autres semblables soient aussi faux, etc. Il suffirait que les premiers *faux*, soient *inventés* et calqués sur les seconds *vrais*. Si, par exemple, je disais : Monsieur Debreyne a déposé ses préventions contre le magnétisme, le fait pourrait bien être faux, fictif ou inventé, sans qu'on pût donner les mêmes qualifications à cet autre fait *semblable en tout point*, plus la réalité : M. Hoffmann a déposé ses préventions contre le magnétisme.

plus fort, une ariette d'une exécution difficile avec tout le goût imaginable. Ses parents firent de vains efforts pour s'en faire entendre; elle était insensible au bruit, et même aux piqûres. Le chant dura une heure et demie. Sur la fin, la malade étant très oppressée, elle vomit une grande quantité d'un sang rouge écumeux. Des convulsions et le délire étant survenus, Pététin la fit plonger dans un bain de glace; quelques minutes après, le calme se rétablit, la raison revint; elle dit qu'elle se trouvait soulagée, et que la douleur atroce qu'elle avait ressentie à l'estomac était dissipée. Après vingt-deux minutes, elle éprouva un frisson; on la retira du bain et on la coucha; mais, contre l'ordre de Pététin, on avait chauffé son lit. Dès qu'elle y fut entrée, son visage se colora; elle éprouva deux secousses convulsives dans les bras, et retomba dans un accès de catalepsie. Elle se mit à chanter comme le matin, quoique pour l'en empêcher on la plaçât dans les positions les plus pénibles : les bras élevés et tendus, le corps fléchi en avant, la tête sur les genoux. Tout cela étant inutile, et la malade paraissant souffrir beaucoup, Pététin prit le parti de la renverser sur son oreiller; mais en faisant ce mouvement, le bras du fauteuil sur lequel il était assis se déroba sous lui, et il tomba à moitié penché sur le lit en s'écriant : Il est bien malheureux que je ne puisse empêcher cette femme de chanter.

— Eh ! monsieur le docteur, ne vous fâchez pas, je ne chanterai plus, répondit-elle. Cependant au bout de quelques instants elle reprit son ariette au point où elle l'avait laissée, sans que les cris poussés à son oreille pussent l'interrompre. Il paraissait certain que la malade avait entendu; mais comme elle n'entendait plus, Pététin s'avisa de se replacer dans la position où il s'était trouvé précédemment; il souleva les couvertures, s'approcha de son estomac, en s'écriant d'une voix assez forte : — Madame, chanterez-vous toujours ?

— Ah! quel mal vous m'avez fait! dit-elle. Je vous en conjure, parlez plus bas En même temps elle porta, mais lentement, ses mains sur son estomac. Il baissa la voix, et lui demanda comment elle avait entendu. — Comme tout le monde. — Cependant je vous parle sur l'estomac (1). — Est-il possible! — Elle le pria de lui faire des questions aux oreilles; mais elle ne lui répondit pas, alors même qu'il se servait d'un entonnoir pour donner plus d'éclat à sa voix. Il revint à l'estomac, et lui demanda à voix très basse si elle avait entendu. — Non, dit-elle; je suis bien malheureuse!

Dans l'accès de catalepsie du lendemain, Pététin lui demanda pourquoi lorsqu'elle interrompait son chant sa physionomie exprimait la surprise. — Il m'est facile de vous en apprendre la cause. Je chante, docteur, pour me distraire d'un spectacle qui m'épouvante. Je vois mon intérieur; les formes bizarres des organes enveloppés d'un réseau lumineux; ma figure doit exprimer ce que j'éprouve, l'étonnement et la crainte. Un médecin qui aurait un quart d'heure ma maladie serait heureux sans doute, puisque la nature lui dévoilerait tous ses mystères; et s'il aimait son état, il ne désirerait pas comme moi une prompte guérison.

— Voyez-vous votre cœur? — Le voilà; il bat en deux temps et des deux côtés à la fois. Quand la partie supérieure se resserre, l'inférieure s'enfle et se resserre bientôt après; le sang en sort tout lumineux, et passe par deux gros vaisseaux qui sont peu éloignés l'un de l'autre. — En comparant cette description à celles que plusieurs somnambules ont données de cet organe, bien qu'elles ne soient pas d'une exactitude minutieuse, on ne peut se re-

---

(1) En faveur de ceux qui seraient portés à se récrier sans examen sur cette manière d'entendre, nous les inviterons à demander aux savants s'ils comprennent mieux comment l'âme perçoit les sons par l'ébranlement du nerf acoustique.

fuser à être convaincu d'une vue intérieure chez les cataleptiques, qui leur permet aussi d'assister au travail intime de l'organisme humain, et qui fournira un jour des renseignements capables d'élargir le cercle des connaissances humaines. Dans ses accès, la malade cataleptique se roulait sur le parquet avec une incroyable vitesse, évitant néanmoins tout ce qui pouvait la blesser. Personne n'entrait dans sa chambre qu'elle n'en fût aussitôt avertie, moins par le sens de la vue que par celui d'un tact particulier; car, dans la plus grande obscurité (1), elle signalait aussitôt ceux qui s'introduisaient avec précaution, et en saisissant le moment où elle faisait le plus de bruit. — Pététin, qui ne la perdait pas de vue, ne jugea pas à propos de laisser à la nature le soin de ramener le calme; il la fit plonger dans un bain d'eau froide, dans lequel on jeta quinze ou vingt livres de glace. Son agitation cessa, et lorsqu'elle fut habillée et transportée au salon, elle demanda si on ne lui permettrait pas une boule d'étain remplie d'eau chaude sous les pieds: qu'elle éprouvait.. Les mouvements convulsifs des bras, précurseurs de l'accès de catalepsie, se manifestèrent aussitôt; elle ne put achever sa phrase, et devint immobile comme une statue; sa physionomie exprimait toujours l'étonnement. Pététin lui demanda sur l'estomac comment elle se trouvait. « Assez bien. — Et la tête? — Toujours embarrassée. — Voyez-vous encore votre intérieur? — Si parfaitement, que je vous avertis qu'il ne faudra pas me baigner ni demain ni de quelques jours. — Je vous entends; mais qu'est-ce qui vous assure que l'obstacle arrivera demain? —Mes yeux, et une prévoyance qui ne saurait me tromper.» La malade étant au lit, Pététin souleva avec précaution les couvertures, et lui posa une carte sur l'épigastre (2). Aussitôt sa physionomie changea; elle exprimait tout à la

---

(1) L'obscurité n'est pas la privation *absolue* de lumière?

(2) Ici encore, nous demandons aux gens susceptibles, qu'ils veuillent bien

fois l'attention, l'étonnement et la douleur. « Quelle maladie ai-je donc ? Je vois la dame de pique. » Pététin retirant aussitôt cette carte, la livra à la curiosité des spectateurs. Une seconde fut placée avec les mêmes précautions. « C'est, dit-elle, le dix de cœur. » Enfin une troisième. « Salut au roi de trèfle ! » Il demanda à la malade où elle avait vu ces cartes. « Dans l'estomac. — Avez vous distingué les couleurs ? — Certainement ; elles étaient lumineuses, et m'ont paru plus grandes qu'elles ne le sont ordinairement. Mais je vous prie de me donner un peu de relâche : cette manière de voir me fatigue beaucoup. » Le mari de cette dame n'y tint pas ; il tira sa montre et la lui posa sur l'estomac ; après quelques secondes d'attention, elle dit : « C'est la montre de mon mari ; il est dix heures sept minutes. » Cela était exact (1).

Le lendemain, l'accès de catalepsie se manifesta comme de coutume à huit heures du matin. Pététin arriva plus tard qu'à l'ordinaire. « Vous êtes paresseux, ce matin, monsieur le docteur, lui dit-elle. — Cela est vrai, madame. Si vous en saviez la cause, vous ne me feriez pas

---

nous dire comment le nerf optique permet à l'âme d'analyser les modifications de la lumière réfléchie par la surface des corps.

(1) J'avais mis en somnambulisme un jeune homme qui devait examiner un malade fort incrédule en fait de merveilles somnambuliques. Après la consultation qui fut assez longue et dans laquelle le somnambule donna des détails exacts sur les phénomènes gastriques, leurs accidents, etc., le malade voulut tenter une expérience qu'il regardait comme décisive. Il y avait déjà longtemps que nous conversions tous trois, nous étions dans les longs jours, et la nuit était venue petit à petit. Ce monsieur tirant sa montre, qui d'ailleurs n'indiquait pas l'heure véritable, l'appliqua sur la nuque du somnambule et lui demanda l'heure qu'elle marquait. Elle lui fut indiquée exactement comme il le vérifia à la lumière. Il dérangea les aiguilles et obtint encore le même résultat. L'obscurité qui était complète la première fois, la précaution qu'il avait eue chaque fois de porter rapidement sa montre tournée du côté du fond, pour l'élever de bas en haut derrière le dos du somnambule, ne lui permit plus de douter que nous venions d'être témoins de faits dignes d'attention.

ce reproche. — Eh ! je la vois (1). Vous avez la migraine depuis quatre heures ; elle ne cessera qu'à six heures du soir. Vous avez raison de ne rien faire pour cette maladie : toutes les puissances humaines ne peuvent l'empêcher d'avoir son cours. — Pourriez-vous me dire de quel côté est la douleur ? — Sur l'œil droit, la tempe et les dents. Je vous préviens qu'elle passera à l'œil gauche ; que vous souffrirez beaucoup entre trois et quatre heures, et qu'à six vous aurez la tête parfaitement libre. (Le pronostic s'accomplit à la lettre.) — Si vous voulez que je vous croie, il faut me dire ce que je tiens dans la main. — Je vois à travers votre main une médaille antique. » Elle vit avec la même facilité une lettre à son adresse que sa belle-sœur avait renfermée dans une boîte. Pététin demanda à la malade à quelle heure finirait son accès de catalepsie. — A onze heures. — Et l'accès du soir à quelle heure viendra-t-il? — A sept heures. — Dans ce cas, il retardera beaucoup.— Cela est vrai ; mais c'est une marche qui va s'établir, et à compter de ce jour, mes accès viendront régulièrement à huit heures du matin et à sept heures du soir; les accès du matin seront de trois heures, et ceux du soir de deux heures seulement. »

Pendant cet entretien, la physionomie de la malade exprima tout-à-coup la contrariété ; elle dit à Pététin : « Mon oncle vient d'entrer ; il cause avec mon mari derrière le paravent ; je parierais qu'il porte son habit bleu. Dans l'état où je suis, il me fatigue ; je vous prie de trouver un prétexte pour l'éloigner. »

Celui-ci, en se retirant, vit en effet l'oncle avec son

---

(1) *Je la sens*, serait peut-être plus exact ; du reste, dans la vue, l'ouïe, le goût, l'odorat, le toucher, il y a sensation, ébranlement nerveux. L'âme de la cataleptique trouva les effets dans la cause ; dans l'état actuel des organes, elle reconnut en germe les modifications qui viendraient ensuite ; il y eut pour la cataleptique prévision, présentation. L'âme simple, par sa nature toute spirituelle, peut en un seul instant juger, en les réunissant, des accidents organiques, matériels, etc.

habit bleu à la place désignée : il l'invita à entrer avec lui dans la chambre voisine ; mais, fortement occupé de ce qui venait de se passer, il prit, au lieu de son manteau, celui du mari de la malade ; elle s'en aperçut à l'instant, et lui envoya sa belle-sœur pour l'avertir de sa méprise.

Le soir il y avait chez la cataleptique une nombreuse compagnie, composée seulement de parents et d'amis intimes. Pététin, à tout événement, avait mis une lettre sur sa poitrine ; il demanda la permission de garder son manteau. A peine tombée en catalepsie, la malade lui dit : « Eh ! depuis quand, monsieur le docteur, la mode est-elle venue de porter ses lettres sur la poitrine ? » Pététin voulut nier, mais elle insista ; et, rapprochant lentement ses mains, elle en détermina exactement la grandeur, et montra avec l'index la place qu'elle devait occuper. Pététin, retirant cette lettre, l'appliqua fermée sur les doigts de la cataleptique. « Si je n'étais pas discrète, dit-elle, je pourrais en dire le contenu ; mais, pour prouver que je l'ai bien lue, il n'y a que deux lignes et demie *très minutées*. » Le billet fut ouvert en présence de tout le monde : il ne contenait que deux lignes et demie d'écriture très fine. — L'ouvrage de Pététin intitulé : *Electricité animale*, contient un grand nombre d'autres faits curieux qu'il serait trop long de rapporter ici ; car sept autres sujets cataleptiques lui ont présenté successivement les phénomènes les plus extraordinaires. Avant lui différents auteurs fort recommandables, au nombre desquels nous placerons Cœlius Aurélianus, Tulpius, Frëd-Hoffman, Dionis, Henricus-ab-Heers, Fernel, Zacutus Lusitanus, Tissot, etc., avaient consigné dans leurs écrits des exemples particuliers de catalepsie. Les symptômes de cette bizarre affection avaient excité le plus vif étonnement ; mais à mesure que les sciences ont marché, des phénomènes encore plus remarquables ont été constatés. Deux observations semblables à celles de Pététin sont rapportées dans la *Nosologie* de Sauvages. Depuis Pététin, de nombreux médecins ont eu l'occasion de voir les mêmes phénomènes et de vérifier toutes ses assertions. Tels sont le docteur Castin, à Montélimart; M. Laurent, chirurgien-major de l'Hôtel-Dieu à Lyon; M. Lamothe, médecin à Bordeaux, et d'autres que nous nous abstenons de citer. M. Lamothe a lu l'histoire de sa cataleptique en séance publique à la Société de médecine de Bordeaux. Enfin, le célèbre Fouquet, de Montpellier, répéta toutes les expériences indiquées par Pététin, sur une cataleptique qu'il montra à quelques uns de ses confrères. M. le professeur Dumas, ne pouvant révoquer en doute les faits attestés par ces médecins, n'a pas craint de rendre hommage à la vérité, et de reconnaître les modifications merveilleuses de la sensibilité dans un organe qui, à son état habituel, était loin de se montrer aussi impressionnable. Voici ce que dit ce savant dans le *Journal général de médecine*, t. XXV, pour porter à admettre qu'un autre filet nerveux que celui qui permet à l'âme de voir, de goûter ou de sentir, peut occasionnellement lui servir d'intermédiaire et de ministre :

« Il est possible que par un singulier concours de circonstances certains organes deviennent capables d'exercer des propriétés, de remplir des fonctions qui leur étaient jusqu'alors étrangères, et qui même appartenaient à d'autres organes bien différents. Les parties de l'animal ou ses dispositions et ses qualités qui s'introduisent sont évidemment changées et transformées, quoique leur nouvel état ne coïncide point avec des changements relatifs dans le système de leur organisation (1). Si les faits rares et merveilleux ne m'inspiraient une grande défiance, je pourrais alléguer les transports (2) extraordinaires de

---

(1) On voit bien qu'en admettant les faits, l'auteur ne se rend pas compte des fonctions du système nerveux.

(2) Répétons encore que ces expressions *transports des sens* sont inexac-

l'ouïe et de la vue qui, abandonnant (1) leur siége véritable, ont semblé se placer à l'orifice de l'estomac, en sorte que les sons et les couleurs y excitaient les mêmes sensations que les oreilles et les yeux perçoivent naturellement. Il y a cinq ans qu'une jeune demoiselle du département de l'Ardèche, venue à Montpellier pour consulter les médecins sur une affection hystérique accompagnée de catalepsie, donna l'exemple d'un phénomène aussi étrange. Elle éprouvait pendant toute la durée de ses attaques une telle concentration de la sensibilité vers la région précordiale, que les organes des sens y étaient comme entièrement fixés (2). Elle rapportait à l'estomac toutes les sensations de la vue, de l'ouïe, de l'odorat, qui ne se produisaient plus alors dans les organes accoutumés. Je ne me dissimule pas, ajoute plus loin le professeur Dumas, que les faits de ce genre, en opposition avec toutes les lois *connues* de la nature (3), ne doivent point obtenir sans difficulté, sans restriction, l'assentiment des esprits sages qui craignent d'être abusés. Mais si l'on multiplie les observations à cet égard, si l'on constate avec scrupule les moindres circonstances de chaque observation, il faudra bien reconnaître la possibilité d'un phénomène qui n'est aussi merveilleux que faute d'avoir beaucoup de faits auxquels on puisse le comparer. »

Dans l'état actuel des matériaux qui nous sont offerts dans les archives de la science, le choix seul nous embarrasserait. Si nous ne voulions abréger les citations, il faudrait transcrire les observations faites à Mer par MM. Latour et Guériteaut ; celles faites à Bergerac par

tes et donnent des idées fausses. On ne pourra les employer sans inconvénient que lorsqu'on pourra, sans peine, comprendre que c'est une manière de parler, comme lorsque nous disons en langage vulgaire : « Le soleil se couche, etc. »

(1) Mieux : qui *paraissent* abandonner, etc.
(2) Il serait plus juste de dire *les fonctions des sens, le mode fonctionnel des sens*, etc.
(3) Et plus encore avec leur mode d'interprétation.

le docteur Delpit, médecin inspecteur des eaux de Barèges; de M. Marcard, médecin des eaux de Pyrmont; de MM. Kœler et Schmidt, médecins de la cour à Celle; de MM. Blumenbach, de Stronbeck, du docteur Despine, directeur des eaux d'Aix-les-Bains; de M. Barrier, médecin à Privas; du docteur Cini, à l'hôpital Della-Vitta de Bologne (1).

Tous ces observateurs attestent les faits extraordinaires que nous venons d'indiquer ici.

Ce n'est pas, remarquons-le bien, l'action magnétique qui les a fait naître; c'est la nature elle-même qui les leur a offerts; c'est la nature elle-même qui agit aussi dans le somnambulisme naturel, et qui facilite la manifestation de facultés absolument semblables (2).

Qui ne connaît pas des histoires de somnambules naturels tout aussi merveilleuses que celles des cataleptiques et des somnambules magnétiques (3)? Ce jeune séminariste dont l'histoire est rapportée dans l'Encyclopédie (3) se levait la nuit, écrivait des sermons, faisait des

(1) Voyez Foissac, Rapports déjà cités.
(2) Nous l'avons noté plus haut : pour que les phénomènes de la catalepsie, du somnambulisme naturel ou noctambulisme, et ceux du somnambulisme provoqué, puissent être comparés, il suffit que *ce qu'ils ont de physiologique* soit le résultat d'une disposition particulière du fluide nerveux. Que ce fluide soit élaboré par l'organisme seul de la cataleptique, du noctambule, etc., ou par l'organisme du somnambule magnétique qui modifie le fluide du magnétiseur et en reçoit aussi des modifications, cela importe peu.
(3) La catalepsie, le somnambulisme naturel, ne sont, le plus souvent, que des crises imparfaites qui demandent à être complétées et perfectionnées par l'action magnétique, qui détermine *alors aussi* un état ordinairement transitoire, passager, dépouillé des accidents fâcheux propres à ces maladies. C'est faute d'avoir bien compris cela que MM. A. Dupeau, Debreyne, Lafond-Gouzi, etc., n'ont voulu voir dans l'action magnétique qu'une cause funeste de perversion de la sensibilité, une source de désordres névropathiques, épileptiques, cataleptiques, etc., etc., et qu'ils se sont ainsi créé gratuitement une matière suffisamment riche pour déployer leur indignation.
(3) *Encyclopédie* ou *Dictionnaire raisonné des sciences et des arts* (art. *Somnambulisme*). Ce fait a été observé et communiqué par monseigneur l'archevêque de Bordeaux.

corrections minutieuses, écrivait de la musique, traçait son papier avec une canne, distinguait bien toutes les notes, et lorsque les paroles ne correspondaient point aux notes, les recopiait dans un autre caractère; il relisait ensuite ce qu'il venait d'écrire, *même quand on interposait une feuille de carton entre ses yeux, d'ailleurs bien fermés.*

Le domestique de Gassendi portait la nuit sur sa tête une table couverte de carafes; il montait un escalier très étroit, évitait les chocs avec plus d'habileté qu'il n'eût fait pendant la veille, et arrivait à son but sans accident. Ici encore la vue s'exerçait, jusqu'à un certain point, sans le secours de la lumière atmosphérique, mais non pas sans celui de la lumière magnétique, du fluide magnétique, qui est lumineux (1).

Un somnambule écrivait les yeux fermés; mais en se levant il avait cru avoir besoin d'une chandelle; il en alluma une. Les personnes qui l'observaient l'éteignirent: aussitôt il s'aperçut qu'il était, ou plutôt il crut être dans l'obscurité, car il y avait d'autres lumières dans la chambre, et alla rallumer sa chandelle. Il ne voyait qu'avec celle qu'il avait allumée lui-même (2).

(1) L'émission du fluide magnétique venant de plus en plus facile et abondante par l'exercice de la magnétisation, ce fluide m'a paru souvent s'échapper de mes doigts en rayons lumineux lorsque j'étais dans une obscurité aussi complète que possible. Même dans un appartement médiocrement éclairé, il a pu être aperçu par plusieurs personnes à la fois, qui ne soupçonnaient pas que cela pût arriver. Les somnambules voient très souvent le fluide magnétique, bien qu'elles ignorent jusqu'à la supposition de ce fait. Un des premiers élèves de Mesmer, M. Tardy de Montravel (traitement de mademoiselle N., traitement de madame B.), fut conduit par ses somnambules à des recherches fort savantes sur le fluide vital, et la différence de son éclat lumineux avec celui de la lumière solaire, etc., etc. Voy. *De l'emploi du magnétisme animal et des eaux minérales dans le traitement des maladies nerveuses*, par le docteur Despine père. 1 vol. in-8. Paris, 1840. — *Études physiques sur le magnétisme animal*, etc., par M. Charpignon. — *Observation* du docteur Thirial, dans le *Journal des connaissances médico-chirurgicales*. Mars 1835, p. 218.

(2) Nous avons dit plus haut que le somnambule ne voit que les objets

Voilà donc encore des faits qui prouvent d'une manière irrécusable que l'obscurité, qui *n'est que relative*, la présence même des corps solides, qui n'ont aussi qu'une *densité relative*, n'empêchent pas la clairvoyance. Au reste, la nature de l'agent nerveux, du fluide vital, du magnétisme humain, doit lui permettre de traverser les corps, d'éclairer ceux qui sont placés au-delà, puisque ce fluide a de l'analogie avec tous les autres fluides impondérables, qu'il les résume tous pour ainsi dire, et qu'il est plus parfait qu'eux, parce que, sans parler des modifications que l'âme peut lui imprimer, il est élaboré dans un appareil plus parfait, l'organisme humain.

Et si notre *raison*, toujours incorrigible, se révoltait encore, nous pourrions lui dire : Est-ce donc plus étonnant que la lumière traversant les corps diaphanes, l'électricité traversant les corps conducteurs, le calorique les traversant tous (1), le magnétisme minéral, l'aimant,

sur lesquels il dirige son attention, parce que par elle il dirige son fluide magnétique vers l'objet, l'éclaire ainsi, et établit un rapport véritable entre lui et son propre fluide.

(1) A cet argument présenté aussi par le docteur Rostan, M. Debreyne objecte :

« On compare la vitesse et la pénétration du fluide nerveux ou magnétique à celles de la lumière, du fluide électrique, du calorique ; mais *des comparaisons ne sont pas des preuves, et puis la lumière ne traverse pas un mur.* » Oui, monsieur Debreyne, quand la *comparaison* n'est que *figurative*, elle ne peut pas servir de preuve ; mais lorsqu'elle est *comparaison réelle*, montrant analogie, ou presque identité de nature entre deux choses, la comparaison peut bien servir de preuve, vous ne sauriez le nier. Mais vous êtes logique ici cependant ; vous avez affirmé que « *toutes les données physiologiques et l'analogie nous prouvent que l'agent ou le fluide nerveux ne s'élance pas au-delà du corps, mais qu'il circule dans les nerfs à peu près comme le sang circule dans les vaisseaux.* » En effet, si vous ne voulez tenir compte que de la porosité des cordons nerveux constatée par M. Bogros, dont nous avons parlé plus haut, et n'admettre que le fluide nerveux, plutôt liquide subtil que véritable fluide analogue aux fluides impondérables, vous construisez assez bien votre thèse ; mais vouloir borner à cela seulement *toutes les données physiologiques*, c'est en vérité ou trop ignorer ou trop oublier. MM. Prevost et Dumas méritaient pourtant bien quelques petits souvenirs ; et d'autres encore que nous avons cités plus

agissant aussi à travers tous les corps, même les plus isolants, les plus compactes, les plus épais? Et l'atmosphère haut ou que nous citerons dans la suite. Quant à *la lumière qui ne traverse pas un mur*, c'est par trop faire (soit dit sans injure) du gros bon sens en dehors de toute considération physique, et pour satisfaire des préventions qui obscurcissent à la fois et toute connaissance philosophique et toute physique raisonnée. Que M. Debreyne nous parle donc sérieusement de l'*opacité*, de la *transparence* des corps, de la *porosité*, etc., etc.; qu'il nous dise donc par quel mode intime la lumière traverse les corps transparents, lorsqu'ils sont en lames, le verre, par exemple, la porcelaine, etc., et qu'elle ne les traverse plus, ou au moins presque plus, lorsqu'ils sont de l'épaisseur d'*un mur*. Pourquoi les corps les plus denses et pas les corps poreux? Les métaux réduits en lamelles ne deviennent-ils pas transparents? Les corps les plus denses n'ont-ils pas des molécules écartées et ténues dans la position qu'elles occupent par un fluide subtil qui en remplit les espaces et préside à la force de cohésion? Pourquoi ce fluide ne serait-il pas conducteur du fluide magnétique humain? Pourquoi ne se prêterait-il pas à cette série de décomposition des électricités neutres ou naturelles, à l'égard du fluide nerveux, comme il le fait dans la conductibilité des corps pour l'électricité ordinaire, l'aimant, l'électricité-magnétisme?

Je faisais un jour des expériences devant quelques personnes réunies, et l'on me proposa de montrer l'influence de l'action magnétique à travers les corps solides. La personne qui était en somnambulisme était placée sur un canapé adossé à une cloison recouverte de papier de chaque côté. Accompagné d'une seule personne, je passai avec toutes les précautions possibles dans la chambre voisine, et, après quelque temps de séjour, à un signal convenu, je commençai, sans aucun bruit, à provoquer le réveil, ou pour mieux dire, à faire cesser l'état somnambulique. Aussitôt l'action magnétique commencée, on vit graduellement se dissiper les phénomènes artificiellement produits, pour laisser place à l'état naturel. Aussitôt que je suspendais mon action, *le réveil*, puisqu'il faut ainsi dire, était suspendu. Il continuait aussitôt que j'agissais de nouveau.

Exerçant l'action magnétique toujours à distance, et sans contact, par conséquent, plusieurs fois déjà j'avais déterminé l'état somnambulique ou je l'avais fait cesser en agissant à la distance de plusieurs pieds, d'un bout de l'appartement à l'autre, d'accord avec la personne magnétisée ou sans la prévenir, etc. Bientôt l'occasion s'offrit de constater l'action magnétique à une distance plus considérable. Je magnétisais habituellement chaque jour, et presque à la même heure, une dame *très chrétienne* qui souffrait depuis longtemps d'une gastrite chronique. Elle éprouvait du soulagement de ce genre de traitement nouveau pour elle, et n'offrait au reste d'autre phénomène que le somnambulisme, sans rien de remarquable que l'oubli le plus complet au réveil. Obligé de faire un petit voyage à quelques lieues de Paris, je ne voulais pas laisser la malade sans être magnétisée ce jour-là. Je me

de l'aimant, comment s'établit-elle? Quand *certains* adversaires du magnétisme nous auront donné une réponse

rendis chez elle, et lui dis que je la priais de se placer à midi dans un fauteuil, de s'abstenir de toute occupation, et que de loin j'essaierais à provoquer le somnambulisme. Cette dame me regarda en riant, me demanda si je parlais au sérieux, si je ne voulais pas une chose impossible, ajoutant que je pouvais bien attendre au lendemain pour que les choses pussent se passer selon la coutume, etc., etc. Lui faisant remarquer que ce que je demandais était facile à accomplir de sa part, sans plus de détails, je m'en allai avec la promesse qu'elle se retirerait de toute occupation à l'heure convenue; il ne fut pas question de l'heure à laquelle je l'*éveillerais*, puisqu'elle prenait à peine la chose au sérieux. Elle me regarda m'éloigner comme en se demandant si je ne reviendrais pas sur mes pas pour lui dire qu'il fallait raiter ma proposition comme une plaisanterie et n'y plus penser.

Me dirigeant vers les voitures de Versailles, je vis en passant au Louvre l'horloge marquer midi; je dis à mon compagnon de voyage que j'avais besoin de garder le silence pendant une heure, et, tout en marchant, me représentant la personne que je voulais magnétiser comme présente, et franchissant ainsi les distances par la pensée, sans trop me rendre compte si l'âme n'était pas aussi bien là où elle veut que là où elle anime, je commençai à magnétiser comme je le faisais sans gestes en présence de la personne. Pour prévenir tout accident, bien que j'exerçasse pour la première fois ce genre d'action, et que je supposais à peine qu'il se passât quelque chose, je m'occupai doucement de la malade, et quand je jugeai qu'il fallait terminer, je voulus que l'état somnambulique, s'il y avait somnambulisme toutefois, cessât selon l'ordinaire, pour faire place à l'état naturel. Je regardai à ma montre, il était une heure.

Le lendemain à l'heure accoutumée j'allai voir la malade; et tout surpris de la manière dont elle me regardait, je la priai de m'en donner l'explication en me disant si elle avait ressenti quelque chose la veille, etc. — A quelle heure m'avez-vous éveillée? me demanda-t-elle. — A une heure, répondis-je. — Voilà qui est bien étonnant; c'est, en effet, à une heure que j'ai cessé *de dormir*. A midi, continua-t-elle, j'étais passée dans ma chambre, et par pure complaisance, pour être fidèle à ma promesse, je me suis placée dans un fauteuil, tout en riant de ma simplicité, et m'entretenant avec ma sœur, qui riait elle-même; plusieurs fois j'avais été sur le point de me lever, car nous avions honte toutes deux d'en avoir tant fait. Cependant mes jambes s'engourdissent, mes yeux se ferment, je sens que c'est le même sommeil qui s'empare de moi que celui que vous provoquez ordinairement, et je me réveille soulagée au bout d'une heure, tout étonnée d'avoir dormi en plein jour.

J'étais surpris, la malade ne l'était pas moins; il ne fut pas possible de continuer longtemps son traitement après ce fait, qui alarma son directeur : ce que je conçois facilement, puisqu'en me parlant du *prétendu fluide ma-*

satisfaisante à cette question, nous les prierons de s'en servir pour résoudre l'objection qu'ils font en ces termes : « Les magnétiseurs nous assurent qu'ils peuvent endormir par *un pur acte de leur volonté*, à distance, c'est-à-dire dans un grand éloignement de la personne ou à son insu, et même à *travers des cloisons. Mais alors comment s'établit l'atmosphère nerveuse ?* »

CHAPITRE XII.

ANALOGIE DU FLUIDE MAGNÉTIQUE VITAL AVEC L'ÉLECTRITÉ, LE GALVANISME, LE MAGNÉTISME MINÉRAL, L'ÉLECTRO-MAGNÉTISME, LE CALORIQUE, LA LUMIÈRE. — TOUS LES IMPONDÉRABLES NE SONT QUE DES MODIFICATIONS D'UN PRINCIPE UNIQUE. — TRAVAUX MODERNES SUR CETTE IMPORTANTE MATIÈRE. — BAGUETTE DIVINATOIRE.

Les phénomènes transcendants du somnambulisme sont dus à l'âme, qui manifeste alors, ainsi que nous l'avons dit plus haut, des facultés existantes auparavant, mais latentes jusque là ; ils sont du domaine de la psychologie.

gnétique, il me demanda fort sérieusement quel était ce fluide *qu'on ne voyait pas*, qui cependant traversait les murailles, etc. Et lorsque je lui demandai en échange ce que c'était que ce fluide magnétique minéral qu'on ne voyait pas avant la découverte de l'électro-magnétisme, qui agit à travers les murailles, il balbutia en me contestant ces derniers faits et en sautant à d'autres objections ; semblable en cela aux gens du monde, qui, lorsqu'il s'agit de la religion surtout, sont incapables de s'arrêter à un argument ou à une série suivie d'arguments, sans vous jeter impertinemment à la figure toutes les rapsodies et les sottises de *nos philosophes*.

Cependant l'ecclésiastique dont je parle ici est un saint prêtre, un directeur expérimenté, un homme instruit, excepté pourtant en physique, car il est du nombre de ceux qui vous disent de la meilleure foi du monde : « Ah! de mon temps on ne parlait ni de physique ni de physiologie. » Ajoutons : mais ce temps-là n'est pas celui d'Albert-le-Grand, ni de saint Thomas-d'Aquin. Du reste j'ai constamment remarqué que les ecclésiastiques qui n'ont jamais regardé ni physique ni physiologie sont les plus portés à déclarer ces connaissances inutiles dans aucunes questions de philosophie ou de théologie. En conséquence ils sont les plus grands ennemis du magnétisme, les plus prompts à y voir du surnaturel, etc., etc. — Cela fait contre-poids aux gens qui n'en veulent voir nulle part.

Les phénomènes secondaires du somnambulisme et de l'état magnétique simple dépendent d'un mode particulier de circuler du fluide nerveux, du fluide magnétique ; ils sont du domaine de la physiologie.

L'âme se sert pour transmettre au-dehors la pensée, la volonté, etc., du cerveau, du système nerveux, du fluide nerveux, du fluide magnétique ; c'est pour ainsi dire *le moyen* dont elle use (1), *le milieu* qu'elle traverse ; ces faits sont du domaine de la psychologie physiologique.

Les corps qui nous environnent, qui sont répandus autour de nous, les organes qui sont au-dedans de nous-mêmes, agissent, pour arriver jusqu'à l'âme, sur le système nerveux, sur le fluide nerveux, le fluide magnétique, qui, là encore, est *le moyen*, *le milieu* de transmission ; ces faits sont du domaine de la physiologie psychologique.

Mais l'*âme* se sert du corps, non pas comme un maître use d'un serviteur ; elle n'est pas une intelligence *servie par des organes* (2) ; elle est intimement unie au *corps* pendant la vie, et opère dans l'*unité d'une alliance parfaite, individuelle, personnelle*. Il doit donc exister entre la *psychologie* et la *physiologie une union intime*, une

(1) Bien que des philosophes, Aristote entre autres, et des théologiens, parmi lesquels saint Thomas, aient admis le fluide nerveux, les esprits animaux, j'avoue que si j'examinais l'existence de cet agent d'une manière *purement métaphysique*, je l'exclurais facilement par ces raisonnements qui l'ont fait repousser de plusieurs philosophes anciens et modernes : — « Pourquoi multiplier les causes sans nécessité ? Pourquoi admettre comme un troisième coefficient, lorsque deux suffisent : l'âme, principe de la vie, et le corps immédiatement vivifié par elle ? » Pourquoi ? Pour aucune raison métaphysique, je le conçois, je l'accorde ; mais parce que des faits bien constatés montrent ce troisième coefficient de la vie humaine comme un principe second générateur de la matière organique. Ce qui n'empêche pas qu'il ne fasse qu'un avec elle, qu'elle ne puisse exister sans lui, comme il ne peut être élaboré que par elle ; parce que *la raison*, dans les sciences physiques, a besoin d'observations, de faits qui ne se devinent point, à moins qu'on ne soit doué d'un génie supérieur, d'une *intuition* merveilleuse, don tout spécial qui permet d'apercevoir sûrement les choses en elles-mêmes, et que Dieu n'accorde pas au grand nombre.

(2) Définition de l'*homme*, donnée par M. de Bonald, reconnue incomplète et fausse.

alliance instructive à saisir, à détailler; alors doit être constituée la science de l'action et de la réaction du moral sur le physique, et du physique sur le moral; l'anthropologie en un mot. *Anima rationalis et caro unus est homo.*

La psychologie, trop négligée de nos jours, est sans contredit la partie essentielle, la partie la plus intéressante de cette science. Vient ensuite la physiologie du système nerveux, l'étude de la nature du fluide nerveux, vital, magnétique. Nous en avons déjà dit quelques mots; mais nous croyons important d'insister sur cette proposition que le fluide vital, magnétique, est analogue à la lumière, au calorique, à l'électricité, au magnétisme minéral, à l'électro-magnétisme; enfin à tous les fluides impondérables, qui ne sont tous que la modification d'un seul et même principe, qui, diversifié en mille manières, préside à l'attraction, à l'affinité, à la vie végétale, à la vie purement organique.

Nous ne dirons donc pas avec M. Debreyne que la force attractive ou l'attraction pour la matière brute, la force vitale végétative pour le règne végétal, et la force vitale sensitive pour les animaux (1), sont de grandes lois primordiales, *indépendamment de l'action des fluides impondérables;* cela serait contraire aussi bien à la science ancienne qu'aux progrès de la science moderne.

(1.) «Ces forces, continue M. Debreyne, comme causes secondes, donnent à la matière inerte et passive le mouvement et la vie. Or, ce qui donne le mouvement et la vie est actif, et ce qui est actif n'a rien de commun avec ce qui est passif, comme la matière; donc ces forces vitales sont indépendantes de la matière, c'est-à-dire immatérielles. » On peut répondre : « Ces forces, comme causes secondes, donnent, etc., le mouvement et la vie, qu'elles reçoivent (de la force divine) et qu'elles transmettent, mais non pas qu'elles ont en propre et comme qualités à elles essentielles. Or, ce qui donne le mouvement et la vie est actif; oui, essentiellement ou *accidentellement.* Et ce qui est actif n'a rien de commun avec ce qui est passif, comme la matière. Oui, si cette activité est essentielle; non, si elle n'est qu'accidentelle. Donc ces forces vitales sont indépendantes de la matière, c'est-à-dire immatérielles. Oui, considérées en elles-mêmes ou plutôt en Dieu, mais non pas dans les corps, les végétaux, par exemple, etc.

Nous ne reconnaissons qu'une grande loi primordiale, distincte et indépendante de l'action des fluides impondérables, la force intelligente, divine, cause première, nécessaire, éternelle, indépendante, immuable, etc., etc.

La force intelligente humaine (1), cause seconde, contingente, etc., etc., dépendant jusqu'à un certain point (bien qu'essentiellement distincte) des fluides impondérables, par son union intime avec le corps, le système nerveux, le fluide magnétique et les relations d'action et de réaction analogiques s'établissent entre lui (le fluide magnétique humain) et les autres fluides impondérables.

Ces relations, ainsi que nous l'avons noté plus haut, n'empêchent pas l'homme de faire un règne à part, caractérisé *surtout* par la *réflexion*, la *conscience*, le *moi*, la *liberté*, etc.

Si nous voulions trouver quelque loi primordiale, créée cependant, mais au premier rang parmi les causes secondes matérielles, constituée par la volonté de Dieu comme un moyen d'action de sa toute-puissance, nous ne saurions la voir autre part que dans un fluide subtil, principe dont les modifications produisent les impondérables qui régissent *secondairement* en ce monde tous les êtres corporels créés, en présidant aux agrégations ou aux ségrégations des éléments constitutifs des corps et des molécules qui entrent dans leur composition.

Ce principe créé, élément premier parmi les causes secondes, principal ministre de Dieu dans la vie des choses matérielles en ce monde, ne serait-il pas la lumière, l'éther *luminescible* sous l'action du soleil?

Le système des émissions est insoutenable aujourd'hui,

---

(1) Nous n'entendons point exclure ici un autre ordre de créatures ou de substances intelligentes, incorporelles ou immatérielles et immortelles qui se trouvent immédiatement au-dessus de l'homme et forment comme une gradation jusqu'à Dieu : ce sont les anges prouvés par la révélation divine, et les philosophies de tous les peuples. Nous en parlerons plus longuement dans la suite de ces notes.

et a fait place à celui des ondulations. Nous savons que répondre à Chaptal, qui demandait (*Eléments de chimie*, t. I, p. 75): Ce fluide (la lumière) parvient-il directement du soleil, et nous vient-il par des émissions et irradiations successives? ou bien est-ce un fluide particulier répandu dans l'espace, et mis en jeu par le mouvement de rotation du soleil, ou par toute autre cause?

Le docteur Billot remarque sagement que le grand Newton ne pouvant vaincre les difficultés qu'il rencontrait pour expliquer le grand problème de la lumière qui jaillit de tant de millions de corps lumineux, finit par douter si la lumière était véritablement une substance corporelle [1]; c'est ce qu'il énonce formellement dans le cha-

---

[1] Quoi qu'il en soit en réalité du doute de Newton, il peut servir de contre-poids à celui de quelques théologiens qui, comprenant fort bien, nous aimons à le supposer, comment l'âme agit sur le corps et comment le corps réagit sur l'âme, n'étaient plus embarrassés que pour savoir comment *le feu matériel*, qu'ils connaissent fort peu du reste, pourrait agir sur l'âme, *substance spirituelle*, si elle était condamnée aux flammes de l'enfer.

Pour nous, persuadé que la volonté de Dieu, qui a bien pu établir des relations intimes entre le corps et l'âme, suffit aussi pour établir des rapports de justice entre l'âme et les flammes, fussent-elles matérielles ;

Persuadé que c'est vers ce sentiment que penche l'Église, le plus grand nombre des saints pères, dans l'interprétation des textes de la Sainte Écriture, qui semblent tous entendus plus simplement et plus naturellement dans ce sens;

Voyant qu'en cette vie le feu agit bien sur l'âme unie au corps; sachant qu'après la résurrection de la chair le corps sera réuni à l'âme, il ne nous répugne pas d'admettre, alors même que le feu ne pourrait pas agir immédiatement sur l'âme, que le corps servira encore de moyen terme entre l'âme et le feu pour payer, dans une union de souffrances, le tribut de gloire qu'ils doivent à Dieu, et qu'ils lui ont librement refusé pendant cette vie, en la passant dans une union de satisfactions coupables. Enfin, n'y aura-t-il pas des rapports bien grands entre la nature des corps ressuscités et celle de la lumière, du calorique, etc. ? Si quelque substance matérielle peut jamais agir sur une substance spirituelle, en tenant compte toutefois de la puissance divine pour établir ce rapport, la science, sans contredire pour cela la métaphysique qui nous apprend qu'il existe toujours une différence essentielle entre une substance spirituelle et une substance

pitre où il traite de la diffraction des rayons lumineux. La théorie des émissions devait presque naturellement conduire à ce doute un homme qui cherche à pénétrer le fond des choses.

Mais une autre idée de ce grand homme, extrêmement belle par sa sublime simplicité, est celle que probablement il n'existe dans l'univers qu'une seule et unique substance créée dont les molécules peuvent, par la seule différence de leur mode d'agrégation, produire tous les corps qui existent, quelque disparité qui semble régner entre eux.

D'autre part Newton pensait que la lumière peut se transformer en toute espèce de corps, et que, réciproquement, tous les corps qui existent peuvent se transformer en lumière (*Opt. quest.*, p. 531) (1). D'où il résulte que Newton avait considéré la lumière, ou le fluide qui la manifeste, comme cette substance unique, créée, cause seconde et principe de tous les êtres. Il semble même, s'il est permis de mêler les oracles sacrés avec les opinions des hommes, qu'on pourrait appuyer cette idée par le livre de la Genèse, où il est dit que la lumière fut le premier résultat de la création. Ce fut le premier jour que l'Éternel prononça ces mots : *Fiat lux*. Ces mots seuls auraient donc produit tout ce qui a été créé, le reste n'aurait été qu'une suite de modifications de cette substance universelle, comme le corps de l'homme ne fut qu'une modification du limon de la terre (contenant de l'air et du feu, de l'éther, comme le fait remarquer saint Thomas), et celui de la femme une modification d'une partie du corps de l'homme, ainsi que les Saintes Écritures nous l'enseignent.

matérielle quelque subtile qu'elle soit, la science, dis-je, ne nous montre-t-elle pas la lumière, le calorique, comme celle qui répugne le moins à cette action d'éternelle justice ?

(1) Consultez sur cette question l'*Esquisse de la nature humaine*, par Chardel, 1826.

L'opinion de Newton semblerait donc tout-à-fait conforme à l'esprit de la Genèse, et dès lors parfaitement vraie (1).

Hippocrate n'a-t-il pas exprimé cette vérité par ce *divinum quid*, *Théion* (θειον) qui a reçu tant d'interprétations diverses des commentateurs tant anciens que modernes? (Voy. *Dict. des Sciences méd.*, t. LV, p. 66.)

Pour nous, qui reconnaissons dans le *Théion* la substance créée mère de tout, c'est-à-dire l'élément primitif de l'univers, nous trouvons facilement en lui la raison suffisante de ce *divinum quid* remarqué par le savant vieillard de Cos dans les divers états de l'homme, tant en santé qu'en maladie, en tant que cet élément est l'agent de composition, de décomposition et de recomposition de tous les corps de la nature, ou, pour mieux dire, c'est la nature elle-même (*natura operans*) occupée sans cesse, sous l'action de la volonté divine, à la régénération de tous les êtres.

Certainement il serait curieux de rechercher avec soin dans les Saintes Ecritures tous les passages qui parlent, soit au propre, soit au figuré, de la lumière, du feu, et, appuyé sur la tradition catholique, de voir en combien de manières ils sont montrés comme les agents de la vie ou de la mort, les moyens de récompense dans la gloire, ou de châtiment dans les *ténèbres*, et dans les *flammes* éternelles (2), enfin, comme les ministres de la justice ou de la miséricorde divine.

(1) Voyez **Lettres à Sophie sur la chimie**, etc., etc., t. II. Notes de M. Patrin, pag. 273. — Voyez aussi l'intéressant ouvrage intitulé : *Tératoscopie du fluide vital, ou la Mensambulance* (par M. l'abbé Hanapier). Cet ouvrage, dont le titre est assez singulier, renferme cependant des vues élevées, profondes, et des connaissances variées.

(2) Il semble qu'il y ait contradiction dans les choses mêmes en voyant le rapprochement de ces deux termes *les ténèbres*, *les flammes*, parce que les flammes jettent de la lumière et dissipent les ténèbres. Mais les flammes de la justice divine ne seront que ténèbres en comparaison des flammes de l'amour divin, qui seules peuvent véritablement éclairer une âme et lui donner la vie.

Sur la terre nous disons que les ténèbres sont produites par l'absence de

Il ne serait pas non plus sans intérêt de comparer sous ce rapport les théogonies païennes, et de remonter à l'origine du culte du feu, du soleil, etc., etc. (1); mais nous nous bornerons ici au témoignage des sciences humaines (2).

La lumière, le calorique et l'électricité, voilà les trois agents que la physique regarde comme des forces, des puissances essentiellement différentes de tous les corps connus, après les avoir aussi, pendant quelque temps et en certaines circonstances, considérés eux-mêmes comme des fluides essentiellement différents les uns des autres. Mais si l'étude analytique, que la lenteur des découvertes a fait appliquer à chacune de ces puissances pour mieux les connaître, est venue se joindre à la marche spéciale suivie dans les travaux scientifiques depuis quelques siècles, pour déterminer une série fractionnée d'éléments disparates et isolés en apparence, et qui semblent autant d'unités élémentaires, n'est-il pas probable qu'une explication parfaitement synthétique eût remplacé l'analyse spéciale des fluides impondérables, incoercibles, si des circonstances morales n'eussent point fait dévier l'intelligence humaine en la détournant de la considération des créatures à la lumière du créateur, de la contemplation des moyens, de causes secondes, en l'absence du principe divin qui mène tout à une fin unique ? La science humaine avait bien à revenir sur ses pas, mais elle ne devait pas s'isoler de la science divine ; elle aurait, appuyée sur *le Dieu des sciences*, conservé bien des travaux perdus, elle se serait épargné bien des *découvertes* modernes mieux connues des anciens.

la lumière ; il serait plus juste de dire par la diminution de la lumière. L'obscurité, nous l'avons déjà dit, n'est point absolue, mais relative seulement à nos moyens de perception.

(1) Voy. *Thératoscopie du fluide vital*, etc., ouvrage déjà cité.

(2) Ce qui va suivre sera en partie l'analyse de la brochure intitulée : *Études physiques sur le magnétisme animal*, soumises à l'Académie des sciences, par M. Charpignon, médecin. 1843.

S'il est possible aujourd'hui de poser les bases d'une synthèse exacte des faits physiques que l'analyse, résultat de travaux séculaires, a mis à notre disposition, il est bon aussi de ne pas perdre de vue ce qu'elle a coûté, ce qu'elle coûtera encore.

La lumière, le calorique et l'électricité semblent au premier abord des agents distincts par leurs propriétés, et pourtant les progrès de la physique et de la chimie ont démontré entre ces fluides des analogies tellement intimes, qu'il est permis de les considérer comme congénères et sortis d'un même principe substantiel créé, et de croire que leurs qualités ne leur surviennent que par des circonstances particulières d'action, de réaction, de contact, de combinaison, d'agrégation, de ségrégation, etc.

Newton, en voyant le diamant et l'eau réfracter les rayons lumineux avec plus de force que leur densité ne le comportait, n'en déduisait-il pas que cette grande affinité des corps pour la lumière supposait en eux un principe de lumière et de calorique?

Parmi les travaux des physiciens modernes qui concourent à établir l'analogie des fluides incoercibles, nous rappellerons seulement les suivants.

Les observations d'Herschell sur la puissance calorifique de chaque rayon de lumière décomposée ont montré à ce savant que cette puissance est en rapport avec le degré de réfrangibilité.

Les expériences du professeur Barlocci, qui, faisant tomber les rayons rouges et violets d'un faisceau lumineux sur deux disques de cuivre, faisait contracter les muscles d'une grenouille quand on y appliquait les extrémités des fils conducteurs.

Celles de M. Matteucci, qui, en exposant au soleil un électromètre condensateur d'une extrême sensibilité, en obtint assez d'électricité pour que les lamelles d'or divergeassent. Les parois de la cage de verre exposées à la lumière solaire donnent également des signes d'électricité, et cet effet n'est pas dû à la chaleur, car les mêmes appareils, échauffés par un autre moyen, ne donnent aucun signe d'électricité.

Les mains frottées l'une contre l'autre contractent, comme tout le monde sait, une odeur spéciale; exposées pendant quelque temps aux rayons du soleil, elles exhalent une odeur *sui generis*, distincte de la première (1), qui, ainsi que la seconde, ne peut pas être produite par la chaleur d'un foyer ordinaire. Dans tous les cas il y a bien développement d'électricité établissant l'analogie des causes agissantes, tout en manifestant leurs modifications accidentelles.

L'aimantation ne se développe-t-elle pas sous l'influence du spectre solaire, suivant l'état particulier du soleil au lieu où l'expérimentation s'effectue? Et encore, l'influence des aimants, bornée à certains corps métalliques, selon l'opinion générale, ne s'exerce-t-elle pas aussi sur des substances organiques et inorganiques?

La lumière solaire, affaiblie même par l'interposition des nuages, ne détermine-t-elle pas souvent des mouvements nerveux, des spasmes véritables, lorsqu'elle tombe par l'ouverture d'un volet sur quelque partie du corps de malades attaqués de certaines névroses? N'agit-elle pas ici sur le système nerveux comme l'électricité, le galvanisme?

Mais laissons ces considérations d'analogie générale pour suivre avec plus de soin la force électrique dans ses différentes manifestations.

Lorsque, vers les premières années du XVIIe siècle, le génie des physiciens Gray et Dufay eurent créé, pour

---

(1) J'ai répété un grand nombre de fois cette expérience, et il m'a toujours semblé que les mains contractaient cette odeur singulière, surtout lorsqu'on exposait le dessus à l'action des rayons solaires.

ainsi dire, toute une science sur le phénomène si simple et si longtemps stérile de Thalès, voyant un morceau d'ambre frotté attirer et repousser des parcelles de corps légers, de grandes lumières jaillirent pour expliquer la nature et ses merveilles.

Une fois la voie tracée, le génie de l'homme ne s'arrêta plus; et le même siècle n'était pas écoulé que Galvani et Volta donnaient à l'électricité une forme tellement nouvelle que personne ne la reconnut plus, et que leur découverte constitua comme une science à part.

Le monde savant fut tellement étonné, que l'agent nouveau, le fluide galvanique, incomparablement plus pur et plus puissant que le fluide électrique, parut essentiellement distinct de ce dernier. On pensa avoir trouvé le principe de la vie, ce mystère qui tourmentait si fort les savants du moyen-âge, moins éloignés que les modernes de le comprendre autant qu'il est donné à l'homme, parce qu'ils tenaient compte de l'âme et de son action véritablement vitale sur le fluide nerveux.

Cependant les travaux incessants des physiciens firent reconnaître l'analogie, et l'on pourrait dire l'identité essentielle des fluides électriques et du fluide galvanique. Le mode de génération de ces fluides, en différenciant leurs caractères et leurs propriétés accidentelles, est la principale cause qui a fait diviser ces fluides en deux forces distinctes en elles-mêmes.

Il arriva pour l'électricité développée par le contact ce qui était arrivé pour l'électricité statique. Deux savants contemporains de notre siècle, Œrsted et Ampère, découvrirent dans les courants électriques la source d'une nouvelle science. Ils trouvèrent le magnétisme dans l'électricité voltaïque.

Les phénomènes de l'aimant, connus avant Pythagore, étudiés plus parfaitement, et expliqués dans le XVIIIe siècle, formaient néanmoins une science à part, sans rapports directs avec celle de l'électricité. En effet, les fluides magnétiques admis par analogie n'avaient pu être appréciés par des expériences qui les rattachassent intimement aux fluides électriques connus par les travaux de Dufay, Franklin, Volta et OErsted lui-même.

Ampère donc a la gloire d'avoir fécondé la science de l'électro-magnétisme, et d'avoir ramené les phénomènes du magnétisme aux lois des phénomènes électriques.

Ces travaux, continués par les savants physiciens Arago, Biot, Becquerel, ont réellement commencé à poser les éléments de la synthèse des forces électriques ; et cette synthèse, qui tend à réunir en une seule ces forces si diverses en apparence, n'eût certainement paru ni probable ni possible il y a peu d'années, tant il est vrai que *la raison*, *le bon sens*, *le sens commun*, la métaphysique pure ne doivent pas parler trop haut en s'isolant de l'expérience.

Mais l'électricité dynamique serait-elle le dernier terme des découvertes sur la lumière, le calorique et l'électricité, ces puissants agents secondaires de la vie des mondes ? Et cette force qui nous explique tant de phénomènes de combinaison, de désagrégation, de réaction, de vitalité enfin dans les êtres inorganiques et dans les êtres organiques, serait-elle aussi la force seconde qui régit les systèmes nerveux des animaux, et qui enfante, sous l'influence de l'âme, ces admirables phénomènes de la vie physique de l'homme ?

Cette grave question de physiologie transcendante, en se présentant sous ce jour tout nouveau pour nous, eût certainement préoccupé d'une manière plus sérieuse encore les philosophes de l'antiquité et du moyen-âge. A ces époques, en effet, les intelligences cherchaient, par des vues générales et des expériences d'une philosophie toute synthétique, à rattacher à l'unité les individualités, quelque tranchées qu'elles parussent. Cette méthode, plus en rapport avec l'harmonie générale et plus favorable pour l'intelligence, qu'elle rapproche sans cesse du créateur, était cependant poussée quelquefois trop loin : elle conduisait à des erreurs ou entravait des vérités dans leurs manifestations, parce que souvent on restait dans le domaine de la métaphysique pour faire de la physique ou de la physiologie.

Les savants modernes, qui sous l'inspiration d'Aristote continuent encore quelquefois à inventer de la physique et de la physiologie par la métaphysique pure, procèdent, sous la conduite de Bacon, par une méthode inverse. Mais en appliquant l'analyse sans recourir à la synthèse, en ne voulant que des faits sans philosophie et sans métaphysique pour les coordonner et les harmoniser, ils retardent sans cesse les progrès des sciences, les dégradent souvent, et, en prenant pour axiome que le médecin, le physicien doit s'arrêter là où commence le métaphysicien, ils s'opposent aux bienfaits d'une philosophie transcendante à laquelle l'époque actuelle a droit de prétendre, en prenant le catholicisme pour point d'appui, pour guide et pour flambeau (1).

Sans doute la vie est bien un phénomène complexe des effets produits par l'harmonie des parties du tout, ou, comme le disait Bichat, l'ensemble des forces qui résistent à la mort ; mais tout cela est trop vague, trop général. Sous l'influence de Dieu, outre l'action de l'âme, il y a une cause de la vie organique, cause jusqu'à un certain point indépendante du corps et de son mécanisme, quoiqu'elle en soit congénitalement solidaire, parce que Dieu l'a posée en même temps que l'organisme humain, dont elle est ainsi à la fois principe et résultat.

(1) M. Cousin disait un jour à un ecclésiastique avec lequel il conversait : *Oui, le catholicisme est le garde-fou de la philosophie ;* puis il ajouta : *Je brûlerais à l'instant mes ouvrages si je savais qu'ils continssent quelque chose d'opposé à l'enseignement de l'Église.* C'était vouloir faire plus que de saluer le catholicisme en *passant.*

Nous avons vu plus haut que le premier appareil qui résulte de la fécondation est un appareil tout nerveux qui est formé avant tout autre organe : c'est la moelle épinière qui s'organise et la pile nerveuse qui s'établit. Pour celui qui a réfléchi sur cette question de la vie organique en comparant les faits physiologiques entre eux, il est impossible de concevoir la formation de l'organisme sans l'action présente du fluide nerveux, ni la formation du fluide nerveux sans l'action de parties déjà organisées. Ajoutons que pour l'homme qui fait un règne à part, et la forme spéciale de l'organisme et les qualités du fluide vital ne peuvent se concevoir sans l'influence de l'âme. L'action créatrice seule peut tout expliquer en montrant *le tout* comme posé simultanément (1). Nous venons de le dire plus haut, mais nous ne saurions trop le répéter, bien que tous ces détails eussent été mieux placés dans la seconde partie.

Pour les animaux, bien qu'il soit plus conforme à la saine philosophie de leur accorder un principe spirituel d'une certaine nature inférieure à l'âme de l'homme (2), on pourrait peut-être tout expliquer chez eux par la force vitale organique sensitive dont nous venons de parler, en tenant compte toutefois, surtout dans les manifestations qui paraissent le résultat d'un principe spirituel, de l'ac-

---

(1) Voy. *Médecine pratique* etc., et *Embryologie sacrée*, par le docteur Rosiau de Mamers. Dans cet ouvrage simple et profond tout à la fois, digne d'un médecin expérimenté et profondément chrétien, l'auteur, rejetant le sentiment d'Aristote suivi par plusieurs théologiens, s'exprime ainsi : Saint Basile ne voulait pas qu'on fît de distinction entre le fœtus animé et le fœtus inanimé, parce qu'il pensait que l'âme était créée au moment même de la conception. Zacchias partageait ce sentiment, qui est aussi le nôtre, p. 353 et suiv.

(2) Voy. sur l'âme des bêtes la notice intéressante dans l'ouvrage intitulé : *Pensées d'un croyant catholique*, etc., par M. Debreyne, docteur en médecine, prêtre et religieux de la Trappe.

Voy. encore : *Institutiones philosophicæ*, etc., *in collegio Romano habitæ a* R. P. J. A. Domwski. Rome, Louvain.

tion première de Dieu sur eux dans leur formation, et *du concours actuel de la divine providence* dans la conservation de ses créatures.

Nous avons fait comprendre que, dans les choses créées qui ne sont pas du règne animal, l'élément de vie dérivait d'un premier élément créé comme puissance antagoniste de la matière inerte.

Nous avons rapidement indiqué que la science avait étudié cette puissance dans *ses états de lumière, calorique, fluides électrique et magnétique.*

Nous avons aussi plusieurs fois déjà parlé des animaux sous ce rapport; mais il est bon d'en dire encore quelque chose en ce moment. Maintenant donc, revenant à l'Animal, nous trouvons dans un appareil particulier de son organisme une puissance analogue dans ses effets aux puissances que nous avons signalées; et cette puissance supposée réelle et absolue a été démontrée par les travaux des physiologistes de notre siècle, comme étant effectivement un fluide nouveau par la nature de ses modifications.

Le système nerveux élabore donc un fluide particulier. Ce n'est point ici le lieu de revenir sur les expériences, les observations pratiques qui confirment ce fait important de la physiologie animale (1). Recherchons seulement si le fluide nerveux aurait assez d'analogie avec les fluides déjà connus pour pouvoir être considéré comme une nouvelle modification que les fluides impondérables, incoercibles, auraient subie dans l'organisme humain. S'il en était ainsi, l'électricité dynamique ne serait plus le dernier terme de la science : ce serait jusqu'à présent le fluide vital, le magnétisme humain. Conséquemment, il y aurait des phénomènes possibles par les diverses réactions ou combinaisons que ce nouvel agent pourrait

---

(1) Voy. ce qui a été dit plus haut à ce sujet; l'ouvrage cité du docteur Durand, de Lunel; la *Physiologie du magnétisme*, par M. Charpignon; les travaux du docteur Turck, etc.

permettre entre lui et les autres puissances dynamiques.

Pour éclairer ces faits d'un ordre en apparence si nouveau, nos recherches se sont déjà portées principalement sur l'homme, et nous avons vu quelque chose de la doctrine dont Mesmer posa les bases sous le nom de magnétisme animal quelques années avant les découvertes de Galvani et de Volta.

Mesmer, dominé par les idées d'une physiologie synthétique, transcendante, avait cherché la nature de la force seconde qui vivifie l'homme; et trop pénétré de l'influence du fluide universel, il professa d'abord, d'après les leçons de Van-Swiéten, son maître, l'ami de Boerhaave, que ce fluide était le principe de la vie. Plus tard il fut éclairé par des observations faites sur l'aimant appliqué à des maladies. Nous avons vu en quelles circonstances il reconnut que l'homme avait en lui une puissance propre, indépendante de tout appareil physique accessoire, bien qu'on puisse en employer utilement. Il appela cette force magnétisme animal, et il la crut une portion du fluide éthéré, *modifié par le moule-matrice de l'homme*, et *spécialisé* en lui.

Nous avons dit avec quelles préventions les savants accueillirent cette découverte, examinée chez un autre que chez son auteur. Assez compliquée à cette époque entre les mains de d'Eslon, la pratique du magnétisme parut singulière, et l'on attribua à d'autres causes les modifications vitales produites par son action.

Depuis 1775, époque à laquelle Mesmer formula le système du magnétisme animal, on compte peu d'hommes qui aient apporté d'importants éclaircissements. Cela se conçoit facilement quand on voit que, par la nature excentrique des phénomènes du magnétisme, beaucoup de personnes peu versées dans l'étude des sciences se faisaient avec ardeur les propagateurs de ce système, que Mesmer avait d'abord voulu mettre entre les mains des savants. Cet état de choses, tout en rendant populaire une découverte d'une haute importance, augmenta encore l'éloignement que ressentaient pour elle des hommes qui eussent eu à leur disposition les éléments variés d'un système scientifique.

De Puységur imprima, en 1785, une marche toute nouvelle à la pratique du magnétisme, et, sans le vouloir, retarda l'examen plus approfondi du sytème de Mesmer et l'étude physique de l'agent opérateur des phénomènes physiologiques du magnétisme humain, en annonçant les facultés psychologiques que peuvent manifester certains magnétisés. Dès ce moment, pour le plus grand nombre, les merveilles du somnambulisme constituèrent le magnétisme, et ce qu'il y avait de simple, de physique, disparut presque entièrement. Tous les magnétiseurs entrèrent dans cette voie, avides d'interroger les modernes Voyants.

Dans le même temps, Tardy de Montravel, savant modeste et observateur scrupuleux, publia d'une manière incomplète ses observations sur le fluide vital.

Deleuze professa l'existence du fluide magnétique; mais il ne fit aucun travail particulier qui éclairât cette partie pratique du magnétisme.

Jusqu'en 1838, de nombreux travaux qui n'étaient pas sans importance furent publiés en France sur le fluide magnétique; mais ils furent surpassés alors par l'ouvrage du docteur Despine (1), inspecteur et directeur des eaux d'Aix en Savoie. Ce travail, remarquable par des observations et des expériences du plus haut intérêt, peut-être rassemblées avec trop peu de méthode, établit l'existence du fluide magnétique, et offre des données complétement nouvelles sur les analogies de ce fluide avec les autres fluides impondérables.

« Dès que je me livrai à l'étude du magnétisme, dit

(1) Ouvrage cité plus haut : *Emploi du magnétisme*, etc.

M. Charpignon (1), je cherchai particulièrement à trouver les preuves de l'existence d'un fluide magnétique animal. »

Puisque le fluide des aimants est invisible, on ne peut exiger, habituellement au moins, des signes visibles, soit en lumière, soit en calorique, du fluide magnétique humain. Cependant quelques magnétisés, parvenus à l'état de somnambulisme lucide, disent voir sortir des mains, des yeux, de la bouche, du front, du sommet de la tête, des parois de la poitrine qui avoisinent le cœur, des traînées de lumière qui les pénètrent et déterminent en eux des modifications qui varient suivant leurs maladies et les procédés employés pour la magnétisation.

Pour vérifier d'une manière certaine ce que l'exquise sensibilité nerveuse des somnambules leur permet d'apprécier, M. Charpignon a fait une série d'expériences dont nous allons donner le précis.

Existence du fluide magnétique animal, du magnétisme humain.

Ayant quatre fioles de verre blanc, M. Charpignon en magnétisa une à l'insu de son somnambule. Pour cela, tenant la bouteille d'une main, il chargea son intérieur de fluide magnétique en tenant pendant quelques minutes les doigts de l'autre main rassemblés en faisceau sur l'orifice; puis, bouchant immédiatement, il mêla cette fiole avec les autres.

Présentant ces quatre flacons au somnambule, il en indique un comme étant rempli d'une vapeur lumineuse: c'est, en effet, celui qui a été magnétisé.

Cette expérience, répétée un grand nombre de fois avec des sujets différents, a toujours donné les mêmes résultats.

Pour que ce phénomène ne fût pas seulement une trans-

---

(1) *Études physiques*, etc.

mission de pensée, ces flacons furent parfois magnétisés par d'autres personnes, à l'insu du magnétiseur comme à celui du somnambule.

Les somnambules assez sensibles pour voir le fluide magnétique sont rares. Le fluide magnétique émis par les nerfs du bras est pur, d'une lumière brillante et blanche ; celui que le souffle émet est moins brillant. Il est probable que c'est à cause des autres gaz dégagés par l'expiration en insufflant dans le flacon.

La présentation des flacons au somnambule doit être immédiate, parce que le fluide magnétique s'évapore plus promptement que le fluide électrique, même au travers du verre.

Le succès de ces expériences dépend en grande partie de l'habileté et du soin qu'on y apporte.

Le fluide nerveux ou magnétique est plus ou moins brillant, pur et actif, suivant l'âge, le sexe, la santé, l'énergie morale, la nature actuelle ou habituelle des pensées, leur moralité naturelle ou surnaturelle.

Comme les fluides électrique et magnétique, le fluide vital peut être accumulé sur certains corps. Il en est qui le conservent plus ou moins, mais tous peuvent en être chargés.

Lorsqu'on magnétise un petit disque de fer ou tout autre objet, et qu'on le donne à des personnes susceptibles d'entrer dans l'état somnambulique, elles y entrent presque aussitôt que l'objet magnétisé a été mis en contact avec leur tête, leur épigastre ou leurs mains.

Le résultat est toujours le même, que les sujets connaissent ou ignorent le but de l'expérience. Aussitôt que la lucidité est développée, les somnambules connaissent qu'ils ont été magnétisés par l'absorption de la vapeur brillante dont l'objet est couvert.

Comparaison des fluides électrique et magnétique humains.

Lorsqu'on met en jeu une machine électrique, et qu'on prie les somnambules de regarder ce qui se passe, ils déclarent voir le cylindre se couvrir d'une vapeur bien plus brillante et plus forte que le fluide nerveux. Chaque fois que M. Charpignon a empêché l'accumulation du fluide électrique sur le conducteur, les somnambules ont cessé de voir ce conducteur devenir étincelant. On sait qu'accumulé sur le conducteur d'une machine, le fluide électrique n'est pas visible pour nous, et les sujets avec lesquels M. Charpignon a expérimenté étaient très loin de soupçonner la théorie de l'électricité.

Lorsqu'on charge une bouteille de Leyde, et qu'on la présente à ces somnambules, ils la voient toujours pleine d'un feu brillant qu'ils distinguent parfaitement du fluide magnétique humain. Ils suivent la déperdition graduelle du fluide électrique par la tige à travers les parois du verre.

Ces expériences variées et répétées ont donné des résultats positifs; mais pour en apprécier la valeur, il faut tenir compte de l'électricité naturelle qui existe, comme on sait, dans tous les corps : or cette électricité est visible pour la plupart des somnambules lucides. Ainsi, bien qu'une bouteille de Leyde ne soit pas chargée, ces somnambules la voient remplie d'une vapeur légèrement lumineuse produite par les feuilles d'or qui composent l'armure intérieure. Cependant ils distinguent parfaitement cette électricité du fluide électrique ordinaire et du fluide magnétique humain une fois qu'ils les ont comparés.

L'impression du fluide électrique sur les nerfs est en rapport avec sa force intime, c'est-à-dire que les effets en sont plus violents et moins en harmonie avec l'organisme que ceux déterminés par le fluide magnétique humain, qui est bien plus pur, moins matériel, et parfaitement sympathique de l'organisme.

Cependant il arrive quelquefois que la commotion électrique n'a plus lieu lorsque la décharge s'opère sur un magnétisé suffisamment saturé du fluide magnétique humain. Ce phénomène a-t-il lieu en vertu d'une combinaison d'un nouveau mode qui s'effectue entre les deux fluides, ou bien à cause de l'insensibilité dans laquelle on a plongé le système nerveux?

Comparaison des fluides galvanique et magnétique humains.

L'électricité développée par le contact des substances hétérogènes a sur le corps humain des effets incontestables.

Ce fluide, que nous appellerons galvanique pour le distinguer du fluide électrique, n'a été soumis à l'investigation des somnambules que dans des conditions où les moyens physiques deviennent presque insuffisants pour l'apprécier.

Il était du reste probable que le fluide produit par les piles, ayant une grande analogie avec le fluide électrique qui avait été étudié, n'aurait de particulier qu'une activité plus profonde, une nature plus brillante et moins moléculaire, si l'on peut s'exprimer ainsi.

Les expériences faites par M. Charpignon n'ayant été que la reproduction de celles du docteur Despine, c'est donc cet habile observateur que je vais citer.

Lorsque deux métaux différents sont en contact, les somnambules qui peuvent être impressionnés par ce mode d'expérimentation les voient couverts d'un fluide plus lumineux, plus actif et plus brûlant que celui de la machine électrique, ou que celui qu'ils appellent naturel, et qui existe toujours sur un métal quelconque.

« Couchant sur une table quarante disques de cuivre et

quarante disques de zinc, sans intercalation humide, dit le docteur Despine, et faisant toucher des doigts les extrémités par une somnambule, elle éprouve une commotion très forte.

» Chargeant une bouteille de Leyde avec cette pile, et mettant le bouton et l'armure extérieure en contact avec chaque pôle, la commotion ressentie par les magnétisés est plus grande qu'avec une charge électrique.

» Hors de l'état magnétique, ces individus ne ressentent pas plus que nous les effets du fluide de cette espèce de pile. »

Ici, comme pour ce qui précède, les sujets étaient dans l'ignorance la plus complète sur les effets qui pouvaient naître du contact de ces métaux. D'ailleurs, quand M. Despine et M. Charpignon essayèrent chacun isolément ces diverses expériences, ce fut toujours sans savoir ce qui devait arriver; car l'électricité développée par ce contact, à sec, de disques touchant tous une surface non isolante, n'agissait en aucune manière perceptible à nos sens, ni sur les électromètres ni sur le galvanomètre.

Si M. Charpignon n'a pas vu les somnambules qui étaient impressionnables à ce genre d'électricité galvanique la réclamer comme utile pour leurs souffrances, M. Despine a été plus heureux; il a pu observer sur six malades l'influence salutaire de cette électricité. Soit que l'état somnambulique se développât spontanément, soit qu'il fût l'effet de la magnétisation, les syncopes auxquelles leur maladie rendait sujets tous ces malades n'avaient pas lieu si elles étaient sous l'influence de ce fluide galvanique.

« Une pièce d'horlogerie, continue M. Despine, une montre, par exemple, donnait aux malades plus de vivacité dans leurs mouvements. Si la montre était montée, et si elle marchait régulièrement, les malades ne tombaient pas en syncope; mais elle survenait aussitôt que la montre était arrêtée.

» Une montre est un système de mouvement composé de pièces en cuivre, en fer, en acier, dont les unes sont à l'état métallique ordinaire, et les autres modifiées par la dorure. Lorsque ce système de pièces de divers métaux est mis en mouvement, il en résulte une puissance galvanique bien plus marquée que lorsque la montre est au repos. Quand tout se meut, qui pourrait douter qu'il n'en résulte des effets très sensibles sur des malades dont l'impressionnabilité est cent fois plus grande que dans l'état ordinaire, surtout lorsqu'on a vu que le seul contact du point de jonction de deux métaux sur un manche de couteau à virole ou sur une clef de montre suffisait pour leur procurer la sensation d'une étincelle électrique?

»... Louise Barkmann, que J. Frank vit en 1816 à Vilna, était tirée de léthargie aussitôt que ce célèbre professeur faisait l'application de sa montre sur une des parties du corps *où la malade pouvait* en sentir l'impression.

Comparaison du fluide des aimants et de celui du système nerveux.

Ayant posé devant des somnambules quatre petits barreaux de fer, parmi lesquels un seul était aimanté, ils signalèrent toujours le barreau aimanté Ils le reconnaissaient aux deux extrémités qu'ils voyaient enveloppées d'une vapeur brillante. La vapeur de chaque extrémité était différente, l'une moins brillante que l'autre : or cette différence dans la force du fluide magnétique correspondait aux deux pôles; de telle sorte que l'extrémité indiquée comme la plus lumineuse était le pôle austral. Jamais M. Charpignon n'a pu mettre en défaut ces somnambules, qui reconnaissaient immédiatement la nature des pôles, *bien qu'ils fussent sur ce sujet d'une ignorance absolue.*

Une assez longue tige de fer étant présentée à des somnambules, ils prétendirent la voir chargée d'une vapeur lumineuse : c'était l'électricité naturelle du métal. Ayant relevé et placé cette barre de fer dans la direction du méridien magnétique du lieu, ils s'étonnèrent de voir ce fluide brillant s'accumuler aussitôt vers les deux extrémités de la tige métallique et former ce qu'ils avaient remarqué dans les aimants.

Cette vapeur des aimants est plus pâle et moins brillante que celle des fluides précédemment étudiés ; elle se rapproche beaucoup du fluide nerveux, mais elle est infiniment moins active et moins pénétrante.

Le fluide nerveux, le magnétisme humain, peut modifier l'électricité naturelle de petits barreaux de fer, de manière à y déterminer des pôles qui en font des aimants. Nous avons cité plus haut en note les observations de M. Prévost, de Genève, et celles du docteur Despine.

Comparaison des fluides électro-magnétique et magnétique humains.

Les découvertes des savants OErsted, Ampère et Arago sur les phénomènes résultant de l'action des courants électriques sur les aimants ont fait penser que le fluide produit dans cette combinaison d'effets était une nouvelle modification des fluides électriques, et on appela ce fluide électro-magnétique.

Ce fluide a sur le corps humain une action moins violente que les fluides électrique et galvanique ; mais cette action est plus forte que celle du fluide de l'aimant et du fluide nerveux : on en conclurait à tort qu'elle est plus bienfaisante et plus curative.

Pour expérimenter sur des magnétisés, M. Charpignon a fait usage de l'appareil électro-magnétique de Clarke. Les somnambules qu'il a soumis à son action éprouvaient les mêmes sensations que dans l'état de veille. Ils distinguaient très bien le fluide qui glissait sur les conducteurs; ils prétendaient que s'il était possible d'annihiler le tremblement nerveux que ce fluide occasionne, on pourrait déterminer le sommeil magnétique avec une machine de cette nature.

Soumis à l'action de l'appareil de Clarke, un jeune homme de vingt-deux ans, habituellement susceptible du sommeil magnétique complet, mais sans somnambulisme, a éprouvé les effets suivants. Après quelques minutes d'un mouvement lent imprimé à la machine, la tête fléchit, la face rougit plus que dans la magnétisation, et un sommeil aussi profond et aussi long que par la magnétisation se manifesta.

On a vu du reste quelques exemples de somnambulisme suscité par l'action de la pile de Volta (1). Il serait donc possible qu'on trouvât dans une modification d'un appareil électro-magnétique un moyen d'agir sur le système nerveux avec le même genre d'influence que celle du fluide magnétique humain.

Comparaison de l'électricité naturelle des corps et du fluide nerveux.

Tous les corps contiennent un fluide particulier que l'on peut regarder comme l'électricité naturelle admise par les physiciens. Cette électricité, qui n'est point appréciable ordinairement, le devient pour les magnétisés fort impressionnables.

M. Charpignon avait remarqué que les somnambules qui voyaient le fluide électrique condensé dans une bouteille de Leyde, prétendaient en voir encore quand la bouteille n'était pas chargée. Ces assertions opposées firent croire quelque temps à ce médecin que les somnam-

(1) Lettre du docteur Koreff, à la fin de l'*Instruction pratique* de Deleuze.

bules étaient dupes de leur imagination, disant juste lorsque le hasard les servait. Cependant, ayant multiplié ses expériences, il trouva que les somnambules distinguaient parfaitement le fluide électrique du fluide naturel répandu sur les feuilles d'or de la bouteille, et qu'un fluide semblable existait sur tous les corps à l'état naturel.

Des pièces d'or, d'argent, de cuivre, de zinc, de fer, furent présentées à ces somnambules, et chacun de ces objets fut reconnu sans que la vision ordinaire ou le toucher des doigts y eussent quelque part. La distinction avait lieu par la nature de la vapeur lumineuse qui entoure chaque objet. Cette vapeur est plus ou moins brillante suivant tel ou tel métal, en sorte que l'expérimentateur fut fort surpris de voir ces somnambules mettre l'or au premier rang et le bois au dernier, intercalant par ordre l'argent, le cuivre, le fer et le zinc : c'est le véritable ordre de la classification électro-magnétique des métaux.

Les sensations que les somnambules éprouvent en touchant un corps métallique varient selon le métal.

En général, l'or et l'argent soulagent les somnambules sensibles à l'électricité naturelle des métaux (1), tandis que le fer, le cuivre et autres métaux négatifs les fatiguent. Cependant si une douleur locale est déterminée par une accumulation d'électricité vitale; en d'autres termes, s'il existe en quelque partie du corps une congestion, une espèce de phlogose nerveuse (2), un métal électro-négatif détruit promptement cette douleur. Si la souffrance tient à une cause contraire, un métal électro-positif apportera

---

(1) Les avares, par le déréglement de leurs affections, auraient-ils rendu leur corps et leur âme esclaves d'une sensation analogue?

(2) Une congestion sanguine peut-elle avoir lieu sans une congestion nerveuse préalable?

Le fluide vital n'est-il pas le stimulant ordinaire de la circulation sanguine?

le soulagement. Cette influence des métaux cesse complétement dès que l'état somnambulique n'existe plus.

Déjà le docteur Despine avait publié ses observations sur le même sujet; elles sont trop précieuses pour que nous ne les rapportions pas ici.

« J'avais, dit ce médecin, de grands disques de zinc, d'argent, de fer, de plomb, de cuivre jaune et rouge; je les soumis successivement aux mêmes expériences (c'était poser un disque sur champ, et la somnambule mettait le doigt sur le sommet de l'axe vertical, donnait sur le bord perpendiculaire à l'axe un petit choc avec le médius de l'autre main); à chaque coup, la magnétisée éprouva une secousse. Cette impression électrique offrait une notable différence suivant les métaux : ainsi elle restait aux premières phalanges du doigt ou s'étendait au carpe.

» Les disques étant difficiles à tenir et à faire mouvoir, j'établis des espèces d'axe au moyen de petites pointes d'acier, et je commençai les expériences. La percussion imprima au disque un mouvement beaucoup plus rapide, et il en résulta que du doigt qui frappait le disque à celui qui le maintenait, il y eut une véritable commotion électrique.

» Plus tard je pris des disques quadrilatères dont les deux angles servaient d'axes. Mes expériences furent plus positives, et m'amenèrent à reconnaître que mes *malades en crise* établirent un ordre régulier de classement de disques de métal, ordre qui répondait à celui qu'avaient reconnu les physiciens Avogardo et Micelotl. L'or occupait l'extrême négatif de la chaîne, et le zinc l'extrême positif, et successivement de l'or au zinc venaient l'argent, le cuivre, le fer, le plomb.

» C'est toujours à l'or que les somnambules donnent la préférence pour alléger les douleurs névralgiques. » (Despine, ouvrage cité.)

Comparaison de la lumière et du fluide magnétique humain.

Des expériences rigoureuses faites par d'habiles physiciens ont démontré que la lumière solaire non décomposée détermine des effets électriques, et qu'il en est de même lorsqu'elle est décomposée.

Or, si la lumière peut influencer les corps inorganiques, de telle sorte qu'elle décompose leur électricité naturelle, il était à présumer qu'elle agirait aussi sur l'électricité du système nerveux, et que cette action serait perçue dans certains états d'irritabilité plus grande. Le principe essentiel de ces deux puissances est, en effet, identique, suivant les inductions synthétiques dont nous venons de poser les différents termes, inductions qu'on a pu facilement suivre. On s'est donc convaincu de l'action du fluide lumineux sur le système nerveux.

Nous avons cité plus haut l'exemple de personnes névropathiques qui ne pouvaient, sans éprouver des spasmes ou des convulsions, recevoir l'action de la lumière affaiblie par l'interposition d'un nuage, soit sur le corps tout entier, soit même seulement sur un membre.

M. Charpignon a observé plusieurs individus, qui, en état de somnambulisme magnétique, ne pouvaient supporter la moindre lumière naturelle ou artificielle. Il leur fallait une obscurité complète, et alors les facultés somnambuliques acquéraient un développement si parfait que la vision devenait possible malgré l'occlusion des yeux. Les objets étaient éclairés pour ces somnambules par le fluide magnétique, par l'électricité naturelle de ces objets, par l'électricité toujours répandue dans l'air, et par le fluide éthéré, qui, dans ce que nous appelons relativement à nous l'*obscurité complète*, éprouve toujours l'*action luminescente* du soleil, même lorsqu'il est le plus éloigné de notre hémisphère. Les somnambules voyaient ces objets comme dans un brouillard plus ou moins clair ; mais toujours la vision était gênée, lente, et n'embrassait pas en même temps tous les points de l'objet, parce que, s'il est permis de s'exprimer ainsi, de même que les rayons lumineux d'une lanterne sourde n'éclairent qu'un espace circonscrit, de même aussi le somnambule ne peut disposer que de quelques rayons de la lumière magnétique qu'il dirige par une surface nerveuse exhalante. Pour cinq somnambules qui offrirent ces phénomènes remarquables à l'observateur que nous venons de nommer, l'interposition d'un corps opaque entre leurs yeux et l'objet n'empêchait pas la vision : cet obstacle ne faisait que la rendre plus lente et plus laborieuse.

Dans l'état actuel de la science, M. Charpignon croit impossible d'expliquer ce phénomène autrement que nous l'avons déjà fait tant de fois dans le cours de ces notes, c'est-à-dire par le fluide magnétique et l'électricité naturelle des corps interposés et de ceux à voir. Ces fluides étant lumineux, et traversant tous les corps, rendent toujours éclairé l'objet que nous croyons sans lumière.

Un autre phénomène, peut-être plus extraordinaire, est venu s'ajouter aux observations de M. Charpignon sur l'influence encore si peu connue de la lumière. Il s'est convaincu que la lumière fixée sur le corps, c'est-à-dire la *couleur*, agit sur ces systèmes nerveux exceptionnels selon le même mode que la lumière ambiante. Ainsi les couleurs rouge et violette impressionnaient réellement ces malades éveillés ou endormis.

J'ai remarqué, dit ce médecin, ce phénomène que j'étais loin de soupçonner, en voyant une somnambule se plaindre de la tête, se tourmenter et devenir très agitée, sans que nous puissions en trouver la cause. Elle finit cependant par saisir un mouchoir qui enveloppait sa tête et son cou, et le jetant au loin, elle me dit qu'il était la cause de son malaise. Or, ce mouchoir n'était pas de soie et n'avait rien d'extraordinaire. Je répétai l'expérience avec des mouchoirs différents, et chaque fois que la tête fut enveloppée d'un mouchoir rouge, le malaise revint. J'essayai d'obtenir ce résultat sur d'autres magnétisés, mais je les trouvai presque tous complétement insensibles à toutes les étoffes et à toutes les couleurs. Cependant j'en rencontrai qui offraient le même phénomène lorsqu'ils portaient quelque étoffe de couleur rouge, et qui me prévinrent que cette couleur les fatiguait.

Le docteur Despine, qui s'était dirigé dans cette route expérimentale de la physique du magnétisme bien avant M. Charpignon et avec plus de détails, a écrit quelque chose d'analogue sur cette singulière influence des couleurs. Voici ce qu'on lit dans son ouvrage, intitulé *De l'emploi du magnétisme animal*, etc.

« L'impressionnabilité aux couleurs est aussi un phénomène digne de remarque. Le *rouge-ponceau* mettait en crise notre jeune Neufchâteloise. Annette Roux fut mise un jour en crise dans une voiture publique, parce qu'un des voyageurs avait un parapluie de *soie rouge cramoisie enfermé dans un gros garrot* qui lui servait de canne. Personne ne le savait dans la voiture que le voyageur à qui il appartenait, et ce fut la jeune fille qui l'indiqua, lorsque son conducteur lui eut demandé, en se mettant en rapport avec elle, pourquoi elle avait pris une crise qu'elle n'avait pas annoncée...

» Le *violet* a constamment fatigué beaucoup toutes mes malades (1). Ce fait paraît tenir en partie à la classe des phénomènes galvano-métalliques. J'y reviendrai dans une autre circonstance pour indiquer tout ce que j'ai déjà ob-

---

(1) Le plus grand nombre des malades de M. Despine étaient des cataleptiques qui entraient spontanément dans les crises léthargiques ou somnambuliques.

tenu de mes recherches, et ce que j'ai observé de plus positif et de plus curieux à ce sujet (1). »

Instruments sensibles à l'électricité naturelle des corps et au fluide magnétique humain.

Les fluides électrique et électro-magnétique peuvent se faire reconnaître par leur action sur divers instruments : ainsi on a les électromètres, les condensateurs et les galvanomètres ; mais rien jusqu'à présent ne pouvait révéler l'électricité naturelle des corps, si certaines causes ne décomposaient pas ce fluide naturel que l'on pensait être entièrement, à l'état neutre, latent. Comprenant qu'il serait d'une haute importance pour la science de trouver des instruments qui pussent indiquer l'existence, les condensations, les courants et la nature du fluide magnétique humain, on a fait des tentatives multipliées, et voici jusqu'à ce jour ce qui a été recueilli de plus exact.

Le pendule magnétique, sur lequel M. Gerbouin a fait un traité spécial, est une petite boule de matière quelconque suspendue à un fil de lin. Le fil tenu entre les doigts, le pouce et l'index, le bras bien fixé à l'aide de l'autre main ; l'attention, la volonté, dirigeant un courant de fluide magnétique par le bras, les doigts, le fil conducteur jusqu'à la boule, on peut lui imprimer à volonté tel ou tel mouvement dans tel ou tel sens, d'avant en arrière, de droite à gauche ; puis suspendre ces mouvements divers pour en substituer un circulaire, qu'on fera bientôt cesser à volonté pour faire place à un autre. La petite boule obéit sans qu'aucun mouvement de la main

(1) On a vu à Anvers, dit Huyghens, un prisonnier dont la vue était si perçante et si vive, qu'il découvrait, sans aucun secours d'instruments et avec facilité, tout ce qui était caché et couvert sous quelque sorte d'étoffe, *à l'exception seulement de celles teintes en rouge*. (*Histoire des superstitions*, Lebrun.)

ou des doigts ait pu la diriger. Cependant, comme les effets de cette espèce d'électromètre magnétique peuvent être facilement attribués à un mouvement presque imperceptible de la main ou des doigts, surtout pour ceux qui ne sont que témoins de l'expérience, et qui ne peuvent point avoir la conscience de l'immobilité du soutien, et de la coïncidence parfaite du changement de mouvement, soit dans sa direction, soit dans sa vitesse, avec le changement de volonté et son intensité, j'ai fait tenir le pendule magnétique par une autre personne, et, posant mes doigts sur les siens, j'ai obtenu les mêmes résultats. La personne qui tenait le fil ne dirigeant point son attention, sa volonté pour le faire mouvoir, il était bien difficile qu'un mouvement naturel de sa main coïncidât exactement et plusieurs fois de suite avec ma volonté, qui commandait sans aucune manifestation extérieure qui pût être remarquée. D'un autre côté, si le mouvement du pendule eût été dû à celui que mes doigts lui imprimaient, dans ce dernier cas la personne que je touchais l'eût facilement remarqué. Il me semble que j'avais ainsi évité toute cause d'illusion ; mais je voulus porter l'expérience encore plus loin. Une autre personne tenant le fil du pendule et agissant sur lui pour lui imprimer une direction, je laissais ce mouvement s'établir, et, mes deux doigts appliqués sur les siens, malgré sa volonté toujours agissante, je suspendais le mouvement du pendule pour lui en imprimer un autre tout opposé. Dans ce cas, c'est la volonté la plus puissante, le fluide le plus actif qui commande et est obéi, et tel qui, aujourd'hui, est vainqueur dans cette espèce de lutte, sera demain vaincu à son tour (1).

(1) M. Charpignon a opéré devant une somnambule : elle a vu le fluide magnétique glisser le long du fil et le balancer comme il voulait. Mais comme il est difficile, ainsi que je le faisais remarquer il n'y a qu'un instant, de donner cette expérience comme concluante pour les personnes qui n'ont

M. Gerbouin expose dans son intéressant ouvrage qu'il s'est servi de ce pendule magnétique pour étudier quel mouvement il prendrait sous l'influence de petits disques métalliques au-dessus desquels il le présentait. La petite boule, saturée du fluide magnétique de l'expérimentateur, par cela seul qu'elle communiquait avec sa main par le fil, était influencée de différentes manières par les différents métaux.

Un autre appareil (qui a quelque analogie avec le pendule magnétique et la *baguette fourchue*), assimilé avec la plus grande justesse, par M. le comte de Tristan, à un galvanomètre dont les mains de l'expérimentateur seraient les rhéophores, a offert à M. Charpignon des résultats de nature à faire espérer de trouver dans cet instrument la solution du problème posé (1).

point conscience de l'action de l'expérimentateur, j'ai essayé, ainsi que M. Charpignon, d'agir en fixant le fil à un corps solide, et ma main touchait seulement l'extrémité du fil ; mais, ainsi que ce médecin, je n'ai obtenu aucun résultat. Pour que le mouvement du pendule fût possible dans ce cas, il faudrait trouver un corps qui se laissât pénétrer difficilement par le fluide magnétique, car tous ceux auxquels on attachera le fil du pendule laisseront traverser ce fluide, qui est d'une extrême subtilité. Cependant, dans les expériences que j'ai rapportées plus haut, nous avons vu que les mains de la personne qui tenaient le fil n'ont point empêché le fluide magnétique d'arriver jusqu'au pendule.

(1) C'est à ce genre d'instrument et d'expérimentation que se rattachent les faits singuliers des *sourciers*, de la *baguette fourchue*, de la *baguette* nommée aussi *divinatoire*. Nous parlerons plus loin des phénomènes psychologiques des *sourciers*, etc. Disons seulement maintenant que c'est par un effet tout physique et tout physiologique que des fibres végétales deviennent un centre d'électricité humaine dans les mains de quelques personnes ordinairement très nerveuses ou tout au moins riches en fluide nerveux. Ainsi une branche (de coudrier ou autre), tenue entre les mains de ces personnes, est pénétrée de leur propre fluide, et elles éprouvent souvent une réaction fébrile de l'action de fluides étrangers sur celui de la baguette qu'elles tiennent ainsi fortement serrée ; ce qui ne l'empêche pas, ou de s'incliner, si la baguette est fourchue et tenue par les deux branches, une dans chaque main, ou de se tordre à se rompre, si elle est droite. Ces mouvements de la baguette ont lieu lorsque ces personnes riches en fluide nerveux, impressionnables, marchent au-dessus d'un courant d'eau, d'une

Ayant réuni par une de leurs extrémités deux petites baleines cylindriques, et les prenant par les extrémités libres avec chaque main fermée en supination, de manière que, les coudes appuyés le long du corps et les avant-bras tenus perpendiculaires aux bras, l'appareil forme un angle dont les côtés courbés aboutissent aux poignets, on obtient ainsi un conducteur qui est mobile sur ses supports, qui sont les mains.

Tenant ainsi cet appareil, son sommet perpendiculaire à l'axe du corps, si un courant d'une électricité quelconque vient à s'établir par le corps de l'opérateur, il se fait un mouvement de rotation qui élève ou abaisse le sommet du conducteur.

Ce qu'il y a de plus remarquable, c'est que toutes les électricités agissent, lorsque toutefois le corps de l'expérimentateur *est capable de laisser passer le courant*, sur les branches du conducteur.

Le mouvement de cet appareil est plus régulier et plus marqué lorsqu'on présente, en marchant lentement, ses

---

mine métallique, ou seulement quand elles tiennent un métal dans une de leurs mains.

M. Charpignon a présenté à plusieurs de ses somnambules un savant très distingué qui est susceptible de ces effets, et chacune a vu courir le long de la baguette un fluide analogue à ceux déjà examinés ; ce fluide circulait en spirale, et c'était par cette cause que les fibres des baguettes se tordaient. De plus, suivant le métal mis entre les mains de l'expérimentateur, l'éclat du fluide variait, en sorte qu'il paraissait pâle quand la baguette inclinait vers le sol, et qu'il était brillant quand elle montait, ce qui était d'accord avec la nature du métal, qui était électro-négatif ou électro-positif.

M. le comte de Tristan, chez lequel ces phénomènes se manifestent avec intensité, ayant chargé une de ses mains du fluide magnétique qui s'échappait de la tête de M. Charpignon occupé à magnétiser, obtint, à l'aide de sa baguette, les signes d'électricité négative, tandis que la tête de la somnambule donna le signe positif. Cette expérience produisit les mêmes résultats sur plusieurs somnambules. Voyez *Physiologie du magnétisme*, par M. Charpignon. — Le docteur Thouvenel, *Premier mémoire physique et médicinal*, 1 vol. in-8. *Deuxième mémoire*, etc. 1 vol. in-8, par le même, et ses *Mémoires sur l'aérologie et l'électrologie souterraine*, 3 vol. in-8.

branches dans le sens du courant magnétique du globe, c'est-à-dire son sommet au sud ou au nord.

Le mouvement est plus sensible en pleine campagne que dans un appartement. Il est influencé par les saisons ou par l'état de l'atmosphère.

Pour expérimenter les premières fois, il est donc indispensable d'opérer en plein air et par un temps sec et chaud.

Ces conditions remplies, si l'on frotte une de ses mains avec de la résine, une peau de renard ou autre corps fortement électro-négatif, et qu'on reprenne vite l'extrémité du conducteur, on sent les branches tourner, et on voit le sommet s'abaisser plus ou moins.

Si, au contraire, on charge la main d'électricité positive, on voit le conducteur s'élever.

L'électricité naturelle des métaux produit les mêmes effets, en sorte que, pour les métaux électro-négatifs, le conducteur s'abaisse, et qu'il s'élève pour ceux qui sont électro-positifs.

Le fluide nerveux agit sur cet instrument. Ainsi, lorsqu'une douleur assez forte existe vers un point de l'organisme, si on y pose la main et qu'on reprenne aussitôt l'extrémité du conducteur, il s'élève ou s'abaisse, selon que la cause de la douleur développe de l'électricité positive ou négative.

Il était vraisemblable, par suite des théories physiologiques modernes sur le système nerveux, que toute maladie détermine vers l'organe affecté un afflux d'électricité nerveuse ou y opère une soustraction de ce fluide. Nous avons vu dans une note quelque chose des expériences du docteur Coudret sur cette importante question, et des considérations savantes du docteur Durand, de Lunel. M. Charpignon s'est assuré, à l'aide de l'instrument dont nous venons de parler, et qu'il appelle *dynamètre vital*, qu'il n'y a dans le corps humain aucun symptôme de désharmonie sans que l'équilibre du fluide nerveux soit dérangé, de telle sorte que ce fluide, en plus dans un organe, est en moins dans un autre. Aussi, dès qu'avec le dynamètre on trouve en quelque partie du corps un pôle positif, on est certain d'avoir dans un autre le pôle contraire.

Ayant constaté l'action des fluides électriques sur le dynamètre vital, M. Charpignon devait expérimenter celle du fluide magnétique humain sur cet instrument. S'assurant donc des pôles nerveux chez des malades avant de les soumettre à la magnétisation, puis cherchant ces pôles après quelque temps d'action magnétique, il a trouvé chez les uns un renversement des pôles, et chez d'autres une disparition complète de ces foyers nerveux. Chez les individus où les pôles disparaissaient, il était manifeste que sous l'action du magnétisme l'équilibre se reconstituait, et que cette médication suffisamment continuée et répétée devait ramener l'équilibre dans les points que la maladie avait rendus des foyers électriques. La guérison serait donc la conséquence évidente de l'application raisonnée et calculée du magnétisme humain au plus grand nombre des maladies.

En effet, lorsque la guérison a lieu par les seules *forces de la nature*, lorsqu'on ne fait que de la médecine exspectante, ne sont-ce pas les *forces nerveuses*, les *forces vitales* qui agissent? Et lorsqu'on administre des médicaments, n'a-t-on pas pour but, ou de concourir à renforcer les puissances nerveuses, vitales, ou de les diminuer, ou de les diriger lorsqu'elles s'égarent? De même qu'une cause de maladie pour produire ses effets doit nécessairement s'adresser *médiatement* ou *immédiatement* à la sensibilité, à l'agent de la sensibilité, au système nerveux, au fluide nerveux, vital; de même aussi une puissance médicatrice peut-elle agir pour rétablir la santé suivant un autre mode. De là, il ne s'ensuit pas qu'il n'y ait qu'un médicament pour toutes les maladies, et que ce médicament soit le magnétisme humain, mais seulement que tous les médicaments agissent d'une manière analogue. D'ailleurs le magnétisme humain étant différent chez les différents individus, telle action magnétique pourra guérir *un malade* qui ne guérirait pas par un autre. L'action magnétique de certains individus agit plus efficacement sur tel ou tel genre *de maladie*. Cela explique pourquoi souvent la magnétisation seule ne suffit pas, et la nécessité dans laquelle on est d'y ajouter le concours de médicaments divers. Si l'action magnétique est réelle, incontestable, peut-il y avoir une puissance médicatrice plus naturelle, plus simple, plus pénétrante, plus douce, plus active et plus universelle? Cette action paraît peu de chose au-dehors; elle a lieu à distance; elle ne modifie en apparence que la sensibilité cutanée, puisque c'est à elle qu'elle s'adresse d'abord (même par l'action sans contact) pour que le fluide magnétique s'introduise par les filets nerveux qui s'épanouissent dans la peau, et envahisse ainsi graduellement toute la circulation nerveuse. Ces petits filets nerveux cutanés sont des expansions de rameaux importants; rameaux et ramuscules s'élancent par des branches nerveuses plus considérables d'un tronc commun (la moelle épinière), et d'une souche unique (le cerveau). Pour un arbre, est-ce dans la souche et dans le tronc, et non pas plutôt dans les branches, les rameaux et les feuilles, que se passent les phénomènes les plus importants de la vie végétale? Est-ce dans le sein de la terre ou au contact de l'air que s'opèrent les plus grandes merveilles de la végétation? N'est-ce pas un simple refroidissement de la peau qui trouble les fonctions de l'estomac, arrête la digestion, suspend des fonctions importantes, produit des congestions vitales, puis sanguines, consécutives, dans les principaux organes placés le plus profondément et doués de la vitalité la plus puissante? Pourquoi ce coup de vent, qui n'a frappé que l'*enveloppe* cutanée, produit-il aussitôt une inflammation du cerveau, des poumons, des plèvres, du foie, etc., etc.? La peau serait donc autre chose qu'une *enveloppe?* Ne serait-elle pas un des pôles de la pile organique?...(1).

Des somnambules qui voyaient les divers fluides électriques, étant priés d'examiner le dynamètre en action, virent les branches se couvrir d'un fluide brillant qui y circulait en spirale. Ce fluide est une combinaison de l'électricité de l'objet qui excite un courant dans le corps de l'expérimentateur avec le fluide nerveux.

Ces expériences tout-à-fait neuves et susceptibles d'un grand développement entre les mains de magnétiseurs instruits des phénomènes de l'électro-magnétisme, et *capables* par leur organisation de permettre le mouvement du dynamètre vital, ont été suggérées à M. Charpignon par M. le comte de Tristan. Ce savant, familier avec ce genre de phénomènes, dont il a fait une étude approfondie et qu'il a développés dans un traité spécial (2), a répété les expériences dont nous venons de parler et a obtenu les mêmes résultats.

Les observations expérimentales que nous venons d'exposer montrent un plan d'étude du magnétisme humain, vers lequel trop peu de magnétiseurs se sont encore dirigés.

Il est cependant certain que c'est seulement dans l'étude des phénomènes physiques du magnétisme que se trouve le fondement sur lequel l'ensemble du système du magnétisme puisse s'appuyer (déduction faite, bien entendu, des questions métaphysiques). Les phénomènes psychologiques et physiologiques méritent bien une étude à part toute spéciale; mais en ne s'attachant qu'à eux, on cède à l'attrait du merveilleux; on se met dans l'impossibilité de

(1) Voyez sur ce point important les ouvrages des docteurs Durand, de Lunel, et Turck, etc.
(2) *Recherches sur quelques effluves terrestres*, in-8. Paris, 1826. Chez Bachelier.

connaître leur mode second d'opérer ; on n'obtient que l'apparence d'une science incapable de résister longtemps aux sévères épreuves d'un examen vraiment scientifique.

Si nous résumons maintenant, à cause de l'importance de la matière, les travaux exposés dans ce paragraphe et déjà indiqués dans les précédents, nous en déduirons avec M. Charpignon les conséquences suivantes, données aussi, bien que par une autre voie, par le docteur Durand, de Lunel, dans l'ouvrage cité plus haut.

Considéré physiquement, l'organisme humain est une véritable pile électro-magnétique, aux opérations de laquelle l'âme préside sous la conduite de Dieu qui a donné commencement à l'action, et lui impose une fin quand il lui plaît.

Le travail de cette pile électro-magnétique humaine peut être troublé seulement, ou entièrement suspendu, soit par des causes physiques, soit par des causes morales.

Le cerveau, la moelle épinière, les ganglions, les cordons nerveux ; en un mot, tout le système nerveux de l'homme (1) est l'appareil élaborateur d'une électricité particulière qu'on a nommée *fluide nerveux* et *fluide magnétique animal*, mieux *magnétisme humain*.

Ce fluide subtil, impondérable, incoercible, insaisissable, pour ainsi dire, par les moyens que la physique avait à sa disposition, devient susceptible d'être étudié par les moyens nouveaux que le magnétisme humain nous a fait connaître.

Les caractères du fluide magnétique humain, considéré physiquement, sont analogues à ceux des autres fluides impondérables, avec cette particularité qu'il faut reconnaître en lui une substance moins matérielle et plus pure que dans les autres fluides (2).

---

(1) Remarquez que le système nerveux entre dans la composition de *tous les organes*, etc.

(2) Quoi qu'en dise M. le docteur Turck, les théologiens n'ont jamais con-

Après l'âme, ce fluide magnétique est l'élément de la force qui entretient l'harmonie dans l'organisme humain.

Toute désharmonie détermine, primitivement ou secondairement, dans les parties lésées qui lui sont sympathiques, une *hypersthénie* (excès ou exaltation) ou une *asthénie* (manque ou faiblesse) du fluide nerveux, ou même une viciation substantielle de ce fluide.

Les conditions physiologiques ou pathologiques de la manière d'être du fluide magnétique humain peuvent être appréciées par le *dynamètre* vital ou par le somnambule *lucide*.

Le fluide magnétique humain, éminemment susceptible d'éprouver la réaction volitive, peut être mis en mouvement par la volonté qui, afin de s'exprimer et de se traduire au dehors, pour ainsi parler, lui vient en aide par divers procédés de magnétisation. Voilà comme l'action magnétique a pour principe la volonté, pour moyen le fluide vital sécrété et exhalé, pour résultat le développement dans l'organisme passif de courants dynamiques, qui peuvent accroître la vitalité des centres nerveux, selon la sensibilité nerveuse du sujet, son état physiologique ou pathologique, la qualité de son fluide vital, sa nature plus ou moins sympathique avec le fluide reçu, selon le mode d'action essentiel ou accidentel du magnétiseur. Ces mêmes courants peuvent en outre produire des phénomènes purement critiques et réorganisateurs, ou des phénomènes mixtes de réaction vitale et d'impressionnabilité, qui laissent arriver jusqu'à l'âme les causes excitantes de la lucidité instinctive.

Cette action particulière sur l'organisme n'est ni absolue ni exclusive pour le fluide magnétique humain, puisque les autres fluides impondérables produisent sur certaines organisations des effets presque semblables.

fondu *les esprits animaux*, le fluide vital admis par saint Thomas, Bossuet, avec l'âme, substance purement spirituelle.

Ces conclusions, que nous ne porterons pas plus loin, doivent suffire pour démontrer que des études sévères peuvent apporter aujourd'hui des preuves physiques en faveur de l'existence de l'agent qui est la cause seconde efficiente des phénomènes physiologiques dont l'ensemble constitue ce que depuis Mesmer on appelle la question, la science du magnétisme animal, du magnétisme humain.

CHAPITRE XIII.

PARALLÈLE ENTRE LES IDÉES DE MESMER SUR LE FLUIDE MAGNÉTIQUE ET CELLES DES MODERNES. — LE FLUIDE MAGNÉTIQUE BIEN DISTINCT DE L'AME. — MM. HOFFMANN, NACQUART, VIREY, ETC. — EXPÉRIENCES DE L'HÔTEL-DIEU, DE LA SAPÉTRIÈRE, DU VAL-DE-GRACE, ETC.

Après l'exposé précédent des travaux modernes sur l'unité de principe des différents fluides impondérables, et en particulier du fluide vital, du magnétisme humain, il sera curieux de pouvoir mettre en parallèle la théorie de Mesmer sur l'agent qu'il a fait connaître sous le nom de *magnétisme animal*.

Le prenant à sa source et avant qu'il soit *spécialisé* dans les divers corps de la nature, il le caractérise lui-même (1) : un fluide universellement répandu ; il est le moyen d'une influence mutuelle entre les corps célestes, la terre et les corps animés (2) ; il est continué de manière à ne souffrir aucun vide ; sa subtilité ne permet aucune comparaison (3) ; il est capable de recevoir, propager,

(1) *Mémoire de Mesmer*, déjà cité.
(2) Parce que ce fluide étant le principe des fluides *spécialisés* dans les autres corps, il conserve toujours avec eux des relations possibles en raison de l'analogie primitive : aussi il est le *moyen* de l'action magnétique humaine exercée à distance, de la réaction sympathique, qui impressionne les somnambules, etc., etc. Il est parfait conducteur du fluide vital exhalé, il se laisse facilement modifier par lui, etc. Il n'en faut pas moins tenir compte de la *direction spéciale* que prend le fluide vital sous l'influence de *la volonté*.
(3) *Aucune comparaison* rigoureuse, bien entendu, ce qui ne l'empêche pas d'avoir une certaine analogie avec les divers impondérables.

communiquer toutes les impressions du mouvement ; il est susceptible de flux et de reflux. Le corps animal éprouve les effets de cet agent, et c'est en s'insinuant dans la substance des nerfs qu'il les affecte immédiatement (1). On reconnaît particulièrement dans le corps humain des propriétés analogues à celles de l'aimant (2); on y distingue des pôles également divers et opposés. L'action et la vertu du magnétisme animal peuvent être communiquées d'un corps à d'autres corps animés et inanimés (3). Cette action a lieu à une distance éloignée, sans le secours d'aucun corps intermédiaire (4); elle est augmentée, réfléchie par les glaces (5), communiquée, propagée, augmentée par le son (6). Cette vertu peut être accumulée, concentrée (dans des réservoirs magnétiques), transportée (avec les corps qui l'ont reçue en dépôt.

(1) Par la respiration et par l'absorption cutanée, cet éther, ce fluide universel est introduit dans l'organisme, modifie le système nerveux, est modifié aussi par lui, et devient fluide nerveux, fluide vital.

(2) Non seulement parce que le corps humain a des points vers lesquels le fluide vital afflue, est exhalé et qu'il offre des pôles, comme nous l'avons vu dans le paragraphe précédent, mais aussi parce que le magnétiseur exerce sur le magnétisé, sur ses membres surtout, une action attractive semblable à celle que l'aimant exerce sur le fer.

(3) L'homme peut magnétiser son semblable, les animaux même ; des phénomènes nerveux manifestent alors cette action. Il peut aussi magnétiser des végétaux, activer ainsi ou retarder, suspendre même entièrement la végétation par une action *spéciale suffisamment répétée*. Il peut choisir les végétaux ou les minéraux pour les rendre dépositaires de la vertu magnétique, et produire, par leur intermédiaire, des phénomènes variés sur les corps animés qui s'approcheront d'eux. Alors les végétaux ou les minéraux cèdent aux corps organisés le fluide reçu en dépôt, et qui, sorti de l'organisme humain, y retourne comme à sa source naturelle.

(4) *Sans le secours d'aucun corps intermédiaire* autre que le fluide universel, l'éther, qui est conducteur du magnétisme humain, se laisse modifier par lui en raison de l'analogie primitive.

(5) Autre signe d'analogie avec le calorique, la lumière.

(6) D'abord parce que l'éther, mis en mouvement sous l'action d'un instrument touché par le magnétiseur, devient, par ses ondes sonores, le véhicule du magnétisme humain, dont les ondulations propres sont accélérées par celles du milieu qu'elles traversent et auxquelles elles se mêlent ;

»Quoique ce fluide soit universel, tous les corps animés n'en sont pas également susceptibles (1); il en est même, quoique en très petit nombre, qui ont une propriété si opposée, que leur seule présence détruit tous les effets de ce fluide dans les autres corps (2).

ensuite parce que les ondes sonores, *de certaine nature* au moins, disposent le système nerveux à recevoir et à conserver le magnétisme humain, favorisent, dans le cerveau du magnétisé, la sécrétion du fluide vital propre, et sa circulation dans le système nerveux, suivant un mode analogique à la nature du son.

(1) Les corps animés sont tous dans un état physiologique ou pathologique inégal ; ils *doivent donc être inégalement susceptibles* de l'action du fluide universel, et du fluide universel spécialisé en l'homme, du magnétisme humain. De plus, *par cela même que le fluide* dont parle Mesmer *est universel*, les corps animés *à l'état physiologique parfait* en sont suffisamment pénétrés, et n'en peuvent recevoir qu'une augmentation insensible dans ses effets. Voilà la réponse à MM. Burdin jeune et Dubois (d'Amiens), qui ont le talent de voir une *contradiction évidente* dans un *fluide universel* qui pénètre *tous les corps sans exception*, et auquel il y a des corps *réfractaires, répulsifs même*. Fallait-il deux académiciens pour trouver une semblable objection ?.....

(2) Tous les effets *sensibles et surajoutés aux effets ordinaires* sont détruits par la présence de certains corps animés ou inanimés dont la réaction sur le système nerveux détermine une surexcitation qui s'oppose à l'accumulation du magnétisme humain, que souvent ces mêmes corps soutirent à leur profit. Ainsi il n'est pas rare de voir une personne qui, la veille, éprouvait des effets magnétiques, n'en ressentir plus aucun le jour suivant, parce qu'une tierce personne, par le seul fait de la proximité, attire à elle le fluide magnétique, et en manifeste à l'instant même les effets les plus complets.

De même qu'une aiguille aimantée qui aurait pris une direction sous l'influence d'un fer aimanté d'une puissance donnée, en prendrait à l'instant une autre sous l'influence d'un aimant plus puissant; de même aussi un corps animé sensible à l'action du magnétisme humain *de tel magnétiseur* pourra *quelquefois*, par la seule présence d'une personne *fortement* hostile au magnétisme, être *fortement* influencé par l'irradiation magnétique *non réfléchie, non consciencée* de cette personne, qui s'en retournera toute triomphante, et criera au surnaturel, si au milieu de tout cela elle a fait quelque prière, ignorant que tout homme, dans les mêmes conditions morales et physiologiques (abstraction faite de tout acte surnaturel), exerce la même influence, qu'il soit païen, juif, protestant, athée, etc., etc., etc. Ce qui soit dit ici, non pas en faveur de l'indifférentisme impie qui met stupidement toute monstruosité religieuse sur la même ligne que la vérité

» Le magnétisme, continue Mesmer, peut guérir immédiatement les maux de nerfs, et médiatement les autres; il perfectionne l'action des médicaments; il provoque et dirige les crises salutaires, de manière qu'on peut s'en rendre maître (1); par son moyen, le médecin connaît l'état de santé de chaque individu (2), et juge avec certi-

---

catholique, afin de s'imaginer qu'il est *tolérant*, quand il fait seulement preuve de l'absence complète de toute logique et de toute idée, même philosophique, sur *la vérité;* mais parce que l'action magnétique simple et non réfléchie est une action de l'homme, une action psychologique et physiologique (*anima rationalis et caro unus est homo*), une action naturelle, la même chez tous les hommes, bien qu'elle puisse accidentellement recevoir des modifications surnaturelles, bonnes ou mauvaises, selon la nature de la volonté s'attachant *légitimement* au vrai Dieu ou s'unissant à l'ennemi de sa gloire, etc., etc.

Un ecclésiastique se trouvant quelques instants seul près d'une personne en état de somnambulisme, voulut faire une épreuve *décisive* pour *juger définitivement* s'il y avait du surnaturel diabolique dans les phénomènes produits par le magnétisme humain. Il tira de sa poche son chapelet, et approchant la médaille à quelque distance du front du somnambule, il vit sa tête pencher vers la médaille; s'éloigna un peu, et *voulut* que le somnambule le suivît, ainsi *maîtrisé par la cause* qu'il venait de poser. Le somnambule se leva en effet, se promena autour de la chambre sous la conduite de son conducteur, qui dès lors se fit une conviction *bien fondée sur la nature* du magnétisme, et communiqua *ses lumières* à plusieurs de ses amis. J'ai dû rapporter ce fait dans l'intérêt de la science et de la religion, qui n'est point responsable du travers de quelques hommes qui ne s'aperçoivent pas qu'ils sortent de l'ordre de la providence lorsqu'ils prennent une autre voie que l'*étude sérieuse* et *réfléchie* pour juger une question scientifique. — Ainsi que je l'ai fait bien souvent, cet ecclésiastique aurait pu, laissant son chapelet dans sa poche, obtenir le même résultat en présentant seulement la main, ou en tenant à la main tel ou tel autre objet qu'un objet bénit, empreint d'une image pieuse.

Pour ceux qui auront compris ce que j'ai dit plus haut de l'action magnétique *non réfléchie*, ils sauront voir ici quelque chose de plus encore, et pourront répondre à cet ecclésiastique et lui donner la théorie du fait qu'il aime à raconter.

(1) Le magnétiseur *suffisamment instruit* sait prévenir les accidents nerveux, s'en rendre maître, etc.

(2) Soit immédiatement par lui-même en observant les foyers magnétiques, les courants magnétiques, etc., soit médiatement par le secours du sympathéisme somnambulique.

tude l'origine, la nature et les progrès des maladies les plus compliquées; il en empêche l'accroissement, et parvient à leur guérison (1) sans jamais exposer le malade à des effets dangereux ou à des suites fâcheuses (2) quels que soient l'âge, le tempérament et le sexe. La nature offre dans le magnétisme un moyen *universel* (3) de guérir et de préserver les hommes (4). »

Il est facile de voir que Mesmer distinguait le fluide universel, l'éther répandu partout, de ce même fluide spécialisé dans les différents corps, devenu, par exemple, magnétisme humain, et qu'il ne confondait ni l'un ni l'autre avec le principe intelligent.

Non seulement l'âme humaine, par sa nature spirituelle, par sa force intelligente, régit le cerveau et opère dans son union avec lui pendant cette vie pour l'accomplissement des fonctions intellectuelles et leurs manifestations ; mais parce que le mouvement n'est point inhérent à la matière, parce qu'elle ne peut recevoir le mouvement et la vie que d'un principe spirituel, essentiellement actif. L'âme humaine, par sa faculté sensitive qui lui a été donnée de Dieu pour entrer en rapport avec les choses matérielles, préside encore à tout l'ensemble fonctionnel du système

---

(1) Lorsque cela est encore possible, bien entendu.

(2) Nous l'avons dit plus haut, lorsque le magnétiseur est suffisamment instruit.

(3) *Universel;* nous avons dit en quel sens dans le paragraphe précédent. *Universel*, parce que son action est aussi étendue, aussi variée que celle du système nerveux, dont il est l'agent, etc. *Universel*, parce que, soit que la maladie guérisse par les seules *forces de la nature*, soit qu'elle guérisse avec le *concours* de médicaments, le magnétisme humain est toujours renforcé, augmenté, diminué, dirigé, etc., par un mode tout magnétique.

(4) Non, messieurs Burdin jeune et Dubois (d'Amiens), la *conclusion générale* n'est pas que l'hygiène et la médecine sont des sciences vaines et inutiles, dont le magnétisme animal *dispense complétement*, puisque l'étude du magnétisme humain est éclairée par les connaissances déjà acquises en hygiène et en médecine et qu'il fournit à ces sciences de nouvelles lumières.

nerveux, aux diverses modifications de l'agent nerveux, pour régler en union avec lui, par une action prochaine et explicite, les opérations d'un ordre inférieur, comme les fonctions sensoriales, la sensibilité externe et générale et la motilité; et par une action implicite et éloignée, la sensibilité interne, élective, organique, nutritive, l'irritabilité, la contractilité des tissus, etc. Dans l'état physiologique, ces dernières fonctions s'exécutent comme à l'insu de l'âme, bien que sous son action première; et ce n'est que dans l'état pathologique, lorsqu'il y a réaction vers le cerveau, que l'âme perçoit, par la *douleur*, la souffrance, quelque chose de leur vitalité. Nous l'avons dit, dans les animaux, c'est peut-être aussi un principe spirituel spécial qui préside à ces opérations (c'est l'opinion la plus probable); mais elles ne sont peut-être aussi en eux que le résultat de l'action générale conservatrice de Dieu sur tous les êtres de la création, comme cela a lieu pour les végétaux.

Mais ce qui est mieux démontré aujourd'hui que jamais pour tout esprit judicieux, c'est que le principe vital est inhérent à l'homme; qu'il est intimement lié à ses organes, qui l'élaborent et sont entretenus par lui; c'est que, pour le bien connaître, il faut jusqu'à un certain point en isoler les forces et les affections de l'âme, ses pensées, son action propre et indépendante. En effet, bien que ce principe vital reçoive dans l'homme des modifications toutes spéciales de l'âme, il n'est pourtant point l'attribut exclusif de l'animal; le végétal en jouit également.

On ne saurait donc plus maintenant se refuser à admettre une grande différence entre l'âme, principe de notre entendement, et le principe vital ou le principe de vie, qu'il est impossible de séparer de la matière, puisqu'il est matière lui-même, matière créée et disposée par Dieu pour être accessible à l'action d'un principe spirituel en l'homme. Tout concourt à repousser l'identification de l'âme et du fluide vital. Ce principe vital, dit Herder (*Histoire de la philosophie de l'intérieur de l'homme*), n'est point cette puissance intellectuelle de l'âme à laquelle il est, à la vérité, intimement lié. Il existe en nous ; il assimile les parties analogues, sépare celles qui sont hétérogènes, veille à tout (1). Toutes ces choses sont autant de faits que la nature donne, qu'aucune hypothèse ne peut renverser, qu'aucun langage ne peut anéantir. Reconnaître ces faits, c'est la philosophie la plus ancienne de la terre, comme vraisemblablement elle en sera la dernière. Autant je sais avec certitude que je pense et que je ne connais point ma force pensante (2), autant je vois et je sens certainement que je vis, quoique je ne connaisse pas non plus ce que c'est que le principe de vie. Cette puissance est innée, organique, génératrice ; elle est le fondement de mes forces naturelles ; elle est le génie intime de tout mon être.

Il semblait que nous ne devions pas revenir sur ces considérations déjà si longuement développées plus haut. Cependant, réunies à celles du paragraphe précédent, elles nous mettront à même de comprendre jusqu'à un certain point comment les savants qui repoussèrent Mes-

---

(1) Sous la conduite de l'âme, ministre de l'action conservatrice de Dieu dans la vie humaine. Il est tellement vrai qu'il faut que dans l'homme ce soit le principe spirituel, l'âme, qui, agissant *comme ministre*, fasse pour le fluide vital, le magnétisme humain, ce que l'action conservatrice de Dieu fait pour le fluide vital des végétaux, que dès que les physiologistes veulent parler du principe vital organique, ils lui attribuent une action intelligente, élective : « il *assimile*, il *sépare*, il *veille*, etc., etc. » Cependant certains phénomènes de la vie purement organique auraient-ils lieu par le fluide nerveux sous l'influence *immédiate* de l'action conservatrice de Dieu ? Y aurait-il pour l'homme une vie végétative, comme Aristote, saint Thomas le supposent dans leur théorie de l'animation du fœtus au bout d'un certain temps? Cela ne me parait nullement probable et semble répugner à l'unité et à la simplicité des moyens que Dieu emploie pour la conservation des êtres.

(2) Cependant Herder l'a assez connue pour la différencier par ces mots : « *Puissance intellectuelle.* »

mer, rayèrent d'Eslon du tableau des docteurs régents de la faculté, ne purent entrevoir la vérité, privés qu'ils étaient des travaux intéressants et plus positifs de leurs successeurs. Elles nous expliquent les contradictions *des doutes* de Thouret, les attaques dirigées contre les faits observés par Pététin, les calomnies contre M. de Puységur de la part des docteurs modernes qui n'ont point voulu profiter de l'expérience du passé et réviser les préventions de l'école. Elles nous donnent aussi la clef des efforts persévérants des défenseurs du magnétisme et des articles de journaux dont les rédacteurs préfèrent souvent la plaisanterie et le sarcasme à l'étude sérieuse et à la réflexion qui fatigue.

Le marquis de Puységur, après ses expériences de Busancy, en fit imprimer la relation sous le titre : *Mémoires pour servir à l'histoire et à l'établissement du magnétisme animal.* (2 vol. in-8. 1784 et 1785) (1).

Plus tard il publia *le Magnétisme considéré dans ses rapports avec la physique générale.* 1 vol. in-8. Paris, 1807. Bientôt (en 1809) parut une deuxième édition de cet ouvrage ainsi que de ses *Mémoires* de 1784. Deux ans après, il publia ses *Recherches*, etc. (2), auxquelles succéda de près (1812) *le traitement du jeune Hébert* (3).

Tous ces travaux que nous ne pouvions pas passer sous silence, parce qu'ils préparèrent ceux qui eurent lieu par

(1) Ceux qui se demanderont compte de la transition sont priés de relire l'*introduction*.

(2) *Recherches, expériences et observations sur l'homme dans l'état de somnambulisme naturel et dans le somnambulisme provoqué par l'acte magnétique.* In-8, 430 pag. 1811.

(3) *Appel aux savants observateurs du* XIXe *siècle, etc., et traitement du jeune Hébert.* In-8, 338 pag. Paris, 1813. — Sur MM. Hoffmann, Nacquart, etc.; et plus loin, sur MM. Bouillaud, Dubois (d'Amiens), etc., *et passim*, voyez les citations, avec des changements importants sur la doctrine, empruntées à l'ouvrage de M. Mialle. *Rapport confidentiel sur le magnétisme animal et sur la conduite récente de l'Académie royale de médecine*, 1839, in-8, p. 29 et suiv., *et alias*.

la suite, mirent en verve un des rédacteurs les plus estimés du *Journal de l'Empire*, M. Hoffmann.

Ce critique fameux, dont MM. Burdin jeune et Dubois (d'Amiens) paraissent affectionner surtout les passages burlesques et impies, si l'on en juge par leurs citations, se montra peu soucieux de réunir dans ses feuilletons les assertions les plus contradictoires, pourvu que l'ensemble égayât ses lecteurs (1). Cependant, invité par M. de Puységur à examiner lui-même au lieu de déclamer *à priori*, M. Hoffmann reconnut de ses propres yeux la réalité des phénomènes magnétiques ; il s'avoua vaincu, le publia hautement, et déclara la guerre aux médecins ennemis du magnétisme. Un des quatre secrétaires de l'Institut entreprit de justifier ses confrères. En sa triple qualité de médecin, de journaliste et d'académicien, M. de Montègre, déjà cité, accusa le magnétisme d'être contraire à la raison, aux bonnes mœurs, et de conduire les hommes à *l'abrutissement*. « Quant à ceux qui s'en servaient en désespoir de cause, il les traita comme des *victimes* qui n'étaient pas retenues par la crainte de se prêter à des *facéties* avilissantes. » Il établit le rapprochement le plus grotesque entre les magnétiseurs et les noueurs d'aiguillettes, entre les magnétisés et les épileptiques ; il prépara la matière à MM. Dupeau, Debreyne, Lafond-Gouzi, qui en ont usé amplement ; puis, s'adressant aux gens du monde avec toute la chaleur que peut donner la plus généreuse conviction : « Que ceux d'entre vous dont le cœur n'est pas ceint d'un triple acier, dont l'imagination n'est pas entièrement dominée par la raison, s'éloignent de ces scènes dangereuses ; car de même qu'il est à craindre que des enfants saisis à la vue d'un épileptique qui tombe et se débat en leur présence soient eux-mêmes atteints de ce mal terrible ; de même aussi vous devez, à l'aspect de ces

(1) Voyez les extraits que l'auteur de l'*Exposé des cures opérées par le magnétisme* a placés au commencement de son ouvrage.

ébranlements nerveux, *de ces aliénations passagères*, redouter les funestes effets de la contagion à laquelle vous vous exposez (1).

Ces déclamations ne firent que hâter la publication de l'histoire critique du magnétisme, par Deleuze (2).

Cet ouvrage, remarquable par la sagesse avec laquelle il est écrit, par l'esprit d'analyse, la méthode et le talent du style qu'on y admire, ramena un grand nombre d'ennemis du magnétisme, qu'on ne put plus dire repoussé par tous les savants, tant était imposante la masse de preuves apportée par l'auteur. Alors les collaborateurs du grand *Dictionnaire des sciences médicales* voulurent faire contre-poids. Ils montrèrent dans une foule d'articles et sous les formes les plus variées leur grand amour pour la vérité (3). M. le docteur Nacquart, en traitant des *contorsions*, avait écrit ces lignes mémorables : « Ces deux causes, *la terreur* et *l'imitation*, jointes à *un appareil imposant* et à *l'ascendant de la mode*, sont les bases sur lesquelles les partisans du magnétisme ont fondé dans tous les temps le succès de leur imposture. » (T. VI, p. 394.) Mais dans les articles *Contemplation* et *Convulsionnaires*, M. de Montègre laisse ses concurrents bien loin derrière lui. Il assura que le magnétisme offrait :

1° Les mêmes faits que l'on a observés chez les moines du mont Athos (ils regardent leur ventre et disent y voir la divinité sous une forme brillante);

2° Les grimaces ou pénitences effroyables des faquirs (ils vivent tout nus ou couchés sur la cendre, ou chargés

---

(1) *Du magnétisme animal et de ses partisans.* 1812. In-8, pag. 139, par ce même M. de Montègre, qui magnétisait tous ceux de ses malades qui voulaient le lui permettre, comme nous l'avons noté plus haut.

(2) *Histoire critique du magnétisme animal*, par J.-L-F. Deleuze. 2 vol. in-8. Paris, 1813. Une seconde édition fut publiée en 1819.

(3) Voyez l'introduction et les articles *Aérophobie, Aiguillette, Arcane, Bronchocèle, Charlatan*, etc., etc., du *Dictionnaire des sciences médicales.*

de chaînes comme les bêtes féroces, ou la tête en bas et les pieds en haut);

3° Les infamies commises par les misérables qui s'occupaient de sorcellerie (le sabbat, le loup-garou, l'empoisonnement des troupeaux, quelquefois des propriétaires, les sacrifices des enfants dans les opérations magiques);

4° Les grands secours des convulsionnaires de Saint-Médard (les coups de bûches ou de barres de fer sur l'estomac, des coups d'épée dans la poitrine, dans la figure, etc.).

Trouvant donc qu'il y a une ressemblance *exacte* entre les visions des somnambules et celles des aliénées, »ainsi qu'on les voit par les *épidémies nerveuses*, où les » unes se pendaient, les autres se noyaient; celles-ci » pensaient être changées en vaches, celles-là avoir *le* » *diable au corps*, etc.; où d'autres enfin prédisaient, ca- » briolaient, et quelquefois se mordaient les unes les » autres comme des enragées, » M. de Montègre conclut tout naturellement « que les illuminés, les magnétiseurs, » les somnambules, les *possédés*, les *sorciers* et les *ma-* » *giciens*, ne formaient qu'*une seule famille* (1). »

Si les médecins ne restaient pas oisifs pour attaquer, les partisans du magnétisme défendaient leur cause avec courage et par de nombreux écrits (2). Aussi il fallut encore un article tout spécial dans un *Dictionnaire des*

---

(1) Trop contents de trouver dans M. de Montègre un adversaire du magnétisme, des ecclésiastiques ont profité de ses écrits sans relever ses contradictions, ses impiétés, lorsque dans le même moment ils faisaient bonne guerre, sous ce rapport, aux partisans du magnétisme. MM. Frère, Debreyne, etc., savent à qui cette réflexion s'adresse.

(2) *Lettre sur le magnétisme*, par M. Morisson. — *Annales du magnétisme. Des modes accidentels de nos perceptions*, par M. le comte de Rédern. — *Explication et emploi du magnétisme*, par MM. Bapts et Azaïs. — *Exposition physiologique des phénomènes du magnétisme*, par Auguste Roullier, docteur-médecin. — *Bibliothèque du magnétisme* (*Ré-*

sciences médicales. M. Virey, auteur de plusieurs articles (1), voulut bien en ajouter encore un de plus. Savant distingué, ayant donné dans plusieurs ouvrages des preuves de quelques principes de saine philosophie, ses attaques devaient avoir du retentissement : aussi M. Virey ne ménagea pas ses adversaires; les deux tiers de son article le prouvent assez (2). Tout ce que la raillerie et le mépris peuvent fournir de ressources à l'érudition, il l'employa contre le magnétisme et ses partisans. La liste des épithètes qu'il leur prodigue est à elle seule une véritable curiosité. Mais au moment de conclure, cédant à la velléité de montrer sa science ou son impartialité, il reprend toutes les questions en litige (§ VI et VII, p. 516 et 540), et l'on est tout surpris de voir le sceptique naguère si hautain faire assaut de croyance avec les magnétiseurs les plus déterminés, *avouant tous les faits,* toutes les guérisons, tous les phénomènes du somnambulisme, etc., et *les prouvant,* « non seulement par les » propres raisons des magnétiseurs, mais encore par » d'autres que ceux-ci n'avaient pas trouvées. » (§ VIII, p. 541.) N'est-ce pas le cas de dire que « plus on examine » la société humaine, plus on y trouve atteintes de *délires* » *partiels* des personnes qui jouissent à d'autres égards » de l'intelligence la plus éclairée? » (Voy. art. *Magnétisme animal.* § VIII, p. 554.)

On comprendra sans peine le parti que tirèrent de cette

---

ponse aux objections du Dictionnaire des sciences médicales, par M. Deleuze.) — *Encore du magnétisme,* par Pigault-Lebrun (qui oublia un peu son cynisme habituel). — *Observations relatives à la lettre de M. Friedlander,* etc., par M. Appert, docteur-médecin. — *Théorie du mesmérisme,* par Ch. Hervier, etc., etc.

(1) Voyez, dans le *Dictionnaire des sciences médicales,* les art. *Esprit, Femme, Force médicatrice, Imagination, Influence, Instinct, Libertinage,* etc.

(2) *Magnétisme animal, Dictionnaire des sciences médicales,* t. XXIX, pag. 463, 1818.

singulière distraction du docteur, M. Deleuze d'abord, et plus tard d'autres défenseurs du magnétisme (1).

Cependant l'article de M. Virey a cela de commode que les adversaires et les partisans du magnétisme ont toujours pu utiliser son travail, et y trouver de part et d'autre des fragments avantageux pour citer le docteur Virey comme autorité compétente du pour et du contre.

Le 23 août de l'année suivante (1819), un ancien élève de l'École polytechnique, le docteur Bertrand, ouvrit des *conférences publiques* sur le magnétisme animal. Jamais pareil scandale n'avait affligé tous les bons esprits de la *faculté*. Les étudiants s'y portèrent en foule, et, charmés par la singularité du sujet, ils profitèrent avec empres-

---

(1) Voyez *Défense du magnétisme*, par M. Deleuze, in-8. 249 pag. 1819. — *Du magnétisme animal en France*, par le docteur Bertrand, in-8. 539 pag., 1826. — *Note sur M. Virey, ou le Magnétisme animal prouvé par les écrits de ses adversaires*, par M. Mialle, article inséré dans les *Rapports et discussions de l'Académie royale de médecine*, par M. Foissac, 1833.

On trouve à la fin de cette note la récapitulation des causes auxquelles M. Virey attribue les effets du magnétisme. La voici :

1° L'harmonie des rapports. — 2° La volonté. — 3° L'imagination. — 4° La sensibilité physique. — 5° Les attouchements. — 6° Les frottements. — 7° Les regards. — 8° Les paroles. — 9° Les gestes. — 10° La curiosité. — 11° Le désir. — 12° La croyance. — 13° L'imitation. — 14° La terreur. — 15° Les émotions nerveuses. — 16° Les affections réciproques. — 17° Les rapports sexuels. — 18° *La foi.* — 19° La confiance. — 20° La soumission. — 21° L'ennui de la manipulation. — 22° *Le fluide magnétique.* — 23° L'impatience. — 24° La délicatesse physique. — 25° La faiblesse. — 26° L'exaltation de la sensibilité. — 27° La musique. — 28° La chaleur vitale. — 29° Le contact de la main. — 30° Les caresses de l'amitié. — 31° *L'action réciproque des êtres.* — 32° La supériorité des forces physiques. — 33° Les rapports de sensibilité. — 34° *Les communications sympathiques.* — 35° *Le nom* de la chose. — 36° *La dévotion.* — 37° L'espérance. — 38° *La charité.* — 39° L'ignorance. — 40° La crédulité. — 41° L'enthousiasme. — 42° La séduction. — 43° Les communications nerveuses. — 44° Les voies de prestiges et d'illusions exercées de tout temps sur les intelligences.

Nous pensons, avec M. Mialle, que nos lecteurs ne verront pas sans intérêt cet échantillon de la logique d'un savant qui se moque de M. Deleuze.

sement d'une occasion qui se présenta bientôt après (1) pour demander à l'un de leurs professeurs, M. Husson, de faire à l'Hôtel-Dieu quelques essais sur ce mode de traitement, afin de fixer l'opinion que l'on devait en avoir.

Lorsqu'on réfléchit aux conditions *utiles* et favorables au succès de ces expériences, on ne peut assez s'étonner qu'il se soit rencontré quelqu'un pour les tenter en pareilles circonstances. En effet, les magnétiseurs recommandent ordinairement la tranquillité, l'ordre, la patience, etc.; et les salles de l'hôpital ne présentaient ici qu'une foule inquiète, turbulente, méfiante outre mesure, et n'ayant pas la plus légère notion des phénomènes qu'elle voulait vérifier (2). Assurément, de Puységur, Deleuze, Abrial, de Rédern, ne pouvaient s'exposer à des chances de succès aussi défavorables. Un jeune étudiant en médecine, M. Dupotet, se soumit à toutes les conditions qui lui furent imposées; il accepta sans hésiter le *sujet* qu'on lui offrit (3), et réussit complétement. Professeurs et internes épuisèrent tous les moyens de constater les effets singuliers du magnétisme. Ils varièrent de toutes manières *le mode d'expérimentation;* mais ils furent obligés de convenir que Mesmer avait raison, que les corps savants s'étaient trompés; et ce qu'il y a de plus désolant pour MM. Burdin jeune et Dubois (d'Amiens), c'est que ce n'est pas *M. Husson tout seul* qui a vu et dit cela, et qui peut

---

(1) Le rapport fait à la Société de médecine pratique d'un choléra-morbus désespéré, guéri par le magnétisme sous les yeux de MM. *Fouquier, Moreau* et *Desprez.* Voyez *Expériences publiques sur le magnétisme,* par M. Dupotet, p. 5. 3ᵉ édit. Paris, 1826.

(2) L'un des témoins, aujourd'hui membre de l'Académie royale de médecine, demanda sérieusement à M. Dupotet s'il ne fallait pas être *nu* pour se faire magnétiser.

(3) C'était une jeune fille incurable, âgée de dix-sept ans, qu'on n'espérait pas *pousser* plus de deux ou trois jours, et dont l'interne de la salle, M. Robouam, se proposait de faire une très belle dissection.

certifier les détails que nous allons reproduire fidèlement.

Le 20 octobre 1820, M. Rossen, médecin, parla à l'Hôtel-Dieu, en présence de M. Husson, de la guérison inespérée d'une sciatique, et de celle d'un choléra chronique, opérées par le magnétisme sous la direction de M. le docteur Desprez.

Un grand nombre de jeunes médecins qui suivaient le cours de clinique médicale que M. Husson a professé pendant dix ans avec tant d'éclat à l'Hôtel-Dieu, le prièrent de permettre qu'on fît l'essai du moyen nouveau sur quelques malades de cet hôpital. Le 26, on lui amena M. Dupotet, à qui il proposa de faire des expériences dans les salles qu'il dirigeait, à la condition toutefois qu'elles auraient lieu sur des malades de son choix, devant les témoins qu'il jugerait convenable d'admettre, et qu'il indiquerait lui-même la nature des questions que M. Dupotet adresserait aux magnétisés. Le magnétiseur accepta ces conditions, et l'on procéda immédiatement aux expériences dans la chambre de la mère religieuse. M. Husson, muni d'une montre à secondes, tenait la plume, et consignait tous les détails dans un procès-verbal aussitôt présenté à la signature des assistants, et qui a préparé le triomphe du magnétisme. L'analyse que je vais en donner montrera que les expériences ont été faites avec le plus grand soin, et les noms des observateurs seront un titre puissant à notre confiance.

Mademoiselle Samson, âgée de dix-sept ans, eut une suppression causée par une frayeur et par l'exposition à une forte pluie. Le lendemain elle fut prise de douleur à l'épigastre, de vomissements et de fièvre. Toutes les substances ingérées, même les boissons adoucissantes, étaient aussitôt vomies. Après avoir passé six semaines à l'hôpital Beaujon, elle fut obligée de rentrer aussitôt à la Charité, en sortit légèrement soulagée pour rentrer à l'Hôtel-Dieu six jours après, souffrant de la région épigastrique, vomissant tout ce qu'elle prenait, et quelquefois même des flots de sang. Les ressources de la médecine étaient épuisées.

Douze cents sangsues, vingt saignées, autant de vésicatoires, les ventouses scarifiées, l'eau glacée, les affusions froides, l'opium, le musc, l'assa fœtida, la compression du ventre et l'abstinence pendant dix jours de toute espèce d'aliments et de boissons, rien n'avait pu arrêter les vomissements de sang, qui menaçaient les jours de la malade, et, réduite au dernier degré de marasme, elle attendait sa fin prochaine.

Après huit mois de maladie, elle fut magnétisée pour la première fois, le 26 octobre 1820. L'action à distance ne fut exercée que pendant vingt minutes seulement ; elle n'éprouva qu'un peu de picotements aux paupières et du malaise ; mais, à dater de ce moment, les vomissements cessèrent, et rien pourtant n'avait été changé au régime habituel de la malade. A la troisième séance, elle s'endormit si bien qu'on ne put la réveiller, et qu'on fut obligé de la porter dans son lit, où elle dormit plusieurs heures.

Les jours suivants, elle répondit sans se réveiller aux questions que M. Dupotet lui adressa ; mais elle n'entendait que lui, et était complétement insensible aux cris, au bruit inopiné qu'on faisait à ses oreilles. Secouée vivement, pincée à plusieurs reprises et très fortement, elle ne donnait aucun signe de sensibilité ; mais toutes les fois qu'elle était l'objet de pareilles expériences, elle avait des convulsions à son réveil.

Voici la relation de la dixième séance. Nous allons laisser parler l'expérimentateur lui-même. « Nous étions tous dans la salle ordinaire des séances ; la malade n'y était pas encore arrivée. M. Husson me dit : Vous endormez la malade sans la toucher et très promptement : je voudrais que vous obtinssiez le sommeil sans qu'elle vous vît et qu'elle fût prévenue de votre arrivée ici. Je répondis que j'avais agi ainsi plusieurs fois pour m'assurer de l'existence d'un fluide agent des phénomènes magnétiques, et pour juger l'opinion de ceux qui veulent attribuer ces effets extraordinaires à l'imagination. J'ajoutai que je n'étais pas sûr du succès, parce que l'action à distance et à travers des corps intermédiaires dépendait de la susceptibilité de l'individu; que cependant je me ferais un plaisir d'essayer ce qu'il désirait.

» Nous convînmes d'un signal que je pourrais entendre, et M. Husson, qui tenait alors des ciseaux à la main, choisit le moment où il les jetterait sur la table. On m'enferma dans un cabinet pratiqué dans la pièce, fermé par une forte cloison en chêne. On fit venir la malade; on la plaça le dos tourné à l'endroit qui me recélait et à deux pieds de distance. On s'étonna avec elle de ce que je n'étais pas encore arrivé; on conclut de ce retard que je ne viendrais peut-être pas; que c'était mal à moi de me faire ainsi attendre; enfin on donna à mon absence prétendue toutes les apparences de la réalité. Au signal convenu, quoique je ne susse pas où et à quelle distance était placée mademoiselle Samson, je commençai à la magnétiser: trois minutes après elle était endormie, et, dès le commencement de ma volonté agissante, on la vit se frotter les yeux, faire des bâillements, et finir par tomber rapidement dans son sommeil somnambulique ordinaire. M. Bricheteau la questionna; elle ne lui répondit pas. On m'ouvre la porte quelques minutes après, et je lui demande: — Dormez-vous, mademoiselle Samson? — Oui. — Qui vous a endormie? — C'est vous. — Mais je n'étais pas là. — Je ne sais pas où vous étiez. M. Bricheteau lance de loin un bassin de cuivre qui passe très près d'elle et va frapper le carreau avec un son bruyant. On remarque un léger tressaillement dans les paupières de la malade, à peu près comme quand on agite fortement la main devant les yeux de quelqu'un qui sort du sommeil naturel. Je lui demande si elle a entendu du bruit; elle répond que non. Avant de la reveiller à l'heure qu'elle a précisée, ce dont j'ai toujours grand soin de m'informer à l'avance, je lui demande si, lorsqu'elle sera éveillée, elle se souviendra que je l'ai endormie. — Non, a-t elle répondu. Effectivement, éveillée du cabinet où j'étais rentré et d'où je ne suis pas sorti devant elle, elle n'a même pas voulu croire qu'elle eût dormi. »

Cette expérience fut répétée le lendemain avec le même résultat.

A la troisième séance, M. Récamier, qui avait demandé à en être témoin, convint avec M. Dupotet que celui-ci magnétiserait mademoiselle Samson lorsqu'il demanderait à la malade si elle digérait la viande; on prit les mêmes précautions que le jour précédent.

M. Dupotet ne paraissant pas, mademoiselle Samson voulait se retirer; au signal convenu, il la magnétisa, et trois minutes après elle était en somnambulisme. M. Récamier la souleva plusieurs fois de la chaise, la pinça, lui ouvrit les yeux, et elle ne sentit rien. M. Dupotet la réveilla au signal donné, et du même lieu où il l'avait endormie.

La santé de mademoiselle Samson était considérablement améliorée, lorsque après la vingt-troisième séance M. Husson passa à l'hospice de la Pitié, et fut remplacé à l'Hôtel-Dieu par M. Geoffroy. Ce médecin consentit d'abord à ce que M. Dupotet continuât ses expériences; mais le lendemain, 18 novembre, il lui fit savoir qu'il avait reçu l'ordre du conseil général des hôpitaux de suspendre les séances et de renoncer désormais à tout essai magnétique (1).

(1) Si M. Husson avait profité de l'étonnement et de l'espèce de révolution que produisirent ces expériences dans l'École de médecine pour adresser un Mémoire à l'Académie des sciences ou même à la Faculté, il est certain,

L'interruption des expériences de l'Hôtel-Dieu devait avoir un funeste résultat pour la santé de mademoiselle Samson. En effet, le jour même de cette interruption, elle mangea comme à l'ordinaire, mais elle vomit tous ses aliments. En peu de temps, le mieux acquis avec tant de peine disparut, et cette fille, se voyant encore vouée à la douleur, après avoir été arrachée à une mort presque certaine par le magnétisme, s'abandonnait aux larmes, lorsque M. Geoffroy, touché de sa triste position, invita l'interne, M. Robouam, à reprendre son traitement sans aucun appareil et le plus secrètement possible.

Celui-ci recommença à magnétiser mademoiselle Samson après douze jours de cessation de ce traitement. Elle s'endormit avec une grande facilité, et présenta tous les phénomènes observés dans le cours des premières séances. Les vomissements s'arrêtèrent de suite ; les symptômes fâcheux disparurent peu à peu, et mademoiselle Samson sortit enfin de l'Hôtel-Dieu le 20 janvier 1821 (1).

Ont assisté aux expériences et *signé les procès-verbaux* : MM. Barenton, Barrat, Bergeret, Bertrand, Boissat, Bourgery, Bouvier, Brèheret, Bricheteau, Carquet, Créqui, Delens, Druet, Fomart, Gibert, Hubert, Husson, Jacquemin, Kergaradec, Lapert, Leroux, Margue,

---

dit M. Mialle, que la cause du magnétisme était gagnée. Il paraît que sa déférence pour les opinions particulières du président du conseil des hospices, M. le duc de La Rochefoucauld Liancourt, lui ferma la bouche.

(1) Il est vrai que, chez l'homme même le plus consciencieux, la prévention empêche d'examiner de bien près, et fait adopter facilement ce qu'on désire sous son influence. Aussi M. Récamier assura, en pleine Académie (20 février 1826), qu'au moment où les magnétiseurs célébraient leur triomphe et le rétablissement de la fille Samson, celle-ci lui faisait demander de rentrer dans ses salles et qu'elle y était morte. Le hasard le plus singulier avait réuni à l'Hôtel-Dieu, à la même époque et dans la même salle, deux malades du même nom et prénom ; une jeune fille de dix-huit ans (celle qu'on avait magnétisée et guérie) et une pauvre femme veuve, âgée de soixante-neuf ans, qui mourut peu de temps après son entrée à l'hôpital.

Patissier, Rossen, Rougier, Sabatier, Sanson, Martin-Solon, Texier.

Pendant le cours du traitement magnétique de la demoiselle Samson, elle dit un jour étant éveillée : Vous prétendez que je dors, et qu'aucun effort pour me réveiller ne réussit; mettez-moi donc les jambes dans un bain de moutarde, et vous verrez si je ne suis pas réveillée aussitôt! Le sinapisme fut, en effet, appliqué pendant le somnambulisme, et beaucoup plus fort qu'il n'est en usage de l'employer communément, sans que la malade fût aucunement avertie que l'on suivrait son conseil. On la tint dans ce bain plus longtemps que de coutume, et la peau fut entièrement rubéfiée; mais la patiente ne témoigna aucun désir d'en sortir et n'éprouva aucune douleur apparente. Au réveil, elle fit des cris perçants, dit qu'on l'avait brûlée, et s'indigna qu'on l'eût traitée ainsi, dans le dessein sans doute de la faire souffrir davantage.

Cette suite d'essais inutiles pour vaincre l'état d'insensibilité extérieure avait porté M. Robouam à tenter de nouveaux essais sur quelques malades des salles Sainte-Madeleine et Sainte-Agnès, dont M. Récamier faisait en ce moment le service. Deux de ces malades devinrent somnambules : l'un, nommé Starin, était affecté d'une coxalgie; l'autre, nommé Lise Leroy, souffrait depuis onze mois de vomissements opiniâtres. M. Récamier, ayant voulu se convaincre par lui-même de la réalité de l'insensibilité de certains somnambules, soumit *les deux malades* à l'épreuve si douloureuse du moxa (1).

Laissons parler M. Robouam. «Je soussigné certifie que, le 6 janvier 1821, M Récamier, à sa visite, m'a prié de mettre dans le sommeil magnétique le nommé Starin, couché alors au n° 8 de la salle Sainte-Madeleine. Il l'a

---

(1) On ne comprend pas comment M. Récamier ne s'est rappelé, en pleine Académie (20 février 1826), que du moxa appliqué *à l'un* des deux malades. La prévention ôterait-elle aussi la mémoire?

menacé auparavant de l'application d'un moxa s'il se laissait endormir. Contre la volonté du malade, moi, Robouam, l'ai fait passer dans le sommeil magnétique, pendant lequel M. Récamier a lui-même appliqué un moxa sur la partie antérieure, un peu externe et supérieure de la cuisse droite, lequel a produit une escarre de 17 lignes de longueur et de 11 de largeur; que Starin n'a pas donné la plus légère marque de sensibilité, soit par cris, mouvements ou variation du pouls; qu'il n'a senti les douleurs résultant de l'application du moxa que lorsque je l'ai eu fait sortir du sommeil magnétique.

» *Signé* ROBOUAM.

» Étaient présents à cette séance : madame Sainte-Monique, mère de la salle ; MM. Gibert, Lapeyre, Bergeret, Carquet, Truche. »

Deux jours après, M. Robouam se prêta à une seconde expérience de la même nature. « Je certifie encore que, le 8 janvier, à la prière de M. Récamier, j'ai mis dans le sommeil magnétique la nommée Leroy (Lise), couchée au n° 23 de la salle Sainte-Agnès. Il l'avait auparavant menacée également de l'application d'un moxa si elle se laissait endormir. Contre la volonté de la malade, moi, Robouam, l'ai fait passer dans le sommeil magnétique, pendant lequel M. Gibert a brûlé, à l'ouverture des fosses nasales, de l'agaric, dont la fumée désagréable n'a rien produit de remarquable; qu'ensuite M. Récamier *a appliqué lui-même* sur la région épigastrique un moxa qui a produit une escarre de 15 lignes de longueur sur 9 de largeur; que pendant son application la malade n'a pas témoigné la plus légère souffrance, soit par cris, mouvements ou variations du pouls; qu'elle est restée dans un état d'immobilité parfaite (1); que, sortie du

(1) Comme *les deux* moxas posés par M. Récamier, et *soufflés par lui*,

sommeil magnétique, elle a témoigné beaucoup de douleur; qu'ayant dès ce moment cessé de la magnétiser, les vomissements qui existaient depuis onze mois, et qui, depuis six semaines, avaient été suspendus par le magnétisme, ont reparu et continué malgré tous les moyens mis en usage par M. Récamier, qui, le 19 février, m'a lui-même prié de recommencer à la magnétiser. Étaient présents à cette séance mesdames Saint-Sauveur et Saint-Éloy, MM. Gibert, Créqui.

« Paris, 26 février 1821 (1).

» *Signé* ROBOUAM, D.-M.-P. »

Pour juger des dispositions des adversaires du magnétisme, il est bon de savoir que M. Récamier faisait interrompre le traitement magnétique chaque fois que la malade allait mieux, pour employer les remèdes ordinaires, jusqu'à ce qu'une nouvelle rechute le contraignît de recourir encore au magnétisme. M. Robouam finit par se lasser de cette indécision continuelle, et ne voulut plus

ne firent éprouver aux malades aucune espèce de sensation, l'interne, enchanté de la réussite, s'empressa de demander au professeur s'il était convaincu. *Non*, répondit celui-ci; mais je suis *ébranlé*. Cette réponse mémorable a été conservée par l'auteur de l'*Exposé des cures opérées en France par le magnétisme animal* (t. II, p. 461). Il la tenait de M. Robouam lui-même. Depuis ce temps M. Récamier répond à tout venant qui lui demande s'il peut se faire magnétiser : *Oui*, mais faites auparavant le signe de la croix. Prié de s'expliquer plus longuement, M. Récamier vous raconte volontiers l'histoire d'une somnambule que son magnétiseur fit descendre en enfer. — Y es-tu? dit le magnétiseur. — Non, pas encore, répond la somnambule. — Y es-tu maintenant? — Oui, répond la magnétisée, qui, suivant la narration, serait morte aussitôt.

Heureusement, M. Debreyne, qui est aussi médecin et de plus prêtre, explique l'insensibilité des somnambules sans une intervention surnaturelle; et quant au voyage en enfer (qui ne serait en *tous* cas qu'un *abus* impie du magnétisme) et à la mort qui s'en serait suivie, on obtiendrait facilement l'un et l'autre sans magnétisme, en montant l'imagination d'une personne nerveuse tout éveillée.

(1) Ce procès-verbal, ainsi que tous ceux de M. Husson, est déposé chez M. Dubois, notaire, rue Saint-Marc-Feydeau.

continuer l'expérience. Cette interruption eut le plus funeste résultat, car Lise Leroy mourut le 30 juillet 1821.

Les expériences de l'Hôtel-Dieu avaient mis en évidence la réalité d'un agent particulier, entièrement indépendant de l'imagination du magnétisé. Celles de la Salpêtrière offrirent l'exemple de tous les phénomènes extraordinaires du somnambulisme, produits et constatés par des hommes dont personne jusqu'ici n'a osé contester les talents et la bonne foi (1). Ce n'est pas l'amour du merveilleux ou de la célébrité qui porta Georget à s'occuper du magnétisme. Lorsqu'il composa son ouvrage sur *la folie*, il écrivait (page 15) : « Tant que MM. les magné-
» tiseurs feront leurs expériences dans l'ombre avec des
» compères ou des commères, tant qu'ils n'opéreront pas
» *leurs miracles* au milieu de l'Académie des sciences ou
» de la Faculté de médecine, ils nous permettront de ne
» pas prendre la peine de réfuter leurs rêveries ou leurs
» croyances. » Mais son incrédulité avait été ébranlée par les expériences de l'Hôtel-Dieu; il examina avec défiance ce que d'abord il avait rejeté avec dédain, et six mois après avoir tracé les lignes précédentes, il ajouta en note, lors de l'impression de son ouvrage, qu'il avait été témoin depuis de plusieurs phénomènes magnétiques ; qu'il avait endormi et fait parler des aliénés convalescents, lesquels ne se souvenaient de rien à leur réveil. Quelques mois plus tard, ayant multiplié ses expériences, il consacra un chapitre de la *Physiologie du système nerveux* (2) à l'exposition sommaire du phénomène du somnambulisme,

---

(1) MM. Margue, Georget, Rostan, Ferrus, Londe et Métivier, magnétisèrent, à l'envi les uns des autres, les filles et les épileptiques de la Salpêtrière.

(2) Le docteur Georget avoua qu'il avait vu tant de phénomènes extraordinaires, « que tout ce que l'on trouvait dans les écrits des magnétiseurs, et
» même dans ceux de *Pététin* sur la catalepsie, ne pouvait leur être com-
» paré. » *Physiologie du système nerveux.* 2 vol. in-8. Paris, 1821. Voyez t. 1er, p. 404.

dont nous présenterons une analyse très succincte. Lorsqu'il mettait ses somnambules en communication avec une personne malade, elles éprouvaient aussitôt une gêne, un malaise, et quelquefois une vive douleur dans les organes correspondants; il leur est arrivé même d'être frappées immédiatement d'une attaque d'épilepsie et d'hystérie (1), lorsqu'elles touchaient des personnes atteintes de ces maladies à la veille d'avoir leurs accès.—Une somnambule affectée d'une inflammation du poumon gauche disait voir très bien, et comme avec les yeux, ses organes thoraciques; elle en donna, en effet, une description remarquable. Le cœur, disait-elle, était enveloppé d'une membrane à laquelle il n'adhérait pas; il recevait sept vaisseaux, dont deux paraissaient plus gros et étaient agités d'un mouvement particulier. Le poumon malade était très roux, ressemblait à du foie dans quelques points, et offrait des taches grisâtres dans plusieurs autres; le poumon sain avait une apparence rosée. A mesure que l'inflammation du poumon diminua, la somnambule vit moins bien, et enfin elle cessa entièrement de voir. Il y eut une rechute, et la lucidité revint; mais elle était bornée au poumon malade; les autres organes n'étaient plus aperçus. M. Georget observa plusieurs faits du même genre. La thérapeutique de ses somnambules ne lui présenta rien de remarquable. Elles n'employaient guère que des remèdes dont on faisait journellement usage en leur présence : des saignées, des sangsues, des bains, des vésicatoires et des moxas, peu de tisanes et de potions. Toutefois il mit à exécution leurs ordonnances, et il n'eut pas sujet de s'en repentir. Il était curieux, dit-il, de les voir se récrier contre leurs propres prescriptions, lorsqu'il s'agissait, au réveil, de l'application des moxas et des vésicatoires : l'une d'elles cependant se fit mettre dix-

(1) Attaque unique, passagère, facile à calmer lorsqu'on sait en éloigner à temps la cause.

huit à vingt moxas, plusieurs sétons ou cautères, et un grand nombre de vésicatoires dans l'espace de dix-huit mois (1).

M. Georget pouvait à volonté priver ses somnambules de l'usage des sens en paralysant les nerfs qui président à leurs fonctions. Il plaçait sous leur nez, pendant quinze minutes et plus, un flacon d'alcali volatil concentré, sans que la respiration fût aucunement empêchée, sans que la membrane muqueuse des fosses nasales et des voies aériennes fût altérée par cette vapeur délétère. La peau était d'une insensibilité complète à la vive irritation causée par l'eau chaude très chargée de farine de moutarde, et même à la brûlure du moxa; brûlure et irritation qui étaient extrêmement douloureuses, lorsque, par la volonté, la peau redevenait sensible.

Il suspendait avec le même succès les forces musculaires des somnambules, tantôt dans une partie, tantôt dans une autre, et quelquefois dans toutes. Un jour même il essaya ce pouvoir sur les muscles inspirateurs, et il produisit une telle immobilité de la poitrine et une telle imminence de suffocation, qu'il en fut vivement effrayé, et se promit bien de ne plus tenter à l'avenir de semblables essais (2). Si l'on faisait cesser, dit-il, l'état de somnam-

(1) L'influence d'un magnétiseur médecin a pu y contribuer.
(2) Les adversaires du magnétisme seront heureux d'exploiter ces lignes à leur profit. Il est bien vrai que pendant qu'un individu est éveillé, ou endormi du sommeil naturel, on peut l'étouffer en le serrant dans ses bras. Il est bien vrai qu'avec quelques gouttes d'un poison actif mis dans une boisson, ou une seule gouttelette déposée sous l'épiderme, par une piqûre d'épingle, on peut faire, à l'instant même, tomber un homme sans mouvement. Mais au moins les adversaires sont *habitués* à cela, et ils ont la satisfaction de n'y pas voir du magnétisme; cela doit bien être compté pour quelque chose. Enfin, disent-ils, *on peut se garantir* des autres moyens dangereux, mais du magnétisme! Pour moi, j'avoue qu'en dehors de la religion et *de la conscience*, je ne donnerais pas grand'chose de la possibilité de se garantir des autres moyens dangereux. Ils peuvent être employés *en tout temps*, contre *toute personne*, sans une si grande coopération directe de la volonté, *de la conscience*, par conséquent. En est-il de même du magnétisme?

bulisme sans avoir rendu le mouvement aux muscles, ou la faculté de sentir aux sens, la paralysie des muscles et des sens persisterait. Rien ne peut égaler la surprise et l'effroi que causait un tel phénomène à la personne qui l'éprouvait pour la première fois, soit qu'elle n'entendît pas, soit qu'elle fût privée de l'usage de la parole et du mouvement. — Les phénomènes les plus singuliers et les plus dignes d'attention, continue M. Georget, sont relatifs à la prévision d'actes de l'organisme plus ou moins éloignés. J'ai vu, positivement vu, un assez grand nombre de fois des somnambules annoncer plusieurs heures, plusieurs jours, vingt jours d'avance, l'heure, la minute même de l'invasion d'accès épileptiques et hystériques, et d'irruptions périodiques; indiquer quelles seraient la durée, l'intensité de ces accès, choses qui se sont exactement vérifiées.

Six mois après avoir écrit cet article, il avait encore observé beaucoup de faits nouveaux et extraordinaires; il promettait dans une note d'en rapporter un exemple au chapitre de l'épilepsie. Mais lorsque, dans le second volume de son ouvrage, il traça l'histoire de cette maladie, il ajouta que les raisons qui lui avaient fait différer la publication de ces phénomènes à l'article du magnétisme l'engageaient à la remettre à une autre époque. Il dit cependant que la personne dont il est question lui avait offert des exemples de prévision et de clairvoyance si étonnants, que dans aucun ouvrage de magnétisme, *pas même dans ceux de Pététin*, il n'avait rien vu de plus extraordinaire, ni même dans tous les phénomènes qu'il avait été à portée d'observer. Cette somnambule, Pé-

---

Au milieu de tous les moyens que la nature met entre les mains de l'homme, et qu'il *peut* employer à nuire à son semblable, si je ne croyais pas fermement que Dieu, par *le remords* et *la conscience*, arrête à chaque instant *le méchant même* au milieu de ses projets, je ne resterais pas un seul instant dans la société, ses membres fussent-ils éduqués dans les colléges, comme nous en avons tant, ou enthousiasmés du *progrès continu*.

tronille, indiqua, comme devant la guérir, une vive frayeur; et après qu'on l'eut excitée, elle assura en somnambulisme qu'elle était radicalement guérie. Pendant trois mois, en effet, elle n'éprouva plus d'attaques, tandis qu'auparavant elle en avait deux par jour.

L'auteur des *Cures opérées en France par le magnétisme animal* ajoute à cette observation des détails qu'il avait recueillis de Pétronille elle-même en état de somnambulisme, et qui lui avaient été confirmés par les médecins témoins des expériences de la Salpêtrière. Pétronille, dit-il, était devenue épileptique à la suite d'une frayeur qu'elle avait éprouvée en tombant dans le canal de l'Ourcq. Elle demanda qu'on la jetât dans l'eau pendant son époque, et elle indiqua à M. Georget, ainsi qu'aux deux médecins qui devaient l'aider, MM. Londe et Métivié, ce qu'ils auraient à faire et à dire. Quelques moments avant cette opération, on la mit en somnambulisme, et quand tout fut préparé, elle se fit réveiller à moitié seulement, afin qu'elle pût entendre, parler et voir l'eau, et sur-le-champ ils la saisirent, malgré sa résistance, et la plongèrent dans un bain d'eau froide. Ils lui tinrent la tête sous l'eau, et ne la retirèrent que lorsque le temps qu'elle avait fixé fut écoulé. Elle était presque entièrement asphyxiée, et il fallut employer les moyens d'usage pour la rappeler à la vie. C'était dans le canal de l'Ourcq que Pétronille avait d'abord demandé à être jetée; mais il avait fallu renoncer à ce projet à cause de la difficulté de le mettre à exécution (1).

Dans la Physiologie du système nerveux, M. Georget ne fait mention, ni du nom de ses somnambules, ni du lieu où il fit ses expériences, ni des nombreux témoins,

(1) Les adversaires ne sont pas fâchés d'oublier de temps en temps que la médecine ordinaire emploie souvent de semblables moyens sans réussir aussi bien. Pourront-ils passer au magnétisme cette médication un peu singulière suivie de la guérison ?

médecins ou autres, qui furent convaincus comme lui (1). C'est par la raison, dit-il, que nous vivons dans un temps où il est permis de cacher sa croyance au magnétisme. Comment concilier cette timidité avec l'hommage courageux que dans son ouvrage il rend à toutes les découvertes utiles, et surtout au magnétisme? Sa réserve et son silence s'expliquent très bien par la crainte de déplaire à l'administration des hospices, qui, plusieurs fois déjà, avait sévèrement interdit tous les essais d'un pareil genre. Il se proposait de publier un jour plus en détail le résultat de ses observations, et de se livrer à de nouvelles recherches. « Je suis persuadé, disait-il à M. Foissac, que de grandes » vérités ont échappé aux observateurs ; mais loin de » les accuser d'exagération, je crois plutôt qu'ils sont » restés dans leurs récits au-dessous de la réalité. Je crois, » par exemple, qu'il ne peut exister de médecine parfaite » que celle des somnambules, en ce qui les concerne, et » qu'il est possible d'utiliser pour les autres leur admi-» rable instinct. Dans une fluxion de poitrine, tout mé-» decin sait que la saignée est nécessaire ; mais il ignore » le moment précis de l'opération, à quelle veine elle doit » être faite, et la quantité exacte de sang qu'il faut tirer, » rien n'est indifférent. » Mais la mort vint enlever M. Georget au milieu de ses rêves d'avenir. Toutes les merveilles physiologiques qu'il avait observées avec tant de soin sont probablement perdues pour la science ; car depuis sa mort personne n'a parlé de publier les notes qu'il a laissées ; mais il a lui-même rendu un éclatant hommage aux principes du magnétisme, que tant de gens se sont plu à représenter comme conduisant au matérialisme le plus grossier.

Ces mots sont insérés dans son testament : « Je ne ter-» minerai pas, dit-il, cette pièce sans y joindre une décla-

---

(1) Ce qui est consolant, c'est que toute l'École de médecine en était instruite.

» ration importante. En 1821, dans mon ouvrage sur la
» Physiologie du système nerveux, j'ai hautement pro-
» fessé le matérialisme. L'année précédente, j'avais publié
» un traité sur la folie, dans lequel sont émis des prin-
» cipes contraires, ou du moins sont exposées des idées
» en rapport avec *les croyances généralement reçues;* et
» à peine avais-je mis au jour la Physiologie du système
» nerveux, que de nouvelles méditations sur un phénomène
» bien extraordinaire, le somnambulisme, ne me permi-
» rent plus de douter de l'existence en nous et hors de
» nous d'un principe intelligent tout-à-fait différent des
» existences matérielles (1). Ce sera, *si l'on veut*, l'âme
» et Dieu. Il y a chez moi à cet égard une conviction pro-
» fonde fondée sur des faits que je crois incontestables.
» Cette déclaration ne verra le jour que lorsqu'on ne
» pourra plus douter de sa sincérité, et suspecter mes in-
» tentions. Si je ne puis la publier moi-même, je prie
» instamment les personnes qui en prendraient connais-
» sance à l'ouverture du présent testament de lui donner
» toute la publicité possible. »

Parmi les médecins et les hommes distingués, qui, d'abord incrédules, voulurent bien examiner pour se convaincre, nous citerons M. le professeur Broussais (2),

(1) « Il est certain que nous avons l'idée de deux substances distinctes,
» savoir : l'esprit et la matière ; ce qui pense et ce qui est étendu ; et ces
» deux substances se conçoivent très bien l'une sans l'autre. Je ne vois dans
» le philosophe matérialiste qu'un sophiste de mauvaise foi, qui aime mieux
» donner le sentiment aux pierres que d'accorder à l'homme une âme spi-
» rituelle. » (J.-J. Rousseau.)

(2) *A part l'absence la plus complète* de toute idée philosophique purement intellectuelle, on ne peut nier que Broussais n'ait été, dans sa sphère,
un homme de génie, et n'ait fourni des données lumineuses sur la nature
de plusieurs maladies confondues sous le nom de *fièvres* dans les classifica-
tions anciennes. Pour la *pratique*, on ne peut nier que le père de la médecine dite physiologique, trop préoccupé peut-être de l'*irritation* et de l'*inflammation*, qu'il voyait partout dans son système, n'ait fait couler bien du
sang, par les saignées et les sangsues (dont il fit considérablement hausser

que le docteur Frapart, son élève, conduisit chez M. Foissac. Il était fort peu disposé à croire aux merveilles du magnétisme. Paul, ayant été endormi par M. Foissac, M. Frapart lui ferma les paupières, et M. Broussais tira de sa poche une lettre qu'il remit entre les mains du somnambule. Celui-ci lut aussitôt : Ministère de la guerre, monsieur, et la première ligne de cette lettre. Qu'on se figure l'étonnement de M. Broussais ! il demanda une

le prix), et par la coopération des docteurs qu'il inspira. On ne peut nier que, si, par *les saignées coup sur coup*, on est souvent parvenu à *juguler* la maladie, le malade n'ait été aussi souvent *jugulé* lui-même, ou tout au moins constitué, pour le reste de sa vie, dans un état de convalescence et de faiblesse extrême qui rendait la *guérison* bien pénible et bien onéreuse. Dans le cas de guérison, qu'il y eût *irritation* ou non, les partisans des saignées et des sangsues étaient confirmés dans leur système. Et pourtant on sait qu'une *perturbation quelconque* imprimée à l'organisme dans un état morbide suffit souvent pour favoriser l'*effort de la nature* contre la maladie et amener la guérison. Sans doute, il ne serait pas prudent de se fier à une *perturbation quelconque* dans une forte inflammation des poumons, du cerveau, etc., pour abandonner les évacuations sanguines ; mais dans toutes ces *irritations* véritablement *latentes*, supposées à chaque instant par les partisans de la médecine physiologique ?... Enfin, quand une irritation ou une inflammation réellement existante est guérie par les évacuations sanguines, est-ce bien *toujours* au moindre afflux de sang vers l'organe malade, dans l'*action première* de la saignée, qu'il faut attribuer la guérison ? Ne serait-ce pas souvent à l'*action seconde*, *consécutive* de la saignée, à une action contro-stimulante, à la réaction nerveuse qu'elle détermine sur tous les points de l'organisme ? Cette action contro-stimulante de la saignée ne peut-elle pas guérir d'autres maladies que des maladies inflammatoires ? Cette action contro-stimulante ne peut-elle pas être produite par d'autres causes moins dangereuses *pour certains sujets ?* La magnétisation, *sur une personne qui en ressent les effets*, n'est-elle pas bien propre *par son mode d'action*, et à diminuer la congestion sanguine d'un organe, et à faire naître cette réaction, cette contro-stimulation générale ? Oui, dira-t-on ; mais, par la magnétisation, on n'est pas toujours sûr d'agir sur une personne donnée ; et moi je demanderai : Est-on toujours sûr d'agir suivant *le mode désiré*, par les évacuations sanguines, ou même par des médicaments contro-stimulants ?

M. le docteur Tr.... professeur de clinique médicale à l'Hôtel-Dieu de Paris, et défenseur distingué de la médecine physiologique, s'étonnait un jour, devant les élèves, qu'il voyait mourir tous ses malades atteints de pneumonie, et qu'il traitait cependant par les saignées coup sur coup. Il

plume et de l'encre, écrivit une lettre à l'écart; il revint à nous, dit M. Foissac, ferma lui-même les paupières de Paul, et lui fit donner par M. Frapart le billet qui contenait trois lignes assez fines. Paul le lut sans hésitation. Je proposai de faire de nouvelles expériences ; mais M. Broussais me dit qu'il ne voulait pas fatiguer le somnambule ; qu'il en avait assez vu pour ne plus avoir de doute, et il me demanda à garder ce billet comme un monument de la victoire remportée sur son incrédulité. En sortant de cette séance, M. Broussais résolut de faire des expériences magnétiques à l'hôpital militaire du Val-de-Grâce, dont il était le premier professeur. M. Frapart magnétisa deux malades : l'un d'eux était épileptique ; il devint somnambule à la première séance, et offrit tous les phénomènes de lucidité et de prévision qu'on avait déjà observés à la Salpêtrière et à la Charité (1). Il est à remarquer que la cause de cette maladie était la même que celle de Pétronille, somnambule de M. Georget. Il

assurait ingénument que la même chose lui étant arrivée une année précédente, il avait employé les contro-stimulants qui lui avaient réussi, mais qui échouèrent l'année suivante, et le forcèrent de revenir aux évacuations sanguines qui n'eurent pas plus de succès. Alors il avait combiné les deux médications, et associé l'action des contro-stimulants aux saignées ; combinaison qui n'avait pas produit les mêmes bons résultats lorsqu'il avait voulu y revenir l'année suivante. — Il était véritablement aussi pénible pour le médecin que pour les malades, bien que sous des rapports tout différents, de constater de semblables variations, que le docteur, homme de mérite sous tous les rapports et depuis professeur d'un cours important à la Faculté même, ne savait comment expliquer. Plusieurs élèves en médecine se sentirent ébranlés dans *leur vocation*, un surtout que j'ai intimement connu. Un autre encore, avec lequel j'étais intimement lié, éprouva les mêmes symptômes de découragement en suivant la clinique, et en voyant les saignées coup sur coup du docteur B., qui se nomme le père de la médecine exacte.

(1) Voici encore un fait remarquable que j'ai recueilli moi-même aux leçons du docteur Rostan à l'hôpital de la Pitié. L'affluence était nombreuse, on savait qu'il serait question de magnétisme.

Après avoir posé cette question « Se peut-il que les somnambules jouissent de l'étonnante faculté de prévision? » le docteur Rostan s'exprime ainsi : J'ai vu, dit-il, des faits bien singuliers en ce genre, et *c'est à peine si*

se prescrivit à peu près le même remède ; il annonça pour une heure déterminée un accès épileptique d'une grande violence, et dit que cinq hommes vigoureux devaient alors le saisir, le plonger entièrement dans un bain de glace, et lui tenir la tête sous l'eau jusqu'à ce que la convulsion cessât ; qu'en le retirant du bain, il fallait lui appliquer au mollet un fer rougi à blanc, et ne l'ôter que lorsqu'il jetterait un cri. Cela fut mis à exécution, et, depuis cette époque, il n'est survenu aucun accès qui puisse faire douter de sa guérison parfaite. Ce fait s'est passé en présence des médecins, des employés et des élèves du Val-de-Grâce.

Fidèle à notre promesse, nous avons entièrement abandonné dans plusieurs endroits de ces notes, ainsi que nous le ferons encore par la suite, les expériences faites par *les magnétiseurs*, et nous avons pu cependant prouver la réalité de leurs prétentions en réunissant exclusivement le témoignage de médecins qui avaient d'abord,

---

j'ose en croire mes observations nombreuses. — Cependant, continue le docteur Rostan, à l'hôpital de la Salpêtrière, je fis entrer une femme en somnambulisme devant plusieurs médecins. — Assise sur son lit, elle était dans le calme le plus parfait, quand tout-à-coup elle s'agite violemment comme une personne en proie à la souffrance. Nous lui demandons la cause de ce changement subit ; elle ne veut pas répondre d'abord, puis enfin nous dit : « Je *sens* Félicité qui approche. » En effet, au bout d'un instant la porte s'ouvre, et nous voyons entrer la malade qu'elle venait de désigner. La somnambule paraissant alors souffrir de plus en plus, nous insistons pour en connaître la cause, mais elle s'excuse en disant qu'elle craint de chagriner son amie. Nous la faisons sortir, ne sachant pas trop à quelle révélation nous devions nous attendre, et nous pressons de nouveau les questions afin de dissiper notre incertitude. Elle répond : « Les médecins croient qu'elle est attaquée de la poitrine, mais il n'en est rien, c'est le cœur qui est malade. » Elle continue : « Dans quatre jours, samedi, à deux heures, elle aura une violente hémorrhagie, vous la ferez saigner, mais vous ne l'empêcherez pas de mourir six jours après. »

L'hémorrhagie eut lieu le samedi à l'heure indiquée, on saigna suivant l'indication de la science, et six jours après la prévision eut son entier accomplissement. L'autopsie vérifia le diagnostic de la somnambule.

dans leurs discours et dans leurs écrits, manifesté le mépris le plus profond pour les phénomènes magnétiques, et qui, plus tard, eurent à triompher de leur amour-propre pour avouer publiquement ce qu'ils avaient produit eux-mêmes dans les différents hôpitaux de Paris (1).

Nous avons cité des noms célèbres; nous savons qu'on pourrait leur opposer ceux de quelques uns de leurs rivaux dans la carrière des sciences. Mais nous savons aussi que leur langage suffira pour nous faire comprendre si nous devons accorder ou refuser notre confiance à leurs assertions. Les uns disent : Ces phénomènes physiologiques, nous les avons vus, nous les avons produits un très grand nombre de fois. Les autres répondent : Non,

(1) Pour faire contre-poids aux succès du magnétisme à cette époque, nous devons signaler à la reconnaissance des adversaires du magnétisme un de ces *esprits droits et éclairés* comme les aime M. de Montègre. Le baron d'Hénin, persuadé d'avance que tous les faits du magnétisme étaient dus à l'imagination, voulut se mettre à même de vérifier sur un champ plus vaste la théorie qui lui souriait. Il s'introduisit, *sous le manteau de croyant*, dans la société du magnétisme (on sait qu'il y en avait une alors), s'en fit nommer le secrétaire afin de recueillir tous les renseignements possibles pour servir de thème à ses déclamations. Après avoir comprimé son incrédulité pendant quelques années, il fit gémir les presses sous de nombreux volumes qu'il répandait à pleines mains, seul moyen qu'il eût, non pas de les faire lire, mais de s'en débarrasser. Alors il fit le procès au magnétisme et aux magnétiseurs; procès instruit suivant sa méthode ordinaire, que je lui vis employer encore, il y a peu d'années. M. d'Hénin était tellement plein de ce qu'il appelait pompeusement *ses convictions*, qu'il ne pouvait commencer ni suivre la plus petite discussion sérieuse, sans laisser voir sur sa figure, par un sourire sceptique et voltairien, *le parti pris* dont il ne voulait pas démordre; après vous avoir ainsi écouté sans mot dire, mais avec le même jeu de physionomie, il penchait la tête sur son épaule droite, qu'il haussait d'une manière singulière, en même temps qu'il vous disait pour toute réponse : « *Eh bien! que voulez-vous, chacun a son opinion.* »

Enthousiasmé de la franc-maçonnerie, incapable d'aucune idée qui l'élevât au-dessus de la matière grossière, ennemi, jusqu'à la fureur, de la notion d'une substance spirituelle, et mécontent de voir bon nombre de magnétiseurs qui prenaient plaisir à expliquer par elle les phénomènes psychologiques que le fluide magnétique ne peut expliquer et que lui rejetait aussi parce qu'il le trouvait déjà trop subtil et presque trop semblable

vous n'avez rien vu, vous n'avez rien produit. Cela est absurde, impossible.

Tous ceux qui voudront aborder un pareil sujet en raisonnant d'après une conviction qu'ils cherchent dans leur esprit, persuadés d'avance qu'il renferme la connaissance parfaite des sciences connues et à connaître, s'exposeront, quelques connaissances qu'ils aient d'ailleurs, à publier partout leur folie et leur orgueil, surtout quand ils dérogeront à la dignité de savant, en répondant à des faits par des plaisanteries basses et triviales.

Qu'il nous soit permis de ne pas rentrer en lice avec de semblables combattants. Nous avons appris à nos dépens la supériorité des observateurs sur les raisonneurs ; nous ne l'oublierons jamais.

à l'âme ; voyant plusieurs magnétiseurs fort bons chrétiens ; atteint d'ailleurs, comme un avocat fameux de nos jours, d'une *prêtrophobie* qui ne lui laissait aucun repos, il accusa les magnétiseurs de Paris des prétentions les plus absurdes, d'*intolérance*, de *fanatisme* et de *falsifications*. Voyez *le Magnétisme éclairé*, in-8. Paris, 252 p. 1820. *Le Magnétisme animal retrouvé dans l'antiquité*, 1 vol. in-8. *Les Archives du magnétisme*. 8 vol. in-8. *La Religion chrétienne vengée*, 1 vol. in-8. Dans ce dernier ouvrage, comme dans les autres, M. d'Hénin venge la religion en criant à tout propos au *fanatisme* et à *l'intolérance*, en attaquant l'Église et le Sacerdoce. Il ne trouve guère, dans tous les siècles, que saint Pierre et saint Paul qui aient été prêtres selon son goût ; encore veut-il se charger de les expliquer à sa manière, etc. Des ecclésiastiques qui ont écrit contre le magnétisme ont cité M. d'Hénin comme un partisan de cette question, et, heureux de lui emprunter les premiers passages venus pour tout expliquer par l'*imagination*, au moment où le baron d'Hénin reprochait aux magnétiseurs d'attaquer la religion, ceux-ci n'ont même pas pensé à l'accuser d'impiété ; et pourtant, dans les intérêts de la science et de la religion, il n'y aurait pas grand mal, de l'aveu de tous les magnétiseurs, à se chauffer avec les ouvrages publiés par cet auteur.

CHAPITRE XIV.

DE PUYSÉGUR ET LE BARON LARREY. — M. ROSTAN ET SES ASSERTIONS NON MOTIVÉES. — PLUSIEURS MEMBRES DE L'ACADÉMIE REPOUSSENT LE MAGNÉTISME. — LEURS RAISONS EXPOSÉES PAR EUX-MÊMES. — LETTRES *prétendues* PHYSIOLOGIQUES ET MORALES DE M. A. DUPEAU. — M. DUBOIS (D'AMIENS). — SA THÉORIE DES *pantins*. — M. BOUILLAUD.—NE TROUVE PAS AU MAGNÉTISME CETTE *immensité* DE PREUVES QU'IL DÉSIRE.

Les expériences multipliées, faites dans les différents hôpitaux de Paris, ne modifièrent en aucune façon l'opinion préconçue de certains professeurs. Le fait suivant va nous en fournir une preuve.

Un jeune soldat de la garde royale, nommé Blanchard (A. H.), atteint d'ulcères fistuleux au pied droit, fut envoyé de Compiègne à l'hôpital militaire du Gros-Caillou vers la fin d'octobre 1821. M. Larrey, chirurgien en chef, ne voyant aucun autre moyen de guérison, proposa plusieurs fois *de couper la jambe*, ce à quoi le malade ne voulut jamais consentir. A cette époque, le marquis de Puységur alla voir Blanchard, qu'il connaissait depuis longtemps ; il le mit en somnambulisme tout en causant avec lui au chevet de son lit, et apprit alors que les remèdes lui faisaient mal, que le magnétisme seul pouvait le guérir, etc. D'après ses assertions, répétées une seconde fois, le 18 février 1822, M. de Puységur le fit sortir de l'hôpital, afin de pouvoir le traiter à sa façon dans une maison particulière. L'effet des prescriptions somnambuliques fut tel, qu'au bout de six semaines le docteur Mesmérien, ayant rencontré le chirurgien en chef du Gros-Caillou, il lui annonça la convalescence de Blanchard. A ces mots, M. le baron Larrey lui rit au nez, et lui assura positivement que le blessé *ne guérirait jamais*, parce que les os du tarse étaient attaqués, le périoste enlevé, et que, tôt ou tard, il faudrait *couper la jambe* (1).

Ce que disait M. Larrey était parfaitement rationnel, et son avis, conforme aux règles de l'art au point où il en est aujourd'hui, fut successivement partagé par les médecins de Soissons, MM. *Dieu*, *Letierce* et *François*, le 20 juin et 1er août suivant; et par celui du régiment de Blanchard (les lanciers), M. *Bigaré*, qui, à la suite d'une inspection générale à Fontainebleau, réforma cet homme le 18 août, déclarant « qu'il était dans l'impos- » sibilité *absolue* de servir même dans les corps séden- » taires. » Néanmoins, le réformé du 18 était de retour à Buzancy le 25, se portant à merveille et ne boitant plus du tout (sa guérison radicale eut lieu le 15 octobre suivant). Il rentra de suite au service du marquis de Puységur; il y est resté jusqu'à la mort de madame la marquise de Puységur, arrivée en 1833 ou 1834, et maintenant il est placé chez M. de l'Épine, près Vendôme; au moins y était-il encore en 1839.

Ce fait est raconté tout au long dans la nouvelle édition du *Magnétiseur amoureux*, et M. le baron Larrey ne l'ignorait pas. Cependant tout l'amour qu'il éprouvait pour son art n'a jamais pu le déterminer à s'informer des moyens qui avaient pu, contrairement aux données *de la science*, opérer un tel prodige. Mais aussi pourquoi est-il arrivé en dehors des règles de l'école ?

Qu'on réfléchisse un instant à ce qu'il fût advenu si, constatant la guérison de cet homme incurable et *réformé comme tel*, M. Larrey eût provoqué un examen conscien-

(1) Ce fait est d'autant plus curieux que, dans le congé de convalescence accordé à Blanchard, le 14 février, par MM. *Larrey* et *Reynaud*, on trouve que le malade est dans un état d'*amélioration sensible* : de cette manière, si Blanchard guérissait, l'honneur tout entier en revenait à la médecine; et si, au contraire, il venait à mourir, on pouvait dire, pièces en mains, que le magnétisme l'avait tué. Cela n'est vraiment pas maladroit pour un académicien de Paris, fait remarquer assez judicieusement M. Mialhe.

cieux de la part de la Faculté de médecine et du ministère de la guerre ! Il est vrai que c'eût été un grand scandale, et les *esprits droits et éclairés* les évitent avec intelligence.

Il est inutile de s'appesantir sur le mal que firent toutes ces expériences et ces guérisons intempestives, qui bouleversèrent les jeunes têtes, suivant les appréhensions d'un docteur académicien. 1° Elles montrèrent aux étudiants que les déclamations de leurs professeurs n'étaient pas tout-à-fait désintéressées, et 2° qu'en matière de science il n'y a rien de plus sûr que de vérifier les faits par soi-même.

M. le professeur Rostan, que plusieurs fois déjà nous avons cité, fut, après son ami le docteur Georget, celui qui donna le plus de publicité à ses nouvelles opinions : aussi voulut-il bien rédiger l'article *Magnétisme* du *Diction. de méd.*, en 18 vol. Il est vrai qu'il s'y montra aussi plein de l'esprit philosophique qu'il le fut peu de l'esprit catholique (1); qu'il usa autant qu'il le put de réticences, de circonlocutions ; mais malgré tout, il avoua

(1) « Je pense, dit M. Rostan, que les phénomènes *surnaturels* qui ont pu se présenter dans l'antiquité, qui sans doute ont existé réellement, peuvent être expliqués par le magnétisme. » (On comprend en effet que pour des gens qui rejettent les phénomènes surnaturels, c'est encore donner quelque chose *au bon sens*, sans toutefois rien retrancher de l'impiété *première*, que de vouloir bien se servir du magnétisme, fallût-il forcer un peu les choses, pour ne plus récuser la multitude et le poids imposant de témoignages qui embarrassaient bien encore quelquefois.) Quelques lignes plus bas, M. Rostan ajoute : « Je crois qu'*une foule* de faits *miraculeux* trouvent une explication physiologique, naturelle, dans le magnétisme. »(Le magnétisme rentre donc dans la physiologie, dit à ce sujet M. Debreyne, et *par là même* n'existe pas réellement. Certes, M. Rostan ne s'attendait pas à cette conclusion, aussi logique que la suivante : « Le magnétisme (minéral) rentre dans la physique, et *par là même* n'existe pas réellement. ») Cependant on doit savoir gré à M. Rostan d'oublier aussi la logique à son tour. Après avoir mis entre parenthèses, pour faire passer ce qui précède, (« Je ne parle pas des prophètes que l'esprit de Dieu animait, ») cela ne l'empêche pas de dire qu'il ne veut pas chercher à savoir si les prophètes voyaient réellement dans l'avenir. Aujourd'hui ces choses-là mettent un professeur à la mode ; dans un instant M. Bouillaud nous le montrera aussi.

et reconnut plus qu'il ne faut pour déplaire à bien des gens, qui, cependant, sont heureux de pouvoir citer de lui le passage suivant :

« Le magnétisme *mal dirigé* peut occasionner des accidents graves. Je l'ai vu produire des malaises généraux, des douleurs vives, des céphalalgies opiniâtres, des cardialgies violentes, des paralysies passagères, mais fort incommodes et fort douloureuses, un ébranlement nerveux général qui prédispose à toutes les névroses, une fatigue excessive, une grande faiblesse, une maigreur extrême, la suffocation, l'asphyxie, et je ne doute pas que la mort même n'en pût être le résultat, si l'on s'avisait de paralyser les muscles de la respiration (1); l'aliénation mentale, la mélancolie, en ont été fréquemment la suite. Tels sont les effets fâcheux que l'on a *souvent* eus à déplorer. » Voy. t. XIII, p. 421. (2).

Assurément, il ne manque rien à ce tableau pour que le magnétisme soit regardé comme une des choses les plus dangereuses qu'il y ait au monde : aussi M Debreyne, après l'avoir reproduit textuellement, s'écrie, sous l'influence d'une noble indignation et avec le style moderne qu'il a voulu mettre dans ses *Pensées d'un croyant:* « *Arrière donc la médecine magnétique!* »

Il est bien vrai que M. Rostan met au commencement du passage cité le magnétisme *mal dirigé*. Mais il est si commode d'oublier bien vite ces deux petits mots; il est si difficile de les suppléer à chaque membre de phrase, à chaque mot formant une assertion nouvelle, un danger nouveau! Et puis, pourquoi exiger un acte héroïque de la part de gens prévenus? pourquoi les forcer à convenir que les inconvénients signalés par M. Rostan ne tiennent pas

---

(1) Voyez plus haut, paragraphe précédent, la note au sujet de la même assertion, faite par le docteur Georget.

(2) Tout cela peut s'appliquer aussi mot pour mot aux saignées coup sur coup, etc., etc., etc.

plus à la nature du magnétisme que ceux qui ont été reprochés au langage, à l'écriture, au feu, à la vapeur, etc.; que les vérités naturelles et toutes les facultés humaines n'ont rien de blâmable en elles-mêmes, sinon l'abus qu'on en fait; que tous les maux cités par M. Rostan étaient *du fait des médecins;* qu'eux seuls, parmi les milliers de magnétiseurs qui se sont succédé depuis Mesmer, avaient imaginé de *pincer, frapper, piquer, brûler, paralyser, asphyxier, empoisonner, étourdir à coups de pistolet* leurs somnambules, afin de vérifier la réalité du nouvel agent, et que par conséquent on ne devait s'en prendre qu'à eux de tout le mal qui avait été commis, etc., etc.?

Les dangers du magnétisme *mal dirigé* n'arrêtèrent pas le zèle de quelques médecins pour le magnétisme. De concert avec M. Husson, le docteur Foissac fit plusieurs démarches auprès de diverses académies pour leur proposer de soumettre le magnétisme à un nouvel examen.

On sait que l'Académie des sciences fit déposer dans sa bibliothèque, ainsi que cela se fait ordinairement, le *mémoire* de M. Foissac (1), afin qu'il y attendît son tour de faveur avec vingt ou trente milliers d'autres qui ne sont point dérangés de place depuis nombre d'années; mais il n'en fut pas de même à l'Académie de médecine. En vain M. Renauldin cria-t-il de toutes ses forces « que le magnétisme était *une bêtise* morte et enterrée depuis longtemps, et que ce n'était pas à l'Académie à l'exhumer » (ayant ainsi l'air de n'avoir pas même ouï parler de tout ce qui s'était passé à l'Hôtel-Dieu, à la Salpêtrière, au Val-de-Grâce et dans tous les hôpitaux de Paris, en présence de plusieurs centaines de confrères). Il ne put empêcher qu'on ne nommât une commission pour examiner « s'il y avait lieu à prendre la proposition en considération. » MM. les commissaires Adelon, Burdin, Pariset, Marc et

(1) *Mémoire sur le magnétisme animal*, par P. Foissac, docteur-médecin. In-8, 10 p. 1825.

Husson, rapporteur, furent de l'avis de M. Foissac, se fondant, au grand scandale des adversaires, sur tous les phénomènes observés en Europe depuis 1774, « et attestés par des milliers de témoins éclairés. »

Nous avons cité plus haut dans toute son étendue le rapport de M. Husson, et rapporté ensuite quelques unes des discussions qu'il souleva. Nous avons reproduit les arguments de ceux qui l'appuyèrent. Il serait injuste de ne pas donner une petite place à ceux qui parlèrent contre. (Séance du 20 février 1826.)

M. Desgenettes rejeta l'examen en se fondant principalement sur cette raison que le magnétisme venait d'Allemagne.

M. Bally, parce qu'il était à craindre que par suite de l'action à distance (qu'on ne pouvait nier), quelque magnétiseur ne vînt de son grenier de Paris ébranler les trônes de la Chine et du Japon.

M. Double, parce qu'en 1784 le magnétisme était vêtu à la française; qu'il l'est aujourd'hui d'un simple frac, et qu'on ne trouve parmi ses sectateurs que deux classes de personnes, les *dupes* et les *fripons* (1).

M. Laënnec, parce qu'il n'y a qu'*un dixième* des faits *de réels*, et que les phénomènes présentés par les magné-

---

(1) Cette assertion avait d'autant plus de piquant pour MM. les académiciens, que la plus grande partie d'entre eux, *présents à la séance*, avaient assisté aux expériences de l'Hôtel-Dieu, de la Salpêtrière, et signé les procès-verbaux de M. Husson. Néanmoins, M. Double siégea pacifiquement au milieu de ses honorables confrères. Aujourd'hui la nation française a gagné beaucoup en politesse et en noblesse. Loin des savants de notre époque cette patience, fruit de la charité chrétienne, que nous enseigne la religion : « *La science*, dit le docteur Frapart, *est la religion de notre époque.* » Aussi aujourd'hui on n'est plus si difficile en fait de procédés. Il faut vivre avec tout le monde. Après une séance semblable et de pareils compliments, on s'aborde amicalement, on se donne la poignée de main de rigueur, et quelquefois on ajoute en souriant : *Eh bien! nous nous sommes chamaillés l'autre jour!*

tiseurs et par les magnétisés diffèrent selon les dispositions physiques et morales de chacun d'eux.

M. Rochoux, parce que les phénomènes magnétiques réels devaient être placés dans la classe des hallucinations (1).

M. Nacquart, parce que nos connaissances actuelles ne permettent pas d'expliquer les phénomènes du somnambulisme.

M. Récamier ne se laissa point aller tout d'abord à ses préventions. Les expériences de l'Hôtel-Dieu étaient imprimées, ainsi que les procès-verbaux de l'apposition des moxas : aussi se souvint-il au moins de *l'un des deux*, tant il est vrai que les procès-verbaux ont quelque effet mnémonique. Il avoua donc, comme nous l'avons dit plus haut : 1° la réalité d'une action; 2° les effets à distance, et 3° l'insensibilité des somnambules, c'est-à-dire les trois ordres de faits contestés le plus généralement. Mais bientôt l'empire des choses observées laissant un libre cours à la disposition première, il vota *contre* l'examen, parce que le magnétisme n'avait fait faire aucune découverte en thérapeutique, parce que la clairvoyance magnétique n'existe pas, parce que la fille Samson (bien portante depuis sa sortie de l'Hôtel-Dieu, et à cette époque encore en pleine santé) était *morte* dans ses salles (2). M. Récamier vota encore *contre* l'examen, *surtout par respect pour les mœurs* (3).

---

(1) On sait qu'aujourd'hui une *nouvelle* école explique tout par les hallucinations, les monomanies; prophéties, miracles, possessions, assassinats; le vice, la vertu, etc.

(2) Voyez plus haut la note à ce sujet.

(3) Qui croirait qu'avec une assertion aussi vague, aussi générale, on décide entièrement à ne point examiner des gens qui n'en ont déjà l'envie qu'à moitié ? Il est vrai que MM. Dupeau, Debreyne, etc., sont bien aises de nous répéter que M. Récamier a rapporté plusieurs cas de grossesses survenues *par suite du magnétisme animal.* N'en est-il donc pas aussi souvent survenu *par suite* de la médecine de l'école, *par suite* des rapports

Le 14 février, M. Gasc termina noblement cette discussion mémorable en assurant que le magnétisme était indigne de l'attention de l'Académie, attendu qu'il ne produisait que des convulsions, l'épilepsie et l'hystérie; qu'on ne devait pas s'étonner du reste si quelques somnambules avaient donné des descriptions assez exactes de leurs organes thoraciques, parce que *les cuisinières en allant au marché ont souvent l'occasion de voir des cœurs de bœuf!*...

Nous avons rapporté plus haut les arguments par lesquels MM. Chardel, Marc, Itard, Georget, Lherminier, Husson, rapporteur, combattirent les puissantes raisons de leurs confrères. Mais nous devons mentionner ici cependant que lorsqu'on eut décidé que chaque membre écrirait son bulletin et le déposerait dans l'urne (ce qui n'avait pas encore eu lieu en matière de science), les plus zélés adversaires, qui ne se souciaient nullement de la publicité, s'esquivèrent tout doucement sous divers prétextes (un pansement, la migraine, une consultation, l'heure du dîner), ce qui n'empêcha pas qu'au dépouillement du scrutin il ne se trouvât une majorité de trente-cinq voix contre vingt-cinq en faveur de l'examen.

La commission, nommée, le 28 février, *par M. Désormeaux*, président de l'Académie, fut composée de MM. Bourdois de La Mothe, Double, Magendie, Guersant, Laënnec, Thillaye, Marc, Itard, Fouquier et Guéneau de Mussy.

M. Magendie s'était offert avec tant de grâce pour faire partie de la commission, que ses confrères le choisirent tout d'une voix pour secrétaire. Or, dès que les premières expériences eurent prouvé qu'il y avait quelque chose de réel dans le magnétisme (1), M. le secrétaire s'empressa

d'un professeur avec son élève, *par suite* de parenté, de pure civilité, *par suite*, etc., etc., etc.?

(1) Ces expériences furent faites dans le local même de l'Académie, et

de démontrer à la commission qu'il était *inutile* de dresser des procès-verbaux, de les laisser entre les mains de M. Foissac (à qui l'on avait écrit que ces procès-verbaux étaient rédigés *avec une exactitude et une impartialité qui ne sauraient être soupçonnées*). (Lettre de M. Magendie à M. Foissac, du 22 mai 1826. Voy. *Rapports et discussions*, etc., p. 102.) Instruit de ce qui venait d'arriver, M. Foissac exigea que les démonstrations eussent lieu désormais chez lui, et que le procès-verbal de chaque séance fût signé de suite par tous les assistants. Ces précautions injurieuses blessaient tellement la dignité de M. le secrétaire, elles neutralisaient si bien sa bonne volonté (1), qu'il ne put se résoudre à donner plus longtemps ses soins à l'examen du magnétisme; et, sans envoyer sa démission, il cessa d'assister aux séances de M. Foissac (2).

Quelques mois après, la commission, ayant reconnu la nécessité de faire des expériences dans les hôpitaux, s'adressa à M. Pariset pour obtenir la permission de magnétiser les épileptiques de la Salpêtrière, et chargea M. Magendie, en sa double qualité de secrétaire et de médecin de cet hospice, de lui rendre compte des résultats. Tout autre que lui eût été fort embarrassé, car la position devenait délicate. En effet, s'il refusait nettement, il montrait toute la force de ses préventions, et en acceptant, il confirmait par sa présence et par les procès-verbaux *exigés* la réalité d'une découvrte qui l'intéressait peu. Que faire ?.. Il ne répondit pas un mot à la lettre de la commission, et se contenta, *six semaines après*, d'assurer verbalement au président (M. Bourdois de La

---

présentèrent des résultats appréciables par des instruments de physique. (Voyez *Rapports et discussions*, par M. Foissac.)

(1) Il proposait un pavillon au fond de son jardin.

(2) M. Double se retira pour des motifs analogues: M. Laënnec pour cause de santé.

Mothe) qu'il donnerait à M. Foissac *toutes les facilités possibles* pour ses essais magnétiques. Celui-ci étant prévenu de *ces dispositions favorables*, se rendit à la Salpêtrière le 3 janvier 1827. On commença par exiger qu'il n'y eût d'admis que les médecins et les élèves de l'établissement, et, s'il y avait lieu, un petit nombre de médecins étrangers; que, sous quelque prétexte que ce fût, M. Foissac n'entrât à la Salpêtrière à une autre heure que celle de ses expériences; qu'il ne magnétisât que les malades au choix de MM. Pariset et Magendie, etc., etc. Ces préliminaires terminés, le magnétiseur crut qu'il ne s'agissait plus que de passer à l'application, et de jouir de toutes les facilités données; mais c'était ici précisément que se trouvait le nœud gordien. On avait espéré que l'abondance des précautions contre *la supercherie* finirait par faire perdre patience à M. Foissac, et l'engagerait à s'excuser auprès de la commission et des commissaires. Mais rien de tout cela n'étant arrivé, on exigea encore l'autorisation du conseil général des hospices, qui la *refusait constamment dans toutes les occasions*. M. Foissac ne s'attendait pas à cette nouvelle *facilité possible*. Néanmoins il conserva son sang-froid ordinaire, et s'efforça de prouver à l'honorable professeur que les médecins avaient toujours eu la permission de traiter les malades comme ils l'entendaient; que si l'on ne se faisait aucun scrupule d'employer les poisons les plus redoutables (ainsi que le fait M. Magendie lui-même), on ne devait pas craindre que de légers mouvements, faits par une main bienveillante, causassent de *graves accidents*, ou fussent considérés comme des moyens *dangereux*. Tout cela était assez logique sans contredit, mais c'était un tort de plus : aussi, le règlement à la main, on s'en tint à la lettre. Et ceci, pour le dire en passant, apprit à messieurs les magnétiseurs qu'outre l'action magnétique, il y a plusieurs sortes d'*actions*, et que, si l'on ne guérit pas ses malades à l'aide de la morphine, de la strychnine, de l'acide hydrocyanique et autres médicaments aussi innocents, du moins on sait parfaitement empêcher ses confrères d'être plus heureux que soi.

Cinq ou six mois s'écoulèrent sans que MM. Chapelain, Dupotet et Foissac pussent surmonter les difficultés qui leur étaient opposées de toutes parts ; mais au bout de ce temps, M. Fouquier, déjà convaincu par la guérison du cholérique cité plus haut, et cédant aux sollicitations de ses confrères, ouvrit à M. Foissac l'entrée de son hôpital (la Charité) ; il lui laissa magnétiser huit ou dix malades, au nombre desquels se trouvaient un épileptique et un paralytique *incurables*, qui revinrent cependant à la santé. Pendant le nouveau mode de traitement et au milieu des plus beaux succès, M. Fouquier, obligé de faire un petit voyage, demanda un congé à l'administration, et la permission de continuer des expériences qui promettaient un si beau résultat ; mais le conseil refusa tout net, aimant mieux voir mourir les malades *selon les règles* que de compromettre ses précédents. Les membres de la commission, blessés au vif d'une pareille conduite, et sachant fort bien d'ailleurs quels étaient ceux de leurs confrères à qui ils en étaient redevables, décidèrent que l'on écrirait à MM. les administrateurs, au nom de l'Académie royale de médecine, dont ils étaient délégués, pour demander qu'on leur permît d'examiner ce que pouvaient faire sur des moribonds quelques gestes à distance, ou quelques frictions manuelles réunies à l'intention de guérir. Voici la réponse du conseil :

A monsieur le docteur Bourdois de La Mothe, président de la commission du magnétisme.

« Paris, le 10 décembre 1827.

» Monsieur,
» Le conseil général des hospices a entendu dans sa

dernière séance la lecture de la lettre que vous lui avez adressée, sous la date du 3 de ce mois, relativement aux expériences commencées dans l'hôpital de la Charité sur le magnétisme.

» Le conseil a pesé tous les motifs présentés dans votre lettre; cependant il ne peut consentir à ce qu'il soit fait dans les établissements confiés à sa surveillance des expériences sur un traitement qui donne lieu depuis longtemps à des débats entre les hommes les plus instruits (1).

» En me chargeant, monsieur, de vous faire connaître cette décision, le conseil m'a invité à vous témoigner tous les regrets qu'il éprouve de ne pouvoir seconder, dans cette circonstance, les intentions *des médecins éclairés* qui composent la commission que vous présidez.

» J'ai l'honneur d'être, etc.

» VALDRUCHE. »

Cette lettre est d'une telle utilité comme document, que nous avons cru devoir la citer tout entière. Elle témoigne d'une manière si positive que la prévention a sa logique à part, que nous devons savoir gré à MM. les membres du conseil de nous rappeler cette importante vérité (2).

(1) Il paraîtrait, d'après cela, que tous les médecins sont parfaitement d'accord sur les avantages du feu, des poisons et de tous les remèdes dits *héroïques*, dont on fait journellement usage dans les hôpitaux... Nous en faisons nos compliments sincères aux malades d'abord, puis ensuite à qui de droit.

(2) En effet, puisque la question du magnétisme *divise* les hommes *les plus instruits*, que les académiciens qui demandent à expérimenter sont *des médecins éclairés*, que peut-on faire de mieux que de défendre les expériences? Cela ne termine-t-il pas toute espèce de discussions?... Peut-être dira-t-on que les dissidents n'en seront pas plus avancés, et que si le gouvernement laissait aux subalternes le droit d'intervenir dans les questions scientifiques, le caprice d'un commis de bureau pourrait faire rétrograder l'esprit humain de quelques siècles. Sans doute, quel que soit le sentiment de M. Mialhe à ce sujet, nous savons, d'après les principes de la saine philosophie, avec le vénérable abbé Eliçagaray, que l'État a besoin de sujets religieux et *dociles*

La nécessité de ne pas interrompre ces détails importants sur l'histoire *secrète* du magnétisme nous a empêché de mentionner plus tôt M. A. Dupeau et ses *Lettres*, qui ne sont ni *physiologiques* ni *morales,* sur le magnétisme animal (1), puisque, quoi qu'en dise M. Mialhe, et que MM. Frère et Debreyne n'en disent mot (2), il n'est pas *édifiant* de s'assurer que les possessions reconnues telles par l'église ne sont que des maladies nerveuses, et que les exorcismes, les pratiques superstitieuses et magiques, ainsi que le magnétisme, sont tous faits de même genre, et principes ou effets de l'imagination qui s'égare.

Disons maintenant que l'auteur, consulté par M. le docteur Alibert sur ce sujet, se proposait de lui démontrer :

1° Que le magnétisme est un art tout fantastique, dont les procédés mystérieux n'ont de pouvoir que sur les esprits malades, et qui, par une *singulière vertu*, enveloppe dans *le même voile* d'erreurs ses propagateurs et ses dupes ;

2° Que cet art compromet la santé des individus (3), la morale publique et la sûreté des familles (4) ;

et non pas de savants ; dans le même sens que M. de Bonald nous dit, dans ses œuvres admirables, que la société a plus besoin d'*hommes moraux* que d'hommes instruits dans les sciences. Mais la *docilité* d'hommes *moraux* n'autorise pas plus les préventions injustes que la science de sujets impies ne garantit de leur effet funeste.

(1) *Lettres physiologiques et morales sur le magnétisme animal*, contenant l'*Exposé critique des expériences les plus récentes*, et une *Nouvelle théorie* sur ses causes, ses phénomènes et ses applications à la médecine, adressées à M. le professeur Alibert par J.-A. Dupeau, docteur-médecin. In-8. 248 p. Paris, 1826.

(2) Ces messieurs se sont contentés d'y puiser des objections contre le magnétisme, sans en chercher plus long. Il est bien vrai qu'ils ne passent pas aux partisans du magnétisme la plus petite inexactitude religieuse ; mais la justice est belle quand elle s'exerce envers tout le monde.

(3) Cela est vrai pour M. Dupeau, qui, pour vérifier sa nouvelle théorie, magnétisait en excitant l'imagination.

(4) Comme si la vue à distance, etc., était si commune, venait à volonté, et qu'elle fût plus commode que l'indiscrétion d'un ami, la perspicacité soldée d'un valet, le zèle intéressé d'un espion.

3° Que l'histoire du somnambulisme magnétique a plus ajouté de mensonges et d'erreurs que toute l'antique magie avec ses amulettes et ses enchantements ;

4° Que les magnétiseurs empruntent la baguette du magicien, les charmes de la sorcellerie, et qu'ils profanent les saintes pratiques de la religion (1).

Tout cela est excellent, *très physiologique*, *très moral*, sans contredit, et surtout très moderne de la part d'un docteur qui annonce une *Nouvelle théorie*, et qui cependant fait plus que suivre l'exemple (car il le copie) de ses prédécesseurs Thouret, de Montègre et Virey. Mais se présenter dans le moment le plus opportun, se vanter de traiter la question *ex professo*, et montrer à chaque phrase une ignorance complète du sujet; prendre le baron d'Hénin pour modèle; entasser, comme lui, les déclamations et les aveux les plus positifs dans la même page, dans le même alinéa; qualifier *les phénomènes* de fantastiques, et les attribuer à cinquante-cinq causes différentes (2), c'est compromettre la cause des adversaires,

---

(1) Sans y attacher grande importance, cette assertion est copiée dans MM. Fustier et Wurtz.

(2) Voici un aperçu de la *Nouvelle théorie* de M. le docteur A. Dupeau, sur les causes des effets magnétiques :

1° Le mystérieux des procédés. — 2° L'imposition des mains. — 3° La vue des objets *consacrés*. — 4° Les influences morales. — 5° Le trouble de l'organisation par la réaction morale. — 6° Les douces paroles. — 7° Les légers attouchements. — 8° Certains signes. — 9° *La nouveauté des costumes.* — 10° Un langage *inconnu.* — 11° Le système nerveux du malade. — 12° L'imagination. — 13° Les procédés particuliers. — 14° Un langage mystique. — 15° Le baquet. — 16° L'attente du merveilleux. — 17° L'impression profonde du système nerveux. — 18° La croyance du magnétiseur à l'aimant animal. — 19° Les dispositions morales et nerveuses des malades. — 20° Les émanations du magnétiseur. — 21° L'*exaltation* ou l'*abolition* de la sensibilité générale ou de quelques organes du malade. — 22° L'imitation. — 23° Les fascinations. — 24° Les surprises des magnétiseurs. — 25° Les dispositions cataleptiques des malades. — 26° L'état de maladie des magnétisés. — 27° L'influence sexuelle. — 28° La crédulité. — 29° Les paroles *mystérieuses.* — 30° La lecture des ouvrages extraordinaires et bizarres. — 31° La vue d'objets nouveaux et *redoutés.* — 32° Le ton *mysti-*

quelque nombreux qu'ils soient, et mal servir leurs intérêts.

Un mois après (février 1826), M. Bertrand publia son ouvrage intitulé : *Du Magnétisme animal en France*, etc. (1), Mûri par trois années de réflexions, l'auteur laissa de côté les précautions oratoires, et dit tout nettement qu'il avait écrit son livre pour prouver que le magnétisme était *une chimère*. Il continua cependant à avouer que tous les faits de guérisons et de somnambulisme étaient *réels*, mais il soutint qu'il ne fallait en accuser que l'imagination des magnétisés. Cette assertion, singulièrement encadrée et renouvelée des commissaires de 1784, aurait pu être utile à M. Bertrand s'il eût débuté par là en 1819; mais ce n'était pas à l'auteur des *Conférences publiques sur le magnétisme*, et surtout à un changement d'opinion opéré par le dépit et l'amour-

---

que et grave du magnétiseur. — 33° L'appareil du magnétiseur. — 34° L'air de confiance qu'il *affecte*. — 35° Les arbres magnétisés. — 36° Les gestes magnétiques. — 37° La musique instrumentale. — 38° Une certaine fixité d'idées chez le malade. — 39° Le contact sur le cerveau et l'estomac. — 40° La continuité des mêmes gestes. — 41° Le souffle sur la figure ou sur la partie malade. — 42° Les manières insinuantes du magnétiseur. — 43° La présence de l'objet magnétisé. — 44° La présence du magnétiseur. — 45° La volonté. — 46° Les baguettes. — 47° La chaîne magnétique. — 48° L'enthousiasme des malades. — 49° Le cerveau plus ou moins malade des magnétisés. — 50° *Le soir* et *un lieu* peu éclairé. — 51° La fixation du jour et de l'heure des attaques. — 52° Le tempérament *mélancolique* du malade. — 53° L'imagination *ardente*. — 54° La commotion des forces morales et nerveuses.

Il est à regretter que M. Alibert n'ait pas compris toute la profondeur de ces aperçus; quelle foule de vérités nouvelles il en aurait fait jaillir ! Nous espérons que le lecteur pourra facilement réparer cette omission, en comparant entre eux les trois résumés : *Thouret*, *Virey* et *Dupeau* (voyez ces notes plus haut), ou encore l'heureux emploi qu'en a fait M. Debreyne. (*Pensées d'un croyant*, etc.)

(1) *Du Magnétisme animal en France, et des jugements qu'en ont portés les sociétés savantes*, etc., *et de l'apparition de l'extase dans les traitements magnétiques*, par M. Alex. Bertrand, docteur-médecin. 1826. 1 vol. in-8.

propre, ou mieux encore par une considération antichrétienne des phénomènes surnaturels, qu'il était logique de tenir un pareil langage (1).

Ajoutons qu'à l'imitation de M. de Montègre, l'ancien élève de l'École polytechnique disait tout le mal possible du magnétisme, et ne laissait pas d'en faire usage dans sa pratique médicale (2).

(1) Nous savons, dit M. Mialhe d'une manière positive, que M. Bertrand fut extrêmement piqué de n'avoir pas été choisi par ses confrères pour les expériences que l'on fit à l'Hôtel-Dieu en 1820. On l'y appela cependant, mais comme témoin, et M. Husson, ainsi que tous les médecins cités dans les procès-verbaux, vit avec étonnement que l'ex-professeur de magnétisme ne trouvait jamais dans les faits les plus positifs que des sujets de doute et de contestation. Aussi dans un *Traité du somnambulisme*, 1 vol. in-8, qu'il publia en 1823, non seulement il garda le silence le plus absolu sur tout ce qui s'était passé dans les hôpitaux de Paris pendant les deux années précédentes, mais il tourna en ridicule ou révoqua en doute les faits rapportés par les magnétiseurs les plus considérés, et tout ce qu'ils ont dit sur les diverses facultés des somnambules. Déjà aussi, l'âme de M. Bertrand commençait à être agitée par ce doute universel qui ne manque jamais d'atteindre l'homme qui envisage les faits surnaturels en dehors des lumières de la foi, et dont il donna des preuves dans son ouvrage cité plus haut : *Du Magnétisme animal en France*, etc. Extases des saints, possessions, convulsions de tout genre, phénomènes magnétiques, somnambuliques, cataleptiques, etc., etc., tout est mis dans la même classe, sur le même rang, tout est *expliqué* par *l'imagination*. — Malheur à l'homme qui ne se place point à côté de Dieu et de son Église pour envisager *la vérité!* Tout édifice humain, quelque haut qu'il l'élève, ne lui laisse apercevoir qu'un point de vue borné ; et plus la tour est élevée, plus vite aussi les idées se confondent, les choses et les mots pour les exprimer s'entremêlent et se brouillent : Babel se relève pour retomber bientôt, l'orgueil est de nouveau puni.

(2) *N. B.* L'ouvrage de M. Bertrand est terminé par une analyse rapide et exacte des *Lettres morales* de M. A. Dupeau. L'auteur démontre que son confrère n'a pas la plus légère connaissance du sujet qu'il traite avec de si hautes prétentions, et que ce travail n'a aucune espèce de valeur scientifique, etc. Nous sommes parfaitement de son avis ; mais nous ne pouvons nous empêcher, en même temps, de faire remarquer l'aveuglement risible de ces savants orgueilleux qui n'aspirent à rien moins qu'à diriger l'opinion publique, et qui, divisés entre eux, n'étant soumis à aucune autorité, n'ayant ni lien (bien que *la science* soit *la religion de notre époque*, suivant le docteur Frapart) ni but, donnent au monde le spectacle pitoyable de leurs disputes et de leurs contradictions quotidiennes. En supprimant le reste de

Parmi tous les ouvrages qui parurent sur le magnétisme dans cette année (1826), nous avons à citer la deuxième et troisième édition des *Expériences de l'Hôtel-Dieu*, par M. Dupotet, un nouveau journal du magnétisme, intitulé : *l'Hermès*, continuation des *Annales* et de la *Bibliothèque* du magnétisme, et surtout un *Recueil de toutes les cures opérées en France depuis Mesmer jusqu'à nos jours* (1).

L'auteur s'est appliqué à choisir dans trois ou quatre cents ouvrages qui ont été publiés sur ce sujet les exemples des guérisons de diverses maladies, et à les classer de manière que l'on puisse consulter son livre comme un dictionnaire. Notez que, ne pouvant citer qu'un petit nombre de faits semblables, l'auteur a eu la malice de préférer ceux qui ont été opérés, vérifiés ou rapportés par des médecins, et qu'enfin toutes les fois que l'occasion s'en présente, il montre que le magnétisme agit également sur des malades des deux sexes et de tout âge, ce qui détruit de fond en comble les plaisanteries si aimables des beaux esprits de salon, des médecins, des journalistes, etc. Ces extraits, de la plus grande fidélité, ne sont accompagnés d'aucune déclamation sur les questions qui intéressent la politique, la religion, la morale, et on ne peut attaquer l'auteur sous aucun de ces rapports (2).

sa note, M. Mialhe me saura gré de laisser supposer que quelquefois, sans s'en apercevoir, il fait de la saine philosophie.

(1) *Exposé des cures opérées en France par le magnétisme animal depuis Mesmer jusqu'à nos jours* (1774-1826), ouvrage où l'on a réuni les attestations de plus de deux cents médecins, tant magnétiseurs que témoins ou guéris par le magnétisme, par M. S. (Mialhe). 2 vol. in-8. 1826.

(2) C'est M. Mialhe qui fait lui-même en ces termes l'éloge de son ouvrage, fort intéressant en effet, et qui établit ainsi son innocence envers la morale et la religion. Mais l'auteur qu'on ne peut (dans l'ouvrage en question) attaquer sous aucun de ces rapports, pourrait-il dire la même chose des notes annexées par lui à l'ouvrage du docteur Foissac (*Rapports et discussions*, etc.), de son *Rapport confidentiel* surtout, dans lequel il a mis en pratique dans toute son étendue le conseil de Voltaire à Diderot : « Mentons, mentons, il en restera toujours quelque chose. »

Pendant longtemps les adversaires du magnétisme, MM. Thouret, Montègre, d'Hénin, Bertrand, Dupeau, avaient manifestement compromis les intérêts de la lutte par certaines concessions maladroites. Celui dont nous allons parler maintenant, pour ne point trop se séparer des autres, jugea que le temps des ménagements était passé, et qu'avec un adversaire dangereux l'on ne pouvait aller trop loin ni frapper trop fort. Il s'attacha donc au rapport de la commission de l'Académie royale de médecine (1). Il est bien vrai que, n'étant point encore de l'Académie, il fallait pour y parvenir faire comme les journalistes, commencer par la polémique contre les puissants pour trouver acquéreur ensuite, et vendre *la modération et le silence* (2). Il est encore bien vrai que quelque esprit bizarre eût pu trouver singulier le *travail critique* d'un homme qui s'inscrit en faux contre des phénomènes qu'il n'a point observés, n'étant pas de la commission, et qui, *de loin*, crie de toutes ses forces que ceux qui se sont approchés *bien près* sont tous dans l'erreur, et que lui seul est dans la réalité : aussi, pour atténuer *les choses*, M. Dubois (d'Amiens) (plusieurs fois déjà nous l'avons nommé) commence de la sorte (3) : «J'ai *lu* et *vu*

---

(1) Nous verrons ce rapport dans le paragraphe suivant : c'est pour ne pas l'interrompre et pour avoir d'avance l'avis d'un savant critique que nous anticipons.

(2) Vous auriez besoin de gagner quelque argent, dit un homme du monde à un élève en médecine que j'ai très bien connu. — Oui, sans doute. — Voudriez-vous faire quelques articles dans les journaux. — Oui, *si j'en étais capable.* — Eh bien ! commencez par écrire contre le gouvernement (c'était après 1830). — Mais... vous ne me demandez pas quelles sont mes opinions, mes convictions? dit *l'étudiant*, en interrompant son ami qui continua cependant : — Vos articles seront peu payés d'abord, plus ensuite quand vous serez connu ; puis des rédacteurs en chef de *certains journaux* vous paieront un article jusqu'à 100 francs, ne fût-ce que pour vous faire taire sur *un autre point*. — Je ne mangerai jamais de pain acheté si cher, répliqua *l'élève*, véritablement *incapable* d'écrire dans les journaux.

(3) *Examen historique et raisonné des expériences* prétendues *magnétiques, faites par la commission de l'Académie royale de médecine, pour*

» les œuvres des magnétiseurs, et je me déclare en état
» d'hostilité contre eux ; j'ai lu et médité le rapport de la
» commission, et j'ai été *révolté* de voir la réputation de
» tant de graves personnages compromise par d'*indignes*
» *jongleries* (p. 5)...» Et ailleurs : « Ce que je sais, c'est
» que la commission, par son impéritie, n'a que trop com-
» promis et le corps académique et le corps médical tout
» entier...» « Pendant près *de six ans*, ajoute-t-il encore,
» elle s'est laissé *jouer*, elle s'est laissé tromper de la ma-
» nière *la plus grossière*, *le tout* pour faire un rapport *tel*
» *quel*. Eh bien ! puisque de gaieté de cœur elle a voulu en
» courir les chances, je vais examiner cette longue série
» d'expériences ou plutôt de *mystifications* (1). » Voilà qui
est net et positif. Si le lecteur désire savoir pourquoi
M. Dubois regarde la chose de cette manière, sa réponse
est toute prête : « C'est que le magnétisme a été jugé,
» en 1784, *immoral* dans sa pratique, *infidèle* dans ses
» promesses, *fallacieux* dans son but, etc., par deux corps
» respectables (l'Académie des sciences et la Société royale
» de médecine). » Appuyé sur ces autorités qui n'ont
jamais failli, ainsi que nous l'avons vu plus haut, le docteur reprend le travail de la commission d'un bout à
l'autre (sauf les faits sur lesquels il fallait garder un silence prudent) ; il travestit les observations, les expériences, les traitements et leurs résultats d'une manière

servir à l'histoire de la philosophie *médicale au dix-neuvième siècle*, par E.-F. Dubois (d'Amiens). Brochure in-8.

(1) « Cependant, nous devons le dire, l'équité nous en fait un devoir, nous croyons que M. Dubois a porté trop loin le *scepticisme physiologique*. Il paraît rejeter le somnambulisme artificiel ou magnétique...» C'est M. De-breyne qui dit cela et qui ne craint pas de puiser à chaque instant dans le scepticisme physiologique outré de M. Dubois, disant, quelques lignes plus haut, que son *travail lui a paru* un morceau de critique excellent, fait avec une supériorité de talent remarquable ; ajoutant encore à l'appui : « M. le professeur Bouillaud assure que c'est un *vrai chef-d'œuvre* de haute raison et de la plaisanterie la plus fine et la plus ingénieuse. » La prévention a sa logique à part ; nous l'avons noté plusieurs fois.

si étrange, qu'à moins de lire et de confronter dix fois les mêmes passages avec le texte, on n'ose en croire ses yeux. Pour lui :

Le *magnétisme* n'est qu'un charlatanisme (c'est le point de départ).

Les *magnétiseurs* sont des intrigants, des imbéciles, des jongleurs, des fourbes, des opérateurs, des thaumaturges. En résumé, *la dernière classe de la société* (1).

Les *malades* se portent à merveille.

Quant aux *somnambules*, ce sont des gens *très fins* qu'on prend vingt fois la main dans le sac, ou bien des *pantins* adroits (2), mais qui font *les plus grandes sottises*.

---

(1) Jusqu'ici on n'avait désigné sous ce nom que les vagabonds, les bandits, les saltimbanques, etc.; mais il paraît qu'il faut y joindre tous les élèves de Mesmer et de d'Eslon, les fondateurs des sociétés magnétiques et de tous les traitements gratuits qui furent établis en France, les *quatre cents médecins* qui ont attesté par *écrit* la réalité des effets magnétiques; plus les Puységur, les Deleuze, les Abrial, les Redern et tous les médecins de nos hôpitaux qui n'ont pas fermé les yeux à l'évidence ou qui ont rendu noblement témoignage à la vérité. Ce que c'est que de prendre Rabelais, Diderot, etc., pour ses philosophes.

(2) Comme cette épithète de *pantins* pourrait être prise dans un sens différent de celui que lui donne M. Dubois, nous allons rapporter le passage tout entier, afin de montrer avec quelle ingénieuse fidélité l'auteur analyse les phénomènes qui ont convaincu la commission de l'Académie.

« Il n'est peut-être personne parmi les lecteurs qui n'ait eu occasion de voir quelques uns de ces plaisants de caractère ou de profession qui se chargent parfois d'amuser les oisifs au moyen de certains tours d'adresse qu'ils décorent du titre de *physique amusante*, de *magie blanche*. Parmi leurs délassements agréables, il en est un surtout qui ravit d'aise les enfants; il consiste à faire danser rhythmiquement un pantin de carton sans le toucher et en levant les mains à une certaine distance. Les bras et les jambes du pantin suivent exactement le mouvement des doigts ou de la baguette du plaisant, et cependant on ne voit aucun fil, aucun moyen de communication entre eux.

» Eh bien! c'est là précisément ce que les magnétiseurs ont voulu faire voir à messieurs les commissaires de l'Académie de médecine. Leurs pantins, il est vrai, n'étaient pas de carton ; c'étaient des somnambules de chair et d'os ; du reste, *le jeu était exactement le même*. Quand le magnétiseur approchait ou dirigeait seulement les doigts vers la main du somnambule, par exemple,

Les *faits* « sont inouïs, *miraculeux*, merveilleux ; mais,
» en somme, il faut les regarder comme des illusions, des
» fourberies, des sottises, des subtilités, des niaiseries,
» des déceptions profondes, des bévues, des jongleries,
» des mystifications, etc. »

Mais qu'est-ce donc que les *commissaires?*

« Des fanatiques, des dupes qui ont manqué de la dose
la plus ordinaire de bon sens, qu'on a trompés de la manière la plus grossière, et qui ont compromis par leur impéritie l'Académie et le corps médical tout entier (1). »

Ces aménités étant disséminées dans un article de
116 pages avec ce que la raillerie, le sarcasme et l'ironie
ont de plus insultant, de plus amer, de plus insupportable, on peut aisément se figurer l'effet qui en résulta.
Jamais semblables soufflets n'avaient été appliqués à des
hommes environnés de la considération publique (2).

Il semble que maintenant le moment soit venu de profiter des lumières acquises et communiquées par M. Dubois
pour juger les commissaires et leur rapport ; mais, toujours par anticipation, il nous faut dire un mot du *Dictionnaire de médecine et de chirurgie pratiques*. Comme
il n'était plus permis, lors de sa publication, de passer le

---

cette main entrait en mouvement ; les dirigeait-il vers une jambe, cette
jambe remuait aussitôt ; quelquefois même, au lieu des doigts, le magnétiseur dirigeait tout simplement une tige métallique, une sorte *de bâton
de Jacob*, comme les adeptes, *et l'effet était le même*. Notez que les somnambules avaient les yeux fermés (p. 63). »

Il faut compter étrangement sur la bonhomie de ses lecteurs pour croire
qu'ils ne remarqueront pas la contradiction palpable qu'il y a entre cet aveu
et le but que se propose M. Dubois (d'Amiens) !

(1) Pour travailler à réparer ce malheur, M. Dubois ne les désigne habituellement que par l'épithète de *bons commissaires*.

(2) Qui eût pensé alors que l'auteur de l'*Exposé historique* deviendrait
un jour l'honorable confrère de messieurs les académiciens ? Il en fut pourtant ainsi le 8 novembre 1836. Avant cette époque il y avait donc un académicien de moins auquel on peut *attribuer des propos inconvenants*, comm
s'en est plaint depuis M. Dubois.

magnétisme sous silence, et que dans la confection d'une encyclopédie ou d'un dictionnaire on improvise souvent *les hommes spéciaux*, M. Bouillaud continua l'œuvre de son confrère M. Dubois. Il accepta, sans trop se faire prier, quoiqu'une chose l'embarrassât pour un instant au moins. « En effet, comment conserver, dans un tel » sujet, le ton sérieux qui convient à quiconque s'occupe » de recherches scientifiques en général, et de recherches » médicales en particulier (1)? » C'était difficile, il faut l'avouer. Il se rassura cependant en faisant cette réflexion : « Qui pourrait faire à l'auteur un reproche de ce qui est » la faute du sujet? S'il existe dans le magnétisme animal » des choses plaisantes, ridicules, absurdes, extravagantes, » ce n'est pas à nous qu'il faut s'en prendre. » Assurément, il faudrait être de mauvaise foi pour cela, d'autant plus que M. Bouillaud proteste que « s'il *discute* les doctrines, » il *respecte les auteurs.* » Entrant donc en matière, il donne une définition et une idée générale du magnétisme; mais tout-à-coup il s'arrête : « entendant le lecteur se » récrier, et l'accuser de prêter complaisamment aux ma-» gnétiseurs *des absurdités révoltantes*, ou plutôt des opi-» nions tellement *insensées*, que la seule réponse à de pa-» reilles choses serait une forte dose d'ellébore. » En conséquence, il déclare que tout ce qu'il vient de rapporter est extrait littéralement de la thèse de M. Filassier (2). Viennent ensuite les procédés de magnétisation (que M. Debreyne, dans son impartialité, ne négligea pas d'emprunter à l'illustre professeur), et l'exposition *chronologique* des systèmes *dits* magnétiques, par MM. Rostan, Foissac, Mesmer et Husson (3), le tout fait avec autant de

---

(1) Voyez art. *Magnétisme animal, Dictionn. de médecine et de chirurgie pratiques*, t. XI, p. 299. Paris, 1834.

(2) M. Bouillaud n'aurait-il pas donné une idée tout aussi complète du magnétisme à ses lecteurs, s'il eût analysé les ouvrages de M. Deleuze?

(3) Placer Mesmer (1779) après MM. Rostan (1825) et Foissac (1833) dans

soin et d'*exactitude* que ce qui précède. L'auteur ne discute point, il est vrai, les faits sur lesquels la commission de l'Académie de médecine a établi son rapport ; mais en revanche il rappelle « que M. Dubois (d'Amiens) en a fait » une critique qui est un vrai chef-d'œuvre *de haute* » *raison* et de la plaisanterie *la plus fine* et la plus ingé- » nieuse. » Encouragé par un si bel exemple, M. Bouillaud emploie une partie de la troisième section de son article à faire l'analyse de *la thèse* en question, sur laquelle roule ce que d'autres nommeraient son argumentation, à s'efforcer de figurer à côté du chef-d'œuvre de son ami M. Dubois. La fin du paragraphe suivant montrera aux plus incrédules qu'il y est parvenu ; car, proposant de ne laisser la liberté de magnétiser qu'à ceux qui exercent cette fonction gratuitement, il ajoute : « Alors on ne se » plaindra plus, comme le fait M. Filassier, d'une con- » currence funeste, et tout le monde croira au magné- » tisme, s'il en existe encore, comme on croit à l'âge d'or, » à Cérès, aux aruspices, ou aux prédictions de Nostra- » damus et du docteur Akakia. »

Les conclusions de M. Bouillaud sont renfermées dans la quatrième section, « bien qu'il soit assez difficile d'ap- » précier *sérieusement* et *philosophiquement* la valeur des » faits et des *organes* magnétiques. » En effet, l'action de la pensée et de la volonté n'ayant jamais produit rien de remarquable en ce monde, on peut considérer ces facultés comme des bagatelles. Parmi les preuves qu'en donne M. Bouillaud, il faut surtout distinguer la suivante : « Le » magnétisme *produit le somnambulisme* avec l'*insensi-* » *bilité* plus ou moins marquée. » Il est vrai qu'il atténue cet aveu décisif par un de ces raisonnements qui feraient à eux seuls la réputation d'un académicien, et que

un exposé *chronologique*, nous semble très remarquable, surtout chez un professeur qui s'occupe de science en *général*, et de l'instruction publique *en particulier*.

M. Debreyne s'est approprié en plusieurs occasions : « C'est que ce phénomène ne mérite pas, à parler rigoureusement, le nom de magnétique, puisqu'il est bien reconnu qu'il peut se manifester par d'autres causes (1). » Nous avouons sincèrement que nous n'avons rien trouvé de mieux dans les *archives* du baron d'Hénin.

Quant aux expériences qui ont été faites dans les hôpitaux de Paris par MM. Husson, Récamier, Georget, Rostan, Ferrus, Broussais, et *les bons commissaires* de l'Académie, « on peut les considérer comme n'ayant au- » cune espèce de valeur scientifique. » Avis aux critiques timides que les aveux de ces messieurs pourraient embarrasser.

Arrivé enfin à peser les témoignages qui déposent pour ou contre la vérité de cette découverte, le chef de la médecine *exacte* convient « qu'il y a parmi les partisans du magnétisme des noms *d'une grande autorité;* mais comme les faits *miraculeux* du magnétisme n'offrent pas cette *immensité* de preuves et de témoignages dont ils auraient besoin pour être admis, il n'est pas temps de sacrifier le sens commun de tous les siècles à l'assertion presque gratuite *de quelques magnétiseurs* (2). » M. Bouillaud consent volontiers cependant « à mettre ceux-ci sur la même » ligne que *les sorciers d'autrefois;* et bien qu'il n'ait pas

---

(1) Effectivement, l'opium n'est pas narcotique, puisqu'une infinité d'autres agents, voire même la lecture d'un méchant pamphlet, produisent le sommeil.

(2) Le sens commun est une chose fort estimable sans contredit ; mais comme en matière scientifique il n'est pas aisé à trouver ou à ne pas heurter, parce qu'il tient aux connaissances de l'époque ou de l'individu, nous engageons M. Bouillaud à se souvenir que la plupart des découvertes n'ont été proscrites que parce qu'elles heurtaient le *sens commun* de l'époque où elles ont été faites ; que les académiciens ont toujours attendu que le *sens commun* public protestât contre le *sens commun* des corps savants. A-t-on oublié déjà ce qui a été dit et fait dans notre bon pays de France contre l'attraction, la circulation du sang, l'émétique, la vaccine, les antipodes, les aérolithes, la vapeur appliquée à la navigation, etc. ?

» reçu *du Saint-Esprit* somnambulique le don de pro-
» phétie, il leur prédit une destinée semblable à celle de
» leurs devanciers, sauf toutefois *le gibet* et *le bûcher*, dont
» tout le monde *n'est pas digne* (1). »

Tel est le ton de convenance religieuse et scientifique qu'il est bon que des professeurs inspirent à leurs élèves, s'ils veulent se mettre à la hauteur de l'enseignement public à notre époque. Ailleurs *on en est déjà* au panthéisme allemand sous toutes ses formes rajeunies des Indiens, qu'à l'École de médecine *on en est encore* à Voltaire, à Diderot, etc., etc.

CHAPITRE XV.

A LA SOLLICITATION DE M. FOISSAC, EXPÉRIENCES DE L'ACADÉMIE ROYALE DE MÉDECINE, 1825-1831. — RAPPORT QUI DÉCLARE LE MAGNÉTISME UNE BRANCHE CURIEUSE D'HISTOIRE NATURELLE, INTÉRESSANT LA PHYSIOLOGIE, LA PSYCHOLOGIE, L'ART DE GUÉRIR, ETC. — LES ADVERSAIRES DU MAGNÉTISME EMPÊCHENT DE PUBLIER LE RAPPORT FAVORABLE.

Nous avons dit précédemment que M. le docteur Foissac sollicita, le 11 octobre 1825, l'examen de l'Académie royale de médecine; que M. Double faisant observer que l'Académie n'était pas suffisamment préparée à de semblables travaux, il était plus à propos de nommer seulement une commission chargée de faire un rapport sur la question de savoir s'il convenait que l'Académie s'occupât du magnétisme animal ; que cette proposition fut adoptée à une immense majorité.

(1) Empressés de ne lire et de ne mettre en œuvre que les passages de ces messieurs propres à combattre le magnétisme, MM. Frère et Debreyne, qui font sur tout cela bonne guerre aux magnétiseurs, qualifient les premiers d'illustres, de savants professeurs, de *critiques excellents*, ayant *une supériorité de talent remarquable*, une *dialectique pressante*, un style *piquant* et *incisif*.

Nous avons aussi donné copie du rapport fait à ce sujet, le 13 décembre 1825, par M. Husson, et signé par MM. Adelon, Pariset, Marc et Burdin aîné.

Nous avons signalé les discussions longues et orageuses que ce travail suscita pour ou contre l'examen de la question, discussions qui se terminèrent à une majorité de 35 voix contre 25, par la nomination de 11 commissaires, MM. Bourdois de La Mothe, Double, Fouquier, Itard, Guéneau de Mussy, Guersant, Husson, Leroux, Magendie, Marc et Thillaye.

Nous avons dit que les commissaires nommés par l'Académie de médecine observèrent et produisirent eux-mêmes pendant six ans les faits magnétiques les plus concluants, et que dans les séances des 21 et 28 juin 1831, M. Husson lut en pleine académie un rapport favorable à cette science, rapport auquel nous consacrerons ce paragraphe tout entier (1).

Nous avons fait mention des obstacles puissants qui s'opposèrent aux travaux de la commission de l'Académie. M. Pariset, médecin de la Salpêtrière, fit son possible pour les favoriser dans son hôpital, M. Guersant dans l'hôpital des Enfants, M. Fouquier dans celui de la Charité, MM. Guéneau et Husson dans l'Hôtel-Dieu, M. Itard dans l'institution des sourds et muets. Mais en vertu d'un arrêté du conseil général des hospices (2), en date du 19 octobre 1825, qui défendait l'usage de tout remède nouveau qui n'aurait pas été approuvé par une commission nommée par

---

(1) Lorsque M. l'abbé Frère veut rendre compte de ce rapport, il écrit seulement en passant et par manière d'acquit : « Il paraît qu'on lut un rapport *assez favorable.* » M. l'abbé Debreyne y met plus de bonne volonté ; il cite un ou deux faits, mais travestis et défigurés par la version de M. Dubois (d'Amiens) ; puis il finit par déclarer, à l'exemple de M. Dubois, que ce rapport est sans valeur, sans autorité, parce qu'il n'a point été discuté par l'Académie. Ces messieurs ne sont pas si difficiles pour le rapport de 1784, et pour les relations de MM. Berna, Pigeaire, etc.

(2) Voyez plus haut la lettre du conseil des hospices. 10 décembre 1827.

le conseil, les expériences magnétiques ne purent être continuées dans les hôpitaux. Réduite à ses propres ressources et à celles que les relations particulières de ses membres pouvaient lui offrir, la commission fit un appel aux personnes connues pour avoir fait du magnétisme animal l'objet de leurs recherches. MM. Foissac, Chapelain et Dupotet fournirent les matériaux du rapport. Cependant, pour empêcher aucun doute de s'élever dans notre esprit sur l'impartialité des commissaires de l'Académie, nous allons citer textuellement le passage du rapport dans lequel ils se justifient des imputations qu'ils prévoient leur être adressées, et que M. Dubois ne leur a pas ménagées.

» Ne croyez pas, messieurs, que votre commission ait, dans aucune circonstance, confié à d'autres qu'à elle le soin de la direction des expériences dont elle a été témoin; que d'autres que le rapporteur ait tenu minute par minute la plume pour la rédaction des procès-verbaux constatant la succession des phénomènes qui se présentaient et à mesure qu'ils se présentaient. La commission a mis à remplir tous ses devoirs l'exactitude la plus scrupuleuse; et si elle rend justice à ceux qui l'ont aidée de leur bienveillante coopération, elle doit détruire les plus légers doutes qui pourraient s'élever dans vos esprits sur la part plus ou moins grande qu'elle aurait prise dans l'examen de la question. C'est elle qui a toujours conçu les divers modes d'expérimentation, qui en a tracé les plans, qui en a constamment dirigé le cours, qui en a suivi et écrit la marche; enfin, en se servant d'auxiliaires plus ou moins zélés, elle a toujours été présente, et toujours elle a imprimé sa direction propre à tout ce qui a été fait. Il en est du magnétisme, messieurs, comme de beaucoup d'autres opérations de la nature, c'est-à-dire qu'il est nécessaire que certaines conditions soient réunies pour produire tels et tels effets; c'est une vérité incontestable, et qui, s'il était besoin de preuves pour la constater, se trouverait confirmé par ce qui arrive dans les divers phénomènes physiques. Ainsi, sans sécheresse dans l'atmosphère, vous ne pourrez pas développer l'électricité. Sans la chaleur, vous n'obtiendrez jamais la combinaison du plomb et de l'étain, qui est la soudure commune des plombiers; sans la lumière du soleil, vous ne verrez pas s'enflammer spontanément le mélange de parties égales en volume de chlore et d'hydrogène. Que ces conditions soient extérieures ou physiques, comme celles que nous venons de citer; qu'elles soient intimes ou morales, comme celles que les magnétiseurs prétendent être indispensables au développement des phénomènes magnétiques, il suffit qu'elles existent et qu'elles soient exigées par eux pour que la commission ait dû se faire une obligation de chercher à les réunir, et un devoir de s'y soumettre. Pourtant nous n'avons dû ni voulu nous dépouiller de cette inquiète curiosité qui nous portait en même temps à varier nos expériences, et à mettre en défaut, si nous le pouvions, les pratiques et les promesses de certains magnétiseurs.

» Dans toutes les expériences que nous avons faites, le silence le plus rigoureux a toujours été observé, parce que nous avons pensé que dans le développement de phénomènes aussi délicats, l'attention du magnétiseur et du magnétisé ne devait être distraite par rien d'étranger. Nous ne voulions pas d'ailleurs mériter le reproche d'avoir nui, par des conversations ou des distractions, au succès de l'expérience; et nous avons toujours eu soin que l'expression de nos physionomies n'inspirât ni gêne au magnétiseur ni doute au magnétisé. Notre position, nous aimons à le répéter, a été constamment celle d'observateurs curieux et impartiaux (1).

---

(1) Sans M. Dubois (d'Amiens), après un tel langage, j'aurais cru avec beaucoup d'autres que les membres de la commission n'avaient pas *compromis l'Académie*.

» La commission n'a pas suivi dans l'énumération des faits qu'elle a observés l'ordre des temps dans lequel ils ont été recueillis ; il lui a paru plus convenable, et surtout plus rationnel, de les classer selon le degré plus ou moins prononcé de l'action magnétique.

» Les commissaires ont établi les quatre divisions suivantes :

» 1° Effets nuls ;

» 2° Effets peu marqués ;

» 3° Effets produits par l'ennui, la monotonie et l'imagination ;

» 4° Effets produits probablement par le magnétisme seul. »

Nous laisserons de côté les deux premières divisions, croyant toujours, malgré M. Dubois (d'Amiens), qu'en saine logique, des faits négatifs ne détruisent pas un seul fait positif.

Nous n'examinerons pas non plus les effets produits par l'ennui, la monotonie et l'imagination ; car les commissaires ne nous disent pas ce qu'ils entendent par ces expressions, et nous ne voulons pas essayer à être plus philosophes et même plus médecins que les membres de l'Académie.

La quatrième division suffira seule à nos méditations ; et pour ne pas faire dire aux commissaires plus qu'ils n'ont voulu dire, nos extraits seront rigoureusement conformes au texte du rapport.

Les commissaires s'expriment ainsi : «Si l'imagination a suffi pour produire des phénomènes qu'avec peu d'attention on aurait pu attribuer au magnétisme, nous nous empressons de déclarer qu'il est plusieurs cas, et aussi rigoureusement observés, dans lesquels il nous eût été difficile de ne pas admettre le magnétisme comme cause de ces phénomènes ; nous les plaçons dans notre quatrième classe.

» Un enfant de vingt-huit mois, atteint d'attaques d'épilepsie, fut magnétisé chez M. Bourdois par M. Foissac, le 6 octobre 1827. Presque immédiatement après le commencement des passes, l'enfant se frotta les yeux, fléchit la tête de côté, l'appuya sur un des coussins du canapé où on l'avait assis, bâilla, s'agita, se gratta la tête et les oreilles, parut combattre le sommeil qui voulait l'envahir, et bientôt se releva, permettez-nous l'expression, en grognant. Il fut encore magnétisé quelques instants; mais comme cette fois la somnolence n'était pas aussi prononcée, on cessa l'expérience (1). Nous rapprochons de ce fait celui d'un sourd-muet, âgé de dix-huit ans, sujet depuis longtemps à des attaques d'épilepsie très fréquentes, sur lequel M. Itard voulut essayer l'action du magnétisme. Ce jeune homme a été magnétisé quinze fois par M. Foissac. Nous ne dirons pas seulement ici que les accès épileptiques furent suspendus pendant la séance, et qu'ils ne revinrent qu'au bout de huit mois, retard sans exemple dans l'histoire de sa maladie, mais encore que les phénomènes appréciables que ce jeune homme éprouva pendant les expériences furent la pesanteur des paupières, un engourdissement général, le besoin de dormir, et quelquefois même des vertiges (2).

(1) M. Dubois travestit de son mieux cette expérience (et c'est après cela que M. Debreyne la lui emprunte). Il ne trouve pas étonnant que le *bambin* ait envie de dormir, placé sur un bon canapé. Mais que cela vienne *presque immédiatement* après l'action magnétique, qu'il se frotte les yeux, comme pour résister au sommeil, et que cette résistance soit vaincue *à l'instant même* qu'elle recommence, et (comme je l'ai vu souvent) toujours avec la facilité, pour l'*observateur présent*, de constater chaque fois la coïncidence d'une cause externe visiblement influente et victorieuse; voilà, pour les commissaires qui avaient *vu*, ce qui pouvait raisonnablement faire croire que ce fait avait quelque rapport avec le magnétisme.

(2) M. Dubois (d'Amiens), passant habituellement sous silence les accès *épileptiques suspendus* (qu'a de commun en effet avec un médecin l'action thérapeutique du magnétisme?) trouve tout simple « qu'un homme, placé dans un repos parfait *pendant quinze séances*, puisse *finir* par éprouver

» Une action encore plus prononcée a été observée sur un membre de la commission, M. Itard, qui, le 11 novembre 1826, s'était soumis à des expériences, et n'avait ressenti aucun effet. Magnétisé par M. Dupotet, le 27 octobre 1827, il a éprouvé de l'appesantissement sans sommeil, un agacement prononcé des nerfs de la face, des mouvements convulsifs dans les ailes du nez, dans les muscles de la face et des mâchoires, un afflux dans la bouche d'une salive d'un goût métallique, sensation analogue à celle qu'il avait éprouvée par le galvanisme.

» Ces trois observations ont paru à votre commission tout-à-fait dignes de remarque. Les deux individus qui font le sujet des deux premières : l'un, cet enfant de vingt-huit mois; l'autre, le sourd-muet, ignorent ce qu'on leur fait. L'un d'eux n'est même pas en état de le savoir, et l'autre n'a jamais eu la moindre idée de ce qui concerne le magnétisme. Tous deux sont cependant sensibles à son action, et bien certainement on ne peut attribuer chez l'un ni chez l'autre cette sensibilité à l'imagination. Le ferait-on avec plus de raison dans l'observation que nous avons rapportée de M. Itard?

» Ce n'est point sur des hommes de notre âge (disent les commissaires), et, comme nous, toujours en garde contre les erreurs de notre esprit et de nos sens, que

---

le besoin de dormir. » Comme si l'envie de dormir n'avait *fini* par venir qu'en vertu du repos parfait *de quinze séances*, unies au moins moralement dans l'esprit du docteur. Cependant je me souviens moi aussi d'avoir magnétisé (et par conséquent placé dans un repos parfait) un épileptique, non plus pendant quinze séances, mais pendant au moins deux mois ; et voyant régulièrement venir chaque fois, après peu de temps d'action magnétique, la pesanteur et l'engourdissement dont parlent les commissaires, comme eux je fus assez simple aussi pour voir là quelque chose de l'action magnétique. Il est bien vrai que je voyais aussi chaque jour, aussitôt l'action magnétique commencée, la peau des mains du malade ordinairement jaune et froide, se colorer par l'afflux du sang, manifester de la moiteur. Il est bien vrai qu'à volonté je faisais cesser en un instant le sommeil produit; mais aussi repos parfait *pendant deux mois!*

l'imagination, telle que nous l'envisageons ici, a de la prise. Elle est, à cette époque de la vie, éclairée par la raison et dégagée de ces prestiges qui séduisent si facilement la jeunesse ; elle se tient en éveil, et la défiance plutôt que la confiance préside aux diverses opérations de notre esprit (1).

» C'est principalement sur M. Petit, âgé de trente-deux ans, instituteur à Athis, que les mouvements convulsifs ont été déterminés avec le plus de précision par l'approche des doigts du magnétiseur. M. Dupotet le présenta à la commission, le 10 août 1826, en lui annonçant que cet homme était très susceptible d'entrer en somnambulisme, et que dans cet état, lui, M. Dupotet, pouvait, à sa volonté et sans l'exprimer par la parole, déterminer dans les parties que la commission aurait désignées des mou-

(1) Malgré toutes ces raisons qui ne sont pas sans quelque valeur, M. Dubois (d'Amiens) ne veut pas que M. Itard ait été sensible à l'action magnétique, parce que « si jamais *masse musculaire* fut faible et peu prononcée, c'était assurément chez lui ; » parce qu'il « suffit quelquefois de fermer les yeux et de se reployer en quelque sorte sur soi-même pour que les nerfs soient stimulés. » Il faut convenir que le docteur dit vrai, bien qu'il ne nous dise pas quel est ce stimulant des nerfs. Mais ce qui est vrai aussi, c'est que M. Itard (nous le tenons de source certaine, et pas de M. Husson, soit dit pour rassurer M. Dubois) n'avait pas les yeux fermés, ils étaient tout grands ouverts ; il ne se reployait pas en quelque sorte sur lui-même, il s'efforçait au contraire d'en sortir pour résister à ce qu'il ressentait, empêcher les ailes du nez, non pas de se *remuer*, mais d'être agitées convulsivement, *chaque fois* qu'avec *une volonté déterminée à cet effet*, le magnétiseur approchait ses doigts pour exciter le spasme désiré. Il faut avouer franchement que M. Dubois n'a pas pu deviner tout cela, il n'y était pas. M. Dubois fait remarquer encore avec sagesse qu'il n'est pas nécessaire « *d'invoquer la puissance d'une imagination entourée des prestiges qui séduisent la jeunesse* pour expliquer ces effets produits ; » nous sommes de son avis ; et cela me rappelle, en effet, qu'un vieillard vénérable, aussi à *masses musculaires* fort faibles *et par conséquent peu prononcées*, éprouvait, parfaitement éveillé, un fourmillement remarquable et des mouvements nerveux qui le faisaient sauter à un demi-pied au-dessus de son fauteuil, *chaque fois* qu'en présentant à distance mes doigts vers ses intestins, *je voulais* (c'est encore là la faute du magnétiseur et non pas du magnétisme) déterminer cette excitation passagère.

vements convulsifs apparents par la seule approche de ses doigts. Il fut endormi très promptement, et c'est alors que la commission, pour prévenir tout soupçon d'intelligence, remit à M. Dupotet une note rédigée en silence et à l'instant même, et dans laquelle elle avait indiqué par écrit les parties qu'elle désirait voir entrer en convulsion. Muni de cette instruction, il dirigea d'abord la main vers le poignet droit, qui entra en convulsion ; il se plaça ensuite derrière le magnétisé, et dirigea son doigt en premier lieu vers la cuisse gauche, puis vers le coude gauche, et enfin vers la tête. Ces trois parties furent presque aussitôt prises de mouvements convulsifs.

» M. Dupotet dirigea la jambe gauche vers celle du magnétisé : celui-ci s'agita de manière à ce qu'il fut sur le point de tomber. M. Dupotet dirigea ensuite son pied vers le coude droit de M. Petit, et ce coude droit s'agita ; puis il porta son pied vers le coude et la main gauche, et des mouvements convulsifs très forts se développèrent dans tout le membre supérieur. Un des commissaires, M. Marc, dans l'intention de prévenir davantage encore toute espèce de supercherie, lui mit un bandeau sur les yeux, et les expériences précédentes furent répétées avec une légère différence dans le résultat. D'après l'indication mimique et instantanée d'un ou deux d'entre nous, M. Dupotet dirigea son doigt vers la main gauche ; à son approche, les deux mains s'agitèrent. On désira que l'action se portât à la fois sur les deux membres inférieurs. D'abord les doigts furent approchés sans résultat ; bientôt le somnambule remua d'abord les mains, puis se recula, puis agita les pieds. Quelques moments plus tard, le doigt approché de la main la fit retirer, et produisit une agitation générale. MM. Thillaye et Marc dirigèrent les doigts sur diverses parties du corps, et provoquèrent quelques mouvements convulsifs. Ainsi M. Petit a toujours eu, par l'approche des doigts, des mouvements convulsifs, soit qu'il y ait eu ou qu'il n'y ait pas eu un bandeau sur les yeux, et ces mouvements ont été plus marqués quand on a dirigé vers les parties soumises aux expériences une tige métallique, telle qu'une clef ou une branche de lunettes (1).

» Vous vous rappelez peut-être, messieurs (c'est toujours la citation textuelle du rapport), les expériences qui furent faites, en 1820, à l'Hôtel-Dieu de Paris, en présence d'un grand nombre de médecins, dont quelques uns sont membres de cette académie, et sous les yeux du rapporteur, qui seul en concevait le plan, en dirigeait tous les détails, et les consignait minute par minute dans un procès-verbal signé par chacun des assistants. Peut-être nous nous serions abstenus de vous en parler sans une circonstance particulière qui nous fait un devoir de rompre le silence. On se rappelle qu'au milieu des discussions que la proposition de soumettre le magnétisme animal à un nouvel examen avait soulevées dans le sein de l'Académie, un membre (2), qui, du reste, ne niait pas la réalité des phénomènes magnétiques, avait dit que tandis que les magnétiseurs proclamaient la guérison de mademoiselle Samson, elle lui demandait à rentrer à l'Hôtel-Dieu, où, ajouta-t-il, elle était morte par suite d'une lésion organique, jugée incurable par les hommes de l'art (3).

---

(1) Ici M. Dubois (d'Amiens), voulant *rendre justice à qui de droit*, dit que *dans ces petites scènes M. Dupotet s'est montré d'une plus grande force que son émule M. Foissac ; qu'il a fait preuve d'intelligence, de zèle et d'adresse dans toutes ces représentations*. Voilà bien qui rappelle les *pantins* de M. Dubois cités plus haut. Voilà des preuves de la *haute raison* tant admirée par M. Bouillaud, M. Debreyne, etc.

(2) Nous avons dit plus haut que c'était M. Récamier.

(3) Il est inconcevable, nous devons le répéter encore, qu'un praticien aussi expérimenté que M. Récamier ait pu confondre une femme de soixante-neuf ans avec une jeune fille de dix-huit : c'est une erreur dont le dernier étudiant en médecine serait incapable. Certainement ceux qui connaissent M. Récamier ne supposeront pas de mauvaise foi de sa part, ainsi que l'ont fait plusieurs partisans du magnétisme, mais ils ne pourront s'em-

» Cependant cette même demoiselle Samson reparut six ans après cette prétendue mort, et votre commission, convoquée, le 29 décembre 1826, pour faire sur elle des expériences, voulut avant tout s'assurer si la personne que lui présentait M. Dupotet, dont la bonne foi d'ailleurs lui était parfaitement connue, était bien la même que celle qui neuf ans auparavant avait été magnétisée à l'Hôtel-Dieu. MM. Bricheteau et Patissier, qui avaient assisté à ces premières expériences, eurent la complaisance de se rendre à l'invitation de la commission, et, conjointement avec le rapporteur, ils constatèrent et signèrent que c'était bien la même personne qui avait été le sujet des expériences faites à l'Hôtel-Dieu, en 1820, et qu'ils n'apercevaient en elle d'autre changement que celui qui annonce une amélioration notable dans la santé. L'identité ainsi constatée, mademoiselle Samson fut magnétisée par M. Dupotet en présence de la commission.

» A peine les passes furent-elles commencées, que mademoiselle Samson s'agita sur son fauteuil, se frotta les yeux, témoigna de l'impatience, se plaignit, et toussa d'une voix rauque qui rappela à MM. Bricheteau, Patissier et au rapporteur ce même timbre de voix qui les avait frappés, en 1820, et qui alors, comme dans cette circonstance présente, était pour eux l'indice d'un commencement d'action magnétique. Bientôt elle frappa du pied, appuya sa tête sur sa main droite et sur son fauteuil, et leur parut dormir. On lui souleva la paupière, et on vit, comme en 1820, le globe de l'œil tourné convulsivement en haut. Plusieurs questions lui furent adressées et restèrent sans réponse ; puis lorsqu'on lui en fit de nouvelles, elle fit des gestes d'impatience, et répondit avec mauvaise humeur qu'on ne devait pas la tourmenter.

pêcher de se rappeler à ce sujet qu'il est facile de voir les choses comme on les désire, et que la prévention est un prisme fâcheux qui altère et décompose jusqu'à l'évidence même.

» Enfin sans avoir prévenu qui que ce fût, le rapporteur jeta en même temps sur le parquet une table et une bûche qu'il avait placée sur cette table. Quelques uns des assistants jetèrent un cri d'effroi ; mademoiselle Samson seule n'entendit rien, ne fit aucune espèce de mouvement, et continua à dormir du plus profond sommeil. On la réveilla quatre minutes après, en lui frottant les yeux circulairement avec les pouces (1). Alors la même bûche fut jetée à l'improviste sur le parquet ; le bruit fit tressaillir la magnétisée, qui se plaignit très vivement du sentiment de la peur que l'on venait de lui causer, tandis que six minutes auparavant elle avait été insensible à un bruit beaucoup plus fort.

» Vous avez tous également entendu parler d'un fait qui a fixé dans le temps l'attention de la section de chirurgie, et qui lui a été communiqué dans la séance du 16 avril 1826 par M. Jules Cloquet. La commission a cru devoir le consigner ici comme une des preuves les moins équivoques de la force du sommeil magnétique. Il s'agit de madame Plantin, âgée de soixante-quatre ans, demeurant rue Saint-Denis, 151, qui consulta M. Cloquet, le 8 avril 1829, pour un cancer ulcéré qu'elle portait au sein droit depuis plusieurs années, et qui était compliqué d'un engorgement considérable. M. Chapelain, médecin de cette dame, qui la magnétisait depuis quelques mois dans l'intention, disait-il, de dissoudre l'engorgement du sein, n'avait pu obtenir d'autre résultat qu'un sommeil très profond, pendant lequel la sensibilité paraissait anéantie, les idées conservant toute leur lucidité (2). Il proposa à M. Cloquet de l'opérer pendant qu'elle serait plongée dans le sommeil magnétique. Ce dernier, qui avait jugé l'opération indispensable, y consentit, et l'on décida qu'elle aurait lieu le

---

(1) Cet attouchement, avons-nous dit plus haut, n'est pas nécessaire.
(2) Avis aux partisans de l'*abrutissement* magnétique (expression textuelle).

dimanche suivant 12 avril. La veille et l'avant-veille cette dame fut magnétisée plusieurs fois par M. Chapelain, qui la disposait, lorsqu'elle était en somnambulisme, à supporter sans crainte l'opération, et qui l'amena même à en causer avec sécurité, tandis qu'à son réveil elle en repoussait l'idée avec horreur.

» Le jour fixé pour l'opération, M. Cloquet, en arrivant à dix heures et demie du matin, trouva la malade habillée et assise dans un fauteuil, dans l'attitude d'une personne paisiblement livrée au sommeil naturel. Il y avait à peu près une heure qu'elle était revenue de la messe, qu'elle entendait habituellement à la même heure. M. Chapelain l'avait mise dans le sommeil magnétique depuis son retour; la malade parla avec beaucoup de calme de l'opération qu'elle allait subir. Tout étant disposé pour l'opérer, elle se déshabilla elle-même, et s'assit sur une chaise. M. Chapelain soutint le bras droit; le bras gauche fut laissé pendant sur le côté du corps. M. Pailloux, élève interne de l'hôpital Saint-Louis, était chargé de présenter les instruments et de faire les ligatures.

» Une première incision partant du creux de l'aisselle fut dirigée au-dessus de la tumeur jusqu'à la face interne de la mamelle. La deuxième, commencée au même point, cerna la tumeur par en bas et fut conduite à la rencontre de la première. M. Cloquet disséqua avec précaution les ganglions engorgés, et extirpa la tumeur. La durée de l'opération a été de dix à douze minutes.

» Pendant tout ce temps, la malade a continué tranquillement à s'entretenir avec l'opérateur (1), et n'a pas donné

---

(1) « S'entretenait tranquillement avec l'opérateur, dit M. Dubois (d'Amiens), ce qui *du reste était contre toutes les lois de la science somnambulique.* » J'avoue bien qu'il fallait M. Dubois pour m'apprendre cela. Mais patience, il va nous en donner la raison. « Car, continue le docteur, mise en somnambulisme par M. Chapelain, *elle ne devait conserver de rapport qu'avec lui*, son magnétiseur. » Oh! pour le coup, monsieur Dubois, c'est vous qui dites cela et qui inventez une science somnambulique, et cela pour

le plus léger signe de sensibilité ; aucun mouvement dans les membres ou dans les traits, aucun changement dans la respiration ni dans la voix, aucune émotion, même dans le pouls, ne se sont manifestés. La malade n'a pas cessé d'être dans l'état d'abandon, d'impassibilité automatique, où elle était quelques minutes avant l'opération. On n'a pas été obligé de la contenir ; on s'est borné à la soutenir. Une ligature a été appliquée sur l'artère thoracique latérale, ouverte pendant l'extraction des ganglions. La plaie étant réunie par des emplâtres agglutinatifs et pansée, l'opérée fut mise au lit toujours en état de somnambulisme, dans lequel on l'a laissée pendant quarante-huit heures. Une heure après l'opération, il se manifesta une légère hémorrhagie qui n'eut pas de suite. Le premier appareil fut levé le mardi suivant 14 ; la plaie fut nettoyée et pansée de nouveau ; la malade ne témoigna aucune sensibilité ni douleur ; le pouls conserva son rhythme habituel.

» Après ce pansement, M. Chapelain réveilla la malade, dont le sommeil somnambulique durait depuis une heure avant l'opération, c'est-à-dire depuis deux jours. Cette dame ne parut avoir aucune idée, aucun sentiment de ce qui s'était passé ; mais en apprenant qu'elle avait été opérée, et voyant ses enfants autour d'elle, elle en éprouva une très vive émotion que le magnétiseur fit cesser en l'endormant aussitôt.

» La commission a vu dans ces deux observations la preuve la plus évidente de l'abolition de la sensibilité

---

deux raisons que donnent tous les magnétiseurs : la première, c'est qu'un grand nombre de somnambules ne perdent pas la faculté d'entrer en rapport avec les personnes qui les entourent ; la seconde, c'est qu'un somnambule qui n'entend plus que son magnétiseur peut facilement être mis par lui en rapport avec une ou plusieurs personnes : c'est ce qui a été fait ; nous verrons dans une note placée plus bas que M. Jules Cloquet l'a dit lui-même en pleine Académie.

pendant le somnambulisme, et elle déclare que bien qu'elle n'ait pas été témoin de la dernière, elle la trouve empreinte d'un tel caractère de vérité, elle lui a été attestée et répétée par un si bon observateur qui l'avait communiquée à la section de chirurgie, qu'elle n'a pas craint de vous la présenter comme le témoignage le moins contestable de cet état de torpeur et d'engourdissement (1) provoqué par le magnétisme.

» Au milieu des expériences dans lesquelles la commission avait cherché à apprécier cette faculté de mettre en mouvement sans contact la contractilité des muscles de M. Petit d'Athis, d'autres essais se faisaient sur lui pour observer un genre particulier de clairvoyance dont on disait qu'il était doué pendant le somnambulisme.

» M. Petit fut magnétisé, le 15 mars 1826, par M. Dupotet, à huit heures et demie du soir, et endormi à peu près en une minute. Le président de la commission, M. Bourdois, s'assura que le nombre des pulsations avait diminué de vingt-deux par minute depuis qu'il était endormi, et que le pouls avait même quelque chose d'irrégulier. M. Dupotet, après avoir mis un bandeau sur les yeux du somnambule, dirigea sur lui à plusieurs reprises ses doigts en pointe à deux pieds environ de distance. Aussitôt il se manifesta dans les mains et dans les bras, vers lesquels était dirigée l'action, une contraction violente. M. Dupotet ayant également approché ses pieds de ceux de M. Petit, toujours sans contact, celui-ci les retire avec vivacité. Il se plaint d'éprouver dans les membres sur lesquels l'action était portée une vive douleur et une chaleur brûlante. M. Bourdois essaie de produire les

---

(1) Notez que cet état de torpeur et d'engourdissement n'empêchait pas la malade en question *de se déshabiller elle-même*, de s'entretenir avec l'opérateur. Ceci soit dit pour ceux qui ne veulent voir que de l'épilepsie, de la catalepsie, un état d'abrutissement dans le somnambulisme. *Sic* MM. Montègre, Dupeau, Lafond-Gouzi, etc.

mêmes effets; il les obtient également, mais avec moins de promptitude et à un degré plus faible (1).

» Ce point bien établi, on s'occupe de reconnaître la clairvoyance du somnambule. Celui-ci ayant déclaré qu'il ne pouvait voir avec le bandeau (2), on le lui retira : mais alors toute l'attention se porte à constater que les paupières sont exactement fermées. A cet effet, on tient presque constamment pendant les expériences une lumière au-devant des yeux de M. Petit, à la distance d'un ou deux pouces, et plusieurs personnes eurent les yeux presque continuellement fixés sur les siens : aucune ne put apprécier le moindre écartement des paupières. M. Ribes fit même remarquer que leurs bords étaient superposés de manière que les cils se croisaient. On examine aussi l'état des yeux; on les ouvre de force sans que le somnambule s'éveille, et l'on remarque que la prunelle est portée en bas et dirigée vers le grand angle de l'œil.

» Après ces observations préliminaires, on procède à vérifier les phénomènes de la vision avec les yeux fermés.

» M. Ribes, membre de l'Académie, présente un catalogue qu'il tire de sa poche. Le somnambule, après quelques efforts qui paraissent le fatiguer, lit très distinctement ces mots : *Lavater. Il est bien difficile de connaître les hommes.* Ces derniers mots étaient imprimés en caractères très fins. On lui met sous les yeux un passeport; il le reconnaît, et le désigne sous le nom de passe-homme; on substitue au passeport un port d'armes, que

---

(1) Et cela parce que la faculté magnétique, ainsi que toutes les facultés de l'homme, s'exerce avec plus ou moins de facilité, suivant la fréquence des actes, s'augmente et se développe par l'habitude.

(2) Comme les ondulations de la lumière, mises en mouvement par l'action des corps extérieurs, réagissent sur les filets nerveux qui s'épanouissent à la surface de la peau, on conçoit que par l'interposition d'un bandeau cette réaction se fasse plus difficilement.

l'on sait presque en tout semblable à un passeport, et on le lui présente du côté blanc : M. Petit peut seulement reconnaître que c'est une pièce encadrée assez semblable à la première. On le retourne ; alors, après quelques instants d'hésitation, il dit ce que c'est, et lit distinctement ces mots : *De par la loi*, et à gauche *port d'armes*. On lui montre encore une lettre ouverte ; il dit ne pouvoir la lire, n'entendant pas l'anglais : c'était, en effet, une lettre anglaise.

» M. Bourdois tire de sa poche une tabatière sur laquelle était un camée encadré en or. Le somnambule ne peut d'abord le voir distinctement : le cadre l'éblouissait, disait-il (1). Quand on eut couvert le cadre avec ses doigts, il dit voir l'emblème de la fidélité. Pressé de dire quel était cet emblème, il ajoute : Je vois un chien ; il est comme dressé devant un autel : c'est là, en effet, ce qui était représenté.

» Toutes ces expériences fatiguaient extrêmement M. Petit. On le laissa un instant reposer ; puis, comme il aimait beaucoup le jeu, on lui proposa pour se délasser de faire une partie de cartes. Autant les expériences de pure curiosité semblent le contrarier et le fatiguer, autant il fait avec aisance et dextérité ce qui lui fait plaisir, et ce à quoi il se porte de son propre mouvement (2).

---

(1) Nous avons parlé plus haut de cette manière d'agir des métaux.

(2) Outre la réaction des personnes qui entourent un somnambule et dont nous avons déjà parlé, ces quelques lignes du rapport de la commission rendent raison de l'insuccès de plusieurs expériences apprêtées de longue main et avec grande solennité. C'est que, même dans son état ordinaire, l'homme ne jouit jamais plus pleinement de ses facultés que lorsqu'elles se manifestent d'elles-mêmes et comme spontanément. Il en est surtout ainsi de celles qui ne servent pas aux usages ordinaires de la vie (improviser des vers, de la musique ; tracer des *chefs-d'œuvre* en dessin, en peinture, etc., etc.). On ne réfléchit point assez sur ce phénomène singulier. On n'en tient pas assez compte lorsqu'on veut apprécier les facultés somnambuliques, leur mode de manifestation. Alors on les nie trop vite, ou l'on recourt trop facilement au surnaturel pour les expliquer lorsqu'on

» Un des assistants, M. Reynal, ancien inspecteur de l'Université, fit avec M. Petit un cent de piquet et perdit. Celui-ci maniait les cartes avec la plus grande agilité et sans jamais se tromper. On essaya plusieurs fois inutilement de le mettre en défaut en soustrayant ou en changeant des cartes. Il comptait avec une surprenante facilité le nombre des points marqués sur la carte à marquer de son adversaire. Pendant tout ce temps, on n'avait cessé de remarquer les yeux, et de tenir auprès d'eux une lumière; on les avait toujours trouvés exactement fermés. On remarque que le globe de l'œil semblait néanmoins se mouvoir sous la paupière et suivre les divers mouvements des mains (1). Enfin M. Bourdois déclara que, selon toutes les vraisemblances humaines, et autant qu'on en pouvait juger par les sens, les paupières étaient exactement closes.

» Pendant que M. Petit faisait une deuxième partie de piquet, M. Dupotet, sur l'invitation de M. Ribes, dirigea par derrière la main vers son coude : la contraction précédemment observée eut lieu de nouveau. Puis, sur la proposition de M. Bourdois, il le magnétisa par derrière, et toujours à un pied de distance dans l'intention de l'éveiller. L'ardeur que le somnambule portait au jeu combattait cette action, et faisait que, sans le réveiller, elle le gênait et le contrariait. Il porta plusieurs fois la main derrière la tête, comme s'il y souffrait; il tomba enfin dans un assoupissement qui paraissait être un sommeil naturel assez léger ; et quelqu'un lui ayant parlé dans cet état, il s'éveilla comme en sursaut. Peu d'instants après, M. Du-

les admet, parce qu'on n'a point assez étudié des phénomènes naturels dont nous sommes témoins chaque jour sans les comprendre davantage.

(1) Un homme qui agit *les yeux fermés* et *dans l'obscurité*, un aveugle dont le globe de l'œil est encore mobile, le noctambule présente ce singulier phénomène. L'attention qui dirige la main, dirige aussi dans le même sens, et sans y penser, le globe de l'œil, bien que ce mouvement ne soit d'aucune utilité.

potet, toujours placé près de lui et à quelque distance, le plongea de nouveau dans le sommeil magnétique, et les expériences recommencèrent. M. Dupotet, désirant qu'il ne restât aucune ombre de doute sur la nature d'une action physique exercée à volonté sur le somnambule, proposa de mettre à M. Petit tel nombre de bandeaux que l'on voudrait, et d'agir sur lui dans cet état. On lui couvrit, en effet, la figure jusqu'aux narines avec plusieurs cravates ; on tamponna avec des gants la cavité formée par la présence du nez, et on recouvrit le tout d'une cravate noire descendant en forme de voile jusqu'au col. Alors on recommença de nouveau et de toutes les manières les essais d'action à distance, et constamment les mêmes mouvements se manifestèrent dans les parties vers lesquelles la main ou le pied étaient dirigés.

» Après ces nouvelles épreuves, M. Dupotet, ayant ôté à M. Petit ses bandeaux, fit avec lui une partie d'écarté pour le distraire. Il joua avec la même facilité qu'auparavant et gagna encore. Il mettait tant d'ardeur à son jeu, qu'il resta insensible à l'influence de M. Bourdois, qui essaya inutilement, pendant qu'il jouait, d'agir sur lui par derrière, et de lui faire exécuter un commandement volontaire.

» Après sa partie, le somnambule se leva, se promena à travers le salon, écartant les chaises qui se trouvaient sur son passage (1), et alla s'asseoir à l'écart pour se reposer quelque temps loin des curieux et d'expérimentateurs qui l'avaient fatigué. Là M. Dupotet le réveilla à plusieurs pieds de distance ; mais ce réveil ne fut pas complet, à ce qu'il paraît ; car quelques instants après il s'assoupit ; il fallut faire de nouveaux efforts pour le réveiller complétement.

(1) Que ceux qui n'ont voulu voir dans le somnambulisme magnétique qu'un accident épileptiforme, une léthargie stupéfiante, un état d'ivresse, etc., y réfléchissent encore un peu.

» Éveillé, il dit ne conserver aucun souvenir de ce qui s'était passé pendant son sommeil.

» Ici la sphère paraît s'agrandir. Il ne s'agit plus de satisfaire une simple curiosité, de chercher à s'assurer s'il existe un signe qui puisse faire prononcer que le somnambulisme est réel ou simulé, si un somnambule peut lire les yeux fermés, se livrer pendant son sommeil à des combinaisons, des jeux plus ou moins compliqués ; questions curieuses, intéressantes, dont la solution, celle de la dernière surtout, est, comme spectacle, un phénomène très extraordinaire (1), mais qui, en véritable intérêt, et surtout en espérance sur le parti qu'en peut tirer la médecine, sont infiniment au-dessous de celles dont la commission va vous donner connaissance.

» Il n'est personne parmi vous, messieurs, qui, dans tout ce qu'on a pu lui citer du magnétisme, n'ait entendu parler de cette faculté qu'ont certains somnambules (2), non seulement de déterminer le genre de maladie dont ils sont affectés, la durée, l'issue de ces maladies, mais encore le genre, la durée et l'issue des maladies des personnes avec lesquelles on les met en rapport. Les trois observations suivantes présentent des exemples fort remarquables de cette intuition, de cette prévision ; vous y trouverez en même temps la réunion de divers phénomènes qui n'ont pas été observés chez les autres magnétisés.

» Paul Villagrand, étudiant en droit, né à Magnac-Laval (Haute-Vienne) le 18 mai 1803, fut frappé, le 25 décembre 1825, d'une attaque d'apoplexie avec paralysie de tout le côté gauche du corps.

» Après dix-sept mois de divers traitements par l'acu-

---

(1) Moi j'aurais la singularité d'y voir autre chose qu'un spectacle, puisqu'il y a de quoi exercer l'intelligence du physiologiste.

(2) Pour parler exactement il faudrait dire : qui se manifeste chez certains somnambules.

puncture, un séton à la nuque, douze moxas le long de la colonne vertébrale, traitements qu'il suivit, soit chez lui, soit à la maison de santé, soit à l'hospice de Perfectionnement, et dans le cours desquels il eut deux nouvelles attaques, il fut admis, le 8 avril 1827, dans l'hôpital de la Charité. Bien qu'il eût éprouvé un soulagement notable des moyens mis en usage avant son entrée dans cet hôpital, il marchait avec des béquilles, sans pouvoir s'appuyer sur le pied gauche. Le bras du même côté exécutait bien divers mouvements, mais Paul ne pouvait le lever vers la tête. Il y voyait à peine de l'œil droit, et avait l'ouïe très dure des deux oreilles. C'est dans cet état qu'il fut confié au soin de notre collègue M. Fouquier, qui, outre la paralysie bien évidente, lui reconnut des symptômes d'hypertrophie du cœur.

» Pendant cinq mois, il lui administra l'extrait alcoolique de noix vomique, le fit saigner de temps en temps, le purgea, et lui fit appliquer des vésicatoires. Le bras gauche reprit un peu de force; les maux de tête auxquels il était sujet s'éloignèrent, et son état resta stationnaire jusqu'au 29 août 1827, époque à laquelle il fut magnétisé pour la première fois par M. Foissac, d'après l'ordre et sous la direction de M. Fouquier. Dans cette première séance, il éprouva une sensation de chaleur générale, puis des soubresauts dans les tendons. Il s'étonna d'être envahi, pour ainsi dire, par une envie de vomir, se frotta les yeux pour la dissiper, fit des efforts visibles et infructueux pour tenir ses paupières ouvertes; enfin sa tête tomba sur sa poitrine, et il s'endormit.

» A dater de ce moment, la surdité et le mal de tête ont cessé (1). Ce n'est qu'à la neuvième séance que le

(1) Ce qui n'empêche pas M. Dubois (d'Amiens) d'appeler tous les détails donnés sur cette observation *non pas seulement un récit*, mais *l'aveu perpétuel d'une longue et profonde mystification, d'une mystification portée au plus haut degré*. Dans la suite, en effet, il supposera au besoin,

sommeil devint profond, et c'est à la dixième qu'il répondit par des sons inarticulés aux questions qu'on lui adressa.

» Plus tard, il annonça qu'il ne pouvait guérir qu'à l'aide du magnétisme (1), et il se prescrivit des sinapismes, des bains de Baréges, et la continuation des pilules d'extrait de noix vomique. Le 25 septembre, la commission se rendit à l'hôpital de la Charité, fit déshabiller le malade, et constata que le membre inférieur gauche était manifestement plus maigre que le droit, que la main droite serrait beaucoup plus fort que la gauche, que la langue tirée hors de la bouche était portée vers la commissure droite, et que, dans la buccination, la joue droite était plus bombée que la gauche.

» On magnétisa alors Paul, qui ne tarda pas à entrer en somnambulisme. Il récapitula ce qui était relatif à son traitement, et prescrivit que dans le jour même on lui appliquât un sinapisme à chaque jambe pendant une heure et demie ; que le lendemain on lui fît prendre un bain de Baréges, et qu'en sortant du bain, on lui mît des sinapismes pendant douze heures sans interruption, tantôt à une place, tantôt à une autre ; que le surlendemain, après avoir pris un second bain de Baréges, on lui tirât

---

pour ne rien attribuer au magnétisme et tout expliquer *rationnellement*, comme il s'en vante lui-même, que *ce M. Paul jouait bien son rôle ;* que ses confrères avaient été assez simples pour ne pas voir qu'une attaque d'épilepsie arrivait *parce qu'elle avait été annoncée*, et non pas qu'elle avait été *prévue, pressentie*, parce qu'elle existait déjà en quelque sorte dans ses causes. Cela a beau être arrivé à des malades de diverses sortes, à des somnambules naturels ; comme on pourrait de là en induire qu'une certaine *prévision*, une certaine *pressensation* des actes de l'organisme peut exister en vertu des mêmes lois chez les somnambules magnétiques, il est plus *rationnel* de tout expliquer par la supercherie des malades et la *perpétuelle mystification* des commissaires de l'Académie. Cette logique ne découle-t-elle pas tout naturellement des guides que prennent dans la philosophie MM. Burdin jeune et Dubois (d'Amiens), qui appellent *Diderot notre Platon*, Helvétius, d'Holbach, Rabelais, d'Alembert, etc., *nos philosophes*.

(1) *A l'aide du magnétisme*, provoquant le somnambulisme, facilitant l'indication des remèdes qu'il se prescrit, activant leur action, etc.

une palette et demie de sang du bras droit. Enfin il ajouta qu'en suivant ce traitement, le 28, c'est-à-dire trois jours après, il marcherait sans béquilles en sortant de la séance, où il dit qu'il faudrait encore le magnétiser.

» On suivit le traitement qu'il avait indiqué, et au jour dit, le 28 septembre, la commission vint à l'hôpital de la Charité. Paul se rendit, appuyé sur ses béquilles, à la salle des conférences, où il fut magnétisé comme de coutume et mis en somnambulisme. Dans cet état, il assura qu'il retournerait à son lit sans béquilles, sans soutien. A son réveil, il demanda ses béquilles; on lui répondit qu'il n'en avait plus besoin.

» En effet, il se leva, se soutint sur sa jambe paralysée, traversa la foule qui le suivait, descendit la marche de la salle d'expériences, traversa la deuxième cour de la Charité, monta deux marches, et, arrivé au bas de l'escalier, il s'assit. Après s'être reposé deux minutes, il monta, à l'aide d'un bras et de la rampe, les vingt-quatre marches de l'escalier qui conduit à la salle où il couchait; il alla à son lit sans appui, s'assit encore un moment, et fit ensuite une nouvelle promenade dans la salle, au grand étonnement de tous les malades, qui, jusqu'alors, l'avaient toujours vu cloué dans son lit (1). A dater de ce jour, Paul ne reprit plus de béquilles.

» La commission se réunit encore, le 11 octobre suivant, à l'hôpital de la Charité. On le magnétisa, et il annonça qu'il serait complétement guéri à la fin de l'année, si on lui établissait un séton deux pouces au-dessous de la région du cœur. Dans cette séance, on le pinça à plu-

---

(1) M. Dubois (d'Amiens) trouve fort mauvais qu'on dise qu'un malade qui ne marchait que rarement et encore péniblement auparavant en se servant de béquilles, *avait été vu cloué dans son lit*. Cette manière de parler est assez en usage et n'est pas trop inexacte en pareil cas: aussi c'est plutôt au magnétisme qu'il faut s'en prendre si le docteur ne veut pas la laisser passer ici.

sieurs reprises, on lui enfonça une épingle à une ligne de profondeur dans le sourcil et dans le poignet, sans qu'il donnât aucun signe de sensibilité (1).

» Le 16 octobre, M. Fouquier reçut du conseil général des hospices une lettre (2) qui l'invitait à suspendre les expériences magnétiques qu'il avait commencées à l'hôpital de la Charité. Alors M. Foissac fit sortir le malade de l'hôpital, et le plaça rue des Petits-Augustins, n° 18, dans une chambre particulière, où il continua son traitement.

» Le 12 janvier, la commission se rassembla de nouveau chez M. Foissac, où se trouvaient M. Em. de Las Cases, député; M. le comte de Rumigny, premier aide-de-camp du roi, et M. Ségalas, membre de l'Académie. M. Foissac nous annonça qu'il allait endormir Paul, et que dans cet état de somnambulisme on lui appliquerait un doigt sur chaque œil fermé; et que, malgré cette occlusion complète des paupières, il distinguerait la couleur des cartes, qu'il lirait le titre d'un ouvrage et quelques mots ou lignes indiqués au hasard dans le corps même de l'ouvrage.

» Au bout de deux minutes de gestes magnétiques, Paul est endormi. Les paupières étant tenues fermées constamment et alternativement par MM. Fouquier, Itard, Marc et le rapporteur, on lui présente un jeu de cartes neuves, dont on brise la bande de papier portant le timbre de la régie; on les mêle, et Paul reconnaît facilement et successivement le roi de pique, as de trèfle, dame de pique, neuf de trèfle, sept de carreau, dame de carreau et huit de carreau.

» On lui présente, ayant les paupières tenues fermées par M. Ségalas, un volume dont M. Husson s'était muni. Il lit sur le titre *Histoire de France*; il ne peut lire les

---

(1) Tant il *jouait bien son rôle, ce M. Paul*, dit M. Dubois.
(2) Celle citée plus haut.

deux lignes intermédiaires, et lit sur la cinquième le nom seul *Anquetil*, qui y est précédé de la préposition *par*. On ouvre le livre à la page 89, et il lit à la première ligne : *le nombre de ses*... il passe le mot *troupes*, et continue : *au moment où on le croyait le plus occupé des plaisirs du carnaval...* Il lit également le titre courant *Louis ;* mais ne peut lire le chiffre romain qui le suit. On lui présente un papier sur lequel on a écrit les mots *agglutination* et *magnétisme animal*. Il épèle le premier et prononce les deux autres.

» Dans une autre séance qui eut lieu le 13 mars suivant, Paul essaya inutilement de distinguer différentes cartes qu'on lui appliqua sur l'épigastre; mais il lut encore, les yeux fermés, dans un livre ouvert au hasard, et cette fois ce fut M. Jules Cloquet qui lui boucha les paupières. M. Husson écrivit aussi sur un morceau de papier deux noms propres: *Maximilien Robespierre*, qu'il lut également bien. »

Les commissaires de l'Académie s'expriment en ces termes :

» Les conclusions à tirer de cette longue et curieuse observation sont faciles; elles découlent naturellement de la simple exposition des faits que nous avons rapportés, et nous les établissons de la manière suivante : 1° un malade qu'une médecine rationnelle, faite par un des praticiens les plus distingués de la capitale, n'a pu guérir de la paralysie, trouve sa guérison dans l'emploi du magnétisme, et dans l'exactitude avec laquelle on suit le traitement qu'il se prescrit lui-même quand il est en somnambulisme; 2° dans cet état, ses forces sont notablement augmentées ; 3° il nous donne la preuve la plus irrécusable qu'il lit ayant les yeux fermés; 4° enfin il prévoit l'époque de sa guérison, et cette guérison arrive.

» L'observation suivante nous montrera cette prévision encore plus développée chez un homme du peuple tout-à-fait ignorant, et qui à coup sûr n'avait jamais entendu parler du magnétisme.

» Pierre Cazot, âgé de vingt ans, ouvrier chapelier, né d'une mère épileptique, était sujet depuis dix ans à des attaques d'épilepsie qui se renouvelaient cinq ou six fois par semaine, lorsqu'il entra à l'hôpital de la Charité dans les premiers jours du mois d'août 1827. Il fut de suite magnétisé par M. Foissac; il s'endormit à la troisième séance, et devint somnambule à la dixième, qui eut lieu le 19 août. Ce fut alors, à neuf heures du matin, qu'il annonça que le jour même, à quatre heures après midi, il aurait une attaque d'épilepsie; mais qu'on pouvait le prévenir, si on le magnétisait un peu auparavant.

» On préféra vérifier l'exactitude de sa prévision, et aucune précaution ne fut prise pour s'y opposer. On se contenta de l'observer sans qu'il s'en doutât. A une heure, il fut saisi d'une violente céphalalgie; à trois heures, il fut forcé de se mettre au lit, et à quatre heures précises l'accès éclata : sa durée fut de cinq minutes. Le surlendemain, Cazot étant en somnambulisme, M Fouquier lui enfonça à l'improviste une épingle d'un pouce de long entre l'index et le pouce de la main droite; il lui perça avec la même épingle le lobe de l'oreille (1). On lui

---

(1) Malgré tout cela, M. Dubois n'est pas encore content des commissaires; il faudrait quelque chose de plus à son scepticisme outré. L'extirpation du cancer, faite par M. Jules Cloquet, ne l'ébranle pas (c'est pis que M. Récamier). En supposant toujours la jonglerie d'une part, et de l'autre la mystification, il explique tout si *rationnellement*, que s'il profitait de l'idée d'un magnétiseur qui pense qu'il faudrait peut-être lui donner un somnambule à disséquer tout vivant, il n'en conclurait rien en faveur du magnétisme capable de produire l'insensibilité. Aussi, l'opération proposée fût-elle licite, le docteur aurait tort de l'accepter. Il a sa réponse toute prête : « On a vu des léthargiques offrir la même insensibilité; donc, la conclusion est rigoureuse, il n'y a pas besoin de recourir au magnétisme pour expliquer l'insensibilité des *prétendus somnambules*. » Mais, monsieur Dubois, la *léthargie* n'existait pas il y a un instant; le *prétendu magnétisme* a donc produit cet état en un clin d'œil. Et puis n'est-elle pas bien singulière cette

écarta les paupières, et on frappa plusieurs fois la conjonctive avec la tête d'une épingle, sans qu'il donnât le moindre signe de sensibilité.

» La commission se rendit à l'hôpital de la Charité, le 24 août à neuf heures du matin, pour suivre les expériences que M. Fouquier, l'un de ses membres, avait le projet de continuer sur lui.

» M. Foissac, qui l'avait déjà magnétisé, se plaça en face et à six pieds de distance de Cazot ; il fixa les yeux sur lui, ne fit aucun geste avec les mains, garda le silence le plus absolu, et Cazot s'endormit en huit minutes. Trois fois on lui plaça sous le nez un flacon rempli d'ammoniaque : sa figure se décolora, la respiration s'accéléra, mais il ne se réveilla pas.

» M. Fouquier lui enfonça dans l'avant-bras une épingle d'un pouce. On lui en introduisit une autre à une profondeur de deux lignes obliquement sous le sternum ; une troisième obliquement aussi à l'épigastre ; une quatrième perpendiculairement dans la plante du pied. M. Guersant le pinça à l'avant-bras, de manière à y laisser une ecchymose. M. Itard s'appuya sur sa cuisse de tout le poids de son corps. On chercha à provoquer le chatouillement en promenant sous le nez, sur les lèvres, sur les sourcils, les cils, le col et la pointe du pied un petit morceau de papier : rien ne put le réveiller. Nous le pressâmes de questions... — Combien aurez-vous encore d'accès ? — Pendant un an. — Savez-vous s'ils seront rapprochés les uns des autres ? — Non. — En aurez-vous un ce mois-ci ?

---

léthargie d'une personne qui se déshabille elle-même, qui converse facilement, conserve toutes ses idées ?... Ah ! c'est qu'alors ces gens *ont bien joué leur rôle.* Ou bien, on a vu des gens *supporter avec courage une opération* à peu près semblable. Mais, monsieur Dubois, la respiration, le pouls, l'expression même de la figure, n'ont pas reçu la plus légère modification, chez notre *prétendu somnambule.* En a-t-il été de même pour vos gens courageux? Alors, embarrassé par les questions, M. Dubois recommence : Oui, mais la jonglerie, la mystification, etc.

— J'en aurai un, lundi 27, à trois heures moins vingt minutes. — Sera-t-il fort? — Il ne le sera pas la moitié de celui qui m'a pris dernièrement. — Quel autre jour aurez-vous un nouvel accès? Après un moment d'impatience, il répond : — D'aujourd'hui en quinze, c'est-à-dire le 7 septembre. — A quelle heure? — A six heures moins dix minutes du matin. »

Après avoir constaté un grand nombre de fois la réalité des prévisions de ce somnambule et d'autres phénomènes que nous supprimons pour abréger, les commissaires concluent ainsi :

« Nous voyons dans cette observation un jeune homme sujet depuis dix ans à des attaques d'épilepsie, pour lesquels il a été successivement traité à l'hôpital des Enfants, à Saint-Louis, et exempté du service militaire. Le magnétisme agit sur lui, quoiqu'il ignore complétement ce qu'on lui fait. Il devient somnambule. Les symptômes de sa maladie s'améliorent; les accès diminuent de fréquence; les maux de tête, son oppression, disparaissent sous l'influence du magnétisme; il se prescrit un traitement approprié à la nature de son mal, et dont il se promet la guérison.

» Magnétisé à son insu et de loin, il tombe en somnambulisme, et en est retiré avec la même promptitude que lorsqu'il était magnétisé de près. Enfin il indique avec une rare précision (1), un et deux mois d'avance, le jour et l'heure où il doit avoir un accès d'épilepsie.

» Nous venons de vous offrir dans les deux observations

---

(1) « La commission vous fera remarquer (citation textuelle du rapport) » que les prévisions de Cazot ne sont relatives qu'à ses accès; qu'elles se » réduisent à la conscience des modifications organiques qui se préparent et » arrivent en lui comme le résultat nécessaire des fonctions intérieures; *que* » *ces prévisions, quoique plus étendues, sont tout-à-fait semblables* à celles » de certains épileptiques qui reconnaissent à certains symptômes précur- » seurs, comme la céphalalgie, les vertiges, la morosité, l'*aura epileptica*, » qu'ils auront bientôt un accès. Serait-il étonnant que les somnambules,

précédentes deux exemples très remarquables de l'intuition, de cette faculté développée dans le somnambulisme, et en vertu de laquelle deux individus magnétisés voyaient la maladie dont ils étaient atteints, indiquaient le traitement par lequel on devait la combattre, en annonçaient le terme, en prévoyaient les attaques. Le fait dont nous allons vous présenter l'analyse nous a offert un nouveau genre d'intérêt. Ici, le magnétisé, plongé dans le somnambulisme, juge la maladie des personnes avec lesquelles il se met en rapport; il en détermine la nature, et en indique le remède.

» Mademoiselle Cœline a été mise en somnambulisme en présence de la commission, les 18 et 21 avril, 17 juin, 9 août, 23 décembre 1826, 13 et 17 janvier, et 21 février 1827.

» En passant de l'état de veille à celui de somnambulisme, elle éprouve un refroidissement de plusieurs degrés appréciable au thermomètre. Sa langue devient sèche et rugueuse de souple et humide qu'elle était auparavant; son haleine, douce jusqu'alors, est fétide et repoussante.

» La sensibilité est presque abolie pendant la durée de son sommeil; car elle fait six inspirations ayant sous les narines un flacon rempli d'acide hydrochlorique, et elle n'en témoigne aucune émotion.

» M. Marc la pince au poignet. Une aiguille à acupuncture est enfoncée de trois lignes dans la cuisse gauche; une autre de deux lignes dans le poignet gauche. On réunit ces deux aiguilles par un conducteur galvanique; des mouvements convulsifs très marqués se développent

---

» dont, comme vous l'avez vu, les sensations sont extrêmement vives, puis-
» sent prévoir leurs accès plus longtemps d'avance, d'après quelques sym-
» ptômes ou impressions intérieures qui échappent à l'homme éveillé? C'est
» de cette manière, messieurs, que l'on pourrait entendre la prévision at-
» testée par Arétée dans deux endroits de ses immortels ouvrages, par Sau-
» vages, qui en rapporte un exemple, et par Cabanis. »

dans la main, et mademoiselle Cœline paraît étrangère à tout ce qu'on lui fait. Elle entend les personnes qui lui parlent de près et en la touchant, et elle n'entend pas le bruit de deux assiettes que l'on brise à l'improviste à côté d'elle.

» Mademoiselle Cœline fut priée d'examiner avec attention l'état de la santé de M. Marc, notre collègue. Elle appliqua la main sur le front et la région du cœur, et au bout de trois minutes elle dit que le sang se portait à la tête ; qu'actuellement M. Marc avait mal dans le côté gauche de cette cavité ; qu'il avait souvent de l'oppression, surtout après avoir mangé ; qu'il devait avoir souvent une petite toux ; que la partie inférieure de la poitrine était gorgée de sang ; que quelque chose gênait le passage des aliments ; que pour guérir M. Marc, il fallait qu'on le saignât largement, que l'on appliquât des cataplasmes de ciguë, et que l'on fît des frictions avec du laudanum sur la partie inférieure de la poitrine ; qu'il bût de la limonade gommée ; qu'il mangeât peu et souvent, et qu'il ne se promenât pas immédiatement après le repas.

» Il nous tardait d'apprendre de M. Marc s'il éprouvait tout ce que cette somnambule annonçait. Il nous dit qu'en effet il avait de l'oppression lorsqu'il marchait en sortant de table ; que souvent il avait de la toux, et qu'avant l'expérience, il avait mal dans le côté gauche de la tête, mais qu'il ne ressentait aucune gêne dans le passage des aliments.

» Nous avons été frappés de cette analogie entre ce qu'éprouve M. Marc et ce qu'annonce la somnambule. Nous l'avons soigneusement annoté, et nous avons attendu une autre occasion pour constater de nouveau cette singulière faculté. Cette occasion fut offerte au rapporteur sans qu'il l'eût provoquée par la mère d'une jeune demoiselle à laquelle il donnait ses soins depuis fort peu de temps.

» Mademoiselle de N..., fille de M. le marquis de N..., pair de France, âgée de vingt-trois à vingt-cinq ans, était atteinte depuis deux mois environ d'une hydropisie ascite accompagnée d'obstructions nombreuses : les unes du volume d'un œuf, d'autres du volume du poing, quelques unes du volume d'une tête d'enfant, et dont les principales avaient leur siége dans le côté gauche du ventre.

» Cette maladie étant facile à constater, le 21 février 1827, le rapporteur alla chercher M. Foissac et mademoiselle Cœline, et il les conduisit dans une maison, rue du Faubourg-du-Roule, sans leur indiquer ni le nom, ni la demeure, ni la nature de la maladie de la personne qu'il voulait soumettre à l'examen de la somnambule. La malade ne parut dans la chambre où se fit l'expérience que quand M. Foissac eut endormi mademoiselle Cœline ; et alors, après avoir mis une de ses mains dans la sienne, elle l'examina pendant huit minutes, non pas comme le ferait un médecin en pressant l'abdomen, en le percutant, en le scrutant dans tous les sens, mais seulement en appliquant légèrement la main à plusieurs reprises sur le ventre, la poitrine, le dos et la tête. Elle dit que tout le ventre était malade ; qu'il y avait un squirrhe et une grande quantité d'eau du côté de la rate ; que les intestins étaient très gonflés ; qu'il y avait des poches où des vers étaient renfermés ; qu'il y avait des grosseurs du volume d'un œuf, dans lesquelles étaient contenues des matières puriformes, et que ces grosseurs devaient être douloureuses ; qu'il y avait au bas de l'estomac une glande engorgée de la grosseur de trois de ses doigts ; que cette glande était dans l'intérieur de l'estomac et devait nuire à la digestion ; que la maladie était ancienne, et qu'enfin la malade devait avoir des maux de tête. Elle prescrivit aussi un traitement approprié (1).

(1) Parce qu'il y eut dans la médication indiquée par la somnambule quelque chose de tout-à-fait semblable à ce qu'avait prescrit M. Dupuytren,

» Dans une circonstance délicate, où des médecins fort habiles, dont plusieurs sont membres de l'Académie, avaient prescrit un traitement mercuriel pour un engorgement des glandes cervicales, la famille de la malade, qui était soumise à ce traitement, voyant survenir de graves accidents, voulut avoir l'avis d'une somnambule. Le rapporteur fut appelé pour assister à cette consultation, et ne négligea pas de profiter de cette nouvelle occasion d'ajouter encore à ce que la commission avait vu. Il trouva une jeune femme, madame la comtesse de L.-F., ayant tout le côté droit du col profondément engorgé par une grande quantité de glandes rapprochées les unes des autres : l'une était ouverte et donnait issue à une matière purulente jaunâtre.

» Mademoiselle Cœline, que M. Foissac magnétisa en présence du rapporteur, se mit en rapport avec la malade, et dit que l'estomac avait été attaqué par une substance comme du poison ; que les intestins étaient légèrement enflammés ; qu'il existait à la partie supérieure droite du col une maladie scrofuleuse qui avait dû être plus considérable qu'elle ne l'était à présent ; qu'en suivant un traitement qu'elle allait prescrire, il y aurait de l'amélioration dans quinze jours ou trois semaines. Ce traitement consistait en huit sangsues au creux de l'estomac, quelques grains de magnésie, des décoctions de gruau, un purgatif salin toutes les semaines ; deux lavements chaque jour, l'un de décoction de kina, et, immédiatement après, un autre de racine de guimauve, des frictions d'éther sur les membres, un bain toutes les semaines, et pour nourriture du laitage, des viandes légères, et l'abstinence du vin. On suivit ce traitement pendant quelque temps, et il y eut une amélioration notable. Mais l'impatience de la

---

M. Dubois (d'Amiens) en prend occasion de *constater* une supercherie qui eût été assez maladroite, mais qui est nécessaire à M. Dubois pour tout expliquer rationnellement.

malade, qui trouvait que le retour vers la santé n'était pas assez rapide, détermina la famille à convoquer une nouvelle réunion de médecins. Il y fut décidé que la malade serait soumise à un nouveau traitement mercuriel. M. Husson cessa alors de la voir, et apprit qu'à la suite de l'administration du mercure elle avait eu du côté de l'estomac des accidents très graves qui la conduisirent au tombeau après deux mois de vives souffrances (1). »

Un procès-verbal d'autopsie, signé par MM. Fouquier, Marjolin, Cruveilhier et Foissac, constata qu'il existait un engorgement scrofuleux ou tuberculeux des glandes du col, deux légères cavernes remplies de pus, résultant de la fonte des tubercules au sommet de chaque poumon; la membrane muqueuse du grand cul-de-sac de l'estomac était presque entièrement détruite.

Ces messieurs constatèrent, en outre, que rien ne justifiait l'emploi d'un traitement mercuriel.

« Il résulte de ces observations : 1° que dans l'état de somnambulisme mademoiselle Cœline a indiqué les maladies de trois personnes avec lesquelles on l'a mise en rapport; 2° que la déclaration de l'une, l'examen que l'on a fait de l'autre, après trois ponctions, et l'autopsie de la troisième, se sont trouvés d'accord avec ce que cette somnambule avait avancé; 3° que les divers traitements qu'elle a prescrits ne sortent pas du cercle des remèdes qu'elle pouvait connaître, ni de l'ordre des choses qu'elle pouvait raisonnablement recommander, et qu'elle les a appliqués avec une sorte de discernement. »

Les commissaires terminent ainsi leur rapport : « A tous ces faits, que nous avons si péniblement recueillis, que nous avons observés avec tant de défiance et d'attention, que nous avons cherché à classer de la manière qui pût le mieux nous faire suivre le développement des phéno-

---

(1) Au moins c'était suivant les règles de l'école.

mènes dont nous avions été les témoins, que nous nous sommes surtout efforcés de vous présenter, dégagés de toutes les circonstances accessoires qui en auraient embarrassé et embrouillé l'exposition, nous pourrions ajouter ceux que l'histoire ancienne et même l'histoire moderne nous rapportent sur les prévisions qui se sont réalisées, sur les guérisons obtenues par l'imposition des mains (1), sur les extases, sur les convulsionnaires, sur les oracles (2), sur les hallucinations, enfin sur tout ce qui s'éloignant des phénomènes physiques explicables par l'action d'un corps sur un autre, peut être considéré comme un effet dépendant d'une influence morale non appréciable par nos sens (3). Mais la commission était instituée pour examiner le somnambulisme, pour faire des expériences sur ce phénomène qui n'avait pas été observé par les commissaires de 1784. Elle a la conscience que le travail qu'elle vous présente est l'expression fidèle de tout ce qu'elle a observé. Les obstacles qu'elle a rencontrés vous sont connus ; ils sont en partie cause du retard qu'elle a mis à vous présenter son rapport, quoique depuis longtemps les matériaux en fussent entre ses mains.

(1) Exclusion faite de celles qui doivent être expliquées par une cause surnaturelle, y eût-il quelque chose d'analogue et de semblable dans les causes secondes modifiées par une cause première essentiellement différente. Voyez chapitre premier, etc.

(2) Sur certains oracles. Voy. chapitre premier.

(3) Si j'ai voulu, fidèle à ma promesse, rapporter exactement les propres termes du rapport des académiciens, on ne peut s'empêcher de reconnaître qu'il y a *au moins* une grosse faute contre la logique, à vouloir expliquer *à priori tout ce qui* s'éloigne des phénomènes physiques explicables, etc. Les assertions des commissaires sont trop générales, trop absolues. Examinées d'un certain point de vue, elles sont bienveillantes pour la science ; mais, ainsi formulées, la saine philosophie, la religion les repousse. Présentées sans explication, sans réserves, c'est un abus de la science ; nous ne pouvons lui donner notre assentiment, puisqu'elles attaquent des principes que nous sommes heureux d'entourer de nos respects et de notre amour :
« *Un peu de science éloigne de la religion, beaucoup de science y ramène.* » (Bacon.)

Toutefois nous sommes loin de nous excuser et de nous plaindre; puisqu'il donne à nos observations un caractère de maturité et de réserve qui doit appeler votre confiance sur des faits que nous vous racontons, loin de la prévention et de l'enthousiasme que vous pourriez nous reprocher, si nous les avions recueillis la veille. Nous ajoutons qu'il est loin de notre pensée de croire avoir tout vu : aussi nous n'avons pas la prétention de vous faire admettre comme axiome qu'il n'y a de positif dans le magnétisme que ce que nous mentionnons dans ce rapport. Loin de poser des limites à cette partie de la science physiologique, nous avons au contraire l'espoir qu'un nouveau champ lui est ouvert ; et, garants de nos propres observations, les présentant avec confiance à ceux qui après nous voudront s'occuper du magnétisme, nous nous bornons à en tirer les conclusions suivantes (1).

Conclusions.

» Les conclusions du rapport sont la conséquence des observations dont il se compose (2).

» 1° Le contact des pouces ou des mains, des frictions, ou certains gestes que l'on fait à peu de distance du corps, et appelés passes (3), sont les moyens employés

---

(1) M. Dubois (d'Amiens) a beau répéter qu'il explique tout *rationnellement*, en contournant les faits que M. Husson *a toujours interprétés magnétiquement*, et que les conclusions sont *son œuvre à lui*; qu'*il est le raisonneur de la commission*, comme si la commission tout entière ne raisonnait pas par son organe ; que *ses collègues n'ont été là* que pour donner de l'authenticité *aux faits*, pour affirmer que *matériellement* (c'est un peu trop les réduire à zéro), ils se sont passés comme M. Husson l'a rapporté. On ne peut s'empêcher rationnellement d'appeler le rapport tout entier l'œuvre de la commission.

(2) Et la conséquence de leur interprétation la plus simple, la plus naturelle, la plus rationnelle. L'illusion de la part des commissaires, une illusion de si longue durée, etc, etc., serait pour moi une merveille plus grande que la réalité même des phénomènes magnétiques.

(3) Les *passes* en tant que *signes*, gestes, ne sont pas la cause des

pour se mettre en rapport, ou, en d'autres termes, pour transmettre l'action du magnétiseur au magnétisé.

» 2° Les moyens qui sont extérieurs et visibles ne sont pas toujours nécessaires, puisque dans plusieurs occasions la volonté (1), la fixité du regard, ont suffi pour produire les phénomènes magnétiques, même à l'insu des magnétisés (2).

» 3° Le magnétisme a agi sur des personnes de sexe et d'âge différents (3).

» 4° Le temps nécessaire pour transmettre et faire éprouver l'action magnétique a varié depuis une demi-heure jusqu'à une minute (4).

» 5° Le magnétisme n'agit pas en général sur les personnes bien portantes (5).

---

phénomènes développés ; elles ne sont que l'expression de la volonté mettant en mouvement l'agent magnétique. Le contact, les frictions n'étant nécessaires que dans des cas très rares, le respect dû aux mœurs demande de magnétiser par l'action à distance.

(1) *La volonté* excitant le cerveau et déterminant par son action sur lui une atmosphère de fluide magnétique que l'expansion du nerf optique exhale, dirige à travers le cristallin qui en augmente l'action et par l'ouverture de la pupille qui en réunit les rayons épars venant du dedans, et qui fait pour le fluide magnétique quelque chose d'analogue à ce qu'elle fait pour les rayons lumineux. Voilà pourquoi *la fixité du regard a suffi*, etc. Pourquoi deux hommes ne peuvent-ils pas longtemps se regarder en face ?

(2) Ce prétendu consentement mystérieux que l'on a fait sonner si haut n'est donc nullement *indispensable*, nullement nécessaire. Il nous faut le répéter souvent et pour cause.

(3) Donc il ne faut pas vouloir tout expliquer par l'attrait sexuel. Donc, pour la garantie des mœurs, il est bon et possible que les hommes magnétisent les hommes, et les femmes les personnes de leur sexe, et bien des dangers, exagérés d'ailleurs, seront entièrement évités.

(4) Donc on ne peut pas à son gré et à l'instant même chercher à abuser d'une action qui a ses lois physiologiques et psychologiques.

(5) Nous en avons donné plus haut la raison physiologique dans une note sur les principes de Mesmer. Remarquons aussi en passant que le magnétisme n'agissant pas en général sur les personnes bien portantes (d'une manière intense au moins), bien des abus sont prévenus par cette loi de l'action magnétique.

» 6° Il n'agit pas non plus sur tous les malades (1).

» 7° Il se déclare quelquefois, pendant qu'on magnétise, des effets insignifiants et fugaces que nous n'attribuons pas au magnétisme seul (2) ; tels qu'un peu d'oppression, de chaleur ou de froid, et quelques autres phénomènes nerveux dont on peut se rendre compte sans l'intervention d'un agent particulier, savoir, par l'espérance ou la crainte, la prévention et l'attente d'une chose inconnue et nouvelle, l'ennui qui résulte de la monotonie des gestes, le silence et le repos observés dans les expériences, enfin par l'imagination qui exerce un si grand empire sur certains esprits et sur certaines organisations (3).

» 8° Un certain nombre des effets observés nous ont paru dépendre du magnétisme seul, et ne se sont pas reproduits sans lui. Ce sont des phénomènes physiologiques et thérapeutiques bien constatés.

» 9° Les effets réels produits par le magnétisme sont très variés. Il agite les uns, calme les autres ; le plus or-

---

(1) Il serait plus exact de dire : le premier magnétiseur venu n'agit pas sur tous les malades. Bien des abus sont encore prévenus par cette autre loi de l'action magnétique.

(2) Mais alors pourquoi les attribuer *aussi* au magnétisme ? demande M. Dubois (d'Amiens). D'abord parce qu'il ne répugne pas que le même effet soit produit par deux causes différentes sous certains rapports : ainsi, par exemple, plusieurs médicaments agissent comme narcotiques ; ensuite parce qu'il ne répugne pas non plus que deux causes combinées ensemble produisent un seul et même effet ; enfin parce que, lorsque le magnétisme seul a produit un effet donné, on peut logiquement croire qu'il y concourt avec d'autres causes, et le respect dû au témoignage rationnel des sens demande qu'on admette cette vérité lorsque, par l'observation attentive des faits, *on voit* réellement, on suit de l'œil, pour ainsi dire, la part que prend dans un effet produit une cause ajoutée à une autre.

(3) Nous demanderons encore comment l'imagination, l'espérance, la crainte, etc., etc., exerce-t-elle un grand empire *sur certaines organisations?* Par quel mode second ? Si *on peut se rendre compte* de quelques autres *phénomènes nerveux* sans l'intervention d'*un agent particulier* (*venant du dehors*), peut-on s'en rendre compte *sans un agent particulier* existant au dedans de l'organisme et modifié par l'âme même de celui qui offre ces phénomènes nerveux ?

dinairement il cause l'accélération momentanée de la respiration et de la circulation, des mouvements convulsifs, fibrillaires, passagers, ressemblant à des secousses électriques (1), un engourdissement plus ou moins profond, de l'assoupissement, de la somnolence ( ), et, dans un petit nombre de cas, ce que les magnétiseurs appellent somnambulisme.

» 10° L'existence d'un caractère unique propre à faire reconnaître dans tous les cas la réalité de l'état de somnambulisme n'a pas été constatée (3).

» 11° Cependant on peut conclure avec certitude que cet état existe quand il donne lieu au développement des facultés nouvelles (4) qui ont été désignées sous les noms de clairvoyance, d'intuition, de prévision intérieure, ou qu'il produit de grands changements dans l'état physiolo-

(1) Mouvements convulsifs, etc., que l'on calme facilement lorsqu'on sait diriger l'action magnétique; mouvements convulsifs *fibrillaires, passagers*, dont il a bien fallu faire, par amour pour le magnétisme, des attaques horribles d'*épilepsie*, de *catalepsie*, etc., etc.

(2) Qu'il est tout aussi licite de provoquer par l'action magnétique que par l'opium, etc., puisque, si l'on veut abuser de cet état, on est *toujours sûr* de le produire par l'opium, etc.; tandis que *toute personne* n'étant pas sensible à l'action magnétique *de tout magnétiseur,* le magnétisme n'est pas le moyen le plus sûr d'arriver à un but criminel. Mais il est plus sage, pour faire le procès au magnétisme, d'oublier l'engourdissement produit par le sommeil ordinaire, celui plus profond produit par l'opium et les autres narcotiques; cela est aussi plus commode pour déclamer à l'aise.

(3) De ce que l'on ne peut pas trouver *un* caractère *unique* propre à faire reconnaître dans *tous les cas* la réalité du somnambulisme. M. Dubois (d'Amiens), oubliant encore la logique et l'équité, croit avoir le droit de dénaturer l'assertion des commissaires en ces termes: « S'il n'y a pas *de caractère* propre à faire reconnaître la réalité du somnambulisme, *il est évident* que cet état peut être simulé *dans tous les cas.* » Oui, monsieur Dubois, cela *est évident*, en admettant la *falsification* du premier membre de la proposition. Mais, s'il n'y a pas *un* caractère *unique*, etc., pour *tous* les cas, et qu'il y ait cependant *certains* caractères propres à faire reconnaître *dans certains cas* la réalité du somnambulisme, comme le disent les commissaires dans la conclusion suivante, votre *évidence* n'est qu'une fiction, ainsi que le somnambulisme *simulé dans tous les cas.*

(4) Il serait plus exact de dire : « Des facultés *latentes* auparavant, etc. »

gique, comme l'insensibilité, un accroissement subit et considérable de forces, et que cet effet ne peut être rapporté à une autre cause.

» 12° Comme, parmi les effets attribués au somnambulisme, il en est qui peuvent être simulés, le somnambulisme lui-même peut quelquefois être simulé et fournir au charlatanisme des moyens de déception (1).

» Aussi, dans l'observation de ces phénomènes qui ne se présentent encore que comme des faits isolés qu'on ne peut rattacher à aucune théorie (2), ce n'est que par l'examen le plus attentif, les précautions les plus sévères, et par des épreuves nombreuses et variées qu'on peut échapper à l'illusion.

» 13° Le sommeil provoqué avec plus ou moins de promptitude, et établi à un degré plus ou moins profond, est un effet réel, mais non constant du magnétisme (3).

» 14° Il nous est démontré qu'il a été provoqué dans des circonstances où les magnétisés n'ont pu voir et ont ignoré les moyens employés pour le déterminer.

» 15° Lorsqu'on fait tomber une fois une personne dans

---

(1) Ici encore M. Dubois fait dire aux commissaires, rappelant la dixième conclusion, qu'*il n'y a aucun* caractère (ils ont dit seulement qu'il n'y en avait pas *un unique*, etc.) propre à faire reconnaître que le somnambulisme existe. Puis, *en l'absence de tout* caractère, *de tout criterium*, M. Dubois tire des conclusions comme plus haut. Il est bien vrai que pour payer aussi tribut au *criterium* à la mode depuis *une terrible chute*, M. Debreyne demande quel sera donc *le caractère* certain, le *criterium* de certitude magnétique. Mais nous dirons à ces messieurs à haute logique qu'en physiologie comme en philosophie on peut se passer d'*un* criterium, pivot *unique* de certitude, avec *les moyens* de certitude admis par tous les philosophes sensés dans tous les siècles.

(2) A ce qu'il paraît au premier abord.

(3) La plus ou moins grande promptitude à provoquer le sommeil magnétique, à l'établir à un degré plus ou moins profond, la facilité non constante à l'obtenir, résultent de lois psychologiques et physiologiques qui, sans trop restreindre l'utilité médicale du magnétisme, préviennent bien des abus moraux que les antagonistes aiment tant à signaler *à priori*. Cette vérité est si importante que nous ne nous lassons pas de la répéter.

le sommeil magnétique, on n'a pas toujours besoin de recourir au contact et aux passes magnétiques pour la magnétiser de nouveau. Le regard du magnétiseur, sa volonté seule (1), ont sur elle la même influence. On peut non seulement agir sur le magnétisé, mais encore le mettre complétement en somnambulisme, et l'en faire sortir à son insu, hors de la vue, à une certaine distance et au travers des portes (2).

» 16° Il s'opère ordinairement des changements plus ou moins remarquables dans les perceptions et les facultés des individus qui tombent en somnambulisme par l'effet du magnétisme.

» Quelques uns, au milieu du bruit de conversations confuses, n'entendent que la voix de leur magnétiseur. Plusieurs répondent d'une manière précise aux questions de celui-ci ou que les personnes avec lesquelles on les a mis en rapport leur adressent ; d'autres entretiennent des conversations avec toutes les personnes qui les entourent (3).

» Toutefois, il est rare qu'ils entendent ce qui se passe autour d'eux. La plupart du temps, ils sont complétement étrangers au bruit extérieur et inopiné fait à leur oreille, tel que le retentissement des vases de cuivre vivement frappés près d'eux, la chute d'un meuble, etc.

» Les yeux sont fermés ; les paupières cèdent difficilement aux efforts qu'on fait avec la main pour les ou-

---

(1) Nous avons dit comment le regard, la *volonté seule*, agissaient.

(2) Avis aux partisans de l'imagination, de l'attrait sexuel, etc., qui de plus sont invités à relire la note 3 de la page précédente, pour s'exempter de chercher une compensation à l'*imagination*, dans les abus que cette assertion des commissaires leur ferait inventer par milliers.

(3) M. Dubois affirme faussement que cette dernière assertion des membres de la commission est en opposition avec la théorie des magnétiseurs sur leurs *prétendus rapports*. Pour un homme qui a la prétention de paraître érudit sur la matière, la preuve de capacité n'est pas d'un heureux choix.

vrir (1). Cette opération, qui n'est pas sans douleur (2), laisse voir le globe de l'œil convulsé, et porte vers le haut et quelquefois vers le bas de l'orbite (3).

» Quelquefois l'odorat est comme anéanti. On peut leur faire respirer l'acide muriatique ou l'ammoniaque, sans qu'ils en soient incommodés, sans même qu'ils s'en doutent. Le contraire a lieu dans certains cas (4), et ils sont sensibles aux odeurs. La plupart des somnambules que nous avons vus étaient complétement insensibles. On peut leur chatouiller les pieds, les narines et l'angle des yeux par l'approche d'une plume; leur pincer la peau de manière à l'ecchymoser; la piquer sous l'ongle avec des épingles enfoncées à l'improviste à une assez grande profondeur, sans qu'ils aient témoigné de la douleur, sans qu'ils s'en soient aperçus (5). Enfin on en a vu une qui a été insensible à une des opérations les plus douloureuses de la chirurgie, et dont ni la figure, ni le pouls, ni la respiration n'ont pas dénoté la plus légère émotion.

» 17° Le magnétisme a la même intensité; il est aussi promptement ressenti à une distance de six pieds que de

---

(1) Souvent les yeux sont tout grand ouverts, comme chez certains somnambules naturels.

(2) Heureusement que cette opération n'est point nécessaire.

(3) Les yeux tout grand ouverts naturellement ou par une main étrangère, on remarque, comme nous l'avons déjà dit, un épanouissement considérable de la pupille, que l'on ne peut simuler sans se trahir par une contraction forcée; dilatation, épanouissement de la pupille qui, suivant les lois physiologiques, rend la vision impossible.

(4) C'est-à-dire sur des sujets différents et chez lesquels il est facile de remarquer, comme cela a lieu aussi chez ceux qui sont insensibles aux effets de l'ammoniaque, que les inspirations continuent, etc. M. Dubois, il est vrai, pour tout expliquer *rationnellement*, comme il s'y est engagé, suppose que *les sujets ne font aucun mouvement d'inspiration;* mais cela ne tire point à conséquence.

(5) Il est bon de ne point oublier que ce sont les médecins qui ont fait toutes ces petites expériences.

six pouces (1), et les phénomènes qu'il développe sont les mêmes dans les deux cas (2).

» 18° L'action à distance ne paraît pouvoir s'exercer avec succès que sur des individus qui ont été déjà soumis au magnétisme.

» 19° Nous n'avons pas vu qu'une personne magnétisée pour la première fois tombât en somnambulisme (3). Ce n'a été quelquefois qu'à la huitième ou dixième séance que le somnambulisme s'est déclaré (4).

» 20° Nous avons constamment vu le sommeil ordinaire (5), qui est le repos des organes des sens, des facultés intellectuelles et des mouvements volontaires, précéder et terminer l'état de somnambulisme (6).

» 21° Pendant qu'ils sont en somnambulisme, les magnétisés que nous avons observés conservent l'exercice des facultés qu'ils ont pendant la veille. Leur mémoire même paraît plus fidèle et plus étendue (7), puisqu'ils se sou-

---

(1) Pourquoi en est-il de même de l'étincelle électrique?

(2) Supposé, comme le disent les membres de la commission dans la conclusion suivante, que l'action magnétique ait déjà été exercée sur un sujet donné; supposé encore, est-il nécessaire d'ajouter, que le sujet soit dans les mêmes circonstances physiologiques ou psychologiques (dans le sens indiqué plus haut), ce qui prévient bien des abus, répond à bien des objections.

(3) Cela arrive cependant.

(4) C'est à peu près la règle ordinaire, règle qui prévient encore bien des abus.

(5) Ou du moins un sommeil qui paraît tel; nous avons expliqué cela plus haut.

(6) Lorsqu'on laisse le somnambule s'éveiller de lui-même, c'est-à-dire par l'exhalation graduelle du fluide magnétique reçu.

(7) Avis à M. de Montègre, qui ne voit dans l'action magnétique qu'une action *avilissante;* dans le somnambulisme qu'un état *abrutissant*, *dégradant*. Avis aussi à M. Lafond-Gouzi, qui *copie* les mêmes sentiments. Avis à M. A. Dupeau, qui n'y voit qu'un état *épileptique, cataleptique, névropathique*, etc. Avis aussi à MM. Frère et Debreyne, qui *copient* textuellement les mêmes inculpations. Avis encore à ceux que j'ai entendus me dire qu'il fallait assimiler le somnambulisme à *un état d'ivresse* (ce sont des ecclésiastiques qui supposaient bénévolement l'identité), et prononcer

viennent de ce qui s'est passé pendant tout le temps et toutes les fois qu'ils ont été en somnambulisme (1).

» 22° A leur réveil, ils disent (2) avoir oublié totalement toutes les circonstances de l'état de somnambulisme, et ne s'en ressouvenir jamais (3). Nous ne pouvons avoir à cet égard d'autres garanties que leurs déclarations (4).

» 23° Les forces musculaires des somnambules sont quelquefois engourdies et paralysées. D'autres fois les mouvements ne sont que gênés, et les somnambules marchent en chancelant à la manière des hommes ivres (5), et sans éviter, quelquefois aussi en évitant les obstacles

---

sur l'usage médical du magnétisme comme sur l'ivresse provoquée (si jamais il y a lieu toutefois) pour recouvrer la santé. Il est bien vrai que, pour ce dernier cas (l'ivresse employée comme moyen thérapeutique), de graves théologiens, saint Ligori entre autres, ne tranchent pas la question et exposent deux sentiments qui laissent quelque liberté raisonnable de choisir. Mais les partisans de l'identité du somnambulisme et de l'ivresse ne manquaient pas de prendre l'opinion qui la déclare absolument *illicite*, afin de pouvoir traiter à leur goût le somnambulisme et regarder la question comme définitivement résolue.

(1) Nous avons dit que plusieurs états pathologiques présentent ce singulier phénomène, qui a lieu aussi jusqu'à un certain point dans l'état ordinaire. Remarquons encore que, comme les idées de l'état de veille sont présentes au somnambule, il peut, avant d'entrer en somnambulisme, se préparer à la résistance, diriger son intention, sa volonté, etc., et se prémunir efficacement contre tout attentat illicite.

(2) *Ils disent*, etc., *et le prouvent*, autant que faire se peut, par l'impossibilité dans laquelle on est de les prendre en défaut, quelques détours qu'on emploie pour y parvenir.

(3) C'est ce qui fait que beaucoup de somnambules ne croient point au somnambulisme et aux facultés qu'il permet de manifester.

(4) En y ajoutant toutefois encore les mille moyens que nous avons à notre disposition pour les mettre dans la nécessité de se trahir dans leur conversation de l'état de veille.

(5) Ce mot fera plaisir aux antagonistes, parce qu'ils se croiront le droit d'oublier la note qui affirme une différence essentielle entre le somnambulisme et l'état d'ivresse. Cependant ce mot n'est employé ici (par une analogie éloignée) que pour désigner la marche incertaine du somnambule, ce qui n'infirme nullement l'assertion des commissaires : « Les magnétisés..... conservent l'exercice *des facultés* qu'ils ont pendant la veille. »

qu'ils rencontrent sur leur passage. Il y a des somnambules qui conservent intact l'exercice de leurs mouvements. On en voit même qui sont plus forts et plus agiles que dans l'état de veille (1).

» 24° Nous avons vu deux somnambules distinguer, les yeux fermés, les objets que l'on a placés devant eux. Ils ont désigné sans les toucher la couleur et la valeur des cartes; ils ont lu des mots tracés à la main, ou quelques lignes de livres que l'on a ouverts au hasard. Ce phénomène a eu lieu alors même qu'avec les doigts on fermait exactement l'ouverture des paupières.

» 25° Nous avons rencontré chez deux somnambules la faculté de prévoir des actes de l'organisme plus ou moins éloignés, plus ou moins compliqués. L'un d'eux a annoncé plusieurs jours, plusieurs mois d'avance, le jour, l'heure et la minute de l'invasion et du retour d'accès épileptiques; l'autre a indiqué l'époque de sa guérison. Leurs prévisions se sont réalisées avec une exactitude remarquable. Elles ne nous ont paru s'appliquer qu'à des actes ou à des lésions de leur organisme (2).

---

(1) La réunion dans le même sujet de manifestations aussi opposées en apparence, montre que si le somnambulisme magnétique a quelques côtés analogues à des phénomènes physiologiques et pathologiques déjà connus, il n'est pas moins cependant un état tout spécial, véritablement *sui generis*, et ne devant être confondu avec aucun autre.

(2) De ce que les commissaires conviennent plus haut que certains phénomènes, et le somnambulisme lui-même, peuvent être simulés, M. Debreyne en prend occasion d'affirmer qu'*on est stupéfait d'étonnement* quand on voit la commission de l'Académie royale de médecine fonder ses conclusions sur des faits qu'*elle sait pouvoir être simulés*. Cependant il suffit que les commissaires aient pu se convaincre que, dans telles et telles circonstances, le somnambulisme revêtu de certains caractères n'a pas pu être simulé, pour qu'ils aient le droit de faire cesser la stupéfaction et l'étonnement de M. Debreyne et de tirer des conclusions. Il est vrai que M. Debreyne nous dit ingénument : « *J'aime mieux* croire qu'un somnambule magnétique a menti que de me persuader qu'il connaît avec certitude l'avenir. » Mais laissant un peu de côté le goût particulier de M. Debreyne, sans se persuader qu'un somnambule magnétique connaît avec certitude

» 26° Nous n'avons rencontré qu'une seule somnambule qui ait indiqué les symptômes de la maladie de trois personnes avec lesquelles on l'avait mise en rapport. Nous avions cependant fait des recherches sur un assez grand nombre.

» 27° Pour établir avec quelque justesse les rapports du magnétisme avec la thérapeutique, il faudrait en avoir observé les effets sur un grand nombre d'individus, et avoir fait longtemps et tous les jours des expériences sur les mêmes malades. Cela n'ayant pas eu lieu, la commission a dû se borner à dire ce qu'elle a vu dans un trop petit nombre de cas pour oser rien prononcer (1).

» 28° Quelques uns de ces malades magnétisés n'ont ressenti aucun bien (2); d'autres ont éprouvé un soulagement plus ou moins marqué, savoir : l'un, la suspension de douleurs habituelles; l'autre, le retour des forces; un troisième, un retard de plusieurs mois dans l'apparition

---

l'avenir (surtout d'une manière absolue, générale, universelle même, comme la phrase l'indique), on peut (sans supposer le mensonge), avec tous les philosophes de l'antiquité, avec saint Grégoire, saint Augustin, saint Thomas, etc., croire que l'âme de l'homme, par sa nature spirituelle, a, dans certaines circonstances, quelque notion de l'avenir, surtout lorsque l'avenir existe déjà dans sa cause et qu'il s'agit d'actes de l'organisme qui ont un enchaînement comme nécessaire.

(1) Certainement la réserve de la commission eût dû être de quelque prix aux yeux des ennemis du magnétisme, car elle était juste. Néanmoins ils en ont murmuré parce qu'elle laisse supposer quelque chose. Qu'eussent-ils donc dit s'ils eussent entendu certains magnétiseurs expérimentés, assurer fort sérieusement :

1° Que la médecine magnétique et somnambulique forme un tout complet et plus logiquement et plus scientifiquement enchaîné que la médecine de l'école ;

2° Qu'il y a autant de différence (proportion gardée) entre la médecine de l'école et la médecine magnétique et somnambulique qu'entre le protestantisme et le catholicisme ;

3° Que la médecine magnétique et somnambulique est la médecine la plus naturelle et la plus simple, *bien étudiée*, et *soumise* à l'influence régénératrice du catholicisme.

(2) Sous l'influence *de tel* magnétiseur.

des accès épileptiques, et un quatrième, la guérison complète d'une paralysie grave et ancienne.

» 29° Considéré comme agent de phénomènes physiologiques ou comme moyen thérapeutique, le magnétisme devrait trouver sa place dans le cadre des connaissances médicales (1); et par conséquent les médecins seuls devraient en faire ou en surveiller l'emploi (2), ainsi que cela se pratique dans les pays du Nord.

» 30° La commission n'a pas pu vérifier, parce qu'elle n'en a pas eu l'occasion, d'autres facultés que les magnétiseurs avaient annoncé exister chez les somnambules; mais elle communique des faits assez importants dans son rapport pour qu'elle pense que l'Académie devrait encourager les recherches sur le magnétisme, comme une branche très curieuse de psychologie et d'histoire naturelle (3).

» Arrivé au terme de ses travaux, avant de clore ce rapport, la commission s'est demandé si dans les précau-

(1) M. Dubois veut qu'on dise : « Le magnétisme doit tenir place, doit tenir lieu de toutes les connaissances médicales. » Il y aurait dans cette assertion assez de logique si elle ne s'appliquait qu'au magnétisé somnambule; mais pour celui qui applique l'action magnétique, qui surveille et dirige le somnambulisme, malgré la grande bonne volonté du docteur, elle n'est point exacte; et la dispense qu'il veut bien leur accorder de n'étudier ni physiologie ni pathologie est par trop libérale.

(2) Mais pourquoi les médecins *seuls?* Pourquoi ce monopole que rien ne justifie? dit M. Dubois, poursuivant son idée sur la *complète inutilité de toutes les connaissances médicales* pour les magnétiseurs *ex professo.*

(3) Ici M. Dubois (d'Amiens) presse de nouveau les conclusions en des termes qui méritent d'être rapportés : « *Encore un coup*, le magnétisme, » tel qu'il le comprend lui-même (M. Husson, qui n'est que l'organe de la » commission tout entière), ne saurait être comme *une branche;* c'est le » tronc, c'est la souche de toutes les connaissances humaines. Qu'est-ce que » M. Husson (plus exactement, la commission tout entière) vient ici nous » parler de *psychologie et d'histoire naturelle?* Nous l'avons dit, le ma» gnétisme dispense de tout cela. » C'est l'idée fixe de M. Dubois (d'Amiens) qui le poursuit toujours et revient dans la dernière phrase, qu'il faut laisser passer en faveur des précédentes, capables assurément de donner à penser aux magnétiseurs et à ceux mêmes qui ne le sont pas.

tions qu'elle a multipliées autour d'elle pour éviter toute surprise, si dans le sentiment de constante défiance avec lequel elle a toujours procédé, si dans l'examen des phénomènes qu'elle a observés, elle a rempli scrupuleusement son mandat. Quelle autre marche, nous sommes-nous dit, aurions-nous pu suivre? quels moyens plus certains aurions-nous pu prendre? de quelle défiance plus marquée et plus discrète aurions-nous pu nous pénétrer? notre conscience, messieurs, nous a répondu hautement que vous ne pouviez rien attendre de nous que nous n'ayons fait. Ensuite avons-nous été des observateurs probes, exacts, fidèles? C'est à vous, qui nous connaissez depuis longues années; c'est à vous, qui nous voyez constamment près de vous, soit dans le monde, soit dans nos fréquentes assemblées, de répondre à cette question. Votre réponse, messieurs, nous l'attendons de la vieille amitié de quelques uns d'entre vous et de l'estime de tous.

» Certes nous n'osons nous flatter de vous faire partager entièrement notre conviction sur la réalité des phénomènes que nous avons observés, et que vous n'avez ni vus, ni suivis, ni étudiés avec et comme nous.

» Nous ne réclamons donc pas de vous une croyance aveugle à tout ce que nous avons rapporté. Nous concevons qu'une grande partie de ces faits sont si extraordinaires, que vous ne pouvez pas nous l'accorder : peut-être nous-mêmes oserions-nous vous refuser la nôtre, si, changeant de rôles, vous veniez les annoncer à cette tribune, à nous, qui comme vous aujourd'hui, n'aurions rien vu, rien observé, rien étudié, rien suivi (1).

(1) Voilà le secret des déclamations de MM. Dubois, Bouillaud, etc., contre le rapport de la commission. Ils n'ont point observé ces faits vérifiés par les commissaires, et ils préfèrent recourir à toute espèce d'argument plutôt que de les admettre sur le témoignage d'autrui. Ajoutons encore, pour jeter du jour sur ce qui suivra, que la prévention portée à un certain degré, que l'abus du scepticisme rend incapable de constater la réalité de certains faits contre lesquels on s'est inscrit en faux depuis longtemps. S'il

« Nous demandons seulement que vous nous jugiez comme nous vous jugerions, c'est-à-dire que vous demeuriez bien convaincus que, ni l'amour du merveilleux, ni le désir de la célébrité, ni un intérêt quelconque, ne nous ont guidés dans nos travaux. Nous étions animés par des motifs plus élevés, plus dignes de vous, par l'amour de la science et par le besoin de justifier les espérances que l'Académie avait conçues de notre zèle et de notre dévouement.

» *Signé* : BOURDOIS DE LA MOTHE, président ; FOUQUIER, GUÉNEAU DE MUSSY, GUERSANT, HUSSON, ITARD, LEROUX, MARC, THILLAYE. »

» Séances des 21 et 28 juin 1831. »

Ce rapport fut écouté par l'Académie avec le plus vif intérêt ; quelques uns des adversaires du magnétisme essayèrent vainement de troubler le silence profond de l'assemblée par des murmures d'improbation ; l'immense majorité réprima promptement leurs tentatives, et témoigna, par de nombreux applaudissements, à l'honorable M. Husson, combien elle était satisfaite de son zèle, de ses talents et de son courage.

M. Boisseau prit la parole pour demander qu'il fût fait une seconde lecture du rapport. — Puisqu'on nous entretient *de miracles*, dit-il, nous ne pouvons trop bien connaître les faits pour réfuter *ces miracles*. — M. Husson s'excusa sur la longueur et la fatigue d'une telle lecture, et annonça que le manuscrit serait déposé sur le bureau,

n'en était pas ainsi, la religion elle-même, fondée aussi sur des faits incontestables, n'aurait point été tant combattue. S'il n'en était pas ainsi, il y aurait pour tout homme raisonnable un phénomène plus merveilleux que tous les faits magnétiques et somnambuliques les plus extraordinaires, ce serait l'illusion si longtemps continuée de milliers d'observateurs qui attestent la réalité des phénomènes magnétiques contre MM. Dubois, Bouillaud, etc., qui assurent que tout n'a jamais été et n'est encore que jonglerie, charlatanisme, imposture, mystification, etc., etc., etc.

où chacun pourrait le consulter à loisir. Un autre membre ayant demandé l'impression, M. Castel s'y opposa avec force, disant que, si la plupart des faits qu'on avait annoncés étaient réels, *ils détruisaient la moitié des connaissances physiologiques*, qu'il serait dangereux de propager ces faits au moyen de l'impression. La confusion et l'incertitude régnaient dans l'assemblée, lorsque M. Roux proposa un terme moyen : c'était de faire autographier le rapport. Cet avis fut adopté. Mais les préventions académiques furent entièrement déconcertées; un sténographe avait suivi la lecture du rapport et dérobé ces travaux importants pour la science, afin de les répandre dans l'intérêt du plus grand nombre (1).

Suivant MM. Burdin jeune, Dubois (d'Amiens), Bouillaud, etc., c'est pour l'*honneur* des commissaires, pour ne point *les exposer au ridicule*, que l'Académie aurait tenu cette conduite, aussi injurieuse envers leurs confrères qu'injuste envers une science contre laquelle ils se déclarent *à priori* en flétrissant de leur réprobation un rapport dont ils n'ont fait qu'entendre la lecture. Les académiciens de 1831 attendaient un travail de condamnation analogue, semblable même à celui des académiciens de 1784 : comme eux alors, ils n'eussent pas manqué de le publier par milliers. Les académiciens de 1784 répandirent partout la condamnation de faits qu'ils n'avaient pas suffisamment examinés, et pour l'étude des-

---

(1) M. Dubois ne veut plus qu'on tienne un pareil langage depuis qu'il a publié ce rapport *avec notes et commentaires* une dizaine d'années après. Quoi qu'il en soit de son *Histoire académique du magnétisme*, les magnétiseurs lui doivent quelque reconnaissance. M. Dubois a tant exagéré, tant contourné, tant dénaturé, tant supposé et tant douté, qu'il en sera de son travail comme *des doutes* du docteur Thouret, qui, tout en voulant combattre le magnétisme, lui concilia un grand nombre de partisans. Pour convaincre de l'existence du magnétisme un homme logique, je préférerais l'histoire académique en question à beaucoup d'autres ouvrages écrits pour défendre la cause que M. Dubois attaque.

quels ils avaient eu recours aux expériences plus ou moins complètes d'un médecin, distingué sans doute, mais moins instruit sur ce sujet que l'auteur même qui fit entendre alors des réclamations inutiles; et les académiciens modernes, aussitôt après avoir entrevu la vérité des faits magnétiques, l'utilité qu'en peut tirer la médecine, cédant à un esprit de corps mal entendu, veulent cacher dans leurs archives la vérité qu'ils craignent, et garder en main la clef de la science sans en tirer aucun profit réel (1).

Ainsi fut inscrit, dans les annales de la science, le déni de justice des académiciens de 1831. Ainsi les hommes, les corps savants surtout, ont été de tout temps, faisant intervenir toujours et partout leurs petites passions, qu'ici encore nous voyons servir, dans la main providentielle qui dirige tout, à empêcher qu'une connaissance superficielle de la science ne trouble et ne confonde (2)

(1) Les académiciens qui ont entendu lire ce rapport n'eussent point été si susceptibles et si cérémonieux pour le rendre public s'il eût été défavorable à la question du magnétisme, et MM. Dubois (d'Amiens) et Bouillaud ne feraient pas sonner si haut l'argument *tel quel*, qu'il est sans autorité parce qu'il n'a point été discuté, qu'on n'a pas voté, etc., etc. Du reste, quoi que puissent dire ces messieurs, ce rapport sera toujours considéré comme l'œuvre, non pas de M. Husson seul, mais de tous les membres de la commission qui ont expérimenté avec lui, l'ont autorisé à parler en leurs noms, et ont ratifié son travail par leurs signatures.

(2) Les essais impies de médecins et de magnétiseurs français et allemands, pour tout expliquer par le magnétisme, ne font pas désirer bien fort de voir cette science admise et propagée par de semblables maîtres. On n'a pas à regretter que l'École n'ait pas créé une chaire de magnétisme.

Un publiciste distingué désirerait voir les évêques en position de disposer de quelques sujets pour les faire étudier dans les Facultés de droit et les mettre ainsi à même de défendre la religion contre les attaques de la science mal entendue...

Moins restreints dans les ressources dont ils peuvent disposer, ils le pourront peut-être un jour; et le clergé, qu'on a tant cherché à abaisser pour avoir la satisfaction de lui reprocher de ne pas briller dans la sphère des sciences, montrerait encore, à armes égales, que ceux qui travaillent pour Dieu s'élèvent aussi haut que ceux qui le blasphèment...

Peut-être alors aussi serait-il possible d'engager de jeunes ecclésiastiques

les choses d'un ordre plus élevé et sur lesquelles l'homme ne doit porter la main que pour adorer et louer son auteur.

CHAPITRE XVI.

DISCUSSIONS ACADÉMIQUES SUR LES EXPÉRIENCES DE MM. HAMARD, OUDET.—RAPPORT SUR LES EXPÉRIENCES DE M. BERNA.—BIENVEILLANCE DES COMMISSAIRES, DU RAPPORTEUR, ETC.

Depuis longtemps l'Académie n'avait pas entendu parler de magnétisme, si ce n'est par ceux qui, mécontents de

dans l'étude spéciale et approfondie de la physiologie et de la pathologie, considérée dans ses rapports avec la psychologie (l'*anthropologie*) ; *étude spéciale de l'homme* qui aurait plus de rapport avec la théologie que des *études générales* de mathématiques, de physique, de botanique, de minéralogie, etc., etc. Alors aussi une chaire de magnétisme serait-elle possible...

Dans des vues analogues, M. l'abbé Debreyne (*Pensées d'un croyant catholique*, introduction), s'exprime ainsi : « Le clergé doit être aujourd'hui ce
» qu'il fut toujours, le flambeau des intelligences et la lumière du monde,
» *lux mundi*. Oui, le clergé est appelé à exercer dans la société une grande
» influence de lumière, de savoir et surtout de vertu. Il faut donc qu'il
» s'empare (en les étudiant) de la plupart des hautes sciences modernes,
» surtout des sciences naturelles et *physiologiques*, pour les faire tourner
» à l'avantage de la religion, et aussi pour répandre de nouvelles clartés
» propres à la fois à révéler pleinement l'homme moral, et à dissiper les té-
» nèbres accumulées depuis des siècles sur certaines questions d'éthique ou
» de théologie morale...

» C'est donc spécialement au corps épiscopal qu'est dévolue la noble mis-
» sion de travailler à cette grande et sainte œuvre de régénération cléricale ;
» c'est à lui *à choisir, parmi les jeunes lévites qui lui sont confiés*, les
» sujets les plus distingués, pour les lancer dans les hautes régions de la
» science, et les proposer un jour à l'enseignement public... Et qui sait si,
» par là, peut-être, on ne parviendrait pas à créer, par le fait, une véritable
» *université catholique*, et à faire, pour la haute instruction scientifique,
» ce que font, pour l'éducation religieuse, ces modestes et vertueux apôtres
» de la morale nationale, les humbles frères des écoles chrétiennes ? Nous
» avons la confiance que la force des choses, la force de la vérité et des
» convictions catholiques saura vaincre le mensonge et l'erreur, et que tôt
» ou tard elle se fera jour à travers tous les obstacles. »

voir le travail de la commission de 1831 renfermé par *les savants* dans leurs archives, demandaient de temps à autre pourquoi son rapport n'était pas enfin soumis à la discussion et aux votes de l'assemblée.

« Pour éviter des débats *au fond peu scientifiques*
» (c'est M. Dubois (d'Amiens) que nous laissons parler),
» et sans doute aussi pour ne point placer l'*un* de ses
» membres (ou plutôt tous les membres de la commission
» signataires du rapport) dans *une position fâcheuse et*
» *pénible*, l'Académie *ne donnait aucune suite à ces pro-*
» *positions.* »

Par cette conduite, que M. Dubois nous montre toute pleine de charité pour l'*un de ses membres*, l'Académie continuait à montrer ses dispositions favorables pour le magnétisme et son amour pour la vérité.

Quoi qu'il en soit, tel était l'état des choses, lorsqu'un petit incident vint troubler encore la paix si prudemment acquise.

M. le docteur Hamard voulut essayer s'il lui serait possible de rendre une de ses somnambules insensible à une petite opération qui ne laisse pas que d'avoir quelquefois un côté fâcheux (l'extraction d'une dent molaire cariée). Il invita M. Oudet, de l'Académie de médecine, à venir chez lui pour faire cette expérience. Il commença par endormir madame B***, qui ne se doutait pas de ce dont il s'agissait, et après s'être assuré de l'état d'insensibilité en la piquant fortement à plusieurs reprises avec une épingle, puis en lui plongeant le doigt pendant quelques secondes dans la flamme d'une bougie, épreuves qu'elle supporta sans donner le moindre signe de douleur, il engagea son confrère à extraire la dent. Cependant, au moment de l'avulsion, la tête *sembla* fuir un peu la main de l'opérateur, et on entendit un léger cri ; ces deux signes eurent la rapidité de l'éclair, mais c'en fut assez pour que M. Hamard regardât l'expérience comme manquée.

C'était la première fois de sa vie que M. Oudet voyait un pareil phénomène, et, malgré l'apparence du mouvement et le cri, malgré l'indifférence de M. Hamard, il n'avait pu s'empêcher de remarquer :

1° Que les piqûres et la brûlure n'avaient produit aucun effet ;

2° Que le déploiement de sa trousse et le cliquetis de ses instruments n'avaient causé aucune émotion ;

3° Que le pouls de madame B*** était resté calme ainsi que son visage ;

4° Que les mains, posées sur les genoux, n'avaient fait aucun mouvement ;

5° Que madame B*** avait refusé de se rincer la bouche, parce qu'elle ne comprenait pas l'utilité de cette recommandation ;

6° Qu'elle n'avait ni bu ni craché après avoir répondu tranquillement à la question : Avez-vous souffert ? — Pourquoi souffrir ?...

7° Que, pendant une demi-heure que son somnambulisme s'était prolongé, et que M. Hamard l'avait fait parler, on n'avait pu découvrir aucune marque de douleur ;

8° Qu'éveillée, madame B*** ne s'était doutée de rien, et qu'elle n'avait porté la main à sa joue qu'au bout de vingt minutes, en disant : *Voilà ma dent qui va recommencer à me tourmenter ;*

9° Enfin qu'elle apprit, à sa grande satisfaction, ce qui venait de se passer, etc.

En conséquence, M. Oudet pria son confrère, M. Hamard, de lui remettre une note de ce fait qu'il désirait conserver, et, peu de jours après, il la fit insérer dans le *Journal de médecine et de chirurgie pratiques* (t. VIII, 1837, janvier, p. 25), en y joignant quelques réflexions sur les avantages que son art pourrait tirer du magnétisme. Cette relation ayant été reproduite par *le Messager*, *le Constitutionnel* et plusieurs autres journaux, il en fut question à l'Académie de médecine. M. Capuron interpella hautement M. Oudet pour lui demander des explications sur ce fait ; celui-ci, pressé de répondre, raconta naïvement tout ce qu'on vient de lire ; alors ses confrères lui apprirent qu'il avait été la dupe d'*un charlatan*. M. Bouillaud voit par conséquent dans ce fait *une nouvelle édition de la dent d'or*. M. Roux affirme que *M. Oudet a été trompé*, comme *M. Jules Cloquet a été trompé* dans l'opération du cancer citée plus haut. M. Moreau continue ainsi : « *Je rends justice à la loyauté* de M. Oudet ; » mais je pense, comme M. Roux, qu'il a été trompé ; je » pense que M. Cloquet a été trompé aussi. »

Toutes ces affirmations, données d'une manière si positive, finirent par presque faire croire à M. Oudet que toute l'Académie avait vu le fait excepté lui. Les magnétiseurs furent traités de *jongleurs*, de *thaumaturges*, de *prestidigitateurs*, etc. ; et la discussion s'échauffant d'autant plus, qu'excepté M. Husson, les commissaires de 1826 à 1831 n'osaient pas prendre la peine de répondre. M. Roux déclara, d'un ton véhément, *qu'il fallait en finir avec le magnétisme*, et que le fait mentionné par l'honorable confrère ne devait sortir de l'enceinte académique qu'avec toute la charge d'*imposture* qui l'entourait (1).

(1) On voit que, toutes les fois qu'il s'agit de magnétisme, messieurs les savants ne sont pas toujours maîtres d'eux-mêmes. Au reste cette discussion, dans laquelle on essaya de faire passer l'opération de madame Plantin pour *une jonglerie*, donna lieu à M. Jules Cloquet, le 31 janvier suivant, d'entrer dans quelques explications qui ne laissent aucun recours au scepticisme de bonne foi. Les voici textuellement rapportées par la *Gazette médicale* de Paris, du 4 février 1837, n° V, p. 78.

« Je n'aurais jamais pris la parole si mon nom n'avait pas été prononcé ; mais on a évoqué un fait que je croyais oublié ; il est de mon honneur de répondre et de maintenir aujourd'hui ce que j'ai dit il y a sept ou huit ans... Lorsque j'ai raconté un fait, sans doute fort extraordinaire, j'ai eu soin de me tenir en dehors de toute explication ; je n'ai été que miroir, et je me suis borné à refléter aussi correctement que possible l'image qui me frappait.

» Les objections qu'on me fit à cette époque, on me les fait aujour-

Cette manière d'accueillir les communications scientifiques avait presque le mérite de la nouveauté. Cependant M. Berna n'en fut point effrayé, car il écrivit le 14 février suivant à MM. les académiciens pour offrir à ceux qui n'étaient pas convaincus par le rapport de M. Husson, de leur montrer des faits de somnambulisme qu'il avait alors sous les yeux. La proposition indigna *les savants* intéressés à ce qu'il ne fût plus question du rapport favorable de 1831, et qui croyaient d'ailleurs être débarrassés du magnétisme et de ses adhérents; M. Bouillaud ayant positivement déclaré « que les observations faites » à ce sujet par *les savants* n'avaient *aucune valeur scien-* » *tifique.* » (Art. *Magnétisme animal*, p. 105.)

Cependant ils voulurent bien saisir avec empressement

d'hui. On dit alors que je m'étais laissé tromper, que j'avais montré trop de crédulité, que je méconnaissais la puissance de la volonté... Mais, messieurs, je ne suis pas si novice dans la pratique des opérations de chirurgie, qu'on veut le faire entendre ; *j'ai coupé des cuisses et des jambes, comme tant d'autres;* parmi mes opérés, j'en ai vu qui ne disaient pas un mot, qui ne proféraient pas un seul cri, une seule plainte ; mais, ce que leur bouche ne disait pas, leurs mouvements, leurs gestes l'exprimaient plus éloquemment que n'aurait pu faire leur bouche.

» Cela ne ressemble en rien à la femme à laquelle on fait allusion : sa position était tout autre. Cette femme avait, comme vous savez, un cancer au sein. On savait qu'elle avait le privilège de s'endormir d'un sommeil magnétique, et, pour lui épargner la douleur de l'opération, on pensa à mettre à profit cette rare faveur. J'étais complétement *étranger* à ces préliminaires ; cependant j'en fus prévenu, et je fis mes réserves. Je dis que je l'opérerais volontiers, pourvu que l'état dont on me parlait *ne fût point la syncope*. A l'heure convenue, je me rendis chez la malade, que je trouvai endormie; *je l'examinai attentivement*. Sa physionomie était tranquille, exempte de crainte et d'espérance; le pouls était calme, régulier, la respiration naturelle, les paupières fermées.

» Je commençai l'opération par faire une incision au-dessus de la tumeur, qui n'avait pas moins de neuf à dix pouces d'étendue, et *je portai mes yeux sur le visage de la patiente*, où je ne démêlai aucune sensation. *Son magnétiseur m'ayant mis en rapport avec elle* (avis à M. Dubois d'Amiens), je lui demandai si je lui avais fait beaucoup de mal. Elle répondit que non. Je repris le bistouri, et fis une seconde incision : *elle resta immobile*. Je disséquai les ganglions du creux de l'aisselle, et cette partie de l'o-

l'occasion d'avoir un rapport plus agréable à publier que celui de M. Husson.

Et d'abord, M. le président Renauldin, enchanté de faire prouver « que le magnétisme était une bêtise morte » et enterrée depuis longtemps (1825), » choisit parmi ses confrères ceux qui avaient pris l'engagement public le plus formel de repousser cette découverte en toute occasion, et les nomma de la commission d'examen. Ceux-ci (1), touchés de cette marque de confiance, ne voulurent pas rester en arrière de bons procédés ou se faire accuser d'ingratitude ; aidés d'ailleurs par leurs préventions déjà bien anciennes, tout en convenant que « nul

---

pération dura bien un quart d'heure, car j'avais à ménager l'artère axillaire. *Même impassibilité,* même *calme,* même *indifférence.* Enfin je fis quatre ou cinq ligatures, et, encore une fois, la malade ne montra pas plus de douleur, pas plus de sensation *que si la chose ne la regardait pas.* Y aurait-il *quelque analogie* entre le sommeil magnétique (notez que M. Jules Cloquet ne dit pas *identité*) et la catalepsie? Ce qu'il y a de certain, c'est que je m'explique très bien comment il y a des incrédules, car, si je n'avais pas vu, *je douterais moi-même.*

» L'opération terminée, je pris une éponge, je la plongeai dans l'eau tiède, et je lavai les parties ensanglantées ; c'est alors seulement que parut le premier signe de sensibilité. *La malade se mit à rire*, en disant : « Vous me chatouillez. » J'achevai le pansement, et elle fut transportée dans son lit.

» La plaie marcha comme toutes les plaies du même genre, jusqu'au dix-neuvième ou vingtième jour... A cette époque, on parla de la faire sortir. Son médecin ordinaire y consentit, et, en effet, elle s'en trouva bien. Trois ou quatre jours après, nouvelle sortie. En rentrant, elle se plaignit d'*avoir eu froid*, bientôt elle éprouva un point douloureux dans le côté opéré ; pleurésie, mort.

» Voilà, messieurs, le fait dans toute sa simplicité. Je le dis dans le temps, parce que, quelque extraordinaire qu'il paraisse, *il est bon à conserver;* je le répète aujourd'hui parce que *je suis sûr qu'il est exact....*»

Que faut-il penser des médecins qui, après des faits et des témoignages aussi positifs, proposent de traiter le magnétisme comme le mouvement perpétuel, la quadrature du cercle et autres niaiseries semblables?...

(1) MM. Roux, Bouillaud, H. Cloquet, Émery, Oudet et Dubois (d'Amiens). A la séance suivante, et sur leur demande, MM. Cornac, Pelletier et Caventou furent adjoints aux six membres nommés plus haut.

» ne doit avoir ses accusateurs pour juges, » ils acceptèrent sans résistance la mission qui leur était imposée, afin d'éviter qu'elle tombât en de mauvaises mains. Celui d'entre eux qui voulait *en finir avec le magnétisme* (M. Roux) fut nommé président *à l'unanimité*, et l'on choisit pour secrétaire, l'âme de la commission, M. Dubois (d'Amiens), auteur de l'*examen du rapport des commissaires de* 1826!... Assurément si le magnétisme en était réchappé cette fois, *le miracle* eût été bien plus grand que ceux qui scandalisèrent si fort l'honorable M. Boisseau en 1831 (1).

En recherchant avec soin tout ce qui s'était passé dans les expériences, de pénible souvenir, faites à l'Hôtel-Dieu, à la Salpêtrière, à la Charité, depuis 1820 (d'après la remarque de M. Dubois (d'Amiens) qui reprochait qu'on n'avait pas pris toutes les précautions exigibles pour qu'il fût physiquement impossible de tromper), les gens intéressés s'étaient aperçus :

1° Qu'on avait laissé aux magnétiseurs toute la tranquillité d'esprit, tout le calme nécessaire pour agir sur les malades;

2° Que les témoins avaient dressé procès-verbal de chaque séance, et que les magnétiseurs en avaient eu copie;

3° Que personne n'avait voulu publier le résultat des expériences, et que les magnétiseurs s'en étaient chargés.

Certes, il n'en fallait pas tant pour amener des faits et des relations fort remarquables (les expériences de M. Dupotet à l'Hôtel-Dieu, et les rapports de M. Foissac) : aussi l'on dut tout naturellement prendre la bonne résolution de mettre à profit les leçons de l'adversité.

Lorsque M. Berna fut informé du nom des personnes qui composaient la commission, il comprit de suite qu'au

(1) Voyez plus haut les paroles mêmes de M. Boisseau.

soin de produire des faits positifs, il fallait ajouter celui de faciliter à ses juges les moyens de les bien voir et de les bien rapporter. En conséquence, il rédigea avec le plus grand soin une espèce de programme contenant : 1° l'énumération des expériences à faire ; 2° les précautions générales à observer pendant la séance.

Ces précautions étaient au nombre de *vingt*. Elles mettaient le rapporteur dans la nécessité fâcheuse de regarder comme *incontestable* tout fait qui se produirait sous leur garantie : aussi nos gens prévenus n'eurent garde de donner dans le piége. *Pourquoi tout cela ?* s'écrièrent-ils. *Ayez confiance en nous... montrez-nous quelque chose... faites cela sans façon... comme quand vous voulez amuser une société*, etc., etc.

Puis, voyant que M. Berna ne se rendait pas à l'excellence de semblables raisons, ils alléguèrent la dignité de l'Académie, les usages des corps savants, et leur sagacité qu'on ne pouvait mettre en doute. Cependant le magnétiseur était décidé à ne rien faire, si on n'acceptait pas ses conditions. On lui promit tout ce qu'il voulut, sauf à le tenir autant que la prévention le permettrait cependant.

Le *sujet* des premières observations leur fut présenté ; mais les commissaires avaient lu avec tant d'attention l'énumération des expériences ; ils y apportaient d'ailleurs une si remarquable bonne volonté, qu'à chaque instant le magnétiseur était obligé de dire à chacun d'eux ce qu'il avait à faire, et *chacun le faisait tout de travers* (1). Un ou deux membres se décidèrent tardivement à explorer la somnambule ; les autres se promenaient pendant ce temps comme s'il s'agissait de la chose la plus indifférente, ou

---

(1) Je l'ai dit, je le répète encore, *les préventions*, *les idées faites*, ne permettent pas l'attention, l'examen. On ne peut envisager sans un mépris, sans une indifférence *involontaire au moins*, des faits de la fausseté desquels on est persuadé, des personnes que l'on affirme être des *jongleurs* et des *charlatans*.

ne regardaient pas. Grâce à ces précautions, ainsi qu'à l'ignorance la plus complète de la nature des phénomènes dont ils devaient constater la réalité, nos commissaires ne conduisirent à fin que trois ou quatre expériences, ce qui ne les empêcha pas, dès la troisième fois, de déclarer qu'ils étaient suffisamment *éclairés*, qu'ils tournaient toujours dans le même cercle, et qu'ils avaient poussé trop loin *la longanimité* (1).

La conduite de M. Magendie, en 1826, avait fait sentir à M. Berna la nécessité des procès-verbaux rédigés et *vérifiés* séance tenante; mais les inconvénients d'une semblable mesure étaient si bien connus des commissaires, qu'ils s'y refusèrent d'abord *à l'unanimité*. Ce ne fut qu'après une longue discussion, et lorsqu'ils virent le magnétiseur décidé à ne pas céder, qu'ils devinrent moins récalcitrants (il est certain qu'on ne pouvait faire un rapport contre le magnétisme sans avoir des matériaux). A l'aide de quelques expédients, les deux premières séances se passèrent selon le désir des commissaires. Dès

---

(1) Parmi les expériences indiquées par M. Berna, il y en avait une des plus décisives et qui était à la fois simple et facile ; c'était d'empêcher *mentalement* (nous avons expliqué en quel sens) la somnambule de répondre à telle ou telle personne qui lui adresserait une question. Comment s'y prendre pour la faire manquer ?... Nos bienveillants commissaires imaginèrent de placer le magnétiseur à quinze pieds de distance de la somnambule et *derrière* M. Dubois, interposé ainsi entre les deux. M. Berna fit observer à ces messieurs que, **puisqu'il ne disait mot**, et que la somnambule avait les yeux *bandés*, ce luxe de précautions était au moins inutile ; que la distance d'une part, et, de l'autre, l'interposition d'un corps animé (si bienveillant!), pouvait affaiblir l'action magnétique ; ces raisons n'étaient pas plus mauvaises que beaucoup d'autres assurément. Néanmoins elles ne furent accueillies que par des reproches et des interpellations de toute espèce. Les débats les plus vifs et les plus fatigants se succédèrent enfin jusqu'à ce que pressé, obsédé et troublé, M. Berna consentit à ce qu'on exigeait de lui. Il est inutile d'ajouter que l'expérience aussi bien préparée manqua de la manière la plus satisfaisante.

Quelle matière à conclusion pour un homme qui ne veut pas admettre que des faits négatifs n'infirment pas un seul fait positif!

la troisième, cependant, les réclamations de M. Berna furent si vives, qu'il fallut s'y prêter un peu; mais, à la quatrième, on trouva que l'heure était trop avancée, et l'on convint que l'examen de tous les procès-verbaux se ferait à la réunion suivante.

Ce jour-là, M. Dubois commença la lecture de ses procès-verbaux. L'exactitude et la bienveillance qui régnaient dans le premier forcèrent le magnétiseur à faire quelques observations. On l'engagea à les réserver pour le second, où le même sujet était reproduit ; mais dès que celui-ci fut entamé, on pria M. Berna de patienter jusqu'à la fin, parce que la commission voulait juger *l'ensemble* des procès-verbaux : bien entendu qu'on reviendrait encore sur chacun d'eux, s'il y avait lieu. La lecture étant terminée, le pauvre patient réclama l'exécution des promesses qu'on venait de lui faire : sa proposition fut accueillie avec autant de surprise que si rien de semblable n'eût été dit, ou même n'eût pu s'imaginer. *Quoi ? relire tout cela ?... seize pages ?... y pensez-vous ? On n'en finira pas... l'heure est avancée*, etc. ; et tout le temps qu'il leur fallait pour réviser la relation de M. Dubois, les commissaires l'employèrent à exprimer leur impatience et *leurs dégoûts* (1).

Le lendemain, M. Berna, cherchant tous les moyens de diminuer les fatigues, *les corvées* de la commission, offrit à M. Dubois de faire cette révision avec lui, et de la soumettre ensuite à MM. les académiciens. Cette démarche était trop obligeante pour être rejetée sans précaution. Le magnétiseur fut donc invité poliment à faire seul ce travail ; on lui promit de se charger du reste ; mais, pour

---

(1) Aux séances suivantes, MM. les commissaires eurent la bonté de varier un peu les formes de cette mystification. Ainsi, lorsqu'il s'agissait de vérifier le procès-verbal, ils disparaissaient furtivement l'un après l'autre, ou bien ils déclaraient d'*avance* que les objections de M. Berna, les omissions qu'il pourrait signaler, etc., étaient *insignifiantes*.

rectifier les procès-verbaux, il fallait les avoir; et, quand il fut question de donner l'original ou la copie, M. Dubois différa de semaine en semaine sous divers prétextes, ne manquant jamais de dire chaque fois au solliciteur qu'il pouvait être tranquille ; que les conventions seraient exécutées ; que des occupations *trop nombreuses* étaient seules causes de ce retard (1). Pendant ce temps-là, on continuait les expériences. A mesure que les matériaux s'accumulaient, M. Dubois modifiait son langage. Ce n'étaient pas des procès-verbaux qu'on avait promis, mais de simples *notes*. Faute de mieux, M. Berna consentit à passer par là. Le fidèle secrétaire dit alors *qu'il ne les avait plus ;* enfin, quand tous les éléments d'un rapport *convenable* furent à sa disposition, il changea brusquement de manières, et déclara tout net au magnétiseur que la commission rejetait sa demande ; puis il le congédia sans autre forme de procès (2). Dès que M. Dubois se fut débarrassé de l'agent principal des expériences, il s'empressa d'en *finir* avec le magnétisme et les magnétiseurs. Cette fois il ne s'agissait plus de critiquer les œuvres d'un confrère (M. Husson), ou de signaler l'impéritie d'une commission « qui s'était laissé abuser par les jongleries *les plus grossières* ; » il fallait montrer ce que peuvent et ce que doivent faire en pareille occurrence des hommes *graves, intègres* et *profonds* : aussi cette fois M. Dubois s'est surpassé lui-même tant il avait à cœur de réparer l'outrage fait à l'Académie par la commission de 1831. Nous allons donner une analyse rapide de ce beau travail si propre à

---

(1) Des occupations qui empêchent, pendant *six semaines*, le secrétaire d'une commission de prendre quelques feuilles de papier sur son bureau ou dans un carton ! Quel heureux privilége que celui de MM. les académiciens !...

(2) A l'occasion de cette demande de M. Berna, M. Émery soutint que si la commission livrait les originaux ou la copie des procès-verbaux pour en faire l'analyse, elle irait *au-delà de ses devoirs...* qu'elle avait fait assez de *concessions* au magnétisme, etc.

nous faire comprendre que *la science est la religion de notre époque!*

I. Le rapporteur commence d'abord par déclarer que la commission est composée d'*opinions contraires*, afin de donner à son ouvrage toute la garantie de l'impartialité. Ce sont MM. *Oudet* et *H. Cloquet* qui remplissent le rôle de partisans du magnétisme.

Or le premier avait écrit à l'Académie de médecine, qu'à part le fait de la dent arrachée *sans douleur*, il se tenait, relativement aux phénomènes magnétiques, pour aussi *sceptique que qui que ce fût.* Si la phrase n'était pas des plus harmonieuses pour l'oreille, on ne peut nier que le sens n'en fût très clair ; mais, comme l'opération de madame B. avait été répétée dans tous les journaux, et que la lettre de M. Oudet s'était arrêtée dans les cartons oubliés de l'Académie, M. Dubois pensa fort judicieusement qu'il pourrait avoir l'air d'*ignorer* la réclamation de l'honorable confrère, et que personne ne s'aviserait d'aller fouiller la correspondance pour le seul plaisir de lui prouver combien la prévention nuisait à sa mémoire et à son impartialité. Quant à M. *H. Cloquet*, son affaire fut *arrangée* d'une manière encore plus ingénieuse. Notre secrétaire, si soigneux de se distinguer de tous ses homonymes par les deux parenthèses qui l'accompagnent sans cesse, *supprima* le prénom qui distingue les deux frères Cloquet, afin que le public, toujours porté à voir du beau côté les corps savants (comme il fait pour les *brevets d'invention et de perfectionnement*), pût croire que, dans une affaire aussi importante que celle-ci, l'Académie avait naturellement choisi M. *Cloquet*, si connu par ses talents et la fameuse opération de madame Plantin. Malheureusement cette industrie ne réussit pas aussi bien que l'autre (1)!

(1) Il est probable cependant qu'elle avait le mérite de la spontanéité et qu'elle était passée *comme tout naturellement* de l'esprit prévenu du doc-

II. Il eût été imprudent de passer sous silence le programme de M. Berna, et ceux qui savent ce qu'il contient, conviennent que la tâche était des plus difficiles; M. Dubois s'en est tiré de manière à offrir un modèle en matière d'instruction criminelle ; car il se sert de cette pièce pour *accuser le magnétiseur* : 1° de vouloir changer sa position ; 2° de chercher à modifier la mission des commissaires; 3° de s'identifier avec eux ; et 4° de les mettre à l'étude du magnétisme ; comme si MM. les académiciens de tous les temps et de tous les lieux n'avaient pas le privilége de tout savoir, même ce qu'ils n'ont jamais étudié! Ce n'est pas tout, abordant résolument les détails, M. le rapporteur a soin d'en supprimer le tiers le plus embarrassant ; il attribue les honneurs de l'invention du second tiers aux commissaires ; puis il *arrange* le troisième de telle manière que les preuves les plus évidentes de la bonne foi du magnétiseur tournent à sa plus grande confusion. Ce qui suit mérite assurément un redoublement d'attention :

teur dans ses *actes publics*. Nous aimons toujours à penser que l'humanité n'est pas aussi mauvaise qu'elle le paraît souvent : que la mauvaise foi n'est pas aussi commune qu'on le pense, et que l'ignorance, les préjugés, l'erreur, la précipitation, etc., expliquent bien des choses.

Quoi qu'il en soit, après la lecture du rapport, M. J. Cloquet s'approcha de M. Dubois, et lui demanda fort poliment si, par hasard, il n'avait pas voulu le faire passer pour un des membres de la commission. Celui-ci, tout ému des poignées de main de M. Double et des félicitations qui lui étaient prodiguées, oublia, heureusement pour la morale et pour l'histoire, cet axiome du prince des diplomates : La parole n'est donnée à l'homme que pour *déguiser* sa pensée. Il répondit naïvement « qu'en effet tel avait été » son dessein,... qu'il lui avait paru *avantageux*, non moins que *piquant*, » de faire condamner un magnétiseur par un semi-partisan du magnétisme, » et qu'en cela, il faisait beaucoup valoir le rapport, etc. » Mais qu'on juge de sa surprise, de son désappointement et de sa colère, lorsqu'il vit M. J. Cloquet répéter cet aveu, tout confidentiel, en pleine Académie, sans penser un instant aux égards qu'on se doit entre honorables, et surtout à l'effrayante *congestion faciale* qui devait en être et *qui en fut la suite!...* On ne s'avise jamais de tout.

Programme de M. Berna. — « 5° Les commissaires détermineront d'avance, à l'insu du magnétiseur, l'ordre de succession des expériences. Ils trouveront chacune d'elles indiquée sur une carte ; celle-ci *ne lui sera remise qu'à l'instant même où il devra les faire*, etc. (1). »

Version de M. Dubois. — « En vertu de ce qu'il appelait sa cinquième précaution, MM. les commissaires devaient trouver sur une carte que *lui leur remettrait* au moment d'opérer, l'indication de chaque expérience. »

Il paraît que la religion des savants ne leur a pas encore fait acquérir la conviction qu'on n'est pas dispensé de la justice et de la vérité envers ceux qui ne pensent pas comme nous.

III. Il était assez naturel que l'Académie voulût savoir quelles sortes d'expériences avaient été proposées par M. Berna, car enfin quand on condamne quelqu'un, il est bon de savoir le pourquoi. Selon M. Dubois, il paraît qu'il n'y en avait que *quatre* ou *cinq* au plus ; et le malheureux programme en indique *trente-huit*, savoir :

1° Sur la restitution de la sensibilité aux diverses parties du corps. . . . . 21 expér.

2° Sur la paralysie du mouvement de tous les membres, du cou, etc.. . . . . 15 » (2)

3° Sur la paralysie de l'ouïe. . . . . 4 »

Total. . . . 38 expér.

Que l'on juge de la figure que faisait le magnétiseur à

---

(1) Examen et réfutation du rapport fait par M. Dubois (d'Amiens), à l'Académie royale de médecine, le 8 août 1837, *sur le magnétisme animal*, par D.-S. Berna, D. M., in-8°, 110 p., 1838. Paris. (Voy. p. 33.)

(2) Le peu de succès de M. Berna, troublé d'ailleurs par tant de causes hostiles réunies autour de lui et contre lui, prouve en faveur du magnétisme, qu'un magnétiseur ne *peut pas toujours* reproduire de semblables expériences qui, garanties suffisamment ainsi contre les abus, offrent cependant *quelque secours* à la chirurgie, comme le prouve l'opération de M. Jules Cloquet.

l'Académie royale de médecine, en se voyant *arrangé* de la sorte ? Cette petite récréation a dédommagé les adversaires de 1825 et 1831 de tout ce qu'ils avaient souffert pour l'honneur de l'Académie.

IV. M. Berna avait promis aux commissaires de constater la production de l'insensibilité en piquant la somnambule, sujet des expériences, avec des aiguilles à la profondeur d'*une ligne environ*, et sur tout le corps, excepté la face (1). Notre rapporteur se plaint, lui, de ce qu'on ne pouvait provoquer que des sensations douloureuses très modérées, et sur les mains et le cou, habitués *peut-être* à ce genre d'impression (2). Il va même plus loin, et soutient avec un sang-froid des plus académiques, qu'à raison des circonstances, une impassibilité *même absolue* ne pouvait être *une preuve concluante* (3).

V. Parmi les faits curieux du somnambulisme, M. Berna avait mentionné la vue des objets tenus, des lettres, des cartes à jouer, etc. Cependant la personne magnétisée ne put désigner que le nombre des commissaires, leur position dans l'appartement, leurs mouvements, leur changement d'attitude (4), ainsi que les diverses situations d'un objet porté par l'un d'eux. Assuré-

---

(1) M. le docteur Billot voit partout les anges dans le magnétisme, et M. le docteur Berna ne veut les y voir jamais, au moins nous l'a-t-il assuré. S'il voulait bien cependant y voir l'homme et sa dignité, oublier un peu qu'il est l'élève du docteur Broussais, et ne pas prendre *tout son matérialisme*, il nous semble que les convenances n'y perdraient rien, et qu'il ne serait pas si prodigue de pareilles expériences.

(2) Jusqu'à l'avènement de la commission Roux, la peau avait été regardée comme l'organe le plus sensible ; il paraît qu'un conseil académique aura changé tout cela.

(3) Prouvez donc la vérité à des gens qui ont une semblable logique. Ils recourent si facilement à des *habitudes* supposées par un *peut-être*. Ils repoussent si bien une preuve, *même absolue*, que cela fait dire à M. Mialhe : « Vous verrez que, pour convaincre MM. les académiciens, il faudra leur » offrir un somnambule à disséquer tout vivant, puis rétablir celui-ci dans » son état normal avec deux ou trois passes. »

(4) Les notions que nous avons données du magnétisme font facilement

ment c'en était assez pour donner matière à réfléchir, et tout autre que M. Dubois se serait bien gardé de toucher une corde aussi délicate. Mais sans être arrêté le moins du monde par la difficulté du sujet, l'honorable savant aborde franchement la question ; il rapporte le fait avec exactitude (c'est la première et la seule fois que cela lui arrive dans son rapport), et, à l'aide d'une légère modification, il parvient à changer en tour de passe-passe (cela rappelle les fameux *pantins*) un des faits les plus singuliers et les plus positifs (1).

VI. Nous devons également faire mention d'un passage du rapport qui n'est pas moins heureux que ce qui précède. Il s'agit des conditions dans lesquelles les expériences devraient être faites, et des précautions qu'il fallait prendre pour en garantir l'exactitude, toutes choses sur lesquelles M. Berna avait tant insisté. Qui le croirait? M. Dubois s'y prend de telle sorte que ces précautions semblent être imaginées *par les commissaires*, qu'elles sont bien supérieures à celles de M. Berna (2), qu'elles semblent lui être *imposées*, et que celui-ci les refuse, parce qu'elles sortent de son programme... On voit que

comprendre pourquoi un somnambule serait plus sensible à l'influence des corps animés qu'à celle des autres corps.

(1) La modification de M. Dubois est légère sans doute, mais elle mérite d'être connue. MM. Roux et Cornac, arrivés les premiers chez M. Berna, posèrent de suite à la somnambule le bandeau qui devait couvrir ses yeux pendant les expériences de la vision. Le rapporteur dit tout simplement, lui, que ce bandeau sur lequel repose la validité du fait, fut attaché *par le magnétiseur* et lorsque les commissaires étaient réunis. Voilà tout.

(2) Il faut recueillir, pour l'histoire des corporations scientifiques, ce dont les savants commissaires ont été capables pour répondre à la confiance de M. Renauldin. Les précautions *supérieures* consistent, pour les choses écrites, à prendre du *papier* au lieu de cartes, et, en fait de signes muets, à *fermer un œil* au lieu de lever la main ? N'y a-t-il pas là de quoi se vanter, au haut et au loin, de n'avoir rien négligé pour *anéantir le charlatanisme!*...

nous sommes dans un siècle dans lequel l'imagination domine (1).

Il y aurait bien d'autres choses à citer dans le travail de M. Dubois; mais nous croyons en avoir assez dit pour mettre les adversaires du magnétisme à même de prononcer sur le mérite et les services du savant professeur.

Nous affirmons donc, avec toute la franchise et la sincérité dont nous sommes capables, que depuis le commencement jusqu'à la fin de ce rapport, il n'est pas une phrase, pas un mot qui n'ait pour but de tenir le lecteur dans un état de défiance, et le magnétisme dans un état de suspicion continuelle. Tous les moyens semblent également bons à l'auteur pour arriver à ses fins : les expressions les plus malignes, les insinuations les plus offensantes, les subterfuges les plus hardis se pressent sous sa plume; et, bien que la commission n'ait fait qu'une demi-douzaine d'expériences sur *deux* somnambules, M. Dubois n'en a pas moins enveloppé le magnétisme *tout entier* dans une proscription générale.

Voici sa petite prosopopée :

« Aurions-nous trouvé autre chose dans des faits plus nombreux, plus variés et fournis par d'autres magnétiseurs? c'est ce que nous ne chercherons pas à décider; mais ce qu'il y a de bien avéré, c'est que, s'il *existe encore*, en effet, aujourd'hui d'autres magnétiseurs, ils n'ont pas osé se produire au grand jour; ils n'ont pas osé accepter enfin ou la sanction ou la réprobation académiques (2). »

---

(1) Un saint et vénérable prélat, l'évêque le plus âgé que nous avions dernièrement en France, et dont nous déplorons la perte récente, disait, en faisant en conversation *de la haute philosophie de l'histoire:* « Le siècle de » Louis XIII a été le siècle du bon sens; celui de Louis XIV, du génie; celui » de Louis XV, de l'esprit, et le nôtre est le siècle de l'imagination. »

Ces dernières paroles me firent souvenir, *entre autres choses*, d'un professeur du collège de France, de son *cours de législation comparée*, etc...

(2) Il est certain qu'outre la nature de la question, la politesse de

La lecture de ce rapport occupa une partie des séances des 8 et 16 août 1837. Elle fut accueillie avec tout l'enthousiasme que commandaient si bien les circonstances. Malheureusement rien ne put empêcher M. Husson de prendre la défense du magnétisme, et de presser M. Dubois (d'Amiens) avec cette puissance de logique, avec cette force de raison, dont il avait déjà donné tant de preuves, en 1826, dans son éloquente *réponse aux objections* de ses adversaires.

Malgré tout son scepticisme pratique, ce fut un moment cruel pour le rapporteur; il semblait au moins ne plus douter de ce qu'il ressentait alors. Il était assis en face du public; la sueur ruisselait de son visage, et chacun pouvait se convaincre, en voyant ses exclamations muettes et ses gestes désordonnés, « que la fortune *vend* ce qu'on croit qu'elle donne, » et que souvent telle victoire vaut plusieurs défaites (1).

Une discussion assez vive s'engagea à la suite de ce discours, et, comme dans toutes les assemblées, il y a

---

MM. les médecins envers les partisans du magnétisme depuis Mesmer jusqu'à nos jours, ne laisse à ceux-ci aucune excuse. N'est-il pas aussi agréable qu'avantageux de se faire traiter publiquement de *jongleur*, d'*imbécile*, d'*imposteur*, de *thaumaturge*, de *fripon*, de *pantin*, de *commère*, de *farceuse*, etc., sans avoir même la ressource de pouvoir répondre par les journaux qui nous déshonorent?...

(1) Pour mettre à même de juger du peu d'exagération de tous ces détails, le passage suivant pourrait venir à l'appui de nos assertions:

« Voilà donc à quoi se réduit ce rapport, à des *omissions* historiques graves, à des *réticences* nombreuses et certainement blâmables, à des expériences déjà connues et qui ne prouvent rien, à des *conclusions vicieuses*, et à une rédaction amusante, peut-être, mais *déplacée*, même d'après le jugement des amis de l'auteur.

» Dans cette position, messieurs, vous ne pouvez pas adopter ce travail, parce que vous ne pouvez approuver ni les *omissions*, ni les *infidélités historiques*, ni le *ridicule* versé sur un jeune confrère connu pour un homme studieux et fort honorable, etc. » (Voy. *Opinion prononcée par M. Husson à l'Académie de médecine*, le 22 août 1837, *sur le rapport de M. Dubois (d'Amiens), relatif au magnétisme animal.*) (*Journal des connaissances médicales*, novembre 1837.)

force gens qui parlent d'une façon et agissent d'une autre, malgré tout ce que l'on s'était promis, l'Académie faiblit, et du long considérant du rapporteur, elle n'adopta que le dernier paragraphe, celui qui concernait seulement M. Berna et ses deux somnambules, et qui ne peut être, par conséquent, une condamnation du magnétisme (1).

(1) Aussitôt que ce rapport eut paru, M. Berna écrivit à l'Académie en ces termes :

« Je proteste devant l'Académie contre le rapport qu'elle a entendu tout récemment sur le magnétisme animal. Je reproche à ce rapport de défigurer les faits qu'il mentionne, de taire les plus importants, de dissimuler la véritable conduite de la commission, de représenter celle-ci comme imaginant et moi comme repoussant des mesures dont j'avais fait, au contraire, et le premier, mes conditions essentielles ; j'accuse enfin ce rapport d'être un tissu d'insinuations et d'artifices qui ont pour conclusion implicite que j'ai voulu tromper l'Académie.

» Je déclare que les expériences dont la commission a été témoin ne sont que le commencement de celles que je me proposais de faire sous ses yeux. Je déclare sur l'honneur que je n'ai renoncé à lui en montrer davantage que parce qu'elle a constamment violé l'engagement qu'elle avait pris de se conformer à mon programme et principalement à la condition, bien débattue, il est vrai, mais aussi formellement acceptée, de rédiger, lire et rectifier les procès-verbaux, séance tenante.

» La nécessité où je me trouve de faire à l'instant cette protestation ne me permet pas de plus longs développements ; mais j'adresserai bientôt à l'Académie une réfutation complète qui sera appuyée sur des pièces irrécusables, sur les termes mêmes du rapport, sur certains aveux qu'il renferme, sur la nature de la conviction que les commissaires ont apportée à leur mission et sur l'impuissance de tant d'adresse, d'aussi nombreuses infidélités à édifier autre chose qu'un soupçon fugitif. » (Voy. *Examen et réfutation*, etc., par D.-J. Berna, p. 5 et 6.)

CHAPITRE XVII.

PRIX BURDIN. — M. PIGEAIRE ET L'ACADÉMIE. — M. ORFILA, DOYEN DE LA FACULTÉ DE MÉDECINE, SIGNE LES PROCÈS-VERBAUX DES EXPÉRIENCES DE M. PIGEAIRE. — CONCLUSIONS DES TRAVAUX ACADÉMIQUES SUR LE MAGNÉTISME.

L'issue des rapports de M. Berna avec quelques membres de l'Académie ne découragea pas entièrement les médecins défenseurs du magnétisme.

En 1838, un médecin de Montpellier, M. Pigeaire, après avoir été lui-même l'ennemi déclaré de la nouvelle science, avait montré, en expérimentant sur sa fille, le phénomène de la vision malgré l'occlusion parfaite des yeux. Il avait choisi, pour témoins de ses expériences, des membres de la faculté de Montpellier. Plusieurs signèrent, et le magnétisme fit de véritables progrès parmi les savants de cette faculté. M. Pigeaire crut servir la science en envoyant à l'Académie de médecine de Paris la relation des faits, accompagnée d'un procès-verbal détaillé, signé par M. le professeur Lordat de Montpellier; il terminait, en invitant les deux membres les plus incrédules de la dernière commission, à venir examiner ce phénomène. C'étaient MM. Dubois (d'Amiens) et Bouillaud. M. Pigeaire promettait indemnité de voyage si les expériences n'étaient pas concluantes.

Les commissaires répondirent que M. Burdin jeune avait offert 3,000 francs à la personne qui lirait sans le secours des yeux et du toucher; qu'en conséquence M. Pigeaire pouvait venir à Paris présenter le phénomène qu'il annonçait.

M. Pigeaire se rendit à Paris, et, après diverses visites à quelques membres de l'Académie, il eut l'imprudence de faire chez lui des expériences préparatoires à celles que devait juger la commission : il eut de plus le malheur de réussir et de voir ses succès rendus publics. Plusieurs journaux rendirent un compte des plus favorables de ces séances; des procès-verbaux furent signés par des médecins de l'Académie, et tout le monde ne pensant pas, comme M. Dubois, qu'il est facile de faire de pareils procès-verbaux, et de décider des médecins distingués à y apposer leurs signatures, on en prit occasion d'annoncer le triomphe du magnétisme. Malgré la patience et le calme avec lequel, selon M. Dubois d'Amiens, la dignité des commissaires voulait qu'ils attendissent qu'on comparût devant eux, il est impossible de ne pas croire que ces bruits favorables au magnétisme ne causèrent pas quelques embarras aux commissaires, eux qui, par leurs paroles, leurs actions, leurs écrits, avaient constamment déclaré, non seulement la fausseté des phénomènes magnétiques, mais encore le peu de raison qu'il y a à les examiner sérieusement.

Aucun des commissaires n'avait vu les expériences faites chez M. Pigeaire; mais MM. Cornac et Velpeau, antagonistes *quand même* (1), avaient assisté à quelques unes. Ces médecins se joignirent à la commission, et com-

---

(1) M. Velpeau ayant dit plusieurs fois en pleine Académie qu'il avait souvent cherché à être témoin d'expériences magnétiques, je dois à la vérité de dire que cela est vrai. Voilà pour le fond de la question ; maintenant voici pour la forme.

Deux fois entre autres, tant à l'hôpital de la Pitié qu'à celui de la Charité, M. Velpeau, j'étais alors élève en médecine, me proposa très gaiement de faire des expériences sous ses yeux. Le docteur semblait y attacher tant d'importance, qu'il disposait assez par sa manière de parler et d'agir les élèves qu'il voulait bien admettre comme témoins, à rivaliser d'esprit et à faire le plus de bruit possible. Malgré cela, un homme qui avait une maladie des yeux fut magnétisé pendant un quart d'heure environ et ressentit quelques effets que, dans sa simplicité naïve, il trouvait très singuliers. Ce fut une raison de plus pour ne pas continuer le lendemain. Il est vrai que M. Velpeau n'avait fait commencer ce semblant d'expérience qu'en désespoir de cause, et pour montrer que ce n'était pas sans motifs qu'il avait

muniquèrent à ses membres quelques détails sur les expériences qui avaient lieu. Un moyen restait pour échapper à la défaite, la prévention l'inspire sans réflexion aucune, c'était de faire une proposition inadmissible. M. Burdin jeune, en demandant qu'on lût sans le secours des yeux, n'avait pas spécifié dans tous les détails comment on empêcherait la vision. MM. les commissaires apprirent que l'appareil dont on couvrait les yeux de mademoiselle Pigeaire ne s'étendait que jusqu'au bas du nez et jusque sur les sourcils, et que M. Pigeaire avait déclaré que l'enfant ne pouvait lire si le bas de la figure était enveloppé. Il fut facile de proposer précisément cette condition, et on présenta à M. Pigeaire une espèce de masque. M. Pigeaire objecta ses motifs ; représenta qu'il lui semblait que la vision s'exerçait par les nerfs de la cinquième paire, qui n'avaient plus la même impressionnabilité lorsqu'ils étaient couverts. Cette raison avait bien sa valeur physiologique, puisque, bien que M. Dubois, faisant du *gros bon sens* populaire, ait assuré qu'on ne persuadera jamais à un homme sensé qu'on voit sans les yeux, il n'est pas plus facile d'expliquer (en tenant compte des yeux) comment le nerf optique transmet au cerveau et à l'âme qui perçoit les

---

essayé de rire aux dépens du magnétiseur, qui prit cependant bien la liberté de le rappeler au sérieux que les convenances au moins demandaient.

—On dit, monsieur, que vous êtes magnétiseur (ainsi me parlait M. Velpeau, à l'hôpital de la Charité, en prenant son air aimable). — Monsieur, je suis élève en médecine : j'ai fait quelques expériences magnétiques. — Voudriez-vous nous en montrer ? — Oui, monsieur, si vous êtes disposé à y consacrer un temps suffisant. — Mais je vais couper la jambe à un homme *après la visite;* ne pouvez-vous pas *avec vos passes* le rendre insensible ?— Pensez-vous, monsieur, qu'il n'y a qu'une demi-heure ? Si vous faisiez cette proposition quelques jours à l'avance, je pourrais la regarder comme sérieuse. — Ah ! voilà comment vous êtes tous, vous autres magnétiseurs. Eh bien, nous lui couperons la jambe sans vous, puisque vous ne voulez pas. — Je ne me refuse pas, monsieur, à des expériences faites convenablement. — Alors M. Velpeau me laissa magnétiser *une fois* le malade dont j'ai parlé plus haut. Avis à ceux qui veulent sans mentir acheter le droit de dire : J'ai cherché à voir !...

modifications de la lumière, qu'on ne pourrait le faire pour les nerfs de la cinquième paire, qui, eux aussi, partent directement du cerveau, etc. M. Pigeaire allégua qu'il était facile d'empêcher la vision ordinaire avec l'appareil dont il se servait. Il dit en outre que le livre, apporté, bien entendu, par la commission, serait placé hors de la direction des rayons visuels.

Les commissaires refusèrent, et firent à l'Académie un rapport dont voici la plus grande partie :

« Dans une première entrevue, la commission s'est occupée des conditions du bandeau. »

— Il n'y a eu qu'une seule entrevue.

« Le bandeau se compose d'un morceau de toile, d'une couche épaisse de coton et de trois couches de velours, le tout ayant *quatre* travers de doigt; il est parfaitement opaque. »

— Les commissaires sont exacts et scrupuleux cette fois ; ils nous attestent qu'un bandeau de pareille épaisseur *est parfaitement opaque*.

« La commission, dit M. Pigeaire, pourra coller sur la peau le bord inférieur du bandeau avec de la gomme et du taffetas. »

— Ces précautions avaient toujours été employées dans les expériences préparatoires.

« La commission a trouvé que ce mode d'expérimentation n'offrait pas toutes les garanties requises ; car avec un bandeau aussi étroit rien n'empêche quelque rayon lumineux de passer par son bord inférieur. »

— La commission n'en savait rien ; elle n'avait pas essayé l'appareil ; elle n'avait pas vu l'expérience ; elle devait s'en assurer avant de rien dire.

« La commission a passé à l'examen du second point, à savoir, la position du livre que la somnambule devait lire. Encore ici M. Pigeaire avait son plan arrêté. Il faut, a-t-il dit, que ma fille fasse ce qu'elle veut une fois qu'elle est magnétisée. Sa clairvoyance ne s'exerce que de bas en haut; elle place ordinairement son livre sur ses genoux. »

— Ce que c'est que de parler *à priori*, sans savoir. Le livre a toujours été posé, lors des expériences, sur une table, et même sur un pupitre placé sur cette table.

« La commission a fait observer que le livre étant sur les genoux, n'offrait pas une condition rassurante. Elle a exigé, par conséquent, que le livre fût placé dans une direction horizontale. »

— Il était inutile de sembler exiger ce qui se faisait dans chacune des expériences.

« Par suite de ses refus, M. Pigeaire s'est trouvé en dehors des conditions du programme de M. Burdin jeune. La commission avait, en effet, pour mission de constater la réalité du phénomène magnétique avec les précautions propres à rassurer contre toute espèce de supercherie : ce sont justement ces précautions que M. Pigeaire n'a pas cru devoir accepter. »

— Ce sont messieurs les commissaires qui ont refusé les conditions qu'ils paraissaient demander, puisque celles qu'offrait M. Pigeaire étaient raisonnablement suffisantes, tant sous le rapport de la position du livre que sur le contact sévère de l'occlusion des yeux.

« En conséquence, M. Pigeaire s'est borné à faire fonctionner sa somnambule à sa manière. »

— Qui douterait en lisant cette phrase de la dignité de nos savants modernes? Qui ne croirait pas en lisant ce qui suit que MM. les commissaires ont vu *fonctionner cette machine vivante?*

« La somnambule a lu, en effet; mais, à ce que l'on présume, à l'aide de faibles rayons qui pénétraient par le bord inférieur du bandeau, et après une heure et demie de contorsions de la figure et du corps, capables de déplacer plus ou moins le bandeau. »

— Les procès-verbaux auxquels la commission fait allusion ici, et les signatures qui y ont été opposées, donnent un démenti formel à l'allégation bienveillante et toute supposée des commissaires. Si l'un d'eux eût assisté à une seule expérience, il n'aurait pas *présumé*, il aurait vu, il aurait acquis la certitude. Ce n'est que de nos jours qu'on peut oser faire un pareil rapport!

Quatre membres de l'Académie, MM. Delens, Adelon, J. Cloquet et Pelletier, qui avaient assisté aux expériences *particulières*, voulurent en vain démontrer que la commission n'avait pas rempli sa mission. Elle était chargée d'examiner le fait qu'annonçait M. Pigeaire, sauf à le déclarer faux; elle s'en est gardée, et semble faire croire qu'elle a examiné. Que pouvaient ces savants? Les journaux de la faculté publièrent que la fraude et la supercherie de M. Pigeaire avaient été dévoilés... Et beaucoup de personnes ont cru cela!

Cependant les médecins de bonne foi qui assistèrent aux séances préparatoires ne doutant pas, à la vue de ce qui s'était passé sous leurs yeux, que la commission ne reconnût le fait en litige, n'hésitèrent pas à tenir des procès-verbaux des expériences, et à les signer.

Ces pièces sont restées pour saper le singulier factum de M. Gérardin, le rapporteur, et elles ont naturellement mis ceux qui les ont signées dans une position un peu désagréable; car les *esprits forts* de l'Académie les *plaignent* de s'être laissé prendre.

Nous allons juger si les hommes dont les noms suivent sont aussi simples que MM. Bouillaud, Dubois (d'Amiens), etc., voudraient bien le faire croire.

Procès-verbal rédigé par M. Bousquet. — « Le 7 juillet 1838, à quatre heures de relevée, MM. Arago, Orfila, Ribes, Gerdy, Réveillé-Parise, Bousquet et Mialle, se sont réunis chez M. Pigeaire pour être témoins d'une expérience dite magnétique. Le sujet de l'expérience est mademoiselle Pigeaire, âgée de douze ans.

» On dit que lorsque cette jeune personne est en état de somnambulisme magnétique, elle a la singulière propriété de lire les yeux recouverts d'un bandeau parfaitement opaque.

» L'objet de l'expérience était de vérifier le fait.

» Le bandeau, large de six travers de doigt, est composé d'une bande de toile fine que l'on applique d'abord sur les yeux; puis on met deux tampons de coton en rame, et finalement trois couches de velours noir que l'on fixe autour de la tête. Ensuite on colle deux bandes de taffetas d'Angleterre, qui adhèrent aux joues et au nez, et l'on applique encore une bandelette de ce taffetas perpendiculairement de haut en bas pour ajouter aux adhérences des premières bandelettes le long du nez.

» M. Arago a appliqué cet appareil sur ses yeux, et il est convenu qu'il n'y voyait rien.

» M. Orfila s'est soumis à la même application, et a déclaré qu'il lui serait impossible de distinguer les ténèbres de la lumière.

» M. Gerdy a dit qu'il distinguait les ténèbres de la lumière; mais qu'il lui serait impossible de voir les objets même les plus apparents.

» Après ces essais, on a appelé mademoiselle Pigeaire; elle s'est assise dans un fauteuil, auprès d'une table, et après quelques passes faites par sa mère, elle a déclaré qu'elle était suffisamment magnétisée.

» On lui a posé successivement, et avec la plus minutieuse attention les diverses pièces dont se compose l'appareil.

» A peine cette application était-elle faite, qu'elle a dit qu'elle était malade, qu'elle souffrait de la tête. Elle s'est agitée; elle s'est plainte souvent; tellement que les témoins, touchés de ses plaintes, ont plusieurs fois invité madame Pigeaire et la somnambule elle-même à remettre la séance à un autre jour.

» A ce moment, M. Gerdy, que ses affaires appelaient ailleurs, a quitté la séance. (M. Gerdy sort toujours au milieu des expériences, et les raconte ensuite d'un bout à l'autre.)

» Enfin, après une heure d'attente, la somnambule a dit qu'elle était disposée à lire. M. Orfila tenait à la main une petite brochure in-8°, intitulée : *Compte-rendu de la clinique de l'Hôtel-Dieu.* Il l'avait reçue la veille de l'auteur ; elle n'était pas encore coupée.

» Posée *sur la table*, elle a été ouverte à la page 11, et cette page recouverte d'une lame de verre transparente. Alors la somnambule, dans l'attitude d'une personne qui lit, a promené le doigt indicateur de la main droite sur le verre, et a lu distictement et presque couramment environ une douzaine de lignes, en indiquant exactement la ponctuation. Elle ne s'arrêtait sensiblement que sur les mots qui, tels que ceux de *chirurgie, Dupuytren*, exigeaient de sa part un peu plus d'attention. Arrivée à la fin de la page, M. Arago a tourné quelques feuillets, et la somnambule a lu encore quelques lignes de la page 17.

» Enfin elle a commencé avec M. Orfila une partie d'écarté, avec l'attention de désigner toujours les cartes qu'elle jetait, et celles de son adversaire. Elle ne s'est jamais trompée.

» Les épreuves terminées, un des témoins a détaché le bandeau de haut en bas, lentement et de manière à permettre aux autres de s'assurer qu'aucune pièce de l'appareil ne s'était déplacée. *Le taffetas adhérait si fortement* qu'il a laissé des traces sensibles sur les joues de la somnambule.

» La séance a duré deux heures.

» *Ont signé* : Bousquet, D.-M., secrétaire de l'Académie de médecine ; Ribes, de l'Institut, médecin de l'hôtel des Invalides ; Orfila, doyen de la faculté de médecine ; Réveillé-Parise, D.-M. ; Mialle, littérateur. »

Six autres procès-verbaux ont constaté le fait que la commission déléguée n'a pas voulu observer.

Laissant de côté plusieurs signatures de littérateurs, de rédacteurs de journaux, etc., nous ne citerons que les suivantes :

Les docteurs Frapart, Vimont, Jacotot, de Montègre, Pariset, le secrétaire perpétuel de l'Académie, Guéneau de Mussy, Adelon.

Après M. Pigeaire, deux autres concurrents espérèrent encore gagner le prix Burdin. Le premier, M. Hublier, n'ayant eu avec l'Académie que des rapports par lettres, ne sera pas plus longuement mentionné ici; le second, M. le docteur Teste, réunit chez lui quelques membres de l'Académie pour être témoins d'une tentative infructueuse.

Pour terminer tous ces débats, M. Double proposa qu'à l'avenir il ne soit plus répondu aux demandes d'expériences des magnétiseurs. Quelques membres demandaient à voter par acclamation, lorsque M. Mérat fit observer que les délais fixés pour le prix Burdin expiraient au 1er octobre, c'est-à-dire trois semaines après. S'il plaît donc à l'Académie, heureusement pour ses membres, pour le magnétisme, et pour la manière dont il doit être étudié, la proposition de M. Double, qui n'a pu dater que du 1er octobre 1840, continuera à avoir son effet sans qu'elle ait reçu la sanction des votes académiques, malgré l'envie que MM. Burdin jeune et Dubois (d'Amiens) pourraient avoir de nous la donner comme un décret solennel et définitif.

CHAPITRE XVIII.

LE MAGNÉTISME AU MOYEN-AGE, — OPINIONS DE SAVANTS MÉDECINS ET PHILOSOPHES EXACTEMENT CONFORMES AUX OPINIONS ACTUELLES SUR CETTE QUESTION.

Maintenant que nous avons vu le magnétisme depuis Mesmer jusqu'à nos jours, maintenant que nous savons quelque chose de sa nature et de son mode d'opération, il ne sera pas sans intérêt de lire ce qu'en ont écrit plusieurs auteurs chez lesquels, en effet, Mesmer a bien pu puiser. Nous qui avons la clef, il nous sera facile de comprendre de suite des passages qui durent auparavant donner beaucoup à penser, ou sembler même des rêves d'imaginations malades.

Suivant Avicenne (1), l'âme peut agir non seulement sur son propre corps, mais encore sur les corps très éloignés; elle peut, en conséquence, les attirer, les fasciner, les rendre malades ou les guérir (2).

Ficin, qui écrivait en 1460, dit que l'esprit, étant affecté de violents désirs, peut agir non seulement sur son propre corps, mais encore sur un corps voisin, surtout si ce corps est uniforme par sa nature et s'il est plus faible (3).

Certes, il est impossible de ne pas connaître que Ficin avait lui-même pratiqué le magnétisme; car il établit parfaitement par ces paroles qu'il consiste dans l'action d'un être fort sur un être faible, et on voit clairement qu'il ne s'agit point ici de la force physique.

« Si une vapeur ou un certain esprit, lancé par les

---

(1) A part quelques changements importants sur la doctrine, les matériaux de ce chapitre sont empruntés à l'ouvrage de M. Aub. Gauthier. Voyez son *Introduction au magnétisme*, 1840, 1 vol. in-8, pag. 80 à 113. Voyez aussi la *Bibliothèque du magnétisme*, 8 vol.

(2) Avicenus, chap. 6 ; *de natura*, 56.

(3) Ficinus, *de Vita cœlitus comparanda*, chap. 20.

» rayons des yeux ou autrement émis, ajoute-t-il, peut
» fasciner, infecter, et autrement affecter une personne
» qui est près de vous (nous verrons plus bas saint Thomas
» embrasser la même opinion dans les mêmes termes), à
» plus forte raison vous devez vous attendre à un effet
» plus marqué, quand cet agent découle de l'imagination
» et du cœur en même temps ; de manière qu'il n'est pas
» du tout étonnant que les maladies du corps puissent
» quelquefois de la sorte être enlevées et *surtout commu-*
» *niquées* (1). »

Pouvait-on à cette époque désigner plus naturellement le fluide électro-nerveux, magnétique, que par ces mots : esprits, vapeur, rayons?

Pomponace vient à son tour, et publie plusieurs ouvrages pour éclaircir certaines questions fort agitées dans son siècle. Par l'un, *le Traité des effets admirables de la nature et des enchantements* (2), il voulut prouver que bien des effets, que le peuple attribue trop facilement à la magie et aux sortiléges, provenaient de causes naturelles qu'on n'avait pas encore étudiées. Il outrepassa même beaucoup cette sage réserve dans plusieurs assertions.

« Il n'est pas incroyable, dit-il, que la santé puisse être produite à l'extérieur par l'âme qui l'imagine ainsi qu'elle le désire (3). Il y a des hommes qui ont des propriétés salutaires et puissantes, et ces propriétés s'exaltent par la force de l'imagination et du désir ; elles sont poussées au dehors par l'évaporation, et produisent sur les corps qui les reçoivent des effets remarquables (4). »

Voilà un écrivain qui décrit parfaitement le magnétisme, et depuis, à peine en a-t-on dit plus qu'il n'a fait lui-même. L'âme, dit-il, exerce son empire par la trans-

(1) Ficinus, *Op. cit.*, chap. 21.
(2) *De naturalium effectuum admirandorum causis, seu de incantationibus.*
(3) *De naturalium effectuum*, etc., p. 51.
(4) *Ibid.*, p. 44.

mission de certains esprits, de certaines vapeurs extrêmement subtiles qu'elle envoie aux malades (1).

Des vapeurs, des émanations ; on n'avait, à cette époque, que des expressions semblables pour désigner ce qu'aujourd'hui nous nommons fluides.

Il dit, comme Ficin, que les vapeurs sont affectées, modifiées par telle vertu bienfaisante ou malfaisante (*affecti tali virtute vel malitia*) (2). Il exige chez celui qui exécute l'enchantement une grande confiance, une imagination forte et une ferme volonté de guérir ; et posant d'une manière fixe le principe de la différence qui existe réellement entre les divers magnétiseurs, il dit que ces dispositions ne se rencontrent pas chez tous les hommes (3).

Il continue de poser les principes de l'incantation naturelle, principes assez conformes à ceux du magnétisme de nos jours. « La confiance du malade, dit-il, contribue à
» l'efficacité du remède ; son action est plus sensible sur
» les enfants, parce que leurs organes sont plus faibles et
» opposent moins de résistance (4).

Il nie que les astres aient de l'influence sur ces sortes d'opérations, et ne comprend pas comment on peut supposer que les hommes aient la faculté d'attirer par des paroles et des signes la vertu des corps célestes (5).

Partageant du reste l'opinion d'Hippocrate et d'Alexandre de Tralles, et celle de plusieurs magnétiseurs actuels, il aurait voulu que les moyens d'action fussent tenus secrets et même *défendus*, parce que, selon lui, de même qu'on peut les employer pour faire du bien, on peut aussi s'en servir pour faire du mal (6). Mais si ces

(1) *Ibid.*
(2) *Op. cit.*
(3) *Ibid.* Chap. 5, p. 75.
(4) *Ibid.* Epist., p. 4.
(5) *Ibid.*
(6) *Op. cit.*

moyens sont dans la nature même de l'homme, comment les défendre? Les bons obéiraient et se priveraient d'en user pour le bien ; mais les méchants?...

Agrippa publia (1525) son Traité de la philosophie occulte. Il est inutile de parler ici de ses erreurs; on veut seulement faire remarquer que, sur certains points, il est d'accord avec Pomponace.

« Les passions de l'âme, dit-il, lorsqu'elles sont très véhémentes, non seulement peuvent changer le corps propre, mais peuvent agir sur le corps d'autrui, et donner ainsi ou guérir certaines maladies d'esprit ou de corps; car les passions de l'âme sont les causes principales de notre tempérament; d'où il suit que l'âme fortement élevée ou enflammée par une imagination véhémente, envoie la santé ou la maladie, non seulement dans notre corps propre, mais même dans les corps étrangers (1). »

Agrippa donne la preuve que déjà on attribuait à la volonté et aux vapeurs du corps l'action d'un homme sur un autre, car il dit : « L'esprit est beaucoup plus puissant » que les vapeurs qui s'exhalent du corps, et le corps » n'est pas moins soumis à un esprit étranger qu'à un » corps étranger (2). »

Quand il laisse la médecine occulte pour parler de l'imagination, que les auteurs de ce temps ne prenaient pas dans le même sens que les modernes, il dit une chose bien vraie : «Nous devons donc, en chaque chose que nous voulons faire, véhémentement nous affecter, imaginer, espérer et croire très fortement; cela nous sera d'une grande utilité (3). »

Il décrit parfaitement les bons effets de la confiance du malade dans la médecine et le médecin : « Il est vérifié chez les médecins qu'une ferme confiance, une espérance

---

(1) Agrippa, *De occulta philosophia*, liv. 1, chap. 65.
(2) *Ibid.*
(3) *Ibid.*, liv. 1, chap. 66.

non douteuse dans le médecin et la médecine, contribuent beaucoup à rendre la santé, et quelquefois font plus que la médecine elle-même; car avec ce que font la force et l'efficacité de la médecine, opère en même temps l'esprit fort du médecin, esprit qui peut changer les qualités dans le corps du malade, surtout quand celui-ci a foi au médecin; par là même il se dispose à recevoir tout à la fois la vertu de la médecine et du médecin (1). »

Il établit une condition principale pour l'usage de la médecine occulte, et qui est encore aujourd'hui une des premières conditions magnétiques : c'est, non pas la supériorité physique ou morale d'un homme sur un autre homme, mais une supériorité *sui generis*.

« Il est dans l'esprit de l'homme, dit-il, une *certaine vertu* de charger, d'attirer, d'empêcher et de lier les hommes et les choses à ce qu'il désire ; car tout lui obéit lorsqu'il est porté à un grand excès de pression ou de vertu; mais en tant qu'il surpasse ceux qu'il entend lier; car si ce sont ceux qu'il entend lier qui sont portés par un excès plus grand, ils empêchent et dissolvent les liens (2). »

Paracelse se présente (1530). Après s'être livré à l'étude de la médecine ordinaire, il pratiqua la médecine occulte et devint célèbre par des guérisons surprenantes sur des malades réputés incurables. Il publia alors un ouvrage sur la philosophie occulte (*de occulta philosophia*). Il ne veut aucune espèce de préparations ni de cérémonies pour agir; il les regarde comme abusives et dénuées de raison. Pour lui, les esprits, les enchantements n'interviennent point dans cet art, et le fondement de la science occulte gît dans la prière, la foi et l'imagination (3).

Parlant des effets de la foi (confiance, persuasion) et

---
(1) *Op. cit.*
(2) Agrippa, chap. 68.
(3) Paracelse, *De occulta philosophia*, tom. II, pag. 483.

de l'imagination réunies, il dit « que l'imagination reçoit
» tout son développement de la foi; que celui qui croit en
» la nature obtient de la nature suivant l'étendue de sa
» foi. » Et pour montrer qu'il ne parle point ici de la foi
religieuse, mais seulement de l'état de l'âme qui agit, de
la force de la volonté, d'une action naturelle, il ajoute
« que l'objet de votre foi soit réel ou non, vous n'en ob-
» tiendrez pas moins les mêmes effets (1). »

Il reconnaît, comme ceux qui l'ont devancé, le pouvoir
qu'a l'âme d'agir pour faire le bien et le mal. « Je ne nie-
» rai pas, dit-il, que l'imagination et la foi soient tellement
» efficaces, qu'elles ne nous puissent rendre sains ou ma-
» lades (2). »

Paracelse donne dans des erreurs très graves qui sont
étrangères au magnétisme; il n'entre point dans les détails
actuels de les signaler.

Dans ces temps d'ignorance, dans lesquels on procédait
à l'étude de la science avec des idées qui n'étaient point
toujours assez analysées, et des expressions qui laissaient
beaucoup à désirer pour l'exactitude et la justesse, les
mots de foi et d'imagination reparaissent sans cesse.
Léon Suavius, homme instruit, dit, après avoir reporté
ses idées sur le passé et sur les hommes qui ont voulu
raisonner utilement, « que toutes choses ne sont pas in-
» croyables pour les hommes sages qui ont parfaitement
» compris la vertu et la noblesse de l'esprit humain » En
parlant de la foi et de l'imagination, il dit : « Il faut laisser
» de côté les fascinations et *les différents modes*, au moyen
» desquels un esprit hors de lui-même opère des effets
» véritablement extraordinaires (3). » Sans doute il craignait les abus.

Un homme célèbre, le chancelier Bacon, vient, comme

---

(1) Paracelse, *De superstitionibus*, tom. II, pag. 450.
(2) *Ibid.*, *Lib. principiorum et de mysteriis vermium*.
(3) Leo Suavius, *De vita longa*, liv. 1, pag. 236.

Pomponace, Paracelse et Suavius, attribuer à des forces naturelles certains effets que d'autres expliquaient trop facilement par la magie et les enchantements. Il reconnaît les écarts auxquels se sont livrés certains hommes ; il croit qu'on a dit des choses auxquelles il ne faut pas ajouter foi, mais qu'il en est d'autres qui sont bien plus vraisemblables. Il dit que les hommes qui ont examiné l'énergie occulte des choses, les transmissions d'un corps à un autre, les vertus magnétiques, ont pensé que l'esprit d'un homme pouvait communiquer avec l'esprit d'un autre et lui transmettre des impressions.

La fascination, dit-il, est la force et l'action de l'imagination d'un homme dirigée sur le corps d'un autre (1).

Crollius, grand chimiste, faisait des cures magnétiques dès l'âge de huit ans. Ficin avait supposé des esprits ou vapeurs, qui tiennent le milieu entre le corps et l'âme (non par leur nature, ce qui serait faux, mais par leurs fonctions), et peuvent les affecter tous les deux. Crollius dit : « Il y a quelque vertu cachée dans l'esprit de l'homme, » laquelle peut changer, attirer et lier principalement par » un excès d'imagination, d'esprit ou de volonté. Elle est » bandée à ce qu'elle veut attirer, changer, lier ou empê- » cher (2). »

« Nous voyons, dit Lœvinus Lemnius, médecin recommandable, quelques malades dans les fièvres chaudes disserter et discuter dans un langage poli et soutenu qui ne leur est pas habituel ; ils emploient même une langue dont ils ne savent plus se servir après la guérison. Ce n'est pas un mauvais génie ; ce n'est pas le diable qui les inspire ; c'est la force de la maladie ; l'esprit s'en approche comme d'une torche enflammée, et l'échauffe aussitôt (3) »

Trois cents ans plus tard, le docteur Pinel devait dire

---

(1) Bacon, *De Augm. scient.*, liv. 4, chap. 3.
(2) Crollius, *Philosophia Moysaca*, chap. 6, p. 216.
(3) Lœvinus Lemnius, *De occultis naturæ miraculis*, liv. II, chap. 1.

comme Lœvinus Lemnius, qu'il y a des fous, hommes d'un esprit médiocre et sans instruction, qui parlent et conversent dans leur état de démence avec une élégance dont leur état lucide ne donnnait aucune idée (1).

Johnston partage et adopte l'opinion d'Aristote sur les mélancoliques. « Il en est, dit-il, qui parlent des langages inconnus, et qui prédisent l'avenir (2). »

Goclénius, médecin renommé, pratiqua la médecine occulte, sans pouvoir ou vouloir se rendre compte de ses effets, et il demeura convaincu, contrairement à Paracelse, qu'il fallait émouvoir les sens : c'est pourquoi ses procédés étaient accompagnés de cérémonies qu'il voulut justifier par un traité (3). Il mettait de côté la volonté et agissait sur les sens et l'imagination.

Un peu plus tard, un homme aussi célèbre, mais plus sage que Paracelse, vient soutenir ce que ce dernier et Suavius, son commentateur, avaient avancé. Van Helmont, médecin réformateur, pratiqua avec un très grand succès la médecine occulte. Il publia plusieurs ouvrages remarquables, et fit des cures surprenantes.

» Le magnétisme, disait-il à cette époque (1630), agit partout et n'a rien de nouveau que le nom. Il n'est un paradoxe que pour ceux qui se rient de tout, et qui attribuent au pouvoir de Satan ce qu'ils ne peuvent expliquer.

» On donne le nom de magnétisme à l'influence occulte que les corps exercent à distance les uns sur les autres, soit par attraction, soit par impulsion. Le moyen ou véhicule de cette influence est un esprit éthéré, pur, vital, *magnale magnum*, qui pénètre tous les corps et agite la masse des humeurs. Il est le modérateur du monde, parce qu'il établit une correspondance entre toutes ses parties et toutes les forces dont elles sont douées.

---

(1) Pinel, *Traité de l'aliénation mentale*, 1809, 2ᵉ édit., 1 vol. in-8.
(2) Johnston, *De imaginationibus melancholicorum*, chap. 7, art. 1.
(3) *Tactatus de magnetica vulnerum curatione.*

»Nous pouvons attacher à un corps toutes les forces dont nous sommes doués, lui communiquer aussi certaines propriétés, et nous en servir comme d'un intermédiaire pour opérer des effets salutaires.

» Il y a dans l'homme une énergie telle, que, par sa seule volonté et son imagination, il peut agir hors de lui, imprimer une vertu et exercer une influence durable sur un objet très éloigné.

» La volonté est la première des puissances.

» L'âme est douée d'une force plastique qui, lorsqu'elle a produit (au dehors) une substance, lui imprime une force, et peut l'envoyer au loin et la diriger par la volonté.

» Cette force, infinie dans le créateur, est limitée dans la créature, et peut, par conséquent, être plus ou moins arrêtée par les obstacles. Les idées, ainsi revêtues d'une substance, agissent physiquement sur les êtres vivants par l'intermédiaire du principe vital. Elles agissent plus ou moins suivant l'énergie de la volonté qui les envoie, et *leur action peut être arrêtée par la résistance de celui qui la reçoit* (1). »

Tout au contraire, Thomas Rienus, savant médecin, publia un traité par lequel il expliqua comment il entendait les effets de l'imagination. Il soutint que l'imagination ne pouvait agir que sur son propre corps et non sur celui d'autrui. Il est à croire que cet ouvrage ne fut écrit que par esprit de controverse ; car de tous temps le contraire de ce que prétend Rienus a été positivement démontré, et ses contemporains ne cherchèrent pas à lui répondre, quoique l'ouvrage fût spirituellement écrit (2).

Un successeur digne de la clarté avec laquelle s'exprime Van Helmont, dans lequel Mesmer a puisé assez de connaissances du magnétisme pour le faire connaître,

---

(1) Van Helmont, *De magnetica vulnerum curatione. De sympatheticis mediis.*

(2) *De viribus imaginationis tractatus*, 1635.

Maxwell, publia un traité de *médecine magnétique* (1673), et il y dit particulièrement :

« L'esprit universel maintient et conserve toutes choses dans l'état où elles sont; tout ce qui est corps et matière ne possède aucune activité s'il n'est animé par cet esprit; car les corps servant pour ainsi dire de base à l'esprit vital, ils le reçoivent, et c'est par lui qu'ils agissent et qu'ils opèrent.

» L'esprit universel, qui descend du ciel inaltérable et pur comme la lumière, est la source de l'esprit vital particulier qui existe en toutes choses; c'est lui qui le forme, l'entretient, le régénère et le multiplie; c'est lui qui a donné à toutes choses la faculté et le pouvoir de se propager.

» Si vous savez employer des corps imprégnés de l'esprit universel, vous en tirerez un grand parti; c'est en cela que consistait tout le secret de la magie (naturelle). Cet esprit se trouve dans la nature. Il existe libre de toute entrave, et celui qui sait l'unir avec un corps qui lui convient possède un trésor préférable à toutes les richesses.

» On peut, par des procédés merveilleux, le communiquer à tous les corps suivant leur disposition, et augmenter ainsi la vertu de toutes choses.

» Celui qui sait agir sur l'esprit vital particulier à chaque individu peut guérir à quelque distance que ce soit, en appelant à son secours l'esprit universel. L'esprit vital dissipe tous les maux; c'est lui qui constitue la nature dont les médecins ne sont que les aides. On doit donc se proposer, dans toutes les maladies, de fortifier, multiplier et régénérer cet esprit vital (1) : c'est ainsi qu'on parvient à guérir toutes les maladies.

---

(1) Voyez, sur des idées curatives analogues, les travaux du plus haut intérêt sur *le fluide électrique dans l'organisation animale*, etc., par. S. A. Turck, D.-M. *Traité de la goutte*, etc., 1 vol. in-8. Paris, 1837.

» J'ai observé de très grands avantages et des effets merveilleux du bon usage de cette médecine ; mais j'ai vu aussi l'abus qu'on en faisait, occasionner des maux infinis (1). »

Voilà un langage très convenable, très sensé et très modeste dans la bouche de l'auteur du *Traité de la médecine magnétique*, et on comprend facilement que Mesmer ait puisé à une pareille source. La manière dont Maxwell s'exprime est claire et précise; mais il faut convenir cependant que, pour quelqu'un qui ne connaît pas d'ailleurs le magnétisme, elle perdrait tout ce qu'elle a de positif. Ces doctrines sont d'autant plus précieuses aujourd'hui qu'au temps où écrivait Maxwell il n'était plus question de songes, de pythies, etc., et ce n'est que du magnétisme *sans somnambulisme* que Maxwell s'est occupé.

Mais c'est surtout, après Maxwell, au père Kircher qu'il faut rapporter ce qui a été dit de plus étendu et de plus complet sur le magnétisme. Kircher insiste particulièrement sur la distinction à établir entre le magnétisme minéral et le magnétisme propre aux êtres organisés ; et dans un traité spécial il expose les principes de l'art magnétique, *de arte magnetica* (in-4°), seu ιατρο μαγνητισμός, *id est magnetismus medicinalium*. Il en parle d'une manière non moins précise et non moins curieuse dans un petit ouvrage assez rare (2).

Déjà Paracelse avait soutenu qu'il y a dans l'économie animale un axe polaire et deux pôles opposés ; la bouche aurait été le pôle arctique, et le ventre le pôle antarctique. Kircher professe la même opinion ; plus réservé cependant, il regardait comme un conte absurde cette assertion de quelques auteurs, que l'homme serait doué

---

(1) *De medicina magnetica libri tres*. Guillelmo Maxwello, 1679.
(2) *Magneticum naturæ regnum*, etc., *de triplici in natura rerum magnete*, etc., *in animato sensitivo*, etc. 1 vol. in-18. Amsterdam, 1667.

à ce point de force magnétique, que, placé en parfait équilibre dans une barque légère au milieu des flots, sa face tendrait constamment à se diriger vers le nord.

Wirdig publia aussi un *Traité de la médecine des esprits* (*Medicina spirituum*), et il y dit : « La nature universelle est magnétique ; le monde entier repose et est placé sur le magnétisme. Toutes les vicissitudes sublunaires ont lieu par le magnétisme ; la vie est conservée par le magnétisme ; la destruction de toute chose a lieu par le magnétisme (1). » Le magnétisme opérant dans tout cela comme cause seconde, bien entendu.

Si, après avoir examiné ces doctrines, nous considérons la pratique, nous verrons que les cures magnétiques qui ont eu lieu à la même époque sont innombrables, et n'ont rien de nouveau.

Un épileptique se trouve guéri quand on lui a soufflé dans l'oreille (2) ; un jeune enfant, sans doute en léthargie, est rappelé à la vie par une vieille femme qui étend les bras sur lui, et souffle dans sa bouche, comme si elle voulait le faire revivre (3) ; un domestique souffle dans la bouche de son maître, et le rend ainsi à la vie (4).

Les uns prétendent, comme dans l'antiquité et dans les siècles suivants, que les paroles sont indispensables pour guérir, tandis que d'autres disent qu'elles sont inutiles.

Riolan affirme avoir souvent éprouvé que des épileptiques revenaient de leurs crises si on leur soufflait dans l'oreille trois fois des vers connus (5).

Mais Bartholin se rappelle qu'il souffla un jour très fortement dans l'oreille gauche d'une fille épileptique, et

---

(1) *Nova medicina spirituum*, liv. I, chap. 27.
(2) Bartholinus, *Hist. auctorum contra*, 2, pag. 178.
(3) Mercklinius, *Tractatus medico-physicus*, pag. 116, casus 31.
(4) Borelli, *Centur.*, 3, obser. 88.
(5) Bartholinus, liv. II, chap. 78.

que cela suffit pour faire cesser son accès, sans qu'il employât une seule parole ou le moindre son (1). Porta dit qu'il y a beaucoup d'hommes qui, de leur nature, guérissent par le toucher certaines infirmités (2). Saint Thomas et tous les théologiens mettent le même fait en question comme naturellement possible.

Enfin Nierenbergius cite un jeune homme qui rappelle la puissance curative de Pyrrhus, roi d'Épire, et de Vespasien : seulement ce n'était que sur les animaux qu'il exerçait sa puissance bienfaitrice, et il guérissait les chevaux par le tact *de son pied* (3).

Valentin Greatrakes, homme simple et pieux, que personne n'a jamais taxé de fourberie, parcourut l'Angleterre, et y fit des cures extraordinaires en 1662, 1665 et 1666. Joseph Glanville, chapelain de Charles II, auteur estimé (4), a rassemblé sur cet homme singulier des témoignages qui n'ont point été récusés.

« Par l'application de sa main, dit le savant Georges Rust, il faisait fuir la douleur, et la chassait aux extrémités. L'effet était quelquefois très rapide, et j'ai vu quelques personnes guéries comme par enchantement. Si la douleur ne cessait pas d'abord, il réitérait les frictions. Je peux affirmer qu'il a guéri des vertiges, des maux d'yeux et des maux d'oreilles très graves, des épilepsies, des ulcères invétérés, des écrouelles, des tumeurs squirrheuses et cancéreuses. Je l'ai vu amener à maturité, dans l'espace de cinq jours, des tumeurs qui existaient depuis plusieurs années.

» Ces guérisons ne m'induisaient point à croire qu'il y eût quelque chose de surnaturel. Lui-même ne le pensait

---

(1) *Ibid.*
(2) Porta, *Magiæ naturalis*, liv. VIII, chap. 14.
(3) Nierenbergius, part. II, liv. I, chap. 5.
(4) Il est l'auteur de l'ouvrage philosophique intitulé : *Scepsis scientifica.*

pas, et sa manière de guérir prouve qu'il n'y avait ni miracle ni influence divine. Il paraît qu'il s'échappait de son corps une émanation balsamique et salutaire. Plusieurs maladies ne cédaient qu'à des attouchements réitérés, *quelques unes même résistaient à ses soins.*

» Greatrakes croit, dit le même savant, que la faculté qu'il possède est un don de Dieu. Il était quelquefois étonné de sa puissance, et il allait jusqu'à douter si ce n'était pas une illusion. Mais enfin s'étant persuadé que Dieu lui avait accordé une faveur particulière, il se dévoua uniquement au soin des malades. »

L'attention des médecins de ce temps se porta sur Greatrakes, et deux d'entre eux, Faireclow et Astelius, le virent, l'étudièrent et examinèrent ses guérisons.

» J'ai été frappé, dit Flaireclow, de sa douceur, de sa bonté pour les malheureux, et des effets que sa main produit. Il n'emploie aucune cérémonie étrangère. Lorsqu'il a guéri quelqu'un, il ne s'en glorifie pas, il se borne à lui dire : « Que Dieu vous conserve la santé. » Si on lui témoigne de la reconnaissance, il répond sérieusement qu'il faut uniquement remercier Dieu. »

« J'ai vu, dit à son tour Astelius, j'ai vu Greatrakes soulager à l'instant les plus vives douleurs par l'application de sa main. Je l'ai vu faire descendre une douleur depuis l'épaule jusqu'aux pieds, d'où elle sortait enfin par les orteils. Une chose remarquable, c'est que lorsqu'il chassait ainsi le mal, et qu'il était obligé de discontinuer, la douleur restait fixée dans l'endroit où il s'arrêtait, et ne cessait que lorsque, par de nouveaux attouchements, il l'avait conduite aux extrémités. Il guérissait les plaies en les touchant et en les mouillant quelquefois de sa salive. Quelquefois aussi ses cures n'étaient pas complètes, *et dans certaines circonstances il ne réussissait pas.* »

Un petit nombre de malveillants voulurent accuser d'impostures, d'illusions, ces guérisons extraordinaires ; mais la Société royale de Londres soutint la réalité des faits et protégea Greatrakes contre ces imputations.

« Les maladies que Greatrakes a guéries, dit Pecklin, sont en très grand nombre. La paralysie, la cécité, la surdité, l'hydropisie, la pleurésie, les fièvres de tout genre, des douleurs de sciatique, des tumeurs, des cancers, des écrouelles, etc., ont été guéris par son seul attouchement (1). »

Certes, c'est là du magnétisme en pratique, bien qu'il n'y ait ni théorie, ni principes, ni règles, ni procédés raisonnés; c'est qu'en effet en magnétisme le plus important est d'être doué naturellement d'une grande puissance d'action. Il n'est point indifférent cependant d'avoir appris à en user : nous l'avons dit ailleurs.

Pecklin, qui rapporte très exactement ce qui vient d'être lu, publia lui-même, en 1691, un ouvrage intéressant et généralement estimé ; il y consacre trois chapitres à la *médecine d'attouchement.*

Dans ce traité, Pecklin marche sur les traces d'Alexandre de Tralles ; il recommande les frictions, et dit particulièrement que la simple application de la main est très efficace par la chaleur qu'elle communique et par des *émanations salutaires* (*calore salubribusque effluviis plurimum potest*) (2). Après lui, vient Robert Étienne (1741), qui définit l'action de frictionner, agir *en traînant en long sans discontinuation* (*trahendo in longum sine intermissione* (3).

C'est ici le cas de rappeler que Cœlius Aurelianus avait dit de frictionner, agir des parties supérieures aux parties inférieures en parcourant les membres successivement (*ex superioribus ad inferiora*) (4). Plaute a défini ce

(1) Pecklini, *Observationum medicarum*, liv. III.
(2) *Ibid.*, pag. 474.
(3) Robert Étienne, *Le trésor*, tom. III, pag. 150.
(4) Cœlius Aurelianus, *De tardis passion.*, pag. 253.

genre particulier de friction par *tractim tangere*, toucher de suite, par traits, sans interruption, en traînant (1). Et Robert Étienne, après eux, vient dire qu'il faut agir en traînant en long et sans discontinuation, comme les magnétiseurs disent aujourd'hui : magnétiser à grands courants, à grandes passes.

En remontant plus haut, Pline disait qu'il est des gens qui ont tout le corps médicinal. Saint Augustin, trois cents ans environ après lui, dit aussi qu'il y a des gens qui peuvent guérir diverses plaies par le regard, par le tact, par le souffle (*solo tactu*, *afflatu*, *oculo*). C'est que leur nature, ajoute-t-il, est différente de celle des autres (*cæteris dispares*) (2).

Un médecin célèbre de l'antiquité, Alexandre de Tralles, prescrivit et enseigna la médecine occulte.

Lorsqu'il y avait frénésie, il recommandait les frictions douces sur tous les membres, principalement sur les parties inférieures; car les frictions, dit-il, attirent la matière morbide dans les parties inférieures (*quippe hoc materiam ad inferiora provocet*). Elles adoucissent, en outre, les convulsions (*convulsiones lenit*); elles étaient utiles aux hydropiques, ouvraient les pores, atténuaient et divisaient les humeurs (3).

Il y avait des remèdes ordinaires à employer contre l'épilepsie, et d'autres naturels aussi, mais plus difficiles à expliquer (*quorum ratio haberi nequit*) (4).

Lorsqu'un épileptique éprouvait un accès, il fallait lui faire des frictions modérées sur tous les membres longitudinalement, et principalement toucher et palper doucement ses yeux (*oculos leniter attractantes et demulcentes*) (5).

(1) Plaute, *Amphitryon*, scène 1re, vers 157.
(2) Saint Augustin. Liv. XIV, *de civitate Dei*, chap. 24.
(3) *Alexander Trallianus*, liv. I, p. 67 et suiv.
(4) *Ibid.*, p. 92.
(5) **Opus. cit. Loco. cit.**

Il ne faut pas croire que ce médecin entendait par *frictions* des frictions ordinaires; il les appelait *remèdes secrets*, et, suivant le précepte d'Hippocrate, il recommandait de ne les enseigner qu'à ceux qui avaient un vrai désir d'en faire usage (*qui eis uti desiderant*). C'est pour qu'on puisse attaquer une maladie de toutes les manières, dit-il, qu'il indique ces remèdes aux hommes qui veulent s'instruire (1).

CHAPITRE XIX.

ERREURS SUR LE MAGNÉTISME DANS LE MOYEN-AGE. — THÉANTHROPOLOGIE. — ACTION MAGNÉTIQUE NATURELLE. — SURNATURELLE. — LES GUÉRISONS OPÉRÉES PAR LES SAINTS NE PEUVENT PAS ÊTRE CONFONDUES AVEC LES GUÉRISONS MAGNÉTIQUES. — L'ANALOGIE EXTÉRIEURE FOURNIE PAR LES PROCÉDÉS EMPLOYÉS NE DONNE PAS LE DROIT DE TOUT CONFONDRE. — L'AUTORITÉ DE L'ÉGLISE EST LA RÈGLE INFAILLIBLE DE DISCERNEMENT.

Nous ne pouvons point abandonner la question du magnétisme dans le moyen-âge sans examiner des faits que les magnétiseurs revendiquent comme leur appartenant. Que des saints, des religieux opèrent des guérisons par l'imposition des mains, l'insufflation, etc., nos gens du progrès, MM. Rostan, Mialhe, Aub. Gauthier, etc., se réuniront pour nier le surnaturel, et tout expliquer sans Dieu, tout en conservant cependant les lettres qui composent son nom. Mais avant d'arriver aux faits, quelques réflexions préliminaires ne seront point sans intérêt.

Le moment n'est pas encore venu de dégager le magnétisme de toutes les erreurs et de toutes les vérités qui ne lui appartiennent pas, et de discuter à fond si les enchantements, les sortiléges et la magie dont

(1) *Opus cit.*, *loc. cit.*

nous admettons la réalité (avec et comme la tradition catholique); si la puissance fascinatrice du regard; si certains attouchements, et quelquefois l'imposition des mains, n'ont point été confondus avec des faits purement magnétiques; si bien souvent aussi l'impiété et le philosophisme n'ont pas enveloppé dans la même catégorie d'autres faits qui avaient bien en apparence et à l'extérieur quelque chose de semblable, mais qui en différaient entièrement par la cause. En effet, le fluide magnétique reçoit les modifications de l'âme; et si elle est dans l'état naturel, les modifications le seront aussi, tantôt en bien, tantôt en mal; si elle est dans des rapports surnaturels, les modifications le seront aussi, soit pour le bien, soit pour le mal. Il y aurait ignorance à tout apprécier par la similitude du geste : c'est le moyen de tout attaquer, de tout confondre.

Aussi, s'il ne suffit pas, pour traiter cette question et entrer minutieusement dans les détails, d'être théologien, il ne suffit pas non plus d'être médecin, d'être physiologiste. La conduite contraire a été la source de bien des erreurs. En ne se mettant qu'à l'un de ces deux points de vue, on n'aperçoit que la moitié de la question, et on condamne le magnétisme ou on le rend condamnable en le montrant comme destructif de tout ce que nous avons appris à respecter.

Quoi qu'il en soit, la faculté, la puissance magnétique, cette action par laquelle l'homme peut agir sur son semblable, modifier plus ou moins toute la nature vivante, et même aussi la matière brute, cette faculté, dis-je, doit être aussi ancienne que l'homme, puisqu'elle est un résultat de sa nature morale et physique. Ce n'est point une faculté qui puisse être attribuée exclusivement à l'âme ou au corps ; c'est une faculté *de l'homme*. Ainsi que bien d'autres facultés qu'il possède, elle a pu diminuer en raison de la dégradation causée par la chute originelle, qui, bien qu'elle ait eu principalement lieu dans l'ordre surnaturel, n'a pas moins produit les plus grands et les plus profonds désordres dans l'ordre purement naturel.

L'action magnétique s'exerce d'abord par un mouvement de la volonté propre à l'âme et participant à son état. Secondairement, cette faculté s'exerce par le concours du cerveau, qui, sous cette influence morale, est excité, et laisse échapper le fluide nerveux qu'il élabore, qu'il prépare et qu'il tient en réserve. Cet agent physique, pour arriver à la surface du corps et franchir les limites de la peau en acquérant une sphère d'activité, prend pour conducteur les filets nerveux, soit qu'ils se rendent à la face, soit dans les membres supérieurs, soit dans les membres inférieurs, soit dans les organes de la respiration, et l'on magnétise alors, soit par le regard, soit par l'imposition des mains, ou seulement leur présentation, etc., soit même par le souffle : c'est là l'action directe. L'action indirecte s'exerce par l'intermédiaire de corps animés ou inanimés, dont on se sert comme de réservoirs du fluide magnétique : ainsi des boissons magnétisées, du linge, de la laine, du verre, des métaux, etc., etc.

Le résultat de l'action magnétique est d'apporter du changement dans la circulation, dans l'innervation, la calorification, et par conséquent dans une ou plusieurs des fonctions qui en dépendent. Un de ses effets assez communs est le soulagement ou la guérison, soit momentanée, soit durable, des maladies contre lesquelles on la dirige avec plus ou moins de constance, d'habileté, de chances favorables de guérison de la part du sujet. Dans un grand nombre de cas où nous verrons la même cause produire les mêmes effets, nous serons bien en droit d'y porter le flambeau de la science magnétique, de faire ainsi rentrer dans le domaine de la science bien des faits attestés par des hommes dignes de foi, et rejetés cependant par un grand nombre de savants.

Mais aussi, comme nous l'avons dit plus haut, on devra bien prendre garde de tomber dans un excès opposé, et, comme l'ont fait un grand nombre de magnétiseurs et de médecins, de confondre ensemble le sacré et le profane, le naturel et le divin. Il faudra nous souvenir que si l'action magnétique est physique, elle est aussi, et avant tout, morale, et qu'il est souvent très difficile de constater l'état de l'âme et de reconnaître comment et sous quelle influence elle agit.

Un grand nombre des phénomènes que l'on observe dans l'étude du magnétisme humain et du somnambulisme artificiel ne nous paraissent extraordinaires que parce que nous n'assemblons pas avec assez de soin ce que nous connaissons de l'homme et de sa nature, et que, dans son état ordinaire, l'homme est peu étudié, peu connu. L'habitude que nous avons de le voir, et dans la veille et dans le sommeil, et au milieu d'abstractions qui diminuent ses facultés au profit de certaines autres; d'infirmités qui attaquent ou suppriment certains sens pour en rendre d'autres plus actifs et plus délicats; d'affections physiques ou morales qui exaltent tout-à-coup ses facultés, les centuplent quelquefois, et souvent même en font paraître dans tout leur éclat que nous ne remarquions pas ou que nous n'avions que faiblement soupçonnées; l'habitude, dis-je, nous fait voir cela sans trop nous en étonner, et pourtant nous ne comprenons pas plus tout cela que ce que nous rejetons avec dédain comme incompréhensible, ou que nous qualifions si légèrement d'une manière odieuse.

Les rêves, les songes, différents genres de folies, ne fournissent-ils pas bien des faits inexplicables? N'y a-t-il pas dans l'état de veille, pour certaines personnes au moins, de ces pressentiments qui ne les trompent pas, de ces coups d'œil d'ensemble qui leur font pénétrer d'un regard la pensée, l'état moral de la personne qu'elles fixent, alors même qu'un autre ne saurait rien démêler dans des traits qui lui paraîtraient alors insignifiants et immobiles? Nous le savons, il est des esprits forts qui rejettent tout cela et qui sourient de dédain quand on leur parle de l'influence d'un corps animé sur un autre corps animé; quand on dit qu'il serait curieux d'étudier et de connaître le principe des sympathies et des antipathies; l'action soit interne, soit externe, de ce qu'on appelle les esprits animaux, le fluide vital, électro-nerveux, magnétisme humain : hommes dédaigneux et qui sembleraient faire croire qu'ils connaissent bien la plus grande de toutes les puissances dans l'homme, la puissance de la volonté; le plus profond des mystères de la nature humaine, la nature de l'âme et sa manière d'agir sur notre propre organisation et sur les sens de nos semblables dans les relations ordinaires de la vie.

Décidant la question *à priori*, un grand nombre des adversaires du magnétisme et du somnambulisme ont prétendu qu'il y avait partout et toujours du surnaturel. Mais tant que ceux qui ont émis cette opinion n'expérimenteront pas eux-mêmes ou n'étudieront point sérieusement, tandis qu'ils laisseront en question toutes les difficultés que nous venons d'indiquer plus haut et que la théorie du magnétisme explique assez bien, tant qu'ils ne feront que de la métaphysique dans une question physiologique aussi, et qu'ils ne chercheront à l'étudier que dans un article de dictionnaire, n'y cherchant encore que ce qu'ils y veulent bien trouver, nous aurons le droit de ne pas trop tenir compte d'une assertion sans valeur et sans force réelle, et de dire que, dans le cours ordinaire des choses, et la puissance, et les effets magnétiques sont tout-à-fait dans l'ordre naturel.

Rien n'est plus naturel, en effet, que le mode d'action de la volonté; que celui du fluide magnétique, mode d'action si injustement ridiculisé et si analogue pourtant à celui de la lumière, de la chaleur, de l'électricité, etc. Rien de plus naturel aussi que l'action magnétique de l'œil (dans lequel s'épanouit la rétine formée par le nerf optique); que celle du souffle, puisque l'air chassé des poumons vient d'être en contact avec le sang dans lequel est le fluide vital ; puisque, à la surface même de la membrane pulmonaire et des autres parties des organes de la respiration, s'épanouissent de nombreux filets nerveux qui par la communication qu'ils ont avec l'encéphale peuvent laisser échapper du fluide vital. Rien de plus naturel que, par une légère agitation des muscles du bras (qui ne doivent la faculté qu'ils ont de se contracter qu'à la présence de filets nerveux qui se perdent dans leur substance) et aussi par une légère agitation des doigts, ou par leur simple présentation, on obtienne les effets magnétiques, puisque des filets nerveux très déliés viennent s'épanouir à la surface de la peau et surtout aux extrémités des doigts, et plus spécialement de l'index et du pouce, qui offrent plus de surface que les autres doigts. Personne ne niera, sans doute, que les doigts offrent à leurs extrémités des papilles nerveuses réunies d'une manière plus pressée, plus saillante qu'aux autres parties de la main, parce qu'ils sont les organes par lesquels le toucher, le tact, s'exerce de la manière la plus active et la plus délicate. Est-ce notre faute à nous si les adversaires du magnétisme n'ont voulu et n'ont su voir dans tout cela que des gestes et des pratiques toutes conventionelles, et qui, disaient-ils, insultaient aux choses saintes et en étaient une profanation? Est-ce notre faute à nous si, ignorant que les nerfs optiques s'entrecroisent à la racine du nez, que d'autres se répandent sous la peau du front et dans toute la face en partant directement du cerveau; que d'autres sont réunis et entrelacés, pour former des *plexus*, près de la colonne vertébrale et dans la direction de l'épigastre, du creux de l'estomac, ils se sont choqués de certains gestes, de certains rapports dont ils n'ont pu saisir la liaison? Est-ce notre faute à nous s'ils n'ont pas voulu comprendre que des gestes et des signes d'une nature plus relevée, et que des magnétiseurs chrétiens et éclairés aiment et vénèrent du plus profond de leur cœur (bien qu'on leur fasse le reproche de les parodier); que ces signes, dis-je, tout arbitraires et tout conventionnels qu'ils sont de la part de leur divin instituteur, n'offrent pas moins des raisons de convenance pour avoir été choisis librement comme causes secondes, comme moyens? Là encore c'est l'ordre naturel élevé à l'ordre surnaturel par l'auteur même de la nature qui, lorsqu'il conversait avec les hommes, prononçait les mêmes paroles, employait les mêmes organes, avait une âme et une chair semblable à la nôtre et opérait cependant de bien plus grandes merveilles, parce que les mêmes instruments étaient mus par une cause plus puissante, parce que c'était réellement et en vérité le Verbe de Dieu fait chair qui commandait, qui agissait (1).

Est-ce notre faute à nous si des partisans du magnétisme aveuglés par une prévention impie n'ont pas voulu voir que dans une action complexe la qualification doit être prise de la cause première agissante, de la partie la plus noble et la plus élevée, ce qui laisse au magnétisme son mode naturel d'action et aux choses de l'ordre surnaturel le rang qu'elles doivent occuper à tant de titres?

Nous le savons, il y a dans la voie que nous ne faisons qu'indiquer ici un rationalisme à craindre; mais il y en a un aussi à rechercher, pour prévenir et contrebalancer l'autre, et lui dire : Prouvez-nous, si vous voulez lutter contre la foi catholique, qu'un changement surnaturel n'a point marqué d'un caractère divin l'âme du prêtre; prouvez la négation du fait divin par lequel la nature divine s'est unie à la nature humaine; prouvez-nous que l'institution du sacerdoce n'est pas comme une extension

---

(1) Nous verrons plus loin la doctrine de saint Thomas sur cette importante question.

de l'incarnation par laquelle la divine miséricorde multiplie des instruments qui doivent être unis à leur chef, comme des membres à la tête, le sarment à la souche de la vigne ; prouvez-nous que la vie surnaturelle de l'âme vient d'une autre source que de Dieu ; prouvez-nous que Dieu n'est point aussi le souverain maître de la vie du corps, et qu'il n'a pas communiqué à certaines âmes une grande abondance de grâces, dont les effets miraculeux glorifieraient son saint nom ; prouvez-nous que le tout-puissant n'a pas pu déléguer sa puissance ; que l'*auteur* n'a pas pu communiquer son autorité ; le roi des rois se choisir des ministres..... Mais permettez-nous en attendant de prier pour que la lumière luise à vos yeux, de vous aimer, tout en détestant votre impiété et vos blasphèmes, et de profiter avec amour et reconnaissance des grands bienfaits dont il ne tiendrait pas à vous de nous priver.

Mais revenons de notre longue digression, au commencement de laquelle nous demandions pourquoi, dans le magnétisme, on criait si vite au surnaturel, et l'on ne voulait pas voir les rapports qui existent si frappants entre l'action magnétique et les phénomènes physiques, qui nous ont révélé pour ainsi dire la puissance de la proximité, du contact, du mélange, du frottement, du changement de température, de l'état de repos ou de mouvement des différents corps.

La superposition de deux métaux différents produit le galvanisme ; le frottement d'un morceau d'ambre ou de verre fait naître l'électricité ; la simple pression de la main sur une tourmaline la rend électrique ; le fer s'attache à l'aimant, et s'aimante lui-même par la seule proximité ; il suit encore la direction de l'aimant *à distance et même à travers des corps solides d'une épaisseur considérable et à des distances bien grandes aussi*. Le frottement développe le calorique, et fait prendre feu aux roues d'une voiture. Le phosphore est lumineux, et son frottement est accompagné de développement de calorique et de lumière. Non seulement le feu, la lumière libre ou concentrée des rayons du soleil, mais encore la lumière la plus faible décompose, même par un temps très couvert, et en traversant les bocaux qui les renferment, plusieurs préparations chimiques, le phosphore entre autres; par le simple contact s'opèrent les phénomènes surprenants de la chimie, et, par le simple contact, des cotons, des laines, sont infectés, et portent la contagion d'un hémisphère à l'autre. Par le simple contact, à travers même des corps intermédiaires, la terre et l'herbe restent empreintes pendant un temps très long d'émanations perceptibles à l'animal qui cherche son maître; et, malgré la répugnance que nous éprouvons à faire ce rapprochement, nous qui avons fait de l'homme un règne à part, ces émanations sont aussi appréciables au sauvage qui poursuit son ennemi, etc.

Avec quelle efficacité les mêmes causes, dans des circonstances plus favorables, doivent-elles agir sur des corps animés et vivants, sur des parties irritables et sensibles, sur le cerveau, les plexus nerveux, enfin sur tout le système nerveux lui-même répandu partout, et distribuant partout la sensibilité et la vie! — Un résultat non contesté de l'action magnétique, sans contact ou avec contact, est d'accélérer la circulation, d'augmenter la calorification, et de donner aux forces vitales un surcroît prodigieux d'activité. — Certes, en voilà plus qu'il n'en faut pour rendre raison de la puissance magnétique dans l'heureuse influence qu'elle peut avoir, et qu'elle a en effet sur un grand nombre de malades.

Si nous exceptons les écrits approuvés par l'Église, bien des auteurs, recommandables d'ailleurs, présentent, souvent au moins, quelques contradictions. Est-ce parce que nous ne sommes point assez instruits dans les sciences qu'ils ont cultivées, ou parce qu'ils ont ignoré les rapports à établir entre la physique, la physiologie et la psychologie? C'est une question que nous ne nous permettrons pas de résoudre ici. — Cependant, pour quelques uns, tout est miracle, sortilége ou superstition, et, dans plusieurs cas au moins, ce qu'ils appellent ici guérison miraculeuse, ils veulent ailleurs que ce soit une guérison par sortilége ou par superstition. — Si ces deux divisions sont bonnes et exactes en elles-mêmes, comme nous n'en doutons pas, ainsi que nous le disons plus haut, l'Église exceptée, on peut se tromper dans leur application, et, de plus, dans la pratique, oublier entièrement une troisième division, celle des guérisons naturelles et propres à l'âme humaine, hors de laquelle il ne faut pas toujours chercher une cause puissante, ce que l'on fait si facilement. C'est une erreur malheureusement trop commune, et qui nous fait mettre par ignorance dans l'ordre surnaturel des faits qui se trouvent entièrement conformes à l'ordre naturel, que nous apprécions véritablement si mal, faute de réflexion. Tous ces faits, se rattachant aux lois de la haute physique et de la haute physiologie, n'ont toujours été compris que par quelques hommes plus éclairés que la multitude et que beaucoup de ceux qui, à toutes les époques, ont porté officiellement le nom de savants.

Enfin, souvent aussi, on pourrait établir une quatrième division contenant les phénomènes mixtes, et dans lesquels le naturel se trouve mêlé au surnaturel, et éviter ainsi une autre erreur plus funeste de beaucoup de magnétiseurs et de médecins, qui ont tout voulu rapporter au magnétisme et au magnétisme seul.

Pour nous, dans les faits que nous citerons dans la suite, nous proposerons nos doutes sans nous prononcer, sachant qu'il n'y a qu'une autorité sur la terre qui puisse infailliblement affirmer que tel ou tel fait appartient certainement à tel ou à tel ordre.

Ainsi, comme nous l'avons déjà fait pressentir il n'y a qu'un instant, pour entrer sérieusement et convenablement dans la question qui nous occupe, il ne faudrait rien moins qu'établir les rapports qui existent entre les diverses branches de la physique et la physiologie, entre la physiologie magnétique et la psychologie, puis enfin entre la physiologie, la psychologie et la théologie, et créer pour ainsi dire de toutes ces sciences une science nouvelle en apparence : une physiologie et une psychologie théologique ou sacrée (théanthropologie) (1). Combien de temps, combien de travaux demanderait une semblable étude! Combien de courage il faudrait pour l'entreprendre et pour l'achever! — A qui est réservée cette tâche, de laquelle on ne peut attendre ni les approbations ni les récompenses du monde? nous l'ignorons. Toute belle qu'elle est, nous n'osons la souhaiter à personne, tant elle est ingrate, humainement parlant, et nous ne savons former encore que des vœux stériles.

J.-B. Thiers, dans son *Traité des superstitions*, écrit vers la fin du XVI⁰ siècle, nous dit que Protogène, prêtre d'Edesse, par ses prières et par son seul attouchement, guérissait les enfants qu'il instruisait; que le moine Jean avait reçu de Dieu le don de guérir de la goutte et de remettre les membres dénoués ou disloqués; que le moine Benjamin guérissait toutes sortes de maladies en touchant seulement les malades de sa main. Que le moine Moyse, de Libye, guérissait les maladies par ses prières, comme faisait aussi Julien, moine d'Edesse, qui outre cela chassait les démons (2); que Parthénius, évêque d'une ville de l'Hellespont, ressuscitait les morts, commandait aux

---

(1) Saint Thomas serait un beau modèle à suivre. De nos jours, bien des gens ne le goûtent pas. Il parle trop souvent, disent-ils, de physique, de physiologie...

(2) M. Aub. Gauthier, en rapportant ces faits, nous dit sans façon que le magnétisme est passé des mains des païens dans celles des chrétiens. C'est là ce qu'il nomme du *magnétisme catholique*.

démons et guérissait de diverses sortes de maladies; que Caprès avait le même pouvoir sur les maladies et sur les démons.

Certainement je n'accorde pas aux magnétiseurs qu'ils peuvent ranger dans leurs archives scientifiques et la résurrection des morts et la mise en fuite des démons. Nous l'avons dit, ce n'est pas tant par le signe extérieur que par la cause intérieure qu'il faut discerner les faits de ce genre : aussi faut-il mettre à part la puissance du prêtre dans tout ce qui regarde son ministère. Mais, rentré dans la vie ordinaire et privée, le caractère sacerdotal a-t-il encore et toujours quelque influence surnaturelle et divine ? L'âme peut-elle encore exercer sur le cerveau et sur le fluide nerveux qu'il tient en réserve une action purement naturelle en soi et semblable à celle des autres hommes ? Pour les deux questions, nous serions porté à répondre, par l'affirmative pour la seconde, et par la négative pour la première.

Du reste, nous n'avons pas la prétention de tout connaître, de ne point nous tromper. Nous désirons ne pas voir donner plus d'importance à de simples opinions, ni plus d'extension surtout que nous ne leur en accordons nous-même : aussi, dans les cures dont Thiers nous donne le tableau, nous voyons bien, comme les magnétiseurs, que par la nature de plusieurs maladies, par les procédés employés extérieurement dans leur guérison et par ce que nous savons de l'aptitude spéciale de l'action de certains hommes à guérir plutôt telle maladie que telle autre; nous voyons bien, avons-nous dit, qu'on pourrait, jusqu'à un certain point, les ranger parmi les cures magnétiques; mais nous savons aussi qu'une action semblable en apparence peut, à l'intérieur et au foyer même de l'action, dans l'âme, être due à une cause d'un ordre plus élevé. Cela ne nous empêche point, cependant, d'accorder aux magnétiseurs qu'ils guérissent par l'imposition des mains, par le toucher, par une volonté active et bienveillante, un grand nombre de maladies et notamment de celles qui par leur nature ont pu souvent être confondues avec des obsessions ou des possessions : telles sont, par exemple, l'épilepsie, l'hystérie, la catalepsie, la chorée (ou danse de saint Guy) et certaines hallucinations ou folies peu avancées ou d'une nature bénigne. Mais nous leur rappelons aussi qu'il y a bien loin de là à la résurrection d'un mort, à la délivrance d'un possédé, et que quelque analogie ne donne pas le droit de tout brouiller et de tout confondre. Ainsi, ne fût-ce que contre des faits de ce genre, leurs prétentions seraient au moins exagérées, et s'ils rappellent à la vie des léthargiques et des cataleptiques que souvent l'on peut croire morts et que l'on a quelquefois inhumés comme tels, il faut s'arrêter là : la sagesse et la bonne foi le demandent.

Les religieux dont parle Thiers avaient certainement tout ce qu'il faut pour bien magnétiser. Ils imposaient les mains ou touchaient, ils avaient en outre l'intention, la volonté bien prononcée de guérir : c'est sans doute beaucoup pour exercer le magnétisme avec succès : aussi nous ne prétendons pas dire que Dieu, qui a donné à l'homme la faculté magnétique comme les autres facultés, n'en a pas reculé les limites en faveur de leur piété et de leur charité; ne leur a pas restitué la puissance magnétique originelle, permettez cette expression. Mais n'était-elle pas surnaturelle? Nous ne prononcerons pas. Mais s'ensuit-il en tout cas que les magnétiseurs doivent se croire leurs égaux et tout mesurer à leur hauteur? Non, sans doute : aussi, tout en laissant la question en suspens pour les faits sur lesquels l'Église n'a pas prononcé, nous croyons cependant offrir ici un puissant motif d'examen, au milieu de ce siècle de doute et de négation, en faisant entrevoir que parmi le grand nombre de ces faits il en est peut-être plusieurs qui ne sont pas hors de la portée naturelle de la puissance humaine : considérant l'homme, non pas comme les philosophes modernes se sont plu à le rabaisser, mais comme une créature faite à l'image et à la ressemblance de son Dieu.

Les réflexions auxquelles nous nous sommes arrêté en commençant, sur l'action complexe d'une cause surnaturelle opérant par l'organe des causes secondes naturelles, élevées et ennoblies, doivent surtout être présentes à l'esprit lorsqu'il ne s'agit plus seulement de pieux personnages, de fervents religieux, mais de saints canonisés par l'Église, infaillible à prononcer que dans leur vie tels et tels faits sont hors des limites de la nature (1).

Quelques unes des circonstances extérieures qui accompagnent certaines guérisons opérées par plusieurs de nos saints d'Occident, rappellent quelque chose d'analogue à ce que nous avons dit sur les religieux dont il est question plus haut. L'auteur que nous allons citer, et qui vivait au XVIe siècle, nous donne un aperçu plus détaillé que celui fourni par J.-B. Thiers.

On lit dans l'ouvrage du P. Tyrée que saint Clair, abbé de Vienne, chassa le démon du corps d'une servante en lui mettant les doigts dans la bouche; que saint Germain, évêque de Paris, en guérit plusieurs par l'imposition des mains; que saint Martin guérit une femme d'un flux de sang par le seul toucher; que Grégoire, surnommé le *Thaumaturge*, souffle sur un voile, le met sur la tête d'une obsédée, et le démon en est expulsé; l'évêque Multonius jette au cou d'une obsédée son mouchoir, il lui fait boire de l'eau qu'il avait bénite, et le démon s'en va. Il est dit dans un autre paragraphe que saint Bernard, comme on lui avait amené une fille possédée du démon, se contenta de se laver les mains avec de l'eau; il fit boire

---

(1) Ces faits seuls sont ainsi placés hors de tout doute, de toute discussion; les autres peuvent être prudemment examinés, discutés.

cette eau à la jeune fille, et bientôt elle fut rendue à son premier état de santé.

Il faut l'avouer, notre position est tout-à-fait singulière : nous sommes placé entre l'abus de la science, qui veut tout réduire, tout rapetisser, et entre la crainte et la terreur, qui font repousser la science comme hostile et criminelle envers Dieu. Mais nous nous sommes suffisamment expliqué plus haut, et cependant, malgré les redites, nous ajouterons quelques réflexions.

Quiconque a pratiqué le magnétisme reconnaît facilement que la plupart des procédés employés par les saints dont nous venons de parler ressemblent, au dehors au moins, à ceux que les magnétiseurs emploient. Qu'on parcoure les nombreux journaux des cures magnétiques, on y verra à chaque instant l'effet d'un mouchoir magnétisé mis sur la tête d'un malade, l'influence d'un linge ou d'un vêtement imprégné d'émanations magnétiques.

Ce moyen suffit souvent pour calmer des vertiges, des convulsions, des douleurs violentes, et même pour prévenir des accès dangereux ou ramener un sommeil disparu depuis longtemps, et qui a résisté à tous les médicaments soporifiques de la médecine ordinaire. Avec quel succès aussi ne fait-on pas boire de l'eau magnétisée à un malade, du bouillon magnétisé que l'estomac ne pouvait supporter auparavant! On sait comment l'on magnétise l'eau ou tout autre liquide. Un bon moyen serait sans doute de tremper ses mains dans l'eau pour la magnétiser par le contact ; mais cela n'est pas nécessaire. On se contente de présenter la main ou les doigts au-dessus d'elle, ou même seulement en tenant le vase entre les deux mains pendant quelques instants pour permettre au fluide vital d'agir ainsi. Souvent aussi l'on se sert du souffle, dont on tire encore des secours très puissants quand on le dirige pendant un certain temps sur une partie malade, un engorgement, par exemple. Mais, nous aimons à le répéter souvent, bien que nous soyons d'accord avec les magnétiseurs sur ce point, que toutes les guérisons par attouchement, par l'imposition des mains, n'appartiennent pas exclusivement à l'ordre surnaturel, qu'il est plus rationnel, dans certains cas, d'attribuer cette puissance aux facultés de l'homme que de supposer à chaque instant la nature troublée par une cause en dehors de ses lois, nous ne consentirons jamais non plus à voir méconnaître l'autorité de l'Église pour attaquer les miracles des saints, et nous renverrons les incrédules aux traités spéciaux pour se convaincre que l'âme peut être dans des rapports surnaturels avec Dieu, qui en elle et par elle opère des merveilles qui ne peuvent lui être contestées sans sacrilège, et qu'on ne doit pas confondre sur quelques apparences extérieures avec des faits purement naturels. Il faut voir là surtout le naturel élevé à l'ordre surnaturel, et cela sans confusion aucune, et même sans aucun renversement des lois naturelles, au moins dans un certain sens.

Les faits que nous venons de rapporter, et qu'il nous serait facile de multiplier à l'infini, montrent que la question du magnétisme humain n'est pas encore jugée, et qu'il est possible d'espérer que la connaissance de sa nature et de ses lois réhabilitera dans l'opinion publique une question qui n'a jamais été examinée au point de vue catholique avec une entière connaissance de cause.

CHAPITRE XX.

MAGNÉTISME RETROUVÉ DANS L'ANTIQUITÉ. — CHEZ LES HÉBREUX. — LES ÉGYPTIENS. — LES CHINOIS. — LES GRECS. — LES ROMAINS. — PUISSANCE DE L'HOMME SUR LES ANIMAUX.

S'il est le résultat de la nature de l'homme, le magnétisme humain doit être aussi ancien que le monde. On doit le retrouver dans tous les temps et sur tous les points de la terre, non pas sous le nom moderne qu'il porte aujourd'hui, mais sous des noms divers, sous des formes différentes, et mêlé à des sciences plus ou moins positives, plus ou moins mystérieuses.

La religion judaïque est la seule qui ait montré sans hésitation, et avec l'autorité de la vérité, de la révélation divine, la genèse de l'homme, bien qu'au jour où parut le législateur du peuple hébreu pour le conduire dans la terre promise, il semblât peu propre à la prétention de se faire l'antique souche de l'humanité (1). En effet, le peuple de Dieu était alors dans le pays de servitude, perdu pour ainsi dire au sein de l'Égypte, dont la civilisation était déjà prodigieuse, et, d'un autre côté, l'Inde s'élevait orgueilleuse de ses traditions supposées. Un seul homme a été le père du premier peuple : c'est de ce peuple des enfants d'Adam que sont sorties les races si nombreuses et si divisées qui peuplent la terre (2).

Les livres saints, l'autorité de l'Église, la tradition de tous les peuples, notre propre expérience, fondée sur les contradictions perpétuelles de la bassesse aux prises avec un besoin infini de bonheur, tout nous parle d'une chute originelle, d'une décadence continue (3) jusqu'à l'avenue du divin libérateur.

Élevé à un état surnaturel de perfections, de grâces et de bonheur, les facultés naturelles de l'homme brillaient

---

(1) M. Charpignon, *Physiologie, etc., du magnétisme*, rend hommage à cette vérité; mais M. Aub. Gauthier, fidèle aux traditions du philosophisme, et s'appuyant probablement comme lui sur un zodiaque prétendu antique, mais reconnu certainement pour être de fort récente fabrique, nous dit que : « L'Inde et l'Égypte sont les deux pays regardés comme les » plus anciens par *les peuples civilisés*. » C'est encore là de son *magnétisme catholique*.

(2) Voy. de Bonald, *Législation primitive*.

(3) En opposition formelle avec le progrès continu de quelques utopistes modernes.

aussi dans tout leur éclat, et manifestaient d'une manière simple, suivie, complète, les éléments d'une synthèse difficile à refaire aujourd'hui. La raison s'était révoltée contre Dieu, et la chair se révolta contre la raison. L'état de grâce perdu, l'état de nature reçut des atteintes profondes.

Nous ne dirons pas avec M. Charpignon que la Bible consacre d'une manière claire et précise *un état extatique* dans lequel vécut la première famille et dont elle déchut, parce que, outre que cette assertion n'est point exacte pour l'ordre surnaturel, qui paraît entièrement mis de côté, cela est encore faux dans l'ordre purement naturel, dont les perfections primitives s'exerçaient, non pas dans *un état extatique*, mais dans un état simple, naturel et tout *statique*, s'il était permis de s'exprimer ainsi. Nous dirons seulement avec le même auteur que cet état naturel primitif n'est point décrit, mais que, par analogie, on dut s'en former une idée en apercevant les merveilleuses facultés que quelques hommes offraient dans certaines circonstances. Outre les phénomènes naturels remarquables que purent offrir les premiers hommes, même après la chute originelle, plus près qu'ils étaient encore de leur primitive grandeur, leur esprit était plus propre aux communications spirituelles et divines, dont il plut à Dieu d'honorer ses patriarches et ses prophètes.

Les partisans du magnétisme trouvent le premier phénomène d'extase (ils devraient ajouter d'extase déterminée par une cause surnaturelle et divine) dans le sommeil profond, pendant lequel le corps de la première femme fut formée d'une partie de la substance du premier homme.

Les passages dans lesquels la Sainte-Écriture parle de l'action de Dieu sur les hommes, ou de l'action divine communiquée à un homme choisi pour être exercée sur d'autres hommes, doivent être entendus dans leur sens rigoureux, surnaturel et divin, selon que l'entendent l'Église et la tradition. Mais il n'est peut-être pas hors de propos d'en citer ici quelques uns pour montrer que la puissance spirituelle, surnaturelle et divine, était exprimée, *signifiée* par des termes qui rappellent à l'homme comment et par quelles pratiques il exerce une puissance spirituelle aussi, mais naturelle. Très probablement ces locutions étaient alors comprises dans leur double sens propre et *significatif*.

Au moment de l'inspiration, les livres sacrés disent : « La main de Dieu descendit sur lui. » (*Deut.*, chap. XXXIV, v. 9.)

Quand Moïse voulut remplir Josué de l'esprit de sagesse, il lui imposa les mains. (*Deut.*, ibid.)

Naaman, général du roi de Syrie, vint exprès à Samarie trouver le prophète Élisée, pour être guéri de la lèpre. Élisée ne le reçut pas, mais il lui envoya dire de se laver sept fois dans le Jourdain. « Je croyais, dit Naaman, que cet homme viendrait à moi, et là, debout, invoquerait son Dieu (voici la cause première exprimée), *toucherait de sa main* le lieu de ma lèpre, et me guérirait (voilà le mode second *ministériel*). » (*Reg.* liv. V, c. v.)

Dans le *Deutéronome*, il est dit : « Dieu imposa sa main sur lui et il prophétisa. »

» Dieu parle pendant les songes, dit Job, afin d'avertir l'homme du mal qu'il fait, et l'instruire de ce qu'il doit savoir. » (Job, chap. XXXIII.)

La communication vivifiante qui s'établit par la juxtaposition entre deux corps vivants est justifiée chez les Hébreux par l'exemple qu'en ont offert David et Abigaïl. (*Reg.*, liv. III, chap. I.)

Lorsque Dieu eut créé l'Univers, dit la Genèse, il prit de la terre, et il versa sur elle un *souffle* de vie (*spiraculum*), au moyen duquel le limon forma un homme vivant et animé. (*Gen.*, 2, 7.)

Le prophète Élie, voyant l'enfant d'une femme veuve de Sarepta dans un état de faiblesse, tel qu'il n'avait plus qu'un souffle de vie, le prit dans ses bras, le mit sur son lit, *s'étendit* par trois fois *sur lui* (mode second ministériel), invoqua le Seigneur (cause première), et l'enfant fut rappelé à la vie. (*Reg.*, liv. III, chap. XVII.)

Nous voyons chez les Hébreux l'imposition des mains pratiquée pour donner la bénédiction paternelle; nous retrouvons la même pratique chez tous les peuples et à toutes les époques.

Pour Dieu bénir (*benedicere*) et faire du bien (*benefacere*) est une seule et même chose. Proportion gardée, n'y aurait-il pas quelque chose d'analogue pour l'homme? Créé à l'image et à la ressemblance de Dieu, image et ressemblance qui constituent une réalité existante, son action ne serait-elle pas aussi l'image et la ressemblance de l'action divine, ayant aussi quelque réalité effective? Il n'est pas nécessaire de dire que la valeur naturelle et surnaturelle de la bénédiction paternelle devait être différente suivant l'état de l'âme, connaissant ou ne connaissant pas le vrai Dieu, s'attachant à lui par une foi vraie, vive, légitime, etc.

Dans les sacrifices, on imposait aussi les mains sur la tête de la victime avant de l'immoler. Outre l'action propre, spéciale, de la part de ceux qui exerçaient le sacerdoce chez les Hébreux, comme nous voyons la même pratique chez les peuples païens, ne pouvons-nous pas dire que cette imposition de mains n'était pas seulement figurative, mais encore qu'elle opérait un effet réel, par lequel quelque chose de la vie du sacrificateur se mêlait à la vie de la victime, l'ennoblissait? Par là, le souverain domaine de Dieu sur l'homme était plus solennellement reconnu; par là, il protestait bien mieux qu'il avait mérité la mort par le péché; par là était préfiguré d'une manière moins indigne le sacrifice de l'Homme-Dieu sur la croix; par là, l'homme n'immolait plus seulement quelque chose qui lui appartenait, il est vrai, mais qui est en dehors de lui cependant. Il donnait quelque chose de lui-même; il y avait là comme un sacrifice humain qui s'opérait d'une manière non sanglante (1).

En Égypte, les prêtres, qui étaient préposés à tout ce qui était religion, sciences et art, avaient acquis sur la question que nous traitons des notions peut-être plus complètes que celles que nous possédons aujourd'hui. Si les œuvres des médecins de l'Égypte ne sont pas venues jusqu'aux modernes, on ne doute pas cependant que ce ne soit dans un usage reçu parmi eux que les médecins grecs ont puisé une partie de leur science, puisque plusieurs monuments de la reconnaissance des malades égyptiens guéris ont été conservés par les médecins grecs, et par les Romains eux-mêmes, qui, après leurs conquêtes, adoptaient le culte des vaincus.

Ceux qui obtenaient la guérison de leurs maux déposaient dans les temples des tablettes, sur lesquelles ils écrivaient la nature de la maladie dont ils avaient été délivrés et le remède qui avait opéré la guérison. Les Grecs ont emporté dans leur pays un grand nombre de ces tablettes, et plusieurs auteurs, notamment Strabon et Pline, auxquels Sprengel se réunit, pensent que c'est à ces tablettes que l'on doit l'origine de la médecine (2).

Les monuments qui constatent l'action curative de la main sont en très grand nombre.

Dans celui qu'on appelle Table d'Isis, on voit trois personnages : l'un est couché sur un lit; un second lui pose la main gauche sur la poitrine, et a la main droite élevée et ouverte; tandis qu'un troisième personnage, qui fait

---

(1) Sur les sacrifices, les sacrifices humains, voyez M. de Maistre, *Soirées de Saint-Pétersbourg*.

(2) Strabon, liv. XIV, p. 371. — Pline, liv. XXIV, chap. 1. — Sprengel, *Histoire de la médecine*, t. I, pag. 162.

face au second et que celui-ci regarde, tient sa main droite au-dessus de la tête, les trois premiers doigts relevés, les deux derniers pliés; le geste et la pose du dernier personnage sont très significatifs; on voit qu'il fait une recommandation (1).

Le temple d'Isis, consacré à la nature, contenait des hiéroglyphes dont la traduction n'est que la science du magnétisme. Ici on voit un homme placé sur un lit, et devant lequel un autre promène à distance la main des pieds à la tête. Là un autre est soumis aux mêmes pratiques, mais il est placé sur un siége et dans l'attitude d'un homme endormi. Plus loin, un opérateur des mystères égyptiens tient un pot de fleurs dans la main gauche, et de la droite exerce l'action magnétique en agissant de haut en bas. Ailleurs, c'est un vase rempli d'un liquide qui reçoit la même influence.

Diodore de Sicile s'exprime ainsi : « Les prêtres égyptiens prétendent que du sein de son immortalité Isis se plaît à manifester aux hommes pendant leur sommeil des moyens de guérison; elle indique à ceux qui souffrent des remèdes propres à leurs maux. »

Prosper Alpinus, dans son *Traité de la médecine des Égyptiens*, dit : « Que les frictions médicales et les fric-
» tions mystérieuses étaient les remèdes secrets dont les
» prêtres se servaient pour les maladies incurables Après
» de nombreuses cérémonies, les malades, enveloppés de
» peaux de bélier, étaient portés dans le sanctuaire du
» temple, où le Dieu leur apparaissait en songe et leur
» révélait les remèdes qui devaient les guérir. Lorsque
» les malades ne recevaient pas les communications di-
» vines, des prêtres, appelés *onéiropoles*, s'endormaient
» pour eux, et le Dieu ne leur refusait pas le bienfait de-
» mandé. »

(1) Pluche, *Histoire du ciel*, t. I, pl. 2.

Nous retrouvons encore le magnétisme assez bien indiqué dans une objection de Celse, rapportée par Origène. Voulant rabaisser les guérisons miraculeuses opérées par le Divin Sauveur : vous vantez, disait-il, les guérisons opérées par J.-C. Mais il a cela de commun avec des faiseurs de prestiges, qui ne promettent pas des miracles moins imposants ; avec des charlatans instruits chez les Égyptiens, qui, pour quelques oboles, pratiquent ces secrets merveilleux ; ne les voyez-vous pas chasser les démons du corps des hommes, guérir des maladies *par le souffle (morbos exsufflantes)* (1)?

Nous ne nous attachons ici qu'au fait bien important pour la question qui nous occupe : qu'on voyait des gens qui guérissaient les maladies par le souffle.

Nous l'avons déjà dit, et nous ne nous lasserons pas de le répéter, chez les peuples païens, tout n'a pas été magnétisme et somnambulisme pur et simple. L'âme humaine peut opérer certaines choses étonnantes en modifiant le fluide vital, en se servant des procédés magnétiques ; mais les mêmes procédés peuvent être employés par une âme en rapport implicite ou explicite avec une cause surnaturelle; la sainte Écriture, l'Église, nous ont appris à en apprécier la nature, et à connaître quelque chose des abus du magnétisme et du somnambulisme chez les idolâtres.

Dans l'Inde nous retrouvons des phénomènes analogues à ceux dont nous avons parlé. La mythologie représente le dieu Vichnou, une main levée, ayant au bout des doigts une flamme qui, d'après les Indiens, s'élance des cieux suivant la volonté du dieu. — L'autre main fait le même geste que nous avons vu consacrer en Égypte ; les mages l'appellent *abeaston*, c'est-à-dire ayez foi ; ayez foi en votre puissance, comme M. De Puységur prenait pour

---

(1) *Origenes contra Celsum*, liv. I.

maxime fondamentale de sa doctrine — *Croyez et veuillez*.

Les brames, suivant un auteur du temps d'Alexandre, et d'après les voyageurs de nos jours qui ont visité ces contrées, obtiennent une espèce de vie nouvelle par certains procédés. Ils promènent leurs mains depuis l'épigastre jusqu'à la tête, et ils prétendent transporter l'âme au cerveau et l'unir à la divinité (1).

Cette extase est le produit de l'art et de la volonté; mais on en observe fréquemment qui sont déterminées par l'exaltation de l'esprit sous une impression de douleur physique. Ainsi, parmi les nombreuses victimes que le bûcher fait périr dans l'Inde, on en trouve plusieurs qui entrent dans un état nerveux qui produit soit l'insensibilité (2), soit une sorte de somnambulisme. Cicéron rapporte qu'Alexandre ayant condamné un Indien à être

(1) Un magnétiseur que je ne nommerai pas, voulut un jour, pour se distraire de la médecine classique qu'il étudiait, essayer sur lui-même cette vie nouvelle des brames indiens. Il se place commodément dans un fauteuil; une main appliquée sur le front et l'autre sur l'épigastre, il veut diriger d'une main à l'autre, du cerveau à l'estomac, un courant de magnétisme vital. Son esprit était calme et presque méditatif. Malgré sa singularité, l'action était douce et prudente, jusqu'à un certain point au moins. Bientôt il sent une chaleur légère se répandre dans tout son être; de petits courants nerveux s'établissent; il en est averti par un frémissement interne dans les muscles des bras, le long de la colonne vertébrale : mais il ne croit en aucune manière qu'un changement plus sérieux soit survenu, car son esprit est dans le même état qu'au commencement de l'action, toujours calme et pleinement éveillé. Cependant il entend frapper à la porte (il était seul alors), il veut ouvrir les yeux, se lever et marcher, appuyer ses mains sur les bras du fauteuil; mais sa volonté n'a plus d'action sur ses paupières closes, ses jambes et ses bras ne lui obéissent plus : il en est effrayé un instant, puis réfléchissant sur la cause, sa volonté, il se rassure, il veut, dissiper les effets produits; il les sent diminuer par degrés, il rentre bientôt dans la vie ordinaire, et depuis n'a cherché d'en sortir.

(2) L'impiété n'a pas manqué en différents lieux et en différents temps d'expliquer aussi par l'exaltation, l'insensibilité, etc., la constance des martyrs; mais, même en faisant du rationalisme pur, il est évident que le calme profond de plusieurs, la timidité d'un grand nombre, le jeune âge, etc., la durée des tourments, plusieurs fois interrompus et repris, s'opposent à une si belle explication.

brûlé, ce prince assistait à l'exécution. Calamus, monté sur le bûcher, s'écria avec enthousiasme : « Oh ! le beau départ de la vie ! Mon corps, détruit par les flammes, va laisser mon âme s'élever librement au séjour de la lumière ! » Alexandre lui demanda ironiquement s'il avait encore à parler. — « Oui, c'est que je te verrai bientôt. » Quelques jours après, Alexandre mourait à Babylone.

Le fait suivant, extrait d'un journal de Malaca, démontre que les prêtres de la Chine savaient, comme ceux de Brama, provoquer une espèce d'extase : « On a décou‑
» vert, dit ce journal de 1820, une bande de voleurs
» d'enfants. C'est un tisserand qui, se promenant aux en‑
» virons de Canton, reconnut l'enfant de son maître qui
» avait disparu depuis quelque temps. L'enfant ne le re‑
» connut pas, il restait stupide ; ramené chez son père, il
» ne le vit pas mieux, et le charme stupéfiant ne disparut
» que par les cérémonies des prêtres de Budha. On fit
» des recherches, et on trouva le lieu de retraite où
» étaient six hommes et trois femmes qui faisaient ce mé‑
» tier depuis bien des années Il restait là dix enfants,
» tous sous l'influence du charme stupéfiant, qui disparut
» aussi par les cérémonies des prêtres. »

Ce fait paraîtra bien étonnant, et il n'y aurait pas trop d'invraisemblance, pour une personne qui ne connaîtrait pas exactement le magnétisme et l'exquise sensibilité des enfants à son action, à en rechercher l'explication dans des causes d'un autre ordre. Pour nous la question semble résolue par les faits suivants, qui ne sont pas sans quelque analogie.

« La faculté de faire passer dans la vie ordinaire le
» souvenir de ce qui a lieu dans l'état somnambulique s'é‑
» tend aux modifications que l'on opère sur les fonctions
» des sens. Ainsi, ayant présenté à des somnambules
» (c'est M. Charpignon qui parle) trois oranges dont
» une seule avait été magnétisée et entourée d'une couche

» épaisse de fluide, avec l'intention qu'elle restât invi-
» sible, cette orange le fut en effet lorsque ces somnam-
» bules furent rendues à leur état normal. En vain j'af-
» firmai que le plateau portait trois oranges, elles riaient
» de moi et me présentaient les oranges qu'elles saisis-
» saient. Enfin tâtonnant de la main, elles rencontrent un
» corps qu'elles prennent, le charme disparaît, et les trois
» oranges deviennent visibles.

» Demandant à une autre somnambule si elle voit la
» petite table qui est au milieu de mon salon, elle répond
» oui. Alors, enveloppant tout le pied de fluide, elle s'é-
» tonne de voir un dessus de table suspendu. Au réveil,
» l'étonnement ne peut être décrit; cette demoiselle
» presse de tous côtés cette table aérienne, elle la trouve
» solide, et s'en va de chez moi fort inquiète sur mon
» compte. » (Charpignon, *Physiologie*, etc., *du magnétisme*.)

Voici un fait rapporté dans un ouvrage chinois composé il y a au moins dix siècles, et qui prouve que le magnétisme n'est pas une nouveauté (1).

Un mandarin du haut rang, est-il dit dans cet ouvrage, avait une épouse chérie qu'il voyait dépérir de jour en jour sans qu'elle se plaignît d'aucun mal sérieux. Il voulut la soumettre à l'inspection d'un médecin; elle s'y opposa, en lui disant qu'en entrant dans la maison elle avait pris la ferme résolution de ne se laisser jamais voir par aucun homme, et qu'elle ne voulait pas y manquer, dût-elle mourir. Le mandarin eut beau prier, solliciter, tout fut inutile. Il consulta plusieurs médecins qui lui dirent qu'ils n'avaient pas d'avis à donner sans avoir au moins quelques indices de la maladie dont était affectée la personne pour laquelle il les consultait. Un vieux lettré se présenta et assura qu'il la guérirait sans la voir, sans même entrer

(1) Voy. *Propagateur du magnétisme*, 1ᵉʳ vol.

dans l'appartement où elle était, pourvu néanmoins qu'elle voulût bien tenir d'une main l'un des bouts d'un long bambou dont il tiendrait lui-même l'extrémité opposée. Le mandarin trouva l'expédient curieux, et, sans y ajouter foi pour la guérison qu'on lui assurait devoir s'ensuivre, il le proposa néanmoins à la malade comme quelque chose qui pourrait l'amuser plutôt que comme un remède. La malade y consentit de bonne grâce. Le lettré vint avec son tube de bambou, dont il tenait une extrémité tandis qu'il présenta l'autre à celle qu'il voulait guérir, lui disant de l'appliquer à l'endroit de son corps où elle pouvait soupçonner qu'était le mal, et de le promener d'une place à l'autre jusqu'à ce qu'elle eût éprouvé des ressentiments de douleur. La malade obéit; et quand elle eut porté le bout du tube vers la région du foie, les douleurs se déclarèrent et lui firent jeter les hauts cris. — Ne lâchez pas prise, lui dit le lettré, infailliblement vous serez guérie. Après l'avoir ainsi tenue dans l'état de douleur pendant l'espace d'un quart d'heure, il se retira, et promit au mandarin de revenir le lendemain à la même heure, et ainsi chaque jour, jusqu'à parfaite guérison, laquelle ne se fit pas attendre au-delà du sixième jour.

Le mandarin, plein de reconnaissance, le récompensa libéralement; mais il exigea de lui qu'il lui avouât, avec franchise, s'il ne possédait pas un art superstitieux.

Mon art, répondit le lettré, est dans les lois les plus ordinaires de la nature, et c'est parce qu'il est tel qu'il est toujours efficace; il ne consiste qu'en ce que je connais les moyens de diriger les forces qui sont dans mon corps dans le corps d'un autre, pour les faire concourir au rétablissement de la santé.

Il suffit de connaître un peu le magnétisme pour le reconnaître aux procédés employés sur la malade et à la théorie donnée par le savant. Une preuve que le magnétisme humain était mis en pratique par les prêtres de

Rome païenne, c'est que les poëtes et les philosophes parlent des *passes*, des attouchements pour faire dormir : de là, il n'y avait qu'un pas à faire pour arriver au somnambulisme. On trouve dans Plaute un passage qui ne laisse aucun doute à cet égard : c'est dans l'Amphitryon, et à la scène première, où on voit Mercure et Sosie. Le dieu prétendu, qui a pris la figure de ce dernier, ne sait s'il se délivrera de sa présence incommode en l'assommant de coups ou bien en l'endormant :

> M. Quid si ego illum *tractim* tangam ut dormiat.
> S. Servaveris, nam continuas has tres noctes pervigilavi.

« Mais si je le touchais *à grandes passes* pour le faire dormir, dit Mercure. »

« Vous me sauveriez la vie, répond Sosie, car voilà trois grandes nuits que je n'ai dormi. »

Ce passage suffit certainement pour prouver que l'emploi du magnétisme chez les anciens n'est point une supposition hasardée. Plutarque appelle notre attention sur Pyrrhus, roi d'Épire. Voici ce qu'il en dit : Pyrrhus était réputé bon et secourable à ceux qui étaient affectés du mal de rate. On l'a vu plus d'une fois presser lentement du pied droit la rate des malheureux qui imploraient son secours. Il n'y avait pas d'homme si pauvre et si abject à qui il refusât sa demande.

Dans son *Histoire naturelle*, Pline témoigne aussi en faveur de cette vérité.

Il est encore aisé de reconnaître ici le magnétisme. La bonté de Pyrrhus, l'affection avec laquelle il se portait à soulager tous ceux qui réclamaient son assistance, établissaient les qualités morales qui favorisent l'action magnétique. Le tact lent et prolongé qu'il faisait avec son pied sur le côté malade constituait l'opération physique du magnétisme, et la guérison qui s'ensuivait augmentait de plus en plus sa confiance et sa volonté pour les cures qui suivaient.

Tout le monde connaît les guérisons que fit l'empereur Vespasien à Alexandrie, et qu'on a décorées du nom de miracles. L'historien Tacite (cet écrivain philosophe est fait sans doute pour commander la confiance), en parlant de ce qui se passa à Alexandrie, s'exprime ainsi : Pendant que Vespasien était à Alexandrie, en Égypte, un homme du peuple, parfaitement connu dans toute la ville pour avoir une maladie des yeux, se jeta à ses genoux, lui demandant avec gémissement de le guérir de sa cécité ; qu'il ne venait que par l'avertissement de Sérapis, et priait le prince qu'il daignât seulement mouiller de sa salive ses joues et ses yeux. Un autre particulier, qui ne pouvait se servir de sa main, le priait, par le conseil du même dieu, de le toucher seulement de son pied. Vespasien d'abord se mit à rire et ne tint aucun compte de ces singulières demandes; il craignait ensuite qu'on ne le taxât de vanité. Il ordonna aux médecins d'examiner si cette cécité et ce mal de main n'étaient pas au-dessus du pouvoir humain. Les médecins dissertèrent longtemps ; enfin ils déclarèrent que la puissance de voir, dans celui qui se disait aveugle, n'était pas entièrement détruite ; qu'il était possible qu'elle revînt si on écartait les obstacles qui l'obscurcissaient ; que la main débilitée pouvait également reprendre sa première vigueur si on lui appliquait *une force salutaire*. Alors Vespasien fait au milieu de la multitude ce que demandaient les malades, et aussitôt la main paralysée reprend son usage ordinaire et l'aveugle revoit la lumière. Tacite ajoute à ce récit : Ceux qui étaient présents rapportent encore aujourd'hui ces deux faits à une époque où ils ne pourraient espérer aucune récompense pour leur mensonge s'ils en faisaient un. Suétone raconte les mêmes faits dans la vie de Vespasien. Sans doute Vespasien ignorait qu'il eût la vertu magnétique; il était comme tant d'autres qui ont procuré des guérisons réelles par l'effet de leur toucher et de leur volonté sans connaître le magnétisme, et c'est ce qui nous explique les guérisons merveilleuses faites, en différents temps, en différents lieux, par ceux qu'on appelle *toucheurs*, *guérisseurs*, etc. (1). On pourrait induire d'autres faits que Vespasien lui-même était un de ces êtres privilégiés chez qui la vertu magnétique abonde naturellement. Suétone écrit qu'un jour, pendant que Vespasien soupait, un bœuf échappé, furieux, vient se jeter dans la salle où l'on mangeait. Tout le monde prit la fuite. Mais le bœuf, comme dompté tout-à-coup par l'aspect seul de Vespasien, vint tomber à ses pieds, et incliner sa tête devant lui.

(1) Sur les toucheurs, guérisseurs, marcous (ainsi qu'on les nomme dans certains pays), saint Ligori s'exprime ainsi (*Théol. Moral.*) :

« Existe-t-il certains hommes nommés guérisseurs (*salvatores*), qui, par
» une vertu appelée magie naturelle (*vocata magia naturalis*), puissent
» guérir certaines maladies en employant soit le signe de la croix, soit des
» paroles de la Sainte Écriture, soit l'insufflation *aut inhiatione*), et cette
» action est-elle licite?

» Plusieurs auteurs répondent par l'affirmative, Azor et d'autres (*ap.*
» *Salm.*, tr. 21. c. 11, n. 113), et ils assurent que ces effets sont produits
» par une vertu naturelle. D'autres affirment qu'une pareille vertu n'existe
» point, ni comme naturelle, ni comme un don spécial. — (Nous osons dire
» que ceux-là résolvent la question *à priori* et en dehors des faits qui sont
» si nombreux cependant.) — Néanmoins les théologiens de Salamanque,
» Sanchez, Suarez, Lessius, etc., disent qu'il est probable qu'une pareille
» puissance a existé dans certains hommes : ainsi on sait que les rois de
» France guérissaient les écrouelles (comme le reconnaît saint Thomas, Bo-
» niface VIII, dans la canonisation de saint Louis), les rois d'Espagne gué-
» rissaient les scrofules. Ils ajoutent cependant que cette puissance n'était
» pas naturelle, *bien que le contraire semble assez probable à de graves*
» *auteurs*, parce que, s'il en était ainsi, tous les hommes du même tempé-
» rament auraient la même puissance (comme s'il était si facile de décider
» si deux hommes ont absolument le même tempérament, la même réaction
» nerveuse). Mais ils la regardent comme un don gratuit de Dieu accordé
» dans l'intérêt du bien public.

» Les théologiens de Salamanque font remarquer avec raison qu'il faut
» condamner la pratique de ceux qui, en présence d'un autre guérisseur,
» perdent leur puissance (nous avons montré plus haut que cet effet pou-
» vait avoir lieu naturellement); de ceux qui apprennent d'un autre à

Nous trouvons d'autres exemples de puissance magnétique sur les animaux. S'il en faut croire les auteurs, Pithagore calmait et apprivoisait les ours et les bœufs, ce qui pourrait nous donner la clef de ce que quelques hommes ont fait dans ces derniers temps à Paris.

Il paraît que Pythagore possédait la science magnétique au plus haut degré : c'était le fruit de ses voyages en Égypte. Écoutons Porphyre à son sujet. Si quelqu'un était malade de corps, il le guérissait ; s'il était malade d'esprit, il le consolait ; il calmait sa douleur partie par des enchantements et des vers magiques, partie par un signe. Il savait certains vers avec lesquels il remédiait aux maladies du corps. Il suffisait qu'il les chantât pour que le malade recouvrât sa première santé. Il en avait avec les-

» exercer cette action (pourquoi, si on ne fait que leur apprendre à user
» d'une puissance qu'ils possédaient sans le savoir, sans savoir la diriger ?);
» de celui qui est né le vendredi saint (ne suffirait-il pas de lui expliquer
» qu'il ne doit point attribuer sa puissance à tel jour plutôt qu'à tel autre ?);
» de celui qui est le septième fils dans une famille ; *cependant* Viva dit que
» *dans ce cas il peut exister quelque puissance naturelle ;* de ceux qui se
» servent de certains mots, auxquels ils croient qu'une grande vertu est at-
» tachée, parce que le don est conféré à la personne, et non aux paroles et
» aux signes (si ce n'est pourtant d'une manière secondaire et *ministérielle,*
» *instrumentaliter,* comme parle saint Thomas, par l'action de l'âme de la
» personne elle-même). »

(*Ita Salm.*, n. 118, *cum* Suarez, Sanch. *Del. Pal. Hurt.*, etc.)

Le même auteur, saint Ligori, ajoute aussitôt après :

« On fait remarquer que, dans le doute, il vaut mieux penser qu'un effet provient d'une cause naturelle que d'une cause superstitieuse.

» Ainsi pensent Sporer avec saint Augustin, Sanchez, Layniau, Elbel,
» Lacroix, les théologiens de Salamanque avec saint Thomas, qui dit (2. 2. q.
» 60. a. 4. c.) : « Lorsqu'on ne voit pas les indices manifestes de la malice
» d'une chose, nous devons la tenir pour bonne, et interpréter du bon côté
» ce qui est douteux. » Cependant, c'est avec raison que les auteurs cités con-
» seillent de protester auparavant « qu'on ne veut point que l'effet ait lieu, s'il
» y a dans la cause quelque chose de superstitieux. Mais s'il est *certaine-*
» *ment probable et constant (si vero certè probabiliter constet)* qu'une
» cause n'a aucune vertu naturelle pour produire un effet quelconque, il
» faut, dans le doute, la regarder comme venant du démon, plutôt que de
» Dieu, puisque nous n'avons sur elle aucune promesse divine. »

quels il procurait l'oubli de la douleur, apaisait la colère et comprimait les désirs. Dans les temps modernes, nous trouvons encore des faits sur l'empire du magnétisme sur les animaux.

Grillaudus, dans son Traité des sortiléges, raconte que lorsqu'il était à Rome, un taureau furieux vint à s'échapper. Tout le monde fuyait; un seul homme se présente, étend la main sur la tête du taureau, qui s'arrête tout-à-coup, se calme, et se laisse prendre et conduire par un petit bout de sa corne l'espace deplus de quatre milles. Il déclare qu'il a été témoin de ce fait, lui et plus de deux cents personnes, et que pour récompenser ce généreux citoyen, on le mit en prison, et on voulait lui faire son procès comme à un sorcier (1).

Nous ne pouvons passer sous silence une cure merveilleuse dont parle Josèphe au liv. III de ses Antiquités judaïques, et qui eut lieu en présence de Vespasien et de toute l'armée. Il s'agit de la guérison d'un prétendu démoniaque qu'opéra un juif, nommé Eléazar, par l'invoca-

---

(1) Punir un homme parce qu'il offre encore quelques faibles restes de cette puissance dominatrice que Dieu avait donnée à sa créature sur la nature entière ! C'est une ignorance et un aveuglement suite de la même chute originelle qui a si considérablement diminué le pouvoir méconnu dans ce cas.

J'ai bien souvent expérimenté l'influence du regard de l'homme sur les animaux. Ayant remarqué que lorsqu'on les rencontre allant aux champs ou en revenant, ils tournent volontiers la tête pour regarder fixement, et sachant d'ailleurs que deux hommes ne peuvent pas se regarder longtemps en face, j'ai voulu voir s'il en serait de même pour eux, et je suis toujours parvenu, en fixant mes yeux sur les leurs, à rester promptement maître du champ de bataille. Alors ils détournent aussitôt les yeux, baissent la tête, et si l'action qu'on exerce sur eux persévère encore, ils passent de l'autre côté du chemin.

J'ai expérimenté aussi que ces chiens de bergers si terribles lorsqu'on passe seulement près d'eux, qu'on les fuit, qu'on les attaque *ou qu'on les brave par un regard menaçant*, deviennent en un instant paisibles et silencieux si l'on s'arrête en ralentissant insensiblement sa marche et en les regardant avec un œil doux et calme.

tion du nom de Salomon : c'est en parlant de Salomon que Josèphe amène cette histoire, et il veut prouver que Salomon fut le plus sage et le plus instruit des hommes. D'abord, dit-il, Salomon surpassa en sagesse et en science tous ceux qui l'avaient précédé, et même il laissa bien loin derrière lui les Égyptiens, qui passaient pour les plus sages de tous les hommes.

Il connaissait toutes les plantes, depuis l'hysope jusqu'au cèdre du Liban ; tous les animaux de la terre, des eaux et de l'air ; enfin il possédait tous les secrets de la nature. Mais le plus précieux, continue Josèphe, fut l'art de chasser les démons pour l'utilité des hommes et la guérison de leurs maladies. Il inventa des enchantements à cet effet, et des conjurations pour mettre en fuite les démons. Cette manière, inventée par Salomon, est encore aujourd'hui fort en usage parmi nous ; et j'ai vu moi-même, ajoute notre histoire, un certain Éléazar de notre nation, qui, en présence de Vespasien, de ses fils, des tribuns et des soldats, délivra des démons les personnes qui en étaient tourmentées (1).

Philostrate nous fournit dans la vie d'Apollonius un exemple remarquable de la puissance magnétique, qu'il appelle, trop facilement sans doute, pouvoir de chasser les démons.

Apollonius, étant à Athènes, dissertait dans une assemblée nombreuse sur les boissons dont il était plus convenable de s'abstenir ; et comme il lui échappa sur les libations quelques expressions singulières, un jeune homme de Corcyre, qui était présent, partit d'un éclat de rire si violent, qu'il attira sur lui tous les regards. Apollonius à son tour, considérant avec plus d'attention le jeune

---

(1) Je me suis demandé souvent si l'homme, élevé qu'il est à un état surnaturel, n'aurait pas, par cela seul, quelque pouvoir sur le démon, pouvoir autre que celui de simple résistance, pouvoir bien inférieur sans doute à celui communiqué aux apôtres et exercé dans les exorcismes de l'église...

homme, prétendit qu'un démon s'était emparé de lui. Le jeune homme, en effet, se livrait à beaucoup d'autres excès, poussé par le prétendu démon qui le tourmentait.

Apollonius, qui ne se montra pas du reste fort habile à constater un état purement nerveux, conjure ce démon et lui ordonne de quitter ce jeune homme. Quel fut l'étonnement de tout le monde, dit Philostrate ; c'est ce qu'il est superflu de raconter. Mais notre jeune homme, comme s'il sortait d'un sommeil profond, clignotait en se tournant du côté du soleil. Il fut tout honteux quand il vit tous les regards dirigés sur lui ; son maintien devint sage, son regard calme. Enfin il reprit son état naturel, comme un homme qui, après avoir reçu quelque médicament, se trouverait en parfaite santé.

La vie d'Apollonius de Thyane nous fournit plusieurs matériaux précieux pour l'histoire du magnétisme. Nous le trouvons au milieu des sages indiens que présidait Yarchas. Il est dit qu'on y accourait de toutes parts pour venir y chercher la guérison de différentes maladies. On y vit paraître un homme boiteux, âgé d'environ trente ans, grand chasseur de lions, à qui une blessure très grave, faite par l'un de ces animaux, avait attaqué l'articulation de la cuisse et changé la direction de la jambe. Quel fut le traitement employé par les sages ? *Ils frottèrent avec les mains* la partie malade, cherchant à la redresser, et le firent avec tant de succès, que le jeune homme s'en retourna marchant parfaitement. Un autre malade, privé de l'usage d'un œil, en recouvra l'usage et vit de tous les deux. Un troisième ne pouvait se servir d'une main, et se trouvait manchot : sa main fut entièrement rétablie.

Mais la cure la plus merveilleuse fut celle d'une jeune fille qu'on conduisait à la sépulture, et qu'Apollonius rappela à la vie : c'était au moment même où elle allait se marier, et que les fêtes de l'hymen venaient d'être changées en funérailles. Apollonius fait arrêter le convoi, touche la jeune fille, se penche sur elle, comme s'il lui disait tout bas quelque chose, et la jeune fille revient à elle, se lève, parle, et retourne guérie à la maison paternelle.

On ne peut supposer ici une scène concertée; car cette jeune personne appartenait à une famille riche, et ses parents voulurent par reconnaissance donner à Apollonius quinze mille drachmes qu'il refusa. Cette guérison eut lieu publiquement, au milieu du cortége et du peuple. Apollonius se contenta de toucher la malade, et sans doute de diriger son souffle sur sa tête, ce qui fit croire qu'il lui parlait tout bas.

Il est superflu de dire que nous ne croyons pas que cette fille était véritablement morte, mais qu'elle était tombée dans une léthargie ou une asphyxie qui devait nécessairement compléter l'illusion. Il était d'autant plus possible qu'Apollonius reconnût qu'elle n'était pas sans vie, que chez les Romains autrefois, comme chez les Italiens aujourd'hui, on enterre à visage découvert, surtout les jeunes personnes, dont le corps est porté en terre sur une espèce d'estrade.

Sans doute nous n'aurons point oublié ce que nous avons dit sur la difficulté de distinguer ce qui n'appartient qu'au magnétisme seul, et ce qui peut appartenir à une autre cause, soit exclusivement, soit mêlée au magnétisme : aussi est-il nécessaire de nous rappeler encore ce que nous avons dit sur la seule autorité qui peut placer un fait dans l'ordre surnaturel, sans être exposée à l'erreur comme les particuliers. Dans les faits que nous venons de citer, et que nous avons tirés des auteurs profanes, les magnétiseurs ne voient que du magnétisme; mais nous devons aussi à la vérité de dire que dans ceux de Vespasien et d'Apollonius de Thyane surtout, des auteurs graves invoquent une autre explication prise dans un ordre surnaturel.

N'y a-t-il eu que du magnétisme naturel? et dans le cas où il y aurait complication pour certains d'entre eux, quelle part faudrait-il donner au magnétisme modifié par une influence surnaturelle? Voilà ce que nous n'examinerons point ici.

CHAPITRE XXI.

SOMNAMBULISME RETROUVÉ DANS L'ANTIQUITÉ. — CHEZ LES DIFFÉRENTS PEUPLES. — INSTINCT DES ANIMAUX POUR LEUR CONSERVATION. — INSTINCT MÉDICAL INTELLIGENT ET *consciencié* CHEZ L'HOMME. — FACULTÉ DE PRÉVISION ADMISE PAR TERTULIEN, ORIGÈNE, ATHÉNAGORE, PLATON, ARISTOTE, PLUTARQUE, PLINE, JAMBLIQUE. — DANS QUEL CAS LA PRÉVISION SOMNAMBULIQUE EST SURE, LICITE.

Nous avons vu quelque chose seulement des matériaux immenses qui existent sur la question du magnétisme dans l'antiquité. Il nous reste maintenant à chercher d'une manière abrégée aussi si les phénomènes du somnambulisme ne se sont pas montrés anciennement, soit seuls, soit mêlés à d'autres effets d'un ordre différent.

Quand on fait attention à l'instinct des animaux, on serait tenté de croire que le principe qui dirige les somnambules, dans le choix des substances médicamenteuses qui leur conviennent, est le même sous le point de vue des relations électro-magnétiques entre les organes et les corps matériels, mais avec plus de développement et d'étendue en raison de l'organisation plus parfaite, et de plus, avec une différence essentielle et propre à l'âme humaine, la perception de cet instinct, la connaissance et la conscience des relations senties. Ce qui, soit dit en passant, porterait à croire que l'instinct et la raison ne peuvent pas se suppléer mutuellement : ce qui n'engage pourtant pas à descendre à cet excès de bassesse de regretter pour l'homme la condition de l'animal ou de l'homme sauvage, comme on l'a fait dans ces temps modernes. Dans l'animal, il y a instinct avec concours de *quelque chose de volontaire;* mais dans l'homme, s'il y a instinct, s'il y a volontaire, le discernement, la conscience et la raison viennent à son secours pour agrandir sa puissance ou régler ses écarts.

Si les animaux semblent connaître obscurément les maladies qui les affligent en recourant d'eux-mêmes aux remèdes qui leur conviennent, et nous parlons ici de ceux qui sont restés à l'état sauvage, il n'y faut pas voir autre chose que le résultat de la puissance souveraine et conservatrice qui opère en eux par le concours des lois naturelles, mais, comme nous l'avons dit plus haut, sans qu'il y ait de leur part aucune connaissance proprement dite.

L'hippopotame, lorsqu'il se sent trop plein de sang, se traîne au milieu des roseaux pointus, et se procure une saignée plus ou moins abondante, qu'il arrête ensuite en se roulant dans le limon. — Le chien se purge par le chiendent, et, refusant alors les aliments, se met pour ainsi dire à la diète, afin d'obtenir une plus prompte guérison. — Le chat recherche aussi la même herbe, et use aussi du népète. — Le crapaud se guérit par le plantain, la belette par la rue; la plupart des autres animaux recherchent également les simples qui leur sont salutaires. — L'instinct des animaux n'est pas lui-même sans prévision. — Pourquoi emmagasinent-ils? Pourquoi cherchent-ils les endroits les plus propres à fournir sûreté et nourriture à leurs petits? Pourquoi fuient-ils aux approches des tremblements de terre? Pourquoi quittent-ils nos climats au commencement de l'hiver, et reviennent-ils au commencement du printemps? — Ces exemples de l'instinct des animaux peuvent servir, jusqu'à un certain point, à expliquer comment un somnambule peut apercevoir le mal qui le tourmente et le remède qui lui convient. N'oublions pas cependant qu'ici, comme ailleurs, l'homme est toujours au-dessus des animaux. — Une des choses qui paraît le plus difficile à comprendre dans le somnambulisme magnétique, c'est cette sensation perçue, cette indication des plantes salutaires que le somnambule n'a souvent pas connues lui-même en état de veille, parce que l'impressionnabilité organique ne permettait pas la même réaction sensible.

Peu d'hommes pourront entendre une semblable assertion sans crier à l'absurdité, oubliant que l'instinct des animaux résout tous les jours, par le fait, ce problème que la raison ne peut résoudre. Le célèbre Linné a remarqué que les bœufs mangent de 275 sortes de plantes, et en laissent 218; que les chèvres en broutent 449, et en laissent 226; que les brebis en mangent 397, et ne touchent point à 140 autres. Qu'est-ce qui fait distinguer à ces animaux les herbes qui leur conviennent et celles qui leur sont contraires? Seuls au milieu des champs, ils n'ont pas de guides pour rechercher, dès la première fois qu'on les y conduit, celles de ces herbes qui peuvent les nourrir, et éviter celles qui sont des poisons.

Pourquoi donc refuser à l'instinct magnétique de l'homme, qui est d'un ordre bien supérieur à celui de l'animal, des effets qu'on ne peut raisonnablement contester à celui-ci? Ceci nous ramène à l'objet de cette seconde partie, qui tend à démontrer que les oracles en songe, et les guérisons qui en étaient la suite, étaient souvent la manifestation des facultés magnétiques. — Il est impossible, en effet, dans cette longue suite de siècles qui se sont écoulés, que cette faculté de l'homme n'ait pas été observée : elle l'a été, et l'adresse des prêtres païens l'a exploitée à son profit, en donnant du crédit aux temples d'Esculape, d'Isis et de Sérapis (1). Sachant faire naître et diriger le somnambulisme, l'individu qu'ils reconnaissaient doué de la vue à distance et de la prévision, était placé dans le sanctuaire du temple pour être l'organe du dieu prétendu qui le possédait. Un autre, dans ses crises, sentait la maladie de ceux qui l'approchaient, voyait l'état organique du malade, indiquait les accès et les remèdes ; on le destinait à jouer le rôle d'Esculape ou celui des prêtres somnambules ; car n'oublions pas qu'il y avait dans ces temples des prêtres qui songeaient pour les consultants, quand ceux-ci ne pouvaient songer eux-mêmes. Enfin il n'y avait pas jusqu'au malade qui ne concourût à se tromper lui-même. Lorsque, dans son sommeil somnambulique, il avait indiqué le mal et le remède, comme il en perdait le souvenir à son réveil, les prêtres qui avaient soigneusement recueilli ses paroles ne manquaient pas de lui persuader que tout était l'ouvrage du dieu, et que c'était ce dieu qui avait dicté la prescription salutaire. — Il convient donc de rechercher ce que l'histoire nous transmet sur ces guérisons par les songes dans les temples d'Esculape, d'Isis et d'Osiris, puisque c'est, encore une fois, au moins dans bien des cas, l'histoire même du magnétisme, et la preuve de son existence et de son efficacité dans tous les temps. (Ici revient encore ce que nous avons dit de l'autorité et de l'Église.)

Nous voyons chez les Hébreux des exemples nombreux de la faculté naturelle de l'instinct médical, de la vue à distance, de la faculté de prévision. Dans la majorité des cas, en s'appuyant surtout sur les autorités légitimes, il est facile de ne pas confondre ces faits avec ceux d'un ordre plus relevé.

« Nous trouvons chez les juifs des exemples multipliés » de cette faculté de prédire l'avenir. Jamais peuple n'eut

---

(1) Voyez ce qui a été dit chapitre Ier et *passim*.

» plus de prophètes. Sans compter les prophètes du Sei-
» gneur, nous voyons seulement près d'Achab sept cents
» prophètes de Baal. Hommes, femmes, jeunes, vieux,
» tous prophétisaient. (*Joel.*, c. II, v. 28.) Ils couraient
» par troupes dans les villes, dans les campagnes, et fai-
» saient marcher devant eux des instruments de musique.
» (Lib. 1. *Reg.*, c. IX, v. 5.)

» Il y avait des colléges, des séminaires, où les fils des
» prophètes et les jeunes Hébreux qui annonçaient des
» dispositions prophétiques, apprenaient à perfectionner
» ces dispositions naturelles (1), et se formaient sous les
» yeux et par l'instruction des anciens.

» Quand l'esprit prophétique ne les portait pas vers
» les choses saintes, ils en faisaient usage pour les choses
» ordinaires de la vie (2). Ils guérissaient les malades,
» comme fit Elie à l'égard de l'enfant de la veuve de Sa-
» repta ; ils faisaient retrouver les choses perdues. On di-
» sait : *Allons consulter le voyant* (*Reg.* 1, c. IX, v. 9),
» comme le prouve l'exemple de Saül, qui, ayant perdu
» les ânesses de son père, venait consulter Samuel, et lui
» apportait le petit salaire qui avait lieu en ce cas. (*Ibid.*,
» v. 5, et seq.)

» Ceux qui prophétisaient pour les dieux étrangers
» étaient ceux qu'on appelait *faux prophètes*. C'était
» donc moins la fausseté de leurs prédictions qui les faisait
» désigner ainsi que la fausseté de leur doctrine : tels
» étaient les prophètes de Baal ; tel était Balaam ; tel est

---

(1) L'auteur du passage cité devrait ne point oublier l'intervalle immense qui existe entre le naturel et le surnaturel.

(2) J'aimerais mieux dire, pour éviter de confondre le naturel et le surnaturel : quand l'esprit de Dieu ne les portait pas vers les choses saintes, il les laissait jouir seulement de leur puissance naturelle pour les choses ordinaires de la vie ; ils guérissaient les malades, faisaient retrouver les choses cachées : souvent même l'esprit de Dieu les assistait encore d'une manière spéciale pour opérer ces choses d'une manière surnaturelle dans des circonstances qui surpassaient tout pouvoir humain.

» celui désigné par le *Deutéronome* : « S'il s'élève parmi
» vous un prophète, ou quelqu'un qui dise avoir eu en
» songe une vision, et qu'il ait prédit un signe ou un pro-
» dige, et que ce qu'il a prédit soit arrivé, et qu'il vous ait
» dit : Allons et suivons des dieux étrangers ; que ce pro-
» phète soit mis à mort. » (*Deuter.*, c. XIII, v. 1, 2 et 4.)

» L'événement ici suit la prophétie, et le prophète n'en
» est pas moins un faux prophète à raison de sa doctrine
» perverse. » (Le comte Abrial, *Recherches sur les notions que les anciens ont eues du somnambulisme. V. Ann. du magn.*)

Au septième livre de son *Enéide*, Virgile nous dit que sous le roi Latinus, dans les bois touffus de l'Albunée, toute l'Italie allait consulter l'oracle de Faune. Après de nombreux sacrifices, le prêtre ou le consultant s'étendait pendant la nuit sur les toisons de brebis immolées. Bientôt un sommeil profond appesantissait leurs sens. Des visions de tout genre, des images merveilleuses leur apparaissaient, ils entendaient différentes voix, jouissaient de l'entretien des dieux, interrogeaient les ombres de l'Achéron, et c'est ainsi qu'ils recevaient la réponse qu'ils venaient chercher. Un peu plus loin, Virgile nous dit que le roi Latinus se transporte dans l'endroit où se rendaient les oracles pour y consulter lui-même le dieu : il immole cent brebis, dont il étend les peaux, et se couche sur leurs toisons. Les anciens Hébreux connaissaient ces pratiques, puisqu'Isaïe, au chap. LXV, reproche aux païens d'aller dormir aux pieds des tombeaux et dans les temples des idoles ; parce que souvent aussi le démon y rendait ses oracles. L'objet principal qui faisait désirer ces songes était la guérison des maladies. Pendant le sommeil, dit Tertullien, il nous est révélé, non seulement ce qui tient aux honneurs, aux richesses, mais encore ce qui tient aux maladies, aux remèdes et à la guérison. Les mêmes formalités s'observaient dans le temple d'Amphiaraüs, en Béotie, que Crésus, au témoignage d'Hérodote, reconnut l'un des plus véridiques parmi ceux qu'il avait fait consulter. Du temps de Pausanias, cet oracle était principalement consulté pour la guérison des maladies; car voici ce qu'il en dit en son liv. Ier, chap. LIV : « Il y a tout auprès du temple une fontaine qui porte le nom d'Amphiaraüs. On n'y offre pas de sacrifices, et son eau ne sert ni pour les lustrations ni pour laver les mains ; mais ceux qui ont été guéris de quelques maladies par les conseils de l'oracle y jettent de l'or et de l'argent monnayé. » Cicéron rappelle dans ses livres de la Divination le culte d'Esculape, et les oracles qu'il rendait en songe pour la guérison des maladies. Varron, cité par Nonius Marcellus, parle d'Esculape, quand il dit : Ce dieu m'apparut en songe, et m'ordonna pour obtenir ma guérison de manger de l'ognon et du sésame. Strabon, qui vivait du temps d'Auguste et de Tibère, rend témoignage aux cures merveilleuses d'Esculape, et à l'usage où l'on était dans ses différents temples de suspendre des tablettes qui attestaient et la maladie et la guérison. Strabon dit encore la même chose de Sérapis dans le temple qui lui était élevé à Canope. Ce temple, dit-il, est fréquenté avec un grand respect. Les personnes les plus considérables ont en ce dieu la plus grande confiance, et vont dans ce temple chercher des songes pour eux ou pour les autres. Tite-Live fait aussi mention du temple d'Esculape à Épidaure, et des riches présents que la reconnaissance des malades guéris y avait accumulés. Ces guérisons étaient si fréquentes dans le siècle d'Auguste, que Tibulle en fait mention dans ses *Élégies*. «Grande déesse, dit-il en s'adressant à Isis, venez à mon secours. Vous pouvez apporter du soulagement à mes maux. La multitude des tableaux appendus dans vos temples prouve la multitude de guérisons que vous avez opérées. »

Si le concert unanime des auteurs ne peut laisser de

doutes sur les guérisons opérées en songe, les monuments mêmes dont ces auteurs font mention parlent encore plus éloquemment. Nous voulons parler des inscriptions gravées sur les tablettes de marbre. Berrius Valentianus nous en fournit une ainsi conçue : « C'est pour avoir eu l'apparition d'Esculape, d'Aygie et des autres divinités bienfaisantes révérées en ce temple, et par suite des remèdes indiqués pour avoir recouvré la vue, que Frontonianus érige ce monument. » Dans une autre, rapportée par Thomasinus, on lit : « Valerius Capito, pour remercier Esculape de la guérison de Julia sa fille, et des avis qu'il reçut en songe, consacre une statue à ce dieu avec une tablette en marbre. » L'habitude d'aller consulter les songes dans les temples ne fit que se fortifier lorsque le culte des dieux égyptiens fut reporté à Rome. Les historiens nous font de grands récits des oracles que donnaient en songe ces divinités égyptiennes.

Pendant la dernière maladie d'Alexandre à Babylone, Arrian rapporte que les principaux chefs de son armée passèrent une nuit dans le temple de Sérapis pour consulter la divinité s'il serait plus avantageux de transporter Alexandre dans le temple. Il leur fut répondu en songe qu'il valait mieux ne le point transporter, et peu de temps après ce conquérant expira.

Sous l'empereur Claude, le temple d'Esculape, dans l'île de Tibère, était si fréquenté et les guérisons si communes, que les maîtres trouvaient extrêmement commode d'y envoyer leurs esclaves malades pour les y faire guérir. Les prêtres s'en plaignirent sans doute; car Claude, au témoignage de Suétone, rendit un décret portant que tous ceux qui obtiendraient guérison deviendraient libres. Pline a consigné dans ses écrits le nom de plusieurs plantes indiquées par les songes, et Galien en cite un grand nombre. Galien croyait fortement aux remèdes qui sont indiqués par les songes, et en voici une attestation bien formelle (1). Il dit qu'un homme riche, du milieu de la Thrace, avait été averti en songe de se rendre à Pergame dans le temple d'Esculape, que là le dieu lui avait prescrit de former une boisson avec des vipères, et de s'en frotter en même temps tout le corps; que son mal avait pris le caractère de la lèpre, mais qu'ensuite, à l'aide du remède que lui avait conseillé le dieu, il avait été entièrement guéri. Galien parle encore d'un prêtre d'Esculape qui s'était guéri d'un long et violent mal de côté en se saignant l'artère au haut de la main, d'après l'ordre que le dieu lui en avait donné en songe.

Marc Antonin ne parle pas seulement des consultations d'Esculape par ouï-dire; il nous apprend qu'il avait ressenti personnellement la puissance bienfaisante du dieu Sérapis, dans les songes qu'il lui avait procurés. Parmi les remerciements qu'il fait aux dieux, il n'oublie pas cette circonstance : « Je vous rends grâces de m'avoir donné un bon père, une bonne mère, de bons précepteurs... de m'avoir fait connaître Apollonius, Rusticus, Maximus... Je vous rends grâces de ce que j'ai trouvé une femme douce, affectionnée à son mari, à ses enfants... et des hommes excellents pour former la première jeunesse de mes enfants... Je vous rends grâces de m'avoir indiqué en songes différents remèdes, surtout pour mes crachements de sang et mes étourdissements, comme il m'est arrivé à Caëte. »

Au sujet de ce dernier passage de Marc Antonin, Dacier fait les réflexions suivantes : « Rien n'est plus commun dans les anciens que les remèdes indiqués aux malades dans leurs songes; et cela était si généralement reçu dans l'antiquité, qu'on allait coucher dans les temples, croyant que les dieux se communiquaient là plus volontiers, et révélaient aux malades pendant leur sommeil les choses

---

(1) Voyez aussi le *Traité des songes*, par l'abbé Ricard.

qui pouvaient opérer leur guérison. Mais, continue Dacier, je ne m'attacherais pas beaucoup aux coutumes des peuples toujours crédules et superstitieux, si des gens très sages et très dignes de foi n'avaient parlé de ce qui leur était arrivé dans leurs songes, d'une manière qui ne permet presque pas d'en douter. Aristide témoigne qu'il a été très souvent guéri par des remèdes qui lui avaient été révélés en songe. Synésius assure que, par le même secours, il avait évité de très grands dangers. On sait d'ailleurs ce que Socrate dit de ses songes. La reconnaissance d'Antonin pour Sérapis fut si vive, qu'il fit frapper en son honneur plusieurs médailles que l'on trouve dans Patin. Caracalla n'avait pas moins de confiance que ses prédécesseurs aux songes magnétiques qui s'obtenaient dans les temples d'Esculape. Il alla à Pergame, lisons-nous dans Hérodien, pour se servir des remèdes d'Esculape, et passa dans son temple autant de nuits qu'il le jugea à propos, afin de recevoir les songes qui devaient l'éclairer sur la nature de son mal et sur les moyens de guérison. Origène nous confirme que les guérisons opérées en songe par Esculape étaient nombreuses, et que ses temples étaient toujours pleins d'une multitude de Grecs et de Barbares qui tous attestaient avoir vu le dieu, non pas en apparence, mais lui-même en réalité (1), et marquant sa présence par ses oracles et par les guérisons qu'il opérait. »

Athénagore, qui, d'abord philosophe platonicien, embrassa ensuite le christianisme, dans son apologie pour les chrétiens, regarde l'âme comme capable par elle-même et par ses propres forces, de prédire les choses futures et de guérir les maladies. Voici comment il s'exprime à

---

(1) Dans l'obscurité il était facile à un prêtre païen de jouer le rôle d'Esculape ; et comme les Grecs et les Barbares n'étaient pas difficiles en fait de divinité, les guérisons prouvaient suffisamment pour eux, comme le dit Origène.

ce sujet : « Mais pour cette faculté de prévoir l'avenir et de guérir les maladies, elle est propre à l'âme. L'âme, attendu sa qualité immortelle, peut par elle-même et par sa propre vertu, percer dans l'avenir, et guérir les infirmités et les maladies (1). » Tertullien, parmi les qualités naturelles de l'âme, désigne le libre arbitre, l'empire sur les choses, et quelquefois la divination. Qu'entend-il par cet empire qu'il donne à l'âme sur les choses? Veut-il dire que l'âme, par son intelligence, sa force, vient à bout de maîtriser la nature? Il ne dirait rien de nouveau; ce serait une conséquence de ses autres attributs. Il entend donc que l'âme par sa force propre, par l'effet de sa volonté, peut dominer réellement et physiquement sur les choses. C'est là le secret du magnétisme et Tertullien n'est pas le seul qui l'ait dit. Avicenne enseigne la même doctrine : Que l'intelligence, dit-il, soit très bien disposée, qu'elle s'élève au-dessus de la matière, et elle forcera tout ce qui est matériel à lui obéir. D'accord avec Platon, Aristote, Athénagore, Origène, Tertullien, Xénophon s'exprime ainsi : « Rien ne ressemble plus à la mort que le sommeil. Mais c'est principalement pendant le sommeil que l'esprit de l'homme déclare sa divinité. Il aperçoit même alors ce qui doit arriver. C'est qu'alors il est

---

(1) On confond toujours trop facilement la faculté de prévision propre à l'âme avec la divination et les différents moyens superstitieux employés pour la pratiquer. On confond toujours aussi trop facilement la faculté de prévision *des actes organiques dont la cause existe déjà*, avec la prévision des futurs libres contingents. On confond encore avec trop de facilité les futurs libres contingents qui appartiennent à la volonté humaine, avec les futurs libres contingents qui dépendent entièrement de la volonté divine. Enfin, même parmi les futurs libres contingents qui appartiennent à la volonté humaine, on ne distingue pas assez ceux qui n'ont actuellement aucune cause, d'avec ceux qui ont actuellement une cause sollicitante, déterminante, faisant incliner librement l'homme dans tel ou tel sens *dans lequel il agira très probablement*, non par défaut de liberté, mais par l'abus de sa liberté même qui le fera, *comme cela arrive trop ordinairement*, se laisser aller au torrent de ses passions. — Nous verrons plus loin la doctrine de saint Thomas sur cette dernière question.

moins appesanti par ses chaînes. » (Xén. *Cyrop.*, lib. 8.)

« Ce serait ici le lieu d'examiner, dit Pline, si l'âme, pendant le sommeil, a quelque connaissance de l'avenir, et comme cela arrive. De telles prévisions sont-elles l'effet du hasard? S'il fallait raisonner d'après les exemples, il y aurait autant à dire pour que contre. » (Pline, *Hist. nat.*, lib. 10, *in fine.*)

Jamblique convient que l'avenir peut être annoncé d'avance par le concours de quatre dons réunis ensemble : 1° par une certaine nature de l'homme qui le porte à prévoir l'avenir; 2° par l'art conjectural dont cette faculté peut s'aider; 3° par la sympathie qui existe entre les parties du grand tout, comme entre les membres d'un seul et même animal; 4° enfin par cette disposition réciproque des corps pour laquelle les uns donnent des indices aux autres. (*De myst. egyp.*, p. 89)

Plutarque, dans son ouvrage intitulé : *Des oracles qui ont cessé et pourquoi*, nous parle en termes admirables de la faculté de prévision. En faisant la part des erreurs mythologiques que renferme le passage que nous allons citer, les vues profondes qu'il contient nous adouciront sa longueur.

« Si les démons sont âmes ou esprits séparés des corps,
» et n'ayant aucune communication avec eux... pourquoi
» est-ce que nous privons les esprits et les âmes qui sont
» dedans le corps de cette même puissance par laquelle
» des démons peuvent prévoir et prédire les choses à
» venir? Car il n'est pas vraisemblable que les âmes ac-
» quièrent propriété ou puissance aucune nouvelle quand
» elles abandonnent les corps : ains faut penser qu'elles
» ont toujours les mêmes parties, mais qu'elles les ont
» pires quand elles sont mêlées avec les corps, aucune
» d'elles étant non apparentes et cachées, les autres dé-
» biles et obscures, et qui pesamment et malaisément
» peuvent faire leurs opérations... car l'âme encore, pen-

qu'elle est liée avec le corps, a la puissance de co-
noître les choses futures, mais elle est aveuglée par la
terrestréité du corps... le soleil nous semble obscur à
» travers un brouillard, quoiqu'il soit toujours le même :
» et c'est la clarté qu'il avoit qui se montre quand le
» brouillard est dissipé. Ainsi l'âme humaine n'acquiert
» pas de nouveau la puissance de deviner quand elle sort
» du corps comme d'une nuée, ains l'ayant dès maintenant
» elle est aveuglée par la commixtion et confusion qu'elle a
» avec le corps mortel ; et ne le faut pas trouver étrange ni
» le décroire quand nous ne verrions autre chose en l'âme
» que la faculté et la force de la mémoire qui répond vis-
» à-vis à la puissance de deviner, considérant le grand
» effet qu'elle fait de conserver et garder les choses pas-
» sées, ou, pour mieux dire, de les faire aucunement
» être ; car du passé rien ne demeure ni ne subsiste en
» être, soit actions, soit paroles, ou passions, d'autant
» qu'elles ne font que passer, et périssent aussitôt comme
» elles viennent en être ; parce que le temps, ne plus ne
» moins qu'un torrent, emporte tout ; mais cette faculté
» mémorative de l'âme, lui faisant ne sais comment ré-
» sistance et l'arrêtant, donne par manière de dire, appa-
» rence et essence à ce qui n'est pas présent...

» La mémoire nous est l'ouïe des choses sourdes et la
» vue des aveugles, tellement que, comme je l'ai dit
» tantôt, ce n'est pas de merveille si, retenant les choses
» qui ne sont déjà plus, elle en anticipe plusieurs de
» celles qui ne sont pas encore : car celles-là lui touchent
» et lui appartiennent davantage, et s'affectionnent plus
» à elle, car elle s'épanche et incline vers celles qui sont
» encore à venir ; là où de celles qui sont déjà passées et
» de tout finies elle n'en a que le souvenir.

» Les âmes donc ayant cette puissance née et quant
» et elles, mais faibles, obscurcies et malaisées à exprimer
» ses appréhensions, ce néanmoins encore la montrent-

» elles, et la poussent dehors bien souvent par songes,
» ou bien par quelques cérémonies de sacrifices, quand
» le corps est bien purifié, et qu'il prend une certaine
» température propre à cet effet; là où parce que la
» partie ratiocinative et spéculative étant alors relâchée
» et délivrée de la sollicitude des choses présentes, elle
» se met avec la partie raisonnable et imaginative à penser
» de l'avenir; car ce n'est pas, comme dit Euripide,

» Bon devin est qui conjecture bien,

» mais bien est-il homme sage qui suit la partie de l'âme
» qui a discours de raison, et qui le conduit avec *vérisi-*
» *militude* : mais la vertu divinatrice, comme un papier
» sans écriture, non capable d'aucune raison, ni d'aucune
» détermination d'elle-même, ains seulement apte et
» propre à recevoir des fantaisies, imaginations et pré-
» tentions, sans aucune ratiocination, ni discours de rai-
» son, touche à l'avenir, lorsqu'elle s'éloigne et se tire du
» plus arrière du présent d'où il sort, par une certaine
» température et disposition du corps transmué, que nous
» appelons *inspiration*. Or a le corps bien souvent de lui-
» même une telle disposition; mais la terre jette dehors
» aux hommes les sources et origines de plusieurs autres
» forces et puissances, les unes qui transportent les
» hommes hors de soi, et apportent les maladies; d'au-
» tres aussi quelquefois bonnes, douces et utiles... Plu-
» tarque dit ensuite que certaines exhalaisons de la terre
» et diverses substances, se mêlant dans le corps, y en-
» gendrent une température et disposition non accou-
» tumée aux âmes, de laquelle il est bien malaisé pou-
» voir clairement et certainement exprimer la propriété...
» La fureur de Bacchus et de l'ivresse a, comme dit Eu-
» ripide, beaucoup de divination, quand l'âme échauffée
» et enflammée jette arrière toute crainte, que la pru-
» dence humaine apportant, détourne et éteint bien sou-

» vent l'inspiration divine. Cette partie prévoyante de l'a-
» venir s'aiguise en l'âme, comme le fer s'affine par la
» trempe. — Et rien n'empêche que l'exhalaison divina-
» trice, ayant quelque chose de particulièrement con-
» forme aux hommes, ne développe leurs facultés (1).
» L'âme est excitée par cette exhalaison divinatrice,
» comme l'œil par la lumière : car l'œil, qui a une na-
» turelle propriété et puissance de voir, n'est de nul effet
» sans lumière : aussi l'âme ayant cette propriété et fa-
» culté de prévoir les choses à advenir, comme un œil
» elle a besoin d'une chose propre qui l'allume et qui
» l'aiguise. »

Plutarque explique ensuite, par cette théorie, comment plusieurs oracles ont cessé (plusieurs de ceux qui étaient dus à des causes purement naturelles) ; c'est que dans plusieurs endroits il ne sort plus de terre les mêmes exhalaisons. Remarquons ici que parmi ces puissances, qui peuvent donner à l'âme une disposition particulière, réveiller chez elle des facultés latentes, inertes et assoupies, et lui en permettre la manifestation en la dégageant autant que possible de l'influence de la matière et des sens extérieurs, le magnétisme humain, ainsi que nous l'avons déjà dit, est la plus grande, et qu'on peut lui appliquer à meilleur droit ce que dit Plutarque de certaines exhalaisons de la terre.

Terminons ces citations, que nous pourrions si facilement multiplier et appuyer d'un grand nombre d'exemples, par les paroles remarquables du sage Deleuze : « Les philosophes ont dit que tout était présent pour Dieu : » pourquoi l'intelligence humaine qui émane de lui (qui » est créée à son image et à sa ressemblance), n'aurait-elle » pas la même faculté ? Cette faculté, bornée dans l'homme,

---

(1) Ne donne lieu à leur développement, à leur manifestation, ainsi que l'auteur s'exprime plus exactement plus bas dans la comparaison qu'il fait de l'âme et des organes de la vue.

» est infinie dans le Créateur, mais elle est de même na-
» ture... Ne supposons pas (sans cesse) que cette prévi-
» sion soit la suite d'une communication avec des esprits
» ou intelligences, car outre que rien ne prouve (ordinai-
» rement au moins dans le somnambulisme magnétique),
» la réalité de cette communication, nous ne ferions que
» reculer la difficulté : cette prévision n'étant pas plus
» explicable dans des esprits autres que nous, qu'elle ne
» l'est dans l'âme humaine.

» Tous les arguments par lesquels nous pouvons com-
» battre la réalité de la prévision, sont les mêmes que
» ceux par lesquels un aveugle peut combattre en réalité
» des phénomènes de la vision, et les moyens de nous
» convaincre de ce que nous ne pouvons comprendre sont
» les mêmes pour eux et pour nous... Faisons donc comme
» les aveugles, assurons-nous de la réalité du phénomène
» par les résultats, observons les somnambules comme les
» somnambules nous observent; nous nous assurerons
» alors que l'âme humaine est douée d'une faculté de
» prévision; que cette faculté, qui dans l'état naturel ordi-
» naire est sans exercice, se développe plus ou moins dans
» certaines circonstances, et qu'elle peut nous donner des
» notions entièrement étrangères à celles que nous devons
» à nos autres facultés... Les prévisions des somnambules
» sont dues à une sorte d'instinct qui s'est développé chez
» eux; elles sont dans l'ordre de la nature; profitons-en,
» mais soyons sûrs que les somnambules nous débiteront
» des rêveries lorsque nous voudrons les interroger sur
» ce qui ne se présente pas naturellement à eux (sponta-
» nément et de soi-même)... La religion chrétienne, en
» défendant la devination, en suppose la réalité; mais la
» défense de consulter les devins est extrêmement sage
» d'abord parce qu'ils ont souvent recours à des moyens
» superstitieux et coupables, ensuite parce que, par les
» raisons que j'ai dites plus haut, ceux mêmes qui sont

» doués de la faculté de prévision sont continuellement
» exposés à l'erreur. Cela n'empêche point qu'on ne puisse
» profiter des prévisions qui se présentent d'elles-mêmes
» et naturellement (ce que l'on apprécie plus facilement
» lorsqu'il s'agit de prévisions qui regardent la santé, et
» dont les effets sont déjà contenus dans la cause orga-
» nique). Il est permis d'écouter la Providence, mais non
» de l'interroger (de la tenter). Le métier de devin est
» également proscrit par la morale et par la raison (1).»

Après avoir posé en principe que l'action magnétique a sa source dans l'âme, et est purement naturelle, considérée en elle-même, mais qu'elle peut aussi revêtir tous les caractères des rapports que l'âme peut contracter avec le monde surnaturel, nous avons, je crois, suffisamment prouvé que notre intention n'était pas de nier qu'au milieu de prêtres dépravés et corrompus par toutes les erreurs et tous les crimes du paganisme, le démon avait pu concourir d'une manière plus ou moins constante suivant les temps, les lieux et les personnes, à étouffer pour ainsi dire l'innocence et la simplicité de la nature sous son action, si profondément ennemie de Dieu, de l'homme et des bonnes mœurs.

Mais sommes-nous dans l'erreur quand, après avoir reconnu que le surnaturel avait été bien souvent enté sur le naturel, nous disons qu'à l'origine tout n'était pas essentiellement et exclusivement l'œuvre de l'esprit de ténèbres? Sommes-nous dans l'erreur quand l'observation des faits nous a contraint d'admettre la lucidité des somnambules, quand l'examen de leur mode de développement, de leur cause nous a fait voir des facultés naturelles? Sommes-nous dans l'erreur, ai-je dit, lorsque nous regardons plusieurs de ces songes, de ces oracles d'Esculape, de Sérapis, d'Isis et d'Osiris, et les guérisons qui suivaient

---

(1) Deleuze, *Mémoire sur la faculté de prévision*, etc., broch. in-8· Paris, 1836.

leurs prescriptions, comme des résultats du magnétisme plus ou moins déguisé par l'habileté des prêtres? Sommes-nous dans l'erreur quand nous considérons tous ces temples consacrés à des divinités imaginaires comme des temples élevés d'abord pour la pratique du magnétisme humain, et qui ont été aussi bien justement dits avoir été les temples du démon, qui a toujours cherché à envahir toutes les puissances et toutes les facultés de l'homme pour s'attirer les adorations et les hommages qui ne sont dus qu'au vrai Dieu? Sommes-nous dans l'erreur lorsque nous affirmons que maintenant que toutes nos facultés peuvent plus facilement rentrer dans l'ordre pour lequel elles nous ont été données, nous pourrions, appuyés sur le catholicisme, réaliser dans un hôpital tout ce qu'ont eu de licite les temples anciens, et faire servir les vases des Égyptiens au culte du vrai Dieu? Nous le savons, personne n'a encore présenté la question qui nous occupe sous ce point de vue chrétien. Un grand nombre même ont oublié les bienfaits de leur mère pour s'élever contre elle et renouveler ses anciennes douleurs.

Rappelons en finissant, pour diminuer quelque chose de la singularité de nos assertions, que les prêtres de l'antiquité se plaçaient bien facilement dans les circonstances les plus favorables; que la faculté magnétique, comme toutes nos autres facultés, s'augmente et se fortifie par l'exercice et la méthode. Il était, en outre, bien aisé de jeter les consultants dans un sommeil somnambulique, soit en leur imposant les mains, soit par des frictions faites dans le silence de la nuit, soit par des réservoirs magnétiques cachés et dissimulés adroitement, soit par des vapeurs, des parfums narcotiques qui provoquent une passivité d'esprit et de corps favorable à l'action magnétique, soit en appelant en aide les ténèbres habilement ménagées, certains sons harmonieux de la musique, ou même l'électricité animale qui se dégage des peaux de brebis fraîchement égorgées, ou par d'autres appareils que les prêtres pouvaient avoir à leur disposition, et dont une étude plus parfaite leur permettait d'obtenir aussi des résultats plus complets, plus constants.

CHAPITRE XXII.

ERREURS AUXQUELLES LE MAGNÉTISME A SERVI DE PRÉTEXTE. — PROPHÈTES SACRÉS MÉCONNUS PAR TH. BOUYS, ETC. — MIRACLES DIVINS ATTAQUÉS PAR MM. FOISSAC ET MIALHE, ETC. — SACREMENTS CONFONDUS AVEC L'ACTION DU MAGNÉTISME HUMAIN. — APERÇU THÉOLOGIQUE SUR CES QUESTIONS DIVERSES. — CITATIONS IMPORTANTES DE SAINT THOMAS.

Nous sentons maintenant la nécessité d'examiner, en abrégé au moins, les doctrines erronées des magnétiseurs modernes. Le magnétisme, ainsi que nous l'avons déjà dit ailleurs, a été pour eux une occasion, un prétexte; mais leur impiété antécédente, leur ignorance trop grande des vérités religieuses, voilà la cause première des principales erreurs que nous avons déjà signalées dans le cours de ces notes, et que nous allons maintenant exposer plus au long.

M. Théodore Bouys publia en 1806 un ouvrage dans lequel il prit à tâche de mêler le surnaturel et les faits de l'ordre purement naturel, et de tout confondre en prétendant tout expliquer (1). Selon lui, en voyant partout et toujours du magnétisme et du somnambulisme, on peut aplanir toutes les difficultés. Prophètes, oracles, sibylles, divination de toute espèce, inspiration de tout genre, tout est mis sur la même ligne.

Nous avons vu plus haut que le docteur Rostan, plus timide dans ses assertions, professe cependant la même

(1) Nouvelles considérations puisées dans la clairvoyance instinctive de l'homme, sur les oracles, les sibylles et les prophètes, etc. Par *Th. Bouys.* Paris, 1806. 1 vol. in-8.

doctrine, en assurant que les *phénomènes surnaturels*, une foule de *faits miraculeux*, trouvent une explication *satisfaisante, physiologique, naturelle, dans le magnétisme.* (Art. *Magnétisme* du *Dict. de méd.*, t. XIII.)

Comme d'autres magnétiseurs, dont nous aurons bientôt à nous occuper, sont tombés dans les mêmes erreurs sur la question si importante des prophètes sacrés, des prophéties divines, nous allons leur répondre ici en exposant la doctrine de l'Église à ce sujet, ne mettant nos propres réflexions que dans les notes placées au bas de la page ou entre parenthèses.

Le prophète est un homme qui prédit l'avenir par l'inspiration de Dieu. Dans l'Écriture sainte, ce terme n'a pas toujours le même sens; quelquefois il signifie :

1° Un homme doué de connaissances supérieures, soit divines, soit humaines : voilà pourquoi l'on avait donné d'abord le nom de *voyants* (1) ou d'hommes éclairés à ceux qui dans la suite furent nommés *prophètes*. (1. *Reg.*, c. IX, v. 9.) Dans ce sens, saint Paul, *Tit.*, c. I, v. 12, appelle *prophète des Crétois* un homme de leur nation qui les avait peints au naturel : et 1. *Cor.*, c. XIV, v. 6, il appelle *don de prophétie* les connaissances supérieures que Dieu donnait à quelques uns d'entre les fidèles pour instruire et édifier les autres, et il préfère ce don à celui des langues.

2° Celui qui a une connaissance *surnaturelle* des choses cachées, soit pour le présent, soit pour le passé. Ainsi Samuel prophétisa, ou fit connaître à Saül que les ânesses qu'il cherchait étaient retrouvées (2). Les soldats qui maltraitaient notre Divin Sauveur dans le prétoire de Pilate lui disaient : Prophétise qui est celui qui t'a frappé.

(1) La vue à distance, considérée dans certains cas comme le résultat d'une faculté naturelle, ne put-elle pas aussi entrer pour quelque chose dans la dénomination de *voyant*?

(2) Mais l'on observe de semblables phénomènes de vue à distance qui ont lieu naturellement. Cela empêche-t-il que celui qui *naturellement* ne serait pas disposé à manifester cette faculté, puisse en recevoir la puissance d'exercice par un effet spécial de la volonté divine?

3° Un homme inspiré que Dieu fait parler, même sans qu'il comprenne tout le sens de ce qu'il dit. Ainsi saint Jean observe dans son Évangile que Caïphe prophétisa en disant, au sujet de Jésus-Christ, qu'il était expédient qu'un homme mourût pour le peuple (1). (*Joan*, c. xi, v. 51.) Josèphe nomme *prophètes*, c'est-à-dire inspirés, les auteurs des treize premiers livres de l'Écriture sainte.

4° Celui qui porte la parole au nom d'un autre. (*Exod.*, c. vii.) Dieu dit à Moïse : « Ton frère Aaron sera ton *prophète*; il parlera pour toi. »

5° L'on appelait encore prophètes ceux qui composaient et chantaient des hymnes et des cantiques à la louange de Dieu avec un enthousiasme qui paraissait surnaturel. David, Asaph et d'autres étaient *prophètes* dans le même sens, et les jeunes gens que l'on exerçait à ce talent sont appelés *les enfants des prophètes*. (IV. *Reg.*, c. ii.)

6° Ce nom signifiait encore un homme doué d'un pouvoir surnaturel, du don des miracles. Nous lisons, *Eccl.*, c. lxviii, que le corps d'Élisée *prophétisa* après sa mort, parce que l'attouchement de ce corps ressuscita un mort qui avait été mis dans le même tombeau.

En confondant ces différentes significations, les incrédules ont cherché à dégrader les fonctions des *prophètes*; ils ont dit que c'était un art que l'on pouvait apprendre, puisqu'il y en avait des écoles chez les Juifs. Mais si l'on prend le nom de *prophète* dans un sens plus propre pour un homme inspiré de Dieu, doué du pouvoir de faire des miracles, ce n'est plus un art, mais un don surnaturel que Dieu seul peut accorder. Pour peu que l'on veuille examiner les prédictions des *prophètes* sacrés chez les Juifs, l'on verra évidemment que l'art, les prestiges ni l'imposture n'y ont pu avoir aucune part.

Mais est-il vrai qu'il n'y a *aucune* différence entre les

---

(1) De semblables prophéties ne peuvent-elles pas aussi avoir lieu *naturellement*, c'est-à-dire sans un concours *spécial* de Dieu ?

prophètes juifs et les devins ou les oracles des autres nations? Les incrédules, et même certains magnétiseurs, ne se sont pas donné la peine d'en faire la comparaison, (au moins d'une manière attentive et consciencieuse).

1° Les prophéties n'ont pas commencé à éclore chez les Juifs. Ce don que Dieu a fait aux hommes est aussi ancien que le monde. A peine Adam fut-il créé, qu'en voyant la compagne que Dieu lui avait donnée, il prophétisa l'étroite union qui régnerait entre les époux : il n'avait pas encore eu le temps de le sentir par expérience. Dès qu'il fut tombé dans le péché, Dieu lui annonça un rédempteur futur, qui cependant ne devait venir au monde qu'après quatre mille ans (1). Dieu avertit Noé du déluge universel cent vingt ans avant qu'il arrivât; il instruisit Abraham du sort futur de sa postérité. Jacob, au lit de la mort, dévoila distinctement à chacun de ses enfants la destinée réservée à sa famille : c'est par l'esprit prophétique que Joseph devint premier ministre du roi d'Égypte, etc. L'on peut dire en quelque manière que dans les premiers âges du monde la providence divine l'a gouverné par des prophéties; mais les Juifs seuls en ont été dépositaires (2).

2° Ces hommes, doués de l'esprit prophétique, ne sont point de simples particuliers sans autorité, sans considération; ce sont les personnages les plus respectables de l'univers, des patriarches chefs de famille, ou plutôt de peuplades nombreuses : Abraham, père de plusieurs peuples; Jacob, tige des douze tribus de sa nation; Moïse,

---

(1) Mais on pouvait en attendant sa venue se sauver par la foi qu'on avait en lui, ou *à la connaissance de laquelle on se rendait digne d'être appelé en se conduisant suivant les règles de la loi naturelle intimée à l'homme par sa raison et sa conscience.* Telle a toujours été la doctrine de l'Église.

(2) Ce n'est que chez eux, en effet, qu'on les trouve consignées d'une manière claire, intègre, complète. On trouve bien aussi chez les autres peuples des restes de la révélation primitive, mais défigurée et mêlée à des fables qui rivalisent de contradictions et surtout d'immoralités.

fondateur d'une république et auteur d'une législation qui devait durer quinze cents ans ; ce sont les juges ou les chefs souverains de ce même peuple : David, qui en était roi ; Isaïe, né du sang royal ; Ezéchiel, de race sacerdotale ; Daniel, premier ministre et revêtu de toute l'autorité du roi d'Assyrie, etc. Osera-t-on comparer ces grands hommes aux vils jongleurs qui, chez les autres nations, faisaient le métier de devin pour gagner leur vie? Peuvent-ils être mis en parallèle avec ces fausses divinités corrompues et corruptrices, avec ces héros impurs de l'immoral paganisme, avec ces grands philosophes ; ces grands prêtres vivants et mourants en flattant le polythéisme populaire, en l'entretenant par des fêtes immondes, avec ces monstres qui, s'ils ont connu le magnétisme et le somnambulisme, s'en sont servis pour se constituer de plus en plus coupables de lèse-majesté divine et de démoralisation nationale?

3° Les *prophètes* dont l'histoire sainte fait mention étaient respectables, non seulement par le rang qu'ils tenaient dans le monde, mais encore davantage par leurs vertus, par leur courage, par leur amour pour la vérité, par leur soumission aux ordres de Dieu. Ils n'ont pas abusé des lumières surnaturelles qu'ils avaient reçues pour flatter les passions des rois, des grands ni des peuples ; ils leur ont reproché hautement leurs vices ; ils leur ont annoncé les châtiments de Dieu avec autant de fermeté que ses bienfaits. Plusieurs ont été victimes de leur zèle, et ils l'avaient prévu ; ils ont bravé les tourments et la mort pour dire la vérité. Les incrédules eux-mêmes ont senti les conséquences de cette destinée, et ils l'ont tournée en dérision ; ils ont dit que la profession de *prophète* était *un mauvais métier*. Mauvais sans doute pour ce monde : c'est ce qui prouve que personne n'a pu être tenté de l'usurper. Si de nos jours le métier de philosophe avait été sujet aux mêmes épreuves, il aurait été moins recherché par nos beaux esprits. Il y a de faux *prophètes ;* la même histoire sainte nous l'apprend ; mais ils prêchaient l'idolâtrie ; ils n'annonçaient que des prospérités, ils décriaient les vrais *prophètes* du Seigneur : c'étaient des hommes sans conséquence, et toutes leurs prédictions se sont trouvées fausses. Il n'est pas difficile d'appliquer ce portrait à ceux qui ont prophétisé de nos jours l'anéantissement prochain du christianisme (1).

4° Les prophéties de l'Ancien Testament et du Nouveau n'ont point pour objet les vils intérêts des particuliers ; elles ne flattent les passions, les goûts, la curiosité de personne, comme les oracles des païens. Par la bouche des *prophètes*, Dieu parle comme maître et juge souverain des nations, comme arbitre de leur sort pour ce monde et pour l'autre. Elles annoncent les destinées, non seulement du peuple juif ; mais leur principal objet est la venue du Rédempteur, la vocation générale de tous les peuples au renouvellement de la connaissance de Dieu, le salut éternel de tous les hommes. Ces grands événements méritaient sans doute d'occuper la providence divine et d'exciter l'attention du genre humain tout entier. Pour rabaisser l'importance des prophéties, les incrédules affectent de les isoler, de les concentrer dans un coin de la Judée, de fermer les yeux sur la relation qu'elles ont avec l'intérêt général du monde : juges aveugles et infidèles, ils ne nous empêchent pas de voir ce que contiennent les livres des *prophètes* Ce ne sont point quelques phrases ambiguës, quelques sentences énigmatiques, comme les oracles de Delphes dans un si grand nombre de cas ; ce sont des discours entiers et suivis, et les mêmes objets y sont souvent tracés sous vingt images différentes.

---

(1) Lorsque les prédictions des faux prophètes se réalisaient, ce qui arrivait quelquefois lorsqu'elles étaient dans certaines limites, l'infidélité, l'appel fait par leurs auteurs à des dieux étrangers pour entraîner à leurs pieds leurs concitoyens donnait la mesure de l'estime qu'on en devait faire.

A la vérité, les Juifs, les Manichéens, les Sociniens, les incrédules en contestent le sens ; mais tous agissent par intérêt de système. Depuis dix-huit siècles, l'Église Catholique y voit les mêmes objets, Jésus-Christ, ses mystères, la vocation des nations à la foi, le plan de la rédemption et du salut du monde ; et les anciens docteurs juifs y ont vu la même chose que les chrétiens. Que prouve contre cette antique tradition, confirmée par Jésus-Christ et par ses apôtres, les objections dictées par l'ignorance ou par le désir de s'aveugler ?

5° Ces prophéties font une suite continue et une chaîne qui s'étend depuis Adam jusqu'à Jésus-Christ : la race de la femme, qui doit écraser la tête du serpent ; le chef né de Juda, qui rassemblera les peuples ; le descendant d'Abraham, dans lequel seront bénies toutes les nations de la terre ; le *prophète* semblable à Moïse, que l'on doit écouter sous peine d'encourir la vengeance divine ; le prêtre éternel selon l'ordre de Melchisédech, duquel David a parlé ; l'enfant né de *la vierge*, dont Isaïe a prédit la naissance, et l'homme de douleurs, duquel il a peint les tourments ; l'oint du Seigneur saisi par les péchés du peuple qui excitait les gémissements de Jérémie ; le Christ, chef des nations, duquel Daniel annonce l'avénement et en fixe l'époque ; le désiré des nations ; l'ange de la nouvelle alliance, que les derniers *prophètes*, Aggée et Malachie, ont vu arriver dans le second temple, sont-ils un personnage différent de l'agneau de Dieu que Jean-Baptiste a montré au doigt, et auquel il avait préparé les voies ?

L'une de ces prophéties confirme l'autre ; elles deviennent plus claires à mesure que les événements sont plus prochains, jusqu'à ce qu'enfin leur accomplissement en dévoile pleinement le sens. Quiconque ne voit pas là un plan réfléchi et dirigé par la divine Providence cherche à s'aveugler de propos délibéré.

6° Enfin les *prophètes* n'ont point fait en secret leurs

prédictions; ils ne les ont point consignées dans des mémoires cachés; ils les ont publiées au grand jour, à la face des rois et des peuples, et souvent ils les leur ont données par écrit, afin qu'ils pussent les examiner à loisir, et que les incrédules eussent le temps de se convaincre de la vérité. Elles ont été soigneusement conservées par la nation même, qui y a vu ses propres crimes et la source de tous ses malheurs. Nous les avons telles qu'elles ont été écrites, et plusieurs le sont depuis plus de trois mille ans. Il faut donc qu'elles aient été d'une tout autre importance que les oracles de l'idolâtrie (1).

A présent nous demandons à nos adversaires s'ils ont bonne grâce à placer les unes et les autres au même rang, à prétendre que les *prophètes* juifs étaient identiques à ceux des païens. Mais s'ils veulent faire attention aux preuves nombreuses que nous venons d'exposer, ils ne peuvent que rougir d'avoir tant ignoré, d'avoir tant supposé. Cependant, s'ils refusent de se rendre, en alléguant pour motif qu'ils voient bien dans tout cela certaines preuves morales assez fortes, mais qu'elles n'ont point la valeur de preuves physiques et mathématiques, nous leur répondrons que chaque ordre de vérités a son genre de preuves qu'il n'est pas permis d'échanger et de confondre sans enfreindre les plus simples règles du bon sens.

M. Mialle, dans ses notes sur le magnétisme dans l'antiquité, notes annexées par lui à l'ouvrage de M. Foissac, imite fidèlement M. Bouys et le docteur Rostan (2). Sui-

---

(1) Voyez Bergier, *Dict. théol.*

(2) M. Mialle, malgré la circonspection qui le caractérise, laisse cependant mesurer quelquefois sa portée philosophique. Un jour surtout, son cœur était profondément affligé; il revenait de la cérémonie funèbre «d'un *des grands bienfaiteurs modernes de l'humanité;*» il versait des larmes sur la mort de Fourier, et semblait n'avoir point aperçu certains principes assez immoraux que la doctrine du fameux auteur d'économie politique offre si clairement à l'observateur le plus superficiel. L'interlocuteur, au milieu des marques de sensibilité de M. Mialle, regardait le crucifix attaché à sa cheminée, et trouvait au moins singulier de pareilles larmes

vant lui, chez les Hébreux, il faudrait mettre en tête des magnétiseurs Moïse, Aaron, Samuel, Balaam, Elie, Élisée, etc., etc. (Foissac, *Rapports et discussions*, etc., pag. 461). En effet, MM. Mialle et Foissac *expliquent* magnétiquement et admirablement un des miracles de Moïse : c'est celui par lequel le grand législateur des Hébreux fait triompher Josué, et passer les Amalécites au fil de l'épée. « Moïse ayant envoyé Josué combattre contre les Amalécites, monta sur une colline avec Aaron et Hur, et lorsque Moïse tenait les mains levées, Israël était victorieux ; mais lorsqu'il les abaissait un peu, Amalec avait l'avantage. Cependant les mains de Moïse étant lasses et appesanties, c'est pourquoi ils prirent une pierre, et l'ayant mise sous lui, il s'y assit, tandis qu'Aaron et Hur soutenaient les mains des deux côtés : ainsi les mains ne se lassèrent pas jusqu'au coucher du soleil, et Josué passa les Amalécites au fil de l'épée (1). » Voilà certainement du magnétisme à distance et à larges courants. Mais choisir un fait aussi évidemment miraculeux pour défendre d'ailleurs une mauvaise cause, c'est faire de l'irréligion à plaisir (2). Si M. Mialle eût dit : Voilà

---

au pied du crucifix. S'il n'y avait que cela, on pourrait aimer à voir dans ce fait l'égarement momentané d'un bon cœur, mais les interprétations impies que M. Mialle prodigue dans ses notes de Foissac ne laissent point d'excuse. Voici, du reste, les expressions d'un médecin magnétiseur sur la doctrine de M. Mialle (correspondance inédite) : « *J'ai vu M. Mialle..... le bonhomme brouille tout dans le magnétisme : saints, diables, miracles, somnambules, prêtres, égyptiens...* » Si je cite, quoiqu'à regret, ces faits de la vie privée, c'est qu'ils éclairent la vie publique, c'est qu'ils disculpent le magnétisme d'erreurs qu'avec une pareille logique on sait fort bien prendre sans lui.

(1) Foissac, *Rapports et discussions sur le magnétisme*, pag. 462 et suiv.

(2) Comme on pourrait croire que nous faisons trop rude guerre à M. Mialle, dont nous aimons sincèrement la personne, tout en attaquant ses erreurs, il nous faut donner encore une preuve de sa haute logique, de sa profonde philosophie et de sa bienveillance pour la religion.

Les inondations du Pô qui ont ravagé il y a peu d'années une partie du territoire de Modène fournirent à monseigneur l'évêque de cette ville

bien dans les signes extérieurs, dans les procédés quelque chose d'*analogue* à la manière dont on exerce l'action magnétique ordinaire, mais voilà aussi évidemment dans les effets produits des merveilles qui repoussent l'*identité*, et manifestent une cause toute surnaturelle et toute divine, qui opère dans l'âme de Moïse, on eût peut-être pu laisser passer la proposition sans être révolté par une absurdité palpable.

Cependant M. Mialle ne s'arrête pas là. Toutes les guérisons de l'Évangile doivent être entendues magnétiquement. Il est bien vrai que M. Mialle ne se donne pas la peine d'examiner en détail ces miracles nombreux qui montrent de la manière la plus évidente l'auteur de la nature, le créateur et le législateur du monde, commandant en souverain maître. Cette multitude innombrable de possédés délivrés, de malades guéris en un seul instant, ces tempêtes apaisées, ces morts ressuscités, alors que, comme Lazare, on sent déjà la corruption du tombeau (1); tout cela eût été trop embarrassant, et les ma-

l'occasion de rappeler aux fidèles toute la supériorité de la *science divine* sur *la fausse science des hommes*, l'empire de Dieu sur les causes secondes, l'emploi qu'il en peut faire pour punir les hommes des fautes commises envers sa divine Majesté. M. Mialle (*Rapport confidentiel*) en prend occasion de s'exprimer ainsi : « Ceux-ci (les hommes), bonnes gens, at-
» tribuent assez volontiers les inondations à des crues d'eau trop subites,
» à des pluies excessives, à l'exhaussement du lit du fleuve, au défaut de
» chaussées, de canaux de dégagement, etc. Quel aveuglement! quelle
» erreur! et surtout quelle impiété !... »

Oui, monsieur, quel aveuglement! quelle erreur! et surtout quelle impiété! de ne voir que les causes secondes sans la main puissante qui les conduit, qui les dirige, qui les modère. Un philosophe païen un peu intelligent ne descendrait pas à un pareil oubli. Savants modernes insensés, vous êtes enflés par l'orgueil de la science. Parce que vous avez saisi les rapports de la foudre et de l'électricité, calculé quelques unes de ses lois, pensez-vous donc qu'elle ne pourra plus être entre les mains de Dieu un instrument de sa justice pour vous atteindre? Je ne blâme pas votre prudence, mais j'ai en horreur votre présomption, et vous me semblez mal à l'abri avec elle jusque sous vos édifices armés.

(1) Sur cette question : « Les miracles opérés par Jésus-Christ montraient-

gnétiseurs modernes ne sont pas encore en mesure de ressusciter les morts, et d'obscurcir l'évidence des faits divins par une semblable méthode.

Mais Jésus imposait les mains, il employait de la salive pour rendre la vue aux aveugles ; si on touchait quelque

» ils suffisamment sa divinité ? » saint Thomas, le théologien de l'Église, répond : « Comme les miracles de Jésus-Christ surpassent la puissance » humaine, et que c'est par sa propre vertu que Jésus-Christ les opère, » ils prouvent plus que suffisamment (*abundè*) sa divinité. »

Puis le docteur angélique ajoute les développements suivants :

« On peut répondre que les miracles que Jésus-Christ a opérés manifestaient suffisamment sa divinité, pour trois raisons : 1° A cause de la nature même des œuvres qui surpassaient le pouvoir de toute puissance créée, et qui à cause de cela ne pouvaient avoir lieu que par une puissance divine. Aussi l'aveugle guéri disait-il (Joann., 9) : Depuis le commencement des siècles on n'a point entendu dire que personne ait ouvert les yeux à un aveugle-né : si cet homme n'était pas de Dieu il ne pourrait rien faire.

» 2° A cause de la manière dont Jésus-Christ opérait ses miracles : car il les faisait comme par un pouvoir qui lui appartenait en propre et non point en priant comme les autres hommes. C'est pourquoi saint Luc, chap. 6, dit qu'il sortait de lui une vertu qui guérissait *tous les malades*. Ce qui prouve, comme le remarque saint Cyrille, qu'il ne recevait pas d'un autre sa puissance ; mais comme il était véritablement Dieu (*naturaliter Deus*), il manifestait sur les malades un pouvoir qui lui était propre, et c'est pour cela qu'il opérait des miracles innombrables. Aussi sur ces paroles de saint Mathieu, chap. 8, « D'une parole il chassait les malins esprits, et il guérit *tous ceux qui étaient malades*, » saint Chrysostôme s'exprime ainsi : Faites attention à cette foule immense de malades guéris dont les évangélistes font mention comme en passant, sans raconter en détail la guérison de chacun, mais en indiquant seulement par un seul mot cette multitude incalculable de miracles (*pelagus ineffabile miraculorum*). Par là il était manifeste que Jésus-Christ avait une puissance en tout égale à Dieu le père (*virtutem coequalem Deo patri*), selon ces paroles de saint Jean, chap. 5 : « Tout ce que le Père fait, le Fils le fait aussi *comme lui* (*hæc et filius si-* » *militer facit*). » Et au même endroit : « Comme le Père ressuscite les morts et leur donne la vie ; de même le Fils donne la vie à qui il lui plaît (*quos vult vivificat*).

» 3° A cause de sa doctrine, par laquelle il se disait Dieu ; doctrine qui, si elle n'eût point été vraie, n'eût pas été confirmée par des miracles opérés par une puissance divine (*miraculis divina virtute factis*). C'est pourquoi il est dit en saint Marc, chap. 1 : « Quelle est cette nouvelle doctrine ? Car il commande avec autorité, même aux esprits immondes, et ils lui obéissent. » (Saint Thomas, 3ᵃ q., 43. 4, c.)

chose qui lui avait appartenu, cela suffisait pour qu'on fût guéri ; *il sortait de lui une vertu qui guérissait*, et voilà ce qui fait dire à M. Mialle que tout s'explique par le magnétisme *fort naturellement*.

Si je ne savais qu'en fermant volontairement les yeux pour ne pas voir que l'autorité de l'Église est, même sous un point de vue tout humain, l'autorité la plus imposante par l'*étendue* et la *durée* de sa juridiction, on renonce aussi au fait divin le plus évident, je m'étonnerais ici de tant d'aveuglement au milieu de tant de lumières.

En effet, outre les caractères de divinité que nous avons sommairement énumérés plus haut en faveur des guérisons de l'Évangile, le texte même sur lequel s'appuie M. Mialle renverse tout son échafaudage impie. Saint Luc, au chapitre VI, v. 19, dit bien, en effet, qu'une vertu sortait de notre Seigneur : *Quia virtus de illo exibat ;* mais il ajoute aussi : *Et sanabat omnes*, *et guérissait tout le monde*. Ainsi, indépendamment des circonstances toutes divines qui attestent le miraculeux des guérisons de l'Évangile, ces seuls mots *« guérissait tout le monde »* protestent contre toute explication naturelle, mettent dans la plus grande évidence la nature, l'*autorité* de la cause divine qui agit, qui opère si merveilleusement, si universellement, si facilement.

Je répéterai ici la remarque que j'ai déjà faite plus haut. Si M. Mialle eût dit : Voilà bien dans les signes extérieurs, dans les procédés, quelque chose d'*analogue* à la manière dont on exerce l'action magnétique ordinaire ; mais voilà aussi évidemment dans les effets produits, dans leur généralité, leur nature intime révélée par leurs circonstances ; voilà des merveilles qui repoussent bien loin l'*identité*, et manifestent une cause toute surnaturelle et toute divine qui opère, en unité de personne, autour du Sauveur du monde: alors on eût peut-être pu soupçonner que M. Mialle, reconnaissant la divinité de notre Seigneur, voulait expliquer seulement quelque chose du mode second et *ministériel* par lequel s'opéraient les miracles. On eût pu penser qu'entrant avec bonne foi et simplicité dans la question que posent certains théologiens, pour savoir si l'humanité sainte de notre Seigneur prenait part et concours à ses miracles ; M. Mialle, sachant que le Verbe divin a pris un corps et une âme semblables aux nôtres, soutenait que l'humanité sainte de notre Seigneur laissait échapper aussi une vertu magnétique analogue en quelque chose à celle des autres hommes, mais modifiée d'une manière *essentiellement différente* pourtant, et devenue vertu divine, à cause de l'union intime de la divinité avec l'humanité. Enfin, en s'exprimant ainsi, l'opinion de M. Mialle eût pu paraître singulière, mais eût-elle été impie?... La vérité religieuse et même la *vérité scientifique* eussent tout au moins paru sous un jour moins hostile et moins faux.

Cependant, pour éclairer le reproche qu'on pourrait bien nous faire d'accorder encore trop ici aux magnétiseurs, nous allons reproduire quelques passages de saint Thomas sur cette question si importante du concours de l'humanité sainte de notre Seigneur dans l'accomplissement des faits miraculeux.

« L'humanité de notre Seigneur Jésus-Christ fut l'in-
» strument de sa divinité (*instrumentum divinitatis ejus*).

» Saint Denys trouve en Jésus-Christ *une opération thé-*
» *andrique* (*operationem theandricam*), c'est-à-dire di-
» vine-humaine (*divinam virilem et divinam humanam*),
» non par aucune confusion des opérations ou puissances
» des deux natures (*operationum seu virtutum utriusque*
» *naturæ*), mais parce qu'en lui l'opération divine se sert
» de l'opération (de la puissance) humaine, et qu'en lui
» *l'opération humaine participe à la vertu de l'opération*
» *divine.* 3ª q. 19, 1. 1ᵘᵐ.

» L'humanité de Jésus-Christ est comme *l'organe de la*

» *divinité*, comme dit saint Jean Damascène, liv. 3. Mais
» l'instrument n'opère pas l'action de l'agent principal
» par sa propre vertu, mais par la vertu de l'agent prin-
» cipal : c'est pour cela que l'humanité de notre Seigneur
» Jésus-Christ ne produit pas la grâce par sa propre ver-
» tu, mais par la vertu de la divinité qui y est jointe.

» L'humanité de notre Seigneur Jésus-Christ *est l'in-*
» *strument de sa divinité*, non pas comme un instrument
» inanimé, qui n'agit en aucune manière, mais qui est
» mis en action, mais comme un instrument animé par
» une âme raisonnable (*instrumentum animatum animâ*
» *rationali*), qui est mis en action et qui agit lui-même.
» 3ᵃ q. 7, 1. 3ᵘᵐ.

» Donner la grâce ou l'esprit saint convient à Jésus-
» Christ en tant qu'il est Dieu, comme auteur (*auctorita-*
» *tive*); mais comme ministre (*sed instrumentaliter*), cela
» lui convient aussi autant qu'homme, parce que *son hu-*
» *manité a été l'instrument de sa divinité*. 3ᵃ q. 8, 1. 1ᵘᵐ.

» L'âme de Jésus-Christ... n'a pu changer les créatures
» au-delà des lois de la nature, si ce n'est autant qu'elle
» a été l'instrument de la divinité.

» Mais si nous parlons de l'âme de Jésus-Christ en tant
» qu'elle est l'instrument du verbe auquel elle est unie,
» elle eut la puissance ministérielle (*instrumentalem vir-*
» *tutem*) pour opérer tous les changements miraculeux,
» propres à la fin de l'incarnation. 3ᵃ q. 13, 2. c.

» L'âme de Jésus-Christ peut être considérée en tant
» qu'elle est un instrument joint au verbe de Dieu en
» unité de personne.

» Cependant, parce que la puissance d'action ne peut,
» à proprement parler, être attribuée à l'instrument, mais
» au principal agent : une semblable toute-puissance est
» plutôt l'attribut du Verbe divin que de l'âme de Jésus-
» Christ. 3ᵃ q. 13, 3. c. (C'est pour cela aussi que, même
en admettant dans notre Seigneur un fluide vital ma-

gnétique, il est absurde de lui attribuer en propre des effets qu'il n'opère que par manière d'instrument de la puissance divine qui le modifie.)

» Partout où plusieurs agents sont coordonnés, l'infé-
» rieur est mû par le supérieur : ainsi, dans l'homme, le
» corps est mis en mouvement par l'âme (ministérielle-
» ment par le fluide nerveux), et les facultés inférieures
» par la raison. Ainsi les actions et les mouvements de la
» cause inférieure (*inferioris principii*), sont plutôt opérés
» (*operata quædam*), qu'ils ne constituent des opérations;
» au contraire, ce qui appartient au premier principe
» constitue à proprement parler une opération (*est pro-
» priè operatio*).

» Chaque fois que le moteur et l'instrument mis en
» mouvement (*movens et motum*) ont diverses formes ou
» vertus d'opérer, *il faut alors* que l'opération du moteur
» soit autre que celle propre à l'instrument mis en mou-
» vement, *bien que l'instrument mis en mouvement* parti-
» cipe de l'opération du moteur, et que le moteur se serve
» *de l'opération de l'instrument mû*, et ainsi que l'un et
» l'autre agissent en communication avec l'autre (*cum com-
» munione alterius*). *Ainsi donc, en Jésus-Christ la nature
» humaine a sa forme et sa vertu propre par laquelle elle
» agit*, et semblablement la nature divine ; d'où il faut
» conclure que la nature humaine a une opération propre
» et distincte de l'opération divine, *et vice versâ*. Cepen-
» dant, la nature divine se sert de l'opération de la nature
» humaine, comme de l'opération d'un instrument qui lui
» appartient ; et semblablement, la nature humaine par-
» ticipe de l'opération de la nature divine, comme l'in-
» strument participe de l'opération de l'agent principal.
» Et c'est ce que dit le pape Léon dans sa lettre à Flavien :
» Chaque forme (c'est-à-dire et la nature divine et la na-
» ture humaine en Jésus-Christ) agit en communication,
» en communion (*in communione*) avec l'autre, suivant ce

» qui leur est propre : ainsi le verbe opère ce qui est pro-
» pre au Verbe, *et la chair exécute ce qui est de la chair.*
» 3ᵃ q. 19, 1. c.

» Autre est l'action de l'opération divine (*operatum*
» *operationis divinæ*) et de l'opération humaine en Jésus-
» Christ. Ainsi l'action propre de l'opération divine, c'est
» la guérison du lépreux (en raison des circonstances
» miraculeuses, la subitanéité, etc.); l'action propre de
» la nature humaine, c'est le contact qu'elle établit (et
» l'influx vital, la communication magnétique?). Les deux
» opérations concourent à un seul effet, en tant qu'une
» nature agit en communion de l'autre. 3ᵃ q. 19. 1. 5ᵘᵐ.

» L'humanité de Notre-Seigneur Jésus-Christ est comme
» l'instrument de la divinité, ainsi qu'il a été dit plus
» haut; et c'est pour cela que l'humanité de Jésus-Christ
» est sanctifiante et sanctifiée. 3ᵃ q. 34. 1. 3ᵘᵐ.

» Jésus-Christ a-t-il opéré ses miracles par une vertu
» divine?

» Tous les miracles que Jésus-Christ a opérés ont été
» faits par une puissance divine, puisqu'ils étaient de
» véritables miracles.

» Les véritables miracles ne peuvent être faits que par une
» vertu divine, parce que Dieu seul peut changer l'ordre
» de la nature; ce qui constitue véritablement le miracle.
» C'est pourquoi le pape Léon dit dans sa lettre à Flavien
» qu'il y a en Jésus-Christ deux natures : l'une divine,
» qui éclate par des miracles; l'autre humaine, qui suc-
» combe aux outrages. Et cependant l'une agit en com-
» munication avec l'autre (*cum communicatione alterius*)
» en tant que la nature humaine est l'instrument de l'ac-
» tion divine, et que l'action humaine reçoit la vertu
» de la nature divine, ainsi qu'il a été dit plus haut. 3ᵃ.
» q. 43. 2. c.

» Il a deux sortes d'agents, le principal et le minis-
» tériel (instrumental). L'agent principal du salut des

» hommes, c'est Dieu. Mais parce que l'humanité de
» Jésus-Christ est l'instrument de la divinité (comme il
» est dit plus haut), de là découle la conséquence que
» toutes les actions et les souffrances de Notre-Seigneur
» Jésus-Christ opèrent ministériellement (*instrumentaliter*)
» en vertu de la divinité pour le salut des hommes; et
» c'est ainsi que la passion de Notre-Seigneur Jésus-Christ
» est cause efficiente du salut du genre humain. 3ᵃ q. 48.
» 6. c. »

Dans un ouvrage intitulé : *Le livre des peuples et des rois* (1), M. Charles Sainte-Foi (pseudonyme), qui paraît d'ailleurs animé de meilleures intentions, tout en s'élevant à des considérations qui ne sont certainement pas sans valeur pour un homme qui n'a point étudié à fond la question, n'en laisse pas moins lieu cependant, dans les dernières lignes que nous allons citer, à des erreurs véritablement aussi graves que celles que nous venons de signaler (2).

Il s'exprime ainsi (pag. 410) : « Et un phénomène nou-
» veau a été découvert et étudié dans ces derniers temps,
» et l'homme ne sait pas encore bien ce qu'il est (surtout
» celui qui en parle un peu *à priori*); et depuis cette dé-
» couverte, la nature a encore grandi à ses yeux, et ja-
» mais elle ne lui avait paru aussi puissante. Et ce phé-
» nomène avait en soi quelque chose de si extraordinaire,
» que l'homme ne savait quel nom lui donner (l'auteur
» fait ici de la poésie); et il l'a appelé *magnétisme animal*.
» Mais ce mot n'en exprime ni la nature, ni la forme, ni
» le but : c'est un mot *tout de convention* (nous avons vu
» en différents endroits que s'il y a dans ces assertions

---

(1) Debécourt. 1 vol. in-8, deuxième édition. Paris.

(2) Des magnétiseurs, en France et en Allemagne, ont dit et écrit que partout et toujours, dans toutes *les religions*, les cérémonies religieuses, les sacrements, etc., *n'étaient que du magnétisme pur et simple.* Tout ce qui suit, joint à ce qui précède sur les miracles, est dirigé contre eux.

» quelque chose de vrai, elles sont fausses dans leur gé-
» néralité); car l'esprit ne peut nommer avec exactitude
» que ce qu'il conçoit avec clarté ; et les noms qu'il donne
» aux choses sont pour ainsi dire l'ombre qu'il projette
» sur elles. Et quand ce phénomène sera mieux compris,
» peut-être l'esprit aura-t-il moins de peine à concevoir
» comment les objets de la nature, consacrés par la prière
» de l'Église, peuvent produire dans un cœur bien dis-
» posé des effets surnaturels, puisque le contact et la vo-
» lonté de l'homme peuvent communiquer à certains ob-
» jets une force merveilleuse et secrète (1), à laquelle l'es-
» prit lui-même ne peut résister. (L'auteur compromet ici

(1) Nous avons cité plus haut des faits qui prouvent que par l'influence du magnétisme humain, exercé soit avec contact, soit sans contact et à distance, l'âme de l'homme (sans action *réfléchie*), la volonté humaine (ayant conscience de son action) peut déposer sur certains objets et leur communiquer une force merveilleuse et secrète, qui reproduit les phénomènes magnétiques et surtout somnambuliques, et qui, *médiatement par la réaction organique du sujet*, sont capables de solliciter son esprit à s'exercer librement dans tel ou tel sens. Pour apprécier la puissance de cette action psycho-physiologique purement naturelle, nous citerons les expériences suivantes qu'il serait bon de se rappeler aussi lorsqu'en revenant sur la baguette divinatoire nous parlerons des pierres placées avec l'intention spéciale qu'elles servent de limites à un champ. Les docteurs Læventhal et Reuss, de Moscou, ayant magnétisé du verre, celui-ci détermina promptement le somnambulisme; ce corps vitreux, lavé dans l'eau et frotté avec du linge, puis donné au même sujet, l'endormit en une minute et demie. Le même verre magnétisé, lavé dans l'alcool, l'ammoniaque, l'acide nitrique, l'acide sulfurique, produisit de même le sommeil, sans paraître avoir rien perdu du fluide magnétique. Ces savants ont fondu de la cire, de la colophane, du soufre, magnétisés, et après le refroidissement ils ont constaté les mêmes effets. Les objets magnétisés, conservés avec soin, donnaient les mêmes résultats après six mois. Ces médecins firent plusieurs contre-épreuves avec des objets semblables, mais non magnétisés; il n'y eut pas de résultat.

Pour ces expériences on prend une personne très sensible à l'action magnétique et chez laquelle le somnambulisme a été provoqué plusieurs fois. L'on expérimente sans qu'elle soit prévenue quel est l'objet magnétisé, en l'absence et à l'insu du magnétiseur afin que les effets ne soient pas le résultat de son action même non réfléchie. Le corps magnétisé reçoit en union de son magnétisme propre le fluide magnétique humain et s'en des-

» la liberté fort mal à propos, c'est par hyperbole.) Peut-
» être concevra-t-on que ces phénomènes que l'on a com-
» pris sous le nom de magnétisme ne sont que le reflet
» (l'ombre serait plus juste) de *ce magnétisme spirituel et*
» *divin* dont les phénomènes surnaturels s'accomplissent
» dans les sacrements par le contact des *objets naturels*
» ou *par la parole de l'homme.* » Il faudrait ajouter : *des*
objets naturels sur lesquels est entée pour ainsi dire une
puissance surnaturelle et divine; par la parole non pas
de l'homme simplement, mais de l'homme qui a reçu
une puissance surnaturelle, un centre, un foyer d'action
divine par le caractère sacerdotal; cela est nécessaire
pour ne pas faire du naturalisme et du rationalisme impies.
En s'exprimant ainsi, on semblerait embrasser l'opinion
des théologiens qui pensent que les sacrements agissent
non pas seulement d'une manière morale (*moraliter*),
mais d'une manière ministérielle et physique (*instrumentaliter physice*). Encore, pour éviter de donner prise à
l'opinion hérétique, qui fait varier l'action des sacrements
avec la sainteté du ministre (ce qui, indépendamment
des raisons de foi, est contraire à la bonté divine, à la
facilité du salut, à la paix des âmes de bonne volonté, etc.),
faudrait-il ajouter que *ce magnétisme spirituel et divin*,
par sa nature supérieure, peut bien modifier le magnétisme humain, mais non pas être modifié par lui. Ce qui
démontre notre assertion, c'est que (outre les raisons de
foi qui nous donnent la certitude de la volonté contraire
de notre Seigneur), une vertu divine est essentiellement
différente d'une vertu humaine, et hors de ses atteintes,
que, même dans l'ordre naturel, un magnétisme supérieur
spirituel (le magnétisme humain ennobli par l'action de
l'âme) modifie un magnétisme inférieur (1), sans pouvoir

saisit au contact d'un corps animé ayant naturellement plus d'affinité pour
ce fluide qu'un corps inorganique.

(1) Voyez la note précédente.

être modifié par lui, surtout si la volonté antécédente a été prohibitive.

Pour ne pas s'égarer dans la question présente, il est bon de se rappeler ce qui est de foi et ce qui est du domaine des opinions.

Il est de foi que les sept sacrements de la loi nouvelle ont tous été établis par notre Seigneur Jésus-Christ. — Un sacrement est un signe sensible, d'un effet intérieur spirituel et surnaturel, institué par notre Seigneur Jésus-Christ pour la sanctification de nos âmes. Ce signe sensible, nécessaire pour que nous connaissions le moment de l'action divine en nous, puisque nous ne pouvons point percevoir les choses purement spirituelles, et qu'elles ne peuvent point entrer dans le commerce de la société humaine, est un signe sacré, permanent, qui durera autant que notre sainte religion, que l'Église sainte avec laquelle son divin fondateur a promis d'être *chaque jour et jusqu'à la consommation des siècles.* — Pour l'administration *valide* d'un sacrement, il faut que le prêtre qui l'administre ait au moins l'intention de laisser agir en lui cette puissance spirituelle et divine communiquée par l'ordination, et imprimée dans son âme par un caractère ineffaçable; il lui faut au moins l'intention de faire ce que fait l'Église. Mais il n'est pas nécessaire, pour la *validité* (autre chose est pour la *licité*), que le ministre du sacrement soit en état de grâce (1); et cela parce que les sacrements opèrent par leur usage, leur application, par une action, une efficacité qui est propre (*ex opere ope-*

---

(1) Il est de foi, et la raison même le dit hautement, que c'est un péché très grave d'administrer les sacrements sans être en état de grâce, comme de recevoir aussi dans cet état certains sacrements; et l'on ne peut considérer sans horreur ceux qui commettent publiquement ce crime, ou qui le renouvellent en faisant parade d'un sacerdoce ou d'un épiscopat reçu dans le schisme ou dans l'hérésie. Les faits suivants méritent d'être racontés à ce sujet.

On sait que dans ces derniers temps un médecin, fort estimable d'ailleurs

rato), et non par l'efficacité de celui qui opère, c'est-à-dire par l'action ou la disposition de celui qui administre le sacrement, ou de celui qui le reçoit, action qui, bien qu'elle soit requise pour l'effet du sacrement, ne l'est pas comme cause, mais seulement comme condition sans laquelle la cause ne pourrait pas agir, puisqu'elle ne serait pas posée.

Maintenant que, pour le but que nous nous proposons ici, nous en avons dit assez sur ce qui est de foi, nous arrivons aux opinions qui partagent les théologiens, à la question de savoir si les sacrements produisent la grâce comme cause morale (*moraliter*), ou comme cause physique et ministérielle (*instrumentaliter physice*).

Tournely, Vasquez, Lugo, etc., pensent que les sacrements produisent la grâce comme cause morale ; c'est-à-dire qu'ils portent Dieu à nous accorder la grâce. Ils

par sa science et par ses qualités privées (*), et gémissant lui-même de la bassesse de sentiments et de l'immoralité théorique et pratique d'un grand nombre des membres qui s'étaient réunis autour de lui sous le nom de *Joannites*, *chrétiens primitifs*, *Templiers*, associés en loge écossaise à ce que la franc-maçonnerie a de plus édifiant ; chrétiens primitifs qui reparurent publiquement dans *la cour des miracles*, exerçant une espèce de ministère ; prédicants à la protestante ; mariés, ou séparés de leurs femmes et vivant actuellement en concubinage public ; quittant l'estaminet et la queue de billard avant de monter à la tribune pour y professer un rationalisme désespérant, et souvent même le plus grossier matérialisme (c'est le grand-maître lui-même qui s'exprimait ainsi sur leur compte) ; on sait que ce médecin prétendait avoir reçu, d'un évêque espagnol schismatique, l'épiscopat, qu'il communiquait quelquefois à son tour (s'il y avait de sa part épiscopat réel, bien entendu), ainsi que le sacerdoce. Eh bien ! les médecins mêmes, qui penchent trop souvent vers le matérialisme ou l'indifférence religieuse, bien que je connaisse cependant de nombreuses et honorables exceptions, ne pouvaient se défendre d'une certaine indignation, en voyant le triste rôle épiscopal de leur confrère en science médicale.

Un prêtre espagnol, issu de noble famille romaine, M. l'abbé R........,

(*) Quelques rapports purement scientifiques avec ce médecin, lorsque j'étais moi-même élève en médecine, et ce que m'en a rapporté un chrétien ferme dans sa foi, M. le comte de C...., demandent qu'en disant ce qui est blâmable, je rende aussi justice à ce qui peut excuser un bon cœur qui avait toute la faiblesse d'une femme, et le défaut de son pays, l'orgueil vaniteux d'un Castillan.

donnent pour raison que la grâce, par sa nature, ne peut être produite que par Dieu seul (oui, mais immédiatement ou médiatement) : ils ajoutent qu'il n'est pas nécessaire ici d'ajouter un nouveau miracle par lequel les sacrements seraient eux-mêmes cause de la grâce. Sans doute, si ce nouveau miracle n'existe pas, il n'est pas nécessaire de le supposer : mais existe-t-il ? voilà la question. Le plus grand nombre des Pères et des anciens théologiens répondaient par l'affirmative, et bien que la plupart des modernes penchent vers la négative, voici ce que dit saint Liguori : « Sal. Suar. Vall. Pelle, etc., et
» surtout saint Thomas soutiennent que les sacrements
» produisent la grâce comme cause physique ministé-
» rielle, *en sorte que ces causes naturelles par une puis-*
» *sance subjective (per potentiam obedientialem), sont*

vieillard saint et vénérable, fut invité à dîner chez une grande dame du faubourg Saint-Germain. En entrant au salon, il voit, assis sur un canapé, un homme revêtu d'une soutane violette sur laquelle brillait la croix épiscopale. Dans sa foi simple et naïve, le prêtre tombe à genoux pour recevoir la bénédiction de celui qu'il regardait comme un successeur légitime des Apôtres, et lorsqu'il s'est relevé, la dame de la maison, en lui montrant son hôte illustre, lui dit : Monsieur l'abbé R........, j'ai l'honneur de vous présenter *Monseigneur Châtel, primat des Gaules.* — Que vous ai-je fait, madame, lui dit le saint prêtre, pour me faire un pareil affront ?... Et toi, monstre, j'ai reçu ta bénédiction, eh bien ! je te la rends. — Et la bouche qui avait parlé lui jetait en même temps au visage cette marque de mépris qui atteste qu'un dégoût profond s'est emparé de celui qui la donne. — Et M. l'abbé R........ se retira, laissant l'évêque frauduleux, initié à l'épiscopat prétendu par le docteur Fabré Palaprat, en belle position pour méditer sur sa grandeur.

Nous le savons, les fanatiques de l'impiété et du panthéisme moderne crieront eux-mêmes au fanatisme, et leur cœur glacé pour la gloire d'un Dieu qu'ils nient ou qu'ils défigurent ne comprendra pas combien dut être subite et spontanée l'horreur produite par un criminel public, par un empoisonneur des âmes rachetées au prix du sang de Jésus-Christ ; mais quoi qu'ils fassent, ils ne parviendront jamais à effacer du cœur de l'homme ce principe profond de moralité et de foi qui fait que le peuple même regarde comme un crime qu'on devrait expier par une pénitence sincère ou tout au moins ensevelir dans l'oubli, un sacerdoce reçu dans la haine de Dieu et exercé contre ses créatures et contre lui.

» *élevées jusqu'à pouvoir produire un effet surnaturel.*
» Saint Liguori ajoute que chaque opinion est assez pro-
» bable. » (*Théol. mor.*)

Si, pour étudier cette intéressante question (1), on embrasse d'un seul coup d'œil, et ce que dit saint Thomas sur la manière dont l'humanité sainte de notre Seigneur opérait les miracles, et ce qu'il ajoute sur le mode d'action des sacrements, et ce qu'il dit plus loin sur le caractère sacerdotal, sur cette puissance spirituelle, surnaturelle et divine, communiquée au prêtre; si on a bien présente à l'esprit cette vérité que le prêtre, *comme prêtre*, a contracté avec notre Seigneur Jésus-Christ une alliance merveilleuse (2), qui ne le rend pas seulement dépositaire d'un pouvoir d'invocation, mais d'action divine et sacrée qui opère et qui brille surtout dans toute sa plénitude lorsqu'à l'autel il change le pain et le vin en corps et en sang de Jésus-Christ, en disant, comme en unité de personne : « *ceci est mon corps, ceci est mon* » *sang;* » alors apparaît à l'homme de bonne foi un ensemble imposant dont la liaison et l'unité harmonieuse satisfait à la fois et l'esprit et le cœur.

Encore ici, je regrette vivement d'être obligé de ne mettre que la traduction de saint Thomas, en indiquant la source du texte, et en laissant de côté les réponses si solides et si lumineuses faites aux objections par le docteur Angélique.

« On peut dire que, de même que dans la personne même de notre Seigneur Jésus-Christ, l'humanité opère notre salut par la grâce sous l'action principale d'une vertu divine (*virtute divina principaliter operante*), de même aussi, dans les sacrements de la loi nouvelle, qui dérivent de Jésus-Christ (*quæ derivantur à Christo*), la

---

(1) Je dis *intéressante,* puisque les questions *importantes* sont fixées par la foi.

(2) Voyez ce qui a été dit plus haut à ce sujet.

grâce est produite d'une manière ministérielle (comme par un instrument, *causatur gratia instrumentaliter*), par les sacrements eux-mêmes, mais principalement par la vertu de l'Esprit Saint qui opère dans les sacrements selon ces paroles de saint Jean, c. 3 : Si quelqu'un ne renaît pas par l'eau et le Saint-Esprit, il ne peut entrer dans le royaume de Dieu, 12e, q. 112, 1. 2um (1).

» Bien que Dieu seul soit la cause effective et principale de la grâce, cependant les sacrements de la loi nouvelle la produisent à la manière d'un instrument (*ipsam causant per modum instrumenti*).

» Il est nécessaire de dire que les sacrements de la loi nouvelle opèrent la grâce en quelque manière. Il est manifeste, en effet, que par les sacrements de la loi nouvelle,

---

(1) Saint Augustin, saint Grégoire de Nazianze, selon l'opinion commune des Saints Pères, disent que notre Seigneur, en se plongeant dans l'eau lorsqu'il fut baptisé par saint Jean, l'a sanctifiée par le contact de son humanité sainte et lui a communiqué la vertu qu'elle a dans le baptême, et qui opère dans l'âme, lorsqu'elle est employée avec l'invocation distincte des trois personnes de l'adorable Trinité. C'est le seul sacrement (sans entrer ici dans les discussions relatives au sacrement de mariage) que, dans le cas de nécessité, un laïque puisse administrer en employant les paroles sacramentelles, et en ayant au moins l'intention de faire ce que fait l'Église. Comme, malgré ce que disent les Saints Pères sur l'eau sanctifiée par le contact de l'humanité sainte de notre Seigneur (*contact* que personne n'oserait dire nécessaire à la vertu divine pour opérer), jamais ils n'ont prétendu dire que l'eau fût toujours et partout à l'état de sacrement ; que, dans le cas où un laïque baptise, la puissance sacerdotale n'agit que fort indirectement par l'intention de faire ce que fait l'Église, et qu'il semble qu'il faille que ce soit notre Seigneur qui confère immédiatement à l'eau sa puissance ; de ces difficultés surtout est née l'opinion de ceux qui défendent l'action morale des sacrements. Cependant notre Seigneur eût pu faire une exception pour celui-là à cause de sa grande nécessité. Quoi qu'il en soit, voici les paroles de saint Grégoire de Nazianze : « Jean baptise, et
» Jésus approche, sanctifiant il est vrai celui même qui baptise, et surtout
» pour ensevelir le vieil Adam sous les eaux, et par-dessus tout afin que
» par là les eaux du Jourdain fussent sanctifiées ; afin que, comme notre
» Seigneur était esprit et chair, de même aussi ceux qui devaient être baptisés pussent recevoir, par l'esprit et l'eau, la sainteté transmise. » (*Orat. in. S. Lumina.*)

l'homme est incorporé à Jésus-Christ (*homo Christo incorporatur*)... Mais l'homme ne devient pas membre de Jésus-Christ, si ce n'est par la grâce. *Quelques uns* disent cependant (*quidam*) qu'ils ne sont pas cause de la grâce en opérant quelque chose, mais parce que Dieu, lorsqu'on emploie les sacrements, produit la grâce dans l'âme (elle-même)... Suivant cette opinion, les sacrements de la loi nouvelle ne seraient donc rien autre chose que des signes de la grâce, lorsque cependant, d'après l'autorité *d'un grand nombre de saints docteurs* (*ex multis sanctorum auctoritatibus*), il est dit que les sacrements de la loi nouvelle non seulement sont des signes de la grâce, mais la produisent.

» Il faut donc dire qu'il y a deux genres de causes qui agissent, la principale et la ministérielle (*instrumentalis*). La principale opère réellement par une vertu qui tient à sa nature, et identique à l'effet : ainsi le feu échauffe par sa chaleur. Et en ce sens, il n'y a que Dieu qui puisse être cause de la grâce, parce que la grâce n'est pas autre chose qu'une participation de ressemblance à la nature divine (*quædam participata similitudo divinæ naturæ*). Quant à la cause ministérielle (*instrumentalis*), elle n'agit pas par une vertu qui tient à sa nature, mais seulement par un mouvement qui lui est communiqué par l'agent principal : d'où il suit que l'effet n'est point identique à l'instrument, mais à l'agent principal... Et c'est de cette manière que les sacrements de la loi nouvelle sont causes de la grâce...

» Mais si la cause ministérielle est apparente, elle peut être appelée le signe d'un effet caché ; car non seulement elle est cause, mais en un certain sens aussi elle est effet, en tant qu'elle est mise en mouvement par l'agent principal. Et en ce sens les sacrements de la loi nouvelle sont en même temps cause et signe ; et c'est de là, comme on dit communément, qu'ils produisent ce qu'ils signifient. De là encore il est évident qu'ils ont d'une manière parfaite la nature de sacrements, puisqu'ils sont établis pour un effet divin, non seulement comme signe, mais encore comme cause.

» Un instrument a deux actions : une ministérielle par laquelle il n'opère pas par sa vertu propre, mais par la vertu de l'agent principal. *Cependant il possède une action qui lui est propre*, et qui est en rapport avec sa propre nature... Et il n'accomplit pas son action ministérielle (*instrumentalem*) *sans exercer l'action qui lui est propre*... Et semblablement les corps élevés à la dignité de sacrements (*sacramenta corporalia*), par l'action qui leur est propre, action qu'ils exercent sur le corps qu'ils touchent, accomplissent dans l'âme une action ministérielle qu'ils doivent à la puissance divine : ainsi l'eau du baptême, en lavant le corps suivant la vertu qui lui appartient, lave l'âme, comme étant un instrument de la puissance divine ; car de l'âme et du corps résulte une unité (*nam ex animâ et corpore unum fit*).

» C'est ce que dit saint Augustin, que l'eau baptismale touche le corps et purifie le cœur. Mais le corps ne peut être purifié que par la grâce : donc elle est cause de la grâce, et par la même raison les autres sacrements de l'Église. 3ª q. 62, 1. c. 1um, 2um, etc.

» *Conclusion.*

» Les sacrements de la loi nouvelle contiennent la grâce, comme on dit qu'une cause ministérielle renferme son effet.

» Hugues de Saint-Victor dit qu'un sacrement, par l'action qui l'a rendu tel, contient une grâce invisible.

» Une chose est renfermée dans une autre de deux manières : ainsi, suivant un double mode, la grâce est dans les sacrements, d'abord comme dans un signe : en effet un sacrement est le signe d'une grâce ; ensuite comme dans sa cause : en effet, ainsi qu'il a été dit, un sacrement de la loi nouvelle est cause ministérielle de la grâce.

» La grâce est donc dans les sacrements de la loi nouvelle, non pas en raison de la ressemblance de la nature, comme un effet est dans sa cause naturelle, ni même en raison d'une modification propre, permanente et proportionnée à un pareil effet. .; mais en raison d'une puissance ministérielle, passagère et incomplète dans son existence naturelle, ainsi que nous l'expliquerons plus bas. 3ᵉ 62, 3. c. *sed contra*.

» Y a-t-il dans les sacrements quelque vertu qui soit cause de la grâce ? »

Après avoir répondu aux objections négatives, saint Thomas ajoute comme complément :

« Mais saint Augustin dit le contraire en ces termes sur un passage de saint Jean : D'où vient à l'eau une si grande vertu qu'elle touche le corps et purifie le cœur? Et Bède assure que le Seigneur, par le contact de sa chair très pure, a communiqué aux eaux une puissance régénératrice.

» *Conclusion*.

» Il y a dans les sacrements une vertu ministérielle (*instrumentalis*), capable de communiquer la grâce qui est l'effet du sacrement, vertu en rapport avec l'instrument (*proportionata instrumento*) : vertu, non pas permanente, il est vrai, mais passagère : ainsi un instrument n'opère point s'il n'est mis en mouvement par l'agent principal.

» Ceux qui disent que les sacrements ne sont cause de la grâce que par une certaine concomitance disent que dans un sacrement il n'y a aucune vertu qui opère pour que le sacrement ait son effet, et qu'il y a cependant une vertu divine qui accompagne le sacrement. Mais en disant que le sacrement est cause ministérielle de la grâce, il est nécessaire de dire en même temps qu'il y a dans le sacrement une puissance ministérielle capable d'atteindre la fin du sacrement.

» Une vertu spirituelle (et surnaturelle) ne peut pas être dans un corps comme puissance permanente et complète, ainsi que la raison le démontre.

» Cependant rien n'empêche que dans un corps il y ait une vertu spirituelle ministérielle, puisqu'un corps peut être mis en mouvement par une substance spirituelle pour produire un effet spirituel. C'est ainsi que la voix des êtres vivants (*in ipsa voce sensibili*) renferme une certaine vertu spirituelle pour exciter l'intelligence de l'homme, et cela parce qu'elle procède des conceptions de l'esprit.

» De même qu'une vertu ministérielle est acquise à l'instrument par cela seul qu'il est mis en mouvement par l'agent principal, de même aussi le sacrement atteint une fin spirituelle par la bénédiction de notre Seigneur Jésus-Christ, et par l'application du prêtre à un usage sacramentel : aussi saint Augustin dit-il dans un sermon sur l'Épiphanie : « Il n'est pas étonnant que nous disions que l'eau, c'est-à-dire une substance corporelle, puisse purifier l'âme ; elle le peut certainement, et pénètre tous les replis de la conscience. Bien qu'elle soit en effet subtile et pénétrante par nature, par la bénédiction de notre Seigneur Jésus-Christ, elle est devenue plus subtile encore ; elle recèle des principes de vie, et, comme une rosée pénétrante, elle parvient jusqu'à l'intime de l'âme. » 3ª. q. 62. 4. c. 1um. 2um, 3um *sed contra*.

» Les sacrements de la loi nouvelle tirent-ils leur vertu de la passion de notre Seigneur Jésus-Christ ?

» Un sacrement (ainsi qu'il a été dit plus haut) agit pour produire la grâce à la manière d'un instrument. Mais il y a deux sortes d'instruments : l'un séparé comme un bâton ; l'autre conjoint comme la main. Par l'instrument conjoint, l'instrument séparé est mis en mouvement. La principale cause efficiente de la grâce est Dieu lui-même; qui emploie l'humanité de Jésus-Christ comme un instrument conjoint, et les sacrements comme un instrument séparé. C'est pour cette raison qu'il est nécessaire que la vertu qui sauve découle de la divinité de notre Seigneur Jésus-Christ, par son humanité, dans les sacrements eux-mêmes.

» D'où il est évident que les sacrements de l'Église tirent une vertu spéciale de la passion de notre Seigneur, dont la vertu s'unit intimement à nous lorsque nous recevons les sacrements. En signe de cette vérité, lorsque notre Seigneur Jésus-Christ était attaché à la croix, de l'eau et du sang coulèrent de son côté : l'eau, parce qu'elle appartient au baptême; le sang à l'Eucharistie, et que ce sont là les deux principaux sacrements. 3ᵃ. q. 62. 5. c.

» D'un autre effet des sacrements, qui est d'imprimer un caractère.

» Il est de foi que certains sacrements impriment dans l'âme de celui qui les reçoit un caractère ineffaçable, une marque spirituelle, surnaturelle et divine.

» Le caractère est-il une puissance spirituelle ?

» Comme, par les sacrements qui impriment un caractère, les hommes sont consacrés pour accomplir les devoirs du culte divin, nécessairement ce caractère consiste dans une communication faite à l'âme d'un pouvoir spirituel (surnaturel et divin).

» Or le culte divin consiste à recevoir quelque chose de divin, ou à le communiquer aux autres; mais, pour l'un comme pour l'autre, il faut une certaine puissance; car, pour communiquer quelque chose à d'autres, il faut avoir une puissance active; et pour recevoir, une puissance passive : aussi le caractère entraîne-t-il avec lui une puissance spirituelle, coordonnée aux choses qui sont du culte de Dieu. Il ne faut point oublier que cette puissance spirituelle (surnaturelle et divine) est ministérielle (*instrumentalis*), ainsi qu'il a été dit plus haut de la vertu que renferment les sacrements. Posséder la puissance qui imprime un caractère dans les sacrements, appartient aux prêtres ministres du Seigneur, et le ministre agit à la manière d'un instrument (*se habet per modum instrumenti*).

» Le caractère participe à la nature d'un effet par rapport au sacrement qui l'imprime; mais, considéré en lui-même, il est cause dans le sens exposé plus haut. 3ᵃ q. 63. 2. c. 4um.

» Le caractère qui est imprimé par les sacrements pour l'accomplissement des choses qui appartiennent au culte divin est un caractère dont *Jésus-Christ* est le principe (*Jésus-Christ*, non pas *Dieu* simplement; Jésus-Christ, non pas comme Dieu *seulement*, mais comme Dieu fait homme, comme *homme-Dieu*).

» Chaque fidèle est destiné à recevoir ou à communiquer aux autres les choses qui ont rapport au culte divin : c'est pour cela tout spécialement que le caractère sacramentel est constitué. Mais tous les rits de la religion chrétienne dérivent du sacerdoce de Jésus-Christ, et c'est ce qui rend manifeste que le caractère imprimé par les sacrements est un caractère qui appartient tout spécialement à Jésus-Christ, par le sacerdoce duquel les fidèles sont rendus semblables à lui suivant le caractère des sacrements qu'ils reçoivent (caractère par conséquent autre pour le simple fidèle, autre pour le prêtre (1)), caractère qui n'est autre chose qu'une certaine participation du sacerdoce

---

(1) On ne doit pas confondre le sacerdoce intérieur de tous les chrétiens avec le sacerdoce intérieur des prêtres, sacerdoce qui est aussi extérieur et ministériel, qui n'appartient qu'à ceux qui ont reçu ce pouvoir spécial des évêques successeurs des Apôtres, et qui ne peut s'exercer légitimement que dans l'unité de l'Église.

de Jésus-Christ, participation qui émane de Jésus-Christ même. 3ᵃ q. 63. 3. c.

» Ce caractère est-il dans les puissances (les facultés) de l'âme ?

» Ainsi qu'il a été dit plus haut, le caractère est comme un cachet (*signaculum*) imprimé dans l'âme pour la rendre capable de recevoir ou de communiquer aux autres les secours nécessaires pour rendre à Dieu le culte (qui lui est dû de la part des chrétiens). Or ce culte dû à Dieu consiste dans certains actes. Mais comme les puissances (les facultés) de l'âme ont pour attribut spécial la production des actes, comme l'essence constitue l'être, c'est pour cela que le caractère n'est point dans l'essence de l'âme, mais dans ses puissances (dans ses facultés ou puissances d'action).

» De même que l'essence de l'âme, qui est le principe de la vie naturelle de l'homme, est perfectionnée par la grâce, principe de la vie spirituelle de l'âme, de même aussi les puissances naturelles de l'âme sont perfectionnées par la puissance spirituelle (et surnaturelle) qui consiste dans le caractère (*quæ est character*). 3ᵃ q. 63. 4. c. 2ᵘᵐ (1).

(1) Voyez encore 3ᵘ q., 64. 1, c. 3ᵘᵐ *Id.* q., a., 2. C. *Id.* q., a. 3, c. *Id.* q., a, 4, c. 3ᵘᵐ *et passim*.

CHAPITRE XXIII.

ERREURS AUXQUELLES LE MAGNÉTISME A SERVI DE PRÉTEXTE (SUITE).— PANTHÉISME INVOLONTAIRE DE M. CHARPIGNON. — ERREURS DE M. RICARD SUR LE PURGATOIRE. — IL NIE L'EXISTENCE DU DÉMON ET ADMET LA RÉALITÉ DES POSSESSIONS. — M. AUB. GAUTHIER, APOLOGISTE DE L'IDOLATRIE ET DES IDOLATRES, PROFESSE LE PANTHÉISME, NIE L'EXISTENCE DU DÉMON, ETC. — SPIRITUALISME EXCLUSIF DU DOCTEUR BILLOT. — LES ANGES, CAUSES UNIQUES DES PHÉNOMÈNES MAGNÉTIQUES ET SOMNAMBULIQUES.

M. Charpignon, dans l'ouvrage déjà cité lorsque déjà nous avons fait mention de son bon vouloir (1), fait remonter ses erreurs plus haut, et imite en cela quelques auteurs français et en plus grand nombre allemands. Pour lui, « tout doit sortir de l'unité; l'unité est principe » et essence; et quelque tranchée qu'apparaisse une indi- » vidualité, elle ne peut être qu'*un des modes de manifes-* » *tation* de l'unité, de l'être, de Dieu. » Dans ces vues toutes panthéistiques, tout est Dieu, rien n'est Dieu. Point de création, etc., etc.

« C'est en vain que la science a reconnu comme causes » essentielles et principes de vie la lumière, le calorique, » les fluides électrique, magnétique (voilà qui est exact). » Ces puissances ne sont que des *transformations* (voilà » le panthéisme qui revient) d'une force première, in- » créée, éternelle. Tout est sorti de Dieu, vit en lui et par » lui.

» Cette révélation de saint Jean et de saint Paul était » d'accord (c'est l'auteur qui fait cet accord) avec la philo- » sophie de l'Inde, qui la formulait en disant que : « *Tout* » *ce qu'il y a de matériel* dans l'univers est une *expansion* » de la divinité qui a créé le monde comme une araignée » a produit sa toile en la tirant d'elle-même, et la re- » prenant quand elle veut. »

(1) *Physiologie, médecine et métaphysique du magnétisme.*

» Les philosophes de l'antiquité avaient distingué que » *les phénomènes qui faisaient l'individualité* des corps » (style peu clair) n'étaient que l'effet d'un agent moteur, » qui, par le mouvement, sa faculté constitutive (voilà le » mouvement inhérent à la matière, non pas même comme » propriété, mais comme *faculté*), posait les molécules » dans des conditions de relation, et leur donnait l'activité » et la vie. Cet agent fut le fluide universel de Moïse (non » certainement pas *expliqué* comme il l'est ici), de Philon, » de Pythagore, le *cubis* d'Hippocrate (au panthéisme » près), l'*impetum faciens* de Boerhaave, l'esprit, *spiritus*, » de saint Paul (pour cela non, certainement non).

» Une lumière surnaturelle, une révélation du créateur » pouvait seule faire connaître le principe de la vie des » mondes. Cette révélation a été donnée, et nous admet- » tons, sur la parole de l'apôtre (faussement interprétée), » Dieu lui-même comme principe de vie (puis l'Esprit » Saint et le fluide magnétique vont être déclarés iden- » tiques). C'est sa troisième manifestation, son esprit, son » souffle, sa vie enfin, qui, sous l'acte de sa pensée et de » sa volonté, s'est répandue sur la matière informe et » inerte, et qui l'a vivifiée. Voilà le sens (supposition » fausse et gratuite) de la formule *mystique* : « En lui, » nous sommes ; en lui et par lui, nous vivons. » Voilà » aussi (continue l'auteur pour compléter son invention) » l'origine du magnétisme, la volonté mise en action. »

A ces passages d'un panthéisme entièrement supposé orthodoxe à la suite d'une interprétation tout *individuelle*, nous pourrions en ajouter d'autres, qui, contre l'intention de l'auteur (1), conduisent à l'indifférentisme en présentant presque toutes *les religions* comme bonnes ; d'autres qui attaquent la réalité des possessions, etc., etc. Mais ce que nous venons de dire suffira à notre dessein.

(1) Pour mettre dans tout son jour la droiture d'intention de l'auteur, nous rapporterons des passages textuels de ses lettres en réponse à une cri-

M. Ricard (1) parle volontiers philanthropie, et engage les *amis du progrès de l'humanité à agrandir le chemin, afin que tous puissent arriver au temple du salut!* Style mythologique qui rappelle un peu les absurdités de la déesse Raison; style assez vague même pour ceux qui, suivant le même auteur, *ont entretenu le feu sacré de l'autel!* — (Il s'agit des défenseurs du magnétisme.) — Pour achever l'esquisse du tableau mystique et compléter sa pensée, les *somnambules spiritualistes*, selon M. Ricard, *planent en intelligence dans les célestes régions où les âmes s'épanouissent en présence de la divinité!* —

tique amicale plus longue et plus circonstanciée que nous lui avons communiquée.

« Orléans, juillet 1842.

» Mon cher ami,

» J'ai reçu en son temps mon volume de magnétisme annoté par vous.

» Vous l'avez consciencieusement travaillé, et avez fourni des corrections
» de haut intérêt; le point principal est assurément la philosophie du ma-
» gnétisme. J'ai voulu soulever le voile qui rend si inintelligibles, si invrai-
» semblables les phénomènes magnétiques. J'ai réussi en partie pour des
» esprits droits et sérieux; mais j'ai dit autre chose que je ne pensais, ou
» plutôt, quand j'ai écrit, mes idées étaient confuses sur la cause de la vie.
» J'ai confondu l'Esprit-Saint, Dieu, avec le principe vital, force première
» créée; j'ai été panthéiste. Cette faute aura été sentie par les théolo-
» giens (*)... Cependant, aux yeux des chrétiens, je dois être racheté d'une
» erreur qu'on doit trouver involontaire, puisque dans bien d'autres pas-
» sages je tends sans cesse à amener à la religion de N. S. J.-C. Certaine-
» ment je redresserais ces fautes, j'étendrais mon sujet et je ferais un traité
» plus complet si je donnais une seconde édition...

» Tout à vous.

» CHARPIGNON, médecin. »

Certainement la franchise d'un pareil langage est bien honorable pour son auteur, et donne un bel exemple à suivre en faveur de la vérité religieuse, blessée si souvent de nos jours, et si rarement réparée.

(1) *Traité théorique et pratique du magnétisme, ou Méthode facile pour apprendre à magnétiser.* 1 vol. in-8, Paris, 1841. — *Journal du magnétisme*, suite au *Révélateur*, journal du même genre, par le même auteur.

(*) Cette faute et d'autres ont été senties et exploitées avec satisfaction par M. l'abbé Barran dans son grand Catéchisme intitulé : *Exposition raisonnée des dogmes et de la morale du christianisme*, etc., dans les *Entretiens d'un professeur de théologie avec un docteur en droit.* Paris, 1843.

Cet épanouissement de M. Ricard doit être bien facile et bien désirable, puisque l'*âme*, selon lui, *est un éther.* Aussi, pour éclaircir ce qui sans doute doit lui paraître assez obscur, M. Ricard prononce que le *philosophe qui mènerait à bien un tel travail* (écrire *bien des volumes* sur les somnambules spiritualistes) mériterait *une palme d'immortalité!* Phrases de Panthéon après lesquelles l'auteur se garde bien d'omettre le point d'admiration obligé.

Cependant, peu ambitieux pour lui-même, sous le rapport au moins du *temple du salut*, M. Ricard avoue humblement que sa *foi est faible* lorsqu'il s'agit des choses surnaturelles, *et que son incrédulité est grande.* Aussi, en présence d'un sujet aussi grave que les somnambules spiritualistes, le sentiment de sa faiblesse *ne lui permet de donner qu'une grossière esquisse.* Tenant donc parole, au milieu de faits qui méritent réflexion sous plus d'un rapport, et surtout sous celui de la nature des anges qui éclairent ses somnambules, M. Ricard, pour former sa foi, demande des nouvelles du ciel en ces termes : — Pensez-vous que le *Christ* soit aussi puissant que Dieu? — Comment en serait-il autrement? répond la somnambule, le Christ est Dieu (voilà qui est exact). Dieu est le Christ et le Saint-Esprit tout ensemble (voilà qui est faux si on juge par ce qui suit l'orthodoxie de la somnambule et celle du magnétiseur : car les trois personnes de la très sainte Trinité sont distinctes bien qu'elles ne forment qu'un seul Dieu). Plus loin M. Ricard demande encore : — Que se passe-t-il là (dans le purgatoire)? — Il y a encore (il venait d'être question de l'enfer) des êtres souffrants... deux routes sont ouvertes devant eux : l'une rocailleuse et pénible qui conduit au bienheureux séjour; l'*autre* (ceci mérite attention), l'*autre*, unie et facile, au bout de laquelle sont *toutes les douleurs.* Chacun expie plus ou moins longuement les fautes qu'il a commises, *ou se précipite à jamais dans le gouffre épouvantable du malheur!*

— (Notez que l'on présente *ici* une alternative entre l'*expiation* et *être précipité à jamais dans le gouffre épouvantable du malheur*.) — J'avais besoin de la somnambule de M. Ricard pour entendre une pareille proposition sur le purgatoire, et surtout de M. Ricard lui-même, pour entendre dire avec assurance que ce sont là des révélations *tout-à-fait conformes* à ce que nous apprennent les saintes Écritures...

Il est facile de voir qu'avec un peu moins d'incrédulité, un peu plus de foi, M. Ricard, au lieu de demander à la somnambule qui le rassure : N'est-ce point une hérésie que je commets en vous adressant de pareilles questions?... Ne serait-ce point tenter Dieu?... M. Ricard, dis-je, se serait souvenu de son catéchisme, y aurait trouvé les réponses qu'il cherchait, et ne se serait pas donné la peine de faire de pareilles questions à la somnambule, qui tout au moins divaguait alors, puisque la foi repousse qu'il y ait, dans le purgatoire, alternative entre l'expiation de ses fautes et être précipité à jamais dans le gouffre épouvantable du malheur. Enfin si, malgré une sage conduite, l'oracle assisté par l'ange prétendu s'était encore senti en goût de discourir théologie, M. Ricard, faisant un bon acte de foi sur la divinité de notre Seigneur Jésus-Christ et sur le mystère de la très sainte Trinité, aurait pu facilement, avec un peu d'eau bénite, congédier le père du mensonge transformé en ange de lumière, et bien vite et tout droit il se serait trouvé dans le vrai.

Selon M. Ricard, qui, malgré tout cela, ne connaît point *un seul* magnétiseur dont les actes et les discours soient contraires à la morale ou *à la foi, tous ceux* que la *classe ignorante* nomme encore *sorciers* exercent la puissance magnétique à leur insu. (Cela est bien vrai pour quelques uns, mais pour tous?) De là sont venues une foule de coutumes telles que de conduire le *malade* ou *ensorcelé* au *devin*, au *curé* de telle ou telle paroisse, de faire des neuvaines pour sa délivrance, etc., *toutes choses* regardées par les hommes les plus haut placés *sur l'échelle sociale* comme ridicules et absurdes.

Cependant le devin, guérisseur ou sorcier, le prêtre qui priera en faveur du patient..., le malade lui-même qui s'*exaltera* par la prière ou tout autre moyen, ne manqueront pas d'obtenir l'expulsion du fluide nuisible que, *dans des temps antérieurs*, on appelait le *démon*.

Bien que le démon ne soit pour M. Ricard qu'un fluide, comme l'âme un éther, il a cependant bien soin d'ajouter, sans s'inquiéter du *comment* : Je ne prétends pas cependant qu'il n'y ait point eu de véritables possessions, obsessions, maléfices, *et autres* œuvres sataniques.

M. Ricard reproduit ici sur le démon, considéré par lui comme un fluide nuisible, l'opinion qu'il avait formulée d'une manière encore plus précise dans le *Révélateur* (1), où il dit : « Le fluide nuisible que, dans des temps antérieurs, *nos prêtres eux-mêmes* appelaient le *démon*. »

Un auteur qui associe d'une manière aussi singulière le *devin* et le *prêtre*; qui ne voit dans la prière qu'une *exaltation*; qui oublie que le prêtre, outre le pouvoir naturel qu'il possède sans doute comme tous les autres, a reçu aussi un pouvoir spécial, surnaturel et divin pour chasser les démons; un auteur qui attribue faussement le nom de fluide à un ennemi que dans l'Évangile, à chaque page, notre Seigneur Jésus-Christ nous désigne comme ayant la *volonté* de nous nuire, comme rempli de malice, comme le père du mensonge, etc.; un pareil auteur est-il chrétien?... Mais est-il seulement de bonne foi, lorsqu'après être convenu que ces gens, qu'il ne veut pas qu'on nomme sorciers, avaient une *puissance terrible*, qu'ils en usaient pour faire le mal; que ce sont des *misérables*, de grands criminels par conséquent? Il ajoute, quelques lignes plus bas, comme s'il avait entièrement oublié ses

---

(1) *Révélateur*, n° 10. Les mêmes erreurs se trouvent aussi dans le *Cours de magnétisme*, par M. Dupotet.

aveux, ou pour empêcher d'en faire usage contre lui : —
« Ils exorcisaient (les prêtres), et allaient, dans leur hu-
» maine charité, jusqu'à condamner au bûcher les *malheu-*
» *reux possédés.*» Non, monsieur Ricard, c'est trop d'ignorance ou de mauvaise foi ; ce ne sont pas les *malheureux
possédés*, mais les auteurs des possessions, ces *misérables*
dont vous parlez, qui abusaient d'une *puissance terrible.*
— Ainsi il sera donc prouvé encore une fois, non seulement que toutes les sciences et toutes les vérités viendront rendre hommage à la vérité par excellence, à la
religion, mais même que toutes les erreurs et tous les
mensonges lui paieront, bon gré mal gré, un tribut de
justice et de louange dont les impies frémiront surtout
au grand jour des manifestations. Ainsi le philosophisme,
qui a tant crié à tort et à travers contre la peine de mort
appliquée à ceux qui, par des moyens occultes, nuisaient
à leurs semblables, voit aujourd'hui les héritiers de son
esprit être obligés d'avouer que, même dans le système
impie de l'identité absolue des *magnétiseurs-sorciers*, ce
qu'ils appellent si légèrement et si généralement *atrocité*
a été au moins souvent justice.

Il semble que nous avons signalé de si grandes erreurs
qu'il ne soit plus possible d'aller au-delà. Cependant
nous avons encore à nous occuper d'un auteur qui résume
toutes celles énoncées plus haut, et qui renchérit sur elles
avec toutes les ressources d'une érudition plus abondante
que bien réglée. Doué de vues parfaitement sages et modérées, prudentes et morales, nobles et franchement géné-
reuses lorsqu'il s'agit des règles à suivre pour l'emploi médical du magnétisme, la sobriété dans les expériences, etc.,
le vertige philosophique fait disparaître tant de sagesse
dès qu'il se présente une question religieuse.

M. Aubin Gauthier, pour nous préparer à la notion
qu'il nous donnera bientôt de Dieu, annonce d'abord que
*pour être admis à remuer la cendre d'un peuple, expli-
quer ses dogmes, etc., il faut se replier sur soi-même,*

oublier pour un moment l'époque où l'on est pour se reporter entièrement à celle que l'on veut faire revivre : aussi, oubliant de son mieux et la divinité de l'Église de Jésus-Christ et celle de son divin auteur, M. Aub. Gauthier s'élance à pleines voiles dans l'*intuitisme du moi*, dans l'*intuition pure*, et, s'inspirant auprès d'une philosophie toute panthéiste, toute protestante, il pose ainsi ses prémisses sur la notion de la divinité, et déclare que *le mouvement est inhérent à la matière, qui ne peut se concevoir sans lui; que l'on ne connaît pas l'origine du monde; que par conséquent le magnétisme n'a pas d'origine.* Cependant *il est aussi ancien que le monde.* — En effet, la nature, la matière, le mouvement, la vie de l'homme, qui *n'est que le mouvement*, tout cela étant éternel, indépendant, l'homme et son magnétisme doivent participer aux mêmes prérogatives. Ne croyez cependant pas que l'on ne prononce pas le nom révéré de Dieu dans les œuvres de M. Aub. Gauthier. Les cours de nos professeurs de panthéisme prétendu moderne n'en ont-ils pas retenti d'une manière édifiante? Et puis M. Aub. Gauthier n'a-t-il pas déclaré qu'un ouvrage en tête duquel se trouve le mot Dieu ne saurait être matérialiste (1), voulant dire sans doute que cela ne devrait pas être?

Mais poser un mot, un terme, sans en donner la signification, sans l'étendre, ce serait par trop manquer au progrès continu : aussi Sophocle, suppléant pour M. Aub. Gauthier à une révélation divine que Platon et Socrate avaient la faiblesse de regarder comme nécessaire à l'homme, Sophocle, dis-je, est-il choisi par lui pour son maître en théologie, et c'est en le citant qu'il entre en matière.

« *Les dieux* sont immortels, a dit Sophocle, mais leurs
» ouvrages ne le sont pas. »

(1) *Magnétisme catholique*, etc., par M. Aub. Gauthier. 1 vol. in-8. Bruxelles et Paris, 1844. (Voyez page 31.)

Après une si vive lumière, les ténèbres du disciple sont dissipées, ses espérances ont un fondement solide, et il les formule en ces termes :

« Après quatre mille ans d'existence, il n'est *donc* pas
» surprenant que les oracles de l'antiquité païenne aient
» cessé de se faire entendre ; et si rien ne se perd *dans la*
» *nature*, il ne serait pas impossible qu'ils reparussent
» un jour sur la scène du monde. »

Ainsi, pour M. Aub. Gauthier, la définition exacte de Dieu résulte de l'accord de ces mots, la matière, le mouvement, Dieu, les dieux, la nature. Sans doute il prononce bien aussi les noms de Dieu éternel, créateur, etc., gouvernant tout par *sa providence*. Mais qu'est-ce que tout cela considéré dans l'entourage donné, sinon des mots entassés pour tout confondre et tout nier ?

Non, point de Dieu créateur et conservateur, point de providence réelle, avec une matière éternelle qui possède le mouvement comme une qualité essentielle. C'est rêver un dieu inutile, oisif, et tout de surérogation ; c'est nier Dieu à la manière des païens, qui prétendaient, par un système panthéiste analogue à celui de l'auteur, accomplir tout devoir envers lui, et rester libres ensuite de l'exercice déréglé des passions et du cœur et du corps.

Mais que sont les païens suivant M. Gauthier ? De braves gens injustement calomniés.

En effet, « les peuples les plus sauvages ont une reli-
» gion, et leur religion *est toujours bonne* (même celle
» d'un Jupiter Corrupteur, de Vénus l'Impudique, de Mer-
« cure Voleur, etc.) : ce sont leurs mœurs qui ne valent
» rien. (Il n'y a, en effet, *aucun rapport* entre le dogme
» religieux et la morale : demandez à tel professeur de haut
» lieu.) Les formes de la religion peuvent changer, mais le
» fond reste toujours le même, parce qu'il n'y a qu'un seul
» Dieu et un seul principe de religion. Croire en Dieu,
» voilà la base de toutes les religions. » (Quelle que soit la

manière absurde et contradictoire dont on parle de Dieu, dont on pose un prétendu principe inutile, dont on pose une base illusoire et vaine; tout cela n'est qu'une affaire de forme.) « Ce n'est donc *que sous le rapport théolo-*
» *gique* (rien que cela) qu'on peut dire d'un peuple qu'il
» était ou qu'il est idolâtre. Idolâtre veut dire qui adore
» une idole; or presque tous les peuples ont adoré et *ado-*
» *rent encore* la divinité sous des formes qu'ils lui prêtent.
» L'adoration du créateur (créateur de quoi?) s'est en-
» tourée en tous lieux d'usages particuliers, *respectables*
» pour les uns, *ridicules* pour les autres, selon leur
» croyance relative *à la forme* qu'ils prêtaient à la divinité,
» mais *toujours bien vus de Dieu* (c'est M. Aub. Gauthier
» qui dit cela), qui *conçoit* l'impossibilité où ils sont de
» définir son essence. » Il paraît que la révélation n'a pas
lui pour remédier à *la faiblesse*, à *l'impossibilité* des hommes, et en particulier à celle de M. Aub. Gauthier (1).

---

(1) « Ils l'ont irrité (Dieu) en adorant des dieux étrangers ; ils ont attiré
» sa colère par les abominations qu'ils ont commises.
  » Au lieu d'offrir leurs sacrifices à Dieu, ils les ont offerts aux démons,
» à des dieux qui leur étaient inconnus, à des dieux nouveau venus que
» leurs pères n'avaient jamais révérés.
  » Le Seigneur l'a vu et il en a été ému de colère, parce que ce sont ses fils
» et ses filles qui l'ont irrité.
  » Ils m'ont bravé en adorant ce qui n'était pas Dieu, et ils m'ont irrité
» par leurs vanités.
  » Je les accablerai de maux, je tirerai contre eux toutes mes flèches.
» (Deut., c. 32, v. 16, 17, 19, 21, 23, etc.)
  » Et ils se mêlèrent parmi les nations, et ils apprirent leurs œuvres, et
» ils adorèrent leurs idoles taillées en sculpture ; et ce fut pour eux une oc-
» casion de scandale. Et ils immolèrent leurs fils et leurs filles aux démons.
» Ils répandirent le sang innocent, le sang de leurs fils et de leurs filles,
» qu'ils sacrifièrent aux idoles de Chanaan taillées en sculpture. (Psal. 105,
» v. 35, 36, 37, 38, etc.).
  » En effet, tous les dieux des nations sont des démons : mais le Seigneur
» est le créateur des cieux. (Psal. 95., v. 5.)
  » Qu'ils soient confondus tous ceux qui adorent des ouvrages de sculp-

» Quant à la divinité elle-même, pour *tous les peuples* » *de l'antiquité*, comme pour les peuples modernes, il » n'y a jamais eu qu'un seul Dieu créateur et maître de » l'univers (l'univers fût-il éternel ainsi que le mouve- » ment).

» Néanmoins, en Égypte, à Rome et dans la Grèce, *le* » *peuple croyait à plusieurs dieux* et *à la divinité* de cer- » tains hommes après leur mort. *La philosophie ne le dé-* » *mentait* pas ; elle empruntait même son langage ; elle di- » sait aussi : *Les dieux* ; et, *à part le nom de Dieu* donné à » des mortels, on ne peut que *louer* les philosophes d'avoir » encouragé le peuple à révérer (surtout de cette manière- » là) le souvenir de ceux que leurs vertus (les vertus du » bœuf Apis en Égypte, de l'incestueux Jupiter à Rome » et dans la Grèce, etc.) devaient faire supposer au ciel. » Le ciel de M. Aub. Gauthier... J'aurais vraiment peur s'il fallait y aller.

» Les premiers chrétiens, voyant les places des temples

» ture, et qui se glorifient dans leurs idoles. (Psal. 96, v. 7.)

» Si celui qui est du nombre de vos frères est fornicateur, ou avare, ou » *idolâtre*, ou médisant, ou ivrogne, ou ravisseur, ne mangez même pas » avec lui. (1 Cor. 5, 11.)

» Ne savez-vous pas que les hommes iniques ne posséderont pas le royaume » de Dieu ? Ne vous y trompez pas : ni les fornicateurs, ni *les idolâtres*, ni » les adultères, ni les impudiques, ni les imitateurs de Sodome, ni les vo- » leurs, ni les avares, ni les ivrognes, ni les médisants, ni les ravisseurs, » ne posséderont point le royaume de Dieu. (1 Cor. 6, 9, 10.)

» *L'idolâtrie*, les empoisonnements, les inimitiés, les dissensions, les » jalousies, les animosités, les querelles, les divisions, les hérésies, les » envies, les meurtres, les ivrogneries, les débauches, et tout ce qui res- » semble à ce dont je vous parle, comme je l'ai déjà dit, tous ceux qui » font de pareils crimes ne seront point héritiers du royaume de Dieu. » (Galat. 5, 10, 21.)

» Je suis l'alpha et l'oméga, le premier et le dernier, le commencement » et la fin. Heureux ceux qui lavent leurs vêtements dans le sang de l'a- » gneau, afin qu'ils aient droit à l'arbre de vie et qu'ils entrent dans la ville » (Sainte) par les portes. Dehors les chiens et les empoisonneurs, et les » impudiques, et les homicides, et *les idolâtres*, et quiconque aime et fait » le mensonge. » (Apoc. 22, 15.)

» et les rues de Rome et d'Athènes *ornées* d'un nombre
» infini de statues représentant les divinités des peuples
» païens, *prétendirent* que ceux-ci les adoraient réelle-
» ment *comme des êtres animés* (l'Ancien Testament n'a-
» vait-il pas fait *prétendre* la même chose au peuple hé-
» breu ?) *La crédulité* populaire (à laquelle participent
» *tous* les Pères de l'Église, etc.) favorisa cette *absurde*
» supposition.

» Jamais *les hommes réfléchis* (tous les Pères, tous les
» théologiens, tous les philosophes chrétiens n'ont point
» été *les hommes* réfléchis de M. Aub. Gauthier) ne se
» sont arrêtés à des *imputations aussi puériles*.

» Il ne faut donc pas croire... des écrivains *fanatiques*
» parmi les premiers chrétiens (tous les Pères, dont plu-
» sieurs étaient auparavant païens, instruits à fond du
» culte des païens) et *des fabulistes*... (1) »

Conclusion pratique : « Quand on voit les Égyptiens ado-
» rer Isis, Sérapis et *nombre de dieux imaginaires*, la
» Grèce et les Romains invoquer Esculape ou *tout autre*
» *dieu* protecteur, il ne faut chercher dans ces divinités,
» si nombreuses qu'elles puissent être, que ce qui se passe
» *aujourd'hui* chez les modernes (Chinois, Lapons ou au-
» tres, cela est vrai ; mais la foi robuste de M. Aub. Gau-
» thier ne serait point satisfaite) ; les anciens invoquaient
» Esculape, Apollon, Hercule ; les modernes invoquent
» saint Martin, saint Côme, saint Germain, ou tout autre
» mortel qui s'est attiré les respects de la postérité (nous
» voilà, j'espère, en bon chemin) (2).

(1) Voyez la note précédente.
(2) On voit, dans la confession de foi que Zuingle adressa à François Ier, jusqu'où ce novateur portait la hardiesse et l'impiété dans ses sentiments en matière de religion ; voulant développer ce qu'il pensait de la vie éternelle, il dit à ce prince ces étonnantes paroles : « Vous y verrez les deux
» Adams, le rédempteur et le racheté, un Abel, un Énoch, un Noé, un
» Abraham, un Isaac, un Jacob, un Juda, un Moïse, un Josué, un Gédéon,
» un Samuel, un Phinées, un Élie, un Élisée, un Isaïe avec la Vierge mère

» Dans le démon qui entrait dans le corps des malades,
» *il faut voir* une maladie aiguë. Par ceux qui en étaient
» possédés, *il faut* entendre des crisiaques ou des épilep-
» tiques (voilà qui est clair en fait de magnétisme catholi-
» que) (1).

» Quand on trouve dans l'antiquité les enchantements,
» la magie et les magiciens, *il faut* y voir *la nature*, ses
» merveilles...

» Il n'y a plus de magie; la magie est un mensonge, et

» de Dieu qu'il a annoncée, un David, un Ézéchias, un Josias, un Jean-
» Baptiste, un saint Pierre, un saint Paul. Vous y verrez Hercule, Thésée,
» Socrate, Aristide, Antigonus, Numa, Camille, les Catons, les Scipions.
» Que peut-on penser de plus beau, de plus agréable que ce spectacle? »
Qui jamais s'était avisé, dit Bossuet, de mettre ainsi Jésus-Christ pêle-mêle
avec les saints, et, à la suite des patriarches, des prophètes et des apôtres,
Numa, le père de l'idolâtrie romaine, Caton, qui se tua lui-même comme un
furieux, et non seulement tant d'adorateurs des fausses divinités, mais
même des dieux et des héros fabuleux, un Hercule, un Thésée? Je ne sais
pourquoi il n'a pas mis Apollon ou Bacchus, et Jupiter même (M. Aub. Gauthier y a suppléé). S'il en a été détourné par les infamies que les poëtes leur
attribuent, celles d'Hercule étaient-elles moins révoltantes?.....

(1) Heureusement que, pour faire contre-poids à M. Aub. Gauthier et à
ceux qui partagent ses erreurs, plusieurs partisans du magnétisme reconnaissent hautement ce qu'il nie ici. Ainsi MM. Deleuze, Puységur, le baron
Massias, le docteur Billot, M. Charpignon, médecin, le docteur Descuret,
M. Roselly de Lorgues, etc.

On ne peut nier l'existence et le pouvoir surhumain d'un ordre d'intelligences (anges, démons, esprits, génies) supérieures à l'homme, sans nier
en même temps le christianisme, sans nier l'Évangile, qui établit cette
doctrine, et sans cesser par conséquent d'être chrétien ; je dirai plus, sans
cesser d'être véritable philosophe et logicien.

Cette croyance à un ordre d'intelligences supérieures à l'intelligence humaine n'est point propre au christianisme ; ce ne sont pas non plus les
Perses qui l'ont inventée et léguée aux autres nations, ainsi que le suppose
tout gratuitement M. Aub. Gauthier : cette doctrine est admise dans toutes
les philosophies et dans toutes les religions de la terre. Cet enseignement
nous est venu de la révélation primitive faite à l'origine des choses, et qui
nous a été transmise d'âge en âge par la tradition du genre humain. Or
cette tradition emporte l'universalité des temps, des lieux et des peuples.
Et c'est une chose digne de la plus grande attention que cet accord des
historiens de toutes les nations sur l'existence et la nature des êtres surhu-

» il n'est pas probable qu'on fasse encore des livres sur ce
» sujet. Si cela est (écoutez l'oracle), les hommes qui écri-
» vent sur la magie sont *des fous;* ceux qui les lisent *ne
» valent pas mieux.* » (Voilà qui est catégorique.)

En conséquence, M. Aub. Gauthier se met en grands frais d'érudition pour établir qu'il n'y a point de divination surnaturelle, diabolique, point de prophéties divines (bien qu'il conserve la dénomination); tout est pour lui divination, prophétie naturelle; il contourne l'Écriture

mains. Presque tous les peuples du globe parlent des bons et des mauvais anges, de la révolte des mauvais contre Dieu, et du châtiment et de l'éternel exil des esprits rebelles. Bien que M. Aub. Gauthier affirme sans cérémonie que le démon est une invention de l'imagination des Perses; cependant la croyance à son existence, à sa rébellion, etc., se trouve dès la plus haute antiquité dans les traditions primitives de tous les peuples. C'est la doctrine des Chinois, des peuples riverains de la mer Vermeille, des Californiens septentrionaux, des Indous, des Scandinaves, des Arabes, des Thibétains, des Péruviens et des Mexicains, des Kalmouks, des Parsis, des diverses peuplades des bords de l'Orénoque, des Scythes, des Thraces, des Gètes, des Massagètes, des Goths, des Celtes, des Grecs; Socrate, Platon, Pythagore, Thalès, Eschyle, Empédocle, Euripide, et jusqu'aux peuplades que l'on appelle sauvages, quoiqu'au fond elles ne soient que des hommes dégradés ou des débris d'ancienne civilisation, et qui, par conséquent, conservent quelques vestiges de la révélation primitive. (Voyez *le Christ devant le siècle*, par M. Roselly de Lorgues.)

Même unanimité et même universalité traditionnelles sur la chute et la dégradation originelle de l'homme succombant aux piéges artificieux de l'ennemi du genre humain, sur la promesse d'un libérateur qui renversera son empire (auquel on pouvait toujours se soustraire, même avant la venue du Sauveur, par la foi en sa venue future); sur l'action puissante que peut exercer cet ennemi perfide pour solliciter l'âme, en agissant sur le corps, ou bien en l'*obsédant*, ou en le *possédant*, etc. Que conclure de tous ces documents, sinon que toutes ces croyances viennent de la même source, c'est-à-dire de l'histoire la plus ancienne et la plus authentique du monde, de l'histoire mosaïque; et de plus, que tous ces peuples sont originairement issus de la même famille, de cette famille primitive et prototype d'où est sorti le peuple hébreu?...

Une vérité qui nous est transmise par une semblable voie, je veux dire la tradition universelle depuis le commencement du monde, et qui nous apparaît environnée de tant d'accord, d'évidence et de clarté, commande irrésistiblement à tout homme raisonnable un plein et complet assentiment. Enfin l'Église le dit.

sainte pour arriver à ce but; puis il *réfléchit* à *l'alliance faite* par lui *du sacré et du profane* et *s'aperçoit que sa tâche n'est pas finie.*

En effet, il veut *rayer du Lévitique* et *du Deutéronome* des textes qui le gênent dans son système et qu'il voit falsifiés; il faut, pour autoriser la divination, réviser la Vulgate *adoptée par le concile de Trente.....* Aussi M. Aub. Gauthier supplie-t-il le Souverain Pontife de *concourir* à l'accomplissement *d'une œuvre entreprise dans un but d'intérêt général*, et recommande-t-il à Sa Sainteté, par lettres *sui generis*, la lecture des ouvrages qui contiennent les erreurs innocentes que nous avons signalées, et celles plus nombreuses encore que nous passons sous silence pour abréger.

Voilà, voilà sans doute un fait qui serait déclaré impossible et fantastique par les hommes à intuition pure et qui jugent les faits *à priori*. Est-il possible de résumer, d'entasser et de multiplier même toutes les erreurs des mille sectes protestantes, éclectiques, panthéistes ou athées des temps anciens et modernes (1), et d'offrir tout cela à la sanction du vicaire de Jésus-Christ?...

Cependant nous avons encore quelque chose à ajouter sur le même auteur; il nous faut l'écouter encore, et d'Alembert sera le maître de spiritualité que nous offrirons à M. Aub. Gauthier.

---

(1) *Introduction au magnétisme*, etc., par Aub. Gauthier, 1 vol. in-8. Paris, 1840.
Histoire du somnambulisme, etc., par Aubin Gauthier, auteur de l'*Introduction au magnétisme* encouragée par Sa Majesté et M. le ministre de l'Instruction publique. 2 vol. in-8. Paris. — *Magnétisme catholique*, etc., p. 157. M. Aub. Gauthier s'exprime ainsi : « En 1840 et 1842, j'ai publié
» une *Introduction au magnétisme* et une *Histoire du somnambulisme* :
» Sa Majesté le roi Louis-Philippe m'a fait témoigner, par M. le comte de Mon-
» talivet, l'intérêt qu'elle prenait à mes ouvrages; et MM. Victor Cousin
» et Villemain, successivement ministres de l'Instruction publique, m'ont
» écrit qu'ils avaient pu apprécier l'importance des recherches auxquelles
» je m'étais livré. »

M. Aub. Gauthier a écrit :

« Pour tous les peuples de l'antiquité comme pour les
» peuples modernes, il n'y a jamais eu qu'un seul Dieu
» créateur et maître de l'univers.

» Les peuples vivants n'ont donc aucun mérite réel sur
» ceux qui ne sont plus ; ils peuvent seulement éviter
» leurs erreurs et profiter de leurs travaux. »

Et d'Alembert répond :

« Nous nous croyons beaucoup plus éclairés que les anciens parce que *nous pensons mieux qu'eux sur l'unité de Dieu*, l'immortalité de l'âme, le souverain bien, etc.; nous faisons honneur à notre esprit des lumières que *nous devons uniquement à notre religion*. Nous serions, avec cette supériorité d'esprit, comme les Grecs et les Romains, flottants entre les différentes opinions des philosophes, ou nous donnerions avec le vulgaire dans tout ce que les fables ont de plus absurde. *Le christianisme, que nous avons eu le bonheur de sucer avec le lait, dirige et fixe nos idées, nos sentiments et nos mœurs; en un mot, notre façon d'agir et de penser* (1). »

La vérité échappe en ces termes à un auteur qui certes n'est pas suspect, lorsqu'il défend la religion et qu'il la reconnaît pour la source de nos lumières en dogme et en morale ; et pourtant M. Aub. Gauthier méconnaît encore cette vérité à la fois si simple et si évidente, et il nomme
« Pythagore, Socrate, Hippocrate, Platon, Xénophon,
» Aristote, Plutarque, *les philosophes les plus respecta-*
» *bles de l'antiquité, ceux-là dont la morale est encore la*
» *loi du monde.* »

Pythagore, auteur de l'absurde métempsycose, dont M. Gauthier se constitue le défenseur, pour établir sa foi à la résurrection future! Socrate, qui dit aussi souvent *les dieux* que Dieu et qui prouve son innocence en encou-

---

(1) D'Alembert, *Éloges.*

rageant les autres dans leur crime, par le commandement qu'il donne en mourant d'immoler un coq à Esculape! Platon, qui, de l'aveu même de M. Aub. Gauthier, « dit » tantôt *Dieu*, tantôt *les dieux*, parce qu'il craignait la ci- » guë! » comme si la crainte de la mort pouvait justifier un mensonge aussi monstrueux, aussi injurieux à Dieu que funeste pour ses concitoyens!...

Mais pour frapper de mort la racine de tant d'erreurs, que certain enseignement public veut remettre en honneur aujourd'hui parmi nous, il suffira de dire :   L'Église condamne ces mensonges : les vérités qui leur sont opposées sont de foi. — Et prenant tout le contre-pied de ce qu'affirme M. Aub. Gauthier, nous serons dans le vrai (1).

Nous ne terminerons point ce paragraphe comme extrêmement opposé aux erreurs que nous venons de passer en revue, sans faire mention du système exclusivement spiritualiste de M. le docteur Billot (2).

« Ce ne sont point, comme le dit lui-même ce médecin, » des observations sur le *moi humain* isolé de toute in- » fluence, mais ce sont des faits qui démontrent l'existence » d'une puissance invisible, distincte et séparée du *moi*, » pouvant agir sur lui comme sur ses organes matériels. » Or la nature de cette puissance ne peut être que sem- » blable à celle du *moi*, et cette puissance, selon la plus » antique tradition et l'accord unanime de tous les peuples,

---

(1) Voyez, pour plus amples détails, les mots *Idolâtrie, Démon, Magie*, dans le *Dictionnaire de Théologie* par l'abbé Bergier.

(2) *Recherches psychologiques sur la cause des phénomènes extraordinaires observés chez les modernes voyants, improprement dits somnambules magnétiques, ou correspondance sur le magnétisme vital entre un solitaire et M. Deleuze, bibliothécaire au Muséum de Paris*, etc., par le docteur G.-P. Billot. 1839. — Voyez encore *le Somnambule*, journal qui se publie à Lyon ; directeur, M. Possin. Dans cette publication toute récente, l'on continue la défense et la propagation du *spiritualisme exclusif* selon les idées du docteur Billot.

» si sauvages qu'ils soient, est un être immatériel attaché
» à l'homme, dès l'instant de sa venue au monde, pour
» le conduire et guider par de salutaires inspirations dans
» tous les actes physiques et moraux de sa fugitive exis-
» tence. »

Dans le système de M. Billot, ce sont les anges qui, surtout à la prière du magnétiseur, dirigent sur un autre un magnétisme vital (distinct de l'âme) et d'une origine toute divine. Ce sont les anges aussi qui assistent le somnambule, l'éclairent, le conduisent, lui *apportent* des médicaments ou autres objets matériels ; ce sont des anges qui impriment aux membres de son corps, soit spontanément, soit à la demande du magnétiseur, des mouvements particuliers, qui, suivant la convention faite, doivent signifier oui ou non, suivant le sens dans lequel ils ont lieu, et ces anges apparaissent souvent eux-mêmes sous diverses formes, ou font apparaître des choses merveilleuses, une colombe, par exemple, etc.

M. Billot, dans sa correspondance si pleine d'intérêt avec M. Deleuze, s'exprime ainsi pour s'excuser du reproche que lui faisait ce savant de reproduire les théories mystiques de quelques magnétiseurs du Nord :

« En vous parlant des doctrines mystiques, monsieur,
» je dois vous dire que tout ce qu'en disent les journaux
» ou autres ouvrages littéraires venant du Nord m'est par-
» faitement étranger.

» Mais auriez-vous oublié, monsieur, que vous êtes
» en rapport permanent avec un de ces derniers (un ange),
» et ce depuis votre venue en ce monde ? Auriez-vous
» oublié que Dieu, en créant l'homme libre, ne l'a point
» abandonné à lui-même, et que, quoique souillé du péché
» de désobéissance, il a conservé sa volonté libre ? Non,
» monsieur, vous savez cela comme moi : ainsi, quoique
» pécheur, l'homme peut choisir librement entre le bien
» et le mal, entre l'ordre et le désordre ; et voilà pourquoi

» Dieu, ayant eu pitié de sa faiblesse, et dans sa miséri-
» corde, a donné à l'homme déchu un guide, un mentor,
» pour l'éclairer, lui inspirer l'amour du bien et l'horreur
» du mal. Ainsi la vie de l'homme est une grâce perpé-
» tuelle de la divinité; mais ce guide, ce mentor, d'où
» vient qu'il n'est pour ainsi dire compté pour rien, ou
» du moins pour peu de chose dans les actes de la vie
» de l'homme, tant au physique qu'au moral? Cepen-
» dant son rôle ici-bas est plus important qu'on ne pense,
» et les théologiens eux-mêmes n'en font peut-être pas
» assez de cas. Messager entre Dieu et l'homme, ce guide
» spirituel forme le dernier anneau de cette chaîne lumi-
» neuse qui, partant du trône de l'Éternel, aboutit à
» l'homme et l'unit ainsi à son créateur; ou mieux encore,
» ce mentor tient au dernier globe lumineux du rayon de
» gloire qui jaillit du trône du Tout-Puissant sur tout
» homme venant en ce monde. »

Pour appuyer sa théorie, M. Billot rapporte un grand nombre de faits extraordinaires dont nous ne citerons que les suivants :

« Une dame, frappée depuis quelque temps de cécité
» incomplète, sollicitait auprès de nos somnambules quel-
» ques secours pour arrêter les progrès de l'amaurose, qui
» bientôt ne lui laisserait plus distinguer la clarté d'avec
» les ténèbres, lorsqu'un jour de séance (17 octobre 1820)
» la somnambule consultée dit : « Une jeune vierge me
» présente une plante... elle est toute en fleur... je ne la
» connais point... on ne m'en dit pas le nom... cependant
» elle est nécessaire à madame J...

» *D.* Où la trouve-t-on? lui dis-je ; car nous n'avons
» aucune plante en floraison à la campagne dans la saison
» froide où nous sommes. Faudra-t-il aller la chercher
» loin d'ici?

» *R.* Ne vous en inquiétez pas, répondit la somnambule,
» nous la trouverons s'il le faut.

» Et comme nous insistions pour savoir dans quel en-
» droit la jeune vierge voudrait bien nous l'indiquer, la
» dame aveugle, qui se trouvait en présence devant la som-
» nambule, s'écria : « Mais, mon Dieu, j'en palpe une
» toute en fleur sur mon tablier ; on vient de l'y déposer...
» Voyez donc, Virginie (c'est le nom de la somnambule)
» voyez ! serait-ce celle qu'on vous présentait tantôt ? —
» Oui, madame, c'est bien celle-là même, répond Vir-
» ginie. Que chacun de nous loue et bénisse Dieu de cette
» faveur.

» J'examinai alors la plante : c'était un arbuste à peu
» près comme une plante moyenne de thym ; ses fleurs,
» labiées, en épis, donnaient une odeur délicieuse. Elle
» me parut être le thym de Crète ; *Thymus capilatus dio-*
» *noridis* (*Pin.*) *Satureia capilata* (*Lin.*). D'où venait cette
» plante ? de son pays natal, ou bien de quelque serre
» chaude ? c'est ce qu'on n'a pas su ; mais ce que je sais
» fort bien, c'est que j'en possède une tige que la jeune
» vierge ne m'accorda qu'après de grandes prières. »

Autre fait non moins merveilleux :

« Cette séance est remarquable en ce que nous avions,
» ce jour-là, trois somnambules placés de front sur la
» même ligne dans l'état *théomagnétique*, dont deux per-
» sonnes du sexe et un homme marié. Tous les trois
» voyaient les mêmes objets annoncés, tantôt par l'un,
» tantôt par l'autre. Vers le milieu de la séance, une des
» voyantes s'écrie : Voilà la colombe qui arrive ; elle est
» blanche comme la neige ; elle voltige dans l'appartement,
» tenant quelque chose dans son bec : c'est un papier.
» Prions (*quelques minutes de silence*). Puis elle ajoute :
» Le voilà ce papier qu'elle a laissé tomber aux pieds
» de madame J. (la dame aveugle). Soudain je le
» ramasse ; il répand une odeur suave. Je l'ouvre, et je
» trouve de petits morceaux d'ossements collés sur trois
» petites bandes d'un papier imprimé. Sur l'une, on lit :

» *Sainte Maxime;* sur l'autre, *Sainte Sabine*, et sur la troi-
» sième, *Plusieurs martyrs*.

» *D.* Pour qui sont ces reliques? dis-je alors à la
» voyante.

» *R.* Pour moi et pour nous tous : pour moi, parce que
» je dois les garder; pour vous, parce que c'est pour sou-
» tenir et pour ranimer votre foi qu'elles ont été apportées
» par la colombe. »

Le ton de bonne foi, de calme et de simplicité avec lequel l'auteur exprime sa théorie et expose ses observations dans sa correspondance suivie avec M. Deleuze; la soumission parfaite qu'il professe hautement au jugement de l'Église sur son ouvrage, la gravité du sujet et de ses conséquences, tout me porte à conclure seulement, ainsi qu'il suit, ce court aperçu :

Le magnétisme (ou *magnatisme*) du docteur Billot est tout différent, et pour le fond et pour la forme, du magnétisme, ainsi que nous l'avons exposé d'après l'universalité des faits et des théories avouées. Il doit donc être jugé différemment.

Pour tous, c'est la volonté du magnétiseur qui dispose d'un fluide élaboré par l'organisme humain, volonté qui imprime souvent à ce fluide telle ou telle modification suivant les lois qui président à ce genre d'action psycho-physiologique.

Pour tous, c'est l'âme du somnambule qui manifeste ses facultés propres, intérieures, latentes, alors que l'organisme qui lui est associé en unité de personne lui en laisse la possibilité, ou lui permet de percevoir des actions, des influences extérieures auxquelles elle était inaccessible auparavant.

Pour M. Billot, c'est un ange qui dispose d'un fluide d'origine céleste dont le magnétiseur est quelquefois tout au plus l'instrument passif; mais sa propre volonté, son propre fluide, sont véritablement nuls.

Pour M. Billot, c'est un ange qui communique à l'âme tout ce qu'elle manifeste ; c'est une cause qui lui est extérieure, qui la modifie elle-même, ainsi que le corps auquel elle est unie.

Pour M. Billot, le magnétiseur n'a qu'une puissance de prière, d'invocation ou d'évocation.

Pour M. Billot, le somnambule n'a qu'une capacité passive ; il reçoit des influences surnaturelles, il est obsédé, possédé même, en prenant ces mots dans un sens favorable à la cause agissante.

Mais l'influence, l'obsession, la possession, de quelle nature est-elle ? M. Billot la croit bonne, angélique.

« Lorsqu'une société, dit ce médecin, à chaque ouver-
» ture de ses séances, invoque les lumières de l'Esprit-Saint ;
» lorsque dans l'intention d'en éloigner *absolument l'ad-*
» *versaire*, elle récite, entre autres prières, le psaume 67 :
» *Exurgat Deus, et dissipentur inimici ejus*, etc., prend-
» elle par là un moyen d'évoquer ou d'invoquer l'esprit de
» Python ? Et cet esprit, lorsqu'il apparaît aux hommes,
» s'est-il jamais montré sous la forme d'une colombe
» blanche comme la neige, et portant en son bec des reli-
» ques de saints martyrs, dans l'intention de ranimer la foi
» des sociétaires ? Si c'est là l'œuvre de Python, il a donc
» changé de métier ! »

Ces raisons sont-elles péremptoires ? j'avoue que j'en doute beaucoup. Le discernement des esprits est fort difficile, M. Billot en convient lui-même. Il reconnaît que l'ange de ténèbres peut se transformer en ange de lumière ; des somnambules lui ont avoué qu'il en avait été ainsi. De même que M. R***, qui a initié M. Billot à *ce genre tout spécial* de magnétisme, ne l'a pas cru licite après qu'il eut reçu le sacerdoce, de même aussi je redouterais des expériences dans lesquelles *on cherche* et *on cherche seulement à mettre en action des causes surnaturelles.*

Les autres magnétiseurs cherchent et cherchent seulement à mettre en action des causes naturelles. Ils peuvent bien ne pas nier que, sans sortir des lois ordinaires, l'ange gardien du magnétiseur et du somnambule *continue* à les assister, à leur suggérer telle ou telle pensée, telle ou telle direction, comme cela a lieu dans le cours *de la vie commune,* souvent même d'une manière plus spéciale pour remédier au danger de la maladie : ils savent que cela est dans l'ordre *habituel*, quoique *surnaturel* ; ils n'ont pas oublié, les magnétiseurs chrétiens, que Dieu a dit par la bouche de son prophète, à tous les hommes, de ne pas craindre, parce qu'il a commandé à ses anges de vous garder *dans toutes vos voies :* — *Quoniam angelis suis mandavit de te, ut custodiant te in omnibus viis tuis ;* mais de là à des visions, à des apparitions voulues, cherchées d'une manière *directe*, spéciale, *première*, etc., il y a toute la distance du ciel à la terre.

La volonté expresse qu'ont les magnétiseurs spiritualistes exclusifs d'invoquer une cause surnaturelle, d'obtenir des effets, des communications surnaturelles, sur quoi est-elle fondée ? Est-ce un droit laissé au libre arbitre de l'homme malgré les dangers à courir ? Y a-t-il quelque part une promesse, une permission divine ?

Si l'on ne peut répondre sûrement par l'affirmative à ces deux questions, la volonté expresse d'agir néanmoins ne neutralise-t-elle pas des prières faites pour éviter un danger imprudemment cherché ? Qui a interdit à l'esprit de mensonge, qui peut se transformer en ange de lumière, de se montrer sous la forme d'une colombe, fût-elle blanche comme la neige ? Quelle autorité a pu garantir d'authenticité des reliques si singulièrement apportées ? Et parce qu'il est dit *sans preuves* que c'est *dans l'intention* de ranimer la foi des sociétaires, faudra-t-il en conclure que Satan a changé de métier ?...

M. Charpignon, qui du reste ne se constitue pas le défenseur des magnétiseurs spiritualistes exclusifs, nous donnera peut-être cependant, en parlant de l'extase, une règle plus sûre pour discerner les esprits. Pour lui, « l'extatique magnétique peut communiquer avec le » monde spirituel... l'individu dont la moralité se trouve » dans la crise exempte de tache et de souillure, car l'ob- » servation a constamment montré que le retour à la vertu » s'opérait chez celui même dont *la vie ordinaire était* » *loin d'être pure. Par conséquent,* s'il y a communication » surnaturelle, *ce ne peut être* que par la permission de » Dieu (cela est vrai dans toute hypothèse), et *par l'inter-* » *médiaire d'un ange de lumière.* » La conclusion n'est pas rigoureuse, et la règle, outre qu'elle est bien incomplète, est peu sûre (1). M. Charpignon reconnaît dans l'état de somnambulisme simple, une influence moralisatrice due à l'action du magnétiseur ; *par conséquent*, le retour momentané à la vertu (bien que la vertu soit un état, une habitude). Attestera-t-il nécessairement que c'est un ange de lumière qui vient faire société avec un individu dont la vie *ordinaire* est loin d'être pure ?

Pour moi, il me semble que celui qui s'engage avec de semblables règles dans les voies surnaturelles, manque au moins de prudence, et n'a pas compris ces paroles du prince des apôtres : — Soyez sobres, et veillez ; car le démon votre ennemi tourne autour de vous comme un lion rugissant, cherchant qui il pourra dévorer. — *Sobrii estote et vigilate, quia adversarius vester diabolus tanquam leo rugiens circuit quærens quem devoret.* (S. Petr., I. Epist. v, 8.)

---

(1) Voyez et méditez surtout : *Regulæ ad spiritus dignoscendos. Exercitia spiritualia S. Ignatii.*

CHAPITRE XXIV.

LE MAGNÉTISME ET LE SOMNAMBULISME DEVANT LA COUR DE ROME. ESPRIT GÉNÉRAL DES CONSULTATIONS. — PREMIÈRE CONSULTATION. — DEUXIÈME CONSULTATION. — TROISIÈME CONSULTATION. — LE MAGNÉTISME ET LE SOMNAMBULISME NE SONT PAS CONDAMNÉS EN EUX-MÊMES, MAIS SEULEMENT *dans le sens de l'exposé* ET DES INSINUATIONS QU'IL PRÉSENTE. — QUATRIÈME CONSULTATION, RÉFUTATION DE LA TROISIÈME.

Si je demandais : Que faut-il penser des principes d'action qui, dès le commencement, ont servi à l'homme à porter son semblable à se révolter contre Dieu, et ont continué dans la suite des siècles et jusqu'à nos jours à entretenir cette révolte, à propager l'idolâtrie, l'athéisme, le philosophisme, le panthéisme sous toutes les formes?... Que faut-il penser de causes dont l'effet a été les guerres terribles des peuples contre les peuples, celles plus horribles encore des citoyens armés les uns contre les autres, les duels, les suicides, les assassinats, les brigandages?... Que faut-il penser de moyens qui ont porté le vertige dans les esprits, la duplicité dans les consciences, la corruption dans les cœurs innocents; qui ont produit et propagé sans cesse la lâche trahison, l'insolente révolte, la perfide séduction, l'immonde impureté; qui ont armé le père contre le fils, le fils contre le père, divisé les époux, séparé les amis, fomenté les divisions et les haines?..... Que faut-il penser d'influences assez puissantes pour humilier les peuples appauvris sous le joug de tyrans enrichis de leurs dépouilles, ou pour porter impérieusement des peuples sans nombre à se soustraire à une autorité douce et légitime, pour se donner des maîtres sanguinaires ou rapaces?... Si je demandais cela, mille voix s'élèveraient aussitôt de tous côtés et crieraient : Ces principes d'action sont de mauvaise nature, ces causes sont funestes, ces moyens dangereux, ces influences pernicieuses : nous les réprouvons, nous les condamnons... Et moi je répondrais : C'est *la raison*, c'est *la liberté*, c'est *la parole* que vous venez de condamner en n'ayant sous les yeux que les *abus* coupables de ces dons si précieux que nous tenons de la bonté divine.

Les ecclésiastiques qui dès le commencement ont écrit contre le magnétisme ont imité ce que je viens de faire pour *la raison*, *la liberté*, *la parole*; la même conduite a été suivie par les auteurs des diverses consultations adressées à Rome. Tous, sans doute animés par d'excellents motifs, mais aveuglés certainement par la prévention, voulaient et cherchaient la condamnation du magnétisme (1)..... Et pourtant il n'a point été condamné. Rome n'a point répondu d'une manière absolue, mais subordonnée à la fidélité de l'*exposition*. Beaucoup n'ont point été satisfaits que le magnétisme fût condamné *seulement comme il était exposé*; ils ont ranimé leur zèle, et toujours le même calme et la même sagesse sont venus régler et modérer leurs efforts.

Si des académies, des corporations savantes, exposées à de semblables causes d'erreurs, avaient toujours su s'en garantir, comme l'a fait la cour de Rome, le monde n'aurait point assez d'éloges pour exalter leur prudence et proclamer leur profonde sagesse. Mais le monde ferme les yeux, s'aveugle volontairement pour ne pas voir briller les effets de cette sagesse divine, par laquelle les successeurs de Pierre doivent confirmer leurs frères dans la foi, et ne jamais permettre que *la vérité-mère* s'élève pour condamner ses enfants. Il oublie, ce monde, que la religion est amie de toutes les vérités, et que le mensonge seul doit craindre sa puissance, puissance qui marche calme et ferme, parce qu'elle a des promesses d'infaillibilité; puissance contre laquelle les portes de l'enfer ne prévaudront jamais; puissance que Jésus-Christ assiste

---
(1) La suite prouvera si nous exagérons ici.

chaque jour et jusqu'à la consommation des siècles ; puissance qui participe de la bonté divine, parce qu'elle en est un effet, de sa patience miséricordieuse, parce qu'elle a, comme Dieu, pour régner, et le temps et l'éternité tout entière !

Première consultation adressée à Rome.

Nous trouvons dans la dernière livraison du *Journal historique et littéraire de Liége* cette décision, reproduite par l'*Ami de la religion* (11 août 1840) :

« La supplique suivante avait été adressée au Saint-Père :

« N. supplie Votre Sainteté de vouloir bien lui faire savoir, pour l'instruction et la tranquillité de sa conscience, et aussi pour la direction des âmes, s'il est permis aux pénitents de prendre part *aux opérations* du magnétisme. »

» La troisième série, 23 juin 1840, dans la congrégation générale de l'inquisition romaine tenue dans le couvent de Sainte-Marie de la Minerve, devant les cardinaux, la demande ci-dessus ayant été proposée, leurs Éminences ont dit que l'auteur de la supplique devait *consulter les auteurs approuvés*, en observant qu'on écartât toute erreur, sortilége, invocation explicite ou implicite du démon, *le simple acte d'employer des moyens physiques, d'ailleurs permis, n'étant point moralement défendu,* pourvu qu'il ne tende point à une fin illicite ou qui soit mauvaise en quelque manière. Quant à l'application des principes et des *moyens purement physiques* à des choses ou effets *vraiment surnaturels*, ce ne sont qu'une déception tout-à-fait illicite et digne des hérétiques. »

Deuxième consultation.

La *Gazette piémontaise* (dit l'*Ami de la religion*, 22 juin 1841) annonce que la question suivante a été soumise au Saint-Siége :

« Découvrant dans les observations magnétiques *une occasion prochaine à l'incrédulité et aux mauvaises mœurs*, on désire, pour la tranquillité des consciences, connaître l'opinion du Saint-Siége à ce sujet.

»On connaît déjà la réponse donnée par le saint-office(1); mais il serait bien d'obtenir du Saint-Siége, sinon une décision formelle, au moins une règle plus déterminée et plus explicite sur cette matière, afin que les gouvernements catholiques, appelés de Dieu à protéger la religion et à faire les lois pour mettre un frein aux mœurs publiques, sussent comment se conduire.

»Par le décret du 21 avril 1841, approuvé le même jour par sa Sainteté le Pape Grégoire XVI, la congrégation générale de l'inquisition romaine et universelle a décidé l'exercice du magnétisme, *ainsi qu'il est exposé*, illicite (*usum magnetismi, prout exponitur, non licere*).

» Telles sont, ajoute *le journal*, les paroles du décret de l'inquisition auxquelles est ajoutée l'approbation du Pape. »

Ajoutons aussi que, par amour pour la vérité, *le journal* met tout simplement dans la traduction française du texte latin : *La congrégation*, etc., *a décidé l'exercice du magnétisme illicite;* puis il supprime ces mots significatifs : L'exercice du magnétisme, *ainsi qu'il est exposé*. Excellent moyen de donner aux consciences une lumière plus éclatante et plus vive que celle qui vient du vicaire de Jésus-Christ.

Arrive enfin la *troisième consultation*, la plus longue,

---

(1) Il est important de savoir que les décisions des diverses congrégations romaines, outre l'approbation spéciale qu'elles peuvent recevoir du Souverain Pontife, ont une tout autre autorité que telle ou telle réunion de théologiens. Elles sont approuvées par le Saint-Siége, et ont, selon l'opinion de graves auteurs, une certaine participation de l'*autorité* du vicaire de Jésus-Christ. Toujours est-il qu'un chrétien ne peut pas les mépriser comme l'a fait si injurieusement un auteur que plusieurs fois déjà nous avons nommé. Sur l'autorité des congrégations romaines, voy. saint Liguori, *Théologie morale*.

la plus détaillée, la moins exacte; celle qui a fait répéter à l'envi par plusieurs *journaux* et nombre d'amis du magnétisme que la question était définitivement résolue, définitivement condamnée à Rome, ainsi que plusieurs me l'ont dit à moi-même, et voulu prouver fort pertinemment (1).

(1) L'historique préparatoire du résultat que nous signalons n'est pas sans quelque intérêt.

Un ecclésiastique distingué, professeur de philosophie dans un collége excellent, élevé hors de France, ne manquait pas, en temps opportun, de donner à ses élèves une petite notion du magnétisme animal, et cela sans nulle envie de trancher la question, bien entendu. Aussi commençait-il par exposer, *comme il les comprenait*, les phénomènes magnétiques et somnambuliques, et après avoir *résolu négativement* cette question : Peuvent-ils s'expliquer naturellement? toujours pour laisser pleine et entière liberté, il ajoutait : C'est à vous à en déterminer la cause. Or il est certain qu'ils ne peuvent point être des effets miraculeux dus à la puissance divine, et de l'autre côté ils ont beaucoup de ressemblance avec la magie, etc., etc.; ainsi choisissez, voyez ce que vous devez en penser.

En fallait-il davantage pour stimuler le zèle de propagande magnétique? Aussi un jeune homme en tira-t-il son profit pour faire *la consultation* et obtenir une décision selon ses désirs (il s'en flattait du moins). Arrivé au sacerdoce, il se confirma de plus en plus dans son premier projet, et voici qu'il se met à l'œuvre pour rassembler les matériaux qu'il désire. Il lit ce qu'en dit la théologie de M. Bouvier (*), en copie même quelque chose au besoin. Il fait plus, il arrive à Paris, et pour suppléer à ce qu'il ne trouvait pas suffisant dans ses travaux antérieurs, il interroge sur cette question un ecclésiastique plein de mérite, qui lui répond simplement qu'il n'est point assez au fait de la question, mais qu'il peut lui enseigner la demeure d'un jeune docteur, excellent chrétien (ce qui est vrai), et qui a étudié la question (plus exactement, qui croit avoir étudié la question, parce qu'il a un peu magnétisé, et qui, pour le reste, laisse carrière à une imagination assez brillante). En conséquence de ce que nous ajoutons entre parenthèses en supprimant la garantie des noms propres que nous pourrions donner entièrement, la conversation fut telle entre M. l'abbé L..... et M. le docteur F......, qu'il est facile de le prévoir. On poussa plus loin les précautions; on alla jusqu'à écouter une ou deux leçons du professeur de l'Athénée royal, M. Ricard, que nous avons vu maître passé en spiritualité, et on comprend encore combien les bonnes dispositions en faveur du magnétisme durent se développer sous cette heureuse influence.

Les éléments du grand travail ainsi préparés, M. l'abbé L..... quitte la

(*) Nous en parlerons plus loin.

Troisième consultation (1).

Texte latin (2).

Eminentissime D. D.

1° Cum hactenus circa magnetismum animalem responsa minime sufficere videantur, sitque magnopere optandum ut tutius magisque uniformiter solvi queant casus non raro incidentes : infra signatus Eminentiæ vestræ humiliter sequentia exposuit.

Quatrième consultation,
ou
Réfutation de la précédente (3).

Eminentissime D. D.

1° Cum hactenus non dico decisiones sed potius consultationes circa magnetismum animalem minime sufficere videantur, sitque magnopere optandum ut tam impugnatores quam defensores tutius magisque uniformiter solvere queant casus non raro incidentes ;

Quum plurimi sint in quæstione peritissimi fatentes quidem usum magnetismi, *prout exponitur* in casu nuper proposito, *non licere revera*, sed aliunde negantes illum recte ac complete expositum fuisse, ac proinde *in se* non condemnatum, sed relative tantum ;

capitale, et profitant de la bonne volonté d'un professeur, président bien une classe de rhétorique après avoir bien conduit une paroisse du Nivernais, mais s'entendant assez peu en science physiologique, il se met à la rédaction de son œuvre avec toute l'activité qu'une condamnation prochaine lui communiquait abondamment. M. Jac. Xavier Fontana prêta son nom et l'autorité de sa position à la consultation, ainsi partie du palais épiscopal de Fribourg. Mais revenue de Rome, surtout, avec la réponse fatale aux adversaires, *prout exponitur*, *comme il est exposé*, je ne vous dirai pas qu'on fut aussi content qu'on se l'était promis. Cependant on songea à publier la consultation et la réponse ; et pour garantir et légaliser la copie que l'on faisait tirer sur l'exemplaire de Rome, on employa encore le cachet de l'évêché, et le tout publié sans détail dans l'*Ami de la religion*. On crut que la consultation partait réellement, et pour le fond et pour la forme, de l'évêché de Fribourg, que la réponse lui était adressée *par conséquent*, et le public fut dupe d'une erreur innocente dans laquelle on lui *permit* volontiers de tomber, et à laquelle les journaux coopérèrent de leur mieux.

(1) Nous donnerons sur la première colonne le texte latin de la consulta-

Troisième consultation.

Traduction française (4).

EMINENTISSIME SEIGNEUR.

1° Vu l'insuffisance des réponses données jusqu'à ce jour sur le magnétisme animal, et comme il est grandement à désirer que l'on puisse décider plus sûrement et plus uniformément les cas qui se présentent assez souvent, le soussigné expose ce qui suit à Votre Eminence.

Quatrième consultation,
OU
Réfutation de la précédente.

EMINENTISSIME SEIGNEUR.

1° Vu l'insuffisance, non pas des réponses, mais des consultations faites jusqu'à ce jour sur le magnétisme animal, et comme il est grandement à désirer que les adversaires et les défenseurs de la question puissent décider plus sûrement et plus uniformément les cas qui se présentent assez souvent ;

Comme plusieurs personnes très au fait de la question présente avouent qu'à la vérité l'usage du magnétisme, *ainsi qu'il est exposé* dans la dernière consultation, *est réellement illicite*, mais qu'elles nient d'ailleurs qu'il ait été exposé d'une manière exacte et complète, et que par conséquent il ait été condamné *en soi*, mais eu égard seulement au genre de la consultation proposée ;

---

tion de M. l'abbé L...... et mettrons en regard sur la seconde colonne le texte, latin aussi, de la réfutation faite par un autre M. l'abbé L......, réfutation (envoyée il y a à peu près huit mois à Rome) à laquelle on verra facilement qu'un professeur de rhétorique n'a pas travaillé pour rectifier le latin *sui generis* d'un ancien élève en médecine. Nous mettrons aussi en regard la consultation et la réfutation traduites en français dans les mêmes rapports faciles de comparaison exacte.

(1) *L'Ami de la religion*, 7 août 1841.

(2) C'est en même temps, comme on peut voir, une consultation et une réfutation de la consultation troisième. Pour rendre les choses plus claires et plus saillantes, nous mettons ici des numéros correspondants, 1°, 2°, etc.

(3) *L'Ami de la religion*, 7 août 1841, mit la traduction française en regard du texte latin. C'est elle que nous reproduisons ici en regard de la traduction de la réfutation citée plus haut.

Troisième consultation.

Quatrième consultation.

Quum sint etiam multi qui, tum auctoritate librorum pro et contra editorum, tum auctoritate docentium et eorum qui experientiam propriam invocant, videant in casu de quo supra nonnulla prorsus neganda, multa restringenda, multa integrius exponenda, **multaque desideranda**;

Antequam consultationis præcedentis circa *somnambulismum magneticum* singula recenseantur, infra scriptus, tempore quo medicinæ studebat, tum lectione, tum conversatione, tum propria experientia devictus, et si primo diu contra luctatus esset; nunc humiliter Eminentiæ vestræ sequentia exponit :

Non solum propugnatores magnetismi, sed plurimi physiologi existentiam ejus atque naturam multiplicibus experientiis demonstrant. Est autem magnetismus humanus fluidum materiale, subtilissimum atque affine electricitati, galvanismo, electro-magnetismo, animalium electricitati et aliis fluidis sine pondere : sed offerens propter suam præsentiam in ente prædito intelligentia et voluntate libera nonnullas manifestationes homini proprias. Natura sua plurimas accipere potest modificationes, quarum causæ aliquæ intra nos sunt, ut voluntas nostra, variæ animæ nostræ affectiones, aliquæ vero extra nos, ut res omnes cir-

Troisième consultation. Quatrième consultation, etc.

Comme plusieurs aussi, s'appuyant sur l'autorité des ouvrages publiés pour et contre la question, et sur celle des hommes qui se sont livrés à sa propagation, non moins que de ceux qui invoquent leur propre expérience, voient dans la consultation citée plus haut beaucoup d'assertions à nier complétement, beaucoup à restreindre, beaucoup à exposer avec plus d'exactitude, beaucoup dont on a à regretter l'absence;

Avant d'examiner en détail chacune des assertions de la consultation précédente sur le *somnambulisme magnétique*, le soussigné, éclairé au milieu de ses études médicales, mais comme malgré lui, sur la question du magnétisme après s'en être longtemps déclaré l'ennemi, vaincu par des lectures, des conversations et son expérience personnelle, expose maintenant ce qui suit à votre Eminence:

Ce ne sont pas seulement des magnétiseurs, mais un grand nombre de physiologistes, qui démontrent l'existence et la nature du magnétisme par des expériences nombreuses. Le magnétisme est un fluide matériel, d'une très grande subtilité, analogue à l'électricité, au galvanisme, à l'électro-magnétisme, à l'électricité des animaux, et aux autres fluides impondérables, mais offrant, par sa présence dans un être doué d'intelligence, de volonté et de liberté, de nombreuses manifestations qui n'appartiennent qu'à l'homme. Ce fluide, par sa nature, peut recevoir un grand nombre de modifications, dont les causes sont, les unes au-dedans de nous-

Troisième consultation   *Quatrième consultation.*

cumfusæ sensibilitatem nostram excitantes.

Inter innumera fere nomina, dicitur quoque fluidum vitale, fluidum electro-nervosum, spiritus vitalis, spiritus animalis, spiritus corporis, vis sensitiva, anima sensitiva.

Ex his jam intelligimus magnetismum animalem, rectius, magnetismum humanum, et somnambulismum magneticum, non esse unum et idem. Itaque videtur quod in tali consultatione distinguendum sit, neque obiter loquendum de magnetismo, qui est causa secundaria, occasionalis et partialis somnambulismi; primaria enim anima.

Magnetismus seu organica vita in sanguine latens continetur. *Anima carnis in sanguine est.* LEVIT. XVII, 11. Influente anima a sanguine extrahitur et separatur : (non est hic locus discutiendi modum). Demum in cerebro accumulatur.

Cerebrum enim seu totum, seu ex parte, punctum est *præcipuum* in quod, ut motor, influit anima, quæ quidem non inhabitat cerebrum (quid enim locus et circumscriptio ad spiritum?) sed active tantum modificatum, ordinarie saltem et secundario tantum, ad vitam intellectualem, tum ad voluntariam, tum ad organicam.

mêmes, comme notre volonté, les différentes affections de notre âme; les autres sont au-dehors, comme tout ce qui, répandu autour de nous, peut exciter la faculté que nous avons de sentir.

Parm les noms divers qu'il a reçus, on le nomme aussi fluide vital, fluide électro-nerveux, esprit vital, esprit animal, esprit corporel, force sensitive, âme sensitive.

Déjà nous comprenons que le magnétisme animal, plus exactement le magnétisme humain, et le somnambulisme magnétique, ne sont point une seule et même chose : aussi semble-t-il que dans une consultation sur un pareil sujet, il eût fallu distinguer et ne pas faire que nommer le magnétisme, qui est la cause seconde, occasionnelle et partielle du somnambulisme, l'âme étant réellement la cause première.

Le magnétisme ou la vie organique est à l'état latent dans le sang. *L'âme de la chair est dans le sang.* Lévit., xvii, 11. Par l'influence de l'âme, elle est extraite et séparée du sang (ce n'est pas ici le lieu d'en discuter le mode). Enfin elle est accumulée dans le cerveau.

En effet, le cerveau, soit en totalité, soit en partie, est le point *principal* sur lequel s'exerce surtout l'influence motrice de l'âme, qui, du reste, n'est point contenue dans le cerveau (quel rapport y a-t-il en effet entre le lieu et l'espace et un esprit?), mais qui le modifie seulement d'une manière active, ordinairement au moins et secondairement pour la vie intellectuelle, et surtout pour la vie

Troisième consultation.

Quatrième consultation.

Jam vero ibi, speciali influxu animæ, animatur magnetismus, et ad hominis substantiam organicam excitandam vivificatur. Sicut enim fluidum æthereum solis influxu luminescit et undulat, sic iste, seu fluidum nervosum, animæ influxu vere vitalem accipit modificationem, ad dignitatem fluidi vitalis provehitur, ad exercitium vitæ dirigitur, et per nervos in varias corporis partes diffunditur, sicque varia innervationis phænomena constituit et determinat.

Unde dicimus, nonnisi hoc fluido mediante, quemquam uno cum corpore, animam movere corpus ac regere : id quod ne solos quosdam physiologiæ et pathologiæ peritos probare credatur, ipsum haud repugnantem, immo affirmantem asserimus S. Thomam. Confutans errorem veterum qui fluidum nervosum agnoscentes, falso tamen dicebant esse hoc primum principium vitæ, formam substantialem corporis, et natura sua velut mediatorem plasticum modernorum, hæc habet S. Doctor. — « Patet esse falsas opiniones
» eorum qui posuerunt aliqua cor-
» pora esse media inter animam
» et corpus hominis... Dicendum
» quod substracto spiritu deficit
» unio animæ ad corpus, non quia
» sit medium, sed quia tollitur
» dispositio per quam corpus sit
» dispositum ad talem unionem...
» *Est tamen spiritus medium in mo-*
» *vendo sicut primum instrumentum*
» *motus.* » — « Dicendum quod

Troisième consultation.

Quatrième consultation.

volontaire, pour la vie organique.

C'est là, dans le cerveau, que sous une influence spéciale de l'âme le magnétisme est animé, vivifié et rendu capable d'exciter la substance organique de l'homme. De même que le fluide éthéré ondule et devient lumineux sous l'influence du soleil; de même aussi le fluide nerveux reçoit de l'influence de l'âme une modification véritablement vitale, est élevé à la dignité de fluide vital, est dirigé pour l'exercice de la vie, distribué par les filets nerveux dans les différentes parties du corps, et établit et détermine ainsi les phénomènes si variés de l'innervation.

C'est ce qui fait dire que ce n'est que médiatement par ce fluide, bien qu'il soit un avec le corps, que l'âme meut et gouverne le corps. Ce sentiment n'est pas seulement, comme on pourrait le croire, celui de quelques physiologistes et pathologistes habiles. Saint Thomas ne le repousse point; il le confirme même. Réfutant les erreurs des anciens qui admettaient le fluide nerveux, mais disaient faussement qu'il est le principe premier de la vie, la forme substantielle du corps, et d'une nature semblable au médiateur plastique des modernes, le docteur Angélique s'exprime ainsi : « L'opinion de ceux qui ont admis » des corps comme intermédiai- » res entre l'âme et le corps » de l'homme est évidemment » fausse... L'on dit qu'après la sous- » traction des esprits animaux l'u- » nion cesse entre l'âme et le corps, » non pas parce qu'ils sont inter- » médiaires, mais parce qu'alors

Troisième consultation.

Quatrième consultation.

» Augustinus loquitur de anima
» in quantum movet corpus ; unde
» utitur verbo administrationis.
» *Et verum est quod partes grossio-*
» *res per subtiliores movet.* Et pri-
» mum instrumentum virtutis
» motivæ est spiritus, ut dicit
» philosophus in libro de motu
» animalium. » — Itaque patet
S. Doctorem agere de *spiritu ani-
matium de spiritu corporeo in ho-
mine.* Quod et ex sequentibus confirmatur. — « Anima ut motor
» unitur corpori *mediantibus viri-
» bus sensitivis.* » — Quod sic fusius explicat : — « Anima non mo-
» vet corpus per esse suum sed
» per potentiam motivam..... Ut
» sic anima secundum vim mo-
» tivam sit pars movens et corpus
» animatum pars mota (instru-
» mentum motus, jam supra no-
» tavimus, ex S. Doctore). Primum
» principium vitæ dicimus esse
» animam. Quamvis..... *aliquod*
» *corpus possit esse quoddam prin-*
» *cipium* vitæ, sicut..... est..... in
» animali..... » (S. Thom. 1, q.,
76, 1, etc. idem 6, 7, et passim.)

» cesse d'exister la disposition par
» laquelle le corps est disposé à une
» semblable union. *Il y a néanmoins*
» *des esprits animaux comme*
» *moyens de mouvement* (*inter-*
» *médiaires dans la production du*
» *mouvement*), *comme premiers*
» *instruments du mouvement.* » —
« Saint Augustin parle de l'âme en
» tant qu'elle meut le corps : c'est
» pourquoi il emploie le mot d'ad-
» ministration? *Il est vrai, en effet,*
» *que l'âme meut les parties les*
» *plus grossières par l'intermédiaire*
» *des plus subtiles.* Et le premier
» instrument de la puissance mo-
» tive est l'esprit vital, comme le
» dit le philosophe dans son livre
» du mouvement des animaux. »
D'où il est évident que le saint docteur parle ici *des esprits animaux,*
de l'esprit vital en l'homme, ce
que confirment encore les paroles
suivantes : « L'âme comme moteur
» est uni au corps par l'intermé-
» diaire *des forces sensitives.* » Puis
il ajoute pour plus de détails :
« L'âme ne meut pas le corps par
» son essence, mais par sa puis-
» sance motive. De sorte que
» l'âme, en raison de sa puissance
» motive, est la partie qui im-
» prime le mouvement, et le
» corps animé la partie mise en
» mouvement. » (Nous avons noté
plus haut, d'après le saint docteur, quel est l'instrument du
mouvement.) « Nous disons que
» l'âme est le premier principe de
» la vie, bien que *quelque corps*
» *puisse être principe* de la vie
» sous certain rapport, comme
» cela est dans les animaux (1). »

---

(1) Voy. la cit. des passages au texte latin. A ce dernier endroit, saint Thomas, d'après Aristote, et l'ancienne physiologie faite *à priori* bien sou-

Troisième consultation.

Anima enim ex eodem S. Doctore : « est forma substantialis corporis. » In quo vero statu sit materia corporis in instanti unionis cum anima, non est locus examinandi. Scimus tamen ex revelatione animam primi hominis non fuisse creatam, nisi postquam corpus ejus fuerit efformatum. (V. Interpretes SS. Script. in illud Genes. II. 7. *Inspiravit in faciem*, etc. Ex communi Patrum et Doctorum sententia innuitur eo loco animæ creatio.)

Quatrième consultation.

Nunc ut in instituto pergamus de ipsa innervatione pauca. Innervatio seu circulatio magnetismi humani duplici circulatione constat : 1° Circulatione *efferente* per nervos *efferentes* (nerfs efférents, ut aiunt physiologi) de cerebro, sive immediate sive mediate, ad varias corporis partes et portiunculas, sive ad superficiem positas, v. g. ad pellem, et præsertim ad partes sensibiliores quales sunt sensus, musculi, manus, digitorum extremitates. etc., sive profundissime absconditas, v. g. viscera. 2° Circulatione *afferente* per nervos *afferentes* (nerfs affé-

---

vent, admet que le cœur qu'on regardait autrefois comme la source, le foyer des esprits animaux, peut être par conséquent *un certain principe de vie*. Aujourd'hui qu'il est mis hors de doute par les expériences les plus nombreuses et les plus positives que le cœur n'est qu'un muscle creux plus parfait, plus irritable qu'un autre, qui ne traduit si fidèlement *les passions* de l'âme et du corps qu'en raison de ses liaisons sympathiques avec tout le système nerveux, le cerveau surtout : que c'est du cerveau et du sang vivifié dans les poumons qu'il *reçoit* abondamment *la vie* dont les somnambules aperçoivent l'expansion sous forme d'irradiations lumineuses, plus lumineuses encore selon le mode d'influence de l'âme ; mais que la véri-

Troisième consultation.

Quatrième consultation.

L'âme, selon le même saint docteur, « est la forme substan-
» tielle du corps. » Mais dans quel état se trouve la substance du corps au moment où l'âme s'unit à lui? Ce n'est point ici le lieu d'en parler. Cependant nous savons par la révélation que l'âme du premier homme ne fut créée qu'après que son corps eut été formé. (Voy. *Les Interprètes de la Sainte-Écriture*, sur ce passage de la *Genèse*. 11, 7. « *Et il* (Dieu) *répandit sur son visage un souffle de vie*, etc. » D'après le sentiment commun des pères et des docteurs, la création de l'âme est indiquée en cet endroit.)

Pour contiuer selon notre dessein, disons maintenant quelques mots de l'innervation. L'innervation ou circulation du magnétisme humain consiste en une double circulation. 1 La circulation *efférente*, par les nerfs *efférents* (comme s'expriment les physiologistes), se dirige du cerveau, soit immédiatement, soit médiatement, vers les diverses parties du corps même les plus petites, qu'elles soient placées à la surface, la peau par exemple, mais surtout vers les parties douées d'une plus grande sensibilité : tels sont les organes des sens, les muscles, les

table source, le véritable foyer des esprits vitaux est l'encéphale, le cerveau surtout, ce serait là par conséquent *ce certain principe de vie* auquel le saint docteur fait allusion. (Voyez sur le point vital de cette question les travaux cités de MM. Georget, Prévost et Dumas, Coudret, Durand, Turck, Tardy de Montravel, Charpignon, Despine, etc.)

Ce qui n'empêche en rien que le cœur qui sent et accuse si vivement et si douloureusement les affections de l'âme et les douleurs du corps ne soit réellement, *selon le sentiment* de tous les peuples, le symbole éloquent des affections de ceux qui nous sont chers et dont nous voulons conserver un précieux souvenir...

Troisième consultation.

Quatrième consultation.

rents) ex omnibus sensibus et organis ad cerebrum convergentes, sive immediate sive mediate. Prior ergo circulatio de foco et centro, ut dicunt physiologi, ad peripheriam. Posterior de peripheria ad centrum et focum. Prior præcipue ordinatur tum ad vitam organicam (per nervos ganglionum) tum ad vitam relationis seu voluntarie activam (per nervos encephalicos) ut ab anima interne volita manifestari queant. Posterior præcipue ad vitam sensitivam, ut externa ab anima percipi possint, per visum, auditum, gustum, olfactum et tactum, ad quem ultimum facile reducuntur sensus omnes sensibilitati et impressionabilitati inservientes. (Sic Physiologi.)

Ergo circulatio efferens, ut diximus, multas nervorum ramificationes mittit et explicat quæ, nonnisi imperante anima, fluido vitali percurruntur, et ad musculos movendos *secundum intentam* a voluntate directionem, intensitatem, diuturnitatem, etc., agunt et influunt. Fluidum magneticum sic modificatum a voluntate, ad vitam voluntariam procedit, v. g. ad oculorum membrorumve motus, ad vocis emissionem, manus apprehensionem, locomotionem, et, secundum quid, per *attentionem* quoque et *intentionem* ad audiendum, et sic de reliquis. (vje

Troisième consultation.   Quatrième consultation.

mains, les doigts, à leur extrémité surtout, etc., qu'elles soient placées plus profondément, les viscères par exemple. 2° La circulation *afférente*, par les nerfs *afférents*, converge de tous les sens et de tous les organes vers le cerveau, soit immédiatement, soit médiatement. La première circulation a donc lieu du foyer et du centre à la périphérie, suivant l'expression des physiologistes. La seconde de la périphérie au centre et au foyer. La première est principalement destinée et à la vie organique (par les nerfs ganglionaires) et à la vie de relation à laquelle l'action de la volonté concourt (par les nerfs encéphaliques), afin que les choses voulues intérieurement par l'âme puissent être manifestées au dehors. La seconde a pour objet principal la vie sensitive, afin que les choses extérieures puissent être perçues par l'âme, par la vue, l'ouïe, le goût, l'odorat et le toucher, auquel ou peut facilement rapporter tous les sens ministres et instruments de la sensibilité, de l'impressionnabilité.

Ainsi la circulation efférente, comme nous avons dit, envoie et déploie un grand nombre de ramifications nerveuses qui ne sont parcourues par le fluide vital que lorsque l'âme le commande, et qui n'ont qu'alors l'action et l'influence nécessaire pour mouvoir les muscles *selon l'intention*, la direction de la volonté, son intensité, sa durée, etc. Ainsi modifié par la volonté, le fluide magnétique accomplit les phénomènes de la vie volontaire, le mouvement des yeux ou des

Troisième consultation. *Quatrième consultation.*

volontaire, vie de relation, vie impérée, apud Physiologos.)

Atque exinde intelligere est quod haud minus certum videtur, nempe quemadmodum machinæ electricæ, galvanicæ habent quamdam activitatis sphæram, sic, propriis naturæ viribus, omnes sensus foras emittere exhalationem et irradiationem magnetismi, tali vel tali modo modificati per habituales cogitationes et per quamdam organorum specialem dispositionem. Sed illa exhalatio et irradiatio fit præsertim per directas et actuales animæ modificationes, et abundantius latiusque iidem sensus magnetismum expellunt *intentione et voluntate* imperantibus et dirigentibus.

Unde S. Thomas in ista quæstione an sit naturalis fascinatio, affirmans ait : « Dicendum est » quod ex forti imaginatione ani- » mæ immutantur spiritus corporis » conjuncti, quæ quidem immu- » tatio spirituum maxime fit in » oculis ad quos subtiliores spi- » ritus perveniunt. Oculi autem » inficiunt aerem continuum usque » ad determinatum spatium (1, q. » 117, 3 ad. 2.). »

membres, l'émission de la voix. Par lui aussi les mains saisissent, la locomotion s'opère, l'ouie devient plus sensible par l'*attention* et l'*intention*, et ainsi des autres fonctions du même genre : c'est ce que les physiologistes appellent vie volontaire, vie de relation, vie impérée.

De là aussi on peut comprendre, ce qui ne paraît pas moins certain, que, de même qu'une machine électrique, a une certaine sphère d'activité galvanique; de même aussi, par les propres forces de la nature, tous les sens émettent une exhalation et une irradiation magnétiques, modifiées de telle ou telle manière par les pensées habituelles et par une disposition toute spéciale des organes. Mais cette émission et cette irradiation ont lieu surtout par l'action modificatrice de l'âme agissante d'une manière directe et actuelle, et les sens alors laissent échapper un magnétisme plus abondant, et qui s'étend plus loin sous le commandement et la direction de l'*intention* et de la *volonté*.

Aussi saint Thomas, sur cette question : Y a-t-il une fascination naturelle? affirme-t-il en ces termes : « On peut dire que par » l'action d'une imagination vive » dont l'âme est la cause, les es- » prits vitaux conjoints au corps » sont changés. Ce changement » des esprits animaux s'opère » surtout dans les yeux vers les- » quels arrivent les esprits les » plus subtils. De plus, les yeux » modifient l'air répandu dans » l'espace jusqu'à certaines limi- » tes (1). »

(1) L'éther surtout, le fluide universel est alors modifié. — Dans ces der-

Troisième consultation.

Quatrième consultation.

Ex his quæ hactenus attulimus magnetismi patroni asserunt hominem posse, *voluntatis actione*, extendere extra se exhalationem magneticam, vitalesque irradiationes dirigere ad quempiam, atque hoc tam facile fieri quam impellere intra se fluidum vitale ad brachium digitumve quaquaversus movenda. Difficultas in perseverantia saltem virtuali in eadem intentione consistit. Unde horum medicorum axioma : « Immittendo in nervos alienos principium quod in nobis integrum servat et sanitatem et vitam, reparamus idem principium in illis alteratum aut fugiens, et sic vires naturæ morbum facilius debellant. » Unde denuo istorum axioma : « Magnetismum qua fluidum nihil ex se habet moralitatis aut immoralitatis ; sed totam determinationem et specificationem sive ab habituali, sive præsertim ab actuali animæ influxu recipit, tum ex parte agentis, tum patientis. — Plurimis de magnetismo humano prætermissis, ad somnambulismum accedere fas sit. Adjicimus hic quod somnambulismus non sit, ex omnium rei peritorum consensu, nisi unum ex variis phænomenis ab actione magnetica productis, sine quo innumera phænomena, simul seorsimve sumpta, sanitatem restituunt.

nières paroles le saint docteur admet une action à distance par l'action seule de l'imagination et cela jusqu'à certaines limites. Pourquoi la volonté ne les étendrait-elle pas ? La pensée *voulue*, *réfléchie* ne peut-elle pas entraîner avec elle et aussi loin qu'elle, une modification vitale, magnétique ? Ici il ne faut pas invoquer les lois physiques *seulement*, mais aussi les lois psycho-physiologiques, les lois de l'*homme*.

Troisième consultation.

Quatrième consultation.

De tout ce que nous venons de rapporter jusqu'à présent, les défenseurs du magnétisme en prennent occasion d'affirmer que l'homme peut, *par l'action de sa volonté*, étendre au dehors de lui l'exhalation magnétique, et diriger sur un autre les irradiations vitales, et cela tout aussi facilement qu'il peut au dedans de lui-même diriger le fluide vital pour mouvoir le bras ou les doigts dans tel ou tel sens. La difficulté de cette action consiste surtout dans la persévérance au moins virtuelle de la même intention. C'est de là que les médecins magnétiseurs ont tiré cet axiome : « En envoyant » dans le système nerveux d'un » autre le principe qui entretient » en nous la santé et la vie, nous » réparons en eux le même prin- » cipe qui s'altère ou s'épuise, et » ainsi les forces de la nature » triomphent plus facilement de » la maladie. » De là encore cet autre axiome : « Le magnétisme, comme fluide, n'a par lui-même ni moralité ni immoralité; mais il reçoit toute sa détermination et sa spécification de l'influence, soit habituelle, soit surtout actuelle de l'âme, tant de la part de celui qui donne que de celle de celui qui reçoit. » Laissant de côté plusieurs détails sur le magnétisme humain, arrivons au somnambulisme. Ajoutons cependant ici que le somnambulisme, de l'aveu de tous les gens habiles en pareille matière, n'est qu'un des nombreux phénomènes produits par l'action magnétique, et sans lequel des phénomènes variés d'une manière indéfinie, soit ensemble, soit séparément, peuvent opérer le retour à la santé.

Troisième consultation.

2° **Persona** magnetisata quæ plerumque sexus est fœminei in eum statum soporis ingreditur, dictum *somnambulismum magneticum*, tam alte ut nec maximus fragor ad ejus aures, nec ferri ignis ve ulla vehementia illam suscitare valeant.

3° A solo magnetisatore cui consensum suum dedit (consensus enim est necessarius) ad illud extasis genus adducitur, sive variis palpationibus gesticulationibusve, quando ille adest, sive simplici mandato, eodemque interno, cum vel pluribus leucis distat.

Quatrième consultation.

Jam vero de somnambulismo summatim et secundum indicatum modum hæc afferenda arbitramur.

2° Quandoque persona magnetisata, sive sexus masculini, sive sæpius fœminei, propter menstruam indispositionem et majorem ad affectiones morbidas propensionem, in eum soporem specialem ingreditur quem somnambulismum magneticum vocant, ita ut nec maximus fragor, nec ferri ignisve ulla vehementia eam suscitare queant; sicque exhibet insensibilitatem quæ cunctis medicis in morbis plurimis ex læsione *nervositatis* ortis, frequenter occurrit v. g. in hysteria, in catalepsia.

3° Persona magnetisata ad hoc extasis genus adducitur etiam ab aliis quam a magnetisatore, cui consensum dedit *aut non dedit* (consensus enim nullomodo necessarius est), siquidem pueri, amentes, dormientes, usu sensuum orbati, hoc idem experiri possunt, ut scite notat ipse celeberrimus Laplace. Somnambulismus igitur determinari potest a *pluribus*, iisdem mediis utentibus, id est, variis palpationibus gestibusve, aut sola manus præsentatione, ac proinde sine ullo contactu, quod moralitati magis consonat. Hoc porro fit communiter præsente magnetisante, aliquando simplici etiam ipsius mandato, eodemque interno, eo semper sensu quod anima ut motor immittat et fluidum magneticum modificet. Quando autem longe distat operator, v. g. pluribus

Troisième consultation.

2° Une personne magnétisée, laquelle est ordinairement du sexe féminin, entre dans un tel état de sommeil ou d'assoupissement, appelé somnambulisme magnétique, que ni le plus grand bruit fait à ses oreilles, ni la violence du fer ou du feu ne sauraient l'en tirer.

3° Le magnétiseur seul, qui a obtenu son consentement (car le consentement est nécessaire), la fait tomber dans cette espèce d'extase, soit par des attouchements et des gesticulations en divers sens, s'il est auprès d'elle, soit par un simple commandement intérieur, s'il en est éloigné même de plusieurs lieues.

Quatrième consultation.

Maintenant nous allons parler sommairement du somnambulisme, et selon la méthode indiquée plus haut.

2° Quelquefois la personne magnétisée, soit du sexe masculin, soit plus souvent du sexe féminin à cause de l'indisposition menstruelle et d'une plus grande propension aux affections morbides, entre dans un tel état de sommeil spécial, appelé somnambulisme magnétique, état tel que ni le plus grand bruit fait à ses oreilles, ni la violence du fer et du feu ne peuvent l'en tirer, et qu'elle manifeste ainsi cette insensibilité que les médecins observent si fréquemment dans un grand nombre de maladies résultant d'affections nerveuses, comme sont l'hystérie, la catalepsie, etc.

3° La personne magnétisée entre dans cette espèce d'extase, même sous une action différente de celle de son magnétiseur, qui a obtenu son consentement, *ou qui ne l'a pas obtenu* (le consentement, en effet, n'est nullement nécessaire), puisque des enfants, des aliénés, des personnes endormies ou privées de l'usage de leurs sens, éprouvent les mêmes effets, comme le fait remarquer si positivement le célèbre Laplace. Le somnambulisme peut être produit par plusieurs personnes usant des mêmes moyens, c'est-à-dire par des attouchements ou des gestes, ou bien encore par la seule présentation de la main, et par conséquent sans aucun contact, ce qui est bien plus convenable et plus moral. Cette action s'exerce ordinairement, le magnétiseur étant présent, quelquefois même

Troisième consultation. *Quatrième consultation.*

leucis, fit interdiu res cum successu, sed et difficilius et lentius, et nonnisi post plurimas magnetisationes antea secundum ritum consuetum peractas. Qui effectus, major seu minor sit distantia, vi ejusdem legis obtinetur, intellige per quamdam magnetismi undulationem et propagationem, eodem fere modo quo vicinæ cujuspiam electricæ machinæ influxus, seu nubes electricitate atmosphærica prædita, a pluribus etiam leucis eamdem cephalalgiam in nervosis hominibus gignere solent.

4° Tunc viva voce seu mentaliter de suo absentiumque, penitus ignotorum sibi, morbo interrogata.

4° Interrogari potest persona magnetisata, seu voce, seu mente tantum (eo quo diximus sensu) præsertim de suo morbo; quandoque de absentium morbo, sed rarius, rarissime vero de penitus ignotorum sibi. Atque etiam tum fere semper petit chartam scriptam, aliamve rem ab illis tactam, ut aliquomodo, quemamodum inquit, cum absentium magnetismo communicare possit. At postea non raro id vix sufficere asserit, et quid vitreum lanamve ab illis in pectore diu gestata efflagitat. Quas circumstantias, pluribus ex brevitate hic omissis, necesse est exponere.

Troisième consultation.	Quatrième consultation.
	par un simple commandement intérieur, toujours en ce sens que l'âme comme puissance motrice envoie et modifie le fluide magnétique. Lorsque le magnétiseur est éloigné, même de plusieurs lieues, quelquefois l'action s'exerce avec succès, mais plus lentement et plus difficilement, et seulement après plusieurs magnétisations pratiquées selon le mode ordinaire et suivies de résultats. Ces effets, que la distance soit plus ou moins grande, sont toujours obtenus en vertu des mêmes lois, c'est-à-dire par une ondulation et une propagation du magnétisme, à peu près de la même manière que l'influence d'une machine électrique qui est proche, ou celle d'un nuage chargé d'électricité atmosphérique, y eût-il plusieurs lieues de distance produit sur les personnes nerveuses, un mal de tête absolument semblable.
4° Alors interrogée de vive voix ou mentalement sur sa maladie et sur celle des personnes absentes qui lui sont absolument inconnues,	4° On peut interroger la personne magnétisée de vive voix ou mentalement (dans le sens mentionné plus haut), surtout sur sa propre maladie; quelquefois sur celle des personnes absentes, et très rarement sur celle des personnes qui lui sont absolument inconnues. Encore demande-t-elle presque toujours dans ce cas une lettre écrite de leur main ou un autre objet touché par elles, afin de pouvoir communiquer d'une certaine manière, selon sa demande, avec fluide magnétique de ceux qui sont absents. Puis souvent après elle assure que cela est à peine suffisant, et exige du verre ou de la laine qu'elles auront porté longtemps sur elles. Ces circon-

Troisième consultation.   Quatrième consultation.

5° Hæc persona evidenter in- 5° Ordinarie persona non recte
docta illico medicos scientia longe respondet pro prima saltem con-
superat. sultatione, nisi post plures dies,
immo post mensem et amplius, et
post plures adhibitos conatus suc-
cessive tantum et progressive fruc-
tuosos; fit hoc deinde facilius et
velut in temporis puncto. Medicos, etsi indocta, longe superat,
non *scientia* sed sensibilitate nervorum et facultate majori perci-
piendi sensationes et impressiones
in cerebrum vividius reagentes.
Tunc enim vero anima ipsius in-
terpres esse potest fidelissima rerum perspectarum et sensibilitati
objectarum, a proprio suo alie-
nove corpore, a substantiis quoque
medicinalibus.

6° Res anatomicas accuratissime 6° Res anatomicas sæpe tum ac-
enuntiat, morborum internorum curatissime enuntiat, cum majori
in humano corpore, qui cognitu de- sæpius conatu et defatigatione,
finituque peritis difficillimi sunt, interdum facilius sed fere semper
causam, sedem, naturam indi- quasi gradatim et quasi fluido
gitat; eorumdem progressus, va- uteretur ad interna ab anima di-
riationes, complicationes evolvit, recto; testando simul eum quasi
idque propriis terminis; sæpe radium esse solis illuminantem,
etiam dictorum morborum diu- ejusque reflexione ad se, sibi ma-
turnitatem exacte prænuntiat, re- nifestare, per visum nempe et
mediaque simplicissima et effica- quamdam undulationem sensiti-
cissima præcipit. vam, sæpiusque cum sensu dolo-
rosissimo, existentiam interno-
rum morborum quæ alioquin cognitu definituque difficillima est
peritis. Detegit non raro causam in
effectibus, sedem et naturam

Troisième consultation.

5° Cette magnétisée, notoirement ignorante, se trouve, à l'instant, douée d'une science bien supérieure à celle des médecins :

6° Elle donne des descriptions anatomiques d'une parfaite exactitude ; elle indique le siége, la cause, la nature des maladies internes du corps humain, les plus difficiles à connaître et à caractériser ; elle en détaille les progrès, les variations et les complications, le tout dans les termes propres ; souvent elle en prédit la durée précise et en prescrit les remèdes les plus simples et les plus efficaces.

Quatrième consultation.

stances, et plusieurs que nous omettons ici pour éviter trop de longueur, méritent bien d'être exposées.

5° La personne magnétisée ne répond pas ordinairement comme il faut à la première consultation, ce n'est qu'après plusieurs jours, et même plusieurs mois ou un temps plus long encore, et après avoir fait plusieurs efforts successivement et progressivement fructueux ; puis cela a lieu ensuite plus facilement et comme en un instant. Quoiqu'ignorante, elle est bien supérieure aux médecins, non par *la science*, mais par la sensibilité nerveuse et la faculté de percevoir plus facilement les sensations et les impressions qui réagissent alors plus vivement sur le cerveau. Alors en effet, son âme peut être l'interprète fidèle des choses qu'elle examine et dont la présence met en jeu la sensibilité, soit qu'elles viennent de son propre corps ou de celui d'un autre, ou bien aussi des substances médicinales.

6° Elle donne dans cet état, souvent au moins, des descriptions anatomiques d'une parfaite exactitude, presque toujours après de grands efforts qui la fatiguent beaucoup, quelquefois plus facilement, mais ordinairement cela arrive comme par degrés et comme si elle se servait du fluide magnétique dirigé par l'âme vers l'intérieur du corps, affirmant en même temps qu'il est comme un rayon de soleil qui éclaire, et qui, en se réfléchissant sur elle, lui fait connaître, par la vue et par un certain ébranlement sensitif, souvent même avec un sentiment de

indicat aut mox se indicare posse pronuntiat. Progressus, variationes et complicationes evolvit, nunc simul, nunc separatim tantum, petensque frequenter longioris intervallum temporis, ut ex organorum statu melius et videre et sentire et percipere queat. Si propriis quibusdam vocabulis utatur, tum simul profert a magnetisante, præsertim a magnetisante medico notas, atque ab eo mentaliter (ut diximus) ipso facto transmissas; aut a se, etiamsi semel, olim auditas, et majori minorive fidelitate repositas. Contigit enim ordinarie ut per quosdam verborum circuitus et per metaphoras enitatur hujusmodi persona res magnetice visas sensationesque intellectu perspectas exprimere, secundum aliquam cum præhabita educatione proportionem. Quod ad diuturnitatem morborum attinet, hanc ex organorum statu atque ex complexione consulentis personæ exacte prænuntiat, sese exhibens, eximia sua sensibilitate organica, velut *nosometron*, quo anima intima conjuncta, decernit et judicat. Eadem ratione remedia simplicissima et efficacissima præcipit, non ea quidem designando proprio nomine, sed proprietatibus et effectibus, maxime si contactu, sensatione et degustatione interdiu, interrogare possit quemdam instinctum ex magna atque exquisitissima quamvis intima ac placidissima excitatione ortum, absque detrimento tamen rationis aut libertatis humanæ, sed ut multoties evenit cum notabili ipsarum augmento. Etenim animadvertandum est, transeundo, somnambu-

très vive douleur, l'existence des maladies internes les plus difficiles à connaître et à caractériser. Elle découvre souvent la cause dans les effets, indique alors le siége et la nature de la maladie ou assure qu'elle le pourra bientôt. Elle en détaille les progrès, les variations et les complications, tantôt en totalité, tantôt en partie seulement, et demande aussi fréquemment un plus long intervalle de temps, afin que, de l'état des organes elle puisse mieux voir, mieux sentir, et percevoir avec plus d'exactitude. Si elle se sert quelquefois des termes propres, on peut remarquer dans ce cas, qu'ils sont connus du magnétiseur, surtout s'il est médecin, et transmis par lui *mentalement* (dans le sens expliqué) par le seul fait de la communication magnétique; ou bien encore que ces termes propres elle les a entendus par le passé, ne fût-ce qu'une seule fois, et qu'elle les reproduit avec une plus ou moins grande fidélité. Il arrive en effet pour l'ordinaire que la personne en état de somnambulisme s'efforce d'expliquer par des circonlocutions et des figures ce qui, par la vue magnétique et les sensations, a été offert à la perception de l'intelligence, dont les manifestations ne sont point alors sans quelques rapports avec le genre de l'éducation reçue. Si elle déclare à l'avance la durée de la maladie d'une manière précise, c'est qu'elle juge d'après l'état des organes et la complexion de la personne qui consulte; se montrant, dans l'état de somnambulisme, par l'exquise sensibilité organique dont elle est douée,

Troisième consultation.

Quatrième consultation.

lismum hoc differre a noctambulismo, qui facile ad eamdem normam magnetisatione reducitur, sicque completur, quoad nempe et advertentia et sua gaudeat libertate qui in somnambulismo magnetico versatur, quæ duo crescunt simul ac perficitur somnambulismus, eodemque gradu incedunt. Quamvis enim solo jussu interno ipsius qui magnetisat magnetisatus facillime præst et *resin-differentes*, attamen in somnambulismo, cum adsit sensibilitas organica rectius ordinata, ad *conservationem* scilicet, non ad *jucunditatem*; cum adsit quoque sæpius acutior perceptio et intellectus mensque non ita pluribus intendatur, et aliunde somnambulus præsentiat *intentiones* magnetisatoris quibusque versetur in *cupiditatibus*, hinc fit ut plurima habeat argumenta ad libere percepta, libere quoque accipienda aut repellenda. Quando igitur affirmant quidam totam determinationem ac specificationem magnetismi ab actuali præsertim aut ab habituali animæ influxu pendere, intelligendum est ab influxu animæ tum agentis, *tum etiam patientis*, libertatem servantis, quæque relate ad seipsam, præsertim circa moralia, verum efficiat effatum : Quidquid recipitur ad modum recipientis recipitur. Asserunt autem de his Tardy de Montravel, de Puysegur, Deleuze, Chapelain, Billot; et mihimetipsi res in aperto est propria experientia. Oppugnantes aut *a priori* opinantur aut post experientias absque ullo philosophico intuitu relatas. Revera mirum videatur si medicus aut magnetisator jamjam corrup-

comme un *nosomètre*, par lequel l'âme si intimement unie, juge et prononce. C'est pour la même raison qu'elle prescrit aussi les remèdes les plus simples et les plus efficaces, non point en les désignant par leur dénomination scientifique, mais par leurs propriétés et leurs effets, surtout lorsque par le contact, la sensation et quelquefois même la dégustation, elle peut interroger un certain instinct résultant d'une grande et exquise surexcitation, toute intime et calme cependant, sans que cela nuise en rien à l'usage de la raison et de la liberté humaine qui, bien souvent même se trouvent notablement accrues. Remarquons, en effet, ici en passant, que le somnambulisme magnétique est bien différent du noctambulisme qui peut être facilement ramené à la même forme par la magnétisation, et reçoit ainsi le complément de développement qu'il demande, au point que dans le somnambulisme magnétique il jouisse de son advertance et de sa liberté, advertance et liberté qui croissent à mesure que le somnambulisme se perfectionne, et marchent toutes deux d'un même pas. En effet, bien que le magnétisé, au seul commandement intérieur de celui qui le magnétise, obéisse très facilement *dans les choses indifférentes*, cependant comme il existe dans le somnambulisme une sensibilité organique mieux réglée, c'est-à-dire, plus portée à la *conservation* qu'au *plaisir*; comme il y a très souvent aussi plus de finesse dans les perceptions et dans l'intelligence, que l'esprit est moins distrait que dans l'état

Quatrième consultation.

tus possit, in statu magnetico, antea corruptam, aut ad corruptionem propensam, ad consuetam rursus pravitatem revocare? Mirum videatur si scriptis edendis posteriora patefaciat quasi in *genere* periculum immineret bonis moribus, priora vero taceat in *specie* ne fama scilicet decrescat?...

Troisième consultation.

Quatrième consultation.

de veille, et que d'un autre côté le somnambule pressent *les intentions* de son magnétiseur, la nature de ses désirs, il s'en suit qu'il possède plus de moyens pour accueillir ou repousser librement la cause de ses perceptions. Lors donc, qu'on affirme que le magnétisme reçoit toute sa détermination et sa spécification de la nature de l'influence habituelle et surtout actuelle de l'âme, il faut l'entendre de l'influence de l'âme tant du magnétiseur que du magnétisé, maître de sa liberté, et à l'égard duquel, *surtout pour les choses de l'ordre moral*, se vérifie cet axiome: « Tout ce qui est reçu, l'est selon la » manière d'être de celui qui re- » çoit. » Nous avons à ce sujet les assertions de MM. Tardy de Montravel, de Puységur, Deleuze, Chapelain, Billot, et la même chose m'a été démontrée par ma propre expérience. Les adversaires, ou prennent une opinion *à priori*, ou d'après des expériences exposées d'une manière peu philosophique. Est-il bien surprenant en effet, qu'un médecin ou un magnétiseur corrompu à l'avance, puisse réveiller encore dans l'état magnétique, la dépravation habituelle d'une personne auparavant corrompue par lui, ou toute disposée à se laisser corrompre? Est-il bien surprenant que devant écrire il dévoile ces dernières circonstances, *en général* bien entendu, comme un danger pour les bonnes mœurs, mais *qu'en particulier* il taise les premières circonstances pour ne pas se diffamer lui-même?.. (1)

---

(1) Ce que nous disons ici *en général* nous pourrions, faisant de l'histoire,

Troisième consultation.   *Quatrième consultation.*

De prævidendo et præsentiendo, prætermissio permultis factis ea de re a medicis relatis, necnon Origenis, Tertulliani, aliorumque testimoniis. Cl. P. Perrone audiamus. Indicato S. Thom. 22, q. 172, a. 1, ubi agitur de futuris quæ in suis causis prænoscuntur ab homine naturali cognitione, ex impressionibus naturalium causarum in imaginatione humana : allata dein ex S. Thoma auctoritate Gregorii Magni dicentis quod « anima, quando appropinquat ad » mortem, præcognoscit quædam » futura subtilitate suæ naturæ » addit citatus auctor : « Hæc qui- » dem voluimus per extensum » referre, ut pateat a S. doctore » præoccupata jam fuisse quæ » postea magnetismi patroni com- » menti sunt, loquendo de som- » nambulismo a magnetismo exci- » tato, de quo ipsi mira referunt. »

7° Si adest persona de qua mulier consulitur, relationem inter utramque per contactum instituit magnetisator. Cum vero abest, cincinnus ex ejus cæsarie eam supplet ac sufficit. Hoc enim cincinno tantum ad palmam magnetisatæ admoto, confestim hæc declarare quid sit (quin

7° Si adsit persona de qua consulitur vir aut mulier, relationem inter utrosque per contactum instituit magnetisans, qui pariter potest esse vir aut mulier. Cum vero abest, cincinnus ex ejusdem cæsarie, aut alia materia ab infirmo diutius tacta, ut diximus, personam aliquando supplet tum-

l'appliquer *en particulier* à certain docteur dont les ennemis du magnétisme ont bien su exploiter l'*article magnétisme*, et nous prouverions encore une fois que les fautes de la vie privée font très souvent partie intégrante de la vie publique, bien que, pour cause, on ait réglé le contraire en certaines assemblées pompeuses...

Troisième consultation.

Quatrième consultation.

Sur la prévision et la pressensation, laissant de côté nombre de faits rapportés par des médecins, et le témoignage d'Origène, de Tertullien, etc., écoutons un célèbre professeur de théologie, le P. Perrone. Après avoir indiqué le passage de saint Thomas (22. q. 172. a. 1.), où il est question des choses futures qui peuvent être connues à l'avance dans leurs causes en vertu d'une connaissance naturelle à l'homme. Après avoir ensuite cité d'après saint Thomas l'autorité de Grégoire-le-Grand s'exprimant en ces termes : « L'âme, à l'approche » de la mort, connaît à l'avance » certaines choses futures à cause » de la subtilité de sa nature. » L'auteur cité plus haut ajoute : « Nous avons voulu rapporter en » détail ces citations, afin qu'on » voie évidemment que le saint » docteur a pris les avances sur » les faits que plus tard les défen- » seurs du magnétisme ont rap- » portés en parlant du somnam- » bulisme provoqué par la ma- » gnétisation, et duquel ils racon- » tent des choses étonnantes. »

7° Si la personne pour laquelle on consulte la magnétisée est présente, le magnétiseur la met en rapport avec celle-ci par le contact. Est-elle absente, une boucle de ses cheveux la remplace et suffit. Aussitôt que cette boucle de cheveux est seulement approchée contre la main de la magnétisée, celle-ci dit ce que c'est, sans y regarder, de qui sont les cheveux, où est actuellement la personne de qui ils viennent, ce qu'elle fait; et sur la maladie, elle donne tous les renseignements

7° Si la personne pour laquelle on consulte la magnétisée ou le magnétisé est présente, le magnétiseur, qui peut également être un homme ou une femme, la met en rapport avec le somnambule par le contact. Est-elle absente, une boucle de ses cheveux ou tout autre substance touchée longtemps par la malade, comme nous l'avons dit plus haut, la remplace quelquefois et suffit alors. Cependant il y a toujours de la part de celui qui est dans l'état de somnambulisme et plus d'efforts et

Troisième consultation.

aspiciat oculis), cujus sint capilli, ubinam versetur nunc persona, ad quam pertinent, quid rerum agat; circaque ejus morbum omnia supradicta documenta ministrare, haud aliter atque si, medicorum more, corpus ipse introspiceret.

Quatrième consultation.

que sufficit. Attamen ex parte ipsius qui in somnambulismo versatur major adest labor et sæpe sæpius minor fructus. Hoc itaque cincinno, rarissime quidem ad palmam magnetisatæ personæ tantum admoto, communiter autem in manibus ejus deposito, pluriesque ab ea diversimode compresso olfactuque explorato, fit, aliquando extemplo, sæpe post diuturnum tempus, crebrius post plures explorationes diversis diebus repetitas, fit, inquam, ut declaret quid sit, quin aspiciat oculis, cujus sint capilli in genere v. g. cujus sexus, ubinam versetur nunc persona, quid rerum agat; hæc duo tamen rarius et ægrius. Verumtamen circa morbum facilius omnia aliquave ex supradictis documentis ministrat, haud secus ac si (sensu quo diximus), medicorum more introspiceret ut fit realiter plus minusve perfecte visu magnetico de quo supra. Quemadmodum enim medicorum experientia constat quod capilli, lana, aliave hujusmodi quæ electricitatem nonnisi imperfecte conducant, simul servant vitale fluidum etiamsi morbo corruptum, sicque luem effundere solent in eas personas præsertim quæ modica nervorum reactione laborant; sic magnetisatus morbosas effluvies interdum adeo vivide sentit, ut si capilli sint v. g. epileptici cujusdam, statim et ipse epileptice captus rogitet ut auferantur capilli sponteve rejiciat; deindeque renuat ullo modo dolorosam sibi consultationem denuo experiri.

Troisième consultation.

énoncés ci-dessus, et cela avec autant d'exactitude que si elle faisait l'autopsie du corps.

Quatrième consultation.

de peines, et très souvent aussi moins de fruits. Cette boucle de cheveux, que très rarement on approche seulement de la main de la personne magnétisée, mais qu'ordinairement on dépose entre ses mains, et qu'alors elle presse entre ses doigts de diverses manières, qu'elle explore même par l'odorat, permet quelquefois en un seul instant, souvent après un temps plus long, souvent même après plusieurs essais faits à des jours différents, permet, dis-je, à la somnambule de dire ce que c'est, sans y regarder, de qui sont les cheveux en général, par exemple s'ils sont d'un homme ou d'une femme, où est actuellement la personne, de qui ils viennent, ce qu'elle fait. Cependant ces deux renseignements sont infiniment plus rares et plus difficiles à obtenir. Mais sur la maladie, elle donne avec bien plus de facilité, soit en totalité, soit en partie seulement, les renseignements énoncés ci-dessus, et cela avec autant d'exactitude (dans le sens déjà indiqué) que si elle faisait l'autopsie du corps ou voyait au-dedans, ainsi que cela a lieu en effet, d'une manière plus ou moins parfaite par la vue magnétique aussi mentionnée plus haut. De même qu'il est certain par l'expérience des médecins que les cheveux, la laine ou d'autres corps analogues, mauvais conducteurs de l'électricité, restent aussi empreints du fluide vital, même lorsqu'il est altéré par une maladie, et propagent ainsi souvent des maladies contagieuses, la peste, par exemple; que ces moyens de contagion agissent sur-

Troisième consultation. Quatrième consultation.

8° Postremo magnetisata non oculis cernit, ipsis velatis, quidquid erit, illud leget, legendi nescia, seu librum seu manuscriptum, vel apertum, vel clausum, suo capiti vel ventri impositum. Etiam ex hac regione ejus verba egredi videntur. Hoc autem statu educta, vel ad jussum etiam internum magnetisantis, vel quasi sponte hoc ipso temporis puncto a se praenuntiato, nihil omnibus de rebus in paroxismo peractis sibi conscire videtur, quantumvis ille duraverit, quaenam ab ipsa petita fuerint, quae vero responderit, quae pertulerit; haec omnia nullam in ejus intellectu ideam nec minimum in memoria vestigium reliquerunt.

8° Postremo magnetisata persona aliquando non oculis cernit. Velatis his quidvis leget, si legere sciat : Si enim *omnino* nesciat, nemo unquam hoc fieri posse docuit scripsitve; leget ergo librum vel manuscriptum, aut apertum aut clausum sed hoc difficilius dummodo nempe imponatur capiti nervorum fonti, vel epigastro (neutiquam ventri) ad quem multi nervorum plexus cum cerebro communicantes confluunt. Nusquam vero ex ventris regione ipsius verba egredi ullus scripserit aut docuerit. Non videtur tamen negandum absolute si quis, in communi habitu suo, ad ventriloquiam, ex omnibus physiologis naturalem, disponeretur, eum quoque posse eadem uti in somnambulismo, ut facultate utitur loquendi ordinaria; sed neque de hoc nulla fit mentio inter magnetismi propugnatores.

Troisième consultation.

8° Enfin la magnétisée ne voit pas par les yeux. On peut les lui voiler, et elle lira quoi que ce soit, même sans savoir lire, un livre, un manuscrit qu'on aura placé ouvert ou fermé, soit sur sa tête, soit sur son ventre : c'est aussi de cette région que semblent sortir ses paroles. Tirée de cet état, soit par un commandement même intérieur du magnétisme, soit comme spontanément à l'instant annoncé par elle, elle paraît complétement ignorer tout ce qui lui est arrivé pendant l'accès, quelque long qu'il ait été : ce qu'on lui a demandé, ce qu'elle a répondu, ce qu'elle a souffert, rien de tout cela n'a laissé aucune idée dans son intelligence ni dans sa mémoire les moindres traces.

Quatrième consultation.

tout sur les personnes dont le système nerveux a peu de réaction. De même aussi le somnambule sent quelquefois si vivement les émanations morbides, que si les cheveux sont, par exemple, d'un épileptique, affecté d'un malaise épileptiforme, il prie qu'on lui ôte les cheveux qu'il tient à la main ou les jette lui-même comme par un mouvement spontané, et refuse ensuite absolument d'essayer de nouveau une consultation douloureuse pour lui (1).

8° Enfin quelquefois la personne magnétisée ne voit pas par les yeux. On peut les lui voiler, et elle lira quoi que ce soit si elle sait lire ; car personne n'a jamais écrit ou enseigné que cela fût possible si elle l'ignore *absolument*. Elle lira donc un livre, un manuscrit, soit ouvert, soit fermé, mais bien plus difficilement alors, lorsqu'on l'aura placé, soit vers la tête origine de tous les nerfs, soit vers l'épigastre (et non sur son ventre), dans la direction duquel se réunissent des plexus nerveux qui ont aussi des communications avec le cerveau. Jamais non plus personne n'a écrit ou enseigné que c'est de la région du ventre que semblent sortir ses paroles. Cependant en examinant la chose en soi, on ne peut nier que celui qui, dans l'état ordinaire, serait disposé à la ventriloquie, action entièrement naturelle, de l'aveu de tous les physiologistes, pourrait aussi faire de même dans l'état de somnambulisme, comme cela a lieu pour la manière ordinaire de parler ; mais il n'est point du tout

(1) Pourquoi sous l'influence d'une émotion morale très vive les cheveux

Quare complures medici hujusmodi visus innumera argumenta, tum in noctambulismo seu somnambulismo naturali, tum in hysteria, catalepsia, etc., ultro oblata referentes, has duas quæstiones ponunt : primo, nonne propter porositatem materiæ et separationem molecularum opacitas et transluciditas corporum dici possit, relativa tantum in se et ad fluidum per ea transiturum? Deinde, nonne anima mediante fluido vitale, sine oculorum globi concursu externa percipere possit? Vere quidem in statu ordinario, luminis modificationes et undulationes ab objectis reflexæ ab oculorum globo recipiuntur, atque hoc fit etiam in iis qui in somno ordinario oculos apertos habent, etsi nihil videntes sicque similes hominibus paralysia nervi optici laborantibus, sed ut visio et perceptio fieri possint, necesse est ut prædictæ modificationes et undulationes transeant continuo ad retinam, quæ est membrana nervosa et summopere sensibilis, quæque ex nervi optici expansionibus efformatur. Nonne ergo si alia principalium nervorum expansio vividissima sensibilitate polleret, immediate et per se ipsa luminis modificationes et undulationes recipere, et animæ transmittere posset, siquidem ut supra explicavimus, fluidum nervosum seu magneticum, magnam habet cum lumine affinitatem; sicque nonne

blanchissent-ils en un seul instant?... Ils participent donc à la vie générale, aux variations de l'influence nerveuse?...

question de cela parmi les magnétiseurs (1).

Un grand nombre de médecins, apportant une foule de preuves en faveur de cette vue spéciale des somnambules, qui s'est offerte spontanément, et dans le noctambulisme ou somnambulisme naturel, et dans la catalepsie, l'hystérie, et dans d'autres affections nerveuses, posent ces deux questions : 1° la porosité de la matière et la séparation des molécules constitutives des corps ne permet-elle pas de dire que l'opacité et la transparence ne sont que relatives considérées en elles-mêmes et par rapport à la nature du fluide qui doit traverser les corps ? 2° L'âme ne peut-elle pas, ayant le fluide vital pour intermédiaire, percevoir les choses extérieures sans le concours du globe oculaire ? Il est bien vrai que dans l'état ordinaire le globe de l'œil reçoit les modifications et les ondulations de la lumière réfléchie par les corps, ce qui a lieu aussi pour ceux qui ont les yeux ouverts dans le sommeil ordinaire, et qui ne voient rien cependant, semblables en cela aux hommes atteints d'une paralysie du nerf optique ; mais pour que la vue puisse s'exercer et donner lieu aux perceptions, il est nécessaire que les modifications et les ondulations lumineuses passent directement jusqu'à la rétine, qui est une membrane nerveuse d'une extrême sensibilité formée par l'expansion du nerf optique. N'est-il donc pas possible, lorsque

---

(1) L'auteur de la consultation que nous réfutons n'a pu prendre des idées aussi exactes sur ce sujet que dans M. Wurtz qui voit du surnaturel diabolique dans la ventriloquie et *par conséquent* en gratifie les somnambules, etc., etc.

Troisième consultation.   *Quatrième consultation.*

anima secundum essentialem modum ordinarium percipere et judicare in promptu haberet?...

Supradictus autem somnambulismus statusve magneticus solvitur ordinarie causaliter actione voluntatis, instrumentaliter autem per gestus magneticos qui foras attrahunt fluidum in nervis immissum; vel jussu etiam interno magnetisantis, humano semper tum modo agentis, id est, anima operante in unione carnis (anima rationalis et caro unus est homo) præsertimque cerebri, ac proinde in unione fontis magnetici Solvitur quoque somnambulismus quasi sponte hoc temporis puncto a persona magnetisata prænuntiato, ex supputatione temporis necessarii ad exhalandum et disperdendum susceptum fluidum.

Persona magnetisata in statu ordinario restituta, sæpissime nihil omnino de rebus in paroxismo peractis sibi conscire videtur; quantumvis ille duraverit; quænam ab ipsa fuerint petita, quæ-

d'autres ramifications de filets nerveux importants jouissent d'une très-grande sensibilité qu'elles puissent recevoir immédiatement et par elles-mêmes les modifications et les ondulations lumineuses, et les transmettre à l'âme, puisque, comme nous l'avons expliqué plus haut, le fluide nerveux, le fluide magnétique ont une grande analogie avec la lumière. Et ainsi l'âme n'aurait-elle pas le moyen facile de percevoir et de juger selon son mode ordinaire *essentiel?*

Le somnambulisme ou l'état magnétique cesse ordinairement par l'action de la volonté agissant comme cause, et se servant comme instrument des *passes* magnétiques qui attirent au dehors le fluide introduit dans le système nerveux; il cesse encore par un commandement même intérieur du magnétiseur, agissant toujours alors d'une manière *humaine*, c'est-à-dire, l'âme opérant en union intime avec la chair (l'âme et la chair forment un seul homme) surtout en union intime avec le cerveau, par conséquent avec le foyer du fluide magnétique. L'état somnambulique cesse aussi spontanément et à l'instant annoncé par la personne magnétisée, d'après l'appréciation du temps nécessaire à l'exhalation et à la déperdition du fluide reçu (1).

Rendue à l'état ordinaire, la personne magnétisée, le plus souvent au moins, paraît complétement ignorer tout ce qui lui est arrivé pendant l'accès, quelque long qu'il ait été : ce qu'on lui a demandé,

---

(1) Comment avons-nous aussi la faculté d'apprécier le temps? de nous éveiller à l'heure voulue la veille?...

Troisième consultation. — *Quatrième consultation.*

que responderit, quæ pertulerit, hæc omnia, horumve aliquando nonnulla tantum, *primo intuitu*, nullam in ejus intellectu ideam, nullum in actuali memoria vestigium reliquerunt post somnum somnambulicum. Sed semper et exactissime redeunt in subsequentibus somniis hujus modi. Scita vero in somnambulismo transeunt, seu ex toto, seu ex parte, ad statum ordinarium, quando ex natura rerum, seu vividissimo desiderio, seu voluntate expressa, concurrente necne eo qui magnetisavit, cerebrum excitavit anima. Atque eodem fere modo noctambulici, epileptici, hystericæ, catalepticæ et delirantes, omnium medicorum testimonio, dictorum et factorum usque ad subsequentem paroxysmum memoriam amittunt; sic in statu ordinario, multi, sive necessitate, sive profunda commotione excitati, scita et oblita rememorant. Sic multi sentiunt se vere habere alicujus rei memoriam, eamque prodere non possunt, quia anima operatur ad memorandum in unione cerebri tali vel tali modo affectati.

Operæ pretium est addere quod, omissis plurimis quæ gradatim ad cognitionem quæstionis perducere possint, omnia phænomena enumerata exhibent potius expositionem et perfectionem somnambulismi in genere quam

Troisième consultation.

Quatrième consultation.

ce qu'elle a répondu, ce qu'elle a souffert; tout cela, en totalité ou en partie seulement, n'a laissé *au premier aspect*, aucune idée dans son intelligence, ni dans sa mémoire les moindres *traces actuelles* lorsque l'état somnambulique n'existe plus.

Mais tous les souvenirs reviennent toujours de la manière la plus exacte dans les somnambulismes subséquents; ces souvenirs passent même soit en totalité, soit en partie, à l'état de veille, quand, par la nature même des choses, ou par un violent désir, ou une volonté expresse, soit avec, soit sans le concours de celui qui magnétise, l'âme a excité le cerveau. Ainsi, par une *certaine* analogie, les noctambules, les épileptiques, les hystériques, les cataleptiques et ceux qui ont été atteints du délire, d'après le témoignage universel des médecins, perdent le souvenir de tout ce qu'ils ont dit ou fait : ainsi dans le cours de la vie ordinaire, beaucoup, pressés, soit par la nécessité, soit par une commotion et une excitation profonde, se rappellent ce qu'ils avaient su et oublié. Ainsi encore nous sentons souvent que nous possédons réellement la mémoire de quelque chose, et nous sommes dans l'impossibilité de la manifester parce que l'âme opère pour se souvenir en union avec le cerveau affecté de telle ou telle manière.

Il est important d'ajouter ici, que laissant de côté plusieurs détails qui pourraient conduire comme par degrés à la connaissance de la question, les phénomènes que nous venons de passer en revue sont plutôt l'exposé du som-

Troisième consultation.

Quatrième consultation.

in particulari, siquidem quilibet sæpe sæpius aliqua tantum affert cum majori minorive integritate et facilitate et constantia, multis quoque variationibus et erroribus, quæ impartiali experimentatori humanæ tantum naturæ fragilitatem et ignorantiam produnt et rememorant.

9° Itaque, orator infra scriptus, tam validas cernens rationes dubitandi an simpliciter naturales sint tales effectus, quorum occasionalis causa tam parum cum eis proportionata demonstratur.

9° Itaque, orator infra scriptus, tam validas cernens rationes admittendi ut simpliciter naturales tales effectus quorum occasionalis causa tam bene cum ipsis proportionata, ab auctoribus catholice viventibus, saltem cum magna probabilitate indicatur; siquidem anima mediante fluido magnetico, immutationem et summam excitationem in nervis magnetisati provocat, et sic anima somnambulici, mediante quoque fluido vitali, tum proprio, tum addito, percipere aut manifestare potest ea quæ antea, propter corporis minorem impressionabilitatem, nequidem in suspicionem habere aut prodere posset, quamvis in radicali potentia haberet.

10° (Orator) enixe vehementissimeque vestram Eminentiam rogat, ut ipsa, pro sua sapientia, ad majorem Omnipotentis gloriam, nec non ad majus animarum bonum, quæ a Domino redemptæ tanti constiterunt, decernere

10° Orator ergo enixe vehementissimeque vestram Eminentiam rogat ut ipsa, pro sua sapientia, ad majorem Omnipotentis gloriam nec non ad majus animarum bonum quæ a Domino redemptæ tanti constiterunt, decernere velit

Troisième consultation.	Quatrième consultation.
	nambulisme parfait, présenté en général plutôt que dans un cas particulier, puisqu'il est vrai que le plus souvent un sujet n'offre que quelques-uns de ces phénomènes d'une manière plus ou moins parfaite, plus ou moins facile, plus ou moins constante, au milieu de beaucoup de variations et d'erreurs qui trahissent, aux yeux de l'observateur impartial, l'ignorance et la fragilité humaine, et l'empêchent d'oublier qu'il n'est point du tout sorti de l'ordre naturel.
9° C'est pourquoi l'exposant, voyant de si fortes raisons de douter que de tels effets, produits par une cause occasionnelle si peu proportionnée, soient purement naturels,	9° C'est pourquoi l'exposant, voyant de si fortes raisons d'admettre comme purement naturels de tels effets, produits par une cause occasionnelle si bien proportionnée, ainsi qu'il le paraît au témoignage de catholiques pratiquants, et tout au moins suivant une très grande probabilité; puisque l'âme, médiatement par le fluide magnétique provoque, dans le système nerveux du magnétisé, une excitation et des modifications profondes, et qu'alors l'âme du somnambule, médiatement aussi par le fluide vital, soit propre, soit ajouté, peut percevoir ou manifester des choses qu'auparavant, à cause d'une impressionabilité organique moins grande, elle ne pouvait même pas soupçonner ou faire soupçonner aux autres, bien qu'elle en eût la puissance radicale.
10° (L'exposant) supplie très instamment votre Éminence de vouloir bien, dans sa sagesse, décider, pour la plus grande gloire de Dieu, et pour le plus grand avantage des âmes si chèrement rachetées par notre Seigneur Jé-	10° L'exposant supplie donc très instamment votre Éminence de vouloir bien, dans sa sagesse, décider, pour la plus grande gloire de Dieu, et pour le plus grand avantage des âmes si chèrement rachetées par notre Seigneur Jésus-

Troisième consultation.	Quatrième consultation.
velit, an, posita præfatorum veritate, confessarius parochusve tuto possit pœnitentibus aut parochianis suis permittere.	an, posita præfatorum veritate, confessarius parochusve prudenter, pœnitentibus aut parochianis suis possit permittere :
1° Ut magnetismum animalem, illis caracteribus aliisque similibus præditum exerceant tanquam artem medicinæ auxiliatricem atque suppletoriam ;	1° Ut magnetismum humanum illis aliisque similibus characteribus præditum exerceant, tanquam artem medicinæ adjutricem et suppletoriam.
2° Ut sese in illum statum somnambulismi magnetici demittendos consentiant ;	2° Ut sese in illum statum somnambulismi magnetici demittendos consentiant aut permittant, aut postquam sine ullo consensu demissi fuerint, v. g. dum, sive per morbum, sive per somnum ordinarium, sensuum usu privati essent, postea illo utantur.
3° Ut vel de se vel de aliis personas consulant illo modo magnetisatas ;	3° Ut de se vel de aliis personas consulant eo modo magnetisatas.
	4° Ut unum de duobus prædictis suscipiant cum prævia, ordinarie saltem, attentione eligendi personam ejusdem sexus, et admittendi præsentiam tertiæ personæ quando necesse esset uti persona alterius sexus, nullis in utroque casu tactibus adhibitis, ut in communibus circumstantiis facillime fit.
4° Ut unum de tribus prædictis suscipiant habita prius cautela formaliter ex animo renuntiandi cuilibet diabolico pacto explicito vel implicito, omni etiam satanicæ interventioni, quoniam hac nonobstante cautione, a nonnullis ex magnetismo hujusmodi vel iidem vel aliquot effectus obtenti jam fuerunt.	5° Ut unum de tribus prædictis suscipiant, habita prius cautela formaliter ex animo renuntiandi cuilibet diabolico pacto explicito vel implicito, omni etiam satanicæ interventioni, quoniam revera, hac nonobstante cautione, ut facile ex supradictis credi potest, a nonnullis ex magnetismo, hujusmodi, vel prorsus iidem vel aliquot effectus obtenti jam fue-

Troisième consultation.	Quatrième consultation.

sus-Christ, si, supposé la vérité des faits énoncés plus haut, un confesseur ou un curé peut, sans danger, permettre à ses pénitents ou à ses paroissiens :

1° D'exercer le magnétisme animal ainsi caractérisé, comme s'il était un art auxiliaire et supplémentaire à la médecine ;

2° De consentir à être plongé dans cet état de somnambulisme magnétique ;

3° De consulter, soit par eux-mêmes, soit par d'autres, les personnes ainsi magnétisées ;

4° De faire l'une de ces trois choses avec la précaution préalable de renoncer formellement dans leur cœur à tout pacte diabolique, explicite ou implicite, et même à toute intervention satanique, vu que, nonobstant cela, quelques personnes ont obtenu du magnétisme ou les mêmes effets ou, du moins, quelques uns.

Christ, si, supposé la vérité des faits énoncés plus haut, un confesseur ou un curé peut prudemment permettre à ses pénitents ou à ses paroissiens :

1° D'exercer le magnétisme humain ainsi caractérisé, comme s'il était un art auxiliaire et supplémentaire à la médecine ;

2° De consentir à être mis dans cet état de somnambulisme magnétique, ou seulement de le permettre, ou d'en user seulement après y avoir été mis sans aucun consentement, par exemple, lorsque sous l'influence d'une maladie, du sommeil ordinaire, ils auraient été privés de l'usage des sens ;

3° De consulter, soit pour eux-mêmes, soit pour d'autres, les personnes ainsi magnétisées ;

4° De faire l'une de ces deux choses avec l'attention préalable, ordinairement au moins, de choisir une personne de même sexe, et d'admettre la présence d'une tierce personne lorsqu'il sera nécessaire d'employer une personne d'un sexe différent, sans pratiquer ni dans l'un ni dans l'autre cas, aucun attouchement, comme il est si facile de le faire dans les circonstances ordinaires ;

5° De faire l'une de ces trois choses avec la précaution préalable de renoncer formellement dans leur cœur à tout pacte diabolique, explicite ou implicite, et même à toute intervention satanique, vu que, nonobstant cela, quelques personnes ont réellement obtenu du magnétisme, comme on peut facilement le croire après ce qui a été dit plus haut, ou ab-

runt atque etiam ex parte magnetisatorum christiane viventium, erga personas sacramenta frequentantes ut mihi in experimento fuit; sicut etiam postquam ipse tempore quo medicinæ studebam S. S. communione refectus, hora vix elapsa, huic rei in prædictis dispositionibus, ne unum quidem verbo ad moralitatem excitante adhibito, sed sola actionis magneticæ natura, operam dedi, non modo pleno consueto successu, sed ita ut mores boni, et remorsus conscienciæ de peccatis, in statu ordinario cum delectatione peractis, pluries mire stimularentur, servata semper libertate propria.

Eminentissime D. D.

Eminentiæ Vestræ
Humillimus obsequentissimusque servus.
Jac.-Xaverius FONTANA.
Can.-Cancell.-Episc.

De mandato Reverendissimi Episcopi Lausannensis et Genevensis. Friburgi Helvetiæ, ex ædibus episcopalibus, die 19 Maii 1841.

Eminentissime D. D.

Eminentiæ Vestræ

Humillimus et obsequentissimus servus,

L'abbé J.-B. L......

Lutetiæ Parisiorum, die 10 Julii 1843.

Troisième consultation.   *Quatrième consultation.*

solument les mêmes effets, ou du moins, quelques uns : et cela même de la part de magnétiseurs vivant chrétiennement, ou agissant sur des personnes qui fréquentaient les sacrements, comme je l'ai constaté par ma propre expérience; comme aussi j'ai constaté, lorsque j'étais encore élève en médecine, qu'exerçant l'action magnétique, une heure à peine après la sainte Communion et dans les dispositions morales indiquées plus haut, sans avoir employé une seule parole qui pût réveiller des idées morales ; mais par la nature seule de l'action magnétique, non seulement j'obtins, avec un plein succès, les effets ordinaires, mais de plus je remarquai plusieurs fois une heureuse influence qui portait aux bonnes mœurs et excitait, d'une manière surprenante, les remords de la conscience, au sujet de péchés commis avec plaisir dans l'état de veille, la personne n'ayant cependant rien perdu de sa liberté propre (1).

Eminentissime Seigneur,

De votre Eminence,

Le très humble et très obéissant serviteur,

Jac.-Xav. Fontana,
Can. Canc. E.

Par mandement de Monseigneur l'Évêque de Lausanne et de Genève. Fribourg,

Du palais épiscopal,
    19 Mai 1841.

Eminentissime Seigneur,

De votre Eminence,

Le très humble et très obéissant serviteur,

L'abbé J.-B. L......

Paris, 10 Juillet 1843.

(1) Le médecin qui magnétisait habituellement cette personne ne fut point satisfait des lettres qu'elle lui écrivit devant moi dans le somnambu-

Troisième consultation.

Ad tertiam consultationem responsio.

Sacra Pœnitentiaria mature perpensis expositis respondendum censet prout respondet :

Usum magnetismi, *prout in casu exponitur*, non licere.

Datum Romæ in S. Pœnitentiaria, die 1 Julii 1841.

C. Card. Castracane. M. P.

Ph. Pomella. S. P. secretarius.

Vu pour copie conforme à l'original.

Fribourg, 26 Juillet 1841.

Parroulaz, Sec. Épisc.

Quatrième consultation.

lisme, d'une manière entièrement libre et spontanée, et sur un ton tout différent de celui de l'état de veille. Ne sachant comment expliquer ce changement qui n'était guère dans ses principes, le docteur m'écrivit, car il n'habitait pas Paris; et je lui répondis que tout en n'approuvant pas ce que ma conscience ne me permettait pas d'excuser, j'avais cependant été de la plus grande discrétion, et paru ignorer complétement ce que d'ailleurs je savais bien *s'être passé dans les rapports de la vie ordinaire*. Cependant cette conduite à ses yeux ne me mettait point à l'abri de reproches qu'il formulait ainsi : « Oui, mon cher ami, vous avez
» gardé le silence, vous n'avez point exprimé par des paroles votre ma-
» nière de voir et de penser, mais malgré vous et par la nature même des
» choses, l'état habituel de vos idées réagissait sur votre fluide magnétique,
» modifiait le cerveau de la somnambule et *la sollicitait* à penser dans
» votre sens, etc. »

Pour moi je me reprochais de n'être point assez coupable encore malgré le dire du docteur. Je cessai bientôt de magnétiser cette personne dont je ne m'étais chargé que pour favoriser l'examen qu'avait accepté le père de la médecine physiologique. Pendant ces magnétisations particulières, préparatoires, la somnambule, les yeux fermés et dans les conditions dont nous avons parlé sur le mode de dilatation de la pupille, distingua entre plusieurs la lettre qu'elle cherchait, écrivit facilement plusieurs lettres, mais il fallait que cela fût tout spontané de sa part, car lorsque je lui demandais fort paisiblement, peu avide que j'étais d'expériences à cette époque, si elle pourrait lire ainsi dans un livre que je lui présenterais, tout simplement aussi et tout franchement elle me répondait que non. Il paraît, à ce qui arriva par la suite, que ce commencement de lucidité somnambulique ne se développa pas; d'abord, parce que la personne n'ayant point

Troisième consultation.

Réponse à la troisième consultation.

La Sacrée Pénitencerie, après avoir pesé mûrement l'exposé, pense qu'on doit répondre comme elle fait :

L'usage du magnétisme, *comme il est exposé dans la consultation*, est illicite.

Donné à Rome, dans la S. Pénitencerie, 15 Juillet 1841.

C. Card. CASTRACANE, M.-P.

Ph. POMELLA, S. P. secrét.

Vu pour copie conforme à l'original.

Fribourg, 26 Juillet 1841.

PARROULAZ, Sec. Episc.

Quatrième consultation.

NOTA. Nous publierons la réponse à la quatrième consultation lorsqu'elle nous sera parvenue. Si on reproche à la nôtre d'être trop longue, c'est qu'il est plus facile de détruire que d'édifier. Puisse-t-elle au moins suffire, en attendant, à faciliter l'interprétation de la dernière réponse donnée à Rome.

besoin d'être magnétisée pour sa santé, c'était la soumettre à une action au moins inopportune, ensuite parce que le chaos des pensées de son magnétiseur, l'agitation de son esprit enthousiaste, les insinuations ambitieuses dont il l'assiégea à l'occasion de certain concours, sont peu propres à perfectionner. Aussi recueillit-il plus tard en mystification ce qu'il avait semé en inconséquence et en conduite peu digne. Oui, toutes choses égales d'ailleurs, l'immoralité ne favorise pas le développement des phénomènes magnétiques et somnambuliques et de même qu'un médecin protestant avouait dernièrement dans ses écrits qu'il voyait constamment les malades catholiques confessés et réconciliés avec Dieu, guérir plus vite et être plus accessibles à l'action des médicaments (parce que le corps est aussi plus dans l'*ordre* quand l'âme est dans *la vérité*), de même aussi je choisirais de préférence pour exercer avec succès la médecine magnétique des personnes qui remplissent leurs devoirs envers Dieu, dont l'âme lui est soumise ; le corps alors est aussi plus soumis à l'âme : quelque chose de l'ordre primitif se rétablit...

Convaincu de ces importantes vérités premières, dans le courant d'octobre 1837, un élève en médecine de la Faculté de Paris, alors à Naples, écrivit à la Cour de Rome pour solliciter l'examen direct et expérimental de la question encore en litige maintenant. Des circonstances qu'il est inutile de mentionner ici arrêtèrent les suites de cette démarche toute désintéressée cependant.

L'auteur de la proposition d'examen ne se proposait pas, pour la défense du magnétisme, de préparer à grands frais des somnambules et des expériences aussi brillantes que frivoles, et sans fruit réel, lorsqu'elles réussis-

Ce qui précède sur les consultations adressées à Rome allait être mis sous presse lorsque j'appris d'un ecclésiastique désintéressé dans la question que Monseigneur l'Archevêque de Reims avait consulté Rome (1), et que les réponses avaient été communiquées à M. L..... de G..... Je m'empressai donc d'écrire à ce monsieur, et de solliciter de sa bienveillance et de son zèle la communication à laquelle j'attachais tant de prix. Je citerai donc en entier et sans longues réflexions cette lettre d'un ami chrétien du magnétisme.

« P... près F......, ce 29 avril 1844.

» Monsieur,
» J'ai reçu votre lettre ce matin, et j'y réponds de suite, en vous
» envoyant un historique complet de ce qui s'est passé à Rome au

sent dans des circonstances aussi défavorables que celles dans lesquelles on a eu la bonhomie de se jeter de gaîté de cœur dans ces derniers temps. Il aurait demandé à réunir dans un hôpital tous les malades abandonnés ou délaissés; il n'aurait rien promis aux commissaires; seulement il aurait avec eux et comme eux, observé avec simplicité tous les phénomènes qui, petit à petit et sans empressement curieux, se seraient présentés d'eux-mêmes sous l'influence d'une action qu'il avait l'habitude de diriger prudemment. Il aurait eu soin, et grand soin, de laisser passer inaperçus les plus étonnants phénomènes pour ne faire remarquer d'abord que les plus simples et les plus élémentaires et s'avancer ainsi graduellement et méthodiquement dans l'étude commencée. Il n'aurait pas voulu passer d'un ordre de phénomènes à un autre sans que les commissaires aient acquis par leur propre expérience la connaissance des circonstances physiologiques et surtout les dispositions intérieures de la volonté agissante qui donnent la mesure de la valeur psychologique de cette action de l'homme. Il aurait accepté, aurait demandé même avec joie qu'on s'occupât en même temps et surtout de l'état de l'âme des malades soumis au traitement magnétique, parce que, comme nous le disions il n'y a qu'un instant, la créature est plus dans l'ordre lorsqu'elle est unie au Créateur, et que le corps est moins rebelle à l'âme lorsque l'âme est soumise à l'auteur de la nature et de la grâce. C'est surtout dans un hôpital réglé suivant ces principes que la médecine magnétique et somnambulique est possible et fructueuse.

C'est de ce genre de magnétisme dont nous faisons l'apologie, et non pas de celui des magnétiseurs charlatans avides et immoraux que les lois devraient empêcher de déshonorer la science et de compromettre la moralité publique.

(1) Monseigneur l'Archevêque de Reims avait vu de près des expériences très positives.

» sujet du magnétisme, car m'occupant de cette science depuis plus
» de 40 ans, je recueille avec soin tout ce qui s'y rattache ; je désire
» surtout qu'il n'y ait pas de la part des ecclésiastiques, et particuliè-
» rement de la Cour de Rome, de ces méprises fâcheuses, qui les dé-
» considèrent près des gens instruits. Il paraît que le magnétisme était
» peu connu à Rome lors des deux premières consultations (comme
» il y en a une d'inconnue à l'auteur de cette lettre, indépendamment
» de la quatrième, il faut lire : lors des trois premières consultations
» qui ont été envoyées à la sacrée Pénitencerie.) C'est après la seconde
» surtout (la troisième plus exactement) que j'allai voir Monseigneur
» l'Archevêque de Reims, qui écrivit au cardinal Castracane, lui
» envoya un mémoire sur le magnétisme fait par M. le duc de D......,
» les ouvrages de M. Deleuze, et quelques autres encore. Ce furent là
» les premières notions que l'on eut à Rome sur cette science encore
» si peu répandue (cela est vrai *relativement*), et ces notions, en faisant
» apercevoir l'écueil contre lequel trop de précipitation aurait porté à
» se heurter, ont amené les deux réponses suspensives qui ont suivi.

» Voici la première réponse de la congrégation générale de l'inqui-
» sition (lisez la seconde, celle du mois d'août 1840, que l'auteur de
» la lettre reproduit ici comme nous l'avons fait plus haut. Puis il
» ajoute ensuite :

» Par cette réponse le magnétisme n'est point défendu, pourvu
» qu'on ne le fasse pas tendre à une fin illicite ou mauvaise, et qu'on
» n'y fasse pas intervenir le démon, intervention que le consultant,
» peu instruit sans doute de la science du magnétisme, avait appa-
» remment laissé craindre.

» Dans la seconde partie, on signale, et on frappe de réprobation,
» une fin illicite qui aurait lieu, si, par aversion pour tout ce qui
» appartient à l'ordre naturel, on voulait faire considérer les miracles
» comme des effets du magnétisme, et faire ainsi de l'impiété avec
» cette science comme on avait essayé d'en faire avec les autres.

» Le 19 mai 1841, M. Fontana, au nom de l'Evêque de Fribourg
(ou plus exactement, par l'entremise de deux personnes ici nommées,
un jeune ecclésiastique, comme il a été dit plus haut en note), pré-
» sente à la sacrée Pénitencerie une requête contre le magnétisme,
» où, après l'avoir fait envisager comme une œuvre satanique, il
» demande si, *supposé la vérité des faits énoncés*, il pourrait être
» permis. Le 1ᵉʳ juillet suivant, la sacrée Pénitencerie répond que
» l'usage du magnétisme, *selon qu'il est exposé dans ce cas*, n'est pas
» permis, *usum magnetismi, prout in casu exponitur, non licere*. Elle
» ne pouvait répondre autrement d'après la manière dont le cas lui

» était exposé ; car son usage n'est pas de vérifier si ce qu'on lui expose
» est exact, ce serait impossible, mais d'y appliquer les règles de la
» discipline (plus exactement les règles de la théologie morale) avec
» le protocole ordinaire : *Prout in casu exponitur.*

» Il est évident que si l'exposé est une déception, la décision
» tombe d'elle-même : aussi dans cette crainte ces sortes de prononcés
» n'étant que relatifs, ne reçoivent jamais d'application générale.

» Or il ne pouvait y avoir de déception plus complète que celle de
» voir une œuvre satanique dans le magnétisme exercé depuis soixante
» ans par beaucoup de personnes recommandables, qui certainement
» n'avaient fait aucun pacte avec le diable, dans le magnétisme classé
» aujourd'hui parmi les sciences physiques, professé dans les cours, et
» dont les procédés sont publiés dans beaucoup d'ouvrages.

» Quoi qu'il en soit, les adversaires du magnétisme, car tout ce
» qui est bon en a toujours, ont voulu faire de cette réponse de la
» Pénitencerie une espèce d'article additionnel aux commandements
» de l'Église, et, sans aucune considération pour la Cour de Rome,
» sans craindre de la compromettre en lui attribuant une méprise à
» laquelle elle était étrangère, ils ont osé publier dans les journaux
» et proclamer partout : Rome a parlé, Rome a défendu le magné-
» tisme, ce qui était de toute fausseté, le Saint-Siége ne voulant pas
» se compromettre en prononçant sur une question qu'il n'a pas en-
» core suffisamment examinée.

» En effet, un an plus tard, en juillet 1842, Monseigneur l'Ar-
» chevêque de Reims, ayant consulté le Saint-Siége sur la question
» de savoir si, tout abus mis de côté, le magnétisme animal ou vital
» était permis, et, ayant envoyé toutes les pièces qui pouvaient
» éclairer sur cette affaire, le grand pénitencier a écrit « qu'il fau-
» drait beaucoup de temps pour répondre à cette question, et que la
» réponse serait peut-être sans résultat, parce que cette question n'a
» pas encore été suffisamment examinée, et que le Saint-Siége ne
» veut pas se compromettre. »

» Cette réponse a été communiquée par le prélat au clergé de son
» diocèse réuni alors pour la retraite pastorale.

» Dix-huit mois plus tard, Monseigneur l'Archevêque, ayant
» toujours insisté pour recevoir une réponse, reçut la lettre suivante
» de son Éminence, le cardinal Castracane, grand pénitencier :

» Monseigneur, j'ai appris par M. de B. que votre Grandeur attend
» de moi une lettre qui lui fasse connaître si la Sainte Inquisition a
» décidé la question du magnétisme.

» Je vous prie, Monseigneur, d'observer que la question est de

» nature à n'être pas décidée si tôt, *si jamais elle l'est*, parce qu'on
» ne court aucun risque à en différer la décision, et qu'une décision
» prématurée pourrait compromettre l'honneur du Saint-Siége ; que
» tant qu'il a été question du magnétisme et de son application *à*
» *quelques cas particuliers*, le Saint-Siége n'a pas hésité à se prononcer
» comme on l'a vu, par celles de ces réponses qui ont été rendues
» publiques dans les journaux.

» Mais à présent, il ne s'agit pas de savoir si dans tel ou tel cas
» le magnétisme peut être permis, mais c'est en général qu'on
» examine si l'usage du magnétisme peut s'accorder avec la foi et
» les bonnes mœurs. L'importance de cette question ne peut échapper
» ni à votre sagacité ni à l'étendue de vos connaissances.

» Je vous remercie, Monseigneur, de ce que vous me donnez l'oc-
» casion de vous renouveler l'assurance de l'estime respectueuse et
» sincère avec laquelle je suis, etc.

» La copie conforme m'a été envoyée (c'est M. L... de G.... qui
» continue) par M. G., vicaire général de Reims, le 11 jan-
» vier 1844.

» Il résulte de tout ceci que le magnétisme, tout abus mis de côté,
» n'est pas plus défendu aujourd'hui qu'il ne l'a été depuis le temps
» qu'on l'exerce. C'était donc bien à tort qu'on avait voulu mettre
» en jeu, à son sujet, la Cour de Rome, qui y est restée et y restera
» probablement toujours étrangère. Elle est trop prudente et les
» fonctions qui lui sont confiées sont trop éminentes, pour qu'elle
» veuille descendre dans l'arène où la faculté de Médecine et le ma-
» gnétisme luttent depuis plus de soixante ans. Elle laisse à la phy-
» siologie le champ libre pour toutes les questions qui ne touchent
» ni à la foi ni aux bonnes mœurs ; elle sait surtout qu'on ne doit
» jamais prononcer, sans connaissance de cause, sur quoi que ce soit,
» quand le caractère dont on est revêtu doit être entouré de consi-
» dération, bien convaincue qu'on la perdrait, si, prenant le change
» sur une question étrangère à sa spécialité, on pouvait être taxé
» d'impéritie, incrimination bien grave dans un siècle où les hommes
» les plus estimables perdent leur influence du moment qu'ils ont
» pu prêter au ridicule, et où ils ne manquent pas d'adversaires qui
» se plaisent à le faire ressortir.

» Voici, Monsieur, dans cet ensemble, de quoi rassurer les cons-
» ciences les plus timorées ; il est facile de remarquer, dans les deux
» dernières réponses, que la cour de Rome n'ayant rien vu dans le
» magnétisme de contraire à la foi et aux bonnes mœurs, elle ne
» veut point intervenir dans cette question, qui est par elle-même

» tout à fait en dehors de sa spécialité (1) et entièrement du domaine
» des sciences naturelles, comme en sont convaincus tous ceux qui
» l'ont étudiée.

» J'ai l'honneur d'être, etc. »

CHAPITRE XXV.

LE MAGNÉTISME ET LE SOMNAMBULISME DEVANT LES THÉOLOGIENS (2). OPINION DE M. L'ABBÉ FIARD. — DE M. L'ABBÉ FUSTIER. — DE M. L'ABBÉ WURTZ. — DE MONSEIGNEUR L'ÉVÊQUE DE MOULINS. — DE M. M. DE LA MARNE. — DU R. P. PERRONE. — DE M. L'ABBÉ FRÈRE.

Dans l'examen des erreurs auxquelles le magnétisme a servi de prétexte, nous avons déjà fait comparaître le magnétisme au tribunal des théologiens; il va en être encore ainsi, mais avec une légère nuance.

Il y aurait bien des choses à dire pour résoudre cette importante question : à quelle source les ecclésiastiques et les théologiens ont-ils puisé les éléments de leurs dispositions défavorables à l'égard du magnétisme? Déjà plusieurs fois nous l'avons laissé entrevoir dans le cours de ces notes; et bien que nous soyons intimement convaincus que ce sont les ecclésiastiques et les théologiens par dessus tous les autres, qui possèdent les lumières premières les plus positives, les plus riches et les plus puissantes pour éclaircir la question (l'esprit du monde ne manquera, pas à ce propos, de nous accuser de partialité et d'esprit

---

(1) *Étrangère à sa spécialité, en dehors de sa spécialité, crainte de perdre la considération dont doit être entouré*, etc., etc. Il est néanmoins certain que si l'autorité infaillible établie par Jésus-Christ voulait examiner la question du magnétisme humain et se prononcer sur son opposition à la foi ou aux bonnes mœurs, elle ne serait point en dehors de sa spécialité, et là encore comme toujours elle ressentirait et manifesterait à tous les effets permanents de cette divine promesse : « *Voici que je suis avec vous* » *tous les jours jusqu'à la consommation des siècles.* »

(2) Nous prenons ce mot dans sa plus large acception.

de corps); cependant, ce que nous avons déjà dit avec franchise et ce que nous allons ajouter encore, nous attirera peut-être de la part de certains esprits ombrageux et pas assez pleins de l'esprit de foi en la puissance de la vie divine et du sacerdoce saint qui doit la perpétuer jusqu'à la fin des siècles, un reproche d'une nature bien opposée.

Eloignés, moins encore par leurs études habituelles que par le concours de fâcheuses circonstances déjà signalées, de l'étude des sciences physiques et physiologiques, les ecclésiastiques et les théologiens ont pu très facilement se heurter à l'écueil du surnaturel par cela même qu'ils connaissaient moins la nature. Sans doute ils ont des règles positives, incontestables, efficaces, pour affirmer que les faits sur lesquels l'Église a prononcé sont en dehors de toute puissance humaine; mais lorsque les individus isolés descendent dans le détail pour appliquer par analogie ces règles aux faits observés nouvellement, l'erreur est tout à côté de la vérité, et la précipitation est bien près du zèle.

Souvent les ecclésiastiques et les théologiens n'ont eu, pour s'éclairer, que des rapports plus ou moins exacts que la nature des expériences suspectes ne leur permettait pas de vérifier eux-mêmes (1). Ajoutez à cela l'influence des journaux, des dictionnaires même scientifiques, des biographies que l'on sait aujourd'hui apprécier à leur juste valeur; car si on réfléchit combien vite on improvise pour ce genre de travail, *des gens habiles, des gens spéciaux*, etc., etc. (2) il deviendra facile de comprendre les citations et les éclaircissements historiques que nous allons donner, surtout en ne perdant pas de vue

(1) Voyez, sur les causes qui s'opposent à l'examen impartial du magnétisme et du somnambulisme, ce que nous avons dit dans les *prolégomènes* et *passim*.

(2) Nous l'avons déjà dit ailleurs; mais cette vérité, que tout le monde connaît, ne saurait pourtant être trop répétée, parce qu'on l'oublie trop souvent dans la pratique.

ce que nous avons rapporté plus haut des erreurs nombreuses et bien coupables souvent, auxquelles le magnétisme et le somnambulisme ont servi de prétexte sous la plume même de ses défenseurs les plus zélés, erreurs que les ecclésiastiques et les théologiens devaient repousser de toutes leurs forces dans l'intérêt de *la vérité*.

Le magnétisme et ses propagateurs s'étaient reposés dans une espèce d'oubli commandé par la force même des choses.

Plusieurs années s'étaient écoulées au milieu des plus épouvantables tempêtes dont l'histoire ait conservé le souvenir. Le calme avait succédé aux agitations politiques, et les sciences et les arts manifestaient déjà leur étonnante activité; on était en 1803. Ce fut alors que M. l'abbé Fiard, pour faire la contre-partie de M. Théod. Bouys, qui voulait tout expliquer naturellement par le magnétisme, oracles, prophètes, etc., essaya, non seulement de démontrer que tout était surnaturel et diabolique dans le magnétisme, mais encore que tout ce qui venait de se passer dans le monde politique et dans les sciences devait être enveloppé dans la même théorie. C'était principalement sur les phénomènes du magnétisme qu'il appuyait la vérité du thème qu'il soutenait. Heureusement pour M. l'abbé Fiard, son ouvrage resta complétement inaperçu malgré la nature piquante du titre (1), et des vues générales d'une philosophie de l'histoire profonde et élevée, mais exagérée cependant et faussée par les plus singulières préventions, surtout en matière scientifique.

M. l'abbé Fiard ignorait si complétement les premiers éléments du magnétisme, qu'il eut la bonhomie de prendre au sérieux la brochure si piquante d'un des plus éloquents défenseurs du magnétisme, de Bergasse, brochure intitulée : *Lettre d'un médecin de la Faculté de Paris à*

(1) Voyez *La France trompée par les magiciens et les démonolâtres du XVIIIe siècle*, par M. l'abbé Fiard, in-8. 1803.

un médecin du collége de Londres, ouvrage dans lequel on prouve, contre M. Mesmer, que le magnétisme animal n'existe pas, (in-8°, p. 70, 1781); le passage suivant mérite d'être cité en preuve. L'auteur de cette pièce, après avoir formellement avancé (p. 45) qu'il est impossible de constater la réalité des guérisons opérées par Mesmer, lesquelles guérisons il appelle des miracles, en attribue la cause à l'imagination, comme l'ont fait tant d'autres. Il fait un grand raisonnement pour prouver l'influence de cet agent sur les corps; il dit qu'il se propose de composer sur cette matière un ouvrage *absolument neuf*, puis il ajoute : « Je prouverai jusqu'à l'évidence qu'on peut
» employer l'imagination comme *acide* ou comme *alcali*,
» suivant les diverses circonstances des maladies qu'on est
» dans le cas de traiter; en attendant, je dois dire ici que
» j'en ai obtenu de très bons effets, on la prescrivant
» comme *eau de poulet* ou *eau minérale*, dans les paraly-
» sies opiniâtres et les maladies nerveuses. » (Voyez p. 87 et suiv.)

En 1815, M. l'abbé Fustier, grand vicaire de Tours, publia le Mystère des magnétiseurs (1). A ce titre déjà si significatif l'auteur crut pouvoir ajouter la devise si belle : *Ad majorem Dei gloriam*, et ne craignit point de la compromettre en la donnant comme passeport aux assertions les plus fausses et les plus hasardées. Il ne se contenta pas de dire en général que tout, dans le magnétisme et dans le somnambulisme, était surnaturel et diabolique, mais il alla jusqu'à descendre dans le détail et à particulariser de la manière la plus positive de prétendues confidences mystérieuses que quelque esprit plaisant aura trouvé bon d'inventer pour favoriser et développer les heureuses dispositions que M. Fustier avait de prendre la chose du côté ténébreux.

---

(1) *Le Mystère des magnétiseurs et des somnambules*, dévoilé aux âmes droites et vertueuses; par un homme du monde. In-8. 1815.

Chacun voulut connaître *le mystère dévoilé*, et l'on trouvă que, pour être initié, il fallait *renoncer à Jésus-Christ et marcher sur le crucifix* (voy. p. 13). Comme on le pense bien, M. Fustier n'indique pas les sources de si précieux renseignements; il m'a fallu lire de mes propres yeux les paroles même du texte, pour ne pas supposer de la part des magnétiseurs qui citaient ce passage un conte fait à plaisir; mais M. l'abbé Fustier ne s'arrête pas là. Il a entendu parler, en passant au moins, *du rapport* que le magnétiseur établit par le contact entre le somnambule et la personne qui le consulte, et il en prend occasion d'affirmer que, pour magnétiser, pour exercer cette puissance mystérieuse, il faut recevoir *un rapport*, un attouchement mystérieux aussi; que sans cela l'action magnétique est impossible; que le premier qui a reçu *ce rapport* de l'ange des ténèbres l'a transmis à un second, et que c'est par sa transmission aux autres que se fait l'initiation à la science criminelle... Je m'arrête là pour en finir avec d'aussi révoltantes faussetés, par lesquelles, je le répète encore, on aura surpris la bonne foi de l'auteur dont nous parlons. Mais ce qui n'est pas moins fâcheux, c'est que la brochure de M. Fustier n'a pas peu contribué à fausser les idées de plusieurs. On colporta *l'homme du monde* dans tous les séminaires, et les personnes chrétiennes furent aussi dupes d'apparences trompeuses, mais imposantes jusqu'à un certain point, à cause de la nature de la source d'où elles découlaient.

Deux réponses remarquables furent adressées à M. l'abbé Fustier, par MM. Deleuze et Suremain de Mysséry (1); mais il est des atteintes qui sont difficiles à réparer, sou-

---

(1) *Lettres à l'auteur du Mystère des magnétiseurs*, etc., par M. Deleuze. — Voyez *Annales du magnétisme animal*, 1re année, 4e trim., p. 278. — Examen de l'ouvrage qui a pour titre: *Le Mystère des magnétiseurs*, etc., par M. Suremain de Mysséry, in-8. 1816.

vent même impossibles, selon le caractère de la main qui les a portées.

En 1817, M. l'abbé Wurtz, vicaire de Saint-Nizier, à Lyon, se chargea d'achever l'œuvre si heureusement commencée. Avec un titre analogue et un fond trop semblable, *les démonolâtres du siècle des lumières* (1) furent encore singulièrement multipliés. Toutes les formes de l'argumentation scolastique sont employées dans cet ouvrage, à tort et à travers, pour prouver que le magnétisme est *la suite naturelle* de la magie noire, et que les magnétiseurs n'ont fait que changer la forme d'affiliation avec Lucifer : aussi les somnambules en ressentent-elles les effets et trahissent-elles leurs rapports certains avec le démon *en parlant du ventre*, comme les ventriloques, qui ne peuvent faire cela eux aussi que par artifice diabolique. On voit que M. Wurtz, pas plus que ceux qui copient ses assertions pour consulter Rome, n'était fort en physiologie. Il en coûte de dire ces choses, mais il faut aussi que la vérité soit dite. Il est important que nous n'ayons plus à regretter les saillies indiscrètes d'un zèle qui fut capable de dicter à l'auteur le paragraphe suivant : « Tandis que l'on
» affectait de ne plus croire à l'existence du diable, c'était
» lui qui jouait le premier rôle dans les loges des francs-
» maçons, dans les antres des illuminés, sur les théâtres
» des villes, sur les tréteaux de la populace, dans les sa-
» lons des grands et des riches, et jusque dans les palais
» des rois. Il était travesti tantôt *en homme extraordi-*
» *naire*, tantôt en physicien, tantôt en magnétiseur, tantôt
» *en ventriloque*, tantôt en artiste, tantôt en charlatan,
» tantôt en Samson, tantôt en diseur de bonne aventure,
» tantôt en joueur de piquet. » (Voy. chap. x, page 149.) Est-il permis d'abuser d'une manière plus burlesque et

---

(1) *Superstitions et prestiges des philosophes du* XVIIIe *siècle, ou les Démonolâtres du siècle des lumières*, par l'auteur des *Précurseurs de l'Ante-Christ*. (M. l'abbé Wurtz.) In-8, 1817.

plus ridicule de grandes et profondes vérités? Si l'on voulait attirer sur elles la risée et le mépris, y aurait-il une marche plus certaine, des moyens plus tristement efficaces? Les résultats obtenus répondent par la négative. M. Guizot, alors membre chaleureux de l'opposition et rédacteur des *Archives philosophiques*, en prit occasion de déclamations et de récriminations virulentes (1). Tous les folliculaires parisiens, en ne prenant pas la chose aussi sérieusement, n'en saisirent pas moins l'occasion de persifler *les superstitions* avec cet esprit accoutumé qui sait peu concourir à l'édification publique (2). Néanmoins, dans le clergé, l'ouvrage de M. Wurtz servit de pièce à conviction pour condamner les magnétiseurs et le magnétisme.

Nous disions, il n'y a qu'un instant, que M. l'abbé Wurtz se servit, pour attaquer le magnétisme, de toutes les formes de l'argumentation scolastique, et nous en sommes maintenant à nous demander si cette méthode, excellente pour les matières métaphysiques, peut être employée seule avec succès égal pour apprécier des faits physiologiques, et s'il ne faut pas encore, outre l'habileté syllogistique ordinaire, des connaissances précises de physique et de physiologie, lorsqu'on veut s'établir juge d'une question qui appuie ses démonstrations, ses explications, sur ces sortes de sciences. Mais, dira-t-on, la raison est-elle donc impuissante? — On peut répondre : N'est-ce point un abus de la raison, un renversement des lois du créateur, de vouloir faire de la métaphysique pure lorsqu'il s'agit de sciences physiques? N'est-ce point

---

(1) Voy. *Archives philosophiques*. Le n° 6 de ce recueil contient l'analyse des démonolâtres (p. 168).
(2) Voy. la *Réfutation de l'ouvrage de M. l'abbé Wurtz*, par M. le comte Abrial. (*Bibliothèque du magnétisme*, 1818, t. III, p. 158.) — Lettre de M. Deleuze à l'auteur d'un ouvrage intitulé : *Superstitions, etc.*, in-8, 1818.

préjuger, que de prononcer *à priori*, et sans l'examen conforme à la nature de la chose en question, de refuser l'application des sens, les observations positives et expérimentales? Que ce refus se fasse d'une manière explicite ou implicite, n'est-ce point toujours être injuste envers la physique, la physiologie, l'anthropologie, le magnétisme, etc.? Il faut en convenir, rarement on refuse d'une manière explicite et avouée de tenir compte des observations, des expériences; mais on le fait bien souvent d'une manière implicite et cachée sous de belles apparences : et cela, parce que, surtout dans la question du magnétisme, celui qui est ignorant ou aveuglé par les préjugés se laisse aller bien facilement à rêver une prétendue évidence d'impossibilité, d'absurdité, d'impiété, etc. Il se trouve ainsi dans l'impuissance réelle, en faisant un syllogisme, de poser une majeure ou une mineure légitime (si elle repose sur une observation de science physique), de découvrir la fausseté ou l'exagération d'une majeure ou d'une mineure posées par un autre. Remarquez encore que l'illusion sera d'autant plus facile qu'en ne posant pas soi-même la majeure ou la mineure, on ira l'extraire d'un auteur qui aura écrit, il est vrai, en faveur de la question, mais d'une manière incomplète ou même complète, mais plus oratoire cependant que didactique. Ajoutons encore que si l'auteur que nous venons de supposer fournir les citations est un impie ou un catholique douteux, tant dans la manière dont il interprétera ses propres expériences, faites d'ailleurs avec droiture et sincérité, que dans la manière de les exposer et d'en rendre compte, toujours on ressentira quelque influence de ses opinions : aussi, dans une matière de cette nature, si l'on n'a pas les connaissances physiologiques nécessaires, il ne suffit pas que la majeure ou la mineure de l'argument soit prise d'un fait, d'une expérience exacte, pour pouvoir, par cela même, raisonner juste et tirer une conséquence légitime; il faut encore avoir un moyen de vérifier les prémisses, et ce moyen n'est point dans la raison *seule*, dans la métaphysique *pure* (à moins qu'un principe métaphysique, incontestable, ne soit *certainement* et *évidemment* blessé); c'est l'expérience seule qui peut le donner, ou tout au moins une étude comparée des faits rapportés par un grand nombre d'observateurs, des explications qu'ils en fournissent. Et encore avec toutes ces précautions, la majeure et la mineure étant posées d'une manière légitime, faudrait-il, pour tirer logiquement le conséquent et la conséquence, avoir un esprit droit et exempt de préjugés, surtout de ces préventions d'habitude ou du cœur, qui endurcissent et aveuglent dans la recherche de la vérité.

Mais, il faut en convenir, voilà qui va mal à l'empressement humain. Il est plus simple et plus tôt fait, en invoquant le *gros bon sens*, de dire avec M. Wurtz : — On ne nous fera jamais croire que cela est naturel ; — ou avec M. Dubois d'Amiens : — On ne nous persuadera jamais que les yeux sont inutiles pour voir ; — ou avec M. Debreyne : — J'aime mieux croire que les somnambules mentent que d'admettre qu'elles voient l'avenir.

Un des fruits sans doute des travaux de M. l'abbé Wurtz fut de fournir les éléments de ce qui va suivre et de disposer les esprits à se corroborer dans l'amour de la science magnétique.

Dans son mandement pour le jubilé, Monseigneur de Moulins (1826) s'exprime ainsi :

« Pour terminer la tâche de pasteur vigilant qui nous reste à remplir, nous nous élèverons contre ces *ténébreuses* inventions, ces mystérieuses découvertes de prétendus savants modernes, adeptes du matérialisme (1) et corrupteurs de la morale, si bien accueillis à l'époque où se préparait notre malheureuse révolution (2), et dont on

(1) Voy. **Prolégomènes**, et *passim*.
(2) Voy. **Prolégomènes**, temps de l'apparition du magnétisme, etc.

cherche à renouveler le scandale (1). Nous signalerons particulièrement cette science funeste du magnétisme animal (2), dont la seule dénomination caractérise si bien l'immoralité de ceux qui la professent, la pratiquent et s'efforcent de la propager (3), *science perturbatrice* (4), et dont l'effet est de mettre le désordre dans les facultés physiques et morales de l'homme (5).

« Ne sommes nous pas autorisés, N. T. C. F., à vous prémunir contre ces *pratiques ténébreuses* si favorables à l'illuminisme qui s'en empare (6) et que réprouvent (7) le bon ordre et la morale publique ? Et quelle est donc l'utilité de cette science qui a pour but (8) de réaliser sur l'espèce humaine le phénomène vrai ou faux, rapporté

(1) Comme il le fut d'une manière si différente de la première fois par le rapport favorable des membres de l'Académie royale de médecine à la suite de la proposition Foissac.

(2) Voilà qui va faire comprendre énergiquement l'avantage de la dénomination plus exacte de « *Magnétisme humain.* »

(3) Oui, par exemple du P. Hervier, supérieur général de la Charité ; de M. Deleuze, qui remplissait ses devoirs religieux ; des trois MM. de Puységur, qui étaient bénis de tous ceux qui les connaissaient, ainsi que le disait à un jeune médecin le confesseur de ces messieurs, etc., etc.

(4) Lorsqu'on l'applique mal ou par jeu.

(5) Même lorsqu'on voit souvent dans le somnambulisme le cri de la conscience se faire entendre plus éloquent que dans l'état de veille, comme je le rapportais plus haut ; qu'on blâme, alors seulement, l'intention arrêtée d'embrasser la carrière théâtrale, comme le raconte de madame B. M., Tardy de Montravel ; qu'on prend dans cet état la résolution de se confesser et de revenir à Dieu, comme en fut témoin M. Deleuze ; qu'on déclare formellement qu'on repousserait de toutes ses forces une tentative déshonnête, comme cela fut fait à M. Puységur ; qu'on déteste en somnambulisme une vie déréglée à laquelle on renonce sérieusement à l'instant même, comme en fut témoin le docteur Chapelain ; qu'on sort à l'instant du somnambulisme parce qu'un magnétiseur chaste a soulevé le coin d'un fichu, pour savoir que penser de la moralité de l'état somnambulique, ainsi que l'expose M. le docteur Billot, etc.

(6) Comme il s'empare aussi de la religion, etc.

(7) Dans ses abus, certainement.

(8) Outre les effets curatifs que ne passe pas si facilement comme accessoires l'auteur de l'*Exposé des cures opérées en France par le magnétisme, depuis Mesmer jusqu'à nos jours*, 2 gros vol. in-8.

par des naturalistes, de l'irrésistible influence qu'exerce cet être dégoûtant qui se nourrit de fange, sur le frêle oiseau dont les accents ont tant de charme (1), et que, par *la lubricité de ses regards* (2), il engage dans une sphère d'attraction qui maîtrise tellement l'innocente victime, qu'insensiblement elle se rapproche, bat des ailes, et, toute palpitante, vient se jeter dans *le gouffre* qui l'engloutit? »

En 1828, M. M. de La Marne, l'un des rédacteurs de *l'Éclair*, journal religieux fort à la mode, fit de son mieux pour exciter le gouvernement à sévir contre les magnétiseurs et le magnétisme. L'*Étude raisonnée du magnétisme* sera toujours, quoi qu'on en dise, un modèle à présenter aux amis de la vérité (3); l'auteur passe alternativement en revue Mesmer, les procédés magnétiques, les somnambules, M. Deleuze, et l'Académie de médecine, avant d'aborder l'objet principal, la proscription du magnétisme. Ce plan est simple, large et parfaitement rempli; cependant, il faut le dire dans l'intérêt de la vérité, un grand nombre des membres du clergé ne purent s'empêcher d'avouer que dans les développements il y avait trop d'exagération et d'acharnement (4). — Demande-t-on ce qu'était *Mesmer?*

(1) Voilà un petit tableau de poésie élégiaque qui ne parle pas mal à l'imagination.

(2) Sans doute quelque petit secrétaire de grand vicaire aura changé en recopiant, dans l'intention de produire un effet plus *ad rem*, et aura ôté une expression plus juste, plus exacte : les naturalistes ont bien parlé de la lubricité du bouc; mais de celle d'un crapaud !... jamais que je sache.

(3) *Étude raisonnée du magnétisme, et preuves de l'intervention des puissances infernales* dans les phénomènes du somnambulisme magnétique, par M. de La Marne. In-8, 1828.

(4) Ce jugement fut aussi porté devant moi dans les mêmes termes, sur un autre ouvrage du même auteur, par un ecclésiastique distingué, entièrement désintéressé, si l'on ne peut pas dire plus, dans la question du magnétisme que M. M. de La Marne traite sur le même ton. Cet ouvrage, à tournure théologique tant soit peu protestante, disait le même ecclésiastique, est intitulé : *Témoignage des sciences en faveur du catholicisme*. 2 vol. in-8. 1837.

« C'était un homme profondément *impie* (1), que des hommes d'une véracité non suspecte (l'auteur se garde bien de les nommer, et pour cause) représentent comme initié aux plus infâmes mystères de la franc-maçonnerie... Ce fut lui qui commença les sortiléges de la magie somnambulique. » (Voy. p. 5.)

En quoi consistent les procédés magnétiques?

« Supposez une réunion de personnes instruites ou non de l'existence de la magie magnétique. Un homme qui en connaît les mystérieuses opérations, et qui s'y est fait initier, se présente; il veut mettre en pratique sa science occulte. Pour cet effet, sont à sa disposition plusieurs moyens que, au besoin, il peut employer successivement. Il s'avance devant une des personnes assemblées, jette sur elle un regard, ou exhale un souffle de sa bouche, ou fait *un signe magique,* ou passe ses mains sur le corps qu'il veut ensorceler, ou enfin s'arrête, immobile, pour invoquer mentalement la puissance magnétique... Lorsque cela réussit, la personne magnétisée est comme endormie *presque subitement.* » (P. 7.)

Comment vérifie-t-on le sommeil de l'ensorcelé?

« On l'interroge *à grands cris*, on l'accable d'injures, on l'outrage avec toute l'insolence imaginable; elle ne donne pas le moindre signe d'audition. On tire à ses oreilles des armes à feu, on la frappe violemment, on lui présente sous l'organe de l'odorat un vase rempli d'ammoniaque concentrée, on perce ses membres de pointes de fer, on y applique les plus cuisants moxas, on les déchire, on les brûle; il ne se manifeste pas le moindre signe de sensibilité. » (P. 7.)

Ce tableau est un chef-d'œuvre d'adresse; il fait planer sur la tête des magnétiseurs toute la reconnaissance que ceux-ci doivent à leurs adversaires. En effet, ce que l'on

---

(1) « Il existe un principe incréé, Dieu; il existe dans la nature deux principes créés, la matière et le mouvement. » Mesmer, Aphor. 1ᵉʳ.

vient de lire a été recueilli *séparément* dans les expériences faites par les médecins de nos hôpitaux, à l'Hôtel-Dieu, M. Récamier, etc.

En citant les caractères divers du somnambulisme d'après M. Deleuze, notre rédacteur ajoute : « On sourira sans doute en remarquant avec quel embarras, avec quelles inquiètes précautions, *l'initié confondu* a publié les lignes que nous venons de transcrire et que lui arracha la vérité... Mais il est une réflexion qu'il ne faut pas perdre de vue; c'est qu'il eût été bien pénible pour M. Deleuze d'avouer qu'il remplit sur la terre le rôle *d'un adepte* des *puissances infernales*. » (P. 11.)

Le nom de M. Deleuze n'ayant jamais été prononcé qu'avec respect, même dans les discussions les plus violentes de l'Académie de médecine, M. de La Marne crut qu'il serait peut-être imprudent de vouloir aller plus loin que tel honorable académicien. En conséquence, l'anti-magnétiseur ajoute en note le correctif suivant :

« Qu'on se garde bien de s'imaginer pourtant que M. Deleuze soit un de ces magiciens, *insignes scélérats*, qui se sont livrés sciemment aux démons (comme les Puységur, les Abrial, les Redern et tous les médecins de nos jours, les Husson, les Rostan, les Georget, les Despine, etc.)... Plusieurs faits nous autorisent à penser que M. Deleuze sert, sans le savoir, d'instrument à l'enfer et n'ensorcèle jamais personne avec des intentions dont il ait à rougir. »

Assurément la réparation était complète ; mais les savants français sont plus difficiles à contenter. Celui-ci ne consentit à rester en repos qu'après avoir répondu à M. de La Marne à sa manière accoutumée, c'est-à-dire avec une dignité, une politesse et une logique désespérante (1).

---

(1) Voyez Lettre à M. M. de La Marne, etc., en réponse à l'écrit qu'il vient de publier sous le titre d'*Étude raisonnée du magnétisme animal;*

Comme il était essentiel de paralyser d'avance l'effet du rapport de la commission de l'Académie de médecine, dont les expériences magnétiques étaient commencées, l'auteur s'exprime ainsi :

« Depuis longtemps abattue devant la certitude et la multiplicité des phénomènes, c'est à peine si elle ose prononcer le mot *magnétisme*, tant elle se sent défaillir à la pensée des sortiléges somnambuliques! tant elle redoute le foudroyant aveu de l'existence d'une région habitée par des génies en communication avec la terre! Aux questions des magnétiseurs elle ne répond que par le silence de l'embarras et de la honte. Son matérialisme invétéré, sa haine contre les croyances catholiques lui ferment la bouche. Plusieurs de ses membres poussent même *la déraison* jusqu'à soutenir qu'il faut bien se garder de tout examen au sujet des phénomènes magnétiques. Quels savants! S'imaginent-ils donc que la vérité finira par se cacher et rester muette derrière leur philosophisme confondu? » (P. 17.)

Après avoir démontré à sa façon l'intervention de l'enfer dans les phénomènes magnétiques (chap. IV, p. 18), notre auteur arrive enfin au chapitre V, intitulé : *Du devoir pour les gouvernements de proscrire le magnétisme* (p. 50).

Voici comment il traite cette grande question :

« S'il est vrai que le plus grand devoir, que la suprême obligation de toute autorité humaine, soit de servir et de défendre les intérêts augustes de la religion, est-il permis à des princes catholiques de tolérer dans leurs états l'exercice d'un art ténébreux, inventé par le génie du mal pour ébranler la foi des peuples aux miracles émanés du ciel, faciliter l'assouvissement des plus abominables désirs, miner ainsi les croyances et les mœurs conservatrices de

---

par M. Deleuze (insérée dans l'*Hermès*, journal de magnétisme, t. III, p. 233. 1828).

l'ordre social, et préparer au monde de lamentables catastrophes ? N'y a-t-il donc pas de graves dangers à laisser évoquer parmi les hommes des êtres d'une nature complétement perverse, des instigateurs de vices et de crimes? Qui sait combien de malheurs, de forfaits le magnétisme a déjà pu causer au milieu de nous? Quelle puissance pour des hommes abrutis, pour des énergumènes de l'impiété, pour des séides de l'anarchie que celle de découvrir surnaturellement le secret des familles et des États !...» (P. 31 et 32) (1).

Pouvait-on mieux faire pour obtenir main-forte du gouvernement? Assurément non ; et si le roi n'avait pas eu l'idée de consulter son médecin à ce sujet, M. de La Marne remportait un beau triomphe.

Mais le médecin consulté, M. Alibert, ne cessa de répéter au roi que le plus grand de tous les malheurs était d'appeler le sophisme au secours de la force; que la puissance ne remplaçait jamais la logique; et que si le magnétisme était réel, tout ce qu'on ferait pour l'anéantir ne servirait qu'à couvrir *de ridicule* ou *d'opprobre* ceux qui seraient assez insensés pour l'entreprendre. Ainsi fut paralysé le zèle de M. de La Marne, ainsi furent abandonnés à eux-mêmes le magnétisme et les magnétiseurs.

---

(1) Quelques années plus tard (1836), le clergé de Reims prit occasion d'expériences assez importantes faites dans cette ville, pour publier une petite brochure avec cette épigraphe : «*Vous les connaîtrez à leurs fruits.*» Ces paroles placées en tête d'un ouvrage de M. Deleuze, ou de l'*Exposé des cures opérées en France par le magnétisme*, eussent servi à montrer les magnétiseurs comme d'assez bonnes gens, ou comme des *guérisseurs* encore assez heureux ; mais avec les matériaux adjoints, elle reçoit une détermination moins bienveillante. Qu'il nous suffise d'ajouter, pour compléter l'idée que l'on doit avoir d'un si petit travail, improvisé si vite, que, de l'aveu des rédacteurs, la totalité des matériaux a été puisée dans les œuvres de M. M. de La Marne, de son consentement bien entendu, ainsi qu'on a grand soin de le faire remarquer pour sa consolation. Le prélat aujourd'hui à la tête du diocèse de Reims, ne favoriserait pas un pareil travail; nous en avons indiqué plus haut la cause.

Malgré tout ce qui précède sur la nature des travaux ecclésiastiques et théologiques sur le magnétisme et le somnambulisme ; les travaux importants de la commission de l'Académie royale de médecine, le rapport favorable (1826-1831), donnèrent à penser que la prévention était allée trop loin, et dès ce moment il y eut dans le clergé un mouvement de progrès sensible vers l'examen calme et réfléchi de la question magnétique.

Dans un ouvrage de théologie dogmatique publié à Rome en 1835 (1), l'auteur, qui, sous tous les rapports, donne des preuves nombreuses de l'érudition la plus vaste, la plus profonde et la plus variée, émet sur le magnétisme quelques détails que nous croyons utile de reproduire et d'annoter.

Voulant répondre dans le Traité de la vraie religion aux objections que les impies voudraient tirer du magnétisme contre les miracles, le R. P. Péronne se fait le défenseur de la théorie qui attribue faussement les effets magnétiques à l'imagination. Voici ses propres paroles :

« Les effets étonnants qui peuvent être attribués à la confiance et à la volonté des personnes qui agissent, sont les mêmes que ceux qu'on désignait autrefois en ces termes : *l'imagination qui opère hors de son propre corps*, de l'efficacité de laquelle ont beaucoup parlé Avicenne et Pomponace (2), que l'on nomme aujourd'hui magnétisme animal ou mesmérisme, dont l'effet est plus puissant si l'on joint à la confiance le contact soit immédiat, soit médiat ; si à la confiance de celui qui agit l'on unit la confiance de celui qui reçoit l'action, c'est-à-dire si l'on joint à la puissance du magnétisme la puissance de l'imagination, etc. »

Ainsi, pour l'auteur, il n'y a pas de différence entre la

(1) *Prælectiones theologicæ*, etc. Auc. Joan. Péronne. Rome, 1835. Vid. *Tractatus de vera religione*.

(2) Nous l'avons dit plus haut Avicenne, et Pomponace, ainsi que tous les auteurs de la même époque, n'employaient pas le mot *imagination* dans le sens que lui donnent les modernes.

puissance du magnétisme et celle de l'imagination. Nous avons prouvé ailleurs que c'est là du magnétisme *à priori*, que M. Deleuze a favorisé lui-même dans ses premiers écrits en parlant d'une manière peu exacte de la confiance, et ce serait peut-être demander trop à ceux qui n'ont pas étudié le magnétisme d'une manière spéciale, que d'exiger d'eux la connaissance des rétractations nombreuses et positives que M. Deleuze fit à ce sujet.

Après avoir répondu à plusieurs objections, l'auteur ajoute (p. 78) :

« Que la persuasion de recouvrer bientôt la santé soit d'un puissant secours, et produise des effets dans un grand nombre de cas, voilà ce que chacun sait, et que non seulement les médecins admettent, et que Benoît XIV lui-même admet comme certain....... Mais n'est-ce pas une grande témérité, je dirais presque une grande folie de vouloir étendre à tous les cas une force de cette nature, et d'assurer, par exemple, qu'une contusion des os, une fracture, une plaie, des maladies incurables, peuvent être entièrement guéries par la puissance unique de l'imagination qui opère au dehors du corps? S'il en était ainsi, non seulement l'on ôterait aux miracles leur autorité, mais l'on rendrait inutiles la médecine et la chirurgie. »

Il est bien vrai que si l'on se renferme dans un spiritualisme pur et exclusif, pour apprécier l'action que peut avoir l'imagination (la volonté) *de l'homme*, sur les plaies, *certaines* fractures, etc.; que si l'on oublie que cette force morale conduit, dirige et modifie les forces vitales, nerveuses, pour opérer des guérisons difficiles, on sera obligé de raisonner comme l'auteur cité, qui oublie évidemment, sous quelque rapport au moins, cette vérité (*anima rationalis et caro unus est homo*), *l'âme* intelligente et *le corps* forment *un seul homme*. Alors aussi, voyant des miracles là seulement où des forces naturelles opèrent, on s'en autorisera faussement pour n'en plus voir où il y en a réellement. Quant à la perte de la médecine et de la chirurgie, c'est là une fiction de M. Dubois (d'Amiens) qui ne veut pas s'accoutumer à penser que la connaissance du magnétisme pourrait *modifier* l'application de ces sciences dans la pratique, sans les *détruire*. Ainsi, par exemple, le magnétisme ne tiendra jamais lieu d'un appareil à maintenir les fractures, mais il pourra hâter singulièrement la consolidation des parties.

Après avoir dit (p. 79): « Qui empêche de traiter toutes les niaiseries du magnétisme avec le mépris dont l'accablent la plupart des savants? » l'auteur ajoute en note: « Cependant, il est important de remarquer ici qu'un grand nombre d'*écrivains catholiques* non seulement en France, mais surtout en Allemagne, sont loin de regarder le magnétisme animal comme une imposture et une jonglerie, et qu'ils reconnaissent et admettent en lui une puissance réelle et positive capable de produire certains effets dont la cause naturelle n'est point entièrement cachée. Mais outre que ces écrivains avouent aussi que le magnétisme peut être sujet aux ruses du démon (1), ils nient d'une manière absolue que les effets surnaturels que nous voyons et admirons dans les miracles, dans les vies des saints, aient quelque chose de commun avec les effets magnétiques, et ils avouent qu'entre les uns et les autres il y a une distance infinie, et qu'on ne peut les expliquer en aucune manière par le magnétisme (2). »

A cette objection : à l'exemple des magnétiseurs, les apôtres et les saints se sont servis de l'imposition des

---

(1) Suivant les mêmes lois en vertu desquelles nous y sommes sujets dans le cours de la vie ordinaire, si l'on a employé les procédés magnétiques universellement enseignés; car pour *les invocations* des magnétiseurs spiritualistes exclusifs qui recherchent *positivement* des effets *surnaturels*, nous avons dit plus haut ce qu'il nous en semblait.

(2) Ces assertions, dictées par un esprit de justice et d'impartialité, ne seraient pas du goût de M. M. de La Marne.

mains, puisqu'il est dit : *manus imponebant*, le R. P. Perrone répond : « Ils imposaient les mains *quelquefois*, mais non pas *toujours*; » de plus, nous lisons que notre Seigneur Jésus-Christ n'a employé que de temps en temps l'imposition des mains pour guérir les malades : souvent il le faisait par sa seule volonté, et souvent même aussi la santé était rendue à des personnes absentes (1)..... Saint Pierre et saint Jean ont opéré des guérisons sans se servir de l'imposition des mains. Saint Pierre, par son ombre, saint Paul, par l'entremise de sa ceinture, qu'il envoyait aux malades, etc., etc. (2). Je nie absolument que les signes employés ici aient rien de commun avec les *niaiseries* magnétiques (3). Où est en effet, dans le premier cas, l'appareil du magnétisme ? où sont les convulsions, les contorsions, le sommeil et tant d'autres choses du même genre que l'on trouve dans le magnétisme (4), et souvent même sans aucun résultat, de l'aveu même de ses défenseurs (5)?

---

(1) Nous croyons, avec les passages de saint Thomas cités dans un des chapitres précédents, avoir mieux signalé la différence *essentielle* que l'auteur se propose d'établir ici, et de plus avoir entrevu quelque chose, avec le docteur angélique *du mode ministériel*.

(2) Voyez ce qui a été dit plus haut au sujet des erreurs de MM. Foissac et Mialle sur cette matière importante.

(3) Pour moi j'aime mieux réfuter les magnétiseurs en leur signalant la cause première évidemment miraculeuse qu'ils méconnaissent, qu'en qualifiant de *niaiseries* des moyens qu'on a avoué, il n'y a qu'un instant, être regardés par des *auteurs catholiques* français et allemands comme ayant une *puissance véritable et réelle;* outre que cela est plus logique, c'est aussi plus embarrassant pour ceux dont on repousse l'impiété ; car les magnétiseurs peuvent répondre facilement au second reproche, ils n'ont rien à dire au premier.

(4) Ici l'*accessoire* et l'*accidentel* sont donnés faussement pour l'*essentiel* et le principal.

(5) L'auteur de semblables assertions, voulant s'appuyer sur des illustrations magnétiques, devait citer d'abord *M. de Montègre*, et c'est ce qui a lieu en effet, et on voit bien que c'est le même auteur qui lui a donné la clef du sens dans lequel il faut entendre Deleuze et Mesmer, également cités, bien que ni l'un ni l'autre n'aient jamais écrit que les convulsions, contorsions, etc., étaient de l'*essence* du magnétisme. Mesmer croyait les *crises*

L'auteur que nous citons ajoute en note : « C'est bien avec raison que saint Thomas (3 q. 84. 4. 1ᵉ) fait remarquer que l'imposition des mains... est employée dans l'accomplissement des miracles, afin que, par le contact *de la main d'un homme sanctifié*, l'infirmité *corporelle* soit *aussi* enlevée. » (Voyez la doctrine complète de saint Thomas à ce sujet ainsi que nous l'avons exposée au long.)

Il est dit encore (p. 80) : « Jésus-Christ n'a jamais ordonné cette pratique (l'imposition des mains) pour le succès des miracles ou la puissance de guérir surnaturellement : seulement il a prédit que, lorsque ses disciples imposeraient les mains, les malades recouvreraient la santé. » (Parce que notre Seigneur avait communiqué à leur âme un pouvoir surnaturel et divin qui pouvait s'exercer, *entre autres modes ministériels*, par l'imposition des mains.)

Enfin, pour terminer nos extraits de la théologie dogmatique publiée à Rome, l'auteur, parlant des moyens de distinguer la révélation surnaturelle et divine, les prophéties véritables d'avec celles qui ne peuvent être appelées ainsi que dans un sens plus restreint, l'avenir étant connu alors dans sa cause déjà existante, et appréciée par l'âme *à cause de la subtilité de sa nature,* plus libre dans certaines circonstances, au moment de la mort par exemple; renvoyant à saint Thomas, qui (2. 2. q. 172. 1.) embrasse et défend cette doctrine, cite et explique des passages des Pères, l'autorité de saint Grégoire (1), de saint Augustin, montrant par conséquent qu'il ne suffit pas de dire simplement comme M. Debreyne et tant d'autres : *les somnambules ne connaissent pas l'avenir*, le R. P. Perrone

---

de ce genre plus favorables que bien d'autres effets à la guérison des maladies : voilà tout ce qu'il y a de vrai.

(1) Ce passage de saint Grégoire-le-Grand est cité textuellement vers la fin de la *quatrième consultation* adressée à Rome.

s'appuyant sur les matériaux indiqués, termine en ces termes (p. 103) :

« Nous avons voulu rapporter en détail ces passages,
» afin que l'on voie évidemment que le saint docteur a
» pris les avances sur les faits que plus tard les défen-
» seurs du magnétisme ont rapportés, *commenti sunt* (1),
» en parlant du somnambulisme provoqué par la magnéti-
» sation, et duquel ils racontent des choses étonnantes. »

En 1837, M. l'abbé Frère publia un travail (2) composé sur le modèle de ses prédécesseurs (3), et montra qu'il s'était pénétré de l'esprit favorable qui les animait. Le motif qui fit entreprendre cette tâche était inspiré par le besoin réel de s'élever contre les prétentions impies de certains magnétiseurs; mais les moyens employés furent-ils heureux? Voilà une question que nous ne résoudrons pas par l'affirmative. Il est en effet par trop évident que l'auteur n'a que des idées fausses et incomplètes sur le magnétisme, dont il met même la réalité en doute, et qu'il se sert contre lui d'arguments qui accusent une ignorance trop grande des sciences médicales, surtout de la physique et de la physiologie (4).

---

(1) S'il y a une *nuance* du mot latin qui ne soit point rendue en français, ou même un des deux sens qu'il peut offrir, certes notre choix comme traducteur bienveillant devait tomber sur l'acception du mot qui peut le plus faire honneur à la logique d'un auteur qui, après avoir reconnu qu'il fallait tenir compte des assertions d'*écrivains catholiques en France et en Allemagne*, être convenu qu'il y avait lieu, pour le saint docteur, de *prendre les avances*, d'*occuper le premier un poste* assez tenable dans la question de la faculté de prévision naturelle à l'homme, peut aussi, sans inconséquence, dire que les magnétiseurs ont rapporté (et non pas *inventé*) des faits à l'appui de cette vérité importante.

(2) *Examen du magnétisme animal*, par M. l'abbé Frère. Paris, 1837.

(3) MM. Thouret, Fiard, de Montègre, Fustier, Wurtz, Virey, Bertrand, A. Dupeau, de La Marne, Dubois, Bouillaud, etc.

(4) On trouvera pour conclusion de tout ce livre une réfutation d'un autre genre adressée à M. l'abbé Frère, et lue par lui avec beaucoup d'intérêt, car elle lui fut amicalement présentée.

M. l'abbé Frère se met en campagne avec plus de calme que MM. Fiard, Fustier, Wurtz, de La Marne, et il s'empresse de rendre hommage à ce besoin de lumières nouvelles dont notre époque est si avide. « Nous sommes loin, dit-il, de blâmer la disposition de l'esprit qui cherche à connaître de plus en plus les lois de la nature, pour l'utilité et le perfectionnement de l'homme... Nous devons donc accueillir et encourager toutes les recherches faites dans ce but. » (P. 1.)

Cette concession bénévole n'engage à rien, et pourtant elle met l'auteur à l'abri, en apparence au moins, du reproche d'avoir contre le magnétisme des préventions assez grandes. Il rentre tout naturellement dans son sujet, en ajoutant ce qui suit. « Mais nous ne saurions admettre indifféremment les opinions ou les conjectures que l'on fait à l'occasion de ces recherches qui tendent à confondre ce qui est absolument distinct : l'homme et l'ange, la matière et l'esprit, la créature et le créateur. » (P. 2.)

Si ces paroles ne repoussaient que *les abus* que certains magnétiseurs ont faits de la science et n'enveloppaient pas dans une commune proscription la science elle-même et tous ceux qui s'en occupent, s'il était fait mention quelque part, dans la brochure de M. l'abbé Frère, de ces *écrivains catholiques en France et en Allemagne*, dont a parlé le R. P. Perrone, il n'y aurait rien que d'utile et de vrai; mais voici le complément de l'accusation dans toute la généralité possible : « C'est un fait incontestable que les (*des*) magnétiseurs attribuent à ce qu'ils appellent l'agent magnétique (l'âme et la volonté concourant au moins; car la matière est assez grave déjà sans ajouter encore) les prophéties et les miracles rapportés dans l'Ancien et le Nouveau Testament, ainsi que les oracles et les possessions du paganisme, aussi bien que les œuvres de la magie et de la divination; cela est tout un pour eux (oui, pour MM. Bertrand, A. Dupeau, Dubois d'Amiens, Bouillaud, Dupotet, Foissac et Mialle, Ricard, Aub. Gauthier, mais pas pour mille autres que nous nous abstenons de nommer). Ils ne reconnaissent qu'une cause, celle de l'agent magnétique (et l'âme?) par lequel *ils prétendent reproduire des phénomènes semblables* (1)... C'est afin de débrouiller ce chaos, et pour réfuter ces assertions insoutenables, que nous allons reprendre, etc. » (P. 4 et 5.)

La tâche véritablement sérieuse et importante, indiquée déjà avec quelques inexactitudes, puisqu'il semble qu'on ne parle chez les magnétiseurs ni de l'âme, ni de la puissance de la volonté, M. l'abbé Frère, pour la remplir d'une nière inutile pour ceux qu'il attaque à bon droit, commence par choisir, avec toute la sagacité désirable, ce qu'on a dit ou écrit de moins complet ou de plus inexact des effets magnétiques. Les anti-magnétiseurs et les incrédules ainsi bien disposés, il oppose ce qu'il y a de plus faible dans le magnétisme à ce qu'il y a de plus élevé, de plus noble et de plus auguste chez les prophètes divins.

Mais il n'y a pas de milieu : le magnétisme reconnu pour n'être point un agent divin, n'a rien de commun avec ce qui est bon, et offre en revanche une similitude parfaite avec les possédés de tous les temps et de tous les lieux : allégations exagérées qui, en tout temps aussi, ont diminué l'autorité dont a besoin un ecclésiastique pru-

---

(1) Il est étonnant que M. Mialle, qui, dans ses notes Foissac, a donné lieu de la manière la plus positive à ces justes reproches, aille jusqu'à faire le mauvais plaisant dans son *Rapport confidentiel* et jusqu'à nier que les magnétiseurs aient *jamais eu de pareilles prétentions*, lui qui met Moïse et Josué au nombre des magnétiseurs. Il ne craint pas d'ajouter encore, contrairement à la vérité : *Ils disent seulement* (les magnétiseurs) *qu'on a eu tort de rejeter sans examen*, etc. Non, monsieur Mialle, ils n'ont pas dit cela *seulement*, vous le savez par expérience ; et si vous paraissez rougir d'une conduite si impie, vous auriez dû avoir le courage de la désavouer hautement au lieu de parler encore comme vous le faites dans la note à laquelle je réponds ici. On est bien venu à déplorer les malheurs de la *grande science* lorsqu'on y contribue soi-même plus que tout autre, et en matière aussi grave !

dent lorsqu'il signale *dans des cas particuliers* des dangers véritables, sur une question que le monde sait être généralement jugée par avance et condamnée sans mesure.

Pour compléter la démonstration, il ne s'agissait plus que d'une bagatelle : c'était de prouver que le magnétisme, tout en produisant le sommeil, la guérison des malades, les modifications de sensibilité les plus extraordinaires, le somnambulisme, etc., n'avait cependant *aucune valeur scientifique*, attendu qu'il ne forme pas un ensemble de principes et de conséquences fondés sur *des êtres réellement existants*, sur des propriétés *constantes* de ces êtres, sur *des lois* qui les régissent, sur des effets qu'ils produisent d'une manière régulière et *invariable*. (P. 136) » On s'est occupé, dit M. Frère, plus loin, avec une égale ardeur de la chimie et du magnétisme animal. Quelle différence dans les résultats! La chimie ne fait-elle pas science? Et le magnétisme est dans son enfance, et, dans notre France, ces deux sciences ont commencé en même temps! Quelle peut en être la cause, sinon que l'une est toute fondée sur l'existence réelle des êtres, et que l'autre n'est *qu'une hypothèse.* » (P. 138.)

Mais ne dirait-on pas, à entendre M. l'abbé Frère, que la Sorbonne, le Collége de France, le Conservatoire, le Jardin des Plantes, l'École de médecine, l'École de pharmacie et voire même l'École polytechnique ont eu adjoints à leurs professeurs de chimie, des professeurs titrés payés et *suppléés* au besoin, pour enseigner le magnétisme humain? Quoi qu'il en soit d'un fait aussi fugitif et si difficile à constater, nous ferons observer à M. Frère qu'il est plus qu'imprudent de comparer entre elles la science de la *matière* et celle de l'*esprit*, quand on fait un livre tout exprès pour accuser les magnétiseurs de commettre la même faute (voy. p. 2), et que, pour aider *à la chose*, on les fait toujours parler *de l'agent* magnétique, et *de l'âme*, *de la volonté*, pas un mot.

Après cela, nous lui dirons : 1° que la chimie n'a point de *loi générale* d'où l'on ait déduit tous les faits de cette science ; 2° que les mathématiques seules sont dans ce cas ; 3° que les phénomènes chimiques ne sont pas tellement *invariables* qu'ils ne manquent jamais ; 4° que, dans les mêmes circonstances *apparentes* et *saisissables*, le chimiste et le physicien, en présence d'expériences qui manquent, pourraient aussi, de la part des personnes peu savantes, entendre nommer leur science *une hypothèse*.

A l'appui de ce raisonnement lumineux sur l'*enfance* du magnétisme, M. Frère rapporte les témoignages des corps savants avec autant d'assurance que s'ils étaient complétement en sa faveur : 1° « Les commissaires de l'Académie des sciences, en 1784, *multiplièrent* les expériences, et ils en conclurent que l'imagination fait tout et que le magnétisme était nul (1) » : 2° l'Académie royale de médecine, en 1825, délégua *quelques uns* de ses membres pour se livrer de nouveau à l'examen du magnétisme. Cette commission mit six ans pour accomplir sa tâche ; elle n'a recueilli que *peu de faits*, et elle n'a conclu qu'à un examen plus approfondi (2). La commission

---

(1) « Rien n'est plus étonnant que ce spectacle (le traitement magnétique) ; quand on ne l'a pas vu, on ne peut s'en faire une idée, et, en le voyant, on est également surpris et du repos profond d'une partie des malades, et de l'agitation qui anime les autres ; des accidents variés qui se répètent, des sympathies qui s'établissent... Tous les malades sont soumis à celui qui magnétise ; ils ont beau être dans un assoupissement apparent, la voix, un regard, un signe les en retire. On ne peut s'empêcher de reconnaître à ces effets *constants une grande puissance* qui agite les malades, qui les maîtrise, et dont celui qui magnétise semble être *le dépositaire*. (Rapport de Bailly, in-4, p. 5.) Nous n'avons pu résister au désir de reproduire encore ce passage en pareille circonstance.

(2) Au lieu de *quelques uns* de ses membres, l'Académie en a nommé *onze*, et c'est le nombre le plus élevé qu'autorise le règlement. Cette commission a fait des expériences pendant *six ans sur trente-trois personnes* ; et loin de conclure seulement à un examen plus approfondi, elle a reconnu formellement *la réalité* et *l'utilité* du magnétisme. (Voyez plus haut les conclusions du Rapport de 1831.)

Roux, nommée en 1837, après avoir examiné *avec le plus grand soin* les expériences d'un magnétiseur (M. Berna), a déclaré qu'elles n'avaient rien de commun, soit avec la physiologie, soit avec la thérapeutique (1). »

La manière dont l'auteur atténue les aveux que lui arrache la nécessité fait le plus grand honneur à ses connaissances physiologiques : aussi l'état de *contrainte* du magnétisme, l'*appréhension* de ce qu'on lui fait et de ce qui peut lui arriver, une *contention cérébrale* provenant de l'immobilité du corps, de l'*attente* d'un effet, de l'*impression des mains* du magnétiseur, l'*émotion physique*, le *serrement de cœur* qui résulte de la position singulière dans laquelle on se trouve, l'*amour-propre* ou bien d'*autres motifs*, suffisent pour expliquer les phénomènes magnétiques ordinaires, et la plupart des extraordinaires. (P. 66, 70.)

Est-il question des *guérisons?* « Quelles sont les maladies? des migraines, des spasmes, des coliques. Quel miracle qu'on se trouve guéri d'une migraine, d'une agitation nerveuse, d'une colique après quelques heures de sommeil ?» (P. 50.)

Quelques pages auparavant, M. Frère disait : « La plupart du temps toutes ces guérisons sont accompagnées de l'attirail des prescriptions pharmacologiques les plus composées et *les plus douloureuses :* les sétons, les moxas, les vésicatoires, les pilules, les saignées et les médicaments de toute espèce. Le magnétisme même à *larges courants* n'est qu'un accompagnement et un coopérateur de médicaments, et ces guérisons n'arrivent qu'après un long traitement.» (P. 54.) Cependant ce n'était pas là son dernier mot : « Un des grands bienfaits que les magnétiseurs

---

(1) Ici M. Frère est fort exact; il ne faut pas oublier cependant que *le plus grand soin* de la commission Roux se borne à avoir vu *deux* somnambules très imparfaites pendant cinq à six séances : tant il est vrai que la prévention est un singulier prisme !

attribuent au magnétisme, c'est la guérison des maladies. Voici encore Tertullien qui révèle *la véritable cause* de ce traitement miraculeux : « Vous avez bien raison de » vanter la bienfaisance des démons en guérissant les ma-» ladies. Ils commencent par les donner ; ils ordonnent » ensuite des remèdes inouïs ou contraires à la maladie, » et l'on croit qu'ils ont guéri le mal lorsqu'ils ont cessé » d'en faire.» (*Apologet.*, p. 100.)

Les *paralysies momentanées* ont fort occupé tous ceux qui en ont été témoins, entre autres M. Bertrand. « J'ai observé pendant longtemps, dit-il, une somnambule que je ne magnétisais pas moi-même, mais dont j'ai suivi le traitement avec beaucoup d'assiduité, et sur laquelle la personne qui lui donnait des soins exerçait un pouvoir prodigieux. Elle produisait, par exemple, à volonté, la paralysie d'un bras, d'une jambe ou simplement de la main, même du doigt, la privait de la parole, de l'ouïe, de l'odorat. Mais sa puissance ne se bornait pas à une action locale : elle pouvait paralyser, pour ainsi dire, toutes les parties du corps de la somnambule, et la jeter dans un état d'insensibilité et d'immobilité complète et générale, qui constituait une léthargie (1). » A cela, qu'objecte M. Frère ?

« Peut-on dire que dans ce phénomène il y a vraiment paralysie, puisqu'il ne dure qu'autant que le veut le magnétiseur (la raison est péremptoire)? Peut-on croire que dans cette apparence de paralysie il y a lésion des organes (quel magnétiseur l'a prétendu ?) comme dans les paralysies ordinaires (dont M. Frère, comme de juste, en bon théologien, ne sait pas distinguer les espèces)? Ce qui ne l'empêche pas d'ajouter : cela n'est guère probable. On doit plutôt penser (voilà la théorie vraie qui commence)

---

(1) Le docteur Bertrand aurait dû nous dire si ce n'était pas quelque docteur aussi qui abusait ainsi de l'action magnétique ; car on les reconnaît à ce genre d'expérimentation.

qu'il existe *une influence étrangère* sur l'âme qui l'empêche de percevoir les sensations. » (P. 50.)

La vue à distance est un phénomène trop important pour échapper aux investigations de l'auteur. « Voici un exemple de lucidité magnétique le plus extraordinaire que l'on cite, et sur lequel s'*égaie* M. Bouillaud dans un article sur le magnétisme animal. » Suit l'histoire de mademoiselle C. de F. rapportée dans la thèse de M. Filassier. Cette personne étant en somnambulisme à Paris, dans le salon de M. Chapelain, voyait à Arcis-sur-Aube sa mère, décrivait son occupation dans le moment, son attitude; *ses pensées intimes*, précisait, en entrant dans les plus petits détails, le moindre changement que sa mère y apportait. M. Frère n'attaque pas la question aussi rondement que l'eût fait M. de La Marne. Il ne nous dit même pas, pour faire de la *psychologie transcendante*, que l'âme est plus où elle aime qu'où elle anime; que dans le cours de la vie ordinaire il est des âmes qui, d'un coup d'œil, à certains indices nuls pour d'autres, peuvent dire *quelquefois*: Je vous ai deviné; je suis allé au-devant de votre pensée. Il n'entre pas dans les discussions profondes du temps et de l'espace, du *lieu* qu'occupent les esprits, de l'*agent* en question, qui, par sa subtilité et son aptitude aux modifications spirituelles, pourrait être le médiateur de deux âmes dont les corps sont plus éloignés que de coutume. Laissant à d'autres tout *ce pathos*, M. Frère ne dément même pas comme supposé ou illusoire ce phénomène prouvé par tous les moyens imaginables. Il se contente simplement d'ajouter, moins prolixe que nous: « Nous ne ferons d'autres réflexions sur ce fait, sinon que la personne *dort*, *rêve*, dit ce qui se passe habituellement chez sa mère, et qu'à son réveil elle ne se souvient absolument de rien » (P. 34, 36.)

L'un des points les plus essentiels était le chapitre de la *prévision*. Notre critique rapporte, d'après M. Foissac, l'histoire de cette somnambule qui prédit sa maladie, sa durée, le jour et l'*heure de sa mort* à M. Georget. On attendait là le passage de saint Grégoire le Grand, cité et approuvé par saint Thomas, dans lequel il est dit que l'âme aux approches de la mort prévoit certaines choses futures *par la subtilité de sa nature.* On attendait aussi l'autorité de saint Augustin, de Tertulien, d'Athénagore, d'Origène. M. Frère fait observer modestement « que cela se passe dans le sommeil somnambulique ; que cette prévision a pour objet la personne même dans *le cercle de ses habitudes*, conforme à son état maladif, et qu'à son réveil elle ne se souvient de rien (p. 40 et 41). »

M. Frère, voulant enfin montrer le peu de valeur *curative* du magnétisme, dit « que l'idiotisme complet dans lequel tombait mademoiselle Cœline (somnambule de M. Foissac) pouvait bien provenir d'une saignée de quatre livres de sang qu'elle se fit tirer (1) pour se guérir des premiers symptômes d'une fièvre cérébrale, et de toutes les fatigues qui devaient résulter nécessairement des expériences si fréquentes auxquelles on la soumettait. D'ailleurs toutes les doses de magnétisme qu'on lui administrait n'ont pas pu la délivrer de ses attaques de nerfs. Nous la voyons prendre alternativement des pilules de sulfate de quinine, d'acétate de morphine, dont elle a failli être empoisonnée. » (P. 149) (2).

(1) Cette théorie de M. l'abbé Frère est sans doute donnée comme contrepoids à celle de l'abbé Faria, bramine, docteur en théologie, etc., qui dans son ouvrage *de la cause du sommeil lucide* explique la lucidité somnambulique par la liquidité du sang, liquidité que produit la saignée sans faire naître cependant le somnambulisme lucide.

(2) Si l'on consulte la Notice de mademoiselle Cœline dans l'ouvrage de M. Foissac, on trouvera, 1° que l'idiotisme venait de *l'ennui*, de *l'isolement* et du *chagrin* (elle s'en guérit très rapidement, voy. p. 442) ; 2° la fièvre cérébrale avait eu lieu l'année précédente, et, grâce à la saignée, mademoiselle Cœline s'était parfaitement rétablie (p. 441) ; 3° les expériences et les fatigues sont une ingénieuse supposition de M. Frère, car il n'en est pas question dans le Rapport ; 4° le magnétisme a toujours suffi pour guérir

Plusieurs amis du magnétisme veulent que les somnambules ne puissent prescrire d'autres remèdes que ceux qui leur sont connus dans l'état de veille. Cette opinion était trop favorable aux desseins de M. Frère, pour qu'il ne l'adoptât pas avec empressement, et cela sans s'inquiéter s'il ne pourrait pas se faire, sans merveille aucune, que la réaction organique et instinctive du somnambule permît à son âme d'apercevoir les propriétés d'un remède auparavant inconnu.

« Il paraît que mademoiselle Cœline, *par ses maladies et ses fréquents rapports avec les médecins*, avait acquis assez de science pharmaceutique. On peut en juger par la prescription suivante : Mademoiselle Cœline, interrogée (en somnambulisme) sur la maladie de madame N**, conseilla l'usage d'une tisane de bourrache et de chiendent nitrée, de cinq onces de suc de pariétaire, pris chaque matin, et de très peu de mercure pris dans du lait; elle ajouta que le lait d'une chèvre que l'on frotterait d'onguent mercuriel, une demi-heure avant de la traire, conviendrait mieux, etc. »

En terminant, M. Frère ne convient même pas, c'eût été contre sa thèse, qu'appliquer et doser avec intelligence, dans l'état de somnambulisme, des médicaments même connus dans l'état de veille, mais qui ne donnent aucun droit à diagnostiquer la maladie, à proportionner les doses selon l'appréciation nosologique, vaudrait encore au moins une mention honorable.

Il ne nous reste plus qu'à examiner *la valeur morale de l'hypothèse.*

---

mademoiselle Cœline de ses attaques de nerfs, quoiqu'il fût impuissant sur les causes extérieures et étrangères qui les produisaient ; enfin l'*empoisonnement* ne faillit avoir lieu que par l'erreur bien involontaire de sa mère, qui versa une douzaine de pilules d'acétate de morphine dans une tasse de lait, au lieu d'une seule de sulfate de quinine (p. 452). On voit que MM. de Montègre, A. Dupeau et Dubois (d'Amiens) réunis n'ont pas fait mieux.

« La bonté d'un agent moral dépend de son efficacité à faire connaître la vérité, dit M. l'abbé Frère, à porter au bien, à détourner du mal. » (P. 154.)

Il serait curieux d'appliquer la règle que vient de donner l'auteur à la plupart des sciences et des arts ; à la médecine, par exemple, à la chimie, même à l'instruction publique comme elle est faite aujourd'hui, et nous verrions bientôt jaillir de lumineuses conséquences ; mais il ne faut pas oublier non plus que c'est tout exprès pour l'agent magnétique, fluide matériel impondérable, que M. l'abbé fait sa règle de valeur morale. Or donc, la guérison des maladies (surtout par le magnétisme), la production du somnambulisme, les facultés de clairvoyance, la lucidité, qui montrent évidemment à l'homme, par la manifestation d'un instinct supérieur, intelligent et *consciencié*, sa supériorité sur les animaux ; la prévision, qui traduit si éloquemment l'existence de l'âme et sa spiritualité, tout cela n'ayant aucune espèce de rapport avec le bien, avec la vérité, c'est donc à bon droit que M. Frère s'écrie : *Quelle science !* et encore *elle s'évanouit au réveil !* (P. 146.)

« Mais si l'on examine l'influence du magnétisme sur le sentiment, on trouvera qu'il inspire au magnétisé un grand attachement pour son magnétiseur, une parfaite soumission à tous ses ordres, et une dépendance si grande, que M. Rostan et M. Filassier, *magnétiseur renommé*, la compare à celle d'un chien pour son maître (1). A ce

---

(1) Qui aurait jamais pensé que d'avoir été *quelquefois* témoin de phénomènes magnétiques remarquables *produits par un autre*, d'en avoir obtenu *quelques uns* soi-même, et d'avoir fait aussitôt un article *Magnétisme* dans *un dictionnaire*, on devait passer pour un *magnétiseur renommé*, décrivant avec une exacte et scrupuleuse philosophie le côté moral du magnétisme ? M. Rostan ne le supposait pas à son début dans la carrière. Et M. Filassier, auteur d'une thèse remarquable *par les faits rapportés*, eût-il employé, comme M. Rostan, la comparaison, *palpitante d'histoire naturelle* et d'esprit médical qui ne parle que d'instints animaux dans

sentiment, on peut joindre celui de la reconnaissance, toujours envers le magnétiseur, celui *de la volupté* et du plaisir sensible. » (P. 157.) (1) On peut donc conclure que le magnétisme, loin d'être un principe de perfectionnement, est une cause d'illusions et de désordres; il ne communique aucune vraie connaissance (l'*agent* matériellement pris, cela est vrai); les perceptions d'ailleurs dont il est l'occasion s'évanouissent au réveil (le grand dommage, puisqu'elles ne sont plus nécessaires alors!), et au lieu d'inspirer les vertus, il (l'hypothèse) fait naître les vices. (P. 158.)

Conclusion pratique.

« Nous voyons dans les magnétiseurs (dans certains magnétiseurs) les abus dans lesquels on peut tomber lorsqu'on n'est pas éclairé par la foi; nous voyons dans les phénomènes magnétiques (contournés, défigurés et viciés, par *des* magnétiseurs ou non magnétiseurs) l'ancien artifice du démon pour détourner les hommes du culte du vrai Dieu... Enfin nous apprécions, par là même (supposé la vérité de l'exposé), la nécessité où sont les dépositaires de la science divine et de l'autorité de Jésus-Christ (d'examiner de plus près et plus à fond, et) d'instruire assidument les peuples dont ils sont chargés, afin de dissiper l'erreur et de les préserver de la vaine science

---

l'homme, et le montre en somnambulisme comme un chien qui suit son maître; M. Filassier, dis-je, n'en concluait pas davantage en sa faveur pour le bonnet de docteur en magnétisme, présenté par le côté philosophique et moral, dont le décore si facilement ici l'auteur, heureux de grandir ainsi l'autorité qu'il emploie pour abattre.

(1) C'est la première fois qu'on attribue de semblables effets à la *contrainte*, à l'*appréhension*, à la *contention cérébrale*, à l'*immobilité*, au *serrement de cœur*, à l'*amour-propre*, etc. Ou c'est qu'alors on a en vue de montrer la méthode *spéciale* de la magnétisation par attouchements comme la méthode *essentielle*, *unique*. Que nous sommes heureux au grand jour de n'avoir pas à être jugés par des hommes!...

des hommes (qui devient vaine en effet lorsqu'ils en abusent). Et de même que la verge d'Aaron, changée en serpent, dévora les verges des magiciens, changées aussi en serpents, de même que, dans le passé, la vérité de Moïse dévora les mensonges des Egyptiens (dont la Bible vante la haute sagesse, mais sous certains rapports seulement, n'en déplaise à M. Mialle), et que, dans l'avenir, la vérité de Jésus-Christ détruira l'erreur de l'Anté-Christ; de même aussi, dans le temps présent, la vérité de la doctrine catholique dissipera *les songes* du magnétisme animal, pour en faire ressortir les vérités cachées ou défigurées, et le magnétisme humain, dans ce qu'il a de solide et de vrai, sera uni et soumis à *la vérité !* »

CHAPITRE XXVI.

LE MAGNÉTISME ET LE SOMNAMBULISME DEVANT LES THÉOLOGIENS (SUITE). — OPINION DE MONSEIGNEUR L'ÉVÊQUE DU MANS. — DE M. L'ABBÉ ROUSSELOT. — DU R. P. DMOSWKI. — DE M. DEBREYNE. — OBJECTIONS, RÉPONSES, FAITS IMPORTANTS SUR LA QUESTION MORALE DU MAGNÉTISME ET DU SOMNAMBULISME.

Nous avons déjà mentionné plusieurs fois ces *dictionnaires*, ces *biographies* qui instruisent tant et à si peu de frais; dans lesquels certains articles se perpétuent de génération en génération, résistent aux ciseaux des éditeurs nouveaux, des copistes, des *spécialités*, et se reproduisent encore sous mille formes et à toutes les époques, et sous toutes les plumes, au moins dans un certain cercle de personnes qui révisent peu, dans la crainte d'interrompre certaines traditions qui trouvent encore, pour les recevoir, nombre d'esprits dans des dispositions semblables à ceux qui peuvent se glorifier d'en être et la source et le principe.

Les choses ainsi posées, perpétuées et *légitimées*, il arrive une époque où les personnes, même de bonne volonté, seraient trop sceptiques si elles ne succombaient pas à un préjugé légitime, mais qui n'est après tout qu'un préjugé. Voilà comme il en est de *certaines choses humaines*.

En particulier, il en est encore ainsi de l'*historique* de Mesmer, en plus d'un endroit.

Après quelques détails, plus ou moins exacts, sur la manière progressive dont Mesmer arriva à sa découverte, mais justes au moins sur ce fait important, trop méconnu, que ce médecin, par divers mémoires, s'adressa aux savants de son époque, et par conséquent n'imita point les charlatans qui ne s'adressent qu'à la multitude ; après avoir fait remarquer qu'il mourut presque ignoré, dans sa patrie, en 1815, et n'avoir point fait mention de la part que la situation politique de l'Europe, depuis plusieurs années, avait eue sur la marche de la découverte d'un homme qui, après avoir assez fait, reconnaissait ingénument avoir besoin de se reposer un peu des tracasseries humaines :

Mgr. Bouvier, dans les diverses éditions d'un ouvrage estimé, sa Théologie morale, ajoute sur la question que nous traitons, les détails suivants :

« Un grand nombre de personnes continuèrent (après la mort de Mesmer) d'exercer son art, et maintenant encore beaucoup, soit médecins, soit d'une autre profession, se livrent à la même pratique, à Paris et ailleurs. Ils prétendent, par l'action du fluide magnétique animal, et l'emploi de certains gestes (qui favorisent l'émission de ce fluide), amener à l'état de somnambulisme (sans compter les mille phénomènes qui se développent, et *guérissent* sans somnambulisme aucun, sans même un tout petit sommeil) les personnes *qui consentent* (ou ne consentent pas, dorment ou sont en syncope, etc., etc.), surtout les femmes (et cela pour des raisons physiologiques et pathologiques), et que dans cet état, privées de l'usage des sens (sous certains rapports seulement), elles voient, entendent, comprennent et disent beaucoup de choses, même à de grandes distances, principalement sur leurs maladies ou celles d'autres personnes, et sur les remèdes à y appliquer, bien qu'elles les ignorent entièrement d'ailleurs, et qu'elles ne se les rappellent plus lorsqu'elles sont rendues à l'état naturel (1).

» On rapporte un grand nombre de faits de cette nature qu'un grand nombre regardent comme vrais et authentiques, et que d'autres rejettent comme controuvés : des médecins expérimentés et des critiques habiles discutent vivement entre eux à ce sujet, et bien que le *plus grand nombre* mette les faits allégués au nombre *des fables*, cependant des auteurs qui ne sont point à mépriser les admettent comme véritables. On peut lire, *Biographie univ.*, art. MESMER, *Dict. méd.*, 13° vol., art. *Magnétisme*, par M. Rostan, *Gazette médicale* et *Revue médicale* de 1832 et 1833, etc.

» Quoi qu'il en soit, je n'oserai pas condamner ceux qui, pensant que les effets magnétiques sont naturels, font usage de cette science en conservant les règles de la modestie et de la chasteté, ayant une intention droite, pour peu qu'il n'y ait pas de scandale (2). Il y aurait du

(1) Voyez la troisième consultation envoyée à Rome où ces détails sont copiés et embellis. Voyez aussi la réponse en regard ; quatrième consultation.

(2) M. l'abbé Rousselot, professeur de théologie morale au séminaire de Grenoble, ne paraît pas content de cette condescendance, et la voit réprouvée par la réponse donnée dernièrement à Rome. Dans l'appendice (t. V) de la *Théologie* tout récemment annotée par lui, l'auteur s'exprime ainsi pour résumer ce qu'il a dit ailleurs, et qui est plus que suffisamment réfuté par tout ce que nous avons dit et ajouterons encore : « Nous avons parlé dans
» notre deuxième volume de l'*ignoble* origine du magnétisme, de sa nature
» *suspecte*, de ses dangers sans nombres *certains* (l'auteur aurait dû ajouter
» et *absolument inévitables*, comme nous le montrerons à M. Debreyne) et
» *fort contestée*. (Et par qui ?) Cependant son usage, avec les conditions
» voulues et les précautions requises, d'après M. Bouvier, et surtout la ré-

scandale si un ecclésiastique, par exemple, exerçait cet art *ex professo*, ou si l'on cherchait des effets entièrement disproportionnés, qui ne pourraient *évidemment* avoir *aucune* connexion avec les causes naturelles (appréciées sans doute par ceux qui les étudient dans leurs rapports spéciaux avec la question); car alors ou ces effets seraient vains, ou ils viendraient du démon par un pacte implicite.»

Puis dans la dernière édition (*Théologie morale*, t. V, édit. 4°, 1841) Mgr. l'Évêque du Mans ajoute :

« Par un décret du 21 avril 1841, Sa Sainteté Grégoire XVI a prononcé, en approuvant la réponse suivante de la S. Congrégation du Saint-Office :

» L'usage du magnétisme, *ainsi qu'il est exposé*, est illicite.

» Mais, ajoute Mgr Bouvier tout aussitôt, on avait exposé que les opérations du magnétisme favorisaient l'incrédulité et les mauvaises mœurs. »

Comme nous avons déjà parlé plusieurs fois de la *baguette divinatoire* et des rapports que ses phénomènes pouvaient avoir avec le magnétisme, nous ajouterons ici sur cette question ce qu'en a écrit Mgr. du Mans, conformément à ce qu'en disent les autres théologiens. (Voy. *Théol. mor.* citée plus haut.)

» ponse de l'inquisition romaine en date du 11 août 1840, n'a point été
» entièrement réprouvé. Mais à cette époque on ne connaissait pas encore
» la nouvelle réponse de la Sacrée Pénitencerie par laquelle l'usage du ma-
» gnétisme *semble* (et à qui?) plus clairement défendu. » Il est vraiment
fâcheux que la préoccupation empêche M. Rousselot de remarquer que,
quoique plus détaillée, la troisième consultation expose le magnétisme absolument comme la seconde, et qu'elle a reçu comme celle-ci absolument la
même réponse, dans les mêmes termes : le magnétisme est défendu, *prout exponitur*, comme il est exposé. C'est ce que voulut bien comprendre,
bien qu'avec un peu de peine, Mgr. Morelot, alors Évêque d'Orléans, maintenant Archevêque de Tours. « Ce prélat, d'un caractère ferme (c'est M. Charpignon qui m'écrit en ces termes, me dit un jour au sujet du magnétisme : Rome
l'a défendu, je le défends *absolument*. — Mais si moi, médecin, je vous affirme
que c'est un remède dont la vie du malade dépend, vous serez coupable de sa
mort. — Alors, dit Monseigneur, je vous le permettrais... »

De la baguette divinatoire.

« On a émis trois opinions sur l'usage de la baguette divinatoire : quelques uns, parmi lesquels les docteurs Chauvin et Garnier, médecins (on pourrait ajouter l'abbé Fortis, le docteur Thouvenel, etc.), ont pris à tâche de démontrer que dans tous les cas son mouvement était naturel et licite. D'autres croient qu'il est superstitieux, qu'il renferme un pacte implicite avec le démon, et que sous tous les rapports il doit être condamné : tels sont le P. Malebranche et le P. Lebrun, qui en traite longuement (mais pas physiologiquement) dans son ouvrage intitulé : *Histoire critique des pratiques superstitieuses qui ont séduit les peuples*, 4 vol. in-12. D'autres ne nient pas qu'on puisse découvrir d'une manière naturelle les sources d'eau et les filons métalliques; mais ils pensent cependant qu'il faut en réprouver l'usage, comme il a lieu ordinairement, à cause de différentes circonstances *évidemment* superstitieuses; ainsi par exemple on exige :

» 1° L'intention de celui qui agit, pour que la baguette tourne dans ses mains (et cela parce que *l'intention* est une action; une action de l'âme opérant *en union du corps;* parce que *l'intention* conduit et dirige par les bras, les mains, du fluide nerveux dans la baguette, et lui donne une espèce d'aimantation).

» 2° Une intention déterminée selon la fin; en sorte que si l'on cherche de l'argent, la baguette restera immobile au-dessus des eaux; ou si l'on cherche des sources, elle s'y inclinera et restera immobile sur un trésor. *Or*, toutes ces causes naturelles ne peuvent pas dépendre de circonstances semblables (et cela par la raison qu'il n'est *pas naturel* que l'âme si intimement unie au corps, au fluide nerveux, le modifie et détermine *un genre tout spécial* d'aimantation dans la baguette qui ne devient alors accessible qu'à tel ou tel *genre spécial* de réaction électrique provenant soit des eaux, des métaux, etc.).

» 3° Il n'y a aucune différence physique entre deux pierres cachées dans la terre, et par conséquent absolument semblables (à la seule différence près que l'une a été touchée par une main humaine exhalant du fluide magnétique modifié par l'*état intentionnel* de l'âme qui plaçait cette pierre avec la volonté qu'elle servît de limite à un champ, avec cette différence qu'elle a été soumise à une action psycho-physiologique qui a modifié aussi son électricité naturelle, quoiqu'il n'y ait point eu influence explicite et *consciencíée;* qu'elle a conservé cette modification psycho-physiologique comme dans les expériences que nous avons rapportées dans une note précédente, le verre magnétisé conservait la puissance de provoquer le somnambulisme même après avoir été soumis à l'action de plusieurs agents chimiques puissants; à la seule différence, dis-je, que toute autre pierre n'a rien reçu de tout cela). Comment donc la baguette pourrait-elle distinguer d'une manière naturelle l'une de l'autre? (par toutes les raisons indiquées jusqu'ici, raisons qui ne montrent pas qu'elle *distingue*, mais qu'elle est soumise à une réaction spéciale qu'elle manifeste, raisons qui peuvent n'être pas très claires pour ceux qui n'ont point fait du magnétisme une étude spéciale, mais qui suffisent certainement pour faire disparaître aux yeux des autres l'*évidence* de la superstition alléguée).

» 4° Il est bien plus difficile de distinguer naturellement les innocents des coupables (les magnétiseurs diraient tout le contraire, parce que par une action criminelle l'âme n'a pas modifié seulement sa propre substance spirituelle, mais aussi la substance corporelle avec laquelle elle agit *en unité de personne*, *anima rationalis et caro unus est homo.* Un crime est une action de l'homme tout entier. Le fluide nerveux conserve longtemps, surtout au-dedans de l'organisme qui l'a produit et l'entretient, les modifications mauvaises que l'âme lui a imprimées; la chair du criminel est coupable aussi, et, même sous un point de vue purement naturel, il faut qu'elle participe à toute expiation.)

» *Donc* dans ces circonstances (appréciées en dehors de toute considération de psychologie physiologique), ou les effets attribués à la baguette sont des impostures ou des illusions (sauf erreur cependant) ou elles viennent du démon (pour lequel ce ne sera pas une des moindres punitions d'avoir été accusé, après l'avoir trop mérité du reste, de tout le mal réel et supposé dont on n'aura pas vu la cause naturelle dans tout le cours des siècles). C'est pourquoi je n'oserais pas condamner l'usage de la baguette pour découvrir les sources ou les filons métalliques ; mais je pense qu'il faut entièrement réprouver toutes les circonstances superstitieuses (certainement s'il y en a), et toutes les autres explications qu'on pourrait en donner (oui, supposé qu'elles soient sans valeur) (1). »

Pour tirer la conclusion de tout ce que j'ai ajouté entre parenthèses, je reconnais qu'il faut compter de la part de plusieurs sur cette phrase consacrée : C'est ainsi que tous les amis du magnétisme se déclarent les défenseurs de toutes les superstitions.

Nous voici arrivé maintenant au magnétisme comme il est arrangé par l'auteur des *Pensées d'un croyant catholique*, etc. dans sa première édition (1839), et dans la suivante, et dans ses autres ouvrages.

Nous dirons peu de chose de la partie historique et

---

(1) Ceux entre les mains desquels la baguette dite divinatoire produit ses effets sont ordinairement très nerveux ; souvent ils ressentent comme un petit mouvement fébrile lorsqu'ils expérimentent ; et pour celui qui sait que les facultés somnambuliques peuvent se manifester sous l'influence de plusieurs états nerveux plus ou moins *analogues* au somnambulisme naturel ou artificiel, les perceptions surprenantes de l'âme de celui qui écoute ce qui se passe dans son organisme perdent beaucoup du merveilleux et du surnaturel qu'on leur a prêtés si facilement.

théorique de l'auteur, et cela pour plusieurs raisons. D'abord c'est qu'en divers passages, en diverses notes, nous en avons souvent parlé ; ensuite parce que M. Debreyne, ayant jugé commode d'accumuler les théories de MM. de Montègre, A. Dupeau, Dubois (d'Amiens), Bouillaud, etc., il plaira aussi au lecteur d'y appliquer les détails et les réponses déjà donnés ailleurs. Après avoir indiqué, comme les modèles qu'il a suivis, au moins *une cinquantaine* de causes des phénomènes magnétiques, il n'a d'autre mérite sur eux que d'avoir parlé plus souvent, plus au long et d'une manière plus exagérée des *jongleries*, des *mystifications*, des *mensonges*, de *l'imagination*, ensuite, et surtout de la *volupté*, qui, pour M. Debreyne, remplace abondamment tous les raisonnements par lesquels MM. Fiard, Fustier, Wurtz, de La Marne, etc., faisaient intervenir le démon (1). J'ai vu, et cela fort mal à propos certainement, des ecclésiastiques peu contents de cette substitution. L'ancienne théorie leur plaisait davantage, surtout parce qu'il y a moins de raisonnements à teinte physiologique, et qu'il est par conséquent plus facile pour eux de la défendre.

Je n'attaquerai pas non plus M. Debreyne sur la vue à distance ou à travers les corps dits opaques. Il n'a pas

---

(1) On regrette, en lisant l'ouvrage si important, si profond, si simple et si clair tout à la fois, intitulé : *Institutiones philosophicæ*. Auct. J.-A. Dmowski, S. J. in. Coll. Rom. Moral. Profes. (Rome et Louvain 1840), de voir que cet auteur, que nos collèges royaux ne perdraient point à prendre pour faire et refaire leur philosophie, adopte la théorie de M. Debreyne, théorie de l'*imagination* et de la *volupté*, et ne fait mention, d'après M. *Bouillaud*, et à l'exemple de M. l'abbé Frère du Rapport favorable lu en 1831 à l'Académie royale de médecine, que par ces paroles : La commission *s'est bornée à dire* qu'elle a vu *un trop petit nombre de faits pour oser prononcer*. Le R. P. Dmowski, citant, toujours d'après M. Debreyne, des passages qui prouvent que MM. Rostan, Foissac et Mialle ont abusé du magnétisme pour attaquer les faits de l'ordre surnaturel, aurait dû aussi nous dire, avec le R. P. Perrone, que *des écrivains catholiques en France et en Allemagne* professent une doctrine tout opposée.

traité sérieusement la question, n'est point entré dans les considérations physiques et physiologiques que nous avons données à ce sujet; il s'est contenté de désigner ces phénomènes sous le nom d'anti-physiologiques : nous avons dit assez pour répondre à ce mot.

M. Debreyne n'a pas non plus jugé à propos d'examiner sérieusement s'il n'y aurait pas dans l'homme un instinct supérieur qui se manifeste en certaines circonstances, et qui, conduit et dominé par les perceptions de l'âme, constitue le sympathisme somnambulique, l'appréciation du mode d'action des médicaments, la lucidité, etc., et ne rabaisse l'âme en aucune façon. Nous n'ajouterons donc rien à ce que nous avons dit à ce sujet pour répondre à ses négations plus souvent répétées que prouvées.

M. Debreyne n'examine pas, comme nous l'avons fait, suivant quel mode ministériel, la transmission, la communication des pensées peut avoir lieu *dans certaines circonstances* psycho-physiologiques. Il répond seulement, ce qui est vrai, qu'il n'appartient qu'à Dieu de connaître les secrets des cœurs. Mais il ne dit pas que Dieu connaît *toujours*, dans toute leur profondeur, leurs plus petits détails, malgré la volonté de l'homme, les secrets des cœurs; tandis que dans le magnétisme la communication des pensées n'a lieu que dans certaines circonstances, d'une manière plus ou moins variable, plus ou moins restreinte, jamais complète, absolue, certaine. Enfin, dans bien des cas, l'homme peut par sa volonté empêcher le somnambule de communiquer magnétiquement avec ses pensées. Ce ne serait donc que d'une manière impropre, inexacte, exagérée, qu'on nommerait la communication des pensées *la connaissance des secrets des cœurs*. De plus, il ne faut pas oublier, ainsi que nous l'avons dit ailleurs, que même dans les rapports de la vie ordinaire il y a une certaine communication de pensées. On devine son homme, comme l'on dit familièrement ; on l'apprécie d'un coup d'œil. *Souvent* dans ce cas il y a quelque signe visible; dans le somnambulisme, il y a signe sensible, réactionnel de l'âme par l'intermédiaire du fluide vital. Il n'en reste donc pas moins vrai que, suivant le sentiment des philosophes catholiques et des théologiens, de saint Thomas en particulier, Dieu seul connaît les secrets des cœurs avec une certitude absolue, sans que les intelligences surhumaines, les anges même, participent à cette connaissance d'une manière aussi parfaite.

Nous convenons bien avec M. Debreyne qu'il n'y a que Dieu qui connaisse d'une manière absolue et certaine l'avenir et surtout les futurs libres contingents; mais nous avons aussi suffisamment établi qu'outre cette vue rapide de l'intellect qu'admet M. Debreyne, et qui permettrait à l'homme un raisonnement plus prompt et plus sûr que dans l'état de veille, l'âme humaine peut encore, par la subtilité de sa nature, pressentir et prévoir certaines choses futures qui existent déjà dans leur cause, et qui excitent dans l'âme cette appréciation mystérieuse mais réelle à laquelle le raisonnement ne prend aucune part: tels sont les pressentiments. Les prévisions d'évolutions organiques sont donc possibles; certains futurs libres contingents, qui tiennent aux dispositions actuelles de l'esprit et du corps, que l'homme *pourrait* changer par conséquent s'il le *voulait*, mais qui n'en ont pas moins pour cela un *certain degré de certitude* dans la prédisposition plus ou moins dominante et la volonté plus ou moins faible à réagir, peuvent donc aussi exercer la faculté de prévision. Qu'il y ait de là aux prophéties véritables une distance immense, c'est ce qui n'est pas moins incontestable aux simples lumières de la raison.

Nous allons maintenant aborder avec M. Debreyne la question morale du magnétisme humain. Mais s'il est constant que l'auteur ne sait point au juste à quoi s'en tenir sur la réalité de l'existence du magnétisme et son mode physiologique d'opérer, sur le choix à faire des procédés, s'il a tout proscrit sans distinction, parce que, dans la question présente, il ignorait véritablement tout, ou du moins doutait trop positivement, n'aurons-nous pas aussi de grandes et puissantes raisons de croire qu'avec la meilleure volonté du monde, il n'a pu, en conséquence de son premier écart, que grossir, étendre et généraliser les dangers qui existent réellement dans la pratique du magnétisme?

Les citations suivantes prouveront le premier point, nous examinerons ensuite le second.

« Maintenant, que le magnétisme soit une science vraie (après avoir répété de nouveau à la page précédente ce qui, dès le commencement, a été posé comme axiome, que dans le magnétisme il y a : *pratiques bizarres, souvent indécentes, jongleries, mystifications, déceptions, mensonges,* et en ajoutant), qu'il soit une science fausse, qu'il soit une science mystérieuse, occulte, cabalistique, magique, diabolique, peu importe dans la grave et terrible question que nous allons soulever (et résoudre le plus défavorablement possible). Toujours est-il que le magnétisme animal existe quelquefois par le somnambulisme qu'il détermine (une *jonglerie*, un *mensonge* qui n'existe qu'après le somnambulisme qu'il détermine!...) ; qu'il existe souvent par les phénomènes ou accidents nerveux qu'il fait naître (en vertu de la maladresse de ceux qui ne savent pas s'en servir), et enfin qu'il existe toujours par les procédés qui *le constituent* (Or, vous allez voir qu'au milieu des diverses méthodes de magnétisation, on va choisir comme *constituante*, essentielle, une de celles qui prouvent mieux la thèse désirée). Or, le danger moral n'est-il pas dans ces procédés, dans ces accidents nerveux et surtout dans ce somnambulisme magnétique (dont on taira tout l'avantage médical qu'on en peut tirer)? C'est ce qu'il s'agit d'examiner avec quelque détail.

» *Danger dans les procédés.* Voici d'abord, *d'après* M. Rostan (et d'après lui seul), un résumé des principales qualités que *doit* posséder le magnétiseur (qui mérite bien en effet d'être mis au nombre des procédés). Il faut que le magnétiseur n'ait rien de repoussant (c'est pour *la perfection* que le docteur demande cela), qu'il soit bien portant, dans la force de l'âge, ou dans l'âge mur; qu'il soit grave, affectueux (comme un médecin doit l'être), qu'il soit supérieur, s'il est possible, à la personne magnétisée... (de cette supériorité intrinsèque et toute tenant à la nature du fluide nerveux, ainsi que nous l'avons dit) et exerce sur elle un ascendant *quelconque.* » Ailleurs le même auteur (toujours M. Rostan, cité par M. Debreyne) ajoute : « Parmi les personnes qui exercent le magnétisme, celles qui sont vives, ardentes, enthousiastes, réussissent mieux (c'est une fiction du docteur). Elles réussissent mieux à produire des effets quelconques, fussent des attaques de nerfs.) Aussi Mesmer, Puységur, Deleuze, etc., demandent-ils, contrairement au docteur, des qualités tout opposées). « Quant aux sujets magnétiques (c'est M. Debreyne qui complète le tableau), les meilleurs, pour obtenir de *grands effets*, sont les jeunes filles très nerveuses, sensibles, impressionnables, et surtout hystériques, c'est-à-dire plus ou moins *ardentes*, passionnées et *érotomanes.* » (Notez bien que toutes ces assertions, répétées par M. Debreyne, d'après MM. de Montègre, A. Dupeau, Dubois (d'Amiens), Bouillaud, etc., ne sont demandées avec tant de bienveillance que par eux, et qu'excepté les fats de salon et ceux qui veulent tout autre chose que du magnétisme pur et simple, les magnétiseurs qui prennent la chose au sérieux fuient comme la peste les qualités vantées par l'auteur, avec le sérieux d'un homme qui saurait cela par une longue pratique du magnétisme et une étude vraiment attentive.)

» Rappelez-vous les conditions et les attitudes que la

science de Mesmer prescrit au magnétiseur. » Et alors M. Debreyne décrit avec soin, détails et enjolivements qui font image, les procédés par attouchements, que les magnétiseurs ont abandonnés aujourd'hui pour l'action à distance, plus simple et plus morale. Mais il n'entrait pas dans les plans de M. Debreyne de nous instruire de ces choses-là; probablement il eût été plus embarrassé pour le faire que pour ajouter : « Il n'est pas nécessaire d'être grand moraliste pour juger de l'effet que ces *mystérieuses manœuvres* (données avec encadrement par M. Debreyne comme les procédés constituants) pourront produire chez une jeune fille, très impressionnable et *toute palpitante de trouble et d'émotion*, et peut-être même sur le grave et stoïque magnétiseur *qui n'offre rien de repoussant, qui se porte bien et qui est dans la force de l'âge*, c'est-à-dire qui est jeune, beau et plein de santé.» Mais pour prêter de si vives couleurs au pinceau de M. Debreyne, qui lui a dit qu'il fallait que ce fût un homme qui magnétise une femme, lorsque M. Deleuze et tant d'autres demandent le contraire, justement pour éviter aux amis du magnétisme de faire des théories sur *la volupté?* Néanmoins M. Debreyne continue de son mieux. » Et que sera-ce donc si la magnétisée est une hystérique, comme cela arrive souvent? car les filles hystériques sont les meilleurs sujets et les plus capables de *grands effets magnétiques* (même lorsque c'est une personnne du même sexe qui exerce l'action magnétique, ce que n'ajoute pas M. Debreyne). Les médecins expérimentés connaissent le merveilleux instinct de certaines hystériques par lequel, les yeux fermés et au milieu des ténèbres, elles sentent parfaitement la présence et l'approche des hommes, et par un genre de lucidité qui leur est propre, *non somnambulique* s'entend, elles les distinguent très bien des personnes du sexe opposé. »

M. Debreyne continue encore sur le même ton, et après

une touchante apostrophe aux *médecins honnêtes*, car *il en est encore un assez bon nombre*, s'il ne s'adressait qu'aux magnétiseurs imprudents, déshonnêtes, colporteurs de magnétisme, fabricants de sciences expérimentales au cachet, traînant après eux, de ville en ville, une somnambule dont *ils sont inséparables*, ce ne serait pas sans raison qu'il leur adresserait les reproches suivants qu'il fait impitoyablement peser sur tous, bien qu'au premier abord on serait tenté de croire à plus d'impartialité, surtout si on les lit séparément des autres passages qui ne supposent pas que des magnétiseurs instruits, des médecins expérimentés, puissent noblement s'occuper de magnétisme.

« Comment, après cela, pouvoir excuser la conduite imprudente et téméraire de certaines gens qui, sans caractère ni mission, sans moralité ni science, se livrent avec tant de légèreté à des pratiques dont ils sont loin d'avoir calculé la funeste et terrible portée (lorsqu'on s'en sert imprudemment); et tout cela sans motif légitime, sous le vain prétexte de guérir! (parce que les magnétiseurs de cette espèce s'occupent moins de cela que du côté industriel et commercial) Les imprudents! quelle immense responsabilité ils assument sur eux! Quels sujets de crainte pour la morale publique, dans un point d'une si grande et si effrayante conséquence (1)! »

(1) Certainement il serait fort désirable, dans l'intérêt même de la science, qu'on empêchât, par de sages règlements, l'exercice clandestin ou public, mais surtout ignorant de la médecine magnétique et somnambulique : d'abord parce que les magnétiseurs charlatans *ex professo* se trouveraient un peu paralysés; ensuite parce que les somnambules qui commencent sérieusement finissent bientôt, après avoir négligé la profession qui les faisait vivre, et aussitôt qu'elles ne jouissent plus des facultés somnambuliques, par tomber insensiblement dans la ruse et la supercherie. Prises alors et condamnées en justice, et cela avec raison, on en conclut, mais à tort, qu'elles ont toujours trompé, et avec plus grand tort encore, que tous les magnétiseurs trompent toujours aussi.

Une somnambule qui donnait chez elle des consultations et s'endormait

« *Dangers dans les phénomènes ou accidents nerveux.* » — Après ce titre, qui montre que M. Debreyne, à l'exemple de son maître M. A. Dupeau, ne veut voir dans le magnétisme que des épilepsies artificielles, etc., l'au-

seule avec un anneau magnétisé par la personne qui la magnétisait autrefois, fut demandée par moi pour donner une consultation à une personne de ma connaissance. Sachant que le somnambulisme provoqué directement est toujours plus complet, et plus facile à surveiller, à diriger, je la magnétisai moi-même, et elle me prouva sans réplique qu'elle avait sympathiquement ressenti et décrit la nature de la maladie pour laquelle elle était consultée. La malade sortie, nous parlions avec la somnambule de la guérison plus ou moins probable, de l'efficacité des remèdes indiqués, etc., lorsque j'entendis sonner plusieurs fois sans que personne allât ouvrir la porte. Je sortis donc, traversai trois pièces séparées par plusieurs portes que je fermai, et j'ouvris à un jeune monsieur fort élégant dont les habits de couleurs claires et variées annonçaient extérieurement l'inconstance d'un homme du monde adonné à la frivolité et éloigné de toute étude sérieuse. — Monsieur, me dit-il, je n'ai pas l'honneur d'être connu de vous, mais je sais que vous vous occupez de magnétisme (j'étais alors élève en médecine), et j'ai grand désir de consulter une somnambule. — Peut-être, monsieur, lui répondis-je, la chose ne sera-t-elle pas facile. — J'ai contracté, continua-t-il, *une mauvaise maladie* dont vous comprenez la nature ; je ne crois guère aux facultés des somnambules, mais j'ai vu autrefois quelque chose à ce sujet, et je reviendrai dans quelques jours vous demander une consultation de ce genre. — Monsieur, répartis-je, pour un incrédule vous n'êtes pas assez prudent. Il ne fallait pas me dire la nature de votre maladie. Mais n'ajoutez pas d'autres détails. Je ne vous promets rien : seulement, doutant avec vous, j'examinerai avec vous ; et pour que toute supercherie vous semble impossible, j'ai actuellement une somnambule endormie dans mon cabinet, veuillez entrer de suite, et si elle n'est pas trop fatiguée nous tenterons l'expérience. Assis à côté de la somnambule, et mis en rapport avec elle, le malade la pria d'examiner l'état de sa santé. Celle-ci porta la main vers la nuque, l'y posa légèrement, descendit sans presque toucher les habits le long de la colonne vertébrale, s'arrêta un instant aux articulations des genoux, descendit de la même manière jusqu'au bas des jambes, présenta sa main devant l'estomac, et ainsi impressionnée par la réaction vitale de ces diverses parties, elle lui dit, avec détails et circonstances, comment il souffrait de chacune d'elles, et cela depuis longtemps; qu'il avait pris beaucoup de *mercure*, qu'il en avait encore à l'état métallique dans les os et que c'est la cause des douleurs insupportables qu'il y ressentait; qu'il pensait néanmoins n'en avoir pas assez pris, mais qu'il se trompait, qu'il fallait s'arrêter là et prendre de légers diaphorétiques et sudorifiques qu'elle lui conseilla avec un régime convenable; médication très simple

teur dit qu'il ne s'arrêtera pas aux phénomènes purement magnétiques, sans doute parce qu'ils se rencontrent plus souvent que le somnambulisme et que par eux seuls on

sous tous les rapports, mais qui n'en était pas moins fort bien appropriée. L'étonnement du malade et la rougeur qui lui montait au front en voyant que les symptômes et surtout la cause de sa maladie étaient exactement appréciés, ne lui permit que de dire brièvement qu'il était satisfait, mais n'y comprenait rien. Revenu près de la somnambule après qu'il fut sorti, elle me demanda : Savez-vous ce que c'est que ce monsieur ? — Non, répondis-je. — C'est un médecin. — Mais son habillement ne l'annonçait pas. — C'est égal, reprit-elle, c'est un médecin. — La somnambule, attentive à des détails qui m'étaient échappés, avait pu le conclure de son refus à ce que je misse par écrit les médicaments et les détails du régime prescrit, etc.; et pourquoi pas aussi par la communication de ses pensées, qui devaient en ce moment s'exercer sur l'assurance avec laquelle la somnambule disait qu'il avait trop pris de mercure, qu'il fallait s'arrêter, tandis que lui, docteur, hésitait et doutait ? Quoi qu'il en soit, nous fûmes interrompus encore par le bruit de la sonnette, et le même monsieur reparaissant me pria de lui permettre de demander encore certains détails qu'il avait oublié de provoquer sur ses digestions mauvaises, ainsi que la somnambule le lui avait dit. Rentrant auprès du médecin endormi, il lui fit connaître son désir. A peine la main de la somnambule eut-elle été approchée de l'estomac, qu'elle lui dit : « Il y a maintenant quelque chose de changé, je vois quelque chose de blanc. » Il avoua qu'en effet il venait de prendre un riz au lait chez le restaurateur voisin. Pour moi, peu curieux, et voyant qu'il avait besoin d'ailleurs de commencer à réfléchir, je le laissai partir après les félicitations obligées.

Quelque temps après, une somnambule était traduite en jugement pour exercice illégal de la médecine, pour avoir simulé, disait-on, le somnambulisme, avoir vendu et prescrit chez elle des médicaments, innocents du reste, mais sans aucune efficacité, et je vis, en lisant le journal, que c'était celle dont je m'étais servi quelques mois auparavant. Il ne me fut pas possible d'en rien conclure contre les faits dont j'avais été témoin : seulement il me parut fort simple qu'une femme qui entre seule en somnambulisme, qui n'a personne pour la diriger, et qui, comme la plupart, ne conserve au réveil aucun souvenir de ce qu'elle peut, de ce qu'elle fait dans cet état, finisse même par ne pas croire au somnambulisme, ne se donne plus la peine d'y entrer, et aille chercher dans quelque vieux livre des recettes qui lui permettent, sans recourir à l'état qu'elle a abandonné depuis longtemps, de gagner sa vie en trompant ceux qui s'adressent à elle. Cependant, plutôt que d'aller chercher si loin, les adversaires trouvent plus commode de crier d'une manière générale et sans restriction, *mensonge ! jonglerie ! charlatanisme !* Toujours ? partout ?...

peut guérir ou soulager un grand nombre de maladies, et puis ensuite parce que « ce second état *n'est que* le prodrome ou l'avant-coureur du troisième ou du somnambulisme magnétique ; » ce qui n'est vrai que dans un certain nombre de cas où le somnambulisme apparaît.

«Il nous suffira de dire, par anticipation, que c'est déjà, selon nous, une sorte d'immoralité que de provoquer ces divers accidents (supposés faussement inhérents au magnétisme, comme on le pratique aujourd'hui), cette grande perturbation nerveuse, ces mouvements convulsifs (que j'ai vus si rarement et que j'ai toujours calmés lorsque je les voyais commencer faiblement), ces spasmes hystériques (quand on magnétise des hystériques, car le magnétisme sagement dirigé n'a pas cet effet funeste), et surtout, nous le répétons, il y a immoralité à faire *évanouir* (les évanouissements n'arrivent qu'aux magnétiseurs de salons ou aux expérimentateurs quand même qui magnétisent à tort et à travers), à faire évanouir une jeune personne (si c'était un jeune homme ce ne serait donc pas aussi bien pour l'argumentation?) et à la priver de son libre arbitre.» (Comme le sommeil magnétique, je ne dis pas somnambulique, prive du libre arbitre à peu près suivant les lois du sommeil ordinaire qui sert à *entretenir la santé*, je ne verrais pas grand mal *pour la recouvrer* quand on est malade, supposé sans doute, comme les magnétiseurs le reconnaissent, une puissance thérapeutique à l'action magnétique, je ne verrais pas grand mal, ai-je dit, ni même grande immoralité à dormir une demi-heure ou une heure du sommeil magnétique.)

« *Dangers du somnambulisme magnétique.* — C'est surtout ici le grand écueil où l'innocence et la vertu peuvent faire le plus triste et le plus déplorable naufrage. » (Par suite d'une fréquentation assidue, si l'on n'a pas soin, dans le plus grand nombre des cas, de faire magnétiser une femme par une personne du même sexe; par suite de l'isolement, si deux personnes de sexe différent restaient seules et n'admettaient pas habituellement un tiers pour témoin et garant de la moralité). Ici M. Debreyne parle *d'infamies* et *d'horreurs* qui lui ont été révélées; mais comme il n'y a pas de détails, de preuves, d'indication des sources de la révélation, et que, d'un autre côté, des ennemis de la science ont eu des raisons pour penser qu'il accueillerait facilement de semblables communications; comme on a exagéré la facilité d'abuser de l'état somnambulique par surprise, lorsque dans la réalité il est plus facile d'en user par séduction seulement, comme dans l'état de veille; comme des abus posés librement ne prouvent point qu'une science est essentiellement mauvaise, ainsi que l'ont supposé jusqu'à présent presque tous les auteurs cités dans ces deux derniers paragraphes, et comme le fait encore ici M. Debreyne, qui oublie, ou plutôt ignore entièrement, préoccupé qu'il est de sa thèse, ce que j'ai dit déjà plusieurs fois et répéterai encore, que les hommes peuvent magnétiser les hommes, et les femmes les personnes de leur sexe; que l'on peut et l'on doit magnétiser ordinairement à distance et sans contact; que l'on peut et l'on doit admettre un témoin des expériences, garant de la moralité des rapports fréquents, nous répéterons que des attaques de ce genre ne prouvent rien pour des gens qui vont au fond des choses.

Cependant écoutons encore M. Debreyne :

« Que l'on ne dise pas que les hommes abusent de tout pour faire le mal, et même des meilleures choses, comme de la médecine, de la chimie, etc. (nous allons en voir la raison). Je réponds à cela que les hommes n'abusent que de ce qui est bon et dont on use honnêtement et légitimement; que l'abus suppose toujours l'usage honnête et légitime d'une chose réellement utile à la société (voilà qui est vrai pour tout le monde); c'est pourquoi on dit l'abus de la médecine, parce qu'on en connaît l'honnête et légitime usage ; mais on ne dit pas (remarquez bien les objets de la comparaison bienveillante) l'abus de *l'usure* ou *du libertinage*, parce qu'on n'en connaît pas l'usage honnête et légitime ; ces choses constituent déjà un désordre par leur existence même (voilà encore qui est si clair qu'on attend trop longtemps la conclusion promise). Il résulte donc de là que l'on ne peut pas dire qu'on abuse du magnétisme, *parce qu'on ne doit pas en connaître le légitime usage* (ah ! pour le coup, voilà qui est contesté par quelques centaines de gens qui ont vu les choses de plus près que M. Debreyne), par la raison que le magnétisme n'est pas reconnu comme une chose utile à la société (malgré les milliers d'attestations contraires de la part de médecins et de magnétiseurs auparavant incrédules ; malgré le rapport de 1831, qui dit que le magnétisme est une branche curieuse de l'histoire naturelle, qu'il éclaire la physiologie et la pathologie, qu'il faut en encourager les recherches); il s'ensuit *finalement* (maintenant qu'on a affirmé, mais non point logiquement déduit et prouvé) que la pratique du magnétisme *doit être* regardée (toujours des *devoirs* sans loi certaine qui oblige) non seulement comme inutile à la société, mais encore comme nuisible, en ce sens qu'elle porte *directement* (pesez bien le mot) au vice et au désordre ; et sous ce rapport (supposé exact tout gratuitement) le moraliste chrétien *doit* assimiler le magnétisme animal aux jeux défendus (oui, pour les fats de salon), aux danses avec *promiscuité des sexes* connues sous le nom de bals, aux théâtres (notez qu'en pareille circonstance, lorsqu'il y a deux opinions, les amis du magnétisme prennent toujours la plus sévère et l'urgent encore de tout leur pouvoir), et à ces désordres de tous les genres que nous reproduisent chaque année ces jours de licence, ou ces bacchanales et ces saturnales que le paganisme nou sa léguées (1). Tout le

(1) Il serait vraiment à regretter que M. l'abbé Debreyne se fût privé de l'exagération que renferment ces lignes.

monde sait, en effet, que toutes ces sources de corruption nous viennent du culte idolâtrique, des superstitions et des fêtes païennes. » La fécondité de M. Debreyne, si bien animée à propos du magnétisme, continue encore, puis se termine enfin par ces dernières paroles : « C'est en ce sens que nous soutenons que le magnétisme vient du *démon.* »

À l'appui de la thèse de la morale publique, il fallait bien citer M. A. Dupeau et ses lettres prétendues *physiologiques et morales*, emprunter à M. Rostan la comparaison du *chien qui suit son maître*, et nommer peu après son auteur, *sans contredit, le plus savant défenseur du magnétisme animal*, et cela parce qu'il vit peu faire par d'autres, fit peu lui-même, et écrivit trop tôt, et sous l'influence d'une jeune imagination nouvellement échauffée au feu du magnétisme, un article de *Dictionnaire*; mais surtout et par-dessus tout, parce que, selon M. Debreyne, il *formule un haut enseignement, des paroles solennelles et sacramentelles* qui peuvent tant servir, ont tant servi et serviront encore tant à attaquer la science du magnétisme : aussi est-ce par là que M. Debreyne termine ses *Pensées d'un croyant catholique*, en union duquel nous reproduisons aussi la citation.

» La personne magnétisée est dans la dépendance absolue du magnétiseur (excepté les cas fréquents où elle déclare fort bien son indépendance en disant positivement : Je ne le veux pas ; je ne le ferai pas, etc.). Elle n'a, *en général*, de volonté que la sienne (pour les choses indifférentes). Bien plus, quand même elle voudrait s'opposer à son magnétiseur, celui-ci peut, quand il lui plaît (dans certains cas seulement), lui enlever la faculté d'agir, la faculté de parler même (excepté tous les cas dans lesquels la somnambule voit la pensée de son magnétiseur, et use de sa volonté pour lui résister, comme nous le verrons dans les exemples ci-après cités). C'est, avons-nous dit, un des phénomènes qu'on produit avec le plus de facilité (mais pas sur toutes les personnes dans l'état magnétique et dans l'état somnambulique). Quelles conséquences terribles ne peut pas avoir cette toute-puissance ! quelle femme, quelle fille sera sûre de sortir sans atteinte des mains d'un magnétiseur qui aura agi avec d'autant plus de sécurité que le souvenir de ce qui s'est passé est au réveil entièrement effacé ! (et je réponds aux questions de M. Rostan, reproduites par M. Debreyne : Cette femme sera sûre, etc., si elle se fait magnétiser par une femme ou bien encore par son mari, son frère ; si elle admet une troisième personne pour assister au traitement dirigé par une personne d'un sexe différent. De même aussi pour la jeune fille qui pourra, sous la direction d'un médecin magnétiseur éclairé, recevoir les soins de sa mère, de son père, de sa sœur, d'une de ses amies). Le magnétisme, il faut le dire hautement (si l'on ne prend pas les précautions nécessaires), compromet au plus haut degré l'honneur des familles, et, sous ce rapport, il doit être signalé aux gouvernements (1). Mais supposons un moment que le magnétiseur, qui est ordinairement jeune

(1) Il faut aussi signaler à l'attention des gouvernements, dans l'intérêt de la moralité publique, la différence monstrueuse avec laquelle on prend soin des élèves vétérinaires et des élèves en médecine. A l'École vétérinaire d'Alfort, les élèves (moins nombreux que ceux en médecine il est vrai) habitent l'école, sous les yeux de leurs maîtres, ne peuvent pas sans permission s'absenter la nuit, sont interrogés souvent par leurs professeurs, qui veillent ainsi à leur science et à leur moralité, car ils seraient renvoyés pour inconduite. A l'École de médecine on peut impunément s'adonner à tous les désordres, perdre son temps tout à l'aise ; on peut acquérir comme en serre chaude et en quelques mois la science superficielle qu'un examen constate : c'est dans ce seul moment qu'on est sous les regards immédiats des professeurs, qui ne s'occupent pas du travail assidu de l'année, ni de la moralité des candidats, heureux quand ils la respectent dans leurs leçons publiques. En effet, il faut moins de précautions morales pour les médecins que pour les vétérinaires. S'il peut recevoir un diplôme de capacité suffisante, qu'importe qu'on lance dans les familles, au milieu des époux, un médecin corrupteur ; dans les villes et dans les villages un docteur de libertinage et *par conséquent* d'impiété ! Il n'y a là que des âmes à perdre, et le scalpel n'en rencontre pas !

ou adulte (pourquoi pas d'un âge mur?) et doué d'une bonne santé, résiste à la facilité d'abuser de sa somnambule (facilité qui sera bien grande si on suit les règles indiquées il n'y a qu'un instant). Que sa vertu le fasse triompher de l'attrait du tête-à-tête (qui n'existe plus dans notre *hypothèse*) et de l'impunité; que, honteux de sa lâcheté, il rejette avec horreur toute idée criminelle, *ce qui est beaucoup exiger de l'humanité* (et bien peu quand on prend les précautions si simples que nous avons indiquées), combien d'autres dangers n'existe-t-il pas encore (et auxquels nous serons peut-être assez heureux aussi pour trouver des moyens de neutralisation)!

» Un magnétiseur ne peut-il pas ravir des secrets importants et les faire tourner à son avantage (cela ne sera pas facile dans la marche pratique que nous indiquons, surtout en sachant bien qu'un bon nombre de somnambules vous disent positivement qu'elles ne satisferont pas à votre demande, et qu'elles s'éveilleront plutôt malgré vous)? Ne sait-on pas que le bonheur des familles est souvent attaché au secret de certaines circonstances (secrets qui resteront facilement dans les familles quand, sous la direction d'un homme de l'art, un mari magnétisera sa femme, une mère sa fille, quand un étranger ne se trouvera jamais en tête-à-tête, surtout avec une personne en état de somnambulisme, puisqu'on ne parle pas dans l'état magnétique)? Dans l'une (famille), on cache son origine (et on continuera); dans l'autre, sa fortune (et on ne sera pas plus obligé de la divulguer); dans celle-ci, la maladie d'un de ses membres (et on n'aura pas plus la main forcée pour un secret de ce genre avec un magnétiseur qu'avec un médecin ordinaire); dans celle-là, un projet ambitieux (et on fera bien dans toute hypothèse de s'en corriger), etc. La découverte de quelques uns de ces secrets ne peut-elle pas faire le malheur d'une famille entière (sensibilité perdue maintenant suivant notre méthode et après nos réponses)? Ce n'est pas tout encore. On a formellement nié l'influence des sexes; on a eu tort (M. Rostan aurait dû nous dire quel était le magnétiseur assez sot pour nier une influence qui agit malheureusement dans tous les rapports de la vie; mais le docteur continue son amplification en ajoutant pertinemment) : Cette influence est toute-puissante (mais, en suivant la méthode indiquée par nous, le combat cesse faute de combattants). *La somnambule* contracte avec son magnétiseur une reconnaissance, un attachement sans bornes (tout le monde voit bien que c'est encore là une hyperbole inutile, puisque, quoi qu'il en soit, pour attraper *la somnambule* et l'exempter d'une reconnaissance, d'un attachement sans bornes, nous lui donnerons pour la magnétiser une personne du même sexe). De là à une passion véritable, le chemin n'est pas long (aussi MM. Rostan et Debreyne doivent voir que nous y mettons bon ordre). Je crois (c'est M. Rostan qui croit cela) que si la violence est facile, la séduction, moins odieuse, l'est bien davantage (et même l'illusion que nous supprimons en même temps avec beaucoup d'autres par notre législation magnétique, si fort demandée par le savant et sage M. Deleuze). Comment voulez-vous résister à des attouchements réitérés (hélas ! messieurs, ce sera facile en magnétisant à distance), à des regards tendres (d'abord en ne se regardant pas, ensuite en ne se regardant pas tendrement), enfin et surtout, comme il a été dit plus haut, à une cohabitation journalière (en ne cohabitant pas plus avec la personne magnétisée qu'un médecin avec ses malades), à des témoignages d'intérêt d'une part et de reconnaissance de l'autre? Cela n'est pas possible (ces messieurs, il faut l'avouer, sont gens de peu de ressources lorsqu'il s'agit du magnétisme *pour*, mais pas *contre*. Voyez plutôt les mots qui suivent); l'intimité s'établit... (et on met ici des points bienveillants pour aider à la mé-

ditation; puis l'on ajoute); on peut en prévoir les suites.
(Nous, nous avons mieux fait, nous les avons prévenues.)
» Je ne prétends pas que cela arrive souvent ainsi (on ne s'en serait pas douté). Je sais très bien qu'on peut magnétiser impunément des femmes qui ne sont ni jeunes ni jolies, avec lesquelles et pour lesquelles il n'y a rien à craindre. Je dirai même que cela a lieu dans la plupart des cas; mais je veux seulement dire que c'est une occasion de corruption pour les mœurs (et nous l'ôtons, cette occasion), et qu'il est des gens qui doivent succomber à la tentation, etc. Ainsi le magnétisme (mal dirigé) peut être dangereux pour la santé (et le remède, c'est l'étude, la science, la prudence). Il est aussi dangereux pour la morale publique (lorsque ceux qui devraient signaler les véritables inconvénients et enseigner les moyens de les éviter ne font que déclamer sans connaissance de cause). Pour obvier à de pareils inconvénients, le gouvernement devrait en interdire l'exercice avec sévérité, et ne le permettre qu'à des gens qui offriraient toutes les garanties désirables (1) » (conclusion approuvée à l'unanimité (2)

(1) M. Debreyne, *Pensées d'un croyant catholique*, p. 470 et suiv. — Rostan, *Dict. de méd.*, art. *Mag.*, p. 458 ; et *Cours d'hygiène*, p. 445-446.

(2) Au milieu du silence de notre législation, pour favoriser l'exercice consciencieux de la médecine magnétique et somnambulique, et pour prévenir et empêcher son exploitation ignorante et bassement intéressée dans plusieurs, ceux qui s'occupent noblement de magnétisme voient leurs efforts paralysés de tous côtés, tandis que les autres marchent la tête levée. Au milieu de semblables circonstances quel homme, avec un cœur droit, pourra longtemps exercer la médecine magnétique, s'il n'est doué d'une vertu et d'un courage extraordinaires, et s'il n'a par lui-même une position indépendante qui lui permette de conserver le calme si précieux pour tirer tout le bien possible des forces magnétiques dont il est doué ?

Il faut lutter contre le torrent des opinions et surtout des intérêts de la médecine ordinaire, lutter avec le monde et ne se prêter point à sa sotte et vaine curiosité. On a besoin d'avoir un somnambule sur lequel on puisse compter et libre par conséquent d'autres occupations qui l'enchaînent ; et quand on en est arrivé là, que ne fait-on pas pour vous arracher ces sujets! Comment les rendre insensibles à la critique ? Si toutes ces causes mettent

avec souhait qu'on en fasse autant pour la garantie désirable de la moralité des médecins. On pourrait même ajouter des avocats, des notaires, des professeurs de philosophie dans les colléges, etc., etc.).

Ainsi, il est maintenant hors de doute, nous venons de le constater par les faits, qu'il y a progrès parmi les ecclésiastiques et les théologiens sur la question du ma-

le magnétiseur et le somnambule dans un état de trouble, l'un et l'autre guériront-ils souvent? Le magnétiseur aura peu d'action; au lieu d'avoir un ou deux somnambules sur dix personnes malades magnétisées, il n'en aura qu'un sur quinze, et encore sera-t-il peu propre à diriger sa lucidité. Le somnambule sera moins propre aux impressions sympathiques, aux perceptions lucides, verra moins bien pour lui-même, encore moins pour les autres. Lorsque le somnambule sera guéri, si le médecin magnétiseur continue dans l'intérêt des autres malades et sans l'avoir consulté à provoquer le même état, il ne fera rien de bon ni pour les uns ni pour les autres. S'il ne continue pas, il se trouvera sans somnambule bien souvent, car il peut en avoir dans sa pratique qui ne consentent point à se mettre en rapport avec d'autres malades. Sans doute la médecine magnétique seule a de grandes ressources entre les mains de l'homme calme et instruit; mais le somnambulisme en est, dans bien des cas, comme le complément indispensable.

Faute d'avoir réfléchi sur toutes ces causes morales et sociales qui gênent l'exercice de la médecine magnétique, on entendra les adversaires crier qu'elle est impossible, et des magnétiseurs eux-mêmes, découragés de tant d'obstacles, iront peut-être jusqu'à dire que le magnétisme, contrairement à ce qu'ils avaient pensé d'abord, ne fera jamais une doctrine médicale, et à reprocher à la science des inconvénients qui ne sont qu'accidentels, et qui dépendent seulement des circonstances de leur faiblesse morale, de la diminution de leur réaction nerveuse, de leurs forces magnétiques : causes diverses dont le concours les aura rendus de moins en moins actifs et puissants pour le bien.

Pour moi, il me semble que des règlements sages pourront faire disparaître plusieurs de ces obstacles tout sociaux; les progrès que fera alors la science en diminueront beaucoup d'autres; la médecine magnétique pourra être exercée dans les familles par les conseils et sous la direction de médecins magnétiseurs; le respect humain concourra moins avec l'égoïsme à empêcher certains malades d'une position élevée à ne pas vouloir paraître somnambules et à refuser d'utiliser leurs facultés pour d'autres malades traités par leur médecin-magnétiseur. Alors aussi le magnétiseur médecin consciencieux sera moins persécuté, plus content, plus calme et plus puissant. D'autres idées, d'autres habitudes facilitent bien des choses qui, à certaines époques, paraissaient de pures rêveries.

Mais si l'on examine surtout la médecine magnétique pratiquée en grand,

gnétisme et du somnambulisme. Au commencement, avec MM. Fiard, Fustier, Wurtz, etc.., qui ont donné le ton à l'opinion générale, il fallait marcher sur le crucifix, renoncer à Jésus-Christ, faire un pacte explicite avec le démon. Plus tard, avec M. M. de La Marne, etc., le pacte implicite a suffi, surtout pour les honnêtes gens et les chrétiens praticants, comme M. Deleuze, etc. Plus tard dans un hôpital en règle, ordonné d'une manière chrétienne, sous la direction de médecins-magnétiseurs chrétiens, assistés, pour l'application de l'action magnétique, par des personnes spécialement consacrées au calme et à la vertu, par les liens si doux et si puissants de la vie religieuse, et soustraites aux dangers des rapports trop fréquents et trop intimes, en ne remplissant leur ministère principal qu'envers des personnes du même sexe et devant une tierce personne assistante, toutes les difficultés énoncées plus haut disparaissent merveilleusement (*).

Utopiste pour les ennemis du magnétisme, nous paraîtrons aux marchands et fabricants de magnétisme et de somnambulisme sans aveu, sans science et sans mission, aller chercher trop loin les choses et donner dans une trop haute spiritualité.

Comme, dans tout ce que nous avons écrit, nous n'avons pas eu l'intention de servir leur cause, qui est celle de l'intrigue, de la cupidité et de l'irréligion, c'est un devoir pour nous de dire les motifs qui les portent à juger ainsi.

S'il est des médecins et des magnétiseurs instruits et honnêtes, il en est aussi dans les rangs inférieurs qui se croient médecins et magnétiseurs parce qu'ils ont, comme tous les hommes, la faculté magnétique et qu'ils savent plus ou moins bien l'exercer; gens qui ne doutent de rien, qui ne savent ni ne veulent prendre aucune des précautions extérieures et morales capables d'écarter les dangers accidentels qu'on rencontre dans l'exercice du magnétisme; gens qui entrent effrontément dans la lutte et qui ne cherchent qu'à concilier l'influence de la mode et les conséquences pécuniaires qui en découlent; explorateurs imprudents, blâmables, même quand ils ne

(*) Les médecins voudront bien nous pardonner de parler de religieux et des religieuses dans les hôpitaux, surtout depuis l'essai si fructueux fait dans un hôpital modèle, aux cliniques de la Faculté de médecine de Paris, pour substituer aux religieuses chargées du soin des malades, des femmes salariées. 1830 avait voulu par ce progrès couper court au *fanatisme*, à la *superstition*, etc. Maintenant il sait à quoi s'en tenir sur cette belle œuvre, et nous aussi; car nous avons pu établir la comparaison, et elle n'a point été à l'avantage de ces étrangères salariées sémillantes autour des médecins et des élèves, recherchées dans leur mise, vaines dans leurs manières trop libres, et n'ayant et ne pouvant avoir dans le cœur aucun sentiment de charité. Ce que nous affirmons ici, c'est parce que nous l'avons vu. Nous remercions les gens du progrès de nous avoir fait comprendre et toucher au doigt combien la charité est supérieure à l'intérêt, et la religion à la philanthropie.

41*

encore, avec M. Frère, la *jonglerie* et le démon, combinés ensemble, expliquent suffisamment l'*hypothèse;* et enfin aujourd'hui, avec M. Debreyne, etc., la *volupté* et l'*impureté* (renforcées, bien entendu, par le cortége des cinquante causes concurrentes de l'invention de MM. de Montègre, Virey, A. Dupeau, Bouillaud, Dubois d'Amiens) fournissent au physiologiste, au moraliste et au théologien tous les éléments d'une appréciation équitable sur cette

trompent pas, parce qu'ils ne servent qu'à créer dans les hommes du monde des magnétiseurs de salon qui ne savent que jouer et plaisanter avec une arme dangereuse entre leurs mains. Voilà l'œuvre des plus grands héros qui vivent comme ils peuvent en faisant de la propagande à tort et à travers.

Celui-ci, capable de mieux faire, se montra errant à l'aventure au milieu des afflictions d'un concubinage malheureux; celui-là, après plusieurs courses, s'arrête enfin à Paris pour donner des soirées magnétiques et somnambuliques, surtout à deux francs par tête. Traduit devant les tribunaux, il gagne, non à cause de lui, mais à cause de la science mieux connue maintenant, plusieurs procès qu'il exploite en tenant hôtel garni et table d'hôte, suivis de soirées magnétiques, et cela sous le titre pompeux d'*établissement de santé*. Cet autre traîne partout une somnambule qu'il fatigue et qu'il use au milieu de l'enthousiasme des gens du monde et des oppositions d'un préfet. Un autre, bon, grand et gros commis, trouvant que les chemins de fer *ont tué* le roulage, s'est muni d'un somnambule et court donner des séances. Un autre encore, se pose en Deleuze, en philosophe, et renverse dans ses écrits toute philosophie et toute religion; il n'a peut-être pas magnétisé cent malades dans sa vie, et il établit un *traitement des maladies par le magnétisme*, avec médecins, somnambules, Revue magnétique; et traitement, médecins, somnambules, Revue magnétique, n'existent qu'en projet et sur un prospectus.

Ces détails, que je pourrais donner pareils sur certaines célébrités médicales, afin d'empêcher d'abuser de ceux-ci; ces détails qu'il serait facile de rendre plus précis et plus détaillés, s'ils ne suffisaient pas à ceux qu'ils concernent; ces détails, qui coûtent toujours beaucoup à donner, je les devais à l'impartiale vérité, à l'histoire pratique, je ne dis pas du magnétisme, mais de *certains* magnétiseurs; je les devais à ma conscience, qui me reprocherait d'exposer les personnes dont j'aurais contribué à diminuer les préventions contre la science, à les reprendre plus vives et plus fortes après avoir été, par ma faute, victimes de ceux qui font le mal avec la science et malgré la science. Il y aurait trop de faiblesse à taire ces choses qui peuvent avoir de grandes conséquences, ou à les dissimuler en disant, comme le docteur Frapart, sur la même matière : *Que voulez-vous! tout le monde ne peut pas être parfait.*

question si importune du magnétisme humain et du somnambulisme provoqué par la magnétisation.

Il nous reste maintenant, pour terminer, à donner quelques *confirmatur* sur la thèse de la *volupté* et de l'*impureté*, si absolument et si essentiellement attachées à l'exercice du magnétisme, selon M. Debreyne, etc.

M. Tardy de Montravel, *traitement de Mme B...* rapporte que cette dame, après avoir fait des pertes considérables, se trouvait réduite à exercer une profession quelconque pour subsister. Habituée à une vie riche et aisée dans le grand monde, elle était embarrassée du choix. Elle pensa à entrer au théâtre, y fut encouragée par des personnes qui l'assuraient d'avance du succès ; ce fut donc bientôt un projet entièrement et définitivement arrêté. Cependant chaque fois que madame B... était en somnambulisme, elle disait à son magnétiseur : Détournez-moi donc de ce projet, ne voyez-vous pas combien il est peu convenable sous tous les rapports? Sans doute, lui répondait M. Tardy de Montravel ; mais pourquoi le voulez-vous absolument ?— Ce n'est pas moi, c'est elle qui le veut, répliquait la somnambule, parlant d'elle-même comme d'une tierce personne, tant elle se trouvait différente de ce qu'elle était dans l'état de veille, tant elle sentait moins en somnambulisme l'influence puissante de cette loi des membres dont parle l'Apôtre lorsqu'il dit : *Je sens dans les membres de mon corps une autre loi, qui combat contre la loi de mon esprit, et qui me rend captif sous la loi du péché qui est dans les membres de mon corps.* Sur le même sujet il avait dit plus haut : *Je ne fais pas le bien que je veux; mais je fais le mal que je ne veux pas* (1).

J'avoue ne pas voir dans ce fait un résultat trop fâcheux de l'action magnétique, et être peu touché de l'ar-

---

(1) I. Rom. VII, 23, 19.

gument que quelques uns des ecclésiastiques cités ont voulu tirer en faveur de l'intervention certaine du démon, parce que madame B... parlait d'elle-même comme d'une tierce personne. O prévention! que tu es aveugle et puissante!...

M. de Puységur, dans ses *Mémoires*, nous fournit les détails suivants :

« L'empire que l'on acquiert sur les individus suscep-
» tibles d'entrer dans l'état magnétique (somnambulique),
» ne s'exerce absolument (dans l'ordre moral) que dans
» les choses qui concernent leur santé et leur bien-être ;
» passé cela, on peut encore faire usage de son pouvoir
» dans les choses innocentes en elles-mêmes, telles que
» faire marcher, changer de place, danser, chanter, por-
» ter quelque chose d'un endroit à un autre, etc.; enfin,
» tout ce qu'on se promettrait d'exiger d'un être quel-
» conque dans l'état naturel; mais il est des bornes où le
» pouvoir cesse, et je pourrais presque assurer que ces
» bornes seront toujours pressenties par les magnéti-
» seurs.

» Vielet, qui, dans l'état magnétique (somnambulique),
» avait presque toujours la plume à la main pour écrire
» des ordonnances ou bien des observations sur son état;
» Vielet, dis-je, étant un jour dans l'état de somnambulisme
» complet, je lui demandai si je ne serais pas le maître
» de lui faire faire un blanc-seing que je remplirais à ma
» volonté.

» — Oui, monsieur, me répondit-il.

» Eh bien, je pourrais donc vous faire faire la donation
» de tout votre bien sans que vous en sussiez rien ?

» — Cela ne serait pas possible, monsieur, parce qu'a-
» vant de signer je saurais votre intention, et ma signa-
» ture alors ne ressemblerait sûrement pas à celle que je
» fais ordinairement. — Mais enfin, lui dis je, dès que ce
» serait votre nom, cela suffirait.

» — En ce cas, si cela devait suffire, *vous ne l'auriez
» pas.*

» Étonné de ce ton affirmatif, je continuai : Mais enfin,
» si je voulais absolument votre signature, il faudrait bien
» que vous me la donnassiez, puisque j'ai un empire ab-
» solu sur vous.

» — Vous ne l'avez que jusqu'à un certain point : si
» vous pouviez exiger de moi une chose pareille, vous me
» feriez beaucoup de mal, et *je m'éveillerais* (1).

» Je questionnai un jour, dit M. de Puységur (2), une
» femme nommée Geneviève, sur l'étendue de l'empire que
» je pouvais exercer sur elle; je venais (sans même lui
» parler) de la forcer, par plaisanterie, de me donner des
» coups avec un chasse-mouche qu'elle tenait à la main.
» Eh bien, lui dis-je, puisque vous êtes obligée de me
» battre, moi qui vous fais du bien, il y a à parier que, si je
» le voulais absolument, je pourrais de même faire de vous
» tout ce que je voudrais : *vous faire déshabiller*, par
» exemple.

» Non pas, monsieur, me dit-elle; il n'en serait pas de
» même : ce que je viens de faire ne me paraissait pas bien;
» j'y ai résisté longtemps; mais comme c'était un badinage,
» à la fin j'ai cédé, puisque vous le vouliez absolument;
» mais quant à ce que vous venez de me dire, jamais vous
» ne pourriez me forcer de quitter mes habillements. Mes
» souliers, mon bonnet, tant qu'il vous plaira; mais passé
» cela, vous n'obtiendriez rien (3).

(1) Puységur, *Mémoires*, pag. 168-170.
(2) Puységur, *Mémoires*, p. 168 et suiv.
(3) Cette facilité de résistance peut être augmentée encore si la personne magnétisée prend soin auparavant de diriger son *intention*, de se renouveler dans la volonté de s'opposer au mal. Il se passe là quelque chose de tout simple et de tout naturel (sans parler d'une direction d'intention d'un ordre plus élevé qui peut servir beaucoup), l'*homme* ainsi prend une attitude de défense, se dispose et s'excite au combat ; l'âme opère en union du corps, voilà le secret.

» Une fille nommée Catherine Montenecourt était pré
» sente à cette conversation; et tout en riant, se permettait
» de plaisanter et de dire que, dans l'état de Geneviève,
» on pourrait pousser les choses *aussi loin qu'on le vou*
» *drait*, et qu'elle n'était nullement persuadée de tout ce
» que cette femme venait de dire.

» J'eus occasion de mettre une demi-heure après cette
» même fille dans l'état magnétique (somnambulique), et
» aussitôt qu'elle y fut, je lui fis les mêmes questions qu'à
» Geneviève : *les réponses furent absolument les mêmes.*

» Je lui rappelai ce qu'elle venait de me dire dans l'état
» naturel. — Eh bien, me répondit-elle, *je ne vois pas de*
» *même à présent*. Mais enfin, lui dis-je, si je voulais ab
» lument vous faire ôter vos habillements, qu'en résulte
» rait-il?

» — *Je me réveillerais*, monsieur, cela produirait chez
» moi *le même effet que le coup que je me suis donné dans*
» *le côté il y a quelques jours, et j'en serais bien malade!* »

M. Deleuze écrivait en 1819 (1) : « On a craint que le
» somnambulisme n'exposât à commettre des indiscré
» tions : cela est impossible. Le somnambule est très
» éclairé sur ses devoirs et sur ses intérêts, et il ne fera ni
» ne dira jamais rien qui y soit contraire. S'il montre à
» son magnétiseur plus de confiance qu'il ne l'aura fait
» dans l'état de veille, c'est que sa pénétration lui donne
» la certitude que cette confiance est bien placée (2). »

Le même auteur (*Hist. crit.*, t. Ier, p. 216) s'exprime
ainsi :

---

(1) *Histoire critique*, t. I, p. 226. 2e édit.

(2) C'est pour cela qu'un somnambule me dit un jour : « Je vais vous confier un secret : ne croyez pas que je ne sois pas libre et que c'est l'état où je suis qui me fait parler ; non : seulement il me permet de voir clairement que vous êtes naturellement discret et qu'il n'y a rien à craindre pour moi. » Une somnambule interrogée par moi, et pressée plusieurs fois de me dire le sujet de sa tristesse, sujet que d'ailleurs je connaissais bien, ne céda jamais le moindrement du monde à mes instances réitérées.

« Un homme qui sait que la pratique du magnétisme
» est un ministère sacré, sera toujours en garde contre
» tout ce qui pourrait éveiller chez lui tout autre senti-
» ment que le désir de guérir ou de soulager un être qui
» souffre...(1) Une mère ne laissera pas magnétiser sa fille
» par un jeune homme, quand elle aurait de ses mœurs et
» de sa délicatesse la plus haute opinion (il est bon de se
» rappeler que M. Deleuze avait en vue la magnétisation
» par les attouchements, le contact, méthode exclue par
» nous de concert avec les auteurs et les praticiens moder-
» nes les plus éclairés). Une jeune femme ne voudra pas,
» non plus, être magnétisée par un homme de trente ans,
» à moins que ce ne soit toujours en présence de son mari. »

M. le docteur Foissac (*Rapports*, etc., p. 390) nous offre les détails suivants :

« Je n'ai jamais aperçu de différence entre les ma-
» lades que j'ai eu le bonheur de guérir par la médecine
» ou le magnétisme. Le sentiment de gratitude et d'af-
» fection envers celui qui nous a rendu la santé est trop
» naturel pour que l'on puisse blâmer le malade qui s'y
» livre (modérément), et ce serait montrer peu de connais-
» sance du cœur humain que de croire qu'il pût devenir
» trop commun. Si l'on a vu des femmes somnambules
» aimer leur magnétiseur, je suis convaincu que les con-
» ditions de cet attachement existaient avant l'emploi du
» magnétisme; qu'elles étaient inhérentes à l'organisation
» des individus (toujours libres cependant d'y résister),
» et qu'elles établissaient entre eux une sympathie natu-
» relle qui n'attendait, pour se développer, que le com-
» merce habituel de la vie. »

M. Deleuze, vers les dernières années de sa vie, écrivait à M. le Dr Billot (2) : « M. le docteur Chapelain, notre

---

(1) Un magnétiseur consciencieux devrait, même au prix de la santé et de la vie de la malade, abandonner un traitement qui serait pour l'un ou pour l'autre une occasion prochaine de péché.

(2) Voy. l'ouvrage du docteur Billot (déjà cité), 2e vol. p. 34.

excellent magnétiseur, rencontra dans la rue une jeune personne qui avait été heurtée et se trouvait mal; il lui offre de la reconduire chez elle. Il lui donne le bras, arrive avec elle dans la chambre, et la magnétise.

» La jeune personne entre de suite en somnambulisme : alors elle gémit sur sa position et sur l'infamie de son métier (fille publique); elle veut quitter ce genre de vie qui lui fait horreur, et aller en province se jeter aux pieds de ses parents, pour obtenir son pardon et vivre du travail de ses mains. Elle prie M. Chapelain de la fortifier dans cette bonne résolution. Celui-ci emploie toute sa volonté; il réveille ensuite la jeune fille et s'en va.

» Le lendemain, la pécheresse est allée chez lui, sans savoir ni son nom ni sa demeure, guidée seulement par l'instinct (le corps humain uni à une âme spirituelle, immortelle, n'aurait-il donc pas son instinct sublime?...); elle a remercié son bienfaiteur, et lui a dit qu'elle venait d'arrêter sa place dans une voiture pour partir le lendemain et se rendre chez ses parents. En effet, après des informations sûres, M. Chapelain a su qu'elle était partie le jour désigné. Il y a là deux faits merveilleux : l'horreur que la malheureuse fille prend pour son genre de vie sitôt qu'elle entre en somnambulisme, et sa visite à son médecin, dont elle ne sait ni le nom ni la demeure.

» Un homme téméraire peut *tout oser*, dit-on. En réponse à cette assertion, écrit M. le docteur Billot, je citerai l'expérience que voulut tenter un de mes intimes amis, dans l'intention seulement, me dit-il, de savoir si cette accusation était fondée. Voici quel en fut le résultat : « Ma somnambule, dit l'expérimentateur, dormait du sommeil le plus profond. Elle ne donnait aucun signe de sensibilité, lorsque je la pinçai fortement sur les bras; le moment parut donc très favorable pour tenter l'expérience. Mais je fus bientôt désappointé; car, à peine avais-je entr'ouvert le tissu qui voilait son sein que, s'éveillant en sursaut, elle s'écria : *Je suis trahie!* — Qu'avez-vous donc ? lui dis-je ; qui vous a sitôt éveillée ? — Je n'en sais rien, répondit-elle ; mais je n'ai plus de sommeil. » — Inutilement l'expérimentateur voulut-il l'endormir encore, son influence n'opéra plus rien sur elle ; celle-ci perdit pour toujours la lucidité, et le magnétiseur sa somnambule.

» Avis aux téméraires, et belle leçon pour les expérimentateurs !... »

« Le docteur Chapelain, écrit M. Deleuze à M. le docteur Billot (corresp. citée, t. I, p. 144), magnétise une dame malade depuis dix ans ; il la rend somnambule. Pendant trois jours il l'engage à découvrir la cause de son mal ; il ne peut rien obtenir. Elle dit seulement qu'elle a des chagrins. Enfin, le cinquième jour, elle fond en larmes, et lui dit qu'elle a une passion à laquelle elle a toujours résisté, parce que ses principes et sa délicatesse s'opposent à ce qu'elle puisse s'y livrer, et que les efforts qu'elle a toujours faits pour vaincre un sentiment qu'elle désaprouve ont détruit sa santé. « Je vous ai donné ma confiance. dit-elle, parce que vous la méritez ; vous réussirez à me guérir, parce que vous le voulez. »

» M. Chapelain employa toute sa volonté à changer des pensées importunes. Trois jours après, la malade a été très étonnée de se trouver dans un état de calme et de gaieté lorsqu'elle sortait de l'état de somnambulisme ; et quelques jours plus tard, elle ne s'est plus occupée de ce qui l'inquiétait. Elle a joui d'une tranquillité parfaite et a recouvré la santé. »

« Le 15 septembre 1818, écrit M. le docteur Billot (ouvrage cité, t. I, p. 240), me trouvant à Marseille pour quelques affaires, le directeur de notre société, M. R***, qui s'y trouvait aussi, me fit aboucher avec une jeune somnambule.

» Fanny *** avait environ dix-sept à dix-huit ans. Elle

était ouvrière en soie. Il paraît, par l'aveu qu'elle va faire, qu'elle avait des liaisons suspectes avec quelqu'un de l'atelier où elle travaillait. Fanny ayant été influencée par M. R***, fut dans quelques minutes dans l'état magnétique lucide. Elle répondit très pertinemment à toutes les questions que nous lui adressâmes. Mais en terminant la séance, elle nous dit ces paroles remarquables : « A l'avenir, messieurs, je ne dois donner aucune consultation *gratis*, à moins que ce ne soit pour des indigents. »

» Prenant alors la parole, je lui dis : Mademoiselle Fanny, qui vous fait tenir ce langage ? Vous êtes mal inspirée; il paraît que c'est un ange de ténèbres qui vous fait parler ainsi, car ce que vous recevez *gratis*, il faut le donner *gratis*. — Vous vous trompez, monsieur, répond Fanny : ce n'est point un ange de ténèbres, mais bien mieux, mon bon ange, qui m'inspire, et qui dit que je dois être payée. — Pourquoi? lui dis-je. — C'est afin, reprit-elle, que le salaire que je recevrai serve à me faire sortir du vice où m'a plongée et me retient la misère ; car avec vous, messieurs, je ne puis et ne dois avoir aucun secret, parce que c'est par vous que je reçois la faculté dont je jouis. — A votre réveil, faut-il vous instruire de cela ? — Oui.

» Fanny est éveillée; elle ne se rappelle rien. Nous lui disons qu'à l'avenir, lorsqu'elle donnera quelque consultation pour des maladies, elle sera payée. — Comme vous voudrez, répondit-elle. — Mais c'est vous, mademoiselle, qui l'avez demandé; ne savez-vous pas pourquoi ? — Non, messieurs. — Eh bien, c'est, avez-vous dit, afin que cet argent serve à vous faire sortir du vice où vous a plongée et où vous retient la misère. Ce sont là vos propres expressions, que vous nous avez recommandé de vous répéter à votre réveil. La pauvre fille rougit et baissa les yeux sans dire mot. »

Nous terminerons ce paragraphe par la citation suivante,

tirée de la correspondance de M. Deleuze avec M. le docteur Billot (1).

« Les phénomènes du somnambulisme prouvent évi-
» demment qu'il y a dans l'âme humaine des facultés la-
» tentes qui se développent, dans cet état, sans le secours
» des organes (non sans celui du fluide magnétique hu-
» main) dont nous faisons usage dans l'état de veille; mais
» il ne s'ensuit pas que les nouvelles connaissances que
» montrent les somnambules soient dues à des communi-
» cations avec d'autres intelligences.

» Dans l'état de somnambulisme, il arrive souvent que
» plusieurs facultés s'exaltent, la mémoire rappelle des
» idées ou des faits entièrement oubliés, l'imagination
» s'ouvre un chemin immense, les rapports des objets
» sont rapidement aperçus, la prévision se montre, les
» effets sont devinés par la vue des causes, la pensée se
» communique (d'une manière limitée, inconstante) sans
» le secours des organes (mais non pas du fluide qu'ils
» élaborent) et sans signe extérieur. Mais je ne crois pas
» qu'il se montre ni qu'on remarque aucune connaissance,
» aucune opinion dont ni le magnétiseur ni le magnétisé
» n'auraient déjà le germe. Ainsi je suis convaincu que si
» l'on magnétisait, à Constantinople, les femmes du sé-
» rail, on aurait de très bonnes somnambules; mais au-
» cune d'elles ne parlerait du christianisme, à moins
» que le magnétiseur ne fût chrétien.

» Ce que le magnétisme, ai-je dit, paraît démontrer
» rigoureusement, c'est la spiritualité de l'âme, et par
» suite son existence après la mort, c'est-à-dire l'immor-
» talité. C'est encore que, dans l'extase et le somnambu-
» lisme, elle peut acquérir des connaissances et découvrir
» beaucoup de vérités sans le secours des organes dont
» elle se sert dans l'état ordinaire (mais non pas sans le

(1) Voy. t. II, p. 20, 21 et suiv.

» secours du fluide vital). C'est enfin que les âmes, sé-
» parées du corps, peuvent, dans certains cas, se mettre
» en rapport avec les êtres vivants, et leur communiquer
» leurs sentiments et leurs pensées ; du moins, la possibi-
» lité de cette communication est infiniment probable.
» L'étude des phénomènes du somnambulisme est, sous ce
» rapport, plus important et plus utile que sous celui de
» la guérison des malades.

» J'ai connu une demoiselle de beaucoup d'esprit et du
» plus grand mérite sous tous les rapports, mais qui ne
» croyait nullement à la religion : elle fut malade, je la
» magnétisai et la rendis somnambule. Dans cet état, elle
» me dit d'écrire, et elle me dicta des réflexions admirables
» sur la vérité et la nécessité de la religion. Elle y joignit
» un règlement de vie à son usage, et lorsqu'elle eut fini
» sa dictée, elle me dit : Placez ce papier dans mon bu-
» reau, où je le trouverai à mon réveil ; mais qu'il ne vous
» arrive jamais de m'en parler quand je serai éveillée. Quel-
» ques jours après, elle alla s'adresser à un prêtre qui lui fit
» remplir ses devoirs religieux, et sa conduite fut celle d'une
» sainte. J'étais alors imbu de la philosophie du XVIIIe siècle,
» elle entreprit de me convertir, et les discours qu'elle
» m'adressa tous les jours pendant son sommeil magnétique
» (somnambulique) sont ce qu'en ma vie j'ai entendu de
» plus éloquent et de plus touchant. Ses intentions furent
» remplies, et ce fut elle qui me ramena à la foi catho-
» lique, à laquelle je me suis rattaché. Cette demoiselle
» est morte ; je n'oublierai jamais les obligations que je lui
» ai. C'était un être céleste, elle se sentait inspirée ; mais
» elle ne se croyait pas en relation avec les anges (c'est
» pour répondre au système de M. Billot que M. Deleuze
» croit devoir ajouter cette remarque). J'ai plusieurs
» exemples de personnes ramenées à la religion par l'ob-
» servation des phénomènes du magnétisme, et de ce
» nombre je puis citer les trois messieurs de Puységur. »

Les faits que je viens de rapporter, sans les entremêler d'aucune reflexion, parce qu'ils parlent assez éloquemment eux-mêmes, méritent bien sans doute quelque attention de la part de ceux qui, jusqu'à présent, ont fait du magnétisme *à priori* et ont exagéré ses inconvénients et ses dangers. Ils m'adresseront peut-être le reproche de voir tout en beau dans le magnétisme et dans le somnambulisme; mais c'est qu'ils n'auront point fait attention à ce que j'ai dit en divers endroits, et aux conditions d'expérimentation que j'ai posées pour prévenir les abus d'une science qui reçoit sa valeur morale de la libre détermination de la volonté humaine, de ses rapports plus ou moins intimes avec la rectitude naturellement intimée à la raison, à la conscience, et de sa soumission plus ou moins parfaite à celui qui est la voie, la vérité et la vie.

APPENDICE [1].

PHYSIOLOGIE PSYCHOLOGIQUE,

OU

QUELQUES MOTS SUR LE MAGNÉTISME HUMAIN

ET LE

SOMNAMBULISME ARTIFICIEL.

Union hypostatique de l'âme et du corps.

Considéré seulement dans ses rapports avec la question présente, l'homme est un esprit uni à un corps par l'intermédiaire de la vie, en unité de personne.

Le fluide nerveux a besoin de l'influx de l'âme pour animer le corps de l'homme, de l'influence des corps extérieurs pour transmettre les sensations.

La vie est ce médiateur plastique (non dans le sens des modernes), susceptible de recevoir et de communiquer les modifications extérieures ou sensibles pour les transmettre à l'âme qui perçoit. Elle est aussi ce médiateur plastique susceptible de recevoir et de communiquer les modifications intérieures ou spirituelles pour les transmettre au corps qui obéit. L'âme n'en est pas moins le premier principe de la vie, la forme substantielle du corps.

La vie n'est ni un esprit, ni une matière grossière, ni une substance intermédiaire que nous ne concevrions pas : c'est un fluide matériel subtil, etc.

La vie n'est, absolument parlant, ni esprit ni *matière grossière;* c'est un esprit matériel, une matière assez subtile et d'une nature telle qu'elle

---

[1] Ce qu'on va lire peut servir de *compendium* et de *conclusion* à tout ce qui a été dit précédemment, bien qu'il ait été fait dans un tout autre but. En effet, prié par M. l'abbé Frère de lui dire ce que nous pensions de son ouvrage sur le magnétisme, nous avons écrit ce petit travail, et le lui avons remis entre les mains (juin 1858), comme une réponse et une réfutation. En nous le rendant, il nous a dit avec franchise : *J'avoue que je n'ai jamais vu le magnétisme exposé sous ce point de vue.* Nous engageâmes donc M. Frère à réviser la cause; nous lui prêtâmes plusieurs ouvrages sur le magnétisme; et après *six* ou *huit* mois, il nous les rendit *sans avoir eu le temps* d'en lire *un seul.* C'est qu'on renonce aussi difficilement aux habitudes de l'esprit qu'à celles du cœur, et qu'il faut souvent un héroïsme égal pour s'armer contre certains préjugés et pour oser combattre une passion violente!...

peut recevoir des modifications de natures opposées, les conserver et les transmettre de la circonférence au centre intellectuel, c'est-à-dire au cerveau avec lequel l'âme a une union spéciale, et du centre à la circonférence matérielle. Elle préside donc aux sensations qui ne s'exercent que par son ministère et préside aussi aux mouvements volontaires.

Dans le premier cas, la vie a reçu les modifications de la matière et est *matérialisée*, si l'on peut dire ainsi, pour exprimer la même idée par un seul mot; dans le second, elle a reçu les modifications de l'âme et peut être dite alors *spiritualisée*, pour exprimer pareillement, non pas un changement de nature, mais seulement une modification.

Mais quelle est la nature de la vie organique, et par quelles preuves démontre-t-on son existence?

La vie a reçu différents noms.

Commençons d'abord par reproduire quelques noms qui lui ont été successivement assignés. Vie, principe de vie, principe vital, feu principe, fluide vital, fluide nerveux, fluide électro-nerveux, fluide magnétique, fluide électro-magnétique, magnétisme animal, électricité animale, archée, esprit de vie, esprits animaux, âme sensitive, principe universel spécialisé dans l'homme, principe de la sensibilité, de l'irritabilité, médiateur plastique, etc., etc, etc. (1).

La manière dont nous considérons ici la vie n'est pas nouvelle. Elle a été admise et par des auteurs spiritualistes et par des auteurs matérialistes. Les sciences naturelles jettent du jour sur sa nature.

Toute cette synonymie indique assez clairement que la vie a été admise par un grand nombre d'auteurs comme un être, et non pas comme une abstraction; qu'elle peut se distinguer et s'isoler des fonctions vitales, bien qu'elle n'en soit pourtant qu'un résultat; qu'il est possible de la définir autrement que ne le firent Richerand, Bichat, M. Magendie, etc., etc., d'une manière vague et générale. Van-Helmont, Paracelse, Wirdig, Goclénius, Stahl, Cabanis et Kircher, tous les médecins du xve et du xvie siècle, la regardaient comme un principe subtil et délié analogue au calorique, à la lumière, au magnétisme, et distinct de l'âme et de *la matière grossière*, comme nos sens nous la représentent ordinairement.

Le corps de l'homme a aussi la vie minérale.

La chimie moderne a reconnu et prouvé que les attractions électriques doivent être substituées aux affinités; que l'électricité joue un très grand rôle dans toutes les opérations chimiques, et des expériences multipliées autorisent à formuler ce principe; toute opération chimique, agrégation ou

---

(1) Il est bon de remarquer ici que tous les mots employés pour désigner les choses de l'ordre spirituel sont pris de l'ordre matériel. V. G. *Spiritus*, etc.

ségrégation, composition ou décomposition, est accompagnée d'un développement d'électricité; nulle opération chimique ne se fait sans qu'il ait lieu; dès que deux substances de différente nature sont en contact, il y a production d'électricité; le changement de température d'un corps suffit pour le rendre électrique. Les expériences galvaniques et thermo-électriques prouvent tout cela de la manière la plus positive, etc., etc., etc.

Voilà donc déjà le règne minéral soumis aux lois électriques, et la vie organique elle-même ne peut point y être étrangère, comme il est dit plus bas.

Le corps de l'homme a aussi la vie végétale.

L'expérience a prouvé encore d'une manière irrécusable que les phénomènes de la germination, de la végétation, etc., étaient accompagnés d'un développement assez considérable d'électricité. Cette électricité a été recueillie et manifestée par des instruments sensibles. En réfléchissant sur les principes posés plus haut pour le règne minéral, et sur la nature des développements des germes dans le sein de la terre, de la physiologie végétale enfin, qui se compose tout entière de phénomènes chimiques, tels que la germination, l'absorption, etc., etc., on comprend qu'il doit y avoir nécessairement une électricité végétale, une vie végétale, comme nous avons reconnu une vie minérale, une électricité minérale, etc., etc., etc.

Le corps de l'homme a aussi la vie animale.

Passant de suite aux animaux et les considérant comme l'assemblage de matières de différentes natures, à différents états; l'exercice de leur vie (laissant de côté la nature de leur volonté) comme une succession d'opérations chimiques, il est impossible de ne pas admettre une électricité animale, où tous les principes posés plus haut sont alors renversés de fond en comble. Ce n'est point ici le lieu d'entrer dans des détails physiologiques sur les différentes fonctions de l'organisme; elles se réduisent toutes à une agrégation ou à une ségrégation, à une absorption ou à une exhalation, à une assimilation ou à une excrétion, etc., etc. Nous pourrions aussi prouver, selon la physiologie moderne, que dans l'acte de la respiration, par exemple, il y a développement d'électricité, et surtout qu'il y a absorption d'électricité puisque l'air en contient sans cesse plus ou moins en suspension, et de même pour les fonctions de la peau, etc., etc.

Électricité animale.

Par cela seul que l'organisation animale est composée de différentes substances mises en contact, se renouvelant sans cesse et donnant lieu sans cesse à des opérations chimiques, il doit y avoir production d'électricité; il doit donc y avoir aussi une électricité animale.

Elle est transmise à distance sans contact en tel ou tel sens.

Mais la torpille, le gymnote électrique, l'anguille de Surinam, etc. sécrètent de l'électricité et ont la faculté de la diriger dans tel ou tel sens, selon leur volonté. Ils s'en servent pour se défendre, et font éprouver des commotions violentes à l'animal qui vient se désaltérer, à l'homme qui veut les saisir ; et cette commotion est donnée soit directement quand on saisit ces poissons, soit par l'intermédiaire d'un bâton avec lequel on les touche, soit à distance et à travers l'eau dans laquelle les pieds sont plongés, et l'eau lui sert de conducteur sans s'opposer à ce qu'elle suive telle ou telle direction, suivant la volonté de l'animal et son besoin. Le cerveau de ces animaux est le foyer de l'électricité dont ils disposent ; des expériences réitérées l'ont prouvé invinciblement : on a chargé des bouteilles de Leyde, comme on le fait avec une machine électrique, on a donné des commotions violentes et fait briller des étincelles, etc., etc. Voy. Humboldt, etc., etc., etc.

Il y a dans l'homme toutes les conditions nécessaires pour que son corps développe abondamment les fluides électriques, galvaniques, etc.

Si nous arrivons à l'homme et si nous le considérons par le côté où il tient au règne animal, nous verrons facilement que les principes posés plus haut lui sont entièrement applicables, puisque son organisation est une réunion de matières de différentes natures, à différents états de solidité, de fluidité, de température, etc., etc. Ici des acides, là des alcalis, des sels, etc., etc. Et si nous considérons les fonctions, comme nous l'avons fait plus haut pour les animaux, comme une série d'opérations chimiques qui ont lieu dans son propre organisme, soit par la présence de matériaux divers déjà en contact, soit par l'introduction fréquente de gaz, de solides, de liquides, de végétaux, d'animaux qui, doués d'électricité, ne peuvent se combiner avec son organisme et s'y assimiler que par l'agrégation de certains principes et par la ségrégation de certains autres, nous reconnaîtrons encore là toutes les circonstances favorables et indispensables pour le développement de phénomènes électriques : ainsi la calorification, la respiration, l'absorption cutanée, la perspiration, la digestion, etc., etc., etc.

Structure, organisation du cerveau.

Si nous examinons surtout le cerveau de l'homme, nous le voyons formé par l'assemblage de deux substances différentes, la blanche et la grise. Si nous examinons le système nerveux, si nous étudions sa structure, ses fonctions, si nous examinons la conductibilité électrique des cordons nerveux, nous voyons qu'ils sont d'excellents conducteurs de l'électricité, du galvanisme ; et nous remarquons, au contraire, que leur enveloppe est isolante, et ne conduit pas par conséquent les fluides électriques, galvaniques.

D'où viennent ces rapports entre les nerfs et les conducteurs que nous employons pour les expériences électriques, galvaniques, magnétiques ? Ne formons-nous pas ces conducteurs d'une substance conductrice (un métal, etc.) et d'une substance isolante (la soie, la résine, etc.) ? Pourquoi ces rapports ? Sont-ils dus au hasard ?

Le cerveau est un appareil, un réservoir électrique ; les cordons nerveux, des conducteurs parfaits

Logiquement, nous pouvons donc déjà pressentir quelque chose sur les fonctions du système nerveux ; et ces faits, qui ne prouveraient rien s'ils étaient isolés, sont cependant d'une très grande importance quand on les joint à une foule d'autres que nous omettons ici.

Physiologie comparée.

L'organisation de l'homme et des animaux est pourvue d'un grand nombre de cordons et de filets nerveux qui se ramifient à l'infini, pour ainsi dire. Des expériences multipliées ont prouvé que de l'intégrité de leurs fonctions résultaient la sensibilité, la contractilité, etc.

Tous les physiologistes et tous les philosophes un peu intelligents étaient arrivés, par l'observation et la juste appréciation des faits, à regarder la vie, subtile par sa nature, comme devant présider à la sensibilité et à la contractilité. La démonstration de cette vérité n'a pas été difficile à donner ; la ligature de cordons nerveux démontrait bien que la vie était subtile, mais il était réservé à des expériences directes de confirmer ce que bien d'autres déjà avaient admis, l'analogie de la vie et de l'électricité.

Analogie du fluide vital, de l'électricité, du galvanisme, etc.

L'action galvanique fait contracter les muscles d'un animal vivant et d'un animal quelque temps après sa mort. On a mis ainsi en mouvement tous les muscles d'un cadavre ; l'électricité a produit les mêmes effets que la vie même produit, donc il y a analogie. Les mouvements volontaires se font sous l'influence de la vie ; les mouvements organiques et les fonctions dites vitales ne se feraient pas sans elle. Par exemple, dans la digestion, il y a influx de la vie, du principe vital, du cerveau à l'estomac par le nerf pneumo-gastrique (1). Après l'ingestion d'aliments dans l'estomac d'un animal, la digestion a commencé ; l'animal étant ouvert, on a pu voir l'exercice de cette fonction continuer encore parfaitement, se suspendre et s'arrêter enfin complétement après une section faite au nerf pneumo-gastrique, puis recommencer de nouveau quand on rapprochait les deux extrémités du nerf coupé, ou quand, laissant une distance entre elles, on les mettait en communication par l'intermédiaire d'un fil métallique, et la digestion se faisait alors très bien. Un morceau de verre n'était pas propre à établir la communication. La conclusion à tirer de ces expériences est nécessairement conforme à ce que nous avons dit plus haut sur l'analogie de la vie et de l'électricité, etc., etc.

Ces expériences ont été faites récemment par MM. Prévost et Dumas, etc., et une foule de faits et de témoignages imposants les confirment de la manière la plus positive. Des tumeurs enflammées ont fourni de l'électricité,

---

(1) Dans la digestion, le fluide vital diminue dans le cerveau pour se porter vers l'estomac : c'est la cause du sommeil après le repas.

appréciable à l'électromètre. Le docteur Condret en fit l'expérience à l'Hôtel-Dieu.

Le cerveau foyer de vie.

Le cerveau est le foyer où le condensateur de l'électricité animale, les cordons nerveux en sont les conducteurs.

L'âme agit sur le corps par l'intermédiaire du fluide vital pour les mouvements volontaires.

L'âme, quand elle veut mouvoir un de ses membres, envoie un principe subtil dans les muscles qui s'y rendent ; elle l'envoie de telle ou telle façon, dans telle ou telle proportion, suivant le mouvement qu'elle veut produire, son énergie, sa durée, etc. S'il fallait entrer plus avant dans cette action mystérieuse, nous aurions encore bien des choses à dire, mais il nous en resterait toujours plus à admirer ; car comment l'âme agit-elle sur un fluide matériel ? Quelque subtil qu'il soit, la distance est immense.

Les corps extérieurs agissent sur l'âme par l'intermédiaire du fluide vital.

Les corps extérieurs, en s'adressant aux filets nerveux qui président à la sensibilité, se servent du même principe subtil, le modifient : la modification se propage jusqu'au cerveau, et l'âme perçoit, connaît, juge, etc., etc., etc.

Voilà donc encore la vie dans le règne animal et dans *le règne homme*, qui mérite bien d'être mis à part.

Nous avons dit plus haut que l'homme avait la vie minérale, végétale, animale. Ici nous disons qu'il a une vie qui lui est propre, la vie humaine, résultat de l'influence de l'âme sur le fluide vital ; plus une vie morale, spirituelle, sans rien toucher ici de la vie surnaturelle distincte encore.

Ici, en raison de la supériorité de l'homme sur les minéraux, les végétaux, les animaux, nous devons trouver une supériorité immense de l'électricité humaine sur celle de tous les autres règnes, dans ses modifications possibles, naturelles et surnaturelles (1).

Enfin, nous avons dans l'homme le principe spirituel, l'âme image de son créateur, qui agit sur l'électricité humaine, la dirige et la modifie à son

(1) L'homme, ce petit monde, (sanè intelligendo) résume en lui, par une unité vitale supérieure, et la vie minérale, et la vie végétale, et la vie animale. Vers l'homme, comme vers leur centre et leur roi délégué de Dieu, gravitent les vies inférieures des trois règnes. En l'homme et par l'homme, qui se les assimile par la nutrition, elles s'élèvent et s'ennoblissent, s'approchent de son âme unie si intimement à son corps, et réclament comme un certain partage de toutes les brillantes prérogatives accordées à *l'homme*, qui peut maintenant et doit prétendre à la vie surnaturelle et divine, s'il ne veut pas être le plus ingrat, le plus insensé et le plus criminel de tous les êtres : c'est la pensée de Bourdaloue.

Pour acquérir la vie surnaturelle et divine ; pour aller à Dieu et y conduire à leur ma-

gré, ou pour mieux dire suivant la permission de Dieu et dans les limites qu'il lui a plu de fixer. Toujours est-il que dans un grand nombre de cas, l'exaltation par exemple, ou dans l'usage raisonné et combiné de la volonté, *la vie spiritualisée* pourra produire des effets extraordinaires, mais naturels pourtant, soit au-dedans de nous, soit au-dehors de nous.

nière les créatures dont il a l'usage ; pour accomplir son rôle de médiateur, l'homme s'unit à l'homme-Dieu, au divin médiateur, surtout par le baptême, la sainte Eucharistie. (Cette doctrine n'est pas du goût de M. Idjiez. Cet auteur, dans un galimatias aussi absurde sous le point de vue religieux, après nous avoir dit que « *le magnétisme c'est le blanc et le noir, la matière et le mouvement,* » ajoute encore : « *le magnétisme c'est Dieu, l'Eucharistie c'est le fluide vital* impané. Voyez, ou plutôt ne voyez pas le triste chaos belge intitulé : *Dissertation historique et scientifique sur la Trinité égyptienne*, etc.)

 « Encore que le saint-sacrement ait été institué pour être la nourriture de l'âme, et
» que ce soit dans l'esprit où *premièrement* et principalement il produit ses effets salu-
» taires, il est toutefois assuré, par l'opinion constante des saints Pères et des docteurs,
» qu'il les étend jusqu'au corps et lui fait sentir sa vertu et sa force. Saint Cyrille de
» Jérusalem (*Catech.*, 4) dit que le saint-sacrement rend l'âme et le corps saints. Saint
» Bernard tient ce langage à ses religieux (*Serm. de Cœna Domini*) : Si quelqu'un d'entre
» nous ne se sent point maintenant attaqué ni si souvent ni si vivement des mouvements
» de la colère, de l'envie, de la luxure et des autres vices, qu'il en rende grâce *au corps*
» *et au sang* de Notre-Seigneur ; car c'est de lui qu'il reçoit ses biens, la vertu de son sa-
» crement opérant en lui ses effets. Le prophète Zacharie l'a prédit avec ces mystérieuses
» paroles que l'on entend de la sainte Eucharistie : Qu'est-ce que Dieu a de bon et de beau ?
» Quel est son trésor le plus précieux, sinon le froment des élus et le vin qui engendre les
» vierges ? Il appelle le saint-sacrement vin qui engendre les vierges, pour signifier qu'il
» rend les âmes et les corps purs. De sorte qu'où le vin qui vient de la vigne est boute-feu
» de la luxure, comme dit saint Paul (*Ephes* , 5 , 18), et allume la concupiscence dans la
» chair, celui-ci l'éteint, purifie les sens, et répand sur tous les membres du juste des
» rayons de sainteté et de chasteté.

 » Et à vrai dire, si le seul attouchement de la robe de Notre Seigneur guérit la femme
» malade et arrêta son flux de sang qui coulait depuis douze ans sans y avoir pu trouver
» aucun remède ; et, pour dire moins, si les ceintures de saint Paul et la seule ombre de
» saint Pierre avaient la force de faire des cures miraculeuses, et remettre les corps in-
» firmes en parfaite santé : et pour descendre encore plus bas au pouvoir de la nature,
» si certaines herbes et certains médicaments peuvent beaucoup pour réprimer les inso-
» lences de la chair, dompter ses passions, et lui donner un tempérament de pureté, à
» combien plus forte raison *la chair* infiniment sainte, infiniment chaste et virginale de
» Notre-Seigneur, qui est personnellement unie à l'infinie pureté et sainteté de Dieu, rendra
» par son sacré attouchement la nôtre pure, et lui imprimera la chasteté et l'innocence :
» c'est assurément ce qu'elle fera si nous n'y mettons pas d'empêchement.

 » Voilà pour les effets qui regardent le corps en cette vie.

 » Pour les seconds effets qui regardent la vie future, les docteurs les fondent sur ces
» paroles de Notre Seigneur (*Joan.*, 6, 55) : « Qui mange ma chair et boit mon sang a
» la vie éternelle, et je le ressusciterai au dernier jour. » Voilà l'effet qui est de dis-
» poser le corps du juste à ressusciter un jour à la vie éternelle et bienheureuse. Mais
» entendons les Pères qui parlent excellemment de ce sujet. Saint Irénée (*Lib.* 4, c. 34),
» établissant le point de la Résurrection de nos corps à une vie immortelle contre les Va-
» lentiniens qui la niaient, la prouve de ce qu'ils participent et s'unissent *dans le sacre-
» ment au corps de Notre Seigneur*, qu'il compare à la vertu génitale des semences qui
» les fait pousser et renaître après même que par la rigueur de l'hiver elles ont été pour-
» ries dans les entrailles de la terre. Comment osent-ils assurer, dit-il, que notre chair se
» corrompt pour toujours, et perd tellement la vie qu'elle ne la recouvrera jamais, vu
» qu'elle est *nourrie du corps et du sang* de Jésus-Christ ? Saint Chrysostome, traitant
» la même vérité, dit (*Homil.* 24, in 1. ad. Cor.) : Parce que la première nature de notre

L'électricité joue un rôle important dans toute la nature.

Nous pourrions développer longuement toutes les raisons et tous les faits qui autorisent et qui forcent à admettre le rôle important de l'électricité dans tous les règnes de la nature, mais ce travail serait immense. Cependant nous en avons déjà dit assez pour rendre justice à certains philosophes qui ont mis en principe : que tout dans la nature se fait par une opération magnétique ou électrique ; que naître, vivre et mourir, c'est, pour le monde matériel, une série de phénomènes électriques dont la volonté divine règle les opérations.

» chair faite d'argile s'était abandonnée à la mort, et vidée de la vie dont Dieu l'avait
» comblée à son commencement, il a pour ce sujet fait entrer dans cette chair comme une
» autre masse et un autre levain, à savoir, *sa chair propre*, qui est bien la même avec
» celle de l'homme pour le regard de la nature ; mais qui est vide de péché et pleine de vie,
» et l'a donnée pour être participée de tous, afin qu'en étant nourris et nous dépouillant
» de cette première nature qui nous rendait sujets à la mort, nous soyons *par le moyen de*
» *cette divine nourriture* comme mêlés et pétris ensemble à la vie immortelle.

» Ce que saint Chrysostome a dit un peu sèchement et succinctement, saint Cyrille,
» patriarche d'Alexandrie, l'étend et le met plus au large par ces belles et remarquables
» paroles : Jésus-Christ est de sa propre nature la vie, en tant qu'il a été engendré du
» père vivant. Semblablement aussi son sacré corps n'est pas moins vivant et comme enté
» sur la même tige, et uni d'une façon ineffable avec le Verbe qui vivifie toutes choses, et
» pour cela il est estimé comme un avec lui. Parce donc que la chair du Verbe a été faite
» vivifiante, comme unie à celui qui est la vie par sa nature, à savoir, au Verbe de Dieu,
» quand nous la mangeons, nous avons la vie en nous, étant unis à elle, comme elle est
» unie au Verbe. Aussi, pour cette cause, le Sauveur, en ressuscitant les morts, n'opérait
» pas seulement par sa parole et par ses divins commandements, mais il employait de plus
» sa sacrée chair comme pour coopératrice de cet effet, afin de donner à connaître qu'elle
» peut vivifier. Et partant quand il rendit la vie à la fille du prince de la synagogue, il
» ne lui dit pas seulement : Fille, lève-toi ; mais en outre il la prit par la main, vivifiant
» ce corps mort, comme Dieu par son commandement tout-puissant, et derechef comme
» homme par l'attouchement de sa sainte chair, montrant de cette façon qu'il exerçait
» par tous les deux une même opération. Pareillement, quand il ressuscita le fils de la veuve
» de Naïm, il ne se contenta pas de dire au défunt : Jeune homme, je te commande que
» tu te lèves ; mais il toucha encore le cercueil. Ainsi il ne donna pas seulement à sa parole
» la force de produire la résurrection des morts ; mais pour déclarer que son corps est
» vivifiant, il touche les morts, rendant par lui la vie à ceux qui l'avaient perdue. Que si
» par le seul attouchement de sa sainte chair les choses mortes sont vivifiées, combien
» n'obtiendrons-nous pas une bénédiction vivifiante beaucoup plus ample quand nous la
» mangerons ? car elle convertira entièrement en sa propre perfection, c'est-à-dire en son
» immortalité, ceux qui la participeront. Et ne vous étonnez pas de cette merveille, et ne
» demandez pas avec les Juifs incrédules comment ceci se peut faire ; mais plutôt con-
» sidérez que l'eau, qui naturellement est froide quand elle est versée dans un bassin et
» approchée du feu, oublie sa propre nature (d'être froide), et passe en celle de son
» vainqueur. Le même nous arrive ici ; car, encore bien que nous soyons corruptibles
» par la condition de notre chair, nous nous dépouillons néanmoins de notre infirmité par
» le mélange que nous prenons avec celui qui est la vie, et nous nous reformons et trans-
» formons en son excellence, c'est-à-dire en sa vie immortelle. Car il était nécessaire que
» non seulement notre âme fût régénérée en une vie nouvelle par l'infusion du Saint-Esprit,
» mais aussi que ce corps corruptible et terrestre fût sanctifié et élevé à l'incorruption
» par une chose qui fût semblable en nature : ce sont les paroles signalées de saint Cyrille,
» qui, dans la même élévation d'esprit, dit encore celles-ci au même propos ailleurs :
» Celui qui mange la chair de Notre Seigneur a la vie éternelle, parce que cette sacrée
» chair a en soi le Verbe, qui est la vie essentielle. Pour ce sujet, Notre Seigneur ajouta :

Analogie des différents fluides impondérables, calorique, lumière, électricité, etc., etc.

Les physiologistes ne doivent-ils donc pas tirer parti des travaux des physiciens modernes qui viennent de prouver par l'électro-magnétisme, l'analogie de l'électricité, du galvanisme et du magnétisme minéral; par les expériences thermo-électriques, l'analogie de l'électricité avec la chaleur. Enfin, l'électricité, le galvanisme, le magnétisme minéral, sont lumineux; voilà donc l'analogie avec la lumière suffisamment prouvée. L'électricité, la foudre, le galvanisme, la lumière, la chaleur, l'électro-magnétisme, décomposent les corps; il y a donc quelque chose d'analogue entre eux.

» Et je le ressusciterai au dernier jour; car il est du tout impossible que celui qui par son
» essence est la vie ne surmonte la corruption et ne triomphe de la mort. Pour cette cause
» encore, que la mort, prenant possession de nous par le péché, assujettisse notre corps
» à la nécessité de la corruption, parce néanmoins que Notre Seigneur entre avec sa chair
» dedans nous, nous sommes assurés de ressusciter, étant chose incroyable et même im-
» possible que la vie ne vivifie ceux dans lesquels elle est introduite, comme si quelqu'un
» ensevelit une étincelle de feu dans un morceau de paille pour conserver la semence du
» feu. Ainsi Notre Seigneur Jésus-Christ insère et cache la vie en nous par sa propre chair,
» comme une certaine semence d'immortalité qui doit détruire toute notre corruption :
» c'est ce que dit ce saint docteur, qui pourrait en quelque façon avoir emprunté ces
» hautes pensées d'un autre soleil de l'église grecque, saint Grégoire de Nysse (*Instit Ca-*
» *tech.* c. 37), qui avait dit avant lui : D'autant que l'homme est composé de deux choses,
» à savoir, d'âme et de corps, il est nécessaire que ceux qui doivent être sauvés et pos-
» séder la vie éternelle soient unis par l'un et par l'autre à celui qui conduit à la vie. Ainsi
» l'âme, jointe à lui par le lien de la foi, reçoit par là les inspirations et les secours de son
» salut, parce que l'union avec la vie apporte la communication de vie; mais le corps
» entre par un autre moyen en la communication et au mélange du Sauveur. Car, ni plus
» ni moins que ceux qui ont avalé du poison, en éteignent la force par un contre-poison,
» où il faut que, comme le venin, de même l'antidote entre dans les entrailles de l'homme,
» afin que le remède porte et distribue par toutes les parties sa vertu et la vie où le poison
» avait porté sa malignité et la mort ; ainsi, ayant goûté du morceau qui a ruiné notre
» nature, il entend le fruit défendu à Adam, il faut que nous prenions ce qui la rétablit et
» la remet sus, afin que ce médicament salutaire, entrant dans notre corps, en chasse par
» sa propre antipathie la peste que le venin y a infusée. Or, quelle est cette chose? nulle
» autre, sinon ce même corps qui a triomphé de la mort, et qui nous a été fait les pré-
» mices de la vie. Car, comme un peu de levain, dit l'apôtre, rend semblable à soi toute
» la masse de la pâte, ainsi le corps que Dieu a doué d'immortalité, étant introduit dans
» le nôtre, le transformera tout en soi et lui imprimera ses qualités glorieuses. Mais il
» n'est pas possible que rien soit introduit dans notre corps, si ce n'est que, par manduca-
» tion ou par breuvage, il entre dans nos entrailles ; il est donc nécessaire que notre corps
» reçoive à sa façon la vertu vivifiante qui se retrouve au seul *corps déifié* de Notre-Sei-
» gneur. Après saint Grégoire et les autres, il ne faut pas oublier l'invincible martyr de
» Jésus-Christ, saint Ignace, qui, excitant en ces premiers temps de l'église naissante les
» fidèles d'Ephèse à recevoir le saint-sacrement, leur dit qu'il est le remède de l'immortalité,
» le préservatif contre la mort, qui nous fait vivre une vie divine, et chasse tous nos
» maux.

» Voilà les oracles des saints Pères qui nous apprennent comment le corps de Notre Sei-
» gneur, en vertu de l'union qu'il a avec la divinité, qui est la vie par essence, a la force de
» vivifier nos corps après leur mort, et par son sacré attouchement leur donne une qua-
» lité séminale de renaissance à l'immortalité bienheureuse.

(De la connaissance et de l'amour du Fils de Dieu, Notre Seigneur Jésus-Christ, par le R. P. Jean-Baptiste Saint-Jure. S. J. Édit. de Clermont, t. III, p. 285 et suiv. Des effets du saint sacrement sur le corps.)

Accord des anciens et des modernes par une voie différente.

Tout cela a fait penser que la lumière, le calorique, l'électricité, le galvanisme, la foudre, le magnétisme minéral, l'électro-magnétisme, etc., dépendaient, en raison de leur analogie, d'un seul et même principe dont ils n'étaient que des modifications. Ainsi les modernes sont arrivés par une autre voie que les anciens à l'admission d'un fluide universel, l'éther, spécifié dans tous les corps de la nature et dans toutes les parties de ces corps.

Gravitation universelle dans le macrocosme (le monde).

C'est par cette unité de principe second matériel que les molécules des corps et les corps eux-mêmes agissent réciproquement en conservant entre eux des rapports analogiques et différentiels qui président à leur réunion et à leur séparation, etc., etc., etc. Le panthéisme ancien et moderne est un abus impie de cette vérité.

Ces considérations générales pourraient être étendues fort loin.

Gravitation universelle dans le microcosme (l'homme).

Nous pourrions maintenant prendre ce fluide universel, dont nous sommes arrivé à reconnaître l'existence par l'analyse et par la synthèse, en suivre les modifications dans chaque règne, dans chaque molécule. Nous pourrions prouver que s'il est spécialisé en l'homme tout entier, il se spécialise encore pour présider à la vie organique, à la vie volontaire, à la vie intellectuelle, etc.

Sympathie ou action et réaction mutuelle des organes.

Nous pourrions examiner comment ce fluide se spécialise dans chaque organe, et comment il est le lien des différents organes entre eux, en état de santé, de maladie, dans les passions, etc., etc.

Nous pourrions montrer comment, étant le lien de tous les organes du cerveau, l'âme s'en sert pour modifier les organes, les faire entrer en fonction ou les suspendre.

Nous pourrions étudier les mouvements volontaires, si admirables et si variés. Enfin nous aurions la clef de l'attraction universelle, minérale, végétale, animale, astrale, spirituelle, d'homme à homme, c'est-à-dire de deux esprits séparés par des organes, etc., etc. (1).

Puissance quasi-créatrice ou modificatrice de l'âme par l'imagination.

Nous pourrions aussi, avec ce lien universel de l'organisme humain, pénétrer dans des questions inabordables aux médecins qui cachent leur

---

(1) Sympathie ou action et réaction mutuelle entre les hommes ; 1º générale et involontaire ; 2º particulière, tantôt indélibérée et involontaire, tantôt réfléchie, délibérée, volontaire, action magnétique proprement dite.

impuissance sous la moquerie, et la vérité sous des mots: l'influence de l'imagination sur l'organisme sain ou malade, l'hypochondrie, etc., etc.; l'imagination des femmes enceintes, questions si importantes à résoudre, autrement que par des dénégations ignorantes ou des facéties ridicules, etc.

Mais nous pouvons et nous devons arriver de suite au magnétisme humain.

Électricité humaine.

Nous savons que l'homme possède de l'électricité, qu'il en dispose pour les mouvements volontaires; nous savons aussi que l'électricité, le galvanisme, le magnétisme minéral, le magnétisme animal de la torpille et du gymnote, agissent à distance, en raison de la sphère d'activité que tous ces fluides possèdent et que ces animaux étendent *à volonté*.

L'électricité humaine fera-t-elle exception (1)? L'âme humaine qui la prend à son foyer, à son condensateur, le cerveau; qui la dirige dans les membres et jusqu'à leur extrémité, n'aura-t-elle pas la puissance de la pousser au-delà? Les lois de l'électricité, la nature des fonctions de la peau, s'opposent à ce qu'il n'en soit pas ainsi, à ce qu'il n'y ait pas une sphère d'électricité humaine, et, s'il n'en était pas ainsi, la puissance de l'âme vient encore pour le faire par elle-même. L'électricité humaine est régie jusqu'à un certain point par les lois qui régissent les autres électricités; mais à ce point commence la différence, apparait le principe spirituel, ses modifications. L'homme peut avoir plus que les individus des autres règnes, mais il n'a pas moins; il fait un règne à part et résume tous les autres, plus la spiritualité, l'immortalité.

Ces considérations préliminaires terminées, nous allons nous occuper du magnétisme et de ses effets.

L'homme peut donc magnétiser, c'est-à-dire créer, ou mieux, étendre son atmosphère magnétique, électro-nerveuse, etc., comme on voudra l'appeler. C'est dans l'âme que commence l'action magnétique; c'est la volonté qui excite le cerveau; c'est la manivelle, si l'on peut ainsi dire, qui met la machine en mouvement. Cela explique cette expression impropre de quelques magnétiseurs: il faut avoir la foi. De même que la volonté suffit pour envoyer le fluide magnétique dans le doigt et le modifier de manière à produire tel ou tel mouvement, de même aussi il suffit de vouloir, pour le faire arriver en plus grande abondance à la surface cutanée et le faire sortir par les filets nerveux qui viennent s'y rendre et s'y épanouir.

Tout homme qui a la faculté de mouvoir ses membres a donc la faculté de magnétiser, puisque magnétiser c'est diriger sur un autre le principe de vie qui produit chez nous les mouvements volontaires. — Le magnétiseur regarde son corps comme une machine sécrétant de l'électricité. Il sait

---

(1) Il y a aussi autour de l'homme une atmosphère magnétique, électrique, 1° générale dans l'exercice ordinaire de la vie; dans les maladies, la contagion indirecte et sans contact: directe, mais par l'intermédiaire de substances inertes, le coton, la laine, etc.; 2° particulière, activée par la volonté, etc.

qu'elle est mise en mouvement par la volonté (1), qu'elle s'introduit dans le système nerveux du magnétisé, se mêle à son électricité propre plus ou moins facilement, et selon l'analogie qu'elles ont entre elles. Pour cela, il demande au magnétisé le repos des mouvements volontaires, parce qu'il sécréterait alors lui-même de l'électricité, en saturerait son organisation, en exhalerait même, bien loin d'être facilement apte à en recevoir. C'est encore aussi pour les mêmes raisons qu'il réclame de la part du patient le calme d'esprit, parce que l'âme, en agissant, modifie les organes, le cerveau et ses dépendances, les excite et fait circuler par tout le corps un fluide abondant qui active la circulation nerveuse, la circulation sanguine, l'exhalation, qui est opposée à l'absorption. Ainsi, autant que possible, tous les mouvements du corps doivent être interrompus, et l'on ne doit nourrir aucune pensée; car l'on opposerait d'autant plus d'obstacles à la magnétisation que le repos du corps serait moins grand et que les pensées seraient plus attachantes, plus excitantes, plus vives. Par conséquent, la magnétisation sera moins facile, mais non pas impossible, si l'on est assez prévenu contre l'action magnétique pour s'y soumettre en apparence, mais en résistant intérieurement de toutes les forces de la volonté, et la résistance sera d'autant plus difficile à vaincre qu'elle sera plus obstinée, ou que des motifs regardés comme bien puissants viendront l'alimenter sans cesse : cela est dans la nature des choses. Le consentement n'est pas nécessaire. Quelqu'un résistant naturellement peut éprouver tous les effets du magnétisme et entrer en somnambulisme.

La passiveté d'esprit et de corps sont les dispositions les plus favorables, et l'on doit voir par ce qui précède que l'imagination du patient, loin d'être de quelque secours, est au contraire nuisible par les raisons physiologiques que nous avons indiquées plus haut. La résistance peut retarder les effets; il y a là un effet psycho-physiologique qu'il y a prévention à nier ou à dénaturer.

Les auteurs n'ont pas toujours écrit avec une grande précision philosophique ou médicale : aussi abuse-t-on de leurs assertions contre le magnétisme.

Des médecins ou des magnétiseurs peu instruits en magnétisme expérimental et raisonné ont exigé une multitude de conditions morales qui ne sont pas nécessaires et qui n'ont servi qu'à ridiculiser les magnétiseurs et le magnétisme lui-même. Il y aurait de grands détails à donner sur cette question, mais le genre de cet écrit ordonne la brièveté : aussi ne faisons-nous qu'indiquer en passant les erreurs à éviter.

L'imagination n'est pas la cause des phénomènes magnétiques.

L'imagination ou toute autre condition morale est de si peu d'utilité pour

(1) Il faut savoir qu'on a une faculté pour en user; il faut vouloir en user; une volonté explicite est nécessaire; elle n'est pas indispensable pour produire des effets quelconques: ainsi, des personnes magnétisant par moquerie et sans croire à leur faculté magnétique ont déterminé des convulsions, etc., sur des personnes pareillement incrédules.

le développement des effets magnétiques que l'homme agit très bien sur les animaux, soit qu'ils veillent, soit qu'ils dorment, sur les enfants en bas âge et privés d'imagination, sur les enfants ou sur les grandes personnes endormies ou qui ont perdu connaissance par quelque cause que ce soit, sur des sourds et muets, etc., etc. Laplace et Cuvier l'assurent de la manière la plus formelle.

Il peut y avoir lutte magnétique entre deux personnes.

Le sujet qui prête à l'action magnétique peut, en restant dans le repos corporel, résister au magnétiseur suivant le degré d'énergie dont il est capable; il peut même diriger son action magnétique sur lui, et alors il y a lutte entre les deux personnes en présence.

Le magnétiseur peut alors remporter la victoire ou être vaincu, suivant que l'un ou l'autre jouira d'une puissance plus ou moins grande (1), ou bien tous deux peuvent, luttant à forces presque égales, éprouver une lassitude plus ou moins profonde chez chaque individu, lassitude qui ne se dissipera qu'au bout de plusieurs heures, quelquefois même de plusieurs jours, suivant les circonstances.

La puissance magnétique est une faculté naturelle.

La puissance magnétique est, suivant nous, une puissance naturelle, commune à tous les hommes, mais, comme toutes les facultés, inégalement départie aux différents sujets; chez l'un, elle est à l'état rudimentaire, pour ainsi dire; chez l'autre, elle est dans un développement plus ou moins complet, etc. Comme pour toutes les autres facultés, il faut savoir soupçonner au moins qu'on possède la puissance magnétique, connaître au moins jusqu'à un certain point comment il faut l'exercer, et, ne fût-ce qu'implicitement, vouloir enfin l'exercer; de plus, il faut avoir l'habitude de l'exercer pour en jouir dans toute la plénitude dont on est susceptible (2). Comme pour toutes les autres facultés dont on nous apprend à tirer un bon ou un mauvais usage, il faut connaître les lois qui doivent régler la puissance magnétique pour l'exercer sans danger, sans erreur, etc., etc.

La faculté magnétique est soumise à toutes les lois morales qui régissent les autres facultés de l'homme. Elle a aussi des lois physiologiques générales et particulières.

Comme la force physique, comme l'imagination, le raisonnement, le jugement, le toucher, l'ouïe, etc., etc., etc., la faculté magnétique, commune à tous, peut être très petite ou très développée chez un individu, qui alors ne produira presque rien, et jugera de la faculté des autres, comme n'étant pas de meilleure nature que la sienne. Toutes les causes d'erreur qui peuvent

---

(1) La force magnétique n'est pas en proportion constante avec les forces physiques.
(2) Elle s'augmente et se perfectionne par l'exercice.

tromper ou égarer les hommes sur l'emploi de telle ou telle faculté peuvent par conséquent s'appliquer en tout point à la faculté magnétique.

L'action magnétique modifie l'individu et est aussi modifiée par lui.

L'agent magnétique, comme tous les autres agents de la nature, modifie l'organisation et est aussi modifié par l'organisme qui le reçoit. Les médicaments, par exemple, n'agissent pas sur tous de la même façon et avec la même force; cela dépend du tempérament, de l'idiosyncrasie de chacun. Ainsi, certains individus sont rebelles à tel ou tel purgatif, ou même à tous ou à d'autres médicaments (1); d'autres, au contraire, sont d'une sensibilité exquise, et ce que d'autres prennent comme aliment agit sur eux comme médicament, etc. Le temps orageux ne produit pas les mêmes effets chez tous les hommes. M. le docteur Andral a observé, il y a quelques années, le fait remarquable d'une femme qui a éprouvé tous les symptômes du narcotisme (empoisonnement par l'opium) par l'action d'une seule tête de pavot prise en infusion dans une boisson prescrite par le médecin que nous venons de nommer.

Plus l'action est délicate, plus ses effets sont variables et modifiés par l'organisation propre à chacun : ainsi les fluides impondérables.

Si vous placez un individu isolé sur un tabouret à pieds de verre et que vous le mettiez en communication avec une machine électrique, il éprouvera des effets plus ou moins prononcés ; mais ils ne seront jamais absolument semblables sur un autre que vous placerez dans les mêmes circonstances. La commotion que produit la bouteille de Leyde est insupportable pour quelques uns, tandis que d'autres en sont à peine affectés. Tous ceux qui déclament contre l'inconstance des effets magnétiques prouvent qu'ils ne connaissent pas les lois physiologiques ou qu'ils n'en veulent pas tenir compte, et en faire une application impartiale à la question du magnétisme et à son mode d'action.

Bien des causes morales troublent en nous l'action des agents extérieurs, des médicaments.

Tous les médicaments employés en médecine sont plus ou moins dérangés dans leurs effets par des causes physiques *ou morales*. Ainsi, ordonne-t-on le repos d'esprit à celui qui prend une médecine purgative, et l'on en a vu et l'on en voit souvent manquer d'effet par des *causes morales* plus ou moins puissantes, parce qu'en cette vie il n'y a peut-être jamais d'action moral. pure. Dans le cours ordinaire des choses, le principe spirituel agit en union de l'organisme auquel il est intimement uni, et son action sur lui est plus

---

(1) L'ignorance du mode d'action des divers agents sur l'économie rend injuste envers l'action magnétique.

ou moins puissante suivant qu'elle retentit dans tout l'organisme, dans toutes les parties de l'organisme ou seulement dans quelques parties, suivant la force d'impulsion morale ou spirituelle, etc., etc., etc. Dans l'homme, une action qui naît de l'activité propre de l'âme réagit peut-être toujours plus ou moins sur l'organisme.

Bien des objections sont dues à l'ignorance et à la présomption.

C'est faute de bien connaître tous ces principes, et une foule d'autres qui pourraient trouver place ici, que tant de gens prévenus et ne demandant pas mieux que de conserver une haine non motivée ou non raisonnée, se sont récriés sur la prétendue inconstance des effets magnétiques et sur l'*impossibilité de leur appliquer les lois physiologiques*. Mais s'ils avaient voulu commencer par constater l'insuffisance scientifique de la plupart des travaux écrits sur la physiologie humaine, par les médecins modernes; s'ils avaient voulu comprendre que le moindre médecin qui a un peu observé en sait plus long que n'en indiquent tous ces traités pleins de matérialisme, et revêtus de l'autorité d'un grand nom; s'ils avaient voulu mettre en présence et faire réagir l'une sur l'autre toutes les causes physiques et psycho-physiologiques, appelées improprement causes purement et uniquement morales, causes diverses, qui peuvent venir modifier les expériences à l'infini, pour ainsi dire, ils se seraient montrés moins empressés à nier, plus philosophes et plus amis de la vérité que de leurs propres opinions, faites à l'avance et appuyées sur la prévention et l'erreur. Deux hommes agissent et réagissent l'un sur l'autre par la puissance magnétique comme deux aiguilles aimantées. Un troisième, par la même faculté, peut troubler cette action, qu'il mette en jeu la même faculté explicitement ou implicitement.

Dans l'exercice libre de toutes nos facultés, il y a des bornes, des lois dont nous ne *devons* pas nous affranchir; il en est d'autres auxquelles nous ne *pouvons* pas nous soustraire; il en est ainsi pour la faculté magnétique.

La puissance magnétique est soumise jusqu'à un certain point à toutes les manières d'être, au physique et au moral, de celui qui magnétise. Il en est absolument de même pour celui qui est magnétisé, surtout lorsqu'il est en somnambulisme, pour résister aux choses contraires à sa conscience. Il faut donc remercier Dieu de ne nous avoir pas laissé après le péché la faculté magnétique assez active pour que nous en puissions jouir de la manière qui nous plaît envers et contre tous, et malgré tous les obstacles, d'une manière subite, complète et inopinée. Pour moi, cette prétendue inconstance qui indispose fort certains esprits est un nouveau motif de remercier mon Dieu en reconnaissant là sa divine providence. — Nous pouvons toujours trop si nous voulons reconnaître notre méchanceté; mais c'est alors à nous qu'il faut s'en prendre. Ici, comme pour toutes nos autres facultés, voulons le bien suivant la loi, et nous serons dans l'ordre.

Tous les faits négatifs ne détruisent pas un seul fait positif.

Gardons-nous de tirer trop vite des conclusions générales de faits particuliers; n'oublions pas qu'un seul fait positif ne peut être détruit par tous les faits négatifs, et méfions-nous de ces gens qui assurent n'avoir pas obtenu du magnétisme tout ce que l'on annonçait et qui ignorent complétement les lois qui président à ses effets. Les mêmes précautions d'examen et de doute doivent être prises à l'égard de ceux qui disent : J'admets jusqu'ici, mais je nie cela (1). Il faut se demander si ceux qui parlent ainsi ne veulent pas cacher leur ignorance sous des mots, s'ils ont réellement étudié la question d'une manière méthodique et complète, et si ce n'est pas parce qu'ils n'ont pas continué assez longtemps à expérimenter, ou parce qu'ils n'ont pas expérimenté comme il fallait, qu'ils n'ont pas vu les faits qu'ils prennent sur eux d'infirmer d'un air de si bonne foi.

Les médecins, pas plus que les théologiens, ne doivent et ne peuvent juger le magnétisme *à priori* et en faisant de la métaphysique pure, parce que cette étude est aussi et surtout physiologique et expérimentale.

Il faut principalement se méfier de ces médecins ou de ces philosophes superficiels qui répondent, quand on leur demande leur opinion sur l'efficacité du magnétisme : Il est bon pour les maladies nerveuses; un autre : Il donne des maladies nerveuses; celui-ci : Il peut faire ceci; cet autre : Il peut faire cela. Pour moi, chaque fois que j'ai entendu prononcer ces quelques petites phrases avec lesquelles on se tire si facilement d'affaire en passant pour un homme érudit, chaque fois j'ai demandé à ces médecins : Combien avez-vous guéri de malades par cette méthode? et à l'autre : Combien de maladies nerveuses avez-vous fait naître par l'action magnétique? etc., etc., j'ai toujours trouvé ces messieurs fort embarrassés, et j'ai acquis la conviction qu'ils jugeaient *à priori* en se retirant dans leur for intérieur, etc., etc. On a plus tôt fait de nier que d'étudier. Je pourrais m'étendre beaucoup sur ce sujet, qui ne serait pas sans intérêt; il me serait facile de raconter bien des faits qui prouveraient le génie de l'orgueil combiné avec celui de l'ignorance; je pourrais citer des noms, pénétrer dans de grandes réputations; mais ce que je viens de dire suffit ici, surtout en l'appliquant à beaucoup de gens qui, pour croire au magnétisme et avoir écrit en sa faveur, ne le connaissent pas suffisamment néanmoins, sous le rapport philosophique surtout; par exemple, le docteur Rostan, etc. Si beaucoup de médecins, par ignorance, rejettent toujours le surnaturel, d'autres par le même motif y recourent trop facilement.

(1) On a souvent fort déconcerté des médecins tenant ce langage, en leur demandant : Quels auteurs avez-vous lus? Pour quelle maladie avez-vous déjà conseillé le magnétisme? etc., etc.

Accusation fausse de signes superstitieux.

L'action magnétique s'exerce par quelque méthode que ce soit, parce que toutes se réduisent à disposer de son principe magnétique au profit d'une autre organisation : aussi ne nous occuperons-nous pas ici de l'examen détaillé des procédés divers.

Accusation fausse d'imiter les signes de l'Église, parce que l'on ignore la physiologie.

Nous dirons seulement que les mains, les yeux, le souffle, etc., et il faut ajouter pour les théologiens, il y a des raisons physiologiques, servent le plus ordinairement à cet effet ; mais l'on peut n'employer aucun de ces moyens et les yeux fermés, la bouche close, les mains immobiles, on peut, par la volonté qui dirige alors l'influence magnétique sans conducteur visible, mais dans la direction qu'elle lui donne au milieu du fluide éthéré qui lui sert de conducteur ; on peut, dis-je, produire les mêmes effets, quoique plus lentement, surtout si c'est à une certaine distance. Cependant ce serait une erreur de croire qu'il n'y ait pas un choix à faire parmi toutes les méthodes; mais cet examen nous entraînerait trop loin. Toujours est-il vrai de dire qu'on regarderait à tort l'action magnétique sans gestes comme une action purement morale.

Les phénomènes magnétiques sont tantôt lents à se déclarer, tantôt presque instantanés.

La magnétisation doit être continuée pendant un quart d'heure, et plus, selon les effets qui naissent. Toujours est-il qu'ils ne *paraissent* commencer qu'autant qu'il y a saturation complète du système nerveux du magnétisé, et cette saturation se fait en une seule minute quelquefois, parce qu'en raison de je ne sais quelle disposition organique et sympathique, le magnétiseur sent sa faculté s'exercer comme d'elle-même, et comme si l'organisme du patient aspirait et absorbait, si je puis ainsi dire, tout ce qui lui est nécessaire. Cela a lieu surtout pour ceux qui ont déjà été magnétisés plusieurs fois de suite. Bien que ce que nous disons ici puisse paraître singulier, nous ne faisons pas de supposition ; c'est l'expérience qui nous a montré que cela se passait ainsi, nous n'avons pas la prétention de nous en rendre un compte parfait ; mais nous savons tant de faits et si peu de choses sur leur mécanisme intime, que nous n'avons pas le droit d'être trop difficiles.

C'est à tort que l'on ne considère pas l'action des phénomènes magnétiques comme pouvant s'isoler des phénomènes du somnambulisme.

Souvent les effets magnétiques ne se déclarent qu'à la seconde, la troisième, etc., ou même à la quinzième magnétisation. Dans certains cas même vous magnétiseriez tous les jours pendant une année que le magnétisé n'éprouverait rien de bien prononcé, de bien complet, si les circonstances physiologiques dans lesquelles il s'est présenté ne varient pas dans l'intervalle (1). Je dis qu'il n'éprouverait rien de bien prononcé, de bien complet, parce que l'on ne magnétise jamais un individu sans produire quelques modifications plus ou moins réelles dans la respiration, la circulation, la calorification. Ceux qui n'ont pas suffisamment expérimenté ou réfléchi disent que tous ces effets peuvent être produits par d'autres causes. Leur objection est mauvaise, parce que nous admettons comme eux leur allégation, mais l'expérience nous défend d'en tirer la même conclusion. En physiologie, il faut préférer la logique des faits à celle d'un raisonnement en l'air. Ainsi, peu importe pour nous que d'autres causes produisent les mêmes effets, quand nous avons reconnu par l'expérience que l'action magnétique les produit aussi et plus constamment et plus uniformément (2). Que peut, par exemple, cette objection sur le magnétiseur qui a observé tous les jours, pendant trois mois, un trouble remarquable et constant dans la circulation, la respiration, la calorification, l'exhalation, chez une personne qui n'éprouverait rien autre chose de l'action magnétique?

Bien que l'action magnétique soit le résultat de la volonté, il n'est pas en son pouvoir de produire tel ou tel phénomène qui lui plaît. Cette action a des lois qui lui sont propres.

Le magnétiseur ne peut pas produire tel ou tel effet donné sur la première personne venue, il ne peut que reproduire ce qu'il a déjà produit, le somnambulisme par exemple ou le sommeil magnétique, ce qui n'est pas la même chose; encore faut-il qu'il ne se soit rien passé d'insolite dans l'organisation du patient. Le magnétiseur ne peut pas surtout à volonté reproduire tel ou tel phénomène psychologique; cela ne dépend pas plus de lui que du fluide magnétique, qui n'est que l'occasion non déterminante encore (3). Ainsi, par exemple, la prévision se manifeste au moment où le magnétiseur et le somnambule s'y attendent le moins, et ce n'est même que dans ces circonstances où l'on peut y attacher quelque importance; elle est d'autant plus imparfaite et plus incertaine qu'elle est plus provoquée et appliquée à autre chose qu'à la conservation de la santé.

Nous avouons franchement que l'explication de ces faits nous échappe; nous ne pouvons que l'indiquer. Nous pensons que l'agent magnétique ne fait que rendre le cerveau meilleur serviteur de l'âme, c'est-à-dire que si les lois qui gouvernent l'âme lui permettent une prévision plus ou moins bornée, plus ou moins étendue, il s'y prêtera plus facilement. Le fluide magnétique enfin n'est que l'intermédiaire par lequel l'âme voit, mais ce n'est pas lui qui donne à l'âme des facultés qu'elle n'avait pas.

(1) Des guérisons ont lieu sans sommeil magnétique et à plus forte raison sans somnambulisme.
(2) L'imagination n'explique pas les phénomènes magnétiques, bien qu'elle modifie quelquefois d'une manière analogue le fluide magnétique de l'organisme auquel elle est unie.
(3) Le fluide magnétique est le milieu par lequel l'âme voit à distance; qu'on me dise le lieu précis qu'elle occupe, et je dirai alors à mon tour comment sa vue s'exerce au-delà.

Nous croyons que dans le somnambulisme l'âme du somnambule n'est pas dans un état surnaturel ni diabolique, parce que nous n'avons employé que des moyens naturels et physiques. Nous reconnaissons pourtant qu'il peut y avoir complication ; car, pour prouver le contraire, il faudrait montrer que l'on a soustrait l'âme aux causes qui l'influencent ordinairement, placée qu'elle est au milieu du monde spirituel.

Nous croyons que l'âme conserve le même degré de pureté ou d'impureté qu'elle avait auparavant ; l'âme du magnétiseur n'influe sur celle du magnétisé, du somnambule, qu'en sollicitant dans tel ou tel sens, s'adressant ainsi pour les choses morales à un être qui possède sa liberté, et qui peut en user ou en abuser pour consentir ou repousser.

Le somnambule est plus porté à rentrer en lui-même.

L'expérience a montré que le plus souvent l'individu somnambulisé est plus moral, plus raisonnable, plus religieux, etc. Il n'est pas rare de voir un somnambule qui n'a pas, dans l'état de veille, de sentiments religieux, en avoir de très profonds en somnambulisme et prier Dieu avec ferveur.

Le somnambulisme ne peut pas être nécessairement un état diabolique, si l'action magnétique n'est pas elle-même diabolique. Il y a ordinairement rapport de cause à effet.

Les phénomènes nerveux se répétant périodiquement aux mêmes heures, on en tient compte en magnétisant, mais pas comme une condition indispensable.

On n'emploie dans la magnétisation aucune pratique superstitieuse, aucune parole sacramentelle, aucun signe particulier, aucun caractère ou aucune manœuvre bizarre ; on n'observe ni le temps, ni le lieu, ni l'heure, etc. Il n'y a pas par conséquent pacte explicite et avoué.

Il n'y a ni pacte explicite comme il est dit plus haut, ni implicite. Celui qui magnétise ignore souvent les effets qu'il produira ou n'en cherche point d'extraordinaire ; on ne veut que soulager un mal de tête ou bien observer seulement ce qu'il fera naître, et souvent même l'exercer par jeu, sans y rien croire et sans en rien attendre.

Alors que j'étudiais encore la médecine, dans un de mes voyages en Touraine, un ecclésiastique qui me connaissait depuis longtemps vint me voir pour causer de magnétisme, et me demanda en conscience si je n'employais aucun moyen superstitieux. Je lui répondis : « J'affirme que non, et je vous engage à le vérifier par vous-même. — Comment faut-il m'y prendre ? — Regardez votre volonté comme pouvant faire sortir au-dehors de vous un fluide électrique qui s'échappe de votre main, que vous promènerez comme vous voudrez devant la poitrine, la tête, les jambes, comme vous voudrez. Veuillez un peu, et vous réussirez. » —Le soir même, cet ecclésiastique fit une somnambule qui se guérit elle-même par des remèdes fort simples et qui donna un exemple assez remarquable de prévision deux mois à l'avance.

Le somnambulisme n'est ni un état de veille, ni un état de sommeil absolument parlant ; mais c'est une combinaison de ces deux états. C'est un mode particulier d'exister.

Parce que l'on dit sommeil magnétique, sommeil somnambulique, somnambulisme, il ne faut pas regarder cet état particulier comme du sommeil; car bien que les uns n'entendent plus que le magnétiseur, les autres au contraire entendent beaucoup mieux ; et plus le somnambulisme se perfectionne, plus aussi les uns et les autres raisonnent, jugent, comparent, réfléchissent ; et si quelques uns se meuvent difficilement, d'autres sont très agiles, causent, mangent, se promènent, etc., etc., En un mot, il se passe là ce qui se passe pour l'homme dans tous les états divers dans lesquels il se trouve : Il ne jouit jamais complétement de toutes ses facultés à la fois; les unes sont passives quand les autres agissent, diminuent quand les autres augmentent.

L'homme éveillé qui écoute attentivement ne jouit pas comme à l'ordinaire de la faculté de voir; celui qui regarde attentivement n'est pas aussi sensible aux sons; la réflexion sur un sujet et l'attention profonde, en concentrant la vie vers le cerveau, ôtent à la vue, à l'ouïe, à l'odorat, à la sensibilité cutanée leur activité ordinaire ; en un mot, une fonction ne s'exerce jamais d'une manière active qu'au détriment d'une ou de plusieurs autres.

Si je voulais entrer dans une étude approfondie des phénomènes de ce genre, cela m'entraînerait beaucoup trop loin, car la matière est neuve et demanderait à être traitée longuement. Il faudrait commencer par étudier nombre de phénomènes de l'état de veille qui passent inaperçus ou que nous n'analysons pas. Cependant c'est de cette étude que doit être précédée celle du somnambulisme, parce qu'il faut redouter les transitions trop brusques, ce qui souvent nous fait perdre terre, et quand nous trouvons dans nos idées acquises une raison qui explique mieux la question à résoudre, souvent c'est parce que nous ne connaissons pas bien les véritables raisons et que nous trouvons mieux notre compte à croire savoir qu'à supposer qu'il nous faut encore apprendre. Dans ce cas, la voie la plus courte n'est pas la meilleure, et la raison la plus tôt trouvée est souvent la plus mauvaise.

Le plus souvent dans le somnambulisme le sujet conserve l'usage de toutes ses facultés, de sa liberté même qui souvent est plus grande et plus parfaite.

Il ne faut pas oublier que certains somnambules conservent toutes leurs facultés intègres sous l'influence magnétique, et que l'oubli au réveil n'a même pas lieu chez quelques sujets. Il faut savoir encore que chez certains sujets soumis pendant longtemps à la magnétisation, le somnambulisme passe à l'état chronique : alors on voit l'individu éveillé jouir petit à petit de quelques unes des facultés dont il jouissait dans son somnambulisme, et enfin les deux états se combinent, s'harmonisent et se confondent complétement.

Cette question que je soulève ici n'a été examinée sérieusement dans aucun ouvrage. Il est facile de faire beaucoup d'objections contre une question encore toute neuve et traitée d'une manière bien incomplète. Cependant tous les magnétiseurs connaissent ces faits, et s'il est encore impossible de faire une physiologie complète du magnétisme humain et du somnambulisme artificiel, c'est que les auteurs n'ont pas consigné tous les faits dont ils ont été témoins. Les circonstances l'exigeaient, mais bientôt nous aurons des aveux plus complets; nous pouvons dire pour l'instant avec le docteur Georget : les magnétiseurs n'ont pas écrit ce qu'il y a de plus important dans leur science.

Le somnambulisme naturel a la plus grande analogie avec le somnambulisme artificiel.

Ce serait peut-être aussi l'occasion d'étudier ici le somnambulisme naturel ou noctambulisme, qui ne diffère du somnambulisme provoqué qu'en ce que le fluide propre du noctambule se dispose, par le jeu de l'organisme, de la même façon, bien que d'une manière moins complète, moins réglée, moins parfaite.

Les somnambules naturels peuvent facilement être mis en somnambulisme par l'action magnétique, et l'on observe alors sur eux des phénomènes plus complets, plus réglés.

Nécessité d'étudier la nature du sommeil, du rêve, etc.

C'est encore ici qu'il faudrait étudier l'hystérie, la catalepsie, la catalepsie hystérique, le délire, le délire somnambuliforme, certaines formes de folie, etc., etc., les rêves, les songes, le sommeil.

Les phénomènes psychologiques doivent être rapportés à l'âme d'abord, puis au cerveau devenu meilleur serviteur, meilleur associé, si l'on peut ainsi dire.

Les phénomènes du somnambulisme qui sont du domaine de la psychologie ne peuvent ni ne doivent être expliqués par le fluide, pas plus qu'on n'explique par le vin l'éloquence de l'homme ivre à un certain degré, la verve poétique que donne le champagne, les idées que fait naître une certaine dose d'opium, le style élevé de l'homme colère ou amoureux, etc., etc.

Dans le somnambulisme l'âme ne fait que manifester des facultés qu'elle possédait déjà.

Pour ces connaissances comme instantanées chez les somnambules, dans l'état actuel des connaissances humaines, ces faits et tant d'autres ne peuvent recevoir d'autre explication plausible que celle-ci : le cerveau ou un organe du cerveau, sous l'influence d'une cause interne ou externe, d'une cause morale ou physique, peut atteindre un degré d'activité momentané comparable à celui qui se manifeste chez ceux qui se distinguent naturellement et sans étude sous tel ou tel rapport : alors l'âme manifeste ce qui était en elle et qui ne pouvait pas auparavant se traduire au-dehors.

Les actions de l'homme ne sont bonnes qu'autant qu'il obéit à la loi intérieure et morale. Il n'est point ici question de l'état de grâce.

N'est-il pas juste de dire que toutes les facultés de l'homme ne sont innocentes et bonnes qu'autant que l'être intelligent s'unit à Dieu en se soumettant à la loi, et que plus il s'en écarte, plus aussi il est en rapport avec le principe du mal? Ainsi l'homme dans son état habituel est en rapport naturel, ou pour mieux dire ordinaire, avec Dieu ou avec le démon, suivant qu'il se soumet ou ne se soumet pas volontairement à la loi de Dieu ; dans ce dernier cas, on ne dit pas qu'il a fait un pacte avec le démon, on le dit être dans son état naturel, parce qu'il n'a usé d'aucun moyen surnaturel. Nous croyons pouvoir appliquer ces principes, qui auraient besoin d'être développés, à la faculté magnétique et aux facultés somnambuliques.

L'état moral habituel influe sur la nature du fluide magnétique, l'action magnétique est à la fois morale et physique. C'est une action *de l'homme*.

Nous croyons fermement que la faculté magnétique n'est pas toute physique, puisque l'homme a en lui un principe intelligent ; que cette action est morale et physique. Nous croyons que le fluide magnétique est d'autant plus pur, plus bienfaisant, qu'il a été élaboré par les organes d'un magnétiseur dont les facultés s'exercent ordinairement dans la pureté spirituelle (au moins conforme à la loi naturelle). Aussi nous pensons que l'homme méchant, sans même qu'il parle, exerce une mauvaise influence, que la société du méchant est à fuir et qu'il est enveloppé d'une atmosphère malfaisante. Ainsi que nous l'avons noté plus haut, tout cela s'applique aussi au magnétisé.

L'état moral actuel influe sur le fluide magnétique.

Nous croyons que le fluide magnétique est d'autant plus pur et plus bienfaisant, qu'aux conditions énoncées plus haut il réunit celle d'être modifié de nouveau au moment même où il sort et où il est reçu (de la part du somnambule, du magnétisé) par une pensée plus élevée, plus pure.

L'action magnétique peut n'être que moralement bonne. Il y a plus dans l'action du magnétiseur chrétien, surtout en état de grâce.

Nous pensons donc signaler ici les véritables inconvénients du magnétisme et ses véritables avantages en avançant que le magnétiseur et le magnétisé chrétiens sont les seuls dont l'action soit en harmonie *parfaite* avec les *véritables* lois de la vérité, de la pureté, de l'ordre et de l'innocence ; que le magnétiseur et le magnétisé qui diffèrent de plus en plus de ceux-ci sont aussi de plus en plus exposés au mal, parce qu'ils sont dans le désordre, dans l'erreur, dans l'impureté et loin de l'innocence. Voilà pour nous le magnétisme *diabolique naturel*.

Les lumières du somnambulisme, sans sortir de l'ordre naturel, peuvent être plus ou moins pures.

Nous appliquerons aussi la même loi aux somnambules, et nous saurons ainsi que le somnambule est sous l'influence naturelle du démon, c'est-à-dire ordinaire, dans cet état particulier comme dans son état habituel, c'est-à-dire sans que rien d'extraordinaire se soit passé ; et bien qu'il y ait dans le somnambulisme des effets qui étonnent, nous croyons qu'il n'y a pas raison suffisante, quand on en examine de près les causes et les effets, pour y faire nécessairement intervenir le démon.

Le magnétisme rappelle à l'homme sa grandeur. Dans l'état de justice originelle, les lumières naturelles de l'homme étaient plus grandes, plus étendues. Si Dieu lui a nommé alors les animaux et les plantes et leurs propriétés, pourquoi n'en aurait-il pas quelques souvenirs quand leurs influences agissant sur la sensibilité nerveuse exaltée, provoquent l'âme à dire : Ceci donne la fièvre, comme lorsqu'elle dit sentant le feu : Cela brûle. Dans ce dernier cas, l'homme ne fait qu'énoncer une perception ; il fait de même dans le premier, car il sent un mouvement fébrile.

L'esprit de l'homme, quoique déchu, ne peut-il pas encore manifester de temps en temps, dans l'ordre naturel, quelques débris de son origine, et trouver ainsi de nouvelles raisons, faibles sans doute auprès de celles que donne la foi catholique, pour essayer de recouvrer sa grandeur première ?

Il y a donc pour nous différents degrés de somnambulisme, suivant le degré de pureté chrétienne ou d'impureté de l'âme, ou même simplement de pureté naturelle et morale.

Nécessité de comparer les différents somnambulismes, les extases, les maladies nerveuses, etc.

Que le somnambulisme naisse par le jeu propre de l'organisme, comme dans le noctambulisme, le somnambulisme hystérique, cataleptique, etc., qu'il soit provoqué, comme dans le somnambulisme magnétique, par l'action d'un homme sur un autre homme, qu'il résulte de l'action de l'âme sur son propre corps par l'intermédiaire du fluide magnétique, comme nous pourrions en trouver un grand nombre d'exemples chez les convulsionnaires et chez différents philosophes, etc., etc., Socrate, Cardan, etc., etc., bien que chez les premiers il puisse y avoir autre chose aussi ; il faut saisir les analogies, mais ne pas tout confondre.

Pour apprécier le sommeil magnétique, il faut avoir recours aux règles ordinaires pour discerner les esprits et leur influence.

Nous pourrons juger tous les somnambulismes, toutes les extases en examinant la pureté d'esprit et de mœurs au flambeau du catholicisme. (Voy. Reg. de disc. spir. ex. spir. s. Ig.)

Comme dans tous ces cas différents nous croyons que c'est toujours l'âme, l'être spirituel qui est le véritable agent des phénomènes psychologiques qui se manifestent, il nous suffira d'examiner son union plus ou moins intime avec son principe suprême et la loi qu'il lui impose, soit dans l'ordre naturel, soit dans l'ordre surnaturel.

Extases naturelles et surnaturelles.

Les extases des saints sont d'un ordre d'autant plus supérieur qu'elles appartiennent à des âmes en union plus ou moins parfaite avec Dieu. Qui pourrait nier que presque tous les saints à extase étaient d'une santé souffrante, d'une grande irritabilité nerveuse, etc.? Parmi ces extases il en est beaucoup qui peuvent être naturelles et d'autres d'un ordre plus relevé. La distinction, le discernement, n'appartiennent qu'à l'Église.

Toutes les divinations ne se rapportent pas au magnétisme.

Les magnétiseurs ne prétendent pas que les faits de la divination doivent tous s'expliquer par le magnétisme, puisqu'il y a une multitude de pratiques superstitieuses qui ne s'y rapportent nullement.

Ils ont blasphémé ceux qui ont dit que les prophètes n'étaient que des somnambules-magnétiseurs.

Nous ne considérons pas les prophètes comme des somnambules naturels ou artificiels de toutes les espèces citées plus haut, ni même comme des extatiques, etc.

C'est dans l'ordre surnaturel qu'ont vu les prophètes.

Dans les prophéties sacrées, c'est l'œuvre de Dieu qui se met lui-même en communication avec l'âme inspirée pour lui révéler *avec certitude, avec détails, circonstances de temps, de lieu, longtemps à l'avance, publiquement*, etc., etc., etc.

Ce n'est pas trop dans l'état physiologique du prophète comparé à celui du somnambule qu'il faut aller chercher la différence essentielle qui existe entre eux. Cette différence existe à un certain degré; mais il y a aussi des rapprochements à faire, des analogies à saisir pour quiconque connaît bien le somnambulisme chronique dont j'ai dit quelques mots plus haut; mais jamais quelque analogie ne peut faire qu'il y ait identité (1).

(1) Dieu communiquant avec l'âme et l'âme avec le fluide vital, il a pu y avoir aussi quelques phénomènes physiologiques chez les prophètes sacrés, consécutivement au moins.

C'est surtout et presque exclusivement dans l'état moral du prophète, sa vie habituelle, ses discours, leur objet, le nom qu'il invoque, les miracles qu'il opère, la grandeur de ses prophéties, qui dépendent de la libre détermination de la volonté divine, leurs détails minutieux et circonstanciés, etc., etc., etc., et surtout dans la dignité de leur mission, confirmée par leurs mœurs, l'accomplissement constant de prophéties qui intéressent une nation, l'humanité tout entière. C'est surtout dans la liaison qui existe entre tous les travaux des prophètes, dans l'unité d'action, de principe, de voie, de but, etc., de telle sorte que chaque prophète a fourni, si je puis m'exprimer ainsi, une page, un chapitre, un livre, qui s'accordent parfaitement avec les travaux de celui qui l'a précédé, de celui qui doit le suivre; ce qui prouve, en constituant une œuvre une, complète, humanitaire, surnaturelle, qu'ils ont tous été inspirés par une puissance, une, divine, continue, dans une direction unique, pour tous les siècles des siècles, pour l'éternité tout entière, etc., etc. Il y a donc une distance immense entre le somnambule le plus lucide et le prophète sacré.

Voilà une esquisse abrégée de ce qui constitue véritablement le caractère distinctif et divin des prophètes, de la cause supérieure, éternelle et divine qui les fait agir. L'ignorance et la haine de la religion ont aveuglé la raison des auteurs intéressés à tout confondre.

Il y a ignorance à nier tout phénomène physiologique dans les prophètes et ignorance et impiété à conclure d'une certaine analogie à l'identité absolue.

Mais les prophètes sont-ils pour cela entièrement soustraits aux lois naturelles qui gouvernent chez l'homme la vie organique, le fluide magnétique; et y a-t-il injure à croire qu'en regardant de près et en détail les phénomènes physiologiques on pourrait, chez eux, par une étude approfondie, saisir des analogies dans l'état physique (sans pour cela trouver identité) et montrer que l'âme du prophète en rapport direct avec Dieu, par la libre volonté de Dieu, n'avait pas pour cela cessé d'avoir des communications avec la vie organique, qui, modifiée par ces causes, présente aussi dans la manière d'être extérieure du prophète des phénomènes différentiels et analogiques avec tous les autres?

Enfin il faut se rappeler que si nous avons donné la véritable théorie de la vie organique, le fluide magnétique ainsi que la matière qui le produit, existera chez tous les hommes; que ce fluide soumis à l'âme, uni qu'il est avec elle de la manière la plus intime (*anima rationalis et caro unus est homo*) recevra des modifications d'un ordre plus ou moins supérieur suivant l'état dans lequel se trouvera le principe spirituel. Il faut connaître et la physiologie et la théologie pour discuter cette question.

Avec quelle mesure, par exemple, apprécierons-nous l'homme dans la société, jouissant de ses facultés suivant l'ordre que nous nommons naturel? Quand ses facultés seront-elles naturelles sans aucun mélange, et quand commenceront-elles à être surnaturelles? L'homme peut-il agir par son propre esprit et en s'isolant absolument de l'influence des esprits d'un autre ordre? Celui qui dans l'état naturel n'est pas en communication avec Dieu doit-il être regardé comme étant en communication avec le démon? N'y a-t-il pas de milieu? Non, si l'on n'admet pas que l'homme puisse agir par son propre esprit. Alors tous les hommes en dehors du catholicisme (ou de la loi naturelle pour les païens) ne jouissant pas de leurs facultés suivant la loi et son auteur, en jouissent suivant l'ange rebelle. Je le veux bien. Mais qu'est-ce donc que l'esprit de l'homme? et quelles facultés lui sont propres? Quand l'âme humaine agit-elle par elle-même? Quelles sont les facultés que Dieu lui a concédées (1)? Toujours est-il que quand l'âme, pour se mettre en rapport avec Dieu ou avec le démon, ne se sert que de son libre arbitre en choisissant simplement le bien ou le mal, on la dit dans l'état naturel, parce qu'il n'y a aucune pratique particulière de sa part pour s'unir au mauvais principe, par exemple, si c'est le mal qu'elle choisit. L'âme humaine est absolument dans les mêmes conditions dans le somnambulisme (2).

L'action magnétique n'est pas superstitieuse ; et si ceux qui, ne voyant en elle qu'un simple signe (quand il y en a), disent ne voir aucune proportion entre la cause et l'effet, c'est qu'ils ignorent sa valeur physiologique ou supposent à tort que c'est à cela que l'on attribue les phénomènes psychologiques.

Il ne s'agit pas de savoir s'il y a dans l'action magnétique pratique insolite, nouvelle ; il faut décider si elle est superstitieuse, criminelle et magique, surnaturelle et diabolique. C'est le seul moyen de pouvoir affirmer que les phénomènes du magnétisme et du somnambulisme sont essentiellement diaboliques en raison d'un rapport superstitieux et criminel. Il me semble pouvoir affirmer que l'action magnétique n'est pas superstitieuse et criminelle, diabolique enfin. Il me semble certain que, bien qu'insolite, elle s'opère avec les seules ressources de l'homme et sans recourir à aucune cause étrangère ; que si le démon peut intervenir, c'est suivant les mêmes lois que dans l'état naturel et que les mêmes précautions pourront nous en préserver.

Si ces explications sont vraies, il faudra, comme je l'ai déjà indiqué plus haut, appliquer à la puissance magnétique et aux facultés somnambuliques la règle que nous appliquerions à l'âme de l'homme dans son état ordinaire et naturel. Ainsi il me semble qu'il est plus prudent de défendre à une personne chrétienne de se faire magnétiser par un homme dont la

(1) L'âme de l'homme ne peut pas s'isoler du concours naturel de Dieu. Mais peut-elle s'isoler du concours ou mieux de l'influence du démon tant que nous restons dans l'ordre naturel, et sans que nous soyons confirmés en grâce? Et même après, que dire?

(2) L'âme agissant avec le concours naturel de Dieu peut faire des actions moralement bonnes.

vie n'est pas chrétienne (1), parce que l'âme de cet homme est rarement dans l'ordre, dans la pureté même naturelle, et ne peut être en *rapport naturel* (dans le sens indiqué plus haut) qu'avec le démon. Il faudra juger ici comme pour les mauvaises compagnies, les mauvais discours, les mauvais livres, etc., etc. Il y a de grands rapports entre l'action d'un mauvais discours et une action magnétique de mauvaise nature ; au bruit des paroles près il y a identité ; c'est ce que nous verrions s'il convenait ici d'analyser le son, la parole, etc., etc. L'action magnétique dans les cas ordinaires peut être *naturellement* mauvaise.

Je me suis en apparence bien éloigné de la question ; mais j'ai cru devoir revenir sur celle-ci, qui est importante en ce qu'elle représente les rapports que l'homme peut avoir avec le démon, quand l'homme est magnétisé suivant les règles ordinaires, comme pouvant être changés par une bonne direction donnée à l'âme.

En restant dans les limites d'une action naturelle, il y a un bon et un mauvais magnétisme.

Encore une fois, il ne faut pas oublier que le fluide magnétique est dirigé, modifié par l'âme, et que c'est elle qui lui donne des propriétés bienfaisantes ou nuisibles. Ainsi, il y a un bon magnétisme et un magnétisme mauvais, suivant l'état ordinaire de l'âme et surtout suivant son mode actuel d'action modificatrice, et de la part de celui qui donne et de celle de celui qui reçoit.

Si les effets produits par des personnes pieuses ne sont pas des preuves sans réplique ; au moins joints aux autres raisons ils peuvent avoir quelque valeur.

J'ai cité cet ecclésiastique qui obtint si facilement des effets magnétiques et somnambuliques. Il est à ma connaissance que plusieurs autres ecclésiastiques en ont produit sans plus de conditions extraordinaires ; les ouvrages de magnétisme en citent un grand nombre. Il est encore à ma connaissance que des personnes aimant et pratiquant la religion ont produit des effets magnétiques et somnambuliques après avoir reçu la sainte communion. Cela m'est arrivé à moi-même quelques heures après, et je m'engagerais volontiers à faire des expériences sur des ecclésiastiques, et à leur apprendre les moyens d'en produire, en se mettant dans l'état de pureté de conscience le plus complet possible.

Les phénomènes de prévision somnambulique ne sont pas communs, mais ils ne sont pas assez rares pour n'en pas réunir un assez grand nombre de fort remarquables (2). M. Rostan lui-même en a observé depuis son article sur le magnétisme.

(1) Un magnétiseur peu chrétien pourrait cependant avoir une action moralement bonne, surtout si l'intention actuelle ou seulement virtuelle a ce caractère. Le magnétiseur chrétien est préférable.

(2) Dans la plupart des cas, la prévision magnétique serait mieux nommée pré-sensation.

A l'hôpital de la Pitié j'en ai vu un qu'il citait dans sa leçon. Les docteurs Férrus et Georget étaient tous deux témoins de cette expérience. Je pourrais citer un certain nombre de faits de cette nature, et l'on peut en trouver dans un grand nombre d'auteurs qui ont écrit sur le magnétisme et qui méritent plus de créance que tel ou tel médecin qui nie ce qu'il n'a pas seulement cherché à constater. Il en est de même pour les faits magnétiques; les auteurs en citent, et j'en ai observé moi-même, d'extraordinaires et d'instantanés, pour ainsi dire. — Il ne faut pas reculer devant les faits magnétiques qui pourraient par quelques côtés être rapprochés de faits d'un ordre supérieur; une analogie est bien loin d'être une identité, et il nous restera toujours, quoi qu'on fasse, assez de moyens pour discerner l'œuvre de Dieu. Quand, dans quelques cas, Dieu le permettant ainsi, le somnambule verrait des choses qui ne dépendent que du libre arbitre de l'homme, ce ne serait pas sortir de l'ordre naturel. Mais les prophètes ont vu, dans l'ordre surnaturel, la libre détermination de la volonté divine.

Il ne faut pas dire que *les plus importantes illuminations des magnétisées se bornent à donner* des recettes. Cela est contraire à ce que les auteurs compétents attestent, à ce que j'ai observé moi-même, et il faut prendre garde, en voulant trop prouver, de ne pas prouver assez. Il ne faut pas surtout, quand on critique certains faits, se demander *s'ils existent réellement parce que des médecins fort recommandables les ont tournés en ridicule*. Il fallait se demander s'ils étaient recommandables par leurs études et leurs lumières sur la question magnétique, qui, en dernière analyse, est une question expérimentale. Il ne faut pas oublier non plus que tourner en ridicule, faire le bouffon, comme l'a fait le docteur Bouillaud, le docteur Dubois (d'Amiens), etc., cela ne prouve autre chose que la résolution prise de faire l'esprit fort et le bel esprit en toutes choses. Mais les adversaires se contredisent, tantôt en assurant que les somnambules ne donnent que des recettes nulles, tantôt en affirmant qu'elles n'en conseillent que d'extraordinaires et qui viennent du démon, ne connaissant pas les traitements non moins extraordinaires de la médecine.

Il est contre la vérité d'affirmer *que la plupart du temps les guérisons magnétiques sont accompagnées d'un attirail de prescriptions pharmaceutiques* (1). C'est prouver qu'on n'a pas lu les auteurs, qu'on n'a pas expérimenté et que c'est une méthode commode, d'ériger un fait particulier en règle générale, etc. Pour moi j'émettrais une proposition opposée, je prouverais, par de nombreuses citations et surtout par l'expérience, qu'un grand nombre de maladies guérissent par l'action magnétique employée seule; que plusieurs autres peuvent être guéries en faisant concourir avec elle quel-

---

Pourquoi l'âme de l'homme, avec le concours naturel de Dieu et les facultés qu'elle a reçues de son auteur, ne pourrait-elle pas voir naturellement à la lumière de Dieu ce que l'on attribue si facilement au démon?

(1) Il est faux d'assurer que les magnétiseurs et les somnambules emploient beaucoup de médicaments; et quand cela serait vrai, on n'aurait pas encore prouvé la non-existence du magnétisme et son inutilité; car il faudrait encore montrer qu'il n'a pas dirigé leur mode d'action.

ques moyens très simples que les somnambules indiquent; je prouverais qu'en vertu de la correspondance qui s'établit entre le cerveau du magnétiseur et celui du somnambule, par l'intermédiaire du fluide magnétique, en vertu de la communauté des opinions, parce que le magnétiseur influence le somnambule, en sollicitant sa détermination, qui n'est plus aussi libre, les médecins sont souvent cause des prescriptions compliquées que font les sujets qu'ils magnétisent ; je prouverais que des magnétiseurs instruits en médecine et des médecins instruits en magnétisme ont très bien pu se soustraire à une loi qui ne pèse que sur les gens infatués de leur chaos médical et pharmaceutique, et qui sont toujours prêts à formuler quand même.

Quant aux guérisons miraculeuses, elles ont aussi des caractères tellement supérieurs qu'on ne peut les confondre avec les guérisons produites par le magnétisme humain naturel (1). Mais en tenant compte du principe divin et de l'action divine, ce n'est pas une raison pour dire que le fluide magnétique n'a joué aucun rôle ; il n'en est peut-être pas ainsi ; mais l'agent a joué un rôle d'autant plus important qu'il n'était plus modifié par un esprit créé, mais par l'esprit divin. Là encore quelques côtés analogiques n'ôtent ni ne diminuent, en aucune façon, la divinité de la cause, qu'un si grand nombre d'autres caractères établissent de la manière la plus positive, la plus triomphante. Il suffirait d'énumérer des guérisons qui équivalent à des résurrections et des résurrections même pour faire reculer quiconque tenterait de s'égaler à Dieu et à ses envoyés. De même aussi quand on admettrait un fluide universel, se spécifiant dans chaque corps, dans chaque molécule, ce ne serait pas une raison pour donner à ce fluide l'intelligence et la sagesse, et cela n'ôterait certainement point à Dieu son action sur le monde, parce qu'il agirait sur tous par un seul principe subtil et créé, etc. Ainsi, on peut facilement éviter de tomber dans le panthéisme.

Le magnétiseur peut, par l'action de sa volonté et l'intermédiaire du fluide magnétique, s'unissant au fluide magnétique propre de l'eau, ou de toute autre substance inerte, lui donner telle ou telle vertu, la vertu purgative par exemple (2) : cette eau, ainsi modifiée, produira des évacuations alvines sur un homme irritable, qu'il soit actuellement en somnambulisme, ou qu'il en soit sorti ; elle produira les mêmes effets sur un individu sensible qui n'a jamais été magnétisé. Il est inutile de dire que, dans aucun cas, on n'avertit le sujet de l'effet que l'on veut produire sur lui. Ceux qui doutent de ces faits n'ont ni lu ni observé, et alors ils ne sont pas compétents ; ceux au contraire

---

(1) Des auteurs impies ont attribué les miracles au magnétisme. Mais y aurait-il également impiété à dire qu'il y a joué un rôle très secondaire, et que, là aussi, comme dans beaucoup d'autres cas, Dieu se sert du naturel pour enter en quelque sorte sur le surnaturel? Cela diminuerait-il donc en quelque chose le miracle? Faut-il laisser les impies faire du rationalisme sans pouvoir le combattre en se mettant sur le même terrain? et est-il nécessaire d'attaquer le magnétisme pour attaquer l'impiété des magnétiseurs?

(2) Il n'y a ni création ni transsubstantiation dans les modifications que l'action magnétique imprime à l'eau, par exemple; et ce n'est que parce que l'on n'examine pas physiologiquement pourquoi souvent on se sert à cet effet du souffle ou des extrémités des doigts réunis que l'on reproche la parodie des pratiques de l'Église et des bénédictions.

qui les ont produits et qui les affirment ne sont pas assez fous pour les regarder comme des miracles, s'ils sont assez heureux pour être chrétiens, de même qu'ils ne concluent pas qu'ils sont Dieu même parce qu'ils savent qu'ils sont faits à l'image de Dieu. Ils savent d'ailleurs trouver assez de différence entre ce qu'ils font et ce qu'a fait le Sauveur pour ne pas tomber dans l'impiété sur ce point et sur d'autres encore.

Les magnétiseurs produisent par la seule action magnétique les mêmes effets qu'ils déterminent en se servant d'une substance quelconque comme intermédiaire, comme véhicule ; mais ils n'oublient pas qu'ils ne transforment pas les substances, puisqu'ils n'en changent aucunement l'aspect, la nature intime, etc., etc. Aux yeux de tous et à leur sens la substance n'est pas changée, mais modifiée, et n'est que le réservoir, le véhicule d'une substance plus subtile qu'elle.

On combat le magnétisme par de fausses allégations empruntées aux somnambules.

Il ne faut pas dire que *les somnambules nient les effets réels et bienfaisants de l'eau magnétisée*, et là encore, il ne faut pas ériger un fait particulier en règle générale. Il faut lire, il faut expérimenter, c'est le plus sage.

Dire qu'*on ne peut comprendre par les lois de la physiologie qu'il puisse se dégager assez de fluide pour produire les effets magnétiques* (1), c'est dire et prouver qu'on ne connaît pas ces lois. Et d'abord qui vous dit qu'il en faut beaucoup ? Qui vous dit qu'il n'en sort pas assez ? Dites donc aussi qu'on ne peut comprendre par les lois de la physiologie que l'homme puisse dégager assez de fluide électro-nerveux pour pouvoir marcher plusieurs heures, remuer les membres toute une journée. Il est en vérité inouï qu'on invoque des lois dont on ignore l'essence et qu'on oublie que la vie s'élabore sans cesse dans l'organisme, que celle qui s'échappe est aussitôt remplacée par d'autre, jusqu'à ce que les organes fatigués réclament le repos ; que la vie de relation cesse de s'exercer, que le sommeil arrive enfin, pour cesser aussitôt que l'organisme aura recouvré sa puissance active et motile sous l'influence de l'âme.

Ignorance de la physiologie dans ses lois les plus simples et les plus communes.

Les lois physiologiques, dit-on encore, *ne font pas comprendre que le fluide puisse arriver au cerveau du magnétisé*. On se demande en vérité si une semblable assertion est sérieuse. Comment la lumière, le son, le toucher sont-ils transmis au cerveau ? Les filets nerveux qui s'épanouissent à la

(1) Les adversaires, plus savants en toute autre chose qu'en physiologie, réclament contre la violation des lois de la nature qu'ils ne connaissent pas, et ont recours au surnaturel sans raisons suffisantes, parce qu'ils ne connaissent pas le naturel. La physiologie ne se devine pas même par de bons métaphysiciens. Tout cela n'empêche pourtant pas que la théologie ne fournisse des matériaux certains pour distinguer sûrement le surnaturel du naturel.

surface de la peau ne communiquent donc pas avec le cerveau? Et cependant, les fonctions de la peau sont liées à celles de tous les autres organes. Reportons-nous à ce qui est écrit plus haut sur les fonctions du système nerveux, etc., etc.

A l'ignorance de la physiologie vient se joindre celle de la physique, et en elle-même et dans ses nombreux rapports avec l'homme sain ou malade. De là des objections puériles et ridicules.

Toujours en invoquant *les lois de la physiologie*, on dit ne pas comprendre *que le fluide magnétique arrive jusqu'au magnétisé, puisqu'il n'y a pas contact, qu'il doit se perdre dans l'air*. Comment les odeurs ne se perdent-elles pas dans l'air? Pourquoi la chaleur arrive-t-elle jusqu'à nous? Pourquoi l'électricité atmosphérique, l'électricité artificielle? Pourquoi une étincelle électrique vient-elle nous frapper à un pied de distance? Pourquoi ne se dissipe-t-elle pas dans l'air? Pourquoi l'électricité se précipite-t-elle sur les corps métalliques? Pourquoi le fluide magnétique de la torpille, du gymnote, etc., arrive-t-il à son but? Pourquoi ne se dissipe-t-il pas dans l'eau, qui est un conducteur parfait? Et pourquoi voudrait-on après tout cela que le fluide magnétique humain se dissipât dans l'air, dont la conductibilité est des plus faibles? En vérité, si l'on n'avait pas été assez heureux pour être admis à goûter le plaisir de converser avec l'auteur de semblables assertions, après avoir douté de ses connaissances en physique et en physiologie, on douterait encore de sa bonne foi et de son impartialité.

Analogie de l'action du démon sur l'homme. Différence essentielle. Les magnétiseurs impies ont eu tort de vouloir expliquer les possessions par le magnétisme.

Le magnétiseur chrétien, après avoir reconnu des phénomènes magnétiques et somnambuliques, par l'action de l'esprit de l'homme sur son propre corps, par l'action de l'esprit de l'homme sur le corps d'un autre homme, par la manière dont le fluide magnétique se dispose dans l'organisme en vertu des lois naturelles, comme dans le noctambulisme, l'hystérie et la catalepsie somnambuliformes, etc., reconnaît encore que les démons existent, que ces esprits peuvent agir sur le corps, mais pas directement sur l'âme; que c'est au fluide nerveux, au fluide magnétique, qu'ils s'adressent, ainsi que le fait l'esprit de l'homme; qu'ils produisent des phénomènes spéciaux, qui, pour avoir aussi certains côtés analogiques, ne sont cependant pas identiques au somnambulisme que produit l'homme (1). Une étude comparée des phénomènes du somnambulisme et des possessions fait assez ressortir les différences pour que les analogies ne fassent pas tout confondre. Les magnétiseurs qui ont voulu tout mêler sans aucune distinc-

(1) Il peut quelquefois y avoir complication; et quand dans certaines possessions on verrait aussi quelques phénomènes magnétiques, ce ne serait pas une raison de nier la possession, qui n'anéantit pas toutes les lois de la nature.

tion, n'ont eu intérêt qu'à saisir les côtés analogiques pour prononcer de suite sur l'identité et faire les esprits forts.

Étude théorique incomplète, expérimentation nulle. Inconséquence à se prononcer dans une question *à priori*.

Pour prononcer sur la *valeur scientifique du magnétisme* et la déclarer *nulle*, il faut témoigner de sa compétence autrement que par des dénégations hasardées, il faut en étudier la théorie et en observer par soi-même les phénomènes. Toutes les questions n'ont pas d'ennemis plus redoutables que ceux qui ne les étudient pas; et comme ce que l'on ignore n'existe pas par rapport à soi, l'erreur est facile et fréquente pour ceux qui se hâtent de prononcer sans examen ou après un examen superficiel, ce qui est encore plus nuisible et souvent sans remède.

Inconvénients de comparer deux sciences dont l'une au moins n'est pas connue. L'étude du magnétisme n'est pas restée stationnaire. On lui a opposé plus d'obstacles qu'à la chimie, où l'étude offre tant de difficulté.

Comparer *les progrès qu'a faits la chimie avec ceux qu'aurait dû faire le magnétisme animal*, et le faire au détriment de cette dernière science, est une erreur d'autant plus grande qu'on a posé en principe cette autre erreur qu'*on s'est occupé des deux sciences avec une ardeur égale*. C'est prouver ensuite qu'on ne connaît pas le magnétisme à son apparition en France, il y a soixante ans, et ce qu'il est aujourd'hui pour ceux qui veulent consulter tous les ouvrages et expérimenter les faits de la science magnétique.

Un esprit prévenu tronque facilement des citations, ou ne choisit que celles qui cadrent avec une opinion toute faite.

En parlant des travaux académiques, il ne suffisait pas de citer des passages (et les plus défavorables encore) des rapports des corps savants contre le magnétisme : il fallait au moins, pour être juste et impartial, citer les conclusions du rapport de neuf académiciens, rapport lu en séance académique par le docteur Husson, en 1830. Avec des citations arbitraires, on peut tout présenter sous un faux jour.

La prévention aveugle fait blesser les règles de la plus simple philosophie, et contredire les faits les plus communs chez l'homme en santé et en maladie. La religion n'a pas besoin de cette manière d'argumenter : ce n'est pas un moyen de l'honorer.

L'oubli au réveil ne *peut* en aucune façon *prouver que le somnambule opère par le démon*. Il ne faut donc pas citer *ce phénomène* comme *une des preuves les plus fortes en faveur de cette opinion.* C'est ignorer et prouver, encore une fois, qu'on ignore complétement les lois de la physiologie. Les choses que nous ne nous rappelons pas dans l'état naturel d'un instant à l'autre, d'un jour à l'autre, etc.; les rêves, que nous oublions souvent, que nous ignorons tout-à-fait, tandis que d'autres nous ont entendu parler; l'oubli du noctambule, de l'hystérique, de la cataleptique, du délire du malade, etc., etc.: dans tous ces cas, l'oubli nous fera-t-il dire qu'il y a intervention du démon ? qui l'oserait ?

Le magnétisme peut être moral ou immoral. C'est un agent physique qui reçoit les modifications de l'âme, comme il a été dit plus haut. Quand on veut le condamner *quand même*, on ne prévient pas le mal qu'il peut faire.

Est-il juste de dire aussi que *le magnétisme n'a aucune valeur morale?* Nous l'avons déjà dit, le magnétisme, considéré comme agent physique, n'a par lui-même aucune valeur morale; mais l'âme peut lui en donner une suivant le degré qu'elle occupe dans la vérité ou dans l'erreur, dans le crime ou dans la vertu (1). Le magnétisme, ou, pour mieux dire, l'ensemble des phénomènes qu'il produit sous la direction de l'âme, peut avoir ou ne pas avoir de valeur morale : cela dépend tout-à-fait de l'état intellectuel du magnétiseur et du magnétisé. — Ici encore, il ne faut pas placer la faculté magnétique en dehors des facultés naturelles, et, pour la première comme pour les dernières, il faut répondre sans prévention. Quelle est la valeur morale de la parole, du geste, du jugement, de la mémoire, de l'imagination, de la liberté, etc., etc.? Toutes les facultés ont puissance de bien et de mal suivant la source à laquelle elles puisent; voilà la loi, elle est pour tous les hommes et pour toutes leurs facultés et puissances intellectuelles, scientifiques, artistiques, etc. Mais on affecte toujours de chercher bien loin ce qui est bien près, et d'ignorer les lois ordinaires qui régissent l'homme et jugent ses œuvres.

L'oubli au réveil ne prouve pas l'intervention d'un agent mystérieux : nous l'avons dit plus haut.

Le magnétiseur peut, en s'accordant avec le somnambule, ou même sans le prévenir, lui faire conserver au réveil le souvenir de telle ou telle chose, de plusieurs ou de toutes; le magnétisé le peut aussi pareillement. Une émotion vive et involontaire, la volonté forte du somnambule, celle du magnétiseur, soit seule, soit concourant avec celle du sujet, laissent le souvenir au réveil. Ici encore les lois de l'homme, dans son état ordinaire, trouvent leur application. La mémoire se développant dans le somnambulisme, on a

---

(1) L'action magnétique, en surexcitant le système nerveux, ne fait que le disposer à la perception des influences du monde matériel et visible, du monde spirituel et invisible; influences qui nous entourent toujours, bien qu'elles soient rarement perçues. La perception appartient à l'âme; la pureté d'intention peut et doit la régler.

appris à lire en trois ou quatre leçons à un enfant, et il a pu jouir de ce qu'il avait appris : à son réveil on lui en fit garder le souvenir.

Un maître, profitant de l'adresse et de l'agilité développée dans l'état somnambulique chez son domestique, fort maladroit auparavant sous ce rapport, lui apprit en une leçon à jouer parfaitement au billard ; il l'en fit souvenir à son réveil, et cet homme acquit ainsi en une heure ou deux une connaissance qui lui était auparavant tout-à-fait étrangère.

Qu'on ne se récrie pas sur le peu d'importance des connaissances acquises dans ces deux cas, puisqu'on doit pouvoir aussi nécessairement en communiquer de plus élevées. Il y aurait sur cette question nombre de faits à citer, de réflexions à faire, de vérités à établir.

L'opposition du sujet éveillé avec lui-même endormi et somnambule ne prouve pas une intervention étrangère.

Nous sommes souvent, d'une année à l'autre, d'un jour à l'autre, d'un intant à l'autre, en opposition avec nous-mêmes. Une pieuse lecture, de sérieuses réflexions, une conversation édifiante, des remontrances faites avec autorité, nous mettent en opposition avec nous-mêmes, etc.

Un somnambule se prescrit, en sommeil, une boisson, un médicament qu'il déteste dans l'état de veille ; il les refusera même obstinément si vous le laissez libre de suivre son impulsion naturelle. Il faut pourtant qu'il se soumette à cette médication, sa maladie l'exige, il le reconnait étant endormi. Vous voulez qu'à son réveil il agisse et pense comme dans le somnambulisme, qu'il accepte ce qu'il refusait ; vous voulez, il unit son intention à la vôtre, et à son réveil il prend sans répugnance ce qu'il eût repoussé avec horreur. Dans l'ordre moral il est facile d'utiliser ce genre de phénomène sans porter cependant atteinte à la liberté.

J'ai vu des somnambules qui juraient dans l'état de veille et qui ne croyaient à rien ; je les ai vus se jeter à genoux et prier Dieu avec ferveur, disant hautement qu'il était le seul qui pût les guérir ou leur permettre d'en trouver les moyens.

C'est par l'ignorance des lois du magnétisme qu'on assure qu'il est essentiellement immoral. Attendu la fragilité humaine, les rapports fréquents entre les deux sexes sont dangereux, en raison surtout de leur intimité.

L'action magnétique n'a pas, comme on cherche à l'insinuer, la triste prérogative d'enflammer d'une passion coupable les femmes magnétisées par des hommes. L'action magnétique elle-même ne produit qu'un attachement peu durable, intéressé et basé sur l'espoir d'une guérison ou d'un soulagement efficace pour des maux longs et douloureux ; et si des faits, toujours malheureusement trop fréquents, tendaient à faire croire le contraire, il faudrait ne pas oublier de se demander dans quelles dispositions morales se trouvaient le magnétiseur et la patiente ; quelles étaient leurs mœurs, les moyens spirituels qu'ils avaient à leur disposition pour résister à l'attrait des sexes, etc. Il faudrait aussi ne pas oublier qu'un magnétiseur arrive presque toujours quand on a essayé de tous les médecins, de tous les médicaments; que la plupart des femmes, qui n'ont que de l'imagination, sont toujours prêtes à grossir ce qui flatte leur amour-propre, à saisir ce qui satisfait leur vanité; que ces femmes voient chaque jour le magnétiseur, qu'elles éprouvent souvent, au bout de quelques minutes d'action, un soulagement réel et profond à une maladie longue et rebelle à tout; l'étrangeté de la méthode, les marques de bienveillance surtout, sont souvent prises pour quelque chose de plus (1).

Que de choses il y aurait à dire sur ce sujet, que la plupart des auteurs ont traité avec une prétention évidente de résoudre, ce qu'ils ne faisaient d'abord que mettre en question ! Mais nous nous arrêtons ici, et nous résumons notre opinion en quelques mots.

Nous croyons que la faculté magnétique est naturelle, commune à tous les hommes, puissante pour le bien, puissante pour le mal suivant les modifications que des esprits plus ou moins purs, plus ou moins corrompus, impriment à l'agent magnétique; cause seconde et intermédiaire de phénomènes d'une bonne ou d'une mauvaise nature, cela est vrai, et pour le magnétiseur et pour le somnambule, qui reste libre d'accomplir les actions qui blesseraient sa conscience. Pour dérouler la question, il faudrait faire l'histoire complète du magnétisme et du somnambulisme, et faire réagir sur ces facultés nouvelles toutes les facultés que nous connaissons déjà, soit dans leur usage (2), soit dans leurs abus (3); et pour nous aider à prononcer un jugement solidement motivé, il serait bon d'entrevoir au moins tout le bien qu'on peut faire avec le magnétisme, s'il est vrai qu'il fournisse une doctrine médicale simple, complète, efficace.

Le magnétisme est tout différent s'il est considéré dans un homme moral, chrétien surtout.

Cependant nous pouvons déjà entrevoir tout ce que le magnétisme peut faire de bien si on le suppose communiqué par un homme moral, par un chrétien, dans des vues morales, chrétiennes, etc., et nous concevons aussi qu'il peut concourir au mal quand l'expérimentateur et celui qui se soumet à l'expérience marchent dans une voie tout opposée.

L'étude sérieuse, surtout l'étude chrétienne du magnétisme, porte l'homme à l'amour de son semblable, l'élève vers Dieu, lui fait découvrir de nouveaux bienfaits de sa divine providence dans la mère qui presse contre son cœur et

---

(1) Bien des causes morales déjà connues expliquent facilement ce que l'on va chercher bien loin, et l'on trouverait bien souvent sur la terre ce que l'on descend prendre dans l'enfer. L'action magnétique n'étant pas une prérogative de telle ou telle personne, de tel ou tel sexe, c'est au moins être bien inconséquent, si l'on connait d'ailleurs suffisamment la question, de la qualifier de nécessairement immorale, puisqu'une femme peut et doit le plus souvent possible magnétiser une personne de son sexe.

(2) La faculté magnétique, commune à tous, est soumise aux mêmes lois que toutes nos autres facultés.

(3) Bien des abus peuvent être écartés en admettant une tierce personne comme témoin.

ERRATA.

Pag. 457, lig. 17, *au lieu de :* notre histoire, *lisez :* notre historien.

500, 16, *au lieu de :* en corps et en sang, *lisez :* au corps et au sang.

515, 29, *au lieu de :* lorsqu'il s'agit, *lisez :* lorsqu'il s'agit, en théorie.

525, 15, *au lieu de :* nous ne terminerons point ce paragraphe comme extrêmement opposé aux erreurs, *lisez :* nous ne terminerons point ce paragraphe, sans citer comme un extrême opposé aux erreurs que nous venons de passer en revue, le système, etc.

553, 13 et 14, *au lieu de :* qu'une machine électrique a une certaine sphère d'activité galvanique, *lisez :* qu'une machine électrique, galvanique, a une certaine sphère d'activité.

624, 11, *après :* les songes du magnétisme animal, *ouvrez une parenthèse jusqu'à la fin de la phrase.*

668, 4 (Note), *après :* aussi absurde sous le point de vue religieux, *ajoutez :* que sous le point de vue scientifique.

674, 8, *au lieu de :* le sujet qui prête, *lisez :* le sujet qui se prête.

679, 2 (Note 2), *au lieu de :* auquel elle est unie, *lisez :* auquel l'âme est unie.

685, 24, *au lieu de :* somnambules magnétiseurs, *lisez :* somnambules-magnétiques.

687, (Note 2), *au lieu de :* avec le concours naturel de Dieu, *lisez :* avec le concours ordinaire de Dieu.

689, 1, *au lieu de :* j'en ai vu un, *lisez :* j'en ai consigné par écrit un, etc.

690, 3 (Note 1), *au lieu de :* pour enter en quelque sorte sur le surnaturel, *lisez :* pour enter en quelque sorte sur lui le surnaturel.

TABLE DES MATIÈRES.

Introduction.................................... page   1
Magnétisme humain et somnambulisme artificiel. — Physiologie. — Psychologie. — Prolégomènes........................   21
Chap. Ier. Coup d'œil anticipé sur le magnétisme dans l'antiquité au point de vue catholique. — Origine de la médecine...........   36
Chap. II. Magnétisme repoussé par les savants.................   44
Chap. III. Opinions de Cuvier, de Laplace, de M. le professeur Rostan, sur le magnétisme humain......................   52
Chap. IV. Le Rapport de 1784. — Son analyse par MM. Adelon, Bourdin aîné, Marc, Pariset, Husson, membres de l'Académie royale de médecine. — Rapport de la même commission sur la question de l'examen du magnétisme animal en 1825. — Différence du magnétisme en 1784 et en 1825...................   59
Chap. V. La nature de la volonté détermine librement l'action bienfaisante ou nuisible. — Le magnétisme bien dirigé peut être l'instrument de la charité, etc............................   96
Chap. VI. Mesmer. — Parallèle de sa doctrine et de celle des médecins de son temps. — Sa doctrine fût-elle fausse, sa conduite n'a point été celle d'un charlatan. — A Vienne et à Paris, il s'adresse d'abord aux savants. — Les docteurs d'Eslon, Douglé, sont aussi persécutés par la Faculté de médecine............   109
Chap. VII. Les commissaires de 1784 reconnaissent au magnétisme une grande puissance, des effets constants. — Ils prononcent cependant qu'il n'existe pas. — Ils condamnent la doctrine et la pratique de Mesmer, et ce n'est pas auprès de Mesmer, son auteur, qu'ils les examinent..............................   131
Chap. VIII. Action magnétique. — Phénomènes magnétiques. — Physiologie du magnétisme. — La question du magnétisme, contrairement au préjugé commun, est bien distincte de celle du somnambulisme   137
Chap. IX. Somnambulisme magnétique. — État physique et moral du somnambule. — Extase magnétique......................   175
Chap. X. De Puységur à Busancy. — Ses premières observations des phénomènes somnambuliques. — Arbre magnétisé..........   200

TABLE DES MATIÈRES.

Chap. XI. Électricité animale de Pététin. — Il observe sur des cataleptiques les phénomènes offerts par les somnambules magnétiques. — Somnambules naturels ou noctambules. — La vue à travers les corps dits *opaques* n'est point antiphysiologique. — Action magnétique à distance.. 216

Chap. XII. Analogie du fluide magnétique vital avec l'électricité, le galvanisme, le magnétisme minéral, l'électro-magnétisme, le calorique, la lumière. — Tous les impondérables ne sont que des modifications d'un principe unique. — Travaux modernes sur cette importante matière. — Baguette divinatoire............. 235

Existence du fluide magnétique animal, du magnétisme humain.. 250
Comparaison des fluides électrique et magnétique humains...... 252
Comparaison des fluides galvanique et magnétique humains...... 253
Comparaison du fluide des aimants et de celui du système nerveux. 255
Comparaison des fluides électro-magnétique et magnétique humains.. 256
Comparaison de l'électricité naturelle des corps et du fluide nerveux... 257
Comparaison de la lumière et du fluide magnétique humain...... 260
Instruments sensibles à l'électricité naturelle des corps et au fluide magnétique humain.. 263

Chap. XIII. Parallèle entre les idées de Mesmer sur le fluide magnétique et celles des modernes. — Le fluide magnétique bien distinct de l'âme. — MM. Hoffmann, Nacquart, Virey, etc. — Expériences de l'Hôtel-Dieu, de la Salpêtrière, du Val-de-Grâce, etc. 273

Chap. XIV. De Puységur et le baron Larrey. — M. Rostan et ses assertions non motivées. — Plusieurs membres de l'Académie repoussent le magnétisme. — Leurs raisons exposées par eux-mêmes. — Lettres *prétendues* physiologiques et morales de M. A. Dupeau. M. Dubois (d'Amiens). — Sa théorie des *Pantins*. — M. Bouillaud. Il ne trouve pas au magnétisme cette immensité de preuves qu'il désire... 307

Chap. XV. A la sollicitation de M. Foissac, expériences de l'Académie royale de médecine, 1825. — 1831. — Rapport qui déclare le magnétisme une branche curieuse d'histoire naturelle, intéressant la physiologie, la psychologie, l'art de guérir, etc. — Les adversaires du magnétisme empêchent de publier le rapport favorable... 331

Chap. XVI. Discussions académiques sur les expériences de MM. Hamard, Oudet. — Rapport sur les expériences de M. Berna. — Bienveillance des commissaires, du rapporteur, etc........... 381

Chap. XVII. Prix Burdin. — M. Pigeaire et l'Académie. — M. Orfila, doyen de la Faculté de médecine, signe les procès-verbaux des expériences de M. Pigeaire. — Conclusions des travaux académiques sur le magnétisme.. 400

Chap. XVIII. Le magnétisme au moyen-âge. — Opinions de savants médecins et philosophes exactement conformes aux opinions actuelles sur cette question 409

Chap. XIX. Erreurs sur le magnétisme dans le moyen-âge. — Théanthropologie. — Action magnétique naturelle, surnaturelle. — Les guérisons opérées par les saints ne peuvent pas être confondues avec les guérisons magnétiques. — L'analogie extérieure fournie par les procédés employés ne donne pas le droit de tout confondre. — L'autorité de l'Église est la règle infaillible de discernement,.. 425

Chap. XX. Magnétisme retrouvé dans l'antiquité. — Chez les Hébreux. — Les Égyptiens. — Les Chinois. — Les Grecs. — Les Romains. — Puissance de l'homme sur les animaux................. 440

Chap. XXI. Somnambulisme retrouvé dans l'antiquité. — Chez les différents peuples. — Instinct des animaux pour leur conservation. — Instinct médical, intelligent et *consciencié* chez l'homme. — Faculté de *prévision* admise par Tertullien, Origène, Athénagore, Platon, Aristote, Plutarque, Pline, Jamblique. — Dans quel cas la prévision somnambulique est sûre, licite............. 460

Chap. XXII. Erreurs auxquelles le magnétisme a servi de prétexte. — Prophètes sacrés méconnus par Th. Bouys, etc. — Miracles divins attaqués par MM. Foissac et Mialle, etc. — Sacrements confondus avec l'action du magnétisme humain. — Aperçu théologique sur ces questions diverses. — Citations importantes de saint Thomas... 478

Chap. XXIII. Erreurs auxquelles le magnétisme a servi de prétexte (suite). — Panthéisme involontaire de M. Charpignon. — Erreurs de M. Ricard sur le purgatoire. — Il nie l'existence du démon et il admet la réalité des possessions. — M. Aub. Gauthier, apologiste de l'idolâtrie et des idolâtres, professe le panthéisme, nie l'existence du démon, etc. — Spiritualisme exclusif du docteur Billot. — Les anges, causes uniques des phénomènes magnétiques et somnambuliques.. 509

Chap. XXIV. Le magnétisme et le somnambulisme devant la cour de Rome. Esprit général des consultations. — Première consultation. — Deuxième consultation. — Troisième consultation. — Le magnétisme et le somnambulisme ne sont pas condamnés en eux-mêmes, mais seulement dans le *sens de l'exposé* et des insinuations qu'il présente. — Quatrième consultation. — Réfutation de la troisième.. 535

Consultation envoyée à Rome par Monseigneur l'archevêque de Reims. — Réponse de son Éminence le cardinal Castracane, grand-pénitencier.. 588

Chap. XXV. Le magnétisme et le somnambulisme devant les théologiens. — Opinion de M. l'abbé Fiard. — De M. l'abbé Fustier. — De M. l'abbé Wurtz. — De Monseigneur l'évêque de Moulins. — De M. M. de La Marne.— Du R. P. Perrone.— De M. l'abbé Frère... 592

Chap. XXVI. Le magnétisme et le somnambulisme devant les théologiens (suite). — Opinion de Monseigneur l'évêque du Mans. — de M. l'abbé Rousselot. — Du R. P. Dmoswki. — De M. Debreyne. — Objections, réponses, faits importants sur la question morale du magnétisme et du somnambulisme.............................. 624

Opinion de Monseigneur du Mans sur la baguette divinatoire.... 628

Appendice.—Physiologie psychologique, ou quelques mots sur le magnétsme humain et le somnambulisme artificiel............... 662

Avis de l'auteur 698

Ouvrages sur le Magnétisme.

BAUDOT. Quelques mots sur le magnétisme animal, suivis de l'Histoire d'une petite-vérole congéniale. 1839, in-8, br. 75 c.

BILLOT. Recherches psychologiques sur la cause des phénomènes extraordinaires observés chez les modernes voyants, improprement dits Somnambules magnétiques, ou Correspondance sur le Magnétisme vital entre un Solitaire et M. Deleuze. 2 vol. in-8. 10 fr.

CHARPIGNON. Études physiques sur le Magnétisme animal soumises à l'Académie des sciences. 1843, in-8 de 42 pages. 1 fr.

DUPEAU. Lettres physiologiques et morales sur le Magnétisme animal, contenant l'exposé critique des expériences les plus récentes et une nouvelle théorie sur ses causes, ses phénomènes et ses applications à la médecine. 4826, 1 vol. in-8. 3 fr. 50 c.

FODÉRÉ. Essai théorique et pratique de pneumatologie humaine, ou Recherches sur la nature, les causes et le traitement des flatuosités, suivi de recherches sur les causes et la formation de divers cas d'aberration et de perversion de la sensibilité, tels que l'*extase*, le *somnambulisme*, la *magie-manie* et autres vésanies, et sur les effets qui s'en sont suivis. 1829, 1 vol. in-8. 4 fr.

FRAPPART. Lettres sur le Magnétisme et le Somnambulisme, à l'occasion de mademoiselle Pigeaire, à MM. Arago, Broussais, Bouillaud, Donné, Bazille. 1839, in-8, br. 2 fr. 50 c.

IDJIEZ (Victor). Dissertation historique et scientifique sur la trinité égyptienne, précédée d'un coup d'œil historique sur l'histoire, de documents pour servir à l'historique du Magnétisme animal, et d'un Essai de bibliographie magnétique. 1844, 1 vol. in-18, br. 3 fr. 50 c.

MIALLE. Exposé par ordre alphabétique des cures opérées en France par le Magnétisme animal, depuis Mesmer jusqu'à ce jour (1774 à 1826) 1826, 2 vol. in-8. 15 fr.

MUSSET (Hyacinthe). Traité des maladies nerveuses ou névroses, et en particulier de la paralysie et de ses variétés; de l'hémiplégie, de la paraplégie, de la chorée ou danse de Saint-Guy, de l'épilepsie, de l'hystérie, des névralgies internes et externes, de la gastralgie, etc. 1840, 1 vol. in-8. 6 fr.

PÉTÉTIN. Électricité animale, prouvée par la découverte des phénomènes physiques et moraux de la catalepsie hystérique et de ses variétés, et par les bons effets de l'électricité artificielle dans le traitement de ces maladies. 1808, 1 vol. in-8. 10 fr.

PORTRAIT DE DELEUZE, imprimé sur carré de jésus vélin. 1 fr.
Sur papier de Chine. 2 fr.

WIART. Cures magnétiques, suivi du Magnétisme à l'usage des familles; 2e édition, considérablement augmentée. 1844, in-8 de 94 pages. 2 fr.

LES MAGNÉTISEURS sont-ils sorciers? La France est-elle hérétique? Les mêmes hommes l'ont dit. 1842, in-8, br. 1 fr.

Librairie de Germer Baillière.

ATLAS DE ZOOLOGIE, ou collection de 100 planches comprenant 257 figures d'animaux nouveaux ou peu connus, classés d'après la méthode de M. DE BLAINVILLE, avec une explication par M. *Paul Gervais*, licencié es-sciences, membre de la Société philomatique de Paris (ouvrage complémentaire des dictionnaires et des traités d'histoire naturelle); 1 vol. grand in-8, fig. noires. 12 fr.
Le même ouvrage, figures coloriées. 30 fr.

BOUCHARDAT. Cours des sciences physiques. 1842 à 1844. 4 vol. grand in-18 avec figures. 14 fr.

On vend séparément:

PHYSIQUE. 1 vol. in-18 de 400 pages, avec 90 fig. gravées sur bois et intercalées dans le texte. 1842. 3 fr. 50 c.

CHIMIE. 1 vol. gr. in-18 de 588 pages, avec figures gravées sur bois et intercalées dans le texte. 1842. 3 fr. 50 c.

HISTOIRE NATURELLE, contenant la zoologie, la botanique, la minéralogie et la géologie. 2 vol. grand in-18, avec 318 fig. dans le texte. 1844. 7 fr.

BOUCHARDAT. Atlas de Botanique, composé de 21 planches représentant 56 plantes, pour servir de complément à son histoire naturelle. 1844. 1 vol. gr. in-18. Fig. n. 2 fr. 50 c., fig. col. 5 fr.

DE CANDOLLE. Organographie végétale, ou Description raisonnée des organes des plantes. 2 vol. in-8, avec 60 planches représentant 422 fig. 12 fr.

FOSSATI. Manuel pratique de phrénologie, par M. le docteur Fossati, président de la Société phrénologique de Paris. 1844, 1 vol. gr. in-18 avec 42 figures. 6 fr.

FOY. Manuel d'hygiène publique et privée, par M. le docteur *Foy*, pharmacien en chef de l'hôpital Saint-Louis. 1844, 1 vol. gr. in-18. 3 fr. 50

MÉDECINE, CHIRURGIE ET PHARMACIE DES PAUVRES, contenant les premiers secours à donner aux empoisonnés et aux asphyxiés, et les remèdes faciles à préparer et peu chers pour le traitement de toutes les maladies. Nouvelle édit. refondue, 1839. 1 vol. gr. in-18. 2 fr. 50 c.

PELLETAN. Traité élémentaire de physique, générale et médicale. Par P. PELLETAN, professeur de physique à la Faculté de médecine de Paris; 3e édit. 1838; 2 vol. in-8, avec fig. 14 fr.

PERSON. Éléments de physique, par PERSON, docteur en médecine et agrégé de la Faculté de médecine de Paris, agrégé de l'Université, professeur de physique et de chimie au collège royal de Rouen, etc. 1836, 1841, 2 vol. in-8 de 1210 pages, avec un atlas in-4 de 675 fig. 12 fr.

SALACROUX. Nouveaux éléments d'histoire naturelle, comprenant la zoologie, la botanique, la minéralogie et la géologie, 1 fort vol. grand in-18, de 1070 pages, avec 48 pl. gravées sur acier, et représentant 450 fig.; par M. le docteur SALACROUX, professeur d'histoire naturelle au collège Saint-Louis. (Ouvrage adopté par le Conseil royal de l'instruction publique, pour l'enseignement de l'histoire naturelle dans les collèges et écoles normales primaires.) 1839, 2e édition. 7 fr.

Le même ouvrage; édition beaucoup plus complète. 1839, 2 vol. in-8, avec 48 planches ou 450 figures. 17 fr.

— Figures coloriées. 40 fr.

www.ingramcontent.com/pod-product-compliance
Lightning Source LLC
Chambersburg PA
CBHW061955300426
44117CB00010B/1344